# 大国产业链

新格局下的
宏观经济与行业趋势

中金公司研究部　中金研究院　著

中信出版集团 | 北京

图书在版编目（CIP）数据

大国产业链 / 中金公司研究部，中金研究院著. --
北京：中信出版社，2023.3（2023.9重印）
ISBN 978-7-5217-5221-2

Ⅰ.①大… Ⅱ.①中…②中… Ⅲ.①产业链—供应链管理—研究—中国 Ⅳ.① F269.23 ② F259.22

中国国家版本馆 CIP 数据核字（2023）第 020210 号

大国产业链
著者： 中金公司研究部 中金研究院
出版发行：中信出版集团股份有限公司
（北京市朝阳区东三环北路 27 号嘉铭中心 邮编 100020）
承印者：河北赛文印刷有限公司

开本：787mm×1092mm 1/16　　印张：34.5　　字数：560 千字
版次：2023 年 3 月第 1 版　　　　　印次：2023 年 9 月第 3 次印刷
书号：ISBN 978-7-5217-5221-2
定价：89.00 元

版权所有·侵权必究
如有印刷、装订问题，本公司负责调换。
服务热线：400-600-8099
投稿邮箱：author@citicpub.com

# 目 录

前　言　大国规模和逆全球化下的产业链发展与重塑　/003

## 宏观篇

第一章　从效率到安全：逆全球化下的产业链配置转变　/003

第二章　规模优势：大国经济新的增长点　/029

第三章　贸易规则：演变趋势与改革机遇　/063

第四章　数字科技：创新驱动产业链重构　/093

第五章　绿色转型：碳中和下的产业链机遇与挑战　/127

第六章　产业政策：积极有为　/157

## 产业篇

第七章　产业链纵横与双支柱举国体制　/191

第八章　供应链管理：改善供应链生态，应对产业链风险　/225

第九章　大宗原材料：风险与保供　/255

第十章　化工：大宗产品强优势，高端材料补短板　/281

第十一章　高端装备：创造条件强化工艺积累　/309

第十二章　半导体：变局、破局、开新局　/345

第十三章　新能源：注重效率的同时更需关注安全　/383

第十四章　汽车：从大国到强国　/409

第十五章　医药：努力创新，攀升价值链　/435

第十六章　家电：品牌全球化任重道远　/457

第十七章　纺织服装：顺应转移，纵向突破　/479

第十八章　投资机遇：产业链变迁中的实体产业与金融市场投资　/507

# 前 言
## 大国规模和逆全球化下的产业链发展与重塑

新冠肺炎疫情以来全球供应链经历了三轮冲击：在 2020 年疫情暴发期，经济活动停顿带来减产和库存消耗，隔离也限制了就业；2021 年全球需求反弹碰上低库存、弱生产、交通物流遇阻，供需失衡加剧；2022 年俄乌冲突对能源、原材料和食品供给带来影响。全球产业链供应链遭受冲击，加剧了疫情和地缘政治对世界经济的影响，也带来私人部门和公共部门对供给稳定的反思。微观层面企业更加重视供应链的稳定，宏观上各国政府强调产业链的韧性，不仅从效率也从安全的角度看待产业的竞争力。

党的二十大报告提出："要坚持以推动高质量发展为主题，把实施扩大内需战略同深化供给侧结构性改革有机结合起来，增强国内大循环内生动力和可靠性，提升国际循环质量和水平，加快建设现代化经济体系，着力提高全要素生产率，着力提升产业链供应链韧性和安全水平。"40 多年的改革开放和经济高速增长后，中国在全球产业链扮演着关键角色，现在也遇到新挑战，高质量发展要求兼顾产业链的效率和安全。

中金公司研究部和中金研究院联合撰写了《大国产业链》一书，围绕效率与安全两个维度，从宏观与产业、科技与政策、国内与国际多个层面分析产业链发展面临的机遇和挑战，提出新形势下中国发挥好规模经济优势对促进产业链效率与安全的重要性。本文从宏观的视角就产业链发展和调整提出一些看法和思考。

## 一、逆全球化：历史没有终结

经济学对人类社会的最大贡献可能是提倡自由贸易。在亚当·斯密的《国富论》之前，主流思维认为积累财富就是要占有黄金，资源配置靠武力抢占土地和殖民，亚当·斯密提出基于分工和贸易的自由市场创造财富，自由市场是指免于包括封建王权、贵族和地主在内的寻租者控制。虽然一些学者对自由贸易的结果有争议，比如有观点认为自由贸易产生受益者和受损者，保护新兴行业和创新领域有利于经济增长等，但经济学总体倾向于鼓励自由贸易。

过去40年，新古典经济学占据主流地位，在政策层面体现为全球范围内促进经济市场化和金融自由化，带来商品和服务贸易，跨境资本、技术和信息流动大幅扩张。伴随技术进步降低运输和信息沟通成本，专业化分工日益细化，全球产业链成为效率提升和经济繁荣的重要载体。1989年美国政治学者福山提出"历史终结论"，认为人类政治历史发展到达终结，历史的发展只有一条路，即市场经济和民主政治，市场经济会逐渐形成一个统一的学习和文化共同体，政治不再重要，市场决定一切。

但从2008年全球金融危机、贸易保护主义抬头开始，到新冠肺炎疫情和俄乌冲突，逆全球化的驱动力从经济层面扩张到非经济因素。虽然新冠肺炎疫情短期对供应链的冲击很大，但有越来越多的迹象显示地缘政治再次成为影响全球资源配置的更深远的因素，国家安全要求降低产业链成为地缘政治竞争工具的风险。在逆全球化时代，历史并没有终结。

首先，新冠肺炎疫情虽然给全球供应链带来很大的冲击，但也凸显了国际贸易对世界各国应对疫情的贡献。一方面，一个国家的产品生产因为来自其他国家的中间品进口受阻而受到影响；另一方面，在自身的生产受疫情冲击时，来自其他国家（在那个时间点受冲击较小）的进口形成供给替代。在微观层面疫情对企业的供应链带来了很大的冲击，但从宏观层面看，疫情期间全球产业链还是显示了韧性，比如中国的出口对于满足其他国家的需求起到了重要作用。一个体现就是疫情以来国际贸易占GDP（国内生产总值）的比例没有下降，反而上升了。

其次，对全球产业链变迁有更深远影响的是地缘政治竞争，而地缘政治考量和贸易保护主义有时难以区分，让问题变得更复杂。贸易保护主义抬头和发达国家内部的贫富差距扩大有关。针对贫富分化，左派强调自由主义加剧了分配不公，全球化只是让少数富人受益；右派则强调外部因素，比如指责中国从事不公平贸易和墨西哥非法移民抢了美国人的工作。就地缘政治而言，美国左右两派的共同点是地缘政治考量，尤其是认为全球化给了中国崛起的机会，而中国成为超级大国不符合西方的利益。美国从特朗普时期的贸易摩擦开始，到现在两党形成共识，不断降低对中国供应的依赖，同时控制一些关键技术对中国的出口。

历史不会简单地重复，但往往押着相同的韵脚前行。第一次逆全球化发生在第一次世界大战和西班牙大流感之后，20世纪二三十年代民族主义和贸易摩擦兴起，最后演变为法西斯主义和第二次世界大战。今天的逆全球化背后也有新冠肺炎疫情和俄乌冲突的推动作用。国际贸易和经济合作不仅提升了效率，也促进了世界和平，因为替代市场交易的一个可能是凭借武力优势占有资源。长期以来经济学把国家安全看成远离市场分析的另一门学科，但现在发生了变化，经济学需要重新认识要素禀赋、经济一体化、地缘政治的相互作用。

## 二、空间经济：世界不是平的

《国富论》的第一章有一个著名的例子，一个人制造大头针一天可能完成不了几个，但如果把工序分成大约18个不同环节形成专业分工，每个人每天能完成几千个，效率大幅提升。把专业分工和自由贸易扩大到国家之间，先是消费品贸易，后来是越来越多的中间品贸易，形成了今天的全球产业链。产业链的不同环节在空间上的布局，不仅反映了地理距离的成本因素，背后还有要素禀赋差异、技术进步和制度环境的影响。全球产业链分工在带来收益的同时也隐含着不稳定的风险，如何平衡空间布局的效率和安全是产业链发展的关键问题。

传统的贸易理论强调空间上要素禀赋的作用，一个国家出口的产品需要投入其禀赋较多的要素时，则具有成本优势。劳动力供给更充沛的国家生产和出口更多劳动密集型的产品，资本充沛的国家生产和出口更多资本密集型产品，两者之间的互补性驱动国际贸易。过去40年，占据主导地位的新古典经济学更进一步地探讨，假设企业基于生产和运输成本选择生产地，资本从回报率低的发达国家流向回报率高的发展中国家，追赶效应使得低收入国家增长快于高收入国家，国家之间的劳动力和资本回报差异下降，各国的经济发展水平最终趋同。

过去40年的全球化确实弱化了地理和空间距离的重要性。一个企业甚至个人所面临的竞争不再是一地、一国之内，而是全球的，全球市场是一个同质的空间。美国记者托马斯·弗里德曼在2005年出版的《世界是平的：21世纪简史》一书中描述了"世界正被抹平"，空间上的距离不再重要，全球村是大趋势。在世界是平的环境下，全球化的网络和互动带来和谐共处，国家之间的空间距离感下降，政府对本国经济和社会的控制力下降。

否认空间位置差异的重要性显然不符合现实，只有少数国家，主要是东亚一些经济体经历了成功追赶，同时发达国家之间的贸易往往超过其与低收入国家之间的贸易。一个原因是规模经济的存在。规模经济要求厂商尽可能把一种产品的规模做大，但资源有限，把一种产品的规模做大意味着商品种类减少，而消费者偏好是多样化的，由此产生多样化消费和规模经济之间的矛盾，更大范围内的分工细化和贸易可以缓解这个矛盾。即使两国的要素禀赋相同，仍然可以通过专业分工和国际贸易来提高效率，这就可以解释为什么发达国家之间有大量贸易。

另一个和规模经济相互作用的因素是空间距离带来的运输成本。运输成本促使生产靠近消费，限制了生产的集中，但经济活动集中带来规模经济效应，如果规模经济收益超过了运输成本，企业就受益于产业的集聚。结合运输成本和规模经济两方面考虑，产业集聚在需求大的市场最具优势。在改革开放的早期，中国的制造业发展受益于劳动力成本低的支持。随着经济的发展和收入提升，劳动力成本增加了，但中国在全球产业链的地位持续上升，这里有中国作为最终需求大市场的作用。

规模经济、消费多样性和运输等距离成本的结合，意味着产业链在空间分布的不平衡，世界不是平的。我们需要重新认识空间位置的重要性，不仅要考虑运输成本等经济因素，更要理解广义的地理和空间概念，包括政治、社会、历史、文化等非经济因素的作用。产业集聚效应既受规模经济与运输成本的影响，也受政治和社会政策的影响，还有历史路径的依赖，带有鲜明的地区差异和区域色彩。这意味着产业链在空间上的调整（回岸、近岸、友岸）需要付出成本，包括设备迁移成本、长期固定投资的沉没成本、对基础设施和公共服务的依赖所隐含的负外部性等。对总量经济来讲，产业链调整通常意味着效率下降，成本上升。

产业链调整会不会增加其韧性和安全呢？在微观层面，缩小空间分布范围、减少中间环节有助于供应链的稳定，但在宏观层面，产业链的韧性不一定来自回岸、近岸（鸡蛋不能放在一个篮子里）和友岸（今天的朋友明天可能是敌人），而是供应来源地在空间的分散，包括地理、政治和文化差异。这是因为宏观上的风险分散不是指某一类产品供应来源的分散，而是指经济总供给的分散，任何国家都不大可能生产所有自己需要消费的商品。和全球化时代比较，地缘政治等非经济因素驱动的产业链调整必然带来效率下降（成本上升）。但是否加强安全？结论并不确定，这有点类似于每个国家都增加军费但国防安全不一定改善。

另一个对未来产业链发展有重大影响但其具体效果还看不清楚的变量是土地空间，准确地说是应对气候变化和绿色转型所带来的影响。土地提供最终吸收二氧化碳（森林碳汇和碳封存）的空间，也提供支持可再生能源（太阳能、风能、水电）的空间，土地空间的利用可以帮助人类应对极端天气带来的洪水和干旱（比如水库），土地还涉及传统化石能源生产和相关基础设施的转型等。可再生能源设备的制造有规模经济效应，从化石能源转向可再生能源可以加强中国的能源安全，但可再生能源使用需要占用大量土地，带来规模不经济，应对气候变化可能需要大规模改变土地的用途和地貌。

对于大国来讲，土地供给似乎不是问题，但土地作为生产要素有其特殊属性。土地在空间上不可移动，时间上不可转换（而一般生产性资本把今天的消费转换成明天的消费），天然具有垄断属性，土地的使用容易与规模不经济、寻租和腐败行为联系在一起，扭曲资源配置，就像土地的自然供给并不紧张，但一些大城市的房价畸高。工业经济时代土地的作用下降，新古典经济学把土地看成生产性资本的一部分，在应对气候变化的新时代，土地作为生产要素的独立性回升。土地的多种用途之间有竞争，其新角色对产业链的影响还有待观察，但可以做一个初步判断，基于其规模不经济的属性，土地的重要性上升带来成本的增加。

## 三、技术非中性：平衡效率、公平和安全

应对地缘政治和气候变化（绿色转型）对产业链的影响，兼顾效率和安全，关键是科技创新和技术进步。从空间维度看，科技创新有集聚与扩散效应，区域中心和全球产业链是这两个看似方向相反力量的载体。一方面，都市经济活动有集聚效应，要素的集聚带来规模经济和范围经济，尤其是人与人的互动有助于产生与传播新思想、新技术；另一方面，技术缩短距离，支持专业化分工在空间上的布局，全球产业链既是技术进步的结果也反过来促进创新。

过去30年，中美两大经济体在全球科技创新与产业链发展方面起到了关键作用，可以总结为G-2模式。美国在发明和创新方面有优势，引领了一些关键技术的发展，中国在生产和市场规模方面有优势，通过快速扩大商业化应用的规模降低成本，增加了全球的供给能力，使全球消费者都受益。中国通过参与国际竞争、产业链上下游学习缩短了与技术前沿的距离，同时中国市场带来的利润支持了美国企业的创新能力，帮助其维持领先地位。其他国家也在参与产业链分工中提高了经济运行的效率，一些小型经济体聚焦少数领域，成为全球此类产品的重要生产者。

创新的G-2模式现在遇到了挑战，地缘政治对国家之间的科技合作与竞争的影响显著增加。美国政府越来越频繁地使用基于行政力的产业政策，比如美国国防部、财政部，尤其是商务部通过实体清单限制出口或进口等。美国政府近期发布新的针对中国先进半导体和相关设备的出口限制措施，范围之广和措施之严超过以往。中国在科技硬件尤其是半导体方面所面临的外部环境发生了根本性的变化。在新的地缘政治形势下，自主创新的重要性增加。

知识的一个重要特征是非竞争性，一个人的使用不影响其他人使用，使得科技创新有正外部性，具有公共品属性，容易导致私人部门的创新投入不足。另外，创新从投入到产出往往是一个长时间累积、非线性的过程，有很大的不确定性，私人部门没有足够的耐心和能力承受失败的风险。公共部门可以对冲私人部门在以上两个方面的不足，政府有两个角色可以发挥作用。一是直接参与创新活动，比如研发和教育投入；二是通过政策和机制设计，创造一个激励私人部门创新的市场环境。

一般认为，技术是中性的，其本身无所谓善恶，但随着地缘政治竞争的加剧，在一些关键领域，技术可能被赋予政治倾向性。技术的非中性还可能体现在社会公平等其他方面。技术进步可以改变要素禀赋带来的成本差异，当机器人的成本大幅下降，机器可以替代人时，制造业将回流发达国家，发达国家和发展中国家可以制造同一种商品，发达国家利用自身资本充沛的优势，发展中国家利用自身劳动力充沛的优势，因此国际贸易的必要性下降。机器替代人将增加发达国家供给的韧性，但同时可能使得部分劳动者处在更不利的地位，加剧其内部的分配问题。

一方面，数字经济的发展也要求处理好技术非中性的问题，一些数字技术具有内在的价值取向。比特币发明人在2008年的一封电邮里说比特币对自由主义这一派有很强的吸引力，因为比特币有潜力成为不需要中心化第三方认证并免于政府干预的货币，加密代表众多个人和计算机从下到上决策。另一方面，人工智能提升从上到下决策的中心化机器的效率，可能起到加强中心化的作用。而Web3.0的开发者和使用者可以参与建立平台、与平台互动，并参与平台的治理，在一定意义上有点马克思的"公社"的元素，比现代市场经济更接近社区，拥有生产、分配、交换工具的模式。

未来哪个方面的技术占主导地位还有待观察，但初步迹象已经彰显了数字治理的重要性。主要经济体中，美国的数字治理偏向自由主义，欧盟模式更注重监管，中国可以说是介于两者之间，新冠肺炎疫情以来数字化明显加速，各国的数字监管也都在加强。数字技术是一把双刃剑，一方面促进分工细化和全球产业链发展，带来规模经济效应；另一方面也增强了政府管控调节经济和社会活动的能力。在地缘政治重要性上升的环境下，国家安全或者说数据主权问题更加突出，数字监管治理可能加剧全球经济的碎片化，在数字时代国家概念的重要性将增强而不是削弱。

## 四、规模经济：中国新优势

如前所述，消费者多样性（要求一定的人口规模）和生产端的规模经济结合，促进国际贸易和全球产业链的发展。在逆全球化的趋势下，我们应该如何认识规模经济的作用及其对产业链的影响？规模经济是指规模收益递增，直观来讲就是投入增加一倍，产出增加超过一倍。生产规模的增加提升生产效率，降低产品的单位成本，一方面是劳动者专业化分工，设备专业化分工提升劳动生产率；另一方面，一定的市场规模意味着足够大的需求，有助于固定成本的分担，吸引投资者和企业家参与。

过去 30 年中国参与全球市场竞争，经济的高速增长受益于全球市场的规模经济效应，但实际上小型经济体通过参与全球分工和合作获得的收益可能更大。在全球化时代，一个企业面对的市场规模可以比其本土上市场规模大得多，由此小型经济体通过聚焦并做大某个产业而享受到规模经济效应。一个例子是中国台湾的半导体产值占其 GDP 的比例超过 30%，无法想象一个封闭的经济体会把 1/3 的资源投入到一个产业。二战结束后的全球化和自由贸易时代，不少小型经济体享有全球范围的规模经济效应，实现了高速增长，迈入富裕经济体行列。

经济一体化程度越高，政治意义上的国家大小对经济增长的影响越小，这能解释为什么过去几十年主流的宏观经济分析不重视传统政治概念上的国家规模的大小。在逆全球化时代，自由贸易等经济因素的作用下降，政治、文化、历史等非经济因素的重要性上升。各国通过参与全球产业链分工享受规模经济的空间下降，这对所有国家来讲都是不利的，但小型经济体的损失更大。逆全球化强化了地缘政治意义上的国家概念，一国的经济和人口规模跟过去相比变得更重要。

尤其在知识经济时代，人口规模大的国家能够支持大规模的人力资本和研发投入，拥有更多的创新人才，技术进步因此更快，而技术进步具有强溢出效应，一旦产生即可被所有行业共用，大国借助更大市场规模获得规模报酬递增的潜力更大。大国的优势还体现在更多的人分担公共品的成本，人均成本较低意味着所有人都能享受更好的公共服务，包括基础设施、公共卫生、教育等。大国也更有能力保护自己，有更多的安全保障，小国可能需要把资源更多地花在国防开支上，挤出其他的公共服务支出。大国内部不同区域之间可以相互帮助（财政转移支付等），更有能力应对包括自然灾害在内的冲击。

逆全球化背景下，地缘政治与国家安全的重要性上升，也增加了各国利用国际市场的摩擦，各国更需依托自身市场形成的初始规模来参与国际竞争。借助本土的大规模需求市场，大国可以在国际产业竞争中占有优势，并通过服务全球市场扩大原有的规模经济效应，大国产业链的前后向关联更强，能够在更多产业链中占据主导地位。逆全球化时代，和小型经济体比较，大国影响全球产业链和经济格局的能力可能反而是增加的。

党的二十大报告提出，依托我国超大规模市场优势，以国内大循环吸引全球资源要素，增强国内国际两个市场两种资源联动效应。当前，中国是全球第二大经济体，人口总量居世界第一，劳动力规模相当于印度、美国、印度尼西亚三个人口大国的总和，具备发挥规模优势的潜力，这也有望成为未来中国经济的新增长点。但并非大国就一定能实现规模经济，要避免有规模但没有规模经济，最根本的是市场经济竞争和消费引领。苏联由于采取了生产和消费脱节的计划经济，没有市场竞争促进分工和交易，无法发挥其人口总量的规模优势，因此在与美国的竞争中落后。

对中国而言，逆全球化下促进市场竞争需要减少内部市场"碎片化"、应对转向不可贸易部门和数字经济发展带来的新挑战。内部市场方面，促进公共服务均等化、降低收入分配差距有利于提升消费需求，打造国内消费大市场。不可贸易部门方面，土地本身具有规模不经济的属性，对其他部门发展收益的攫取能力强，是导致资源配置扭曲和收入分化扩大的重要因素。过去20年，出口和房地产扩张是中国经济发展的两个特征，两者的共同点是拉动短期需求，差异在于出口参与全球市场竞争，有助于提升效率，而房地产天然和垄断、寻租行为联系在一起，损害整体经济运行的效率。

数字经济发展带来的挑战是平衡规模经济和反垄断、隐私保护以及跨国数字治理合作等生产关系方面的问题。防止垄断需要促进外部规模经济、集群效应和上下游联系，而不是无限制鼓励企业内部规模的扩大。自动化和数控技术使得生产的规模不需要很大也能提高效率，而且可以更快地满足不同消费者的需求，数字经济发展已经呈现内部规模经济下降、外部规模经济上升的迹象。数字产业政策面对的挑战主要在于两个方面：一是隐私保护和反对不正当竞争；二是防止平台企业的产融结合，因为金融享受政府的信用担保，而且是牌照经营，产融结合可以固化平台企业的垄断能力并扭曲资源配置。

## 五、产业政策回归：旧瓶装新酒

国际货币基金组织（IMF）在 2019 年发布了一篇报告，标题是《一个不能明言的政策回归：产业政策的原则》(The Return of the Policy That Shall Not Be Named: Principles of Industrial Policy)，讲的是各国政府重新重视产业政策。为什么不能明言？因为过去 40 年经济政策以"华盛顿共识"为导向，强调私有化、放松管制、自由贸易，也就是小政府、大市场，产业政策极具争议，甚至可以说名声不好。过去两年，应对新冠肺炎疫情使得政府在社会经济活动中的角色大幅增加，加上地缘政治和保护主义动能上升，各国政府针对一些产业的特殊政策增加，产业政策回归已经成为共识，必将对全球产业链的发展产生重大影响。

在市场经济环境下，产业政策可以在不同层面发挥引导资源配置的作用。历史上各国采取的政策五花八门，有成功的经验，也有失败的教训。二战后，关税和非关税壁垒下降，贸易保护主义下降，日本、韩国等国家限制外商直接投资（FDI），这是另一种保护主义，欧洲和日本在一段时间重视国企的作用，法国和日本政府有类似五年规划，欧洲一些国家利用公共银行支持中小企业发展，拉丁美洲在 20 世纪 70 年代推行进口替代政策，等等。美国在研发（R&D）上支持力度大，尤其在冷战期间，国防开支是研发支出的重要来源，从事后几十年的影响来看可以说是世界上最强的产业政策。

在新的形势下，怎么看产业政策的作用？有三个维度值得关注。首先是保护主义，目的是促进国内的就业和收入，从发达国家的角度看，首先一个流行的观点是全球化导致制造业等收入较高行业的就业下降，以前的思维是通过社会政策比如提升教育培训和社会保障来应对，现在是重视针对个体行业的政策来改变竞争格局。其次是针对外部性和市场失灵的政策，两个突出的方面是促进科技创新的政府投入和扶持措施，以及促进碳减排和绿色转型的政策。最后是地缘政治竞争，其中科技竞争是关键。这三个维度相互交织，比如地缘政治容易和保护主义交织在一起，产业政策带有鲜明的对外特征，和国际贸易与投资有直接或间接的联系。

就科技创新相关的政策而言，发达国家尤其是美国近期有三个特征值得关注。第一，政府深度参与，增加研发经费，同时对一些高科技产品的生产提供补贴。第二，各国在探索不同的研发和创新支持经费模式，往往把产业政策和促进私人企业承担风险的激励政策结合起来。美国在一些研究领域颁布的政策类似于重启冷战时期与苏联太空竞赛时的登月资源动员。第三，各国政府采取措施试图使自己的国家从创新和技术进步中获得更多的收益，包括限制高科技出口以及鼓励本国生产，美国一方面限制半导体技术出口，另一方面通过补贴等措施引导芯片生产回流美国。显然，美国的产业政策在从上游的研发投入向针对中下游具体产业的方向延伸。

面对美国的限制和竞争压力，中国更加重视科技创新，党的二十大报告提出"坚持创新在我国现代化建设全局中的核心地位"，并提出健全新型举国体制，强化国家战略科技力量，深化科技体制改革等，以形成具有全球竞争力的开放创新生态。中美两个全球最大经济体的产业政策都在从过去熟悉的领域（美国创新研发、中国具体制造）向不是那么熟悉的领域拓展。同时，主要经济体已经设定未来碳达峰、碳中和的明确时间表，纠正碳排放这样全球性的外部性既要求科技创新也涉及传统产业的转型，可能是未来几十年最大的产业政策。越来越多的迹象显示各国的产业政策在向全方位、系统性的方向发展。

在政策高度重视、投入增加的同时，关键还要看执行效率。创新的特殊性在于高度不确定性和长期投入，需要建立公共部门和私人部门的伙伴关系。政策设计需要奖励和惩罚并存，应该给予科技工作者和创新者一定的超额收益空间，比如在获得正常的劳动报酬之外也能享受政府支持项目形成的知识产权的部分收益。同时针对政府支持的科研项目应该建立评估、跟踪、奖惩机制，包括有条件的补贴、"日落条款"等。

建立好的创新生态还需要其他政策的配合，形成整个社会激励创新的利益驱动机制。就中国而言，两个相互联系的领域最值得关注。一个是纠正房地产过度市场化对资源配置的扭曲，关键在于建立房地产发展新模式，增加保障房供给，租售并举，在需求端落实房地产税，把土地金融变为真正的土地财政。另一个是改善金融结构，关键在于产融分开、分业经营，前者防止政府对银行的信用担保延伸到实体产业，后者防止政府对银行的信用担保延伸到资本市场，这样才能促进金融更好地服务实体经济，更好地发挥资本市场促进创新的作用。

中国处在新发展阶段，新发展理念的五个关键词是"创新、协调、绿色、开放、共享",意味着经济发展不仅追求效率,也重视公平和安全。继《数字经济:下个十年》《碳中和经济学》《创新:不灭的火炬》《迈向橄榄型社会》之后,《大国产业链》是中金公司研究部和中金研究院协同,就新发展阶段的一些重大问题进行研究的最新成果,希望对促进相关问题的讨论有所帮助,偏差和不当之处欢迎读者批评指正。

彭文生

中金公司首席经济学家、研究部负责人

中金研究院院长

# 宏观篇

第一章

# 从效率到安全：逆全球化下的产业链配置转变

产业链、供应链和价值链的核心是分工和交易。效率和安全两大因素决定了全球范围内的分工和交易如何展开。工业发展的历史验证了企业和市场不断通过优化分工和交易提高效率，进而主导产业链的配置和布局。国家间要素禀赋差异和要素价格均等化则决定了产业链在效率原则下的国际布局。

改革开放从国内和国际两个方面提升了中国产业链效率。改革促进了中国的市场化和产业集聚，释放了经济效率。开放推动中国参与全球产业链配置，加深与发达国家的合作，成为全球化的主导力量之一。

如何理解产业链供应链的安全？企业层面的安全主要是供应链的稳定。政府视角的安全，在一定程度上与全球地缘风险上升的背景有关，要求确保本国的产业和技术在国际竞争中保持优势和独立地位。

经过多年的效率提升，中国经济在总量和产业水平上具有赶超美国的态势，从而导致美国对中国从合作转向竞争。两国对各自产业链安全的追求，与全球产业链的效率原则存在一定矛盾，双方需要控制在追求安全过程中的效率损失。两国在地缘政治层面需要避免新冷战，在经济层面需要维持双边经贸关系和全球贸易体系。

国家间的技术"脱钩"，会降低双方技术进步和经济增长速度，但决定一国技术进步的根本因素，是该国包括政府、市场、大学和企业在内的国家创新体系。国家间的产业竞争根本上是创新的竞争。

为应对产业链配置从效率向安全的转变，中国可以发挥自身在经济和产业方面的新优势。巨大的经济规模，有利于中国在逆全球化背景下提高产业效率和安全。中国已经成为全球经贸网络中最大的节点，可以在全球贸易规则中发挥更大的领导作用。数字技术和能源转型是当今世界两大技术进步的潮流，而中国在这两方面都具有一定优势。中国在产业结构的完整性和产业政策制定方面，也积累了一定的优势和经验。[1]

---

[1] 本章作者：赵扬。本章得到了徐磊、聂伟、徐恩多、戴戎的支持。

效率和安全是影响产业布局和发展的两大因素。改革开放大幅提升了中国经济效率。同时，中国和美国之间的经贸合作，主导了20世纪90年代以来的全球化。然而，当今世界呈现出逆全球化的迹象。中国日益壮大的经济体量和不断升级的产业水平，对美国形成了赶超态势。中美两国之间的主导关系从合作逐步转向竞争，势必对全球产业链的配置和布局产生影响。当各国专注于和平与发展，经贸合作是国际主流时，效率的提高是产业发展的主要方向。但是在国际地缘政治风险上升的背景下，各国对安全的关注就会加强。企业层面的产业链安全主要在于保持供应链的稳定，从原先的追求即时反应（Just In Time）逐步转向防范极端风险（Just In Case）。政府视角下的产业链安全则与国家间的竞争有关：各国都在一定程度上想要确保本国在国际竞争中的产业优势和技术优势。中美两国在相互竞争背景下对产业链安全的追求，一定程度上要付出效率损失的代价。但是，双方都无法不计代价地追求安全，都有必要对效率的损失进行控制。本章梳理产业链效率和安全的相关概念及理论，试图为中国过去40年产业发展的效率提升和当前面临的安全问题提供一个分析和理解的框架。在此基础上，我们总结了当前中国在全球产业链配置中的若干核心优势，并在宏观层面讨论了如何进一步发挥这些优势，以促进中国产业链的效率和安全。

## 产业链的效率优先原则

### 分工和交易是产业链、供应链和价值链的核心

产业链（Industry Chain）这一概念可以理解为，生产各类产品或提供各类服务的企业，通过分工和交易所构成的相互关联的体系。从整个经济的宏观视角看，产业间的关系并非链状，也非网状，而是由投入产出表所刻画的相互交织影响的形态。我们利用覆盖整个中国经济的17大产业的投入产出表数据，制作了中国的产业链形态图（见图1.1）。图中的圆圈代表产业，连线表示产业间的投入产出关系，产品按照顺时针方向在产业间流动。在这样类似星空的产业链形态中，单独拎出来某一种产品，将与其相关的产业称为某产业链，可能无法全面反映产业链的特征。例如，我们所习惯称呼的芯片产业链，其组成可能覆盖大半个经济体。从宏观和系统的角度理解产业链的形态，对讨论与产业链相关的政策至关重要。

与产业链密切相关的两个概念是供应链和价值链。供应链（Supply Chain）强调了产业链上各企业之间以及企业内部的供应关系，可以是链状的上下游关系，也可以是网状的供应网络。相比产业链，供应链这一概念更能突出企业供应管理的内容。在中文文献中常见的"产业链供应链"这个词，往往兼顾产业链的宏观含义和供应链的微观含义。价值链（Value Chain）则是产业链这一概念在价值分配维度的展现，即产品价值在产业链上不同企业间的分配。如果产业链中的企业分布在全球各地，则其价值链构成全球价值链（Global Value Chain，简写为GVC）。例如，苹果公司通过设计、采购、外包生产、市场营销和销售，把诸多公司组织起来，共同构成了苹果手机的产业链。苹果手机生产过程中所涉及的各种零部件的采购、运输、仓储和保险等供应关系和管理内容，就构成了苹果手机的供应链。这些参与苹果手机生产的企业或多或少分得产品售价的一部分，这种价值分配就构成了苹果手机产业链的价值链。

产业链、供应链和价值链三个概念，虽然角度不同，但都反映了现代产业的根本特征：现代商品的生产过程包含复杂的分工与交易。如果我们讨论的是葡萄酒和羊毛这类经常出现在古典经济学家著作中的古典商品，那么我们并不需要产业链这个概念，也用不到供应链和价值链的概念。这些古典商品的生产过程只存

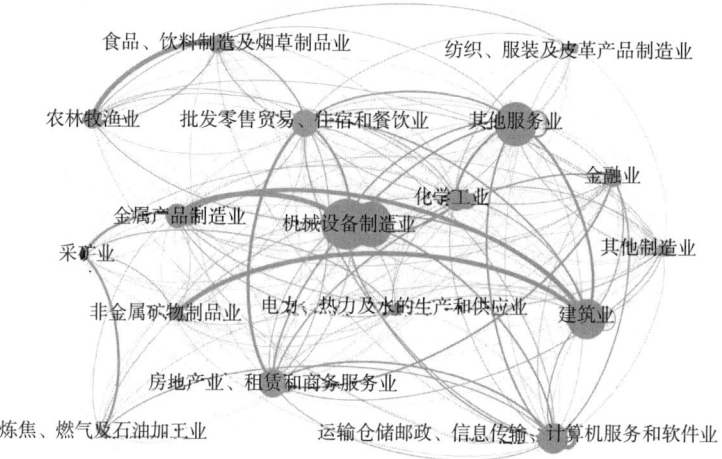

1997年

2020年

图1.1 中国的产业链形态

资料来源：国家统计局，中金研究院。

注：圆圈大小为各产业的当年总投入，按2000年人民币不变价折算。按顺时针看，每条连线是从中间投入产业到中间使用产业的流量。

在简单的分工，大多在一个生产单位内部完成。由于分工简单，商品生产过程中的交易也相对简单。即便是亚当·斯密大为赞叹的生产一根大头针所包含的"复杂"分工，也基本可以在一个工厂内部完成，不需要运用产业链这样的概念来进行描述。但是，汽车、手机和电脑这些现代商品都包含大量中间品和中间服务。大部分的现代商品，在抵达消费者之前，都经历了复杂的分工和交易，常需要数十家企业协作完成。由于分工程度高，这些商品的生产过程涉及复杂的企业间交易和企业内管理。这种基于复杂分工和交易的现代商品生产过程，是产业链、供应链和价值链这三个不同概念共同的物质基础和精神内核。

## 产业链的效率：交易成本、地理因素和规模经济

产业链的复杂形态，是追求经济效率的结果。把提高效率放在第一位，是产业链配置的效率优先原则。效率可以用多种不同指标来衡量。例如，企业增加值率、企业利润率等可以在微观层面度量企业的效率；人均 GDP 可在宏观层面用于比较不同国家和地区的经济效率；劳动生产率和全要素生产率（Total Factorial Productivity，简写为 TFP）则可以同时用于微观和宏观的效率测量。在某种意义上，经济效率几乎等于分工和交易的程度。这是掩藏在现代产业中的一大奥秘，并非显而易见。这也是为什么亚当·斯密的《国富论》中那段开宗明义的文字如此发人深省："分工……在每一行业中都实现了劳动力效率的成比例提高……由于交易促进了分工，因此分工的范围必然总是受制于市场的范围。"

既然市场交易的范围决定了分工程度，而分工提高效率，那何不将全部分工都通过市场交易来组织实现呢，为何还要将部分分工放在企业内来完成？提出并回答这个问题的是罗纳德·科斯。效率优先的原则，从企业角度体现为追求利润最大化，或者成本最小化。随着生产分工的日益复杂化，企业的管理成本逐渐从生产成本中被独立出来加以分析。科斯则最早察觉到经济运行中的另一项成本：交易成本。市场虽然促进分工并提高效率，但市场不是免费的午餐。想要达成交易，就需要搜寻交易对象，与其磋商合同条件，在合同签署后确保执行，一旦违约还要追究违约责任。这些都要付出成本。通过市场交易完成各项生产分工，虽然可以提高效率，降低生产成本，但是将增加交易成本。而企业以指令的方式将分工置于内部完成，虽然会降低交易成本，但会增加管理成本。管理成本与交易

成本在边际上的均衡，决定了企业和市场之间的边界。交易成本中最重要的部分是为了克服信息不对称而付出的成本。交易只有在信任的基础上才能达成，但人们并不充分地相互了解，对同一事物掌握的信息也不尽相同，建立信任需要付出时间、精力和金钱。这为新制度经济学打开了大门。好的制度，能够降低人们为了达成信任所付出的成本，有利于促进交易和分工，提升效率。因此，制度作为影响人们经济行为的规范总和，决定了效率高低，也决定了产业链的形态。

运输成本也在产业链配置中发挥了重要作用。企业对供应链的空间布局和管理，很大程度上是为了降低运输成本。但运输成本长期未得到经济学的重视。19世纪，经济学家约翰·海因里希·冯·杜能在《孤立国》中提出了运费影响农业布局和地租的精巧理论，开创了经济地理学。但经济地理学此后并未沿着杜能开创的道路前进，而是偏重于分析特定的文化地理特殊性。直到1991年保罗·克鲁格曼发表《地理与贸易》一书，空间因素才重新回到贸易和生产的分析中，新经济地理学由此开创。传统经济学主张规模报酬递减或不变，但克鲁格曼论证，运输成本会导致生产的空间集聚具有规模报酬递增的特性，也就是规模经济效应。新经济地理学将规模经济归结到地理空间和运输成本这样的底层因素，而不是溢出效应和正外部性这些有待深入解释的概念。格伦·埃利森和爱德华·格莱泽利用美国的四位代码企业近两千个地址数据对集聚效应进行定量分析，认为地理因素构成的"自然优势"至少可以解释一半的产业集聚效应[1]。

## 产业链的国际配置：比较优势、规模经济和跨国公司

分工和交易可以跨越国境，人类的贸易活动比国家的起源更早。在国家林立的世界，由贸易规则和地缘政治所构成的国际秩序成了广义的"制度"，决定了国际的交易成本，影响全球产业链形态。经典贸易理论的精髓是大卫·李嘉图提出的比较优势理论：不同国家应该生产相对成本低（具有比较优势）的商品，通过参与国际贸易提高效率。比较优势的根源在于国家间要素禀赋的差异。根据比

---

[1] Ellison, G., Glaeser, E.1999. The Geographic Concentration of Industry: Does Natural Advantage Explain Agglomeration? *American Economic Review*, 89（2）.

较优势理论，贸易应该在要素禀赋具有差异的国家间展开，各国本质上通过贸易在"出口"本国相对富裕的要素，"进口"相对匮乏的要素。贝拉·巴拉萨观察到，二战后越来越多的贸易是要素禀赋近似的国家间的同类产品部门内贸易[1]，而非比较优势理论所解释的部门间贸易。新贸易理论以及后来的新新贸易理论对工业化国家间的部门内贸易提出了新的解释：由于规模报酬递增，要素禀赋相近的工业化国家之间就部门内的商品进行更加专业化的分工，并以此充分享受国际市场带来的规模经济。规模经济成为不同于比较优势的另一个推动国际贸易和国际分工的力量。第一次世界大战之前，国际贸易主要是在工业国和资源国之间展开，比较优势发挥着主导作用。第二次世界大战以后，随着各种贸易自由化的制度安排，企业为了追求规模经济的好处，导致工业化国家之间出现越来越多的部门内贸易。

我们可以将国际贸易在本质上理解为一种跨国套利。由于要素禀赋的差异，不同商品在不同国家的生产成本存在差异，因此形成了套利空间。但反过来，套利活动会导致套利空间缩小；也就是说，国际贸易会导致要素价格在不同国家间趋于一致，即要素价格均等化。保罗·萨缪尔森发现，通过贸易实现要素价格均等化需要一个条件：不同国家间要素禀赋差异不是特别大。换言之，如果两国间的要素禀赋差异足够大，国际贸易就无法充分实现要素价格差异带来的跨国套利[2]。如果国际贸易不能充分实现潜在的效率提升空间，效率原则就会为自己开辟其他道路。过去几十年，信息技术的飞跃和全球化的深入，大幅降低了管理成本和交易成本，同时扩大了企业和市场的范围。于是跨国公司应运而生。跨国公司将资本以及与资本相关联的专属性资产，包括技术、管理知识和市场渠道等，从资本充裕的国家转移到劳动力充裕的国家，进行产业链的国际配置。埃尔赫南·赫尔普曼指出，跨国公司的出现和相伴随的资本流动会导致充分的跨国套

---

[1] Balassa B.1966. Tariff reduction and trade in manufactures among the industrial countries. *American Economic Review*, 56（3）：466–473.

[2] Samuelson, Paul.1949. International factor price equalization once again. *The Economic Journal*, Vol. 59, No. 234.

利,从而使两个要素禀赋差异足够大的国家也能实现要素价格均等化[①]。跨国公司主导产业链在全球范围内的配置,使得效率优先原则得到了空前体现。

跨国公司的出现,不仅需要足够的经济利益的激励,也需要技术、制度和地缘政治的条件。技术方面,信息技术革命使得全球范围内的产业链管理成为可能。制度方面,战后签署的关税与贸易总协定(GATT)以及1995年成立的世界贸易组织(WTO),为降低关税和深化区域协作铺平了道路。地缘政治方面,中国在20世纪70年代与美国等西方国家改善关系,东欧国家在20世纪80年代脱离苏联阵营,以及冷战的结束,为全球各国设定了和平与发展的时代主题。跨国公司兴起于20世纪90年代,与当时所具备的各方面条件密切相关。

## 全球化与逆全球化

### 中国通过效率提升成为世界工厂

克鲁格曼1991年开创的新经济地理学,本质上是关于制造业发展的经济理论。这一理论对于解释发达国家的工业化历程有点过时——利物浦、伯明翰和鲁尔区的产业集群已经是100多年前的故事了。但是,这一理论却几乎完美地预测了此后20年间中国制造业的发展路径。中国制造业在20世纪90年代以后的快速发展,充分体现了集聚效应和区域分工带来的效率提升。这不难从数据中得到验证:通过测算中国工业企业的TFP变化,我们发现集聚效应是效率提升的一个重要机制(见图1.2)。中国能够实现集聚效应,背后的推动因素则是改革开放。中国经济改革的核心是引入了市场机制,放开了市场交易,为效率的释放提供了基础。随着中国放松原先计划经济体制下的各种管制,大批农民开始到沿海城市务工,推动了工业集聚,实现了规模经济。20世纪90年代以后,中国设立了资本市场,并推动现代企业制度改革,鼓励民营经济发展,这些市场化的制度改革为加入WTO奠定了基础。中国2001年加入WTO,充分参与全球产业链分

---

[①] Helpman, E. 1984. A Simple Theory of International Trade with Multinational Corporations. *Journal of Political Economy*, 92(3): 451–471.

工，经济效率进一步大幅提升，在短短十几年内发展成为全球制造业中心。前文提到的几种经济理论都可以从不同角度解释造就中国经济奇迹的具体机制。

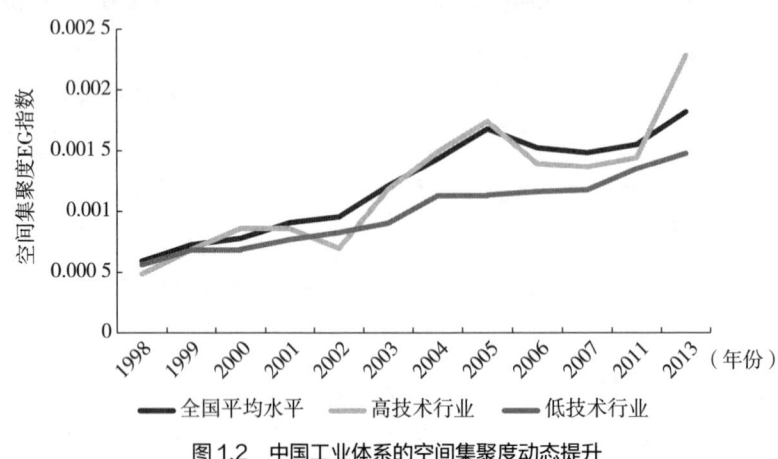

图1.2　中国工业体系的空间集聚度动态提升

资料来源：中国工业企业数据库，中金研究院。

注：空间集聚度基于国家统计局的国民经济行业分类标准，采用EG指数（Ellison and Glaeser, 1997）测算得出，高/低技术行业数值为对应领域内行业中类EG指数取均值。参见 Ellison G., Glaeser E. I.（1997）. Geographic concentration in US manufacturing industries: A dartboard approach. *Journal of Political Economy*, 105: 889–927。

加入WTO对中国提升经济效率意义重大。比较优势和规模效应相叠加，不仅极大地提高了中国的经济效率，也提高了全球的产业链配置效率。中国东南沿海的一些城镇，往往成为某一种商品的全球单品制造中心。例如，浙江省宁海县的西店镇生产了全国70%的手电筒，产品出口到全世界，而该镇集聚的11万人口中有6万人是外来务工人口。通过分析中国的工业企业数据可以看出，与中国本地公司相比，在华外资控股公司的TFP的领先优势在中国加入WTO以后不断缩小（见图1.3）。1998年，外资企业的TFP显著高于内资企业；到2002年中国刚刚加入WTO时，外资企业在TFP方面仍领先于内资企业；但自2005年以来，差距开始不断缩小；到2007年，对于大部分企业来说，外资企业和内资企业的TFP几乎相等；而到2013年，在某些方面，内资企业的TFP开始出现领先于外资企业的情况。

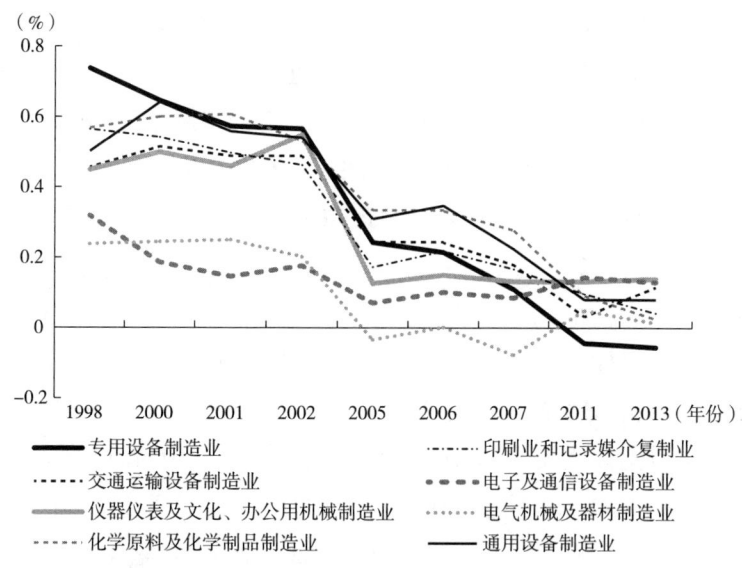

图 1.3 高技术产业的内外资企业 TFP 平均值之差

资料来源：中国工业企业数据库，中金研究院。

## 全球化的主要内容是中美合作

"全球化"这个词被用来描述世界经济、政治和文化所呈现出的一体化倾向。当前人们所谈论的全球化主要指二战结束以来的全球化。该进程以冷战结束为界可以划分为两个阶段。第一阶段，联合国、国际货币基金组织、世界银行以及关贸总协定等国际组织相继成立，全球政治和经济具有了一定的协同性，但美苏两大阵营的对峙意味着全球化并未充分展开。第二阶段，冷战结束后，经贸关系超越了国际贸易，跨国公司的兴起带来产业链的全球配置，也就是赫尔普曼所揭示的出现了全球要素价格均等化的条件。从经济角度看，第二阶段的全球化才真正体现出了世界经济一体化的倾向。

这一轮全球化的最鲜明特点，无疑在于中国与以美国为首的发达国家发展了合作伙伴关系，并崛起成为全球超大经济体。这背后的宏观层面作用机制，就是中美之间巨大的要素禀赋差异，产生了全球最大的跨国套利机会，而制成品贸易不足以充分实现跨国套利；跨国公司和跨国资本流动在中美之间调整产业链布局，是这一轮全球化的题中之义。中国和美国的宏观经济表现，完美诠释了这个故事。首先，中美是全球最大的两个贸易国，也是贸易量最大的一对贸易伙伴。其次，美国是全球最大的对外投资国，而中国是除美国以外最大的资本流入国。1995年以来，美国累计外商直接投资（FDI）流入和流出均超过5万亿美元，位列世界第一。中国内地加上香港地区累计FDI流入约5万亿美元，中国内地的累计FDI净流入高达2万亿美元，位列世界第一。

所谓"世界是平的"[1]，其实是中美两国之间要素价格均等化的体现。正如赫尔普曼所预言的那样，在跨国资本流动的作用下，中国和美国之间发生了迅速的要素价格均等化的过程。事实上在过去40年中，中国是唯一真正实现人均劳动收入持续向发达国家大幅收敛的大型经济体。1984年中国的人均劳动收入相当于美国的不到1%，2021年上升到美国的20%左右，这是数量级的大幅上升。同时期内，印度和俄罗斯这两个大型经济体，都未能像中国这样实现劳动收入的大幅上升。俄罗斯的人均收入更多受石油价格波动的影响，而不是趋势性地向美国趋近。在全球化的演进中，中国巨大的人口规模起到了极为重要的作用。中国正是那个要素禀赋与发达国家差异足够大的国家。俄罗斯劳动力数量只有7 000多万，完全无法与中国相比。20世纪90年代初，中国的人均劳动收入只有俄罗斯的1/10左右（见图1.4），是比俄罗斯和东欧国家更理想的跨国套利目的地。随着冷战结束，跨国公司蜂拥进入中国，国际资本与中国的廉价劳动力相结合，中国的制造业获得了长足发展。

中国能够在这一轮全球化中成为主导力量之一，离不开中国审时度势的明智决策。中国1972年和日本实现邦交正常化，1979年与美国建交。与发达国家改善外交关系，无疑是实现经贸合作的前提。20世纪80年代海峡两岸关系的改善，吸引了大量台商投资大陆，为经济起飞提供了资本。中国从20世纪80年代开始推广改革开放策略，并于90年代大力推行一系列市场化改革，排除种种阻碍于2001年加入WTO。中国的这些改革开放举措，与国际地缘政治条件相结合，才创造了中国经济奇迹。"中美经贸关系是中美关系的压舱石"，这句话道出了中美两国基于巨大的要素禀赋差异所建立起来的经贸关系，是中美合作共赢的基础。

---

[1] 托马斯·弗里德曼：《世界是平的：21世纪简史》，湖南科学技术出版社，2006年。

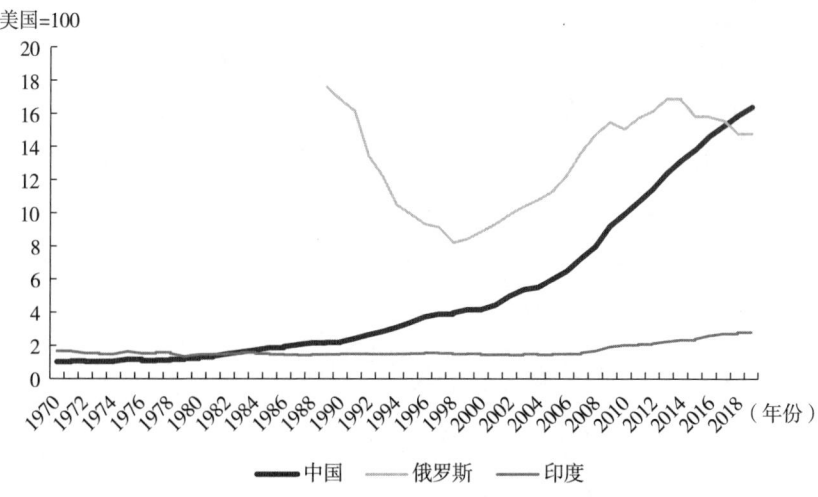

图 1.4　1984 年以来中、印、俄三国的人均劳动收入

资料来源：Wind，Federal Reserve Economic Data，中金研究院。

## 逆全球化：中美两国从合作走向竞争

中国和美国是这一轮全球化的主要赢家。中国从全球化中得到的好处主要体现为居民收入大幅增长，同时制造业的技术水平不断进步。美国获得的主要好处是企业盈利的提升和物价水平的稳定。跨国公司在中美之间的产业链布局，为美国公司带来了巨额的利润。按不变价计算，美国公司盈利在过去 20 年间增长接近 40 倍。但是，美国普通工人从全球化中获益有限，甚至相对受损。美国劳动收入增长大幅落后于利润增长，2001 年以来劳动收入占 GDP 比重显著下降（见图 1.5）。但因为中国制造业的低成本压低了美国的长期通胀，所以美国普通劳动者收入增长停滞的问题，在一定程度上被低通胀掩盖。美国这种"乡下人的悲歌"也使特朗普这样的民粹派政治领袖有机会上台[①]。

---

[①] J.D. 万斯出版于 2016 年的《乡下人的悲歌》一书，详细描述了美国"铁锈地带"的蓝领阶层如何随着美国工业中心的衰败而陷入贫困。美国财政部前部长劳伦斯·萨默斯认为这本书描绘的美国社会经济背景为特朗普的上台提供了清晰的解释。

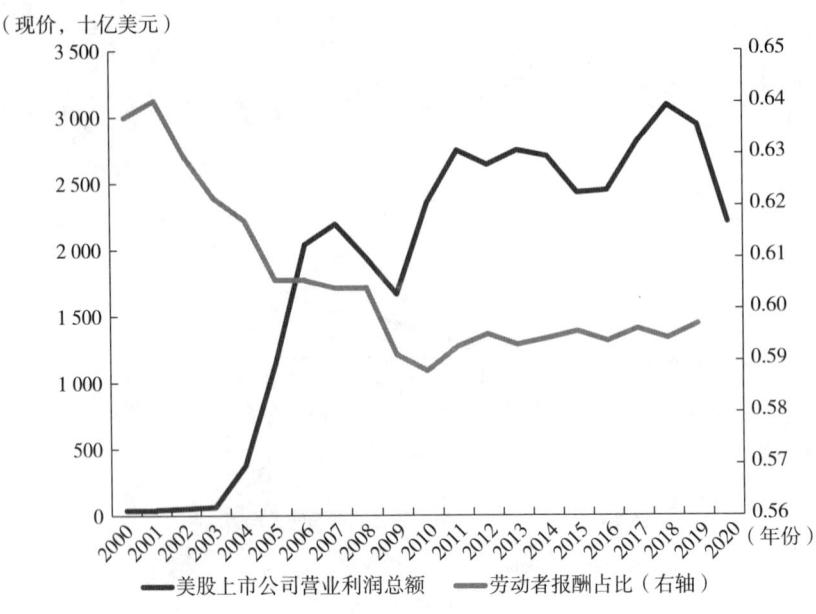

图1.5 美国的资本回报与劳动者报酬

资料来源：Wind，Federal Reserve Economic Data，中金研究院。

全球化的过程也带来了中国要素禀赋的变化。制造业中最重要的要素是劳动力和资本。劳动力方面，2016年起中国的劳动年龄人口数量开始下降，中国劳动力成本上升的"刘易斯拐点"则更早。同时，在经历了近40年的计划生育政策后，中国劳动力实现了数量和质量之间的优势切换。政府和家庭的教育投资大幅提升了劳动力受教育水平。与1980年相比，尽管中国劳动力数量优势在下降，但质量大幅提高。资本方面，中国的资本产出比（资本存量与GDP的比例）经过40年的上升，已经接近美国的水平（见图1.6），中国已不再是资本稀缺的国家。中美两国要素禀赋差异的缩小，意味着跨国公司和资本流动实现跨国套利的空间在缩小。当中美两国的要素禀赋差异缩小到一定程度，两国之间进一步的要素价格均等化通过制成品贸易就可以实现。从这个意义上来说，中美两国经济差异的缩小一定程度上降低了全球化对经济效率的促进作用。

这一轮全球化的主要内容是中美合作，那么逆全球化的主要内容就是中美从合作转向竞争。中国巨大的劳动力数量，乘以持续上升的劳动生产率，使得中国经济总量具有赶超美国的态势。按购买力平价计算的中国经济总量已经超过美国。由于美国经济主要是服务业，中国经济主要是制造业，按照物质生产计算的经济体量，中国也超过了美国。中美两国经济实力的消长，以及两国要素禀赋的趋近，使得中美两国在全球经济中的作用具有一定的重叠，增强了两国间的竞争性。而经济竞争性的增强，又容易带来地缘政治的冲突风险。由于中美合作在本轮全球化中的基础性意义，中美关系对世界经济的稳定也具有压舱石的作用。如果中美之间的合作关系发生了变化，那么世界经济的压舱石也必将随之动摇。

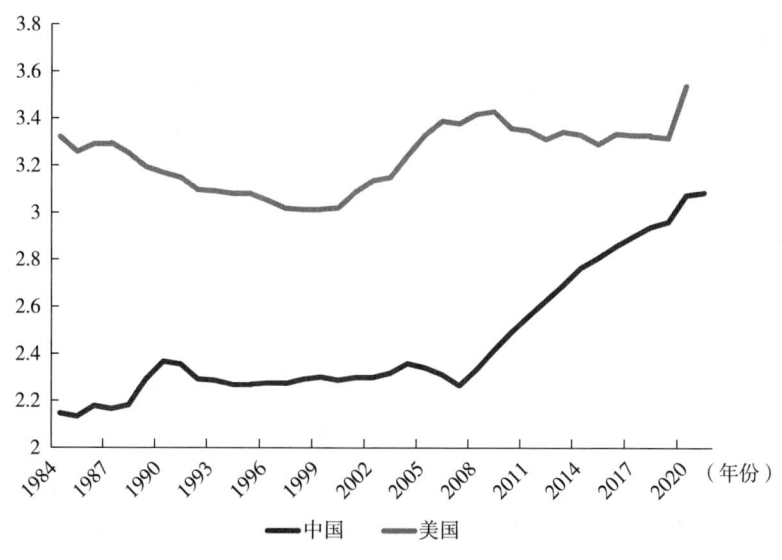

图1.6 中美两国的资本产出比

资料来源：Wind，Haver Analytics，中金研究院。

## 产业链的安全关切：控制效率的损失

### 产业链安全：企业和政府不同视角的理解

对产业链安全的一般理解，集中于供应链的韧性和稳健性。这种理解主要体现在微观视角，着重于企业管理层面，强调跨国公司在运输、物流、仓储和生产等环节的平稳。2011年日本"3·11"大地震导致很多产业链出现临时性断裂，第一次敲响了全球产业链断裂的警钟。2020年新冠肺炎疫情导致产业链供应链中断，安全问题再度引起关注。吉恩·格罗斯曼等人分析了全球产业链断裂的风险以及相应的对策[1]。为了应对日益常态化的供应链扰动，跨国公司的管理从过去强调最小库存和即时性转为对抗极端风险情形，对策主要是提高供应链的冗余度和多元化，包括增加库存和备用产能、增加供应商、扩大产能的地理布局，等等。本质上，这种产业链安全是出自企业视角，为对抗尾部风险而做出的管理调整，其核心概念仍然是企业的风险收益最大化，与效率优先原则并不矛盾。

　　从政府视角看产业链安全，与企业视角存在差别。美国政府推行的一系列与产业链安全相关的政策，远远超出企业管理的范畴。美国政府直言要确保美国在重要科技领域对中国保持领先地位[2]，这种安全理解显然超出了通常讨论的供应链韧性或稳健性问题。对中国而言，国家层面的产业链安全并没有清晰的定义，政府强调的产业链安全往往以重要产业核心技术的"自主可控"为目标。中国追求"自主可控"，很大程度上与美国要同中国"脱钩"的威胁有关。中国产业链在产品制造和研发阶段大量引用美国技术。长期以来，美国是中国最大的技术引进来源地。2021 年，美国对华知识产权使用费净出口高达 82.5 亿美元，同年中国对美国知识产权使用费出口仅 5.2 亿美元[3]。这种不对称使得美国可以将"脱钩"作为一种威胁，而中国不得不应对这种风险。

　　政府层面的产业链安全考虑，可能与效率原则不一致。这种不一致存在两种可能性。其一体现在不同时间维度下效率和安全存在矛盾。对效率的追求集中体现为企业的利润最大化行为，但企业家可能过于关注短期目标，从长期来看，企业的行为可能带来产业链的安全问题。其二体现为加总谬误，即从个体角度看效率与安全是统一的，但加总起来就不统一了。企业在效率优先原则下的市场行为，从整个经济的角度看，可能与安全存在矛盾。安全与效率之间的矛盾，还体现为追求安全目标，有时候要以牺牲效率为代价。特别是对安全的考虑主要集中在"自主可控"时，在很大程度上意味着减少交易和分工，而交易和分工是效率的源泉，因此追求"自主可控"的过程在一定程度上会带来效率的损失。

---

[1]　Grossman, G. M., Helpman, E., & Lhuillier, H. 2021. Supply Chain Resilience: Should Policy Promote Diversification or Reshoring? NBER Working Paper.
[2]　"2021 年美国创新和竞争法案"，https://www.congress.gov/bill/117th-congress/house-bill/4521。
[3]　基于中国从国外技术引进合同金额数据，详见《中国科技统计年鉴 2021》。

政府从安全角度出发制定相关产业政策，可以看作一种为了提供公共品而干预市场的行为。一个关于安全的典型例子是国防，国防也是政府提供公共品的经典案例。当主要的经济体都把产业链安全理解为"自主可控"时，安全这一概念就与地缘政治因素相联系，也与国防具有更多的可比性。中美两国政府对产业链安全的考虑，基本上都与全球不断上升的地缘政治风险有关。由于地缘政治风险的不可控，产业链安全一定程度上与国家安全概念挂钩。地缘冲突对产业链安全的影响主要表现为"卡脖子"问题，例如俄罗斯对欧洲的能源供应存在"卡脖子"风险，欧美对俄罗斯的经济制裁在某种意义上也是"卡脖子"。产业链安全一旦因为地缘政治风险的因素上升到国家安全层面，就在一定程度上独立于成本收益的考虑，不再屈从于效率优先原则。

## 以国家创新体系应对地缘政治风险上升带来的安全挑战

冷战结束为战后全球化进入更深层次的阶段提供了有利的地缘政治条件，但当前全球地缘政治版图则朝向逆全球化的方向变化。俄乌冲突导致全球地缘政治矛盾显性化，地缘政治风险显著上升。在地缘政治风险上升的背景下，经济主体的风险偏好如果保持不变，则势必增加对安全的追求。因此，企业的产业链供应链管理需要更强的韧性和稳健性。同时，各国政府也需要付出更大的努力和更高的成本去追求产业链安全。

在地缘政治风险上升的背景下，很多国家都自然而然地把产业链的自主可控看作安全目标。但在全球产业链分工交易的复杂背景下，能够充分实现重要产业和技术自主可控的国家目前几乎不存在。即便是美国这样居于科技领先地位的国家，也并没有真正实现所有重要产业的自主可控。例如在新冠肺炎疫情暴发初期，美国在口罩、呼吸机和其他医疗器械的生产方面都存在严重的产能不足，依赖从中国的进口。

如何衡量产业链的安全？由于产业链的安全具有不同维度，因此不存在一个衡量产业链安全的标准指标。贸易条件、进口产品的集中度和出口产品的市场集中度，都可以一定程度上衡量一国的产业竞争力和对他国的依赖程度。就"自主可控"而言，人们常用某一产品或行业的国产化率来衡量。但值得注意的是，这些指标都具有片面的色彩。尤其是,我们不应该忘记产业链本质上是星空状的具有宏观特征的产业体系,而国产化率仅是一个静态的衡量,如果过分追求某一产品或行业的国产化率,很可能是刻舟求剑,舍本逐末。

与地缘政治相关的产业链安全问题,本质上是国家间的技术竞争。产业链安全,从美国的角度看是要保持技术优势,从中国的角度看是要实现技术追赶。因此,中美两国对产业链安全的考虑,根本上是中美两国的技术竞争。我们在前文讨论过,产业的地理分布很大程度上受到新经济地理学所揭示规律的支配。20世纪90年代以来众多跨国公司将生产基地迁到中国,主要与中国当时的要素禀赋相适应。随着中国经济的发展和要素禀赋的变化,一些跨国公司甚至是中国本土公司将部分产业外迁到其他国家,这不过是经济发展的规律使然,并非都会导致中国的产业效率和安全受损。

中美之间的技术"脱钩",确实对中国经济构成了一定的安全威胁。但这种安全威胁,并非意味着中国经济将因此而面临崩溃的危险,而主要体现为中国经济发展和创新能力提升的速度受到了一定的限制。例如,美国对中国限制高端芯片出口,这是中美技术"脱钩"的一个具体表现。但这并不会导致中国经济停止增长,更不会导致中国经济大幅衰退或者出现崩溃。这种技术"脱钩"的具体危害,是抑制了中国技术创新的增长速度,但并不能就此消灭中国技术进步的能力。

国家间的技术竞争由来已久,在根本上是国家创新体系之间的竞争。任何现有的技术都终将被更新的技术取代,因此即便是一个国家能够垄断某一项现有技术,也不代表这个国家能够垄断未来。而未来的技术优势一定会出现在我们目前仍然未知的科学和技术领域。因此,国家间的技术竞争,本质上不在于某项特定技术的领先与落后,而在于这个国家系统性地产生新知识、新技术和新产品的能力。而一国的创新能力,取决于该国自身的创新体系,并不取决于外部对某一项技术的限制。基于这一理解,实现"自主可控",关键并不在于实现某一项技术、某一产品或产业的"自主可控",而在于建立和完善国家创新体系,以确保不断产生具有经济可行性的创新技术和产品。国家创新体系,是由政府、大学、企业和市场所构成的有机体。其中,财政、金融以及软硬件基础设施都发挥着重要作用。市场和政府的作用也需要相互协调,缺一不可。市场发挥着基础性的作用，同时，政府也需要在基础研究方面弥补市场机制的失灵。①

## 中美有序竞争：控制逆全球化带来的效率损失

　　逆全球化必然带来效率损失。历史上，当主要的经济体从合作转向竞争的时候，常常会阻碍全球商品和要素的流动，导致国际贸易和投资的下降。第一次世界大战之后的全球化倒退一直延续到1937年，跨越了整个大萧条时期，其间国际贸易和与之相关的资金流动都大幅下降（见图1.7）。当前，逆全球化的一个重要表现是，中美关系从合作转向竞争，同时伴随着地缘政治风险的上升。中美双方如何在追求安全的同时尽可能地减少效率损失？中美两国首先需要确保进行有序的竞争。

　　有序竞争，体现在地缘政治层面，意味着中美两国需要避免从经济或技术的"脱钩"走向新冷战。俄乌冲突所表现出的种种混乱提供了前车之鉴。

　　中美之间有序的竞争，在经济层面，意味着中美经贸关系要维持一定的底线。这个底线在哪里？最近一轮的全球化，本质上是在传统的国际贸易关系上，增加了跨国公司以及相伴随的FDI和信息流动。那么逆全球化的界限就应该以维持正常的国际贸易为底线。中美"脱钩"，跨国公司的FDI按照新经济地理学和比较优势所揭示的效率原则重新布局整合，全球产业链也会在中美两国各自的安全关切下重新配置；全球贸易必然会因此受到一定程度的影响。但是，两国作为世界经济中的两个主要经济体，两国之间以及两国与第三方国家的制成品贸易不应该断绝或者大范围下降，即全球贸易不应该受到根本性的影响。

　　中美之间有序的竞争，在国际经贸秩序层面，意味着从WTO全面普惠式的自由贸易后退到特惠式的双边贸易协定和区域贸易协定，但不是无节制的贸易冲突。中美两国可以发挥自己的经济影响力，在全球范围内进行经济上的竞争，但是不应该以报复手段来威胁对方的经贸伙伴。这样，两国之间的经济竞争才会成为促进全球其他国家经济发展的良性力量，而不是破坏力量。

---

① 参考中金公司研究部和中金研究院所写的《创新：不灭的火炬》一书。

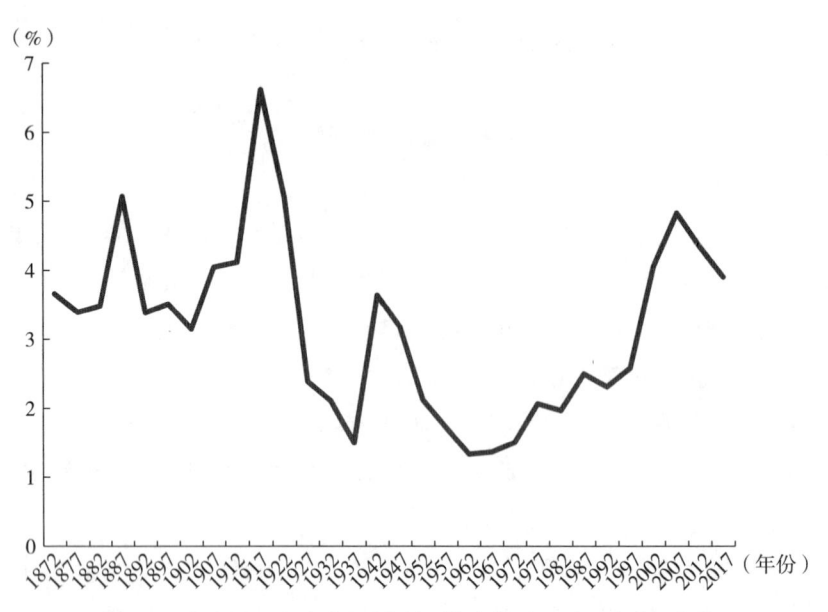

图1.7　全球15国经常账户平衡绝对值（占GDP之比）的平均值

资料来源：Obstfeld, M., & Taylor, A. M.（2004）. *Global capital markets: Integration, crisis, and growth*. Cambridge University Press；Our World in Data；中金研究院。

注：15个国家分别是阿根廷、澳大利亚、加拿大、丹麦、芬兰、法国、德国、意大利、日本、荷兰、挪威、西班牙、瑞典、英国、美国。

从美国的角度来说，美国可以推动制造业回岸和友岸来满足其全球产业链安全的诉求。从中国的角度来说，中国也可以通过产业政策来促进其制造业创新升级，提高自身的产业竞争力和自主可控的能力，来满足产业链安全的诉求。但双方对安全的追求，都会以牺牲一定的效率为代价。任何一方都不可能不计代价而无限制地追求产业链安全。双方会根据各自实践中的效率损失，来评估追求安全的最优程度，实现安全和效率的均衡。

控制效率的损失，对中国而言尤其重要。相比美国，中国在经济效率上仍然存在较大差距。以人均GDP衡量，虽然中国目前相比40年前获得了人类历史上空前的进步，但仍只有美国的1/5左右。对安全的关切，只有通过技术进步才能解决；而技术进步是经济增长的一部分。因此，安全的关切最终要在经济发展中解决，而经济发展仍然需要注重效率。对中国而言，安全和效率更具有统一性，所以中国更需要保持战略定力。即便世界局部地区风云变幻，中国也应该坚持和平发展的道路，"不管风吹浪打，胜似闲庭信步"，继续夯实经济发展和技术进步的底层基础，确保中国经济沿着趋势线继续发展。从根本上来说，以效率促安全则安全存，不计代价追求安全则效率与安全二者皆失。

## 思考与启示：中国产业的新优势

随着中国要素禀赋的动态变化和中国经济在高速发展中表现出的根本特征，我们发现中国当前参与全球产业链所拥有的优势已经与改革开放之初截然不同。当前，中国在制造业上拥有两项较大的独特优势：规模优势和节点优势，即中国作为超大型经济体所带来的规模经济优势和作为全球产业链分工重要节点所带来的优势地位。除此之外，面对当今世界两大技术发展潮流——数字化和新能源，中国的规模优势也为相关产业的发展提供了历史机遇。同时，中国过去40年所积累起来的较完备的产业体系也为中国发挥产业政策提供了更大的空间，也构成了中国面对国际竞争的优势之一。

### 规模优势

40年前，中国制造业的优势主要是廉价劳动力，但现在的优势则是规模优势。中国的规模优势体现在三个方面。第一，中国已经在长江三角洲、珠江三角洲、京津冀等地形成大规模的制造业产业集群，由此带来的集聚效应使得中国制造业遵循规模报酬递增的规律，获得了很大的成本优势。基于廉价劳动力而形成的低成本优势已经退居次要地位。未来，随着中国经济的持续增长，劳动收入也将持续上升，劳动力成本优势将进一步消退。但是，中国制造业的成本优势将由于规模经济而继续保持。因此，制约跨国公司将产业链迁出中国的主要因素，不在于劳动力成本，而在于规模经济效应，即一旦产业链上的企业迁出中国便无法享受此前产业集聚所带来的低成本。第二，中国已经形成巨大的市场规模。20世纪80年代，中国国内市场还很小，跨国公司进入中国时并不在意中国国内市场份额。但随着经济发展，中国居民收入持续增长，中国的购买力也逐步显现出来。中国市场对跨国公司日益重要，其中以终端消费品企业为主。例如韩国LG

集团，2021年其67%的收入来自中国市场，并且由于该集团的产品为消费品，中国是其不可忽视的终端市场；美国高通公司2021年收入的58%来自中国市场，但因为高通公司的产品是中间品，所以它对中国市场的依赖度没有数据显示的那么强[①]。除此之外，美国的苹果公司和特斯拉公司都有相当比例的收入来自中国市场。因此，那些严重依赖中国市场份额的企业将很难全面迁出中国，尤其是把中国作为终端市场的公司。即使美国政府会对这些企业施压，它们也可能会出于无法承受失去中国市场的巨大损失等原因，而游说美国政府放松相关的产业链安全政策。第三，中国的规模优势还体现为人口规模，为创新人才的涌现提供了巨大的基数。以创新和人力资本为主导的新增长理论，都显示人口规模本身具有促进增长的作用。其机制主要在于创新和人力资本积累的正外部性。人口越多的经济体，所享受到的正外部性也就越大。例如，创新人才很可能是按照一定概率在人群中出生的。人口越多的国家，拥有的创新人才总数也就越多，而创新人才是推动科学技术进步的直接力量，因此人口越多的国家科学技术进步的机会就越大。

值得注意的是，中国的规模优势中，产业规模和市场规模都是来自经济增长的。而中国的经济增长则是过去40年全球化和中国改革开放的结果，是效率提升的结果。可以说，正是过去长时期的经济效率提升，为中国创造了规模经济优势，使得中国能够在当前运用规模优势更好地应对产业链安全的挑战。这对中国未来发展的政策选择有很大的启示意义。中国在逆全球化的背景下，为了确保产业链安全，还应该继续推动国内的市场化改革，继续推动城市化，建设全国统一大市场。只有继续提高效率，扩大中国的规模优势，才能更好地实行产业链的安全政策。

中国的规模经济优势仍有扩大的空间。相比美国，中国经济的集聚度仍有提升空间。而且，中国经济的空间分布仍然存在行政区域导致的分割和不连续性。如果我们比较上海郊区和其紧邻的江苏省昆山市，就会发现上海郊区的发展大幅落后于仅一线之隔的江苏省昆山市。同样的情况在北京郊区与河北省之间也存在。然而这种情况在同为一线城市的广州市周边就不明显。一个合理的解释是，与省级行政区划相联系的行政管理和经济管理体制，仍然对资源配置存在显著的限制。而在同为

---

① 中国（不含港澳台地区）的收入占比由FactSet数据库参考2022年一季度结束前公布的各公司最新年报估算。

一省内部的广州市与东莞市之间，这种限制就要小得多。这种与行政相关联的体制性限制，可能通过户籍制度作用于劳动力市场，通过土地指标作用于资本市场，通过行政管理作用于商品和服务市场。未来，如果要进一步发挥中国的规模经济优势，则需要进一步打破与行政相联系的种种藩篱，真正建立和完善全国统一大市场。

## 节点优势

中国在当今全球经贸网络中已居于重要节点地位。这种节点优势为中国在后 WTO 全球经贸体制下发挥贸易影响力提供了条件。后文将对后 WTO 全球经贸体制做更详尽的描述。中国由于在全球经贸中的节点地位，拥有大量的经贸伙伴，因此在后 WTO 双边即多边特惠贸易协定的时代，仍将成为全球经贸的少数几个主导力量之一。耐人寻味的是，美国之所以要推行与中国"脱钩"的政策，也是出于美国对自身产业链安全的考虑。前文提到，美国对于产业链安全的理解强调供应链的韧性和稳健性，主要的政策是提高供应链的多元化。这在很大程度上与中国已经成为全球产业链供应链上的最大节点有关。在全球经贸网络里，20 年来中国已经从一个很小的节点成为最大的节点（见图1.8）。中国这种独特的节点地位，也意味着美国的供应链多元化政策导致一定程度上要与中国"脱钩"，否则其多元化政策无从谈起。

中国在全球贸易格局中的节点优势，也体现在中国在区域经济中的领导作用。通过对中国与各国进出口的增加值进行分析，我们发现中国与东亚邻国之间的产业融合度较高，但与美国、欧洲的产业融合度较低。中国从贸易伙伴进口的商品中所包含的本国增加值比重越高，表明中国有越多的中间品出口到该贸易伙伴，然后通过最终品的进口实现了这部分增加值的"出口转内销"。这种增加值在两国间的"出口转内销"，说明两国产业融合程度深。在过去30年，中国与亚洲邻国的产业内贸易指数不断上升，反映了彼此之间的产业融合程度在加深（见图1.9）。而中国与美国产业内贸易指数在中国"入世"之后呈现下滑趋势，说明中国与美国的贸易主要是基于比较优势的产业间贸易，在一定程度上支持前文所说的，中国和美国之间的贸易本质上是基于要素禀赋差异而展开的。

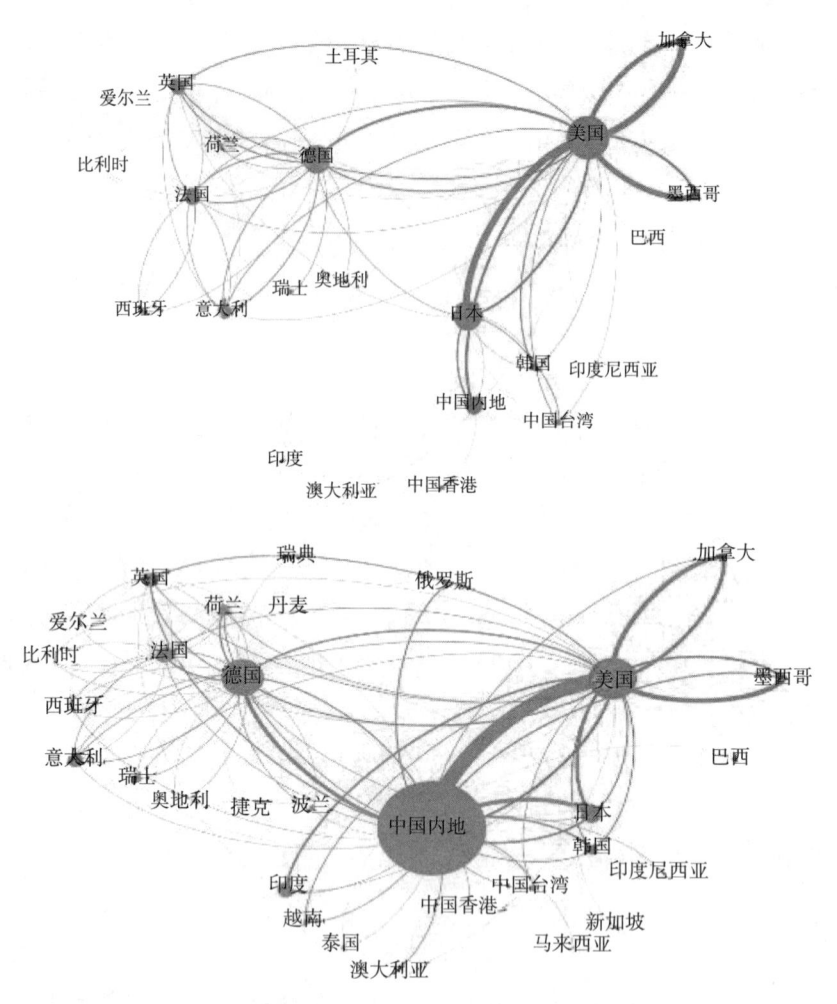

**图 1.8　全球产成品贸易网络变化（上图为 2000 年，下图为 2021 年）**

资料来源：《总贸易核算法：官方贸易统计与全球价值链的度量》（王直等，2015 年），ADB MRIO 数据库，中金研究院。

注：贸易流向图中体现了超过 50 亿美元（以 2000 年美元不变价计）的双边贸易，任意一条曲线代表按顺时针方向的上游节点出口商品至下游节点。节点大小代表经济体的总出口金额，曲线粗细代表双边贸易量的大小。

中国与亚洲邻国间深度融合的产业关系，意味着东亚各国的经济高度依赖与中国的经贸关系。而同时，这些国家在地缘政治上与美国和欧洲的冲突风险要小得多，因此这些国家有望成为制约美国同中国"脱钩"的重要维系力量。中国应该充分利用与这些国家的经贸联系，使之起到"黏合剂"的作用，在逆全球化的背景下，仍然通过这些"黏合剂"国家与美国、欧洲维持必要的经贸关系，以尽可能地减少逆全球化给中国带来的效率损失。

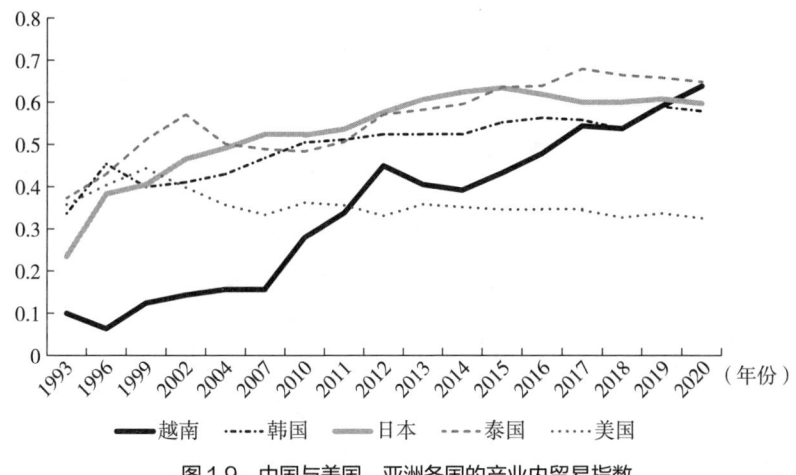

图1.9 中国与美国、亚洲各国的产业内贸易指数

资料来源：UN Comtrade，中金研究院。

注：产业内贸易指数（IIT）越高，产业内贸易程度越强，一般IIT大于0.5则意味着产业内贸易程度高，反之是产业间贸易程度高；方法来自 Greenaway, D., & Milner, C. (1983). On the Measurement of Intra-Industry Trade. *Economic Journal*, 93（372）：900–908。

## 技术进步的机遇和产业政策的空间

虽然全球化的趋势可能受阻，但人类技术进步的趋势仍将继续。当今世界的技术进步存在两个明确的方向，即数字技术和能源转型。中国在这两个方面都有相应优势，而且可以与规模优势和节点优势相结合，在中美竞争的背景下继续提高自身经济效率。由于中国的超大经济规模，中国在数字技术和能源转型过程中将享受丰厚的收益，也将发挥重要的作用。数字技术同时降低了交易成本和管理成本，对横向分工（以产品贸易为主）和垂直一体化（以要素流动为主）都可能起到促进作用。哪一种力量更大，需要看产业中成本分项的变化。但有一点是明确的，数字技术会进一步降低信息成本，扩大知识传播和人力资本积累的外部性，因此强化规模报酬递增的效应，这有利于像中国这样的超大规模经济体。能源转型是人类为了维持必要的生存环境而选择的可持续能源使用政策。更多地使用绿色能源，逐步减少化石能源依赖是一项全球范围内的政府干预行为，无法通过市场活动自发实现，严重依赖世界各国政府的协同合作。因此，能源转型本身就是延缓甚至阻碍逆全球化的一个因素。中美是碳排放量最大的两个国家，必须在能源转型领域协调行动，这将对中美"脱钩"形成很大的制约。

规模经济的延伸是范围经济。中国经济由于规模体量大，自然容纳了更多的产业和行业。中国制造业覆盖了当今世界上的绝大部分产品。这种覆盖范围广泛的产业结构，为中国产业链供应链的安全性提供了较高的保障。例如，在2019年底新冠肺炎疫情暴发时，中国可以在短时间内生产大量的口罩和相关的医疗用品，并出口全球。中国的产业结构不仅全面，而且日益强健，众多产业已经实现了国产技术对发达国家技术的赶超，例如家电、挖掘机、高铁、光伏、电动车等。国产技术发展较快，国产产品在较大程度上实现了对进口产品的替代。这种大面积成功的国产替代，在世界范围内实属罕见。二战后部分发展中国家选择将国产替代作为工业发展战略，但大多以失败告终。工业发展成功的经济体，比如亚洲"四小龙"等，推行的都是出口导向战略，即通过国际市场取得技术升级和产业赶超。

中国能够成功实现国产替代的产业，很大程度上要归功于巨大的国内市场规模。尤其是市场结构相对简单但市场容量广阔的产品，由于国内市场为国产品牌和技术提供了较大的试错空间，因此更容易实现国产替代，例如挖掘机、家电、电动车等。高铁、光伏产业的国产技术很大程度上受益于政府在国内市场中的主导地位。然而仍有一些产业，中国尚未实现国产替代和赶超，比如高端的机床、芯片等行业。这些产品的市场用户特征更为复杂，同时产品要求的技术积累程度深，牵涉面也更为广泛，包括科学原理、特种材料、加工工艺等。需求和供给方面的复杂性，使得这些行业的技术进步需要政府与市场协调合作，这不仅与一个特定产品的开发应用有关，也和与之相关的创新体系紧密关联。只有建立和完善创新体系，才能从根本上解决这些行业实现赶超所需要的人才培养、基础研究和市场推广等问题。中国的产业发展经验表明，巨大的国内市场规模为产业政策发挥作用提供了相对较大的空间。

第二章

# 规模优势：大国经济新的增长点

规模经济效应是指企业等微观个体通过扩大生产规模带动经济效益增加的现象，表现为平均总成本随着产量的增加而下降。这一特性反映到宏观层面上，则意味着当一国的人口或市场规模扩大时，将促进整体的分工与交易更加细化，从而提升经济效率。

按照规模经济的逻辑，大国的产业发展更好，大国相比小国经济增长更快，也更富裕。但现有宏观经济分析对规模的重视却相对不足，一个直观的现实是很多人口少的经济体比大国富有。这是因为在过去数十年的全球化时代，小国通过参与全球产业链分工协作享受了全球大市场带来的规模经济效应。

在逆全球化时代，小国参与全球分工、享受全球范围内规模经济效应的能力受限，同时，传统政治概念上的国家重要性上升，大国可以凭借自身规模积累更高的竞争优势。另外，知识型经济尤其是数字经济的发展放大了大国的规模优势。大国在国防和公共服务成本上的分摊能力也更强，这在地缘政治风险抬升的当下具有重要含义。

中国的人口和经济总量居世界前列，拥有在新形势下发挥大国规模优势的基础。把规模转化成经济的关键是发展市场经济、促进内部市场竞争，这首先要求做大国内消费市场、打造国内统一大市场。同时，要求重视负外部性和垄断等扭曲带来的市场失灵问题，尤其需要改进房地产、金融和数字经济治理机制。

逆全球化背景下，规模优势不仅是大国的一个新经济增长点，还可增强跨国合作的基础。大国的产业体系较大、产业链前后向联系更强，因而在新的全球产业链分工格局中占据优势。中国可围绕自身的产业体系，加强与各国的产业链融合，促进跨国深度合作，提升产业的效率和安全。[1]

---

[1] 本章作者：彭文生、周子彭、洪灿辉。

## 规模经济有望成为中国经济增长的重要来源

中国过去赖以实现经济高速增长的人口红利和全球化正渐行渐远，需要着力推动高质量发展。1978年以来，人口红利和融入全球市场帮助中国的GDP取得年均9.3%的高速增长[1]，实现了对美、日等发达经济体的迅速追赶。但中国劳动年龄人口数量下滑、老龄化导致储蓄率下降和资本积累速度放慢（见图2.1），中国经济未来亟须转向更依靠全要素生产率的发展模式。当前，中国经济处于增速换挡期，发展需求仍然很大。正如党的二十大报告所指出的，发展是第一要务，需要加快构建新发展格局，着力推动高质量发展[2]。有鉴于此，规模优势能否促进高质量发展，是本章要探讨的首要问题。

规模经济对于经济发展的促进作用值得重视。经济学理论认为，劳动力和资本投入可能遭遇瓶颈，全要素生产率提升才是经济长期发展的根本动力[3]。在实现全要素生产率增长方面，规模经济效应的促进作用不容忽视。具体而言，通过

---

[1] 数据来源：世界银行。
[2] 新华网受权发布：《习近平：高举中国特色社会主义伟大旗帜 为全面建设社会主义现代化国家而团结奋斗——在中国共产党第二十次全国代表大会上的报告》，2022年10月25日。
[3] Solow, Robert M. "A contribution to the theory of economic growth." *The Quarterly Journal of Economics*, 70.1（1956）: 65–94.

促进人的全面发展、打造完善的产业链、鼓励科技创新等，经济体能够以相同的投入获得更高的产出，从静态来看表现为规模经济效应。当规模经济效应持续发挥作用，在时间维度上就表现为总产出不断提高的长期发展。当前，中国经济的一个突出特点在于总量较大，人口数量长期位居世界第一，2020年GDP已相当于美国的70.3%[①]。如果中国借助人口和经济总量的大国规模，充分挖掘自身规模经济潜力，将能够更好地促进经济的发展。

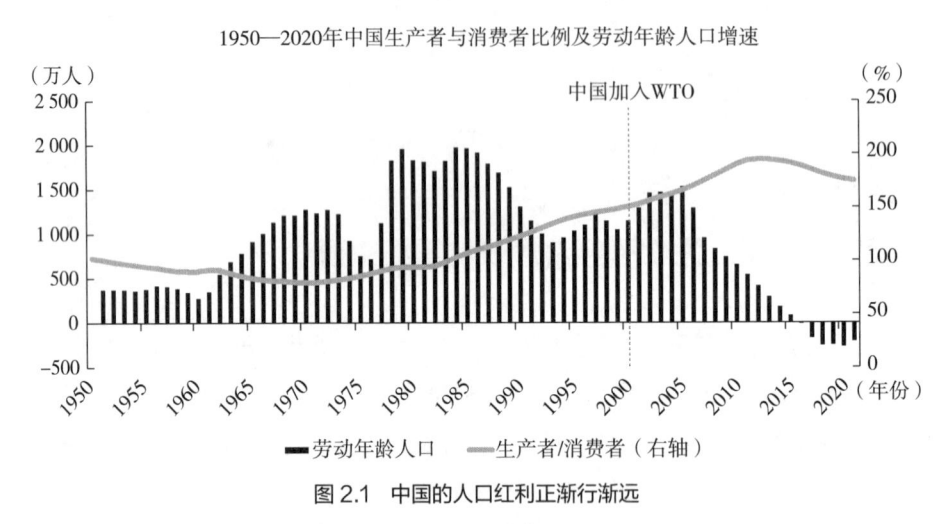

图 2.1 中国的人口红利正渐行渐远

资料来源：联合国经济与社会事务部人口司，中金研究院。

逆全球化背景下，大国规模优势更加显著。大国规模对于经济增长的促进作用，在现有宏观经济分析中强调得不够，部分原因在于相当多小国在过去数十年实现经济高速增长，迈入了富裕国家的行列。如何理解这一看似否定了规模经济效应的现象，全球化所扮演的角色值得关注。二战结束后的全球化和自由贸易时代，小国得以融入全球经济体系，扩大潜在市场规模，享有全球范围的规模经济效应。极端情况下，就算国内需求规模有限，小国仍可通过国际贸易享有规模经济效应。逆全球化给各国带来经贸摩擦，迫使各国更加依赖国内本土市场规模，再参与国际竞争。在此背景下，大国依托国内市场人口和经济规模，相比于小国

---

① 数据来源：世界银行。

更容易触发规模经济效应，拥有的规模优势更加显著。

逆全球化要求中国向更依赖规模优势的增长模式转变。在地缘政治冲突、科技竞争加剧的影响下，逆全球化趋势越发明显，全球产业链分工已经出现有所放缓甚至倒退的迹象[1]。随着过往的国际分工模式遭遇挑战，中国原有提升经济效率的路径均可能受阻，包括高度依赖外需和比较优势的出口模式、利用贸易的学习效应等。相反，国内市场对于技术进步、经济增长和贸易模式的决定性作用变强。因此，大国规模优势在中国经济增长中扮演的角色可能将更为重要。

在大国竞争的背景下，中国发展知识型经济更应该依赖规模优势。除逆全球化以外，当前另外一个值得重视的新趋势是知识型经济，尤其是数字经济的蓬勃发展。相比传统经济，知识型经济的非竞争性和规模经济效应更强，企业或产业初始规模的大小往往决定着其之后竞争力的高低。而大国更有能力支持知识型经济的初始高额投入和后续多维度创新的规模，在发展知识型经济上拥有更多天然的优势。换言之，大国的国内市场扮演着初始孵化器的角色，可以更快地培育出成熟的知识型产品，并迅速占领国际市场。例如，中美成为互联网巨头主要所在国，而欧洲企业则在全球竞争中相对落后。但这也意味着，各国政府更倾向于对内扶植本国企业，对外采取市场分割、贸易保护的政策。面对其他国家这一颇具竞争性的动机，中国更应依靠规模优势为本国知识型经济争取更有利的发展环境。

## 什么是大国规模优势

本部分要讨论大国规模优势，首先要理解一个国家规模的具体含义，可以从如下三个维度加以定义。一是人口的维度，包括人口总量、消费者数量、生产者数量、人力资本存量等。正如亚当·斯密所指出的[2]，"一个国家的繁荣，最明显的标志就是人口的增加"。更多的人口、消费者或生产者总量意味着潜在需求市

---

[1] James H. Deglobalization: The rise of disembedded unilateralism. *Annual Review of Financial Economics*, 2018, 10: 219–237.

[2] Adam Smith, *The Wealth of Nations*, 1937.

场更大或者劳动力供给更充沛，而人力资本则代表人口质量，带来更高的经济效率和科技创新能力[1]。二是经济总量的维度，包括市场和生产体系、企业和产业的类型、数量和上下游关系等，例如 GDP、工业增加值等。经济总量不仅衡量了一国经济的整体生产能力，还与代表一国消费潜力的需求市场规模有关。三是国家或经济体的维度，与规模所对应的制度环境、交易成本有关，因而划定了规模经济效应的边界。例如，在全球化时代，开放经济体的规模经济效应超越了自身的国境线边界。而在逆全球化、地缘政治冲突的背景下，国内市场规模对于发挥规模经济效应的重要性更强，国境线等边界划定出的制度环境对于思考规模经济效应变得更重要。

大国规模优势是指，单位生产活动的经济效益随着国家规模扩大而递增、凭借更大的人口总量和经济总量规模拥有额外竞争优势的现象。首先，大国的人口和潜在市场规模更大，帮助该国在产业端和贸易端更专注于规模报酬递增的领域。其次，大国的国防安全性更高，公共品提供的分摊成本更低，各地区间能够相互提供保障，实现风险对冲，经济增长更稳定。最后，大国更有能力在水利、防污染等领域出台相关措施，从而将各区域发展的外部性在更大的范围实现内部化，提升经济效率。

但是，大国要真正发挥规模优势，需要满足一定的条件。现实中，许多大国面临"碎片化"因素，因而无法发挥规模优势的潜力。极端情况下，大国成为一大堆小区域的脆弱联合体，整体表现反而被削弱。首先，族群异质性大，国家规模扩大带来文化、种族与语言等方面的异质性增加，削弱不同区域的聚合力。其次，国家管理层级多，导致整体行政效率低。同时，大国还可能陷入区域利益冲突的泥沼，例如贫困地区需要中央政府予以财政支持，而富裕地区则希望保持财政独立。最后，地理或行政壁垒可能导致内部要素或商品交易成本过高，不利于促成一体化市场。因此，大国要充分发挥规模优势，面对的一项重大议题就是如何克服上述的"碎片化"因素。

综上所述，我们认为中国具有增长需求大、人口总量和经济总量大等特点，

---

[1] Robinson E A G. *The Size of the Nation and the Cost of Administration in Economic Consequences of the Size of Nations*. Palgrave Macmillan, London, 1960: 223–240.

在逆全球化和知识型经济发展的背景下，规模优势有望接替人口红利和全球化，成为未来中国经济增长的重要来源。

## 大国规模优势的理论来源及其作用

### 规模经济和范围经济共同构成了大国规模优势

人口和市场规模促进分工发展，在产业端带来了规模经济效应。早期经济学理论更偏向于从生产端探讨规模经济的来源，例如规模如何促进分工和分工形式等。亚当·斯密认为人口规模扩大带来分工细化，提升了劳动生产率并使整体经济呈现规模报酬递增[1]。阿尔弗雷德·马歇尔进一步区分了企业内部分工和企业外部的产业发展两个渠道[2]，其中后者来源于劳动人口规模扩大推动的产业发展，企业因而得以通过共享熟练劳动力市场和其他基础设施提高生产效率，表现为外部规模经济。在此基础上，阿瑟·杨格指出需求市场规模的扩大还将带来产业间分工这一新形式，包括迂回生产方式[3]和中间品部门崛起等，进一步提升经济效率[4]。更重要的是，基于杨格的理论，需求端作为规模经济效应的来源之一也开始得到重视。

需求与供给相互促进，要素和产业集聚增强了规模经济效应。新经济地理学理论将规模经济效应的多个来源加以综合考虑，认为一定地理范围内的要素和产业集聚将增强规模经济效应。首先，产业发展更倾向于靠近大市场，运输成本导致最终品生产商和中间品生产商被吸引至更大的消费市场和最终品生产商集聚地，即产业的后向关联效应。同时，最终品生产商被吸引至中间品生产商集聚地，要素被吸引至产业发展更好的区域，即产业的前向关联效应。两个效应共同作用，相互促进，引导要素和产业向特定区域集聚，呈现规模报酬递增。其次，随着区域内产业集聚，企业得以共享基础设施，增强产业间分工，产业发展的正

---

[1] Adam Smith, *The Wealth of Nations*, 1937.

[2] Marshall A. *Principles of Economics: Unabridged eighth edition*. Cosimo, Inc., 2009.

[3] 迂回生产是指先制造生产工具，再生产产品的生产方式。

[4] Young A. Increasing returns and economic progress. *The Economic Journal*, 1928, 38（152）: 527–542.

外部性增强了规模经济效应。最后，运输成本支撑要素集聚并推高聚集地收入水平，帮助优势区域构建更大的本地需求市场规模，进一步强化规模经济效应。

范围经济是大国规模优势的另一个重要来源。范围经济是指由产品种类而非数量扩张带来的效率提升，即同时生产多种产品的费用低于分别生产每种产品所需成本的情况。具体来看，企业或产业的纵向一体化策略、产品多样化策略、共享销售和研发渠道等，均有可能带来范围经济效应[①]。由于小国受限于国内人口和市场规模，产业发展往往聚焦于特定领域且高度依赖海外市场，因此小国在实现范围经济方面处于不利地位，也较难借助其获取规模优势。与之相反，大国依托广阔的国内市场，更有能力推进生产多样化，充分利用国内资源和技术创造新的产品和服务，因此能够容纳更多元的产业，产业间分工也能做到更细。此外，规模经济和范围经济还有相互促进的作用，而这也是需要足够大的市场和产业纵深才能够实现的。因此相对小国而言，大国更有能力发展范围经济，成为大国规模优势的额外来源。

总的来看，在其他条件相似的情况下，我们认为大国拥有更大的人口规模和经济规模以及更广阔的地理空间，能够支持更大范围、更高效的分工和分工形式，更有能力发展多产业链和多区域聚集。这些都是大国规模优势的重要来源。

## 大国规模优势促进产业发展和经济增长

大国可以容纳更高强度的企业竞争和创新，有利于培育更大、更有竞争力的企业[②]。首先，大国规模为更多企业和产品的存在提供了充足的空间，有利于促进竞争，带动企业下调加成定价比率。较低的加成定价比率迫使企业必须卖出更

---

① Sakhartov A V. Economies of scope, resource relatedness, and the dynamics of corporate diversification. *Strategic Management Journal*, 2017, 38（11）: 2168-2188.

② Desmet K, Parente S L. Bigger is better: market size, demand elasticity, and innovation. *International Economic Review*, 2010, 51（2）: 319-333.

多产品才能实现盈亏平衡,企业规模随之扩大[①]。均衡状态下,大国更大的市场规模能够培育出规模更大、竞争力更强的企业。其次,依托大国规模发展起来的大企业能够将研发固定成本摊销到更多产品上,使得投入技术研发更加有利可图,也更有能力支持多线路创新[②]。

市场规模拓宽创新的空间,带动本国产业发展与升级。创新活动可划分为两类:一类是需要初始大额投入、规模效应较强的创新;另一类则是初始投入较小、规模效应不那么强的创新[③]。大国的企业规模更大,能够支付初始大额投入,因而在具备规模效应的创新中占有优势。相反,小国企业仅能够参与规模效应不那么强的创新,但由于大国企业同样可参与此类创新,小国企业因此面临更激烈的成本竞争。更重要的是,这意味着大国规模在拓宽企业创新空间的同时,还能够激励产业发展。换句话说,大国由于在两类创新中均占优势,因此有能力在规模报酬更高、更高精尖的产业领域中占据优势地位。

新增长理论认为大国规模优势带来更高的经济增速。传统理论认为经济增速与规模无关,这是因为其假设各国拥有同样的外生技术水平,落后小国反而增长更快。这一结论对于二战后全球化时期的跨国趋同具有一定的解释力,但对于某些国家陷入增长停滞、美国长期保持增长领先等事实却显得无能为力。与新古典理论有所不同,20世纪80年代兴起的新增长理论认为技术进步来自于中学[④],或是通过人力资本积累和研发投入获得[⑤]。而大国能够支持大规模生产、人力资本积累和研发投入,技术进步和经济增长因此更快。更重要的是,技术在一国范围内具有强溢出效应,一旦产生即可被所有行业共用,大国在增长端还享有额外的规模经济效应。在上述因素的共同推动下,大国规模优势带来更高的经济增速。

---

① Campbell J R. and Hopenhayn H A. Market size matters. *The Journal of Industrial Economics*, 2005, 53 (1): 1–25.

② Argente D, Baslandze S, Hanley D. and Moreira S. Patents to products: Product innovation and firm dynamics. 2020.

③ Fagerberg J, Fosaas M. Innovation and innovation policy in the Nordic region. 2014.

④ Romer P M. Growth based on increasing returns due to specialization. *American Economic Review*, 1987, 77 (2): 56–62.

⑤ Lucas Jr R E. On the mechanics of economic development. *Journal of Monetary Economics*, 1988, 22 (1): 3–42.

国家之间增长分化主要来自工业化进程带来的规模经济效应差异。新增长理论下，经济增长中起主要作用的是规模经济效应，导致大国增长持续快于小国[1]，从而推翻了新古典经济学绝对趋同的结论。这一理论认为经济增长的源泉在于一国启动大规模工业化进程所带来的规模经济效应，可以解释自19世纪后半叶以来美国与其他国家发展差距不断拉大的"大分流"现象[2]。例如，西欧和日本在二战后启动了工业化进程，得以触发规模经济效应，实现了对美国的增长追赶。相反，部分国家的工业化进程缓慢，导致这些国家出现增长滞后。

## 规模帮助大国在跨国产业链中占据主导位置

传统贸易理论忽视了规模的重要作用。对于国际贸易模式，传统比较优势理论认为，一国如果对某种产品有更高需求就会进口该种产品。这是因为该理论认为贸易的根本驱动力源于各国在生产端的差异，即比较优势。同时，如果生产端呈现规模报酬递减，为满足一国更高国内需求的生产活动应该被分摊至多个国家，表现为该国进口更多该种产品，跨国间的需求差异在生产端被缩小了。

新经济地理学理论强调国内大需求市场将带来本地市场效应，对国际贸易模式有决定性影响。对于规模报酬递增的行业，大国借助更大的人口总量和经济总量，规模经济效应更强，这在出口端表现为本地市场效应。具体而言，借助更大的需求市场，本国企业积累了初始规模优势，产品的生产成本更低、质量更好。本国企业因此在国际竞争中占据优势，迅速抢占市场，表现为本国出口更多该种产品，并通过全球销售巩固规模优势。换言之，规模报酬递增将本地需求反馈至生产端，随后本国生产和出口更多该种产品。有学者[3]甚至认为国际贸易是国内生产活动跨越国境线的延伸。在此过程中，本国需求规模是触发本地市场效应的关键因素，这意味着大国应更加重视需求侧的规模优势。

大国在差异化和复杂度高的行业更可能拥有本地市场效应。从经济合作与

---

[1] Lucas Jr R E. Making a miracle. *Econometrica: Journal of the Econometric Society*, 1993: 251–272.
[2] Williamson J G. *Trade and poverty: when the Third World fell behind*. MIT press, 2013.
[3] Linder S B. *An essay on trade and transformation*. Stockholm: Almqvist & Wiksell, 1961.

发展组织（OECD）成员的经验来看，本地市场效应确实存在，例如这些国家的雷达通信、汽车制造等行业[1]。具体到国家层面，超大型和超小型经济体的本地市场效应更强[2]。这是因为超大型经济体的本地市场更大，天然具备相当的规模。超小型经济体则在过去数十年的全球化进程中，通过专注于特定产业、融入全球产业链而享有规模经济效应。在产业层面，运输成本、差异化程度和复杂度更高的行业，本地市场效应也更强[3]。这是因为此类产业往往需要更大额的初始投入，更大的本地市场能够支持这一投入并触发后续更强的规模经济效应。例如，发达国家因人口老龄化问题、国民支付能力更强等，国内医药需求市场规模更大，激励了医药领域更多的创新和研发投入[4]，本地市场效应帮助这些国家在医药的出口端占据更大优势[5]。

规模优势帮助大国的产业和出口集中于高质量、高附加值和高精尖产品上。本地市场效应反馈回国内产业端，进一步强化大国规模优势，对经济和产业发展具有重要促进作用。一方面，大国规模优势提升国内消费者的收入水平，帮助国内消费者转向更高质量、更高精尖的产品[6]。需求端的改善将带动本国产业和出口部门升级，并在科技创新方面进行更多的投入[7]。另一方面，大国国内市场和企业的规模更大，能够承担大额初始投入，更有能力发展规模报酬递增程度高的产业。因此，小国仅能够出口中等规模报酬的产品，大国更有能力发展并出口高

---

[1] Head K, Mayer T. The empirics of agglomeration and trade. *Handbook of regional and urban economics*. Elsevier, 2004, 4: 2609–2669.

[2] Crozet M, Trionfetti F. Trade costs and the home market effect. *Journal of International Economics*, 2008, 76（2）: 309–321.

[3] Hanson G H, Xiang C. The home-market effect and bilateral trade patterns. *American Economic Review*, 2004, 94（4）: 1108–1129.

[4] Acemoglu D, Linn J. Market size in innovation: theory and evidence from the pharmaceutical industry. *The Quarterly journal of economics*, 2004, 119（3）: 1049–1090.

[5] Costinot A, Donaldson D, Kyle M, et al.. The more we die, the more we sell? a simple test of the home-market effect. *The Quarterly Journal of Economics*, 2019, 134（2）: 843–894.

[6] Redding S, Venables A J. Economic geography and international inequality. *Journal of International Economics*, 2004, 62（1）: 53–82.

[7] Melitz M J, Ottaviano G I P. Market size, trade, and productivity. *The Review of Economic Studies*, 2008, 75（1）: 295–316.

规模报酬的产品①。综合来看，本地市场效应使得国家间可能呈现出"核心－外围"的分化发展格局，大国借助庞大的国内市场规模，在产业和经济发展上持续拥有竞争优势。

大国在全球产业链分工中发挥主导作用。借助国内市场规模，大国更有能力促进本国产业发展，这对全球产业链分工格局具有深远含义。诺科等人②认为，"最优安排下，全球产业链分工应提高低生产成本（降低高成本）企业对所有国家的销售量，同时降低所有国家的企业数量，尤其是在市场规模和技术不占优势的非临近国家"。具体作用机制上，降低企业数量是指推动跨国产业链整合。提高低生产成本企业的销售量意味着产业链整合是以加强竞争、挤出低效率企业为前提的，这有助于强化整体的规模经济效应。更重要的是，规模优势可以降低大国对其他国家的产业依赖度，同时提升其他国家对大国的产业依赖度③。大国因而在组织或参与全球产业链方面占据主导地位，具体表现为小国融入大国主导的产业链。周边小国与大国的贸易成本更低，需求偏好更接近，融入大国主导产业链的程度也更深。

## 规模优势在大国增长实践中有突出表现

### 20世纪初，美国凭借规模经济效应取得经济和技术领先地位

19世纪美国的生产和分配政策相对平等，持续吸引大量移民涌入。英格尔曼和索科洛夫④发现，"与同期其他国家相比，美国的土地、财富和政治权利分

---

① Holmes T J, Stevens J J. Does home market size matter for the pattern of trade? *Journal of International Economics*, 2005, 65（2）: 489–505.

② Nocco A, Ottaviano G I P, Salto M. Geography, competition, and optimal multilateral trade policy. *Journal of International Economics*, 2019, 120: 145–161.

③ Fernandes A M, Kee H L, Winkler D. Determinants of Global Value Chain Participation: Cross-Country Evidence. *The World Bank Economic Review*, 2022, 36（2）.

④ Engerman S L, Sokoloff K L. Factor endowments, inequality, and paths of development among new world economics. 2002.

配更平等，带来了后续更平等的政策，吸引了大量移民涌入"。以 1862 年美国《宅地法》为例，该法向美国公民或申请入籍的外国人分配土地[①]，促进了土地所有权的平均分配。1900 年美国农村地区民众拥有土地的比例高达 74.5%，1895 年阿根廷这一数字仅为 19.2%，而 1910 年墨西哥这一数字更是低至 2.4%[②]。1870 年美国已有 4 000 万人口，比英国高 29.2%。并且，美国人口数量在后续 50 年里保持高速增长，不断拉开与英、法、德等国的差距（见图 2.2）。

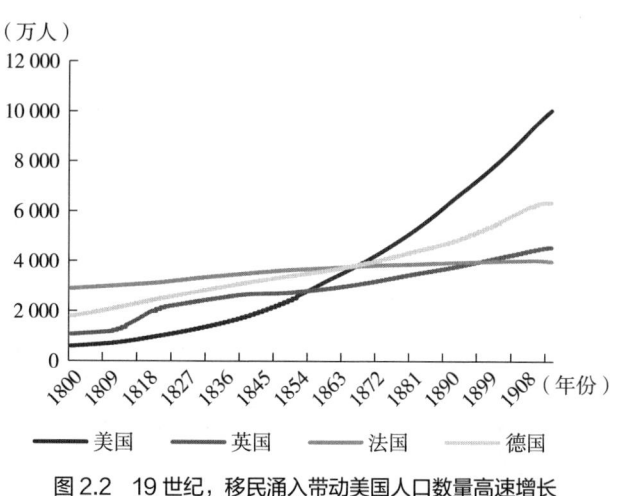

图 2.2　19 世纪，移民涌入带动美国人口数量高速增长

资料来源：Our World in Data，中金研究院。

借助完善的交通和商业基础设施，以及更同质的消费群体，美国成功打造了国内大市场。1850 年，美国境内铁路总里程仅为 9 021 英里[③]，略高于英国的 6 621 英里。1865 年内战结束后，在整合南北双方原有铁路网的基础上，美国进入了铁路建设的高峰。到 1910 年，美国境内铁路总里程已达 25 万英里，远超

---

[①] 该法案规定凡年满 21 岁的美国公民，或符合入籍规定申请加入美国国籍的外国人，为了居住和耕种，免费或缴纳 10 美元登记费，即可领得不超过 160 英亩的西部国有土地。耕种 5 年后，或 5 年内在宅地上居住满半年并按每英亩 1.25 美元缴纳费用者，所领取的土地即归其所有。

[②] Engerman S L, Sokoloff K L. Factor endowments, inequality, and paths of development among new world economics. 2002.

[③] 1 英里约为 1 609.344 米。

同期其他国家（见图2.3）。与此同时，内战期间南北双方的军事需要推动了电报网络的普及，并在内战结束后组成了覆盖全境的电报通信网络。这些均为形成美国国内统一大市场奠定了基础。保罗·罗默[1]指出，"完善的交通系统和商业基础设施，有效地将大多数公民连接到一个真正的国内统一市场"。1900年，美国的国内市场规模仅相当于英国的68.7%，但到1910年，这一数字已上升至112.3%，美国成功打造了全球第一的国内统一大市场[2]。相反，内森·罗森伯格[3]则发现，"英国收入分配相对不均，制造业的需求来自追求产品质量的上层阶级，难以形成提升工业化程度所需的国内统一大市场"。

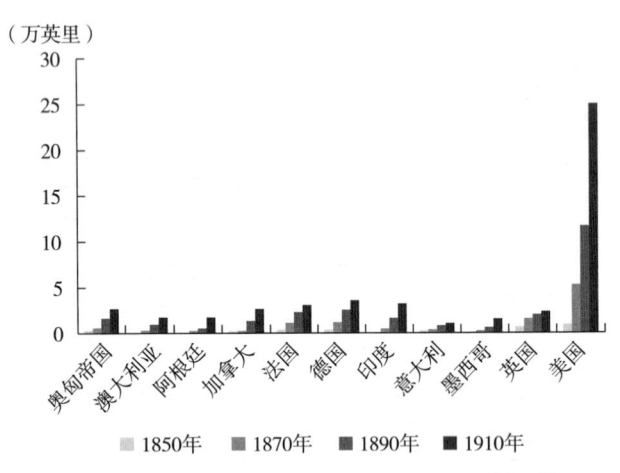

图2.3 19世纪中叶起，美国境内铁路总里程增长显著

资料来源：Hurd（1975）[4]，中金研究院。

---

[1] Romer P M. Why, indeed, in America? Theory, History, and the Origins of Modern Economic Growth. 1996.

[2] Liu D, Meissner C M. Market potential and the rise of US productivity leadership. *Journal of International Economics*, 2015, 96（1）: 72–87.

[3] Nathan Rosenberg. "Factors affecting the diffusion of technology." *Explorations in Economic History*, 1972, 10（1）: 3.

[4] Hurd II J. Railways and the Expansion of Markets in India, 1861—1921. *Explorations in Economic History*, 1975, 12（3）: 263–288.

依托国内统一大市场，美国产业朝大规模、标准化方向发展，产业的前后向关联得到增强。1860—1914年，各国关税较高，平均水平在10%~25%[1]。同时，美国自内战结束后奉行贸易保护的李斯特主义，关税的平均水平接近40%[2]，远高于同期其他国家。在高关税的有力保护下，美国的企业和产业得以依托国内统一大市场迅速发展起来。理查德·纳尔逊和吉尔伯特·怀特[3]发现，"美国本土由相对同质的消费者构成国内统一大市场，引导企业推行标准化产品的大规模生产方式，促进了专用机械行业的发展和科技创新。相比其他国家，美国企业普遍更加资本密集和资源密集，且单个企业的规模也要大得多，美国的优势来自对资源禀赋和人口禀赋的规模化运用"。此外，内森·罗森伯格[4]也指出，"大规模生产引导美国大型企业在内部设立了专门生产设备的部门，这些部门随着生产规模和产业的扩大逐渐发展成独立的专业设备企业。产业间分工带来额外的规模经济效应，帮助美国实现在工业机械、农业设备、硬件和其他工程产品等出口的不断增长"。

美国逐渐取得全球经济和产业技术领先地位。尽管直到20世纪初，欧洲工业界对美国同行的评价并不高，认为美国过度强调生产和速度，而非质量和耐用性[5]。但是，布劳恩[6]发现，"依托庞大的本土市场和企业规模，美国产业界对技术进行大额投入的意愿更高，也逐渐成为许多新技术落地应用的试验场，从而取得全球技术领先地位。19世纪末到20世纪初，许多发源于欧洲的技术均是在美

---

[1] Clemens M A, Williamson J G. Why did the tariff-growth correlation change after 1950. *Journal of Economic Growth*, 2004, 9（1）: 5–46.

[2] Irwin D A. Trade policy in American economic history. *Annual Review of Economics*, 2020, 12: 23–44.

[3] Nelson R R, Wright G. The rise and fall of American technological leadership: the postwar era in historical perspective. *Journal of Economic Literature*, 1992, 30（4）: 1931–1964.

[4] Nathan Rosenberg. "Technological change in the machine tool industry, 1840—1910." *The Journal of Economic History* 23.4（1963）: 414–443.

[5] Headrick, Daniel R. *The Tentacles of Progress: Technology Transfer in the Age of Imperialism, 1850—1940*. Oxford University Press, 1988.

[6] Braun H J. "The National Association of German-American Technologists and Technology Transfer between Germany and the United States, 1884—1930." *History of Technology* London 8（1983）: 15–35.

国落地，并通过大规模生产带来的规模经济效应取得迅猛发展，包括铁路、汽车、电气技术等"。在取得技术领先地位的同时，美国经济也取得了令人瞩目的增长，美国与英国人均收入比从1879年的70%上升至1929年的130%，美国成功取代英国成为全球经济和技术的领头羊[1]。

政府和产业界相互配合，推动本国资源禀赋的规模化运用。19世纪后半叶，美国政府有感于本国产业发展相当依赖丰富的自然资源和农业收入带来的庞大中产群体，在地质、农学和金属冶炼等基础研究领域持续加大投入。大卫和加文·怀特[2]指出，"成立于1879年的美国地质调查局使得美国在培养采矿工程师方面迅速上升到世界领先地位，帮助美国实现对丰富自然资源禀赋的大规模运用"。美国企业则专注于偏实用的技术，这同样是结合了现实的必然选择。考虑到美国企业更偏向于大规模生产，注重经验的、干中学的实用技术更有利于充分发挥规模优势。综合来看，这一时期的美国政府和企业从需求导向出发，发挥大国在相关投入上的人均成本优势，相互配合强化了本国的规模优势。

## 上一轮逆全球化，美国凭借规模优势巩固增长领先地位

大国规模优势在上一轮逆全球化中表现突出。1850—1914年的第一轮全球化，主要表现为从落后国家到发达国家的移民。大量移民的涌入导致美国等发达国家的底层劳动者受损，政府的控制力变弱，国家之间的对抗情绪加强，为1914年第一次世界大战的爆发创造了条件。一战严重扰乱了国际贸易与金融体系，并带来两次世界大战之间的第一轮逆全球化。逆全球化导致跨国间增长分化加剧，尤其是小国的增长速度落后于大国。例如，理查德·纳尔逊和吉尔伯特·怀特[3]指出，"美国国内大市场足以支持生产力的快速增长，以及新技术

---

[1] Romer P M. Why, indeed, in America? Theory, History, and the Origins of Modern Economic Growth. 1996.

[2] David P A., and Gavin Wright. "Resource abundance and American economic leadership." Center for Economic Policy Research Paper 267（1992）.

[3] Nelson R R, Wright G. The rise and fall of American technological leadership: the postwar era in historical perspective. *Journal of Economic Literature*, 1992, 30（4）: 1931-1964.

和新产品的持续开发和传播。相反，小国和高度依赖外需的工业国受冲击最严重"。另一边，威廉姆森[1]则指出，"爱尔兰在第一轮全球化过程中对外移民更多，推动了本地收入水平的上升，但也丧失了工业化所需的规模，因而在逆全球化时期陷入增长滞后"。

美国凭借国内统一大市场进一步巩固产业和经济领先优势。两次世界大战的第一轮逆全球化时期，美国凭借国内统一大市场进一步巩固竞争优势，推动了本国产业和经济的发展。例如，美国汽车工业在20世纪初期便实现大规模生产。此后的30年时间里，在各国关税壁垒持续上升背景下，美国汽车出口量占全球比重不断攀升，1928年达到72.1%[2]。此外，发端于欧洲的电气技术也在美国得到广泛应用，使用电力的工厂从1891年的25%上升至1930年的75%；使用电力的家庭从1909年的33%上升至1939年的96%。在国内统一大市场和规模优势的帮助下，美国进一步巩固了增长领先优势。1900—1928年，美国工业产值占全球比重从23.5%上升到了39.5%[3]。

## 在欧盟一体化进程中，德国发挥了欧洲区域内大国的规模优势

2005年后，德国经济表现转好，并在2008年金融危机期间实现逆势复苏。1998—2005年，德国GDP年均增速仅有1.2%，失业率更是从1998年的9.2%上升至2005年的11.1%，这一经济表现为德国带来了"欧洲病人"的称号[4]。然而，2005—2019年，德国GDP年均增速提高至1.6%，成为"欧洲经济巨星"[5]，而且2008年金融危机和欧洲债务危机对其增长的拖累相对有限。2010年德国失

---

[1] Williamson J G. Globalization, convergence, and history. *The Journal of Economic History*, 1996, 56 (2): 277–306.

[2] Bairoch P. International industrialization levels from 1750 to 1980. *Journal of European Economic History*, 1982, 11 (2): 269.

[3] Foreman-Peck J. The American challenge of the twenties: Multinationals and the European motor industry. *The Journal of Economic History*, 1982, 42 (4): 865–881.

[4] *Economist*. 2004. "Germany on the Mend." November 17. http://www.economist.com/node/3352024.

[5] Made in Germany: Europe's Economic Superstar (https://www.films.com/ecTitleDetail.aspx?TitleID=29218).

业率降至 7.7%，并持续下滑至 2021 年的 3.5%。与此同时，2011 年德国出口高达 1.74 万亿美元，占 GDP 比重接近 50%，占全球出口比重为 7.7%[1]。

德国借助国内市场和区位优势，推动欧洲区域内市场的一体化。1990 年两德统一扩展了德国国内市场的潜在规模。在此之后，为弥合东西德发展落差，德国政府在财政转移支付、科技创新扶持等方面持续向东德地区倾斜。这些举措缩小了地区间发展差距，推动德国国内市场迈向一体化[2]。同时，德国是欧洲区域内邻国最多的国家，具备推动欧洲市场一体化的独特区位优势。在欧洲区域内，德国与 9 个国家拥有共同边境，其中 8 个国家是欧盟成员国。借助强大的国内市场、产业基础和区位优势，德国深度推动了欧洲市场一体化，包括向其他欧盟国家开放本国劳动力市场等[3]。2004 年后，德国支持更多国家加入欧盟，例如德国主导的"柏林进程"引导塞尔维亚等东欧国家加入欧盟，扩大了欧盟的地理边界和潜在规模。

德国已成为欧洲产业链中心，深度得益于欧洲区域内市场的一体化。德国经济之所以能够在 2008 年后逆势复苏，关键是在欧洲区域内一体化进程中发挥了大国的规模优势[4]。首先，德国在欧盟共同市场中扮演了关键角色。2018 年，德国从欧洲国家的进口高达 5 861 亿欧元，而对欧洲国家的出口则高达 6 966 亿欧元，德国已成为整个欧洲区域产业链和贸易中转的核心[5]。据贝塔斯曼基金会发布的调查报告[6]，得益于欧盟共同市场，德国每年增收 860 亿欧元，比其他任何一个欧盟成员国的年增收都要多。其次，德国也从欧洲共同货币中获益颇多。有

---

[1] Dustmann C, Fitzenberger B, Schönberg U, et al.. From sick man of Europe to economic superstar: Germany's resurgent economy. *Journal of Economic Perspectives*, 2014, 28（1）: 167–88.

[2] Gramlich J., East Germany has narrowed economic gap with West Germany since fall of communism, but still lags. Pew Research Center, September 2019.

[3] Burda M C, Hunt J. What explains the German labor market miracle in the Great Recession? National Bureau of Economic Research, 2011.

[4] Dustmann C, Fitzenberger B, Schönberg U, et al.. From sick man of Europe to economic superstar: Germany's resurgent economy. *Journal of Economic Perspectives*, 2014, 28（1）: 167–88.

[5] Stephanie Schoenwald and Dr Klaus Borger, Why Germans Benefit from the EU, KfW, 2019.

[6] Mion G, Ponattu D. Estimating Economic Benefits of the Single Market for European Countries and Regions. Policy Paper. Bertelsmann Stiftung. 2019.

研究指出[①]，德国从欧元区货币一体化中获益1.9万亿欧元，人均约23 116欧元。最后，欧盟东扩延展了共同市场的边界，德国得以更进一步推动区域内产业链整合。在此过程中，东欧和东南欧国家成为德国大企业的廉价生产基地，帮助德国产业在出口端巩固竞争优势。2017年，德国与波兰、捷克、斯洛伐克和匈牙利四国的货物贸易额达2 560亿欧元，其中大部分是德国企业在本土和中东欧国家的工厂之间进行的[②]。

## 形成鲜明对比，苏联和印度未能充分挖掘规模潜力

生产与消费脱节，制约了苏联的规模优势。如前文所述，市场经济带来的需求规模对于发挥规模经济效应、经济增长和技术进步至关重要。然而，马焕明[③]指出，"为保证重工业的高速增长，苏联政府减少并抑制社会消费需求，把资源集中到重工业部门，导致消费品供应紧张。为解决消费品短缺与社会需求增加的矛盾，政府一方面实行必需品定量配给，另一方面通过提高周转税的办法剥夺新的需求，化解、弥合供求脱节并维持特权阶层的特殊供应"。苏联生产和消费之间的逐渐脱节，不仅抑制了规模经济效应的发挥，也制约了技术进步，拖累了长期经济增长。据布利尼（1991年）的测算，"苏联的全要素生产率增速稳步下滑，在1970—1980年的某个时间点甚至演变成了负增长"。因此，尽管苏联人口总量在1970年后持续增长，但人口总量的规模优势未能得到充分发挥，经济增长逐渐落后于美国（见图2.4）。

2021年，印度劳动参与率为41.6%，其中男性劳动参与率为76.0%，女性劳动参与率仅为20.3%。与之相对，2021年中国劳动参与率为68.1%，其中男性劳动参与率为74.8%，女性劳动参与率为59.8%。过低的劳动参与率意味着印度未能充分发挥劳动人口的规模潜力，这主要源于两个方面的原因。一方面，性别歧视等"碎片化"因素妨碍了女性就业。印度女性劳动参与率远低于中国，是全

---

[①] Gasparotti, Alessandro, and Matthias Kullas. "20 years of the euro: Winners and losers." *CEP* 25（2019）.
[②] BMWK. Facts about German foreign trade. September 2019.
[③] 马焕明：《关于苏联消费品短缺问题的经济学分析》，《俄罗斯研究》2004年第1期。

球较低国家之一。过低的女性劳动参与率并不完全因为就业岗位短缺,家庭责任、社会歧视和安全问题对印度女性就业的影响更大,进而影响了全社会的劳动参与率。另一方面,产业发展不力也不利于发挥人口规模优势。除女性外,印度年轻男性的劳动参与率同样不高,15~24 岁男性劳动参与率仅为 37.2%,大幅低于中国的 52.0%(见图 2.5)。部分原因是印度产业的发展呈现出典型的"跨工业化"特征,直接从第一产业过渡到第三产业。此外,印度的劳动法规定雇员数量在 100 人以上的企业,大规模裁员须经印度政府同意,且可能面临长达 7~8 年的诉讼纠纷,变相阻碍了企业做大规模,同样不利于制造业等第二产业的发展。由于

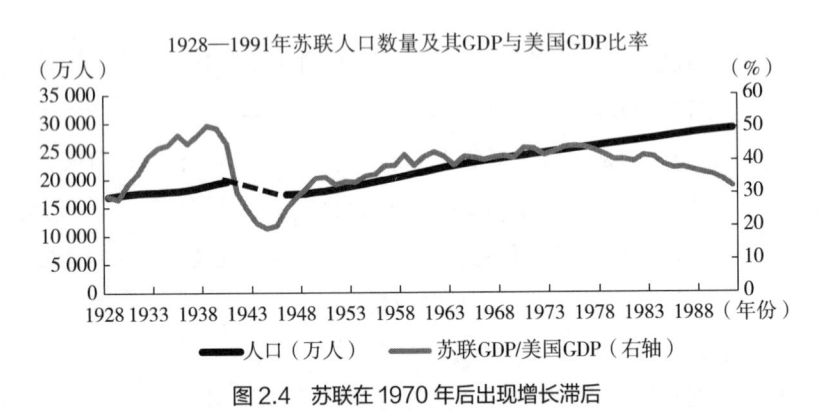

**图 2.4 苏联在 1970 年后出现增长滞后**

资料来源:Maddison Project Database,中金研究院。

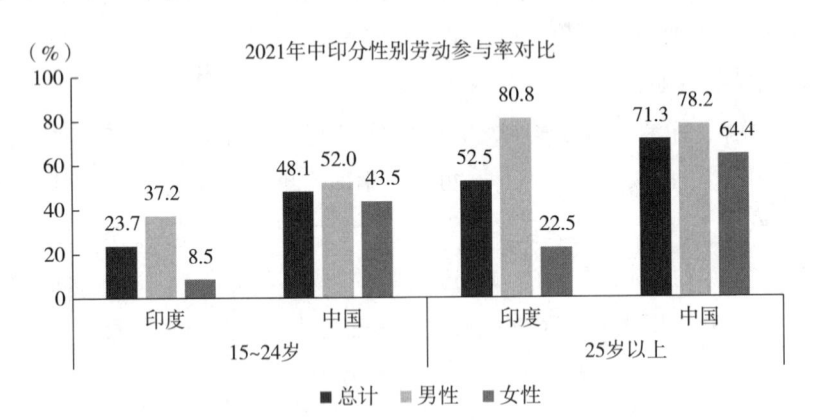

**图 2.5 印度女性就业率不足削弱劳动市场规模**

资料来源:联合国经济与社会事务部人口司,中金研究院。

大国产业链

048

第二产业未能吸纳大量就业，整体失业率高企降低了印度年轻人的就业意愿和就业能力。2010—2019年，印度的劳动年龄人口增长了15.7%，但就业人数仅增长了7.2%，不足前者的一半，这也是印度年轻人劳动参与率不高的原因之一。

## 中国规模经济效应的现状及存在的问题

### 中国具备发挥规模优势的基础

中国的人口总量和经济总量蕴藏着规模潜力。2021年，中国的人口总量高达14.12亿，第二名印度的人口总量为13.93亿，均远超第三名美国人口总量的3.32亿。同时，中国的规模潜力在经济总量方面也相当突出。2021年，中国GDP（现价）达17.73万亿美元，排全球第二。若按购买力平价计，2021年中国GDP达27.31万亿国际元，位列全球第一，是印度（10.22万亿国际元）的近3倍[1]。中国在人口维度上拥有全球最多的潜在消费者，而全球第一的购买力平价GDP总量也为消费提供了有力支撑。此外，更高的GDP总量也意味着中国产业发展态势更好，就业机会更多，是在产业端发挥劳动人口总量优势的重要基础。劳动力数量端，中国的规模优势潜力更加突出。劳动人口数量方面，2021年中国15~64岁人口为9.89亿，仅比印度的9.40亿高出5.3%。但中国15~64岁劳动力数量（＝劳动人口数量×劳动参与率）达8.10亿，比第二名印度的4.71亿高出72.3%，相当于印度、美国、印度尼西亚和巴基斯坦四国的总和（见图2.6）。中国的劳动力数量之所以远超其他国家，得益于中国女性普遍享有就业机会，且经济总量更高、产业发展更充分，能够为庞大的劳动人口提供充足的就业岗位。尽管中国的劳动参与率在近年有所下滑，但2021年仍有68.1%，远超印度的41.6%[2]。总的来看，中国在劳动人口方面具备相当大的规模潜力。

---

[1] 数据来源：世界银行。
[2] 数据来源：联合国经济与社会事务部人口司。

2021年各国人口总量与15~64岁劳动力数量

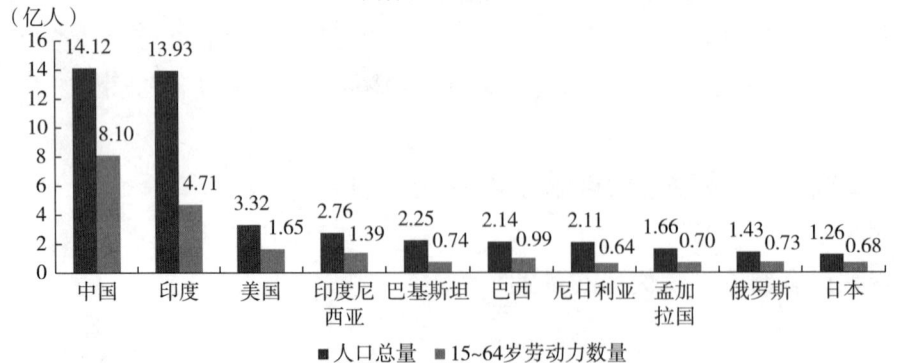

| 国家 | 人口总量（亿人） | 15~64岁劳动力数量（亿人） |
|---|---|---|
| 中国 | 14.12 | 8.10 |
| 印度 | 13.93 | 4.71 |
| 美国 | 3.32 | 1.65 |
| 印度尼西亚 | 2.76 | 1.39 |
| 巴基斯坦 | 2.25 | 0.74 |
| 巴西 | 2.14 | 0.99 |
| 尼日利亚 | 2.11 | 0.64 |
| 孟加拉国 | 1.66 | 0.70 |
| 俄罗斯 | 1.43 | 0.73 |
| 日本 | 1.26 | 0.68 |

图 2.6　中国拥有全球第一的人口总量和劳动力总量

资料来源：联合国经济与社会事务部人口司，中金研究院。

中国的人力资本存量也位居世界前列。2020 年，中国受过高等教育的人数高达 2.1 亿，比美国和印度的总和还多。2016 年，中国的科学、科技、机械和数学相关专业（简称 STEM 专业）毕业生高达 470 万人，远超第二名印度的 260 万人和第三名美国的 56.8 万人[1]。较高的人力资本存量，预示着中国在促进科技创新和产业发展方面的潜力。

但也应意识到，中国发挥大国规模优势面临着窗口期。联合国经济与社会事务部人口司预测，中国人口总量在未来 20~30 年内或将出现一定程度的下滑（见图 2.7）。人口总量下滑会伴随着老龄化程度的加剧，给经济发展带来双重压力。这意味着在大力鼓励生育、提高人口出生率之外，中国还应抓住当前人口总量和劳动力总量全球第一、GDP 规模全球第二的重要窗口期，挖掘自身规模潜力，以此对冲人口红利和人口总量下滑对产业发展和经济发展的拖累作用。

## 中国出口部门显现规模经济效应

在国际贸易端，中国已初步显现规模优势。2000 年以来，中国已逐渐成为全球制造业和产业链分工的中心之一，2018 年中国制造业占全球制造业的比重

---

[1] 数据来源：World Economic Forum。

1950—2100年中国人口总量及预期值

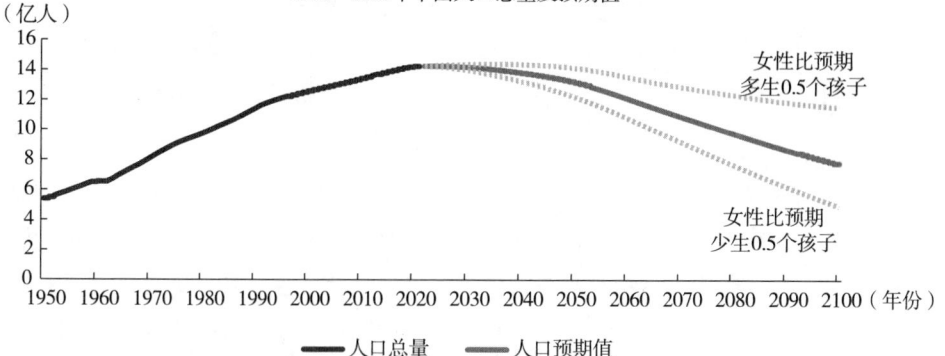

图2.7 中国的人口规模优势面临窗口期

资料来源：联合国经济与社会事务部人口司，中金研究院。

注：人口总量统计时间为当年1月1日，预期值始于2022年。

高达27.3%[1]。依托国内市场和产业的规模优势，中国在26个制造业中的24个拥有本地市场效应[2]，包括化工、通信电子、交通设备和机械设备制造等。按行业来看，资本密集型行业的本地市场效应最强，技术密集型行业次之，而资源密集型和劳动密集型行业则不具备本地市场效应[3]。与前文结论一致，本地市场效应更可能存在于初始投入大和规模报酬递增程度高的行业，资本密集型和技术密集型行业更具备上述特征。从出口目的地来看，中国对东南亚和中亚地区出口的本地市场效应更强[4]，由于这些地区在地理偏好和需求偏好上与中国更接近，基于中国本土需求设计和生产的产品也更容易销往当地。在对其他发展中国家的出口上，中国的本地市场效应不强。

---

[1] Baldwin R, Freeman R. Risks and global supply chains: What we know and what we need to know. National Bureau of Economic Research, 2021.

[2] 陈雯、李佳璐：《我国制造业出口的本地市场效应研究——基于引力模型的实证分析》，《世界经济研究》2012年第2期。

[3] 余群芝、户华玉：《中国制造业的本地市场效应再检验——基于增加值贸易视角》，《中南财经政法大学学报》2021年第3期。

[4] 黄志华、何毅：《基于引力模型的中国与34个"一带一路"沿线国家的本地市场效应研究》，《中国软科学》2020年第3期。

中国光伏产业的崛起印证了本地市场效应的重要性。中国拥有庞大的本土光伏需求市场，2019 年中国光伏累计装机容量达 205 兆瓦时，占全球比重的 32.6%，远超美国和日本等其他国家[①]。借助国内充足的原材料和较大的需求规模，中国光伏企业积累了初始规模优势。在单个企业内部，中国企业更多地使用机器推动产品标准化并简化生产流程，降低了生产成本。而在企业外部，中国光伏产业形成了专业化的生产商和供应商集群，使得光伏企业更容易获得关键投入品，从而进一步提高了生产效率。从结果来看，中国已培育出极具竞争力的光伏产业，在中国本土市场占有率接近 100%[②]。更重要的是，中国光伏企业的规模通常是美国同类企业的 4 倍，推动生产成本的大幅降低进而占领欧洲甚至全球市场。2019 年，借助本土市场需求优势，中国光伏产业在全球市场取得了 76% 的市场占有率[③]。

另一个用好本地市场的例子是电信设备产业。中国是全球最大的电信设备市场，世界上一半的 4G（第四代移动通信技术）基站安装在中国，中国已建造 70 万个 5G（第五代移动通信技术）基站，而数量仅次于中国的韩国只有 11.5 万个[④]。通过将本地大需求市场与理工科人才众多等要素禀赋优势加以有机结合，中国通信企业在国际市场上颇具规模优势。一方面，依托本国大需求市场，中国企业能够在研发上投入大量资金，从而在海外市场提供更具吸引力的解决方案；另一方面，中国多样化和专业化的劳动力支持新设备和技术解决方案的开发设计，工程师红利在大规模生产过程中得到充分利用。在这两个因素的共同推动下，中国电信设备产业的本地市场效应相当突出，对于同类产品，中国企业的定价比国际竞争对手低 10%~30%，中国企业的全球市场份额也保持持续扩张[⑤]。

## 中国的规模优势仍有提高空间

从需求端来看，国内消费大市场有待进一步培育。从总量来看，中国的人口

---

① Kratz A. Home Advantage: How China's Protected Market Threatens Europe's Economic Power. 2021.
② 数据来源：International Energy Agency（IEA）。
③ 数据来源：ECFR。
④ 数据来源：ECFR。
⑤ Kratz A. Home Advantage: How China's Protected Market Threatens Europe's Economic Power. 2021.

总量和GDP［2017年PPP（购买力平价）不变价］均位列全球第一，代表着全球最高的潜在消费者数量和潜在购买力。然而，中国私人部门消费占比却低于美国和欧盟，位列全球第三（见图2.8）。此外，各国的私人部门消费占比均高于自身的GDP或人口总量占比，而中国则是均低，表明中国在人口总量和GDP的规模优势向消费的转化仍存在不足。从结构来看，相比快速消费品和可选消费品，中国的奢侈品消费在占比和增速两方面表现相当突出（见图2.9）。2019年，中国是全球第一大奢侈品市场，占比高达33%[1]。正如《迈向橄榄型社会》一书所指出的[2]，中国在过去10年基尼系数稳中有降，但仍在较高水平，其中2020年为0.47，高于国际上0.4的警戒线水平。收入分化导致的消费分化现象，降低了国内市场需求的同质性，不利于中国在需求端形成大国规模优势。

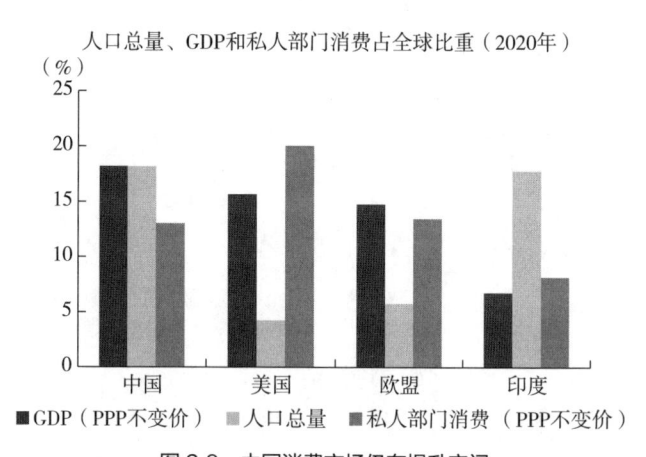

图2.8 中国消费市场仍有提升空间

资料来源：世界银行，中金研究院。

注：私人部门消费为住户部门以及为住户部门服务的非营利机构的最终消费。

从产业端来看，中国规模优势在高精尖产品领域的体现仍不充分。据哈佛大学公布的经济复杂度指数（Economic Complexity Index，以下简称ECI），当前中国的ECI全球排名为第17位，在过去10年中提升了7位，整体表现突出。

---

[1] BCG, Tencent. Digital Luxury Report, 2020.
[2] 中金研究院、中金公司研究部：《迈向橄榄型社会》，中信出版社，2022年。

然而在具体产品层面，在产品复杂度指数（Product Complexity Index，以下简称 PCI）大于 1.3 或 1.8 的产品领域，中国的净出口占比分别为 13.0% 和 0.4%，大幅落后于德国的 19.5% 和 5.2%，以及日本的 21.6% 和 11.6%。更值得注意的是，尽管中国在 PCI 大于 1.3 的产品净出口占比远高于美国的 4.9%，但 PCI 大于 1.8 的产品净出口占比仅相当于美国（2.3%）的 1/6[1]。这不仅凸显了中国在关键技术领域面临"卡脖子"的风险，也意味着中国的规模优势未得到充分发挥，在带动企业和产业升级、迈向更高精尖领域等方面仍存在明显不足[2]。

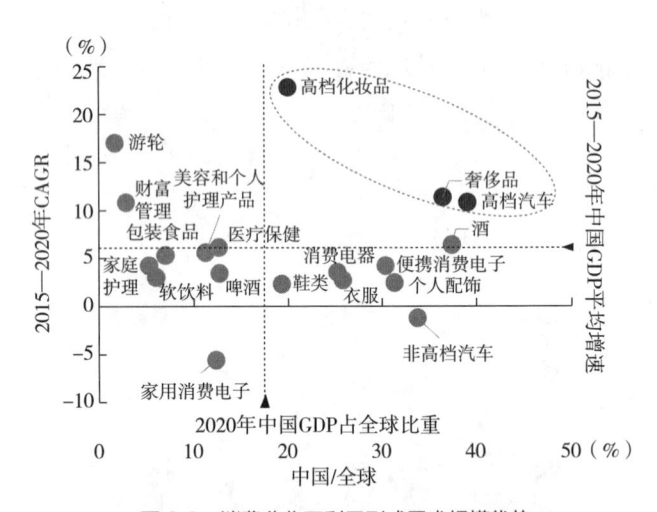

图 2.9 消费分化不利于形成需求规模优势

资料来源：Euromonitor，McKinsey，IHS Markit，世界银行，中金研究院。

注：CAGR 为年均复合增长率。

以高端装备领域为例，中国仍存在重整机、轻配套和中高端供给不足的现象。中国高端装备行业在注重整机环节研发的同时，却相对忽视了核心器件的配套，导致核心器件的国产化率相对较低。具体到工业机器人领域，中国对工业机器人的需求占全球的 30% 左右，但无论是在上游的控制器、减速器等核心器件

---

[1] 资料来源：Harvard ATLAS 7.0。
[2] 关于科技创新更具体的讨论，参见中金公司研究部、中金研究院《创新：不灭的火炬》一书，中信出版社，2022 年。

环节，还是在中下游的大规模产业化落地和系统集成，日本均占据突出的优势地位。此外，依托地产和基建投资带来的旺盛需求，中国挖掘机产业实现了工艺积累和蓬勃发展，在部分领域已跻身世界前列。然而，在试错成本相对更高的工业车床领域，本土制造业的旺盛需求并未成功转化为相关行业的发展动力。中国高端装备行业的现状表明，本土市场规模在促进产业间分工、提高产业链的前后向关联和核心器件的供给，尤其是帮助产业朝更高精尖、规模经济效应更强的产品领域发展等方面仍存在明显不足。

## 中国发挥规模优势的制约因素

正如前文所述，中国的国内大消费市场仍有提升空间，规模优势对产业发展的促进作用也未充分体现。究其原因，外部性和垄断这两个市场机制的潜在缺陷，使得规模基础未被有效转化成竞争优势。其中，收入分化、土地部门的拖累和产融结合垄断，是中国发挥大国规模优势需着力破解的三个制约因素。

收入分化不利于形成大规模的需求市场。大国拥有更大的人口总量和经济规模，是推动大规模生产、利用规模经济效应促进产业和经济发展的基础。然而，大国要发挥这一规模优势，却存在着先决条件。具体而言，只有当主导产业发展收益惠及大多数人且消费需求相对同质时，大国人口总量才能够有效转化为对本国制造品的庞大市场需求，而后者是触发规模经济效应的关键所在[①]。英国等国的经验表明，贫富分化导致本国富裕阶层倾向于购买进口奢侈品。在这种情况下，经济发展收益不能被国内工业部门吸收，大国规模优势也就无从谈起。如前文所述，当前中国仍面临经济增长收益向消费转化不足、消费分化等问题[②]。未来需要更注重收入分配端的公平，为发挥需求侧的规模优势奠定基础。

土地部门对其他产业造成挤压且天然垄断，导致规模不经济。首先，相比其他行业，与土地密切相关的行业如建筑行业的劳动生产率增长较慢，可能将拖累

---

① Murphy K M, Shleifer A, Vishny R. Income distribution, market size, and industrialization. *The Quarterly Journal of Economics*, 1989, 104（3）：537–564.

② 关于收入分配问题的更具体讨论，参见中金研究院、中金公司研究部《迈向橄榄型社会》一书，中信出版社，2022年。

整体生产率的提升和产业往更高精尖的方向发展。1995—2014 年，建筑行业的劳动生产率仅提升了 21%，低于同期总体劳动生产率的 70% 和制造业生产率的 97%[1]。此外，土地所有权的分布不均带来收入分化，导致本国制造业的需求不足，并转向非技术密集型的发展路径，增长滞后。宏观上，这表现为土地部门过度挤占经济发展收益，对其他产业的发展具有负外部性[2]。其次，厂房、机器设备、研发投入等在规模扩大后可以被共享，固定投入分摊带动了单位成本下降。然而，土地具有更强的排他性，在扩大土地使用规模时，道路、水电等基础设施投入必须按比例增加，固定成本难以被分摊。这一特性意味着土地是规模扩大时最短的那块板，为其带来溢价能力和垄断权力。因此在微观上，土地部门本身也是高度规模不经济的。过去十多年，中国地产行业经历了高速发展，这也是未来发挥大国规模优势需要重点关注的领域之一。

规模经济可能带来垄断，而垄断是否可容忍则取决于可竞争性。大国规模优势使得本国企业发展的规模更大、享有更高程度的规模报酬。然而，头部企业可能因此积聚更强的市场势力，极端情况下甚至导致垄断，反而可能阻碍产业的发展和升级。20 世纪初，美国的规模优势催生了 J.P. 摩根和卡耐基等大型财团，这些财团控制了金融机构以及钢铁、电话电报等诸多产业，相应的垄断问题妨碍了产业发展，广受社会各界诟病[3]。在发挥规模优势的过程中，如何处理好垄断与竞争之间的关系，关键在于垄断是否具备可竞争性[4]。具体而言，当垄断具备可竞争性时，垄断者会迫于潜在竞争压力，持续投入创新和效率提升，往更高精尖的方向迈进。从长期来看，这种垄断对效率的危害较轻，甚至反而有利于促进产业发展，强化本国规模优势。

产融结合破坏了竞争的公平性，同样会损害规模经济效应。在产融结合模式下，综合金融集团同时控股金融机构和实体企业，将其享有的政府信用担保延伸至实体部门，使得实体企业能够更轻易地在市场竞争中胜出，获取市场势力。更

---

[1] 数据来源：GGCD-10，OECD，WIOD，World Bank。

[2] 彭文生：《渐行渐远的红利：寻找中国新平衡》，社会科学文献出版社，2013 年。

[3] Brinton W C. Graphic methods for presenting facts. Engineering magazine company, 1919.

[4] Baumol W J. Contestable markets: an uprising in the theory of industry structure. Microtheory: applications and origins, 1986: 40–54.

严重的情况是，金融集团借助政府信用担保带来的便宜资金，使得低效的实体企业长期生存甚至蓬勃发展，其垄断是不可竞争的，对本国产业和规模优势的挤出效应更强。例如，过去数十年全球过度金融化所导致的产融结合就损害了整体经济效率，带来规模不经济[1]。中国也存在着少部分企业盲目向金融业扩张，风险和问题不断累积的现象[2]。要根本解决产融结合带来的不可竞争性垄断，关键是严格限制金融机构将其所享有的政府信用担保延伸至实体部门，推动分业经营、产融分开。事实上，这也是美国政府自 1933 年金融监管改革后一直坚守的根本底线[3]。

## 思考与启示：如何更好地发挥中国的规模优势

中国可从两个方面发挥大国规模优势，促进产业链发展与合作。逆全球化和知识型经济发展的新形势下，中国本身就具备一定的规模基础，可促进内部市场竞争，推动大规模生产、激活规模经济效应。在此基础上，中国还有能力将其他国家融入本国主导的产业链中，发挥区域内大国的沟通和协调作用。综合来看，中国可在做大本地市场和利用好本地市场两个方面发力，在国内产业链发展和升级、地区产业链构建与重塑，以及国际经贸合作各个方面发挥并强化自身的大国规模优势。正如党的二十大报告所指出的，依托我国超大规模市场优势，以国内大循环吸引全球资源要素，增强国内、国际两个市场两种资源联动效应，提升贸易投资合作质量和水平[4]。

---

[1] Pogach J, Unal H. The dark-side of banks' nonbank business: Internal dividends in bank holding companies. FDIC Center for Financial Research Paper, 2019.
[2] 中国人民银行金融稳定分析小组：《中国金融稳定报告 2020》，中国金融出版社，2020 年。
[3] Omarova S T. Beyond Finance: Permissible Commercial Activities of US Financial Holding Companies. An Unfinished Mission: Making Wall Street Work for Us, A Report by Americans for Financial Reform & the Roosevelt Institute, 2013: 110–125.
[4] 新华网受权发布：《习近平：高举中国特色社会主义伟大旗帜 为全面建设社会主义现代化国家而团结奋斗——在中国共产党第二十次全国代表大会上的报告》，2022 年 10 月 25 日。

## 纠正市场机制缺陷，做大本地市场

重视需求侧的规模红利，促进内部市场竞争。规模经济效应来源于分工和交易细化，其关键基础在于具备相当的规模和相对完善的市场经济机制。一方面，中国拥有庞大的人口和经济规模，但需求侧的规模红利却仍有提升空间。多国发展经验表明，重视收入公平是形成庞大消费者群体的基础。当前，中国正着手打造橄榄型社会，"两头小、中间大"的收入分配结构有利于形成对本国产品的大需求市场，而后者是大国规模优势的基础。另一方面，在人口和消费市场规模以外，规模经济效应的另一个关键要素是发展市场经济，相对完善的市场经济促进分工和交易，大国的人口和经济规模得以更有效地转化为竞争优势，这一点在美国和苏联的增长对比中体现得尤为明显。但与此同时，市场经济也存在着外部性和垄断这两个潜在问题，且两者相互联系。针对市场机制缺陷，可大力促进内部市场竞争，减少外部性与垄断的负面影响，将规模经济和市场经济结合好。

纠正外部性，加强高质量公共品供给和金融监管。一方面，交通和商业基础设施、教育、医疗、科技创新等领域的供给是提升国内市场一体化水平的关键，但这些领域具有较强的正外部性，私人部门难以充分地有效提供，或因收取高溢价而导致额外的不平等。因此，中国可依托大国在公共投入分摊效应强的优势，通过加大公共投入弥补市场的不足。此外，光伏和通信等行业的经验表明，政府在加大公共品供给的同时，还能够为相关产业带来较大的市场需求，推动大规模生产。事实上，这也是美国政府在19世纪所采取的措施，包括推动铁路网建设、成立美国地质调查局以培养相关人才等。另一方面，金融机构可能借助政府的信用担保推动产融结合，过度追求高风险、高收益。产融结合在带来不可竞争性垄断的同时，还使得这些机构免于市场的激励约束，给整个市场经济带来负外部性。中国当前也存在少部分企业盲目向金融业扩张，风险和问题不断累积的现象[①]。针对这些综合金融集团，中国可借鉴美国等国自1933年以来的做法，通过加强监管控制负外部性，即推动分业经营、产融分开。

坚持反垄断和参与全球竞争，减少大型知识型企业对创新的阻碍。知识型经

---

① 中国人民银行金融稳定分析小组：《中国金融稳定报告2020》，中国金融出版社，2020年。

济尤其是数字经济的一大特点在于更强的规模经济效应和范围经济效应，中国可更好地厘清规模和垄断的关系，借助国内市场规模培育出更大体量的数字企业，帮助本国产业在国际竞争中占据优势地位。但是，这也意味着头部企业可能积累市场势力，阻碍市场竞争、产业创新和经济效率。针对这一问题，首先可坚持反垄断、反不正当竞争，提升知识型产业的可竞争性，减轻头部企业对创新和经济效率的损害。此外，还可鼓励头部企业"走出去"，参与全球市场，通过更大范围的竞争反哺国内市场，提升经济效率。但是，知识型经济更强的规模经济效应意味着各国政府拥有限制他国企业进入的倾向，例如在技术标准、跨国数字治理、隐私保护等方面构建贸易准入壁垒。针对这一问题，中国可从贸易协定、产业政策等方面入手，积极探索与他国在规则层面上的合作，为本国知识型产业开拓国际市场，以及为知识型经济发展创造更加公平有利的国际环境。

土地部门的规模不经济来自外部性和垄断的相互交织。宏观上，土地部门可能造成对实体经济的挤压，例如土地相关行业的生产率增速慢拖累整体生产率水平，房地产价格制约居民消费能力等。微观上，土地的天然垄断导致其本身就是规模不经济的。同时，土地部门的外部性与垄断相互交织，表现为天然垄断增强了土地部门对其他产业的挤压，而后者也反过来强化了土地部门的垄断地位。土地部门的上述特点，意味着其对规模经济效应的抑制作用较强。因此，可考虑限制土地部门的过度发展，尤其是过度金融化发展。此外，在坚持"房住不炒"定位、让房子回归居住属性的基础上，还可加大保障性住房供给等举措，满足居民合理的居住需求，释放市场经济活力。

## 利用好本地市场，加强跨国产业链合作

逆全球化强化了大国在全球产业链格局中的优势地位。相比两次世界大战之间的逆全球化，本轮逆全球化程度较浅，各国尚不至于退回到贸易壁垒高企、以邻为壑的状态[1]。但与历史经验相似的是，本轮逆全球化提高了各国国内市场的

---

[1] O'Rourke K H. Economic history and contemporary challenges to globalization. *The Journal of Economic History*, 2019, 79（2）: 356–382.

重要性，具体表现为各国将以国内市场（部分）替代国际市场。换言之，新一轮逆全球化要求各国在促进国内市场经济循环的基础上，在联系紧密的国家间和区域内推进更深度的跨国经贸合作，全球产业链分工因此呈现多极化且各极间相互联系竞争的新格局。从这个角度来看，中国可依托国内市场的规模优势，在跨国产业链的组织协调甚至重塑等方面发挥更积极主动的作用。

打造国内优势产业链，增强产业链的前后向关联。首先，中国可围绕满足全国统一大市场需求的目标，打造优势产业链。在支持国内龙头企业做大规模、取得产业链主导权的同时，鼓励这些企业带领国内产业链上下游共同成长。其次，美国等国经验表明，大国规模优势有助于增强本国产业链的前后向关联。有鉴于此，中国可鼓励国内产业整体向研发设计、关键零部件等上游产业延伸，或向销售、售后服务等下游产业延伸，在更多环节上实现在产业链中的地位爬升，巩固优势。最后，依托全国统一大市场规模，中国具备可容纳更多产业集聚的天然优势。因此，中国还可鼓励不同地区的多产业链、全产业链发展，最终形成基于各地特色的差异化区域产业格局。

围绕本国优势产业链，加强与各国的产业链深度合作。围绕国内产业链，可着力打通中国与区域产业链和全球产业链的协调关系。首先，积极促成其他国家尤其是与本国联系较紧密的周边国家深度融入中国的优势产业链，形成区域产业链，通过区域内深度合作放大并共享规模经济效应。其次，中国还可牵头加强与其他区域产业链的联系，带领区域内各国融入全球竞争合作。随着全球产业链格局往多极化发展，大国在跨国合作中的引领作用更突出，而中国作为地区内大国也理应发挥关键影响。例如，美国借助国内大需求市场，不但通过《美墨加三国协议》（USMCA）加强与周边的加拿大、墨西哥的产业链整合，还通过签署《与贸易有关的知识产权协定》（TRIPs）和"印太经济框架"（IPEF）等贸易协定，加强本国、本地区与其他地区的产业链合作。

通过跨国合作激励国内产业往高端发展，增强大国的引领作用。逆全球化下，大国更加注重国内市场并非意味着要退回到封闭状态，而是在利用国内市场规模带动产业发展的基础上，再通过国际竞争反哺国内产业发展。要达到这个目标，至少可以在三个方面发力。首先，鼓励国内企业积极参与创新和国际竞争，实现在产业链中的地位爬升，甚至成为"链主"企业，帮助中国巩固优势地位。

其次，借助跨国产业链整合，推动国内产业升级，扩大本国的优势产业数量。依托国内市场和跨国合作的规模经济效应，鼓励并帮助本国产业进入更高精尖的产品领域，在核心元器件等领域取得关键突破，服务本国产业的发展和升级需要。最后，大国规模优势意味着中国产业间分工更细，更应该在全球市场规模较小、复杂度更高的产业领域深化拓展，这将有助于提升中国产业在区域内和全球产业链中的核心地位，也有助于带领区域内各国共同参与国际竞争。在具体实践中，可考虑给予适当的政策支持，降低试错成本，为产业发展和升级提供积极有利的条件。

第三章

# 贸易规则：演变趋势与改革机遇

贸易规则主要是指各国在国际贸易中需共同遵守的一系列协定。百年变局下，为应对各国产业链在开放中寻求安全的诉求，贸易规则或将在政治因素的作用下逐渐演变，从以WTO为主走向WTO与特惠贸易协定（PTA）并进的新阶段。未来我们认为WTO与PTA有望在倒逼与并进中推动全球贸易格局的重塑。一方面，WTO将继续发挥基础的裁决功能，促成在更广泛的领域达成基础性共识；另一方面，PTA在新兴领域规则制定的引领和示范作用将更明显，促进区域经济和贸易的深度一体化。

贸易规则的演变在短期将增加全球产业链的不确定性，并在中长期影响全球产业链的变迁。首先，各国产业链从离岸外包走向近岸外包与友岸外包的趋势或越发凸显；其次，随着大国对贸易规则演变的影响加深，围绕中心大国形成的产业链区域化趋势将更加显著；最后，新的贸易规则下，部分新兴产业或将迎来进一步开放的机会。其中，劳动密集型产业受贸易规则演变的影响相对较小，而资本和技术密集型产业可能受到的影响较大，比如机械和电子产业，其产业链的全球发展更易受到深度PTA的影响和冲击。

现阶段，中国的贸易规则构建存在一定的不足，难以充分支撑产业链的高效与安全发展。第一，中国在多边体系中的话语权偏弱，推动WTO改革的力度不足，产业链的发展受制于外部压力；第二，中国发起或加入的部分区域贸易协定在深度上和广度上均处于初级阶段，对产业链深度融合的促进作用有限；第三，国内开放的制度举措仍有提升空间，对接高标准国际经贸规则的能力受限，一定程度上影响中国进一步融入全球产业链。

展望未来，中国可顺应贸易规则演变趋势，推动多边贸易和区域贸易与国内市场规则相互促进，共同发展。在多边贸易方面，积极参与WTO改革，求同存异、寻找共识，推动多边合作平台与时俱进；在区域贸易方面，采取多层次的发展策略，提升区域贸易协定水平；在国内市场规则方面，以自由贸易试验区为抓手，进一步推进高水平制度型开放。[1]

---

[1] 本章作者：吴慧敏、梁栋、张卓然、吴爱旌。

自 20 世纪 80 年代以来的全球化浪潮推动世界经济快速发展，其中一个重要的表现是贸易自由化。过去 40 年，全球商品贸易规模年均复合增长率为 6.3%，高于全球 GDP 4.1% 的水平。然而近年来，在全球公共卫生危机、地缘政治冲突（例如俄乌冲突）、大国经济和技术竞争的三重压力下，部分经济体重拾贸易保护政策以维护自身产业链安全，逆全球化的思潮正逐步转化为实际行动。

回顾全球百年贸易历史，自由贸易并非永恒的主旋律。1914—1945 年，伴随着两次世界大战、1918 年的西班牙大流感和 20 世纪 30 年代的经济大萧条，各国贸易保护政策显著增加、关税大幅提升，最终带来全球贸易规模的全面收缩。借古鉴今，当前的逆全球化表现有何不同？各国的产业发展将转向更加封闭，还是在继续开放中寻求安全？中国面临哪些机遇与挑战？如何应对？在这一章中，我们将从国际贸易规则的视角展开分析。

## 贸易规则：理解全球产业链的一个视角

### 什么是贸易规则

国际贸易体系中，各个国家的贸易行为既受本国贸易政策的影响，也需遵循一定的贸易规则，即各国需共同遵守的协定、法律、惯例和模式等，而书面化的贸易协定是最为普遍的一种类型。简言之，贸易规则体现为两类贸易协定：一类是 WTO 协定，以奉行多边原则为基础，具有普惠性特征；另一类是 PTA，以单边或诸边的谈判为基础，具有一定的歧视性特征[①]。此外，在两类贸易协定之下，还可展开较为高度差异化的贸易条款，例如具体的关税、投资、竞争政策等。

在后文的分析中，我们将更多地从贸易规则的视角来讨论其对产业链的整体影响，同时也将从两类贸易协定的角度进行具体分析，以厘清贸易规则演变对产业链的不同作用。

## 发挥"加速器"与"稳定器"功能，有助于形成规模经济效应

贸易历史学家道格拉斯·欧文曾高度评价贸易规则，"过去半个世纪世界经济的繁荣在很大程度上归功于贸易的增长，而这很大部分是 GATT 创建者远见卓识的结果。从长远来看，GATT 等贸易规则可以稳定贸易环境，将世界经济建立在稳定良好的基础上，从而改善全球数亿人的生计"[②]。这段话既肯定了贸易规则的贡献，也阐明了其作用机制在于提供一个"稳定良好的基础"，通过为全球提供低贸易壁垒的确定环境，提升经济效率，最终改善国民福利。在这一过程中，其作用机制主要体现在两个方面。

一方面，贸易规则最直接的作用是作为"加速器"促进产业贸易发展。图 3.1 回顾了全球过去 60 年间 220 多项贸易协定对国际贸易的整体影响，可以发现贸易协定对贸易发展的推动作用十分显著。其中，受益于内部贸易的便利，区域内贸易创造（即成员内部贸易）净增长 24%；而随着本地贸易融合度提升，成员对外部的进口需求减少，区域间贸易转移（其他地区向成员方的出口）净减少 32%。更重要的是，贸易协定有效推动区域内形成产业发展的集聚效应和规模效

---

[①] 根据 Limão（2016）、Frankel et al.（1997）、Baier et al.（2014）等学者的定义，PTA 包含非互惠 PTA（NRPTA）、互惠 PTA（RPTA）、自由贸易区（FTA）、关税同盟（CU）、共同市场（CM）和经济联盟（EU）六种类型，且 PTA 在内容上可对关税、要素、技术、环境等广泛议题进行调节。基于此，本文所指的 PTA 为广义上的概念，包含 FTA 等各类非多边的自由贸易协定和 IPEF 等软性贸易规则。

[②] Douglas Irwin, GATT Turns 60, *Wall Street Journal*, April, 2007.

应，提升区域总体经济实力，从而带动区域外贸易创造（成员对其他地区的出口）净增加39%。

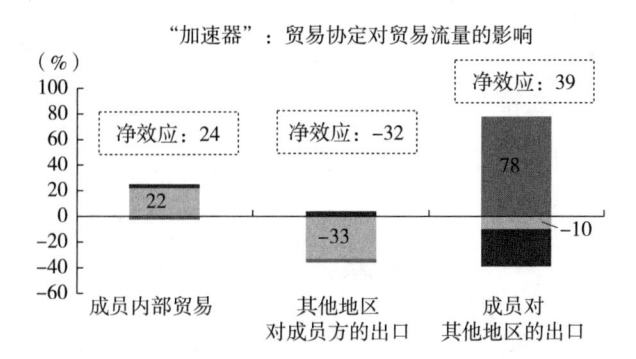

"加速器"：贸易协定对贸易流量的影响

| 类别 | 成员内部贸易 | 其他地区对成员方的出口 | 成员对其他地区的出口 |
|---|---|---|---|
| 净效应 | 24 | -32 | 39 |
| 贸易协定基础效应 | 22 | -33 | 78 |
| GVC整合额外影响 | | | -10 |

- 贸易协定的基础效应
- 双边贸易协定下GVC整合的额外影响
- 诸边贸易协定下GVC整合的额外影响

图3.1 贸易规则可作为产业链的"加速器"

资料来源：François de Soyres et al., Regional Trade Agreements with Global Value Chains, FEDS Notes, February 2021，中金研究院。

另一方面，贸易规则也可作为产业链的"稳定器"降低其运行压力，这在当前国际环境下格外重要。如果没有贸易规则的足够约束，国际贸易将可能面临囚徒困境，使全球产业链的发展陷入停滞。根据经济学家阿维纳什·迪克西特的研究，试想一个没有贸易规则约束的世界，各国都可通过设置贸易壁垒来为本国产业链获取好处，例如通过征收进口关税来改善其贸易条件，向大型企业提供补贴来帮助其成为世界寡头，并从中攫取利润。这样的行为会扭曲自由贸易，并激起其他国家的报复。由于没有贸易规则约束这种行为并给予惩罚，将最终使全球产业链陷入停滞[①]。现实中，如图3.2所示，新冠肺炎疫情暴发后，贸易政策的不确定性大幅提升，对全球供应链压力的拖累更为明显。

通过"加速器"与"稳定器"的作用，一个有效的贸易规则可促进规模经济效应的发挥，在优势互补、自由贸易的基础上形成一个更大规模的联通市场。首先，区域内要素可在联通市场中更高效地流动与集聚，拓宽境内规模经济的边

---

① Avinash Dixit, International Agreements for Trade Liberalization, Princeton University, Spring 2010.

界；其次，联通市场意味着各国的贸易政策是统一且可预测的，这将降低不同国家间的贸易摩擦成本，使得成员方的生产与销售获得更大的发展空间。相关实证研究发现，贸易规则的主要作用并不在于降低了多少关税，因为关税至多只能解释贸易量变化的 1/5，而更多的是依托投资、技术等领域的接轨，通过要素和产品市场整合来促进规模经济，并最终推动产业链效率和创新等多维度的发展[1]。

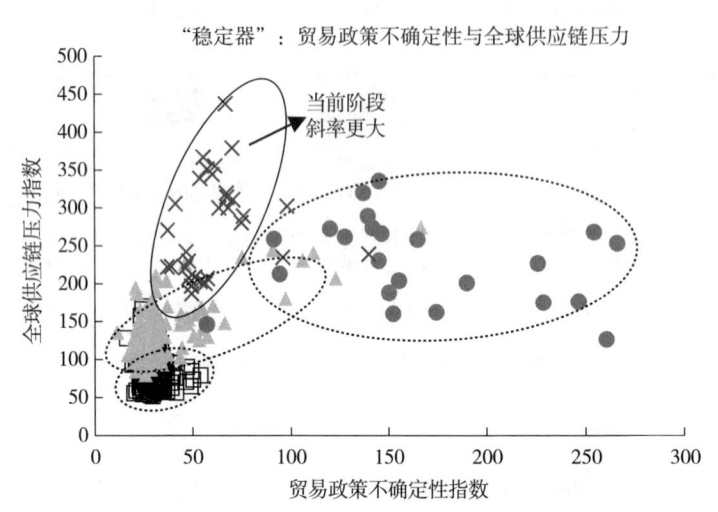

**图 3.2 贸易规则可作为产业链的"稳定器"**

资料来源：New York Fed，Trade Policy Uncertainty Index，中金研究院。

过去 40 年，全球化催生了三个生产和出口的中心国家，即美国、德国和中国。围绕这三个中心国家，全球形成了不同规模的产业链联通市场。在这一过程中，各成员均可显著受益于由贸易规则带来的规模经济，而其中大型经济体的获益可能更为突出。根据相关研究的测算，北美自由贸易协定（NAFTA）每年平均可对美国经济拉动 1 270 亿美元，约占其 GDP 的 0.93%；而墨西哥的经济增量为 63 亿美元，约占其 GDP 的 0.78%[2]。

---

[1] Nuno Limão, Preferential trade agreements. *Handbook of Commercial Policy*, 2016.

[2] CRS Report for Congress, Knowledge at Wharton, *PIIE Briefings* No14-3, November 2014.

事实上，贸易规则的演变既伴随着产业链发展，也是产业链重塑的动力。一方面，贸易规则的演变深受产业链发展的影响，比如中间品贸易催生出大量与全球价值链相关的条款，数字经济的兴起激发各国对数字贸易条款进行谈判等；另一方面，贸易规则的演变为产业链发展提供了新的动力与约束，例如 WTO 成立后，流程较长、零部件跨境组装需求较多的家电、汽车和高端装备等复杂产业链在关税下降的过程中受益显著。

## 逆全球化下：从以多边为主到双轮驱动

### 经济和政治两大因素主导贸易规则的演变

国际贸易的历史悠长，早期缺乏规则协调。早在 15—16 世纪的地理大发现时期，国际贸易便已形成规模，但直至 1945 年二战结束前，全球并未出现广泛的贸易协调机制[1]，各国长期沿用制成品和原材料交换这一相对传统的贸易模式。即便在 1870—1914 年的第一轮全球化阶段，全球平均关税也并未下降，贸易往来仍主要体现为人口的流动，而非货物的流动。例如，仅 1896—1906 年，全球移民数量便增长了 1 倍[2]，但全球出口总额占 GDP 的比重却一直相对稳定。

两次世界大战期间，在疫情与地缘政治的冲击下，国际贸易缺乏协调的弊病凸显。1914 年的第一次世界大战后，全球化浪潮逐渐消退。伴随 1918 年西班牙大流感和 20 世纪二三十年代贸易战和民族主义的兴起，逆全球化的趋势日趋加强，表现为各国普遍采取贸易保护政策，大幅提升关税以保护国内幼稚产业并维持财政收入。代表性的措施包括 1915 年英国议会将汽车、手表的进口关税抬高至 33.3%[3]；美国在 1930 年通过《斯穆特-霍利关税法》，对所有进口商品加征关税等，这些单边的贸易保护政策最终导致全球贸易规模大幅收缩。

在经济因素的驱动下，构建国际贸易规则成为二战后各国共同的诉求。两次

---

[1] John Ravenhill, *Global Political Economy*, 2017.
[2] Adam McKeown, *Global Migration*, 1846—1940, June 2004.
[3] 参见 https://hansard.parliament.uk/Commons/1925–05–07/debates/27851cfe-0bcf-4094-9fe5-8468c1a17a15/MckennaDuties.

世界大战后，由亚当·斯密、大卫·李嘉图等经济学家的理论相结合而成的自由贸易理论成为主流。在对二战给全球经济和秩序带来毁灭性打击的反思之中，各国不约而同地形成了构建多边贸易体制、促进贸易自由化的意愿[1]。在美国的主导下，英国、加拿大、澳大利亚等23个缔约方签订GATT，推动全球平均关税明显下降，开启了全球化的新时代。GATT也成为WTO的雏形，为当前的多边贸易体制奠定了坚实基础。

随着日欧崛起改变国际经贸实力平衡，贸易规则在经济和政治因素的双重驱动下再次出现振荡。二战后至20世纪60年代，美国始终是全球工业生产实力最强的国家，工业生产占全球的50%左右[2]，也是全球最大的出口贸易国。与此同时，日本和欧洲也在战后迅速修复。1965年，美国首次对日本出现贸易逆差，而后逐步拉大，美国的经济地位受到挑战。出于熨平逆差的经济考虑以及维护国际地位的政治考量，美国对日本的纺织品、彩电、钢铁、汽车、半导体等行业相继发起制裁，并通过1985年的《广场协议》和1989年的《美日结构性贸易障碍协议》对日本进一步施压。综合来讲，这一时期的贸易规则同时受经济和政治因素影响，且更多地体现为服务于大国的导向，比如美国利用其在GATT的主导实力与40个国家和地区签订《多种纤维协定》，使之对美国实行自愿出口限制等。

随着发展中国家的崛起，经济因素再度主导贸易规则演变，全球进入贸易繁荣期。进入20世纪90年代以后，中国、越南等发展中国家的工业化进程加速，为全球产业链的形成提供了基础条件。在发达国家跨国公司离岸外包的推动下，发展中国家凭借较低的劳动力成本承接了大量产业转移，国际分工格局从历史上长期以来的产业间分工转变为产业内分工，各国分工的决定因素由产品的比较优势转变为要素的比较优势。在经济利益的推动下，东京回合谈判和乌拉圭回合谈判分别平均削减了35%和39%的关税[3]，推动全球关税水平大幅下降至3.5%左右[4]。基于此，1990—2007年国际贸易空前繁荣，全球出口年均复合增长率为

---

[1] Craig VanGrasstek, *The History and Future of the World Trade Organization*, 2013.
[2] 60 Days USA, What Happened to the U.S. Manufacturing Industry? April, 2021.
[3] John Ravenhill, *Global Political Economy*, 2017.
[4] 数据来源：世界银行。

6.2%，远高于同期 GDP 3.2% 的增速[1]。

近 150 年来国际贸易演变历程以及 1946—2021 年全球主要大国出口占比、GDP 占比见图 3.3。

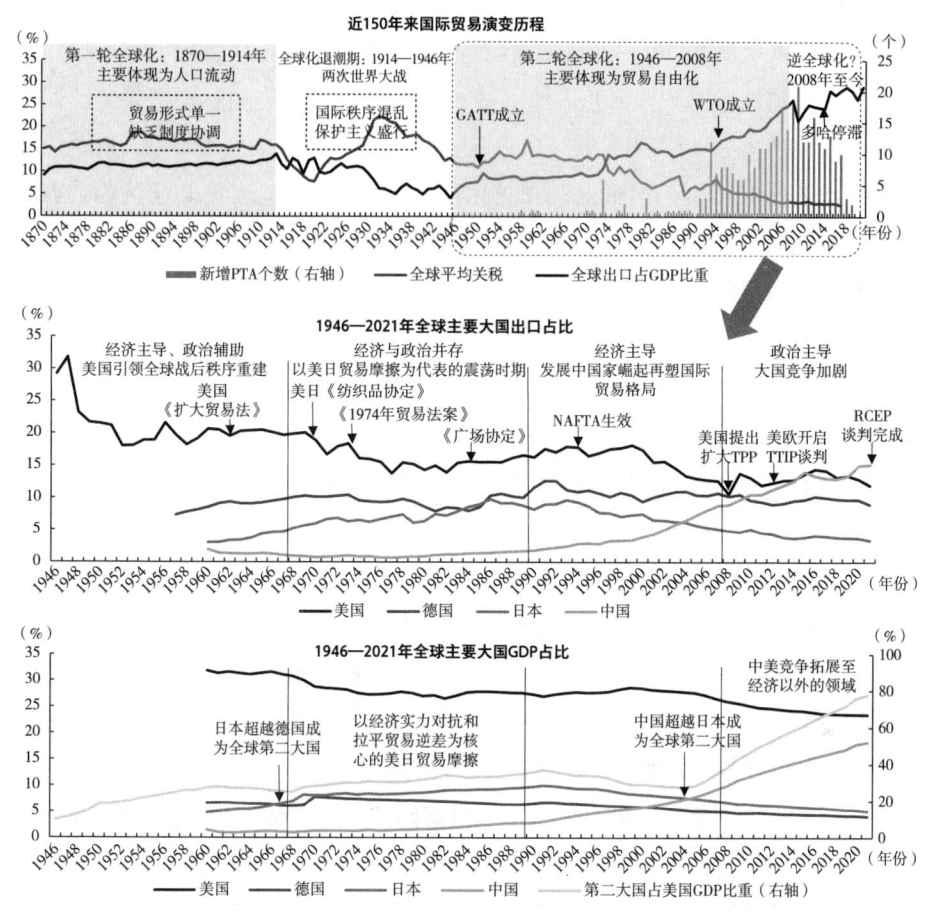

图 3.3 伴随大国间经济实力和国际地位更替，全球贸易体系向多边与区域协定并行演变

资料来源：Nenci（2011）[2]，Our World in Data，World Bank，UN，WTO，Maddison Historical Database，CEIC，中金研究院。

注：TPP 为《跨太平洋伙伴关系协定》，TTIP 为《跨大西洋贸易与投资伙伴关系协定》。

---

[1] 根据 2015 年不变价美元计算。数据来源：世界银行。

[2] Silvia Nenci, Tariff Liberalisation and the Growth of World Trade: A Comparative Historical Analysis of the Multilateral Trading System, October 2011.

第三章 贸易规则：演变趋势与改革机遇

金融危机给第二轮全球化按下暂停键，而大国间国际地位及话语权的争夺再度推动国际贸易规则转向以政治为主导的新发展阶段。一方面，金融危机之后全球贸易及产业链扩张趋于平缓，2010—2016 年全球产业链参与程度呈现明显下滑[1]；另一方面，WTO 改革停滞不前，美国、中国、欧盟在争端解决、国企保护、产业补贴等重点领域的改革上意见相左[2]。以 PTA 为代表的、反映经贸往来密切、政治立场一致的国家和地区间区域贸易协定开始大量涌现，仅 2009 年全球就有 21 个 PTA 生效，呈现出明显的"多米诺效应"。大国之间的竞争加剧，以及地缘政治因素影响扩大，使得国际贸易的规则基础从效率走向安全。以美国为代表的发达国家将国际贸易谈判的重心由多边向区域转移，启动《跨太平洋伙伴关系协定》和《跨大西洋贸易与投资伙伴关系协定》谈判，同时通过"印太经济框架"在亚洲地区构建联盟，这也意味着国际贸易规则从以多边机制为主导逐步向多边与区域并行发展。

## 全球贸易规则：走向多边与区域并进的新阶段

近年来，在全球公共卫生危机、地缘政治冲突和大国竞争的三重压力下，贸易自由化正面临前所未有的挑战。然而对比 1914—1945 年全球化第一次退潮时期，如今国家间产业链深度融合，中间品贸易快速发展，单个国家试图切断国际联系再退回到独立的贸易保护措施难以奏效，各国更倾向于以构建联盟的方式来实现更多的安全诉求，即在开放中寻求安全。因此，当下并不是开放的需求减弱，而是需要进一步思考"对谁开放"和"怎样开放"，这也意味着在政治因素主导的影响下，国际贸易规则将朝向更具灵活性和自主性的方向发展，以 WTO 为基础的多边机制及以 PTA 为基础的区域／集团协定都将在各自领域发挥重要作用。

当然，WTO 与 PTA 也不是各自割裂的，而是在倒逼与并进中共同推进国际贸易规则的持续演变。PTA 通过发挥试验和示范作用，倒逼 WTO 的改革。例

---

[1] Yuqing Xing, Elisabetta Gentile, David Dollar, Global Value Chain Development Report 2021: Beyond Production, November 2021.
[2] 吴朝阳、吴婵：《WTO 改革：代表性成员立场比较与前景展望》，《国际贸易》2021 年第 9 期。

如，20世纪90年代，美国在乌拉圭回合谈判期间同步开启NAFTA谈判，并将NAFTA中更高标准的投资、知识产权保护等条款引入WTO的《与贸易有关的投资措施协议》（TRIMs）和《与贸易有关的知识产权协定》起草之中[1]。同时，WTO奠定的多边规则也会进一步辐射区域合作向更深层次发展。例如，WTO第12届部长级会议（MC12）于2022年6月通过《关于〈与贸易有关的知识产权协定〉的部长决定》，允许各国家和地区应对新冠肺炎疫情时可在未经持有人允许的情况下使用新冠病毒疫苗生产和供应所需专利，这一举措未来或将显著影响PTA中关于公共卫生危机应对的规则。

展望未来，我们认为大国之间对经济发展、国家安全的包容性将决定国际贸易规则的未来走向。一种好的可能是达成多边共识，WTO改革突破瓶颈，PTA进一步朝更普惠和兼容的方向发展，各国家和地区将在规则和制度层面形成更深层次的一体化，WTO和PTA真正成为推动全球化的"两个轮子"。这一趋势曾在20世纪90年代出现，最为典型的事件是《信息技术协定》（ITA）的谈判，该协定最早在1995年由欧美在跨大西洋商业对话中提出倡议，在获得亚太经济合作组织（APEC）成员的支持后，该倡议被提交至WTO并在1997年完成谈判，成为一项诸边协定。反之，一种坏的可能则是大国竞争愈演愈烈，WTO改革或将继续停滞不前，而PTA将会成为核心大国形成对立联盟用以自我保护的工具和手段，逆全球化的趋势也将进一步加剧。

进一步看，随着全球经济发展、新技术的广泛应用和新挑战的不断出现，WTO和PTA自身未来发展也将呈现出新的特征。具体而言，WTO在裁决功能、特定领域谈判、运行机制上或将呈现三方面的趋势。

首先，作为国际贸易规则的基石，WTO仍将发挥基础的裁决功能。尽管WTO的争端解决机制饱受诟病，但其仍是全球处理案件最多的国际司法机制之一。在美国影响上诉机构大法官遴选前，争端解决机构的活跃度在2014—2018年日益增长[2]。而即便美国有诸多不满，其也曾在WTO中提交了124起诉讼用以

---

[1] USITC, US Trade Policy since 1934, 2009.
[2] 于鹏：《WTO争端解决机制危机：原因、进展及前景》，《国际贸易》2019年第5期。

解决贸易补贴、反倾销、知识产权保护等问题[1]。未来以规则为基础的多边贸易体制仍是国际贸易往来和谈判的基石，作为多边体制的维护者，WTO依旧能够为各成员首脑提供交流平台和协商机会，从而抵制全球保护主义压力，为各成员边境政策提供最基础的确定性原则[2]。

其次，尽管多哈回合贸易谈判进展缓慢，但多边机制依然在探索新的方式，为贸易规则制定提出基础性共识。为何WTO在乌拉圭回合谈判结束后几乎再未出现重要的框架协议？最核心的原因在于WTO的谈判制度。在传统的协商一致原则下，需要164个成员全部达成一致才能形成框架协议，但不同国家和地区在新兴领域的诉求和发展程度往往差异很大，以这种谈判方式难以取得成果。而WTO框架下的开放式诸边协定（OPA）提供了一种可能的解决方式，它由WTO部分成员在WTO体制中进行谈判、通过和运行，谈判成果既可仅在参与方之间使用，也可按照"最惠国待遇"原则让未参与谈判的WTO成员共享[3]。这意味着在短期内无法拉平成员间差异的情况下，能够在共识程度较高的成员间先形成协议，再逐步推广至多边规则。例如，绿色和气候变化方面，2014年以来启动的《环境产品协定》（EGA）已开展18轮谈判，至今共有28个成员方参与，覆盖约54种环境产品；数字贸易方面，2017年71个成员就未来开展电子商务方面的谈判发表联合声明倡议（JSI），2021年"电子商务"诸边协议谈判已在消费者保护、电子签名和验证、无纸化交易等8项条款上取得进展[4]。

最后，大国在多边机制运作中的作用将越发重要。历史上，从GATT到WTO的设立，多边机制的运作与主要大国在全球治理中的领导作用密不可分[5]。面对WTO的停滞不前，2018年起，欧盟、中国、美国相继发布WTO改革方案

---

[1] 统计截至2022年10月31日。数据来源：https://www.wto.org/english/tratop_e/dispu_e/dispu_by_country_e.htm。

[2] Nadia Rocha, Robert Teh, Preferential Trade Agreements and the WTO, July 2011.

[3] Michitaka Nakatomi, Plurilateral Agreements: A Viable Alternative to the World Trade Organization? October 2013.

[4] WTO, WTO Joint Statement Initiative on E-commerce: Statement by Ministers of Australia, Japan and Singapore, June 2022.

[5] Craig Van Grasstek, The History and Future of the World Trade Organization, 2013.

相关文件，力图推进 WTO 改革，但对于争端机制改革、发展中国家身份认定、国有企业竞争和产业补贴等实质性问题仍存在较大分歧。在当下"治理赤字"凸显的局面下，WTO 改革的必要性虽然被广泛认同，但是推进速度或将取决于大国的改革意愿以及能否在关键性议题上达成共识，目前进展难言乐观。

在多边体制的基础上，未来 PTA 也有望从规则制定的引领示范、整合区域经济、聚焦产业政策三个方面发挥更重要的作用。

首先，PTA 在新兴领域规则制定的引领和示范作用将更加明显。由于 PTA 协议方的数量远少于 WTO 成员，谈判难度较小，谈判内容也更加聚焦，因此体现为 PTA 条款更深、迭代更快、执行力度更大。以知识产权为例，在 WTO 的 TRIPs 基础上，各成员 PTA 基于自身特色，进一步扩大了知识产权保护的范围，例如日韩强调延伸专利保护，美国关注版权保护，欧盟关注地理商标等[1]，并且在标准和设定执行上较 TRIPs 更明确和有针对性。随着数字经济、绿色经济等议题的重要程度日益提升，PTA 的先导作用将会进一步加大。以数字贸易为例，《全面与进步跨太平洋伙伴关系协定》（CPTPP）、USMCA 和《区域全面经济伙伴关系协定》（RCEP）均包含了关于数字贸易的规则，相对而言，USMCA 的数字贸易条款更激进，要求平台对第三方发布内容免责，并禁止数字服务税[2]，这将对未来 PTA 中数字贸易内涵的界定、标准水平、履约风险等发挥参考和引导作用。此外，相较于 WTO 的 OPA 谈判聚焦于单个具体议题，PTA 覆盖内容广泛，能够在诸多新兴领域条款上进行全面的创新升级，成为引领规则迭代的风向标。

其次，大型区域贸易协定不断涌现，全方位打造区域一体化新格局。近年来，CPTPP、RCEP 等大型区域贸易协定不断涌现，通过对区域经贸联系和规则制度的整合，推动区域一体化新格局。一是规模的整合，大型区域贸易协定覆盖成员多，经济体量大，贸易创造和贸易转移效应更明显。例如，联合国贸易和发展会议（UNCTAD）估算 RCEP 给成员带来的贸易创造效益将达 170 亿美

---

[1] Keith E. Maskus, & William Ridley, Intellectual Property-related Preferential Trade Agreements and the Composition of Trade, November 2016.

[2] Mira Burri, Towards a New Treaty on Digital trade, February 2021.

元，贸易转移效益将达 250 亿美元，合计占 2019 年区域内贸易额的 18.3%[①]。二是规则的整合，大型区域贸易协定将更高标准的规则在更大范围内得到了统一。例如，TPP 共有 26 个条款，其中近半数条款几乎未在亚太地区实施的其他自由贸易协定中出现，包括农业、劳工标准、环境、中小企业补贴等，而后 TTIP 对 TPP 也做出了全面的呼应[②]，表明美国、欧盟尝试以贸易协定向亚太地区输出规则，实现在规则层面相统一的意愿。

最后，PTA 作为大国对外贸易政策的核心手段之一，与其国内产业政策的协调配合将进一步加强。以美国为代表，近 10 年来无论在 CPTPP 谈判、TTIP 谈判或是 USMCA 文件中，美国着意在芯片、生物医药、大数据、人工智能、信息技术、金融等新兴产业设立高标准，试图以规则强化美国本土产业的竞争力[③]。与此同时，美国的产业政策和国家安全政策也在强调美国在战略性新兴领域的领先地位以及抵御外部竞争的重要性。具体操作上，PTA 中的原产地规则条款或成为限制手段，PTA 自身也可作为产业政策向贸易政策延伸的工具，例如美国近期出台的《通胀削减法案》要求获得补贴的汽车企业须有 40% 的电池材料和"关键矿物"来自美国，或者来自与美国有自由贸易协定的国家[④]。

## 全球产业链：不确定性上升，"区域化"特征凸显

贸易规则的演变，表面上是从以 WTO 为主到 WTO 与 PTA 在倒逼与并进中的螺旋发展，本质上则带来全球产业链发展目标、合作内容等多个维度的变迁。在经济驱动贸易规则的阶段中，产业链以效率为核心发展目标；随着政治因素对贸易规则的影响增加，产业链也被更多地引导至注重安全，表现为产业链的区域化和多元化趋势增强、部分产业链的长度可能缩短、产业链从浅层一体化到深度

---

[①] Alessandro Nicita et al., A New Center of Gravity: The Regional Comprehensive Economic Partnership and its Trade Effects, December 2021.
[②] 沈铭辉：《巨型自由贸易协定：走向多边规则的垫脚石》，《新视野》2014 年第 6 期。
[③] 王中美、徐乾宇：《战略排他与规则重构：试析美国 FTA 的贸易政策含义》，《国际商务研究》2021 年第 4 期。
[④] 参见 https://www.congress.gov/bill/117th-congress/house-bill/4346/text。

融合等特征[1]。贸易规则如何作用于产业链？对于不同的产业链，其影响又存在哪些差别？这是本部分要回答的主要问题。

## 全球产业链重构：转移、区域聚集及新开放

整体而言，随着多边规则改革停滞，全球产业链发展的不确定性将有所提升。全球产业链的运行难免遭遇争端，其解决需要依靠WTO的争端解决机制。例如，中国在DS437案件（中国诉美国对中国出口至美国的油井管等产品实施的反补贴措施违反WTO涵盖协定）中被判获胜，受权对美国实施每年6.45亿美元的贸易反制，以维护产业链的正常竞争秩序。同时，全球产业链的稳定运行迫切需要多边规则保驾护航，比如新冠肺炎疫情期间，各国出于自身产业安全的需求而擅自采取的贸易保护措施，很大程度上阻碍了全球产业链的自由发展，甚至形成了"断链""卡链"的情况。具体而言，贸易规则的演变对全球产业链的影响将体现在三个层面。

首先，不利于自由贸易的政策大幅增加，产业链从离岸外包走向近岸外包和友岸外包的趋势或将加强。根据全球贸易预警的监测，全球不利于自由贸易的政策数量从2012年的217个上升至2022年的2 137个，年复合增速高达23.1%，对传统的离岸外包带来两重挑战。一是在强化产业链安全的背景下，大国更倾向于将产业链布局在地理位置更相近的周边地区，即近岸外包或回岸外包。根据科尔尼的调查，2021年约70%的美国首席执行官（CEO）计划将部分制造业的业务迁至墨西哥，以增强掌控能力[2]。二是在贸易环境及政策不确定的背景下，新的PTA也更难达成[3]，表现在新签署PTA的平均距离有所拉长，而且更多地体现为相同价值观国家之间的合作，即所谓的友岸外包。

其次，随着大国对贸易规则演变的影响加深，围绕大国的区域产业链效应或越发突出。研究指出，贸易协定对产业链的效力随着成员数量增加、条款深度

---

[1] Uri Dadush, The Future of Global Value Chains and the Role of WTO, World Trade Organization Economic Research and Statistics Division, April 2022.

[2] The Tides are Tunning, 2021 Reshoring Index.

[3] Nuno Limão, Preferential trade agreements. *Handbook of Commercial Policy*, 2016.

的提升而增强①。而要达成具备这些特征的PTA，则更多地需要中心大国的参与，因为其在规模、市场准入、政治等领域更具谈判优势②。在此作用下，以大国为核心的区域产业链或将越发突出。以汽车产业链为例，欧盟、NAFTA和RCEP等特大区域贸易协定均设立了针对性的区域发展条款，例如NAFTA规定只有超过62.5%的价值在区域内部生产才可享受税收优惠的原产地规则等，并在USMCA中将这一要求提升至75%，进一步增强了PTA对区域产业链的约束力。结果显示，以汽车产业链为例，德国、美国和中国等区域中心国家在所在区域中的作用逐步提升，而周边的非中心国家则更多地融入本地的价值链循环（见图3.4）。

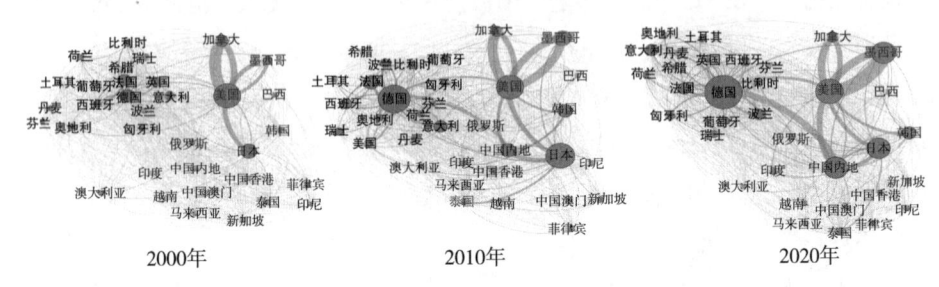

图3.4　以汽车产业链为例：以中心大国为核心的区域产业链越发突出

资料来源：UN Comtrade，中金研究院。

注：汽车产业链的零部件流向图以汽车产业的三类重要中间品为基础数据，包括HS8706（底盘）、HS8707（车体）和HS8708（车辆零部件）。图中任意一条曲线的顺时针方向代表一国对另一国的出口，曲线粗细代表双边贸易量的大小，节点大小代表经济体的总出口金额。节点颜色中，黑色代表欧洲地区，深灰色代表美洲地区，浅灰色代表亚洲地区。

最后，在WTO与PTA的倒逼与并进过程中，部分产业链或迎来进一步开放的机会。从贸易规则的改革方向看，WTO通过OPA等机制创新追求更大的深度，PTA通过规则的辐射追求更大的影响力，二者在相互磨合中，可能推动部分产业链的开放发展，尤其是国际必需品或者尚未建立成熟规则的新兴产业领域。例如

---

① Alberto Osnago, Nadia Rocha and Michele Ruta, Deep Agreements and Global Value Chains, Global Value Chain Development Report 2016 Background Paper. Conference, March 2016.
Leonardo Baccini, The Economics and Politics of Preferential Trade Agreements, *Annual Review of Political Science*, November 2018.

② Crowley, Han and Prayer, The pro-competitive provisions in deep trade agreements, July 2021.

TRIPs 针对新冠病毒疫苗出口的豁免决定，授权发展中国家可在未经专利权人允许的情况下生产并向其他发展中成员出口新冠病毒疫苗[①]。再如，在 PTA 的推动下，数字、绿色等领域的深度条款在逐步开放。以数字税收为例，2020 年以前，各国家和地区对数字税的分歧较大，普遍对数字企业单边征税，引发了贸易保护；随着七国集团（G7）、OECD 等诸边机构就全球数字税收规则达成一致，将跨国企业征税的最低门槛设为 15%，该协定也逐渐在多边规则下获得支持，从而提升了数字产业链的运行秩序。

## 不同产业领域受到的影响存在显著差异

贸易规则演变对产业链的影响主要通过贸易成本和生产成本两个渠道，而不同行业的敏感性不同，受到的影响和冲击也可能不同。我们选取纺织服装、机械制造、电子信息、能源四个行业，分别代表劳动密集型、资本密集型、技术密集型和资源密集型四类产业，以分析贸易规则演变对不同产业的差异化影响。

在贸易规则影响产业链的过程中，贸易条款可作为最直接的抓手。从贸易条款的角度看待 WTO 和 PTA，将两类协定涉及的全部贸易条款进一步划分为 WTO+（plus）和 WTO-X（extra）两类，其中前者属于 WTO 当前可调整的内容，主要包括关税、海关管理等边境类措施，PTA 对这些领域会做出更大的承诺；后者为当前 WTO 中不包含的内容，包括投资、竞争、绿色等境内措施，而 PTA 对这些议题可进行更多的约定。基于此，从以多边为主到双轮驱动的贸易规则演变过程，本质上是 WTO+ 条款作用相对减弱，WTO-X 条款效力显著增强，从而带来更大影响。

整体而言，关税等浅层贸易条款对纺织服装等劳动密集型产业链的影响相对较大，而机械制造和电子信息等资本密集型与技术密集型产业则更多受非关税壁垒的约束，意味着其未来受贸易规则演变的冲击会更大（见表 3.1）。相比之下，能源行业由于其固有的特征及对经济体系的重要影响力，面临的贸易风险也或将加大。

---

[①] 卢先堃：《世界贸易组织的新起点》，《国际经济评论》2022 年第 7 期。

表 3.1 贸易规则演变对四类代表性产业的风险评估

| 渠道 | 维度 | 具体指标 | 劳动密集型产业：纺织服装 ||| 资本密集型产业：机械制造 ||| 技术密集型产业：电子信息 ||| 资源密集型产业：能源 |||
|---|---|---|---|---|---|---|---|---|---|---|---|---|---|---|
| | | | 最初值 | 当前值 | 重要程度 | 最初值 | 当前值 | 重要程度 | 最初值 | 当前值 | 重要程度 | 最初值 | 当前值 | 重要程度 |
| WTO+ | 关税 | 全球加权平均关税率 | 10.6 | 6.7 | ★★★ | 6.8 | 2.1 | ★★ | 6.7 | 2.2 | ★★★ | 4.6 | 0.6 | ★ |
| | 累积关税 | 中间品跨境的累积关税成本率 | 0.44% || ★★ | 0.63% || ★★★ | 1.11% || ★★★ | 0.34% || ★ |
| | 非关税壁垒 | 非关税壁垒数量 | 12 | 5 217 | ★ | 56 | 8 300 | ★★★★ | 54 | 8 278 | ★★★ | 27 | 6 911 | ★★ |
| WTO-X | 贸易政策不确定性 | 外商实际投资的平均波动水平 | 2.1 | 1.9 | ★ | 7.1 | 15.8 | ★★★ | 21.8 | 19.7 | ★★★★ | 6.1 | 5.6 | ★★ |

资料来源：WITS、TRAINS、CEIC，倪红福：《全球价值链中的累积关税成本率及结构：理论与实证》，《经济研究》2020年第10期，中金研究院。

注：最初值和贸易政策不确定性当前值在四个产业的排名，最高为4星，最低则为1星。关税壁垒、非关税壁垒和贸易政策不确定性当前值在1988年、1990年、2004年的数据。当前值为前述指标在2019年、2020年和2021年的数据。一个行业的重要程度为其当前值在四个产业的排名，最高为4星，最低则为1星。关税维度中，纺织服装为WITS的Textiles and Clothing，机械制造为Machinery and Transport Equipment，电子信息为Mach and Elec，能源为Fuels。累积关税维度为2014年数据，能源为焦炭和精炼石油产品制造业。非关税壁垒维度中，纺织服装包含Textile、Textile article、Footwear等产品。贸易政策不确定性维度中，机械制造包括通用及专用设备制造业，电子信息为通信设备、计算机及其他电子设备制造业，能源为采矿业。

大国产业链

080

作为典型的劳动密集型产业，纺织服装产业链的发展以成本为核心驱动，中间投入品较少、技术相对成熟，受关税等浅层贸易条款的影响较大。回顾纺织服装产业链的历史变迁，20世纪70年代的《国际纺织品贸易协定》（MFA）通过配额形式规定各缔约方纺织服装的出口比例，倒逼后发国家和地区进行产业升级；而NAFTA、《非洲增长与机遇法案》（AGOA）、《中美洲自由贸易协定》（CAFTA-DR）等PTA又进一步强化了区域纺织服装产业链，推动东亚和东南亚地区的纺织服装产业发展，构成当今纺织服装产业的主要聚集地[①]。如今，纺织服装产业链的稳定性虽然相对较弱，容易受到关税等直接贸易政策的冲击，但同时也具备更强的韧性，即在贸易冲击中恢复的能力较强。

相比之下，机械制造和电子信息等资本密集型与技术密集型产业更多地受非关税壁垒的约束，或将面临更多挑战。资本密集型与技术密集型产业往往具有产品复杂度高、中间投入品丰富、规模经济效应明显等特点，在过去形成了较为复杂的全球生产网络。以芯片产业链为例，欧美、亚太等地区的各主要国家均生产部分关键中间品，使得各国均面临一定程度的自主可控风险。在逆全球化背景下，这些产业或将面临更多的贸易壁垒，例如部分国家通过出口限制等贸易保护举措阻断全球产业链，推进所谓的关键产品国产化水平。随着政治因素和产业链安全的重要性提升，这两类产业受贸易规则调整的影响可能更大，即体现为产业链加速回流，不同区域间的合作有所减少。

能源产业虽然受贸易规则影响有限，但其对经济体系的重要影响力决定了能源产业在大国博弈中的重要角色，未来面临的挑战与风险或将加大。与其他三类产业不同，能源产业在过去受贸易规则的影响相对较少，关税和非关税壁垒的存在对其影响有限，从产业链的角度看，能源产业可能并不是签署PTA的主要考虑[②]。但是能源产业本身的地理位置属性、其对一国或地区经济发展的重要影响，尤其是俄乌冲突所引发的欧洲能源危机等，均意味着地缘政治和大国博弈等因素

---

[①] Gary Gereffi, Hyun-Chin Lim & Joonkoo Lee, Trade policies, firm strategies, and adaptive reconfigurations of global value chains, *Journal of International Business Policy*, March 2021.

[②] Philipp Galkin, Carlo Andrea Bollino and Tarek Atalla, The Effect of Preferential Trade Agreements on Energy Trade from Chinese and Exporters' Perspectives, King Abdullah Petroleum Studies and Research Center, 2017.

对能源产业的潜在影响不容忽视。

## 中国规则构建：进展与不足

逆全球化趋势与百年变局的冲击，对产业链与贸易体系提出了兼顾效率与安全的新要求。中国作为一个大型开放经济体，贸易规则对其产业链的发展更是至关重要。在回顾中国融入多边贸易体系进程的基础上，本部分旨在回答以下两个问题：一是从外部来看，国际贸易规则从以多边为主向双轮驱动的演变，对中国产业链有什么含义；二是从内部来看，中国的贸易体系建设存在哪些问题。

### 回顾过去，以多边为主的贸易体系促进中国产业链快速发展

加入 WTO 至今，中国在国际贸易与生产协作中的重要性不断增强。一方面，中国在全球分工中的参与度提升，2001 年以来，中国 GVC 贸易额快速上升，2008 年金融危机前年均增速达 27.3%；2010 年以来，增速虽有放缓，但整体仍旧保持了增长的趋势。另一方面，中国的 GVC 后向参与度[①]不断下降，即对进口中间品的依赖度下降，在全球价值链中的地位上升。这反映出中国在向全球开放国内市场的同时，也持续吸收资本，提升技术，逐步实现自身上中游产品对外国产品的替代。

加入多边贸易体系更大的作用在于推动中国的制度建设，促进国内产业发展与国际接轨。为履行"入世"承诺，中国进行了迄今为止覆盖范围最广的制度修订，共计修订 325 件并废止 830 件法律法规与部门规章，涉及货物贸易、服务贸易、投资、知识产权等多个方面；"入世"以来，中国持续推进对外开放，工业品平均关税由 14.7% 降至约 7.5%[②]。主动对接多边贸易规则使得中国诸多产业在市场化、法制化方面实现突破，为产业链长远发展奠定了良好的制度基础。例

---

[①] GVC 后向参与度指一国出口中所包含的进口价值（FVA）比重，前向参与度指出口中被进口国最终用于出口价值（DVX）比重；GVC 贸易额 = FVA + DVX。

[②] 徐林：《从加入 WTO 到加入 CPTPP：中国产业政策的未来》，《新华文摘》2022 年第 3 期。

如，纺织、化工等传统制造业的开放倒逼了生产设备、生产技术和组织模式的升级，汽车产业的开放也在一定程度上拉动了中国上游生产端的发展和汽车零部件配套体系的完善。

然而，随着中国贸易规模及影响力持续扩大，多边规则也成为发达国家打压中国的借口，给中国产业链带来多重冲击。截至2022年10月，中国在WTO中作为被诉方参与49个案件，其中18起涉及WTO框架下的补贴与反补贴规则，11起涉及反倾销规则，7起涉及服务贸易规则，这些争端都在不同阶段给中国产业链的发展带来了不利影响。以中美贸易摩擦为例，2018年3月，美国贸易代表办公室认定中国在技术转让、知识产权及创新方面的法令、政策和做法不合理，并以中国违反了TRIPs为由上诉至WTO；同时，美国大幅增加对华进口关税，使得2019年中美之间的进出口金额显著下降，相关贸易转移至越南、日韩及中国台湾等地。

## 展望未来，中国产业链面临的新机遇与挑战

WTO面临瓶颈和贸易摩擦增加，将加速推动亚太地区产业链重构。作为离岸外包的主要目的地，中国过去20年在全球中间品贸易中的占比不断提高，2015年在出口和进口方面分别达到10.3%和10.1%的峰值。但近年来，在贸易摩擦的制约下，中国商品出口面临的关税水平出现回升，企业在华贸易成本与产业链风险也在持续增加。这推动了纺织服装、电子信息等产业从中国转移至东南亚或印度等要素成本较低、受发达国家关税政策影响较小的地区。

值得注意的是，目前外迁的多是原材料与最终组装等较低端环节，多数技术含量较高的产业环节仍然保留在国内（见图3.5）。例如，纺织服装产业链方面，2015年以后中国服装与鞋类出口占全球比重虽然有所下滑，但对生产配套要求较高的纺织品出口份额持续提升；电器产业链方面，中国已开始将一部分针对美国市场的家电产能转向东南亚，但大部分核心零配件仍需中国出口到东南亚工厂。此外，这些产业的外迁虽受贸易摩擦的催化，但本质上是中国的要素禀赋出现变化所致。未来生产端方面，中国在资本、技术与基础设施上相对于多数发展中国家仍将保持比较优势；需求端方面，规模优势较难替代，产业链根基受关税

成本上升、下游环节外迁的影响有限。

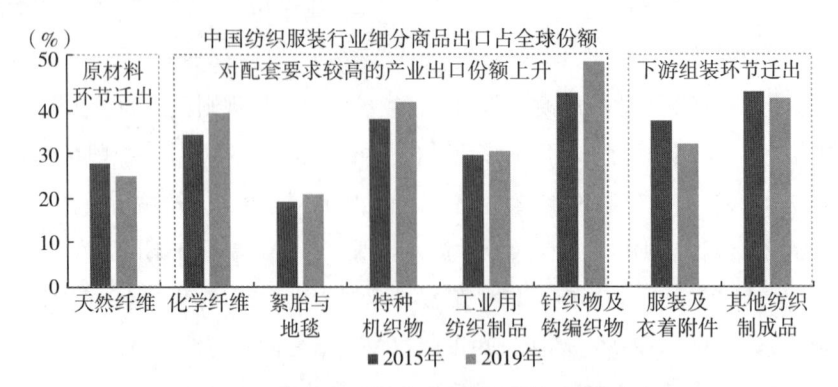

**中国纺织服装行业细分商品出口占全球份额**

| 类别 | 2015年 | 2019年 |
|---|---|---|
| 天然纤维（原材料环节迁出） | ~28% | ~25% |
| 化学纤维 | ~34% | ~39% |
| 絮胎与地毯 | ~19% | ~21% |
| 特种机织物 | ~38% | ~42% |
| 工业用纺织制品 | ~30% | ~31% |
| 针织物及钩编织物 | ~44% | ~50% |
| 服装及衣着附件（下游组装环节迁出） | ~38% | ~32% |
| 其他纺织制成品 | ~44% | ~43% |

图 3.5　纺织服装中原材料与组装等较低端环节迁出中国

资料来源：UN Comtrade，中金研究院。

注："天然纤维"是指 HS 编码为 50~53 的货物；"化学纤维"指 54~55；"絮胎与地毯"指 56~67；"特种机织物""工业用纺织制品""针织物及钩编织物"分别指 58、59、60；"服装及衣着附件"指 61~62；"其他纺织制成品"是指编码为 63 的货物。

另外，大型 PTA 将有助于中国构建区域产业链的深度一体化，在中长期平衡产业链的效率与安全。以 RCEP 为例，东盟成员国逐步加强与中国的工业中间品贸易，而中国也需要不断向产业链上游攀升。因此，RCEP 框架下贸易和投资便利化程度的提高，将会促进更多发展中国家融入亚太地区"雁行模式"并承接较发达国家的中低端生产环节，从而进一步提高区域产业链网络的效率[1]。从长期来看，这样的产业梯度转移对于中国而言有一定的积极意义。中低端环节的外迁能够为国内产业链供应链转型升级腾出资源和空间，突破西方国家的"低端锁定"[2]；同时，更深入的产业链纵向协作有助于中国增强与区域伙伴的经贸关联

---

[1] Min-Hua, Chiang & Tuan-Yuen, Kong, Regional Comprehensive Economic Partnership and its Implications for the Regional Supply Chain Network, December 2020.

[2] "低端锁定"，是指发达工业国家通过工序剥离，将低利润、低附加值的环节分配到后发工业国，并通过技术垄断、品牌控制等手段挤压其向上攀升的空间。参考：丁宋涛、刘厚俊：《垂直分工演变、价值链重构与"低端锁定"突破——基于全球价值链治理的视角》，《审计与经济研究》2013 年第 28 期。

度，从而提高生产要素利用与资源整合效率，并降低产业链风险[1]。

但是，PTA 也可能成为发达国家制约中国产业链发展的手段，从而带来更多的挑战。首先，产业政策与 PTA 的联系越发显著，发达国家的单边措施将会为中国的高新技术产业带来"断链"和"空心化"的风险。例如，美国《通胀削减法案》的补贴政策仅适用于在北美组装的新能源车型，并规定电池组件以及其中关键材料须来自美国或与美国有自由贸易协定的国家，这将促使中国新能源锂电与光伏产业链部分向外转移。此外，西方国家通过 PTA 推动中高端制造业回流本土，例如 USMCA 提高了对汽车行业的原产地要求，并设置"毒丸条款"以限制缔约方与"非市场经济国家"签订贸易协定。这或将加快汽车产业链回流北美，冲击中国汽车零部件制造与出口[2]。目前，中国燃油车在技术研发、产品性能、供应链管理、品牌影响力等各方面均仍有不足[3]，跨国车企的迁出或将影响中国相关产业的技术进步前景。

最后，在 WTO 与 PTA 的倒逼与并进下，新型高标准的经贸规则不断涌现，或将提高中国产业链的生产成本，增加转型压力。例如，环境保护和劳工问题被更多地写进贸易规则。例如，欧洲在锂电池碳足迹、可持续性等方面制定标准以构建"碳壁垒"。尽管中国已经提出了"3060"的减排目标，但在短期内，国内企业需对产供销体系进行全面改造以应对碳足迹等要求。这提高了中国动力电池企业的生产与交易成本，并增加了其出口欧洲的难度。

## 中国贸易规则构建不足，难以支撑产业链的高效与安全发展

贸易规则对中国产业链发展具有重要意义。外部规则的变迁会为产业链带来机遇与挑战，内部规则的建设也会为产业链提供发展基础。纵观中国当前自身的贸易体系，多边话语权偏弱、区域协定水平低、国内制度不完善等问题突出，难以支撑产业链的高效与安全发展、实现产业链全球布局的需求。

---

[1] Xiang Dai & Yu Zhang, Global Value Chain Restructuring: Challenges, Opportunities and Strategies for China, October 2021.
[2] 林黎：《USMCA 原产地规则变化对中国的影响及其启示》，《对外经贸实务》2020 年第 7 期。
[3] 商务部对外贸易司：《中国汽车贸易高质量发展报告（2019）》。

第一，中国的多边体系话语权偏弱，对国际经贸规则的运用不熟练。2001年至今，中国在 WTO 上诉案件仅 22 项，占被诉案件的一半不到，且多数是对发达成员针对中国出口商品不恰当双反措施的诉讼，具有一定的"被动应对"意义。与此相比，美国 1996 年至今起诉案件达 124 项，占被诉案件数量的 80%[1]。这反映出中国在面对发达国家发起的争端时，难以较好地运用多边贸易规则来应对；而发达国家能够熟练运用这些贸易规则来合理化其对中国的单边制裁行为。

中国在多边体系的话语权偏弱，也体现为在 WTO 改革中相对被动。例如，发达国家多次质疑中国的发展中国家身份，并呼吁取消对中国的特殊与差别待遇，而维护发展中成员享受特殊与差别待遇的权利正是中国建议 WTO 改革的四大优先事项之一[2]。此外，中国的市场经济制度与政策也受到抨击，例如美国曾多次通过"中国加入 WTO 履约报告"指责"中国制造 2025"依靠政府干预、限制外国企业参与，从而不公平地支持本国制造业发展[3]；欧盟、加拿大等发达成员也在 WTO 改革建议中明确指出解决国有企业的产业补贴与市场扭曲效应等问题[4]。

第二，中国的区域贸易协定水平较低，在缔约对象、规则深度以及开放力度等方面相对落后。首先，中国 PTA[5] 大多与亚洲国家、发展中国家签订；在选择缔约对象时，经济因素也常常让步于外交考虑[6]。其次，中国 PTA 普遍存在规则覆盖面窄、层次浅等问题。例如，中国的双边自由贸易协定通常侧重于市场准入与关税减免，在政策合作与争端解决等边境后措施上存在一定的不足；RCEP 主要关注货物贸易与投资便利化等传统议题，在 WTO 框架基础上没有明显进步[7]；

---

[1] 统计截至 2022 年 10 月 31 日。
[2] 商务部世界贸易组织司：《中国关于世贸组织改革的建议文件》。
[3] 屠新泉、杨丹宁、李思奇：《加入 WTO 20 年：中国与 WTO 互动关系的演进》，《改革》2020 年第 11 期。
[4] Henry Gao, WTO Reform and China: Defining or Defiling the Multilateral Trading System? June 2021.
[5] 除《亚太贸易协定》外，中国签订的 PTA 均采取 FTA 的形式。后文关于中国 PTA 的讨论均指代中国签订的自由贸易协定，含双边自由贸易协定与 RCEP。
[6] Ka Zeng, China's Free Trade Agreement Diplomacy, June 2016.
[7] 全毅：《CPTPP 与 RCEP 协定框架及其规则比较》，《福建论坛（人文社会科学版）》2022 年第 5 期。

"一带一路"倡议则建立在谅解备忘录等"软规则"的基础上，法律效应较低。在贸易协定的开放力度方面，中国也仍有提升空间。以与韩国的贸易协定为例，中韩间关税自由化覆盖率为 90% 左右，最长过渡期为 20 年；而美韩 FTA 关税自由化覆盖率为 95%，最长过渡期仅为 5 年。

区域贸易协定水平低，也使得中国在新一轮国际经贸规则重构中较难掌握主动权。当前发达国家已主导达成多个高标准大型 PTA，在推动新兴贸易议题规则制定及 WTO 改革等方面寻求政策协调，而中国的贸易规则制定进度在数量和标准上均处于劣势地位[1]。例如，RCEP 在数字贸易规则上的影响力低于 CPTPP 和 USCMA，尚未包含禁止数据本地化、消费者隐私保护等条款[2]，或将使中国在 WTO 第 13 届部长级会议（MC13）关于电子商务的讨论中处于弱势，不利于中国产业链的条款成为国际通用规则。

第三，中国的国内市场制度仍有待完善，难以支持高水平贸易体系建设。中国的服务贸易与投资自由化等开放程度仍有待提高，国有企业、技术转让、产业补贴等问题也尚未得到很好的解决。例如，与 CPTPP 规则相比，中国主要的服务贸易领域市场准入门槛依旧较高，存在大量合资、股比、国籍要求，学历和执业资格不互认以及非国民待遇等问题；竞争政策方面，中国的市场主体歧视待遇和不公平竞争仍较为普遍，国有企业改革进度与"竞争中立"要求之间仍有差距[3]。中国加入 CPTPP 的申请也因此受到日本、澳大利亚等国的反对，理由是中国"尚不能达到 CPTPP 的高标准开放要求"。国内市场制度的不足，导致中国对接、制定高标准国际经贸规则的能力受限，进一步加剧了中国缺乏多边体系话语权、区域贸易协定水平低的问题。

## 思考与启示："内外兼修"的改革之路

逆全球化浪潮下，国际贸易规则和全球产业链正经历新一轮的重塑，中国也

---

[1] 姜跃春、张玉环：《世界贸易组织改革与多边贸易体系前景》，《太平洋学报》2020 年第 28 期。
[2] Kati Suominen, Two Years into CPTPP, August 2021.
[3] 王晓红：《加入 CPTPP：战略意义、现实差距与政策建议》，《开放导报》2022 年第 1 期。

迎来了新的机遇与挑战。在此背景下，良好的国际环境和贸易伙伴关系能够稳定企业预期，使资源得到有效配置，从而使产业链更加安全与高效。那么，中国应该如何构建其贸易体系，以更好地应对国际贸易规则的演变、促进产业链发展？归根结底，应在多边与区域层面寻找自身与贸易伙伴的互补与相通之处，有针对性地提出互惠互利的合作方案，并在国内市场层面推进制度型开放，从而构建多边、区域、国内市场的同心圆，形成更高水平开放型经济新体制。

## 积极参与 WTO 改革，推动多边合作平台与时俱进

　　WTO 的有序运转对于中国的产业链发展具有重要意义。一方面，中国当前已成为 140 多个国家和地区的主要贸易伙伴，货物贸易总额居世界第一，吸引外资和对外投资居世界前列。自由开放的多边贸易环境能够降低中国的贸易成本，提升产业链效率，而稳定的多边体系也能够为中国参与国际经贸活动提供制度保障，并以较低的成本维护企业在海外的经济利益[1]。另一方面，由于亚洲地区的区域贸易协定才刚刚起步，进度远远落后于欧美，多边制度仍将在这一地区的产业链发展中发挥重要作用[2]。

　　推动 WTO 改革并在全球治理中发挥更大的作用，核心在于求同存异、寻找共识。作为全球最大的发展中国家，中国应继续联合欧盟、日本等主要成员，推动上诉机构成员遴选程序尽快启动，保障争端解决机制的有效运行，维护以规则为基础的多边贸易体系。与此同时，加强同发展中国家的团结合作，维护发展中国家的共同利益，争取在改革议题上获得更多支持。从 WTO 改革与规则制定的具体内容来看，中国可用更加开放的态度对待 WTO 改革的诸多议题，即便是在相对复杂的产业补贴和国有企业等议题上，也可尝试将国际标准与国内改革方向相结合，在"各说各话"中寻找"共同语言"[3]。

---

[1] 徐林：《从加入 WTO 到加入 CPTPP：中国产业政策的未来》，《新华文摘》2022 年第 3 期。
[2] Byung-il Choi, Global Value Chain in East Asia Under "New Normal": Ideology-Technology-Institution Nexus, March 2020.
[3] 王琛：《中国参与 WTO 二十年：从融入跟随、建设倡导到贡献引领》，《亚太经济》2022 年第 3 期。

另外，将中国已取得一定成果的议题推广至多边体系，构建基础性共识。一是投资议题。全球产业链的发展使得投资便利化越发重要，且随着新兴经济体对外直接投资日益增多，其对投资规则也提出新诉求。中国可借助在 PTA 与双边投资协定方面的已有优势与经验，推动引领国际投资便利化进程。二是基础设施议题。中国在工程建设方面有较好的技术优势，且发展中国家也有较大的基础建设需求。未来中国可以考虑在数据通信、清洁能源等新兴领域发力，向国际社会推广基础设施建设的"中国方案"。三是数字经济议题。中国在数字经济领域已取得突出成绩，在规模与技术上的优势也为未来中国引领和制定数字贸易规则奠定了基础。

## 采取多层次的发展策略，提升区域贸易协定水平

对于双边自由贸易协定，根据经贸关系、产业链位置和发展水平的不同，中国可采取差别化的谈判策略。例如，面向发展中国家，中国可以优先推进放宽市场准入与改善当地营商环境，以更好地促进其与中国产业链的衔接与互补。对于发达经济体，除传统的货物贸易之外，中国可更多地注重在边境后措施上寻找利益弥合点，例如投资、服务、数字经济、医疗卫生等[1]，在互利互惠的基础上继续探索与核心经济体的友好协同模式。2020 年 12 月，欧盟和中国完成的《中欧全面投资协定》（CAI）谈判是一个好的突破口，尽管该协定目前由于非经济因素而处于冻结状态。

对于大型区域贸易协定，其包含的成员类型更广，涉及的产业链环节更丰富，中国可在寻求不同成员间"最大公约数"的基础上渐进升级。例如，RCEP 是全球最大的区域贸易协定，其成员虽然有韩国、日本等发达国家，但更多的是发展中国家。在借鉴 CPTPP 经验的基础上，RCEP 可采取开放渐进的区域贸易协定组织方式，适时推进条款升级。后续在条款广度与深度上，考虑改善跨国政策协调机制，优化透明度和海关合作；在争端解决机制上，可引入更为中立透明的

---

[1] 李雪亚：《RCEP 与我国在亚太区域供应链的地位》，《开放导报》2021 年第 6 期。

"投资者－东道国"争端解决机制[①]，加强贸易协定的法律效力；在开放水平上，明确不同服务开放的异质性，搭建渐进式谈判与合作机制体系等（见表3.2）。

表 3.2  RCEP 多个领域仍有较大改进空间

| 维度 | RCEP | CPTPP |
| --- | --- | --- |
| 条款覆盖 | 对劳工、环境、国有企业等重要问题没有覆盖，在 WTO 框架上没有明显突破 | 涵盖纺织品和服装、国有企业和垄断、劳工、环境、竞争力和商务便利化、监管一致性、透明度和反腐败等一系列条款与标准 |
| 货物贸易 | ·对 8 个缔约方统一适用一张关税承诺表，对中国等其余 7 个缔约方适用不同的关税承诺表<br>·最终实现 90% 左右的货物零关税，多数国家与货物立刻或 10 年内降税至零，个别期限为 20 年 | ·所有成员适用一张统一的关税承诺表，仅有个别特殊安排<br>·最终实现 95% 以上的货物零关税，1 年内绝大部分成员零关税的货物税目比重达 80% 以上 |
| 服务贸易 | 7 个成员国采用负面清单；中国等其余 8 国采用正面清单，但需在 6 年或 15 年转化为负面清单 | 采取全面负面清单市场准入制度 |
| 争端解决 | ·采用国家与国家之间的争端解决机制模式，尚未使用"投资者－东道国"模式<br>·不受争端解决机制约束的条款较多，强制性相对较弱 | ·涵盖"投资者－东道国"争端解决机制<br>·约束性义务占比更高 |

资料来源：ADB（2022）[②]，于鹏等（2021）[③]，田云华等（2021）[④]，中金研究院。

最后，在开放的区域合作基础上，"一带一路"倡议可发挥更积极的作用。

---

[①] "投资者－东道国"争端解决机制，即在投资接受国（东道国）政府违反投资协定时，允许投资者自身（而非其母国）对东道国提起诉讼的制度，被认为能够推动各国遵守投资协定的条约。参考：David Gaukrodger & Kathryn Gordon, Investor-State Dispute Settlement: A Scoping Paper for the Investment Policy Community, February 2013。

[②] Asian Development Bank, The Regional Comprehensive Economic Partnership Agreement: A New Paradigm in Asian Regional Cooperation? May 2022.

[③] 于鹏、廖向临、杜国臣：《RCEP 和 CPTPP 的比较研究与政策建议》，《国际贸易》2021 年第 8 期。

[④] 田云华、周燕萍、蔡孟君、黄潇豪：《RCEP 的开放规则体系评价：基于 CPTPP 的进步与差距》，《国际贸易》2021 年第 6 期。

截至2022年4月,"一带一路"共建经济体范围已覆盖149个国家与地区,共建"一带一路"成为深受欢迎的国际公共产品;未来,该倡议有望超越传统区域协定的范畴,成为中国构建多边合作的新平台。例如,中国可以通过项目建设与跨境投资来推行"中国标准",以逐步提升自身在国际合作与规则制定中的作用。然而,目前"一带一路"倡议建立在谅解备忘录等"软规则"的基础上,存在形式松散、执行力低、争端解决机制待完善等问题[1]。这可能需要中国在通过短平快的"软法"建立维护合作伙伴关系之余,也根据共建经济体的经济贸易诉求与发展水平,适时推动"一带一路"倡议向深度PTA等"硬法"过渡。

## 以自由贸易试验区为抓手,推进高水平制度型开放

面对新一轮经济贸易规则与产业链重构,中国也应进一步深化国内改革、稳步扩大规则、规制、管理、标准等制度型开放,从而提升在区域和多边体系中的主动性。何为制度型开放?不同于商品和要素流动型开放,制度型开放在货物与资源的自由流动之余,更加聚焦规则与制度层面的改变,即通过改进国内法律法规、体制机制,进一步形成"与国际通行规则相衔接的制度体系和监管模式"[2]。推进制度型开放,需要中国在推动货物贸易优化升级,创新服务贸易发展机制的基础上,合理缩减外资准入负面清单,依法保护外商投资权益,营造市场化、法治化、国际化的一流营商环境。

自由贸易试验区(以下简称"自贸区")是探索制度型开放的试验田。2017年,中国在第三批自贸区建设目标中首次提出"对标国际高标准投资贸易规则体系",2020年在第六批自贸区发展目标中提出"开展规则、规制、管理、标准等制度型开放",反映出探索制度型开放在自贸区建设中的重要意义。至今,自贸区在贸易、投资、金融开放方面已取得一定成果,例如外资准入负面清单由2013年的190条缩减至2021年的27条[3]。未来中国需继续加快建设海南自由贸

---

[1] Heng Wang, The Belt and Road Initiative Agreements: Characteristics, Rationale, and Challenges, January 2021.
[2] 《中华人民共和国国民经济和社会发展第十四个五年规划和2035年远景目标纲要》。
[3] 参见http://www.gov.cn/xinwen/2021-12/28/content_5664912.htm。

易港，实施自由贸易试验区提升战略，扩大面向全球的高标准自由贸易区网络，以推进高水平对外开放。

然而，当前自贸区的发展表现出经济建设成果与制度型开放探索不平衡的问题。自贸区通过招商引资与产业集聚，带动了当地经济发展。例如，海南自贸区自 2018 年设立至 2021 年，累计实际利用外资近 88 亿美元，已占过去 30 年实际利用外资规模的 91.5%[①]。但同时，中国现有的自贸区在制度型开放方面的创新仍有不足。一是制度改革主要集中在流程便利化和传统的贸易开放上，缺乏对数字经济、环境、监管一致性、供应链建设等议题的标准制定、程序规范的研究。二是部分自贸区尚未充分利用优惠政策，导致制度型开放水平低于预期。例如，海南自贸港的总体方案对境外院校独立办学给予了开放程度极高的政策，但事实上在第一批引进的 60 所学校中，仅有 6 所国际学校和高校，且其中 5 所都未正式签约或落户[②]，实际开放程度远低于中央政策允许的上限。开放与创新程度不足的背后，是相关管理体系、决策流程、政策落实等方面的不足，需进一步明确功能定位，各级权责分配和制定，并落实相关法律法规。

与此同时，自贸区可结合自身产业和区位优势，主动对接国际贸易新规则，率先形成可复制的制度型开放经验。基于地理和经济特点，中国各个自贸区的发展目标具有明显的区域特征，例如广西与东盟对接、山东与日韩对接、云南与南亚和东南亚对接、陕西和重庆等与"一带一路"内陆国家对接、辽宁和黑龙江与东北亚对接等。因此，围绕重点和优势产业，自贸区可将产业链进一步向海外拓展，在自贸区内侧重于研发创新等中高端环节，同步推进产业升级和区域产业链构建。与此同时，结合地方改革方向，在竞争、知识产权、中间品贸易、数字经济、环境等领域有选择、有侧重地与国际规则对接[③]。由于不同合作国家的市场成熟程度和规则实践水平存在差别，各自贸区应基于主要合作对象的特点，形成差异化的合作思路，真正在国际规则对接和制定上发挥先行先试的作用。

---

[①] 参见 http://finance.sina.com.cn/jjxw/2022-04-20/doc-imcwipii5350272.shtml?finpagefr=p_115。
[②] 参见 http://www.hi.chinanews.com.cn/hnnew/2020-07-09/533491.html（截至 2020 年 7 月 9 日）。
[③] 尹政平、李光辉、杜国臣：《自贸试验区主动对接国际经贸新规则研究》，《经济纵横》2017 年第 11 期。

第四章

# 数字科技：创新驱动产业链重构

数字科技在过去 30 年对全球经济产生了重大且深远的影响，包括贸易的数字化和全球产业链的优化和重构。与历史经验一致，科技创新推动的以数据和信息为核心生产资料的数字革命为全球经济带来了新产业，也通过信息通信、物流等基础设施的改善推动了全球产业链的重构。

数字科技改变了现有资源禀赋和比较优势。首先，数据成为新的核心生产要素和不可或缺的基础资源（即"新的石油"），其边际成本接近于零，具有可复制性和非竞争性，其传播也不再像传统生产要素那样受时间和空间的限制。其次，自动化、人工智能、互联网等新兴科技以及数字平台等推动了生产要素的变革，传统产业链布局中物理距离的作用日益降低。数字化因而推动了更加分散的生产和更加复杂的产业链结构。另外，数字经济和产业链的发展依赖大国规模充分发挥其规模效应和范围效应，美国和中国借助规模优势成为数字经济的"超级大国"，数字平台拓展流量，网络效应得以充分发挥。

全球产业链布局的传统核心逻辑如比较优势、资源禀赋在数字时代同样重要，但数字科技正在改变主要经济体之间的传统比较优势，新市场、新需求、新技术不断涌现，推动新产品和新产业的发展；人工智能（AI）、区块链、云计算等技术和数字平台等新的生产和贸易组织形式在降低物流成本、提高生产效率的同时正在改变贸易模式。全球产业链也在数字化进程中发生深刻变革。

当前的地缘政治紧张局势和新冠肺炎疫情给全球产业链带来了扰动和不确定性，数字时代的经济结构调整为产业链升级和重构带来了新的挑战和机遇。数字竞争日趋激烈，各主要经济体不断出台新政策、新措施以推动经济数字化，构建或巩固数字产业和贸易优势。在复杂的国际贸易环境中，我们要充分利用和发挥中国的大国规模优势，鼓励科技创新，积极培育和发展新市场，强化数字产业链并推动中国产业链数字化。同时，国家要在保证数字和数据安全的前提下进一步推动数据流通及数字市场和数字经济制度的建设，加强数据与数字平台治理，巩固数字化以不断提升产业链效率，优化产业链布局。[1]

---

[1] 本章作者：王乃玺、吴晓慧、彭文生。本章得到了朱锋、刘南的支持。

数字科技在过去 30 年给全球经济带来了深远的影响，也大幅推动了全球产业链的结构升级，催发产业链的区域转移和布局。近年的全球新冠肺炎疫情及其防控、愈演愈烈的地缘政治冲突和大国竞争，更加彰显了产业链数字化和数字安全在全球产业竞争中的重要性。面对新冠肺炎疫情以及地缘政治冲击、逆全球化和制造业转移压力，尽管中国线下经济承压，但数字产业仍快速发展。2020 年，我国大数据产业同比增长 16%，云计算整体市场规模增长 34%，人工智能产业规模增长 15%[①]。然而，当前中国数字经济和产业发展仍面临多方面挑战，除了日趋激烈的全球科技竞争，还有在数据和数字平台治理等领域出现的新问题。如何应对、拥抱变化，在保障产业链安全的前提下发挥大国规模等核心优势，在全球竞争中脱颖而出，是当前的一个核心政策问题。

## 科技创新中产业链变革的重要因素

　　数字经济可划分为：核心层数字产业，包括核心数字技术、软硬件以及信息与通信技术（ICT）、基础数字应用等，是数字经济的基础设施和发展前提；狭

---

① 详见《中国互联网发展报告（2021）》，http://www.zjsjw.gov.cn/shizhengzhaibao/202107/t20210715_4382259.shtml。

义的数字经济，包括基于数字技术建立的商业模式，例如数字服务、平台经济；广义的数字经济，覆盖电子商务、万物互联（IoT）、智能制造和智慧农业等，反映了各行各业的数字化转型，即产业数字化。近十年来，不同定义下的数字经济包括 ICT、电商等行业都取得了长足进展，科技和平台企业也在大型上市企业中逐步取得了领先地位。

数字时代也带来了新的市场、新的需求和新的生产力，核心生产要素市场产生了划时代的变化，进一步影响到各经济体的资源禀赋和比较优势。首先，大数据是数字时代经济变革的核心力量，新技术和新的生产、贸易组织方式赋能数据成为核心的生产要素。其次，自动化、人工智能等新科技降低了低技能劳动力在生产和产业链中的作用，数字平台、远程办公等新型协同方式改变了人力资源的分布和组织形式。数据的零边际成本和平台经济中物理距离重要性的大幅下降有利于生产和贸易在地理区域上朝多元化方向发展。和前期的工业革命相比，规模效应和范围效应在数字时代尤为突出。数字经济中典型的平台模式依赖海量数据、流量和网络效应降本提效，而在逆全球化和大国竞争的趋势下，大国规模对数字经济中产业链安全和效率提供重要支持和保障。

## 数据成为核心生产要素

数字时代下，数据成为新的核心生产要素[1]和不可或缺的基础生产资料（即"新的石油"），与传统生产要素有差异。首先，数据要素具有价值来源多重性的特征，数据主体提供原生数据，而企业投入资源收集、存储、分析数据，创造新的价值，两者缺一不可。其次，数据具有可复制性和非竞争性[2]，使用者的增多不影响数据的质量和供给，不影响其他主体的数据使用。信息共享和自由流通能产生更大的价值，但市场竞争、数据获取和处理成本导致共享数据的动机缺乏，而跨境数据流动涉及国家安全。这些特征使得数据作为生产要素，其生产、使用和治理与传统要素大相径庭。恰当的数据确权、数据主体的利益和隐私保护、数

---

[1] Hal Varian, Artificial intelligence, economics, and industrial organization, 2018.

[2] Moody and Walsh, Measuring the value of information: An asset valuation approach, 1999.

据跨境流动的安全和高效对数据应用至关重要。世界主要经济体高度重视数据要素。2017年，美国政府文件中指出数据作为战略性资源需要加以利用[1]。中国《"十四五"数字经济发展规划》明确提出数据要素是数字经济深化发展的核心引擎[2]。得益于人口和互联网平台用户的规模，中国在底层数据资源方面已获得一定的优势。据统计，2018年中国底层数据量达7.6ZB（泽字节），在全球占比达23%，高于美国的21%；预计到2025年，中国底层数据量将达到28.6ZB，在全球占比将高达28%[3]。

大数据分析具有信息规模大、流动速度快、使用效率高、成本低等特征，能够有效推动传统产业链转型。大数据以三个"V"，即海量（Volume）、形式多样（Variety）和传播速度快（Velocity）为主要特征[4]。实证研究显示，大数据分析和人工智能通过消除信息不对称等方式，推动了大规模定制、精准营销、智能制造等商业模式的出现，提升生产供给与市场需求间的动态匹配，有效优化生产要素配置[5]。数据驱动的企业运营和产品管理技术助力优化供应链流程，降本提效[6]。以大数据为基础的数字平台成为信息的核心中介和生产贸易的组织形式，从根本上改变了企业之间以及商家和用户之间的信息交换机制[7]。平台通过数据分析和信息流通更好地了解市场需求和供给，从而减少交易和生产成本。平台交易减少

---

[1] President's Management Agenda, Federal Data Strategy 2020 Action Plan, 2019.

[2] 参见 http://www.gov.cn/zhengce/content/2022-01/12/content_5667817.htm。

[3] International Data Corporation（IDC），The Digitization of the World: From Edge to Core, 2018.

[4] Peng and Zhu, Trust Building and Credit Reporting with Big Data in the Digital Age, *The Palgrave Handbook of Technological Finance*, 2021.

[5] Leng et al., A loosely-coupled deep reinforcement learning approach for order acceptance decision of mass-individualized printed circuit board manufacturing in industry 4.0, 2021.
Wang et al., Big data analytics in logistics and supply chain management: Certain investigations for research and applications, 2016.

[6] Zhang et al., Mining customer requirements from online reviews: A product improvement perspective, 2016.
Gao et al., A generative adversarial network based deep learning method for low-quality defect image reconstruction and recognition, 2020.

[7] Rabinovich et al., A transaction-efficiency analysis of an Internet retailing supply chain in the music CD industry, 2003.

了中间商环节，压缩了产业链层级，提升了交易效率。

数据基础设施建设对发展产业链至关重要。数据收集、存储和计算成本的下降和能力的大幅提高与大数据应用技术的发展密不可分。《2020 全球计算力指数评估报告》显示，计算力指数平均每提高 1 个百分点，数字经济和 GDP 将分别增长 3.3‰和 1.8‰。自 2006 年亚马逊推出云计算后，数据存储和计算效率大幅提升。据加特纳（Gartner）预计，到 2025 年 80% 的企业会以云服务替代自己的传统数据中心。发达国家仍在云数据领域占据主导地位。当前，中国数据中心规模也已达 500 万标准机架，算力达到每秒一万三千亿亿次浮点运算，且算力需求增长迅速。中国数据中心目前主要分布在资源紧缺的东部地区，而西部地区可再生能源等资源丰富，有大规模发展数据中心、承接东部算力需求的比较优势。2022 年 2 月，国家发展和改革委员会等部门联合启动"东数西算"工程，在京津冀、长江三角洲、粤港澳大湾区、成渝、内蒙古、贵州、甘肃、宁夏建设国家算力枢纽节点，并规划了 10 个国家数据中心集群。通过构建数据中心、云计算、大数据一体化的算力网络体系，"东数西算"充分利用西部算力资源满足东部数据运算需求，赋能产业链数字化。

数据要素的大规模使用也带来了一些新问题，对数据在一个安全的环境中高效率使用产生了不利影响。首先，不合法的数据攫取和使用、数据泄露和数据主体隐私保护不足对数据要素的使用形成挑战。尽管物理安全漏洞如电脑、手机等硬件失窃等造成的数据泄露事件逐年减少[1]，但软件与数字技术滥用、网络安全漏洞等造成的数据泄露问题越来越多。例如，一些数据企业依靠自动程序（爬虫软件）抓取平台等数据，违反了 1995 年制定的国际通行的旨在保护网站数据、敏感信息和用户个人信息及隐私的网络爬虫排除标准。2016 年，百度公司曾因爬取大众点评网数据并使用在百度地图中，被大众点评网起诉，法院认定其构成不正当竞争[2]；2019 年 4 月，巧达科技公司因未经授权窃取贩卖用户信息被查[3]；

---

[1] Identity Theft Resource Center, Identity Compromises: From the Era of Identity Theft to the Age of Identity Fraud, 2022.

[2] 参见 http://media.people.com.cn/n1/2017/0911/c40606-29526223.html。

[3] 参见 http://www.gov.cn/xinwen/2019-05/22/content_5393796.htm。

2019年9月，魔蝎数据科技、公信宝等大数据企业因违规使用爬虫业务被查[①]。2019年11月，公安部加大对应用程序（App）违法违规采集个人信息的集中整治力度，下架了考拉海购、房天下等100多款App[②]，并要求整改。但合法合理的数据爬虫有助于破解数据孤岛问题，例如，2020年美国上诉法院认定数据公司HiQ长期爬取领英（LinkedIn）网站数据等公开信息的行为不违法。其次，核心数据涉及国家安全和企业安全，日益成为大国竞争的重要标的，其泄露可对一些核心产业链产生深远影响。2021年9月，美国商务部以提高芯片"供应链透明度"为由，要求台积电、三星等在内的多家芯片相关企业"自愿"向其披露订单、库存、销售数据等被视为核心商业机密的供应链数据，并表示在必要的情况下可能动用国防法强制要求提供数据。这些数据可以帮助美国企业在竞争中保持优势，并根据全球芯片供需状况调整自身产业布局，从而构建其在全球芯片产业链中的核心地位。

数据跨境流动是数字时代国际贸易和全球产业链的基础。跨境数据流动有利于降低交易成本，拓展国际贸易，促进经济增长。近年来，跨境数据流量迅速增加。2020年全球互联网带宽增长35%，出现自2013年以来最大涨幅，大多数跨境数据流动发生在北美和欧洲之间以及北美和亚洲之间。在2019年，中国占全球跨境数据流动的23%，远高于美国的12%，主要得益于中国同亚洲其他国家和地区的紧密联系[③]。限制跨境数据流动将使经济体从物联网获得的经济收益减少60%以上[④]，特别是给中小微企业带来较大成本，降低竞争力。研究表明，截至2019年，全球已有200多项包括规管数据传输和数据本地化的法律法规[⑤]。其中，物联网数据本地化措施可降低一个地区59%~68%的生产力和收入增长[⑥]。据美国国际贸易委员会（USITC）调查，超过40%的美国公司认为数据本地化要

---

① 参见 http://capital.people.com.cn/n1/2019/1101/c405954-31432388.html。
② 参见 http://m.news.cctv.com/2019/12/08/ARTIx7UFOLNLIExxenOFvSSe191208.shtml。
③ UNCTAD, Digital Economy Report 2021.
④ GSMA, Cross-Border Data Flows: The Impact of Data Localisation on IoT, 2021.
⑤ Nguyen and Paczos, Measuring the Economic Value of Data and Cross-Border Data Flows: A Business Perspective, OECD, 2020.
⑥ Lee-Makiyama and Lacey, Cross-Border Data Flows: The Impact of Data Localisation on IoT, 2021.

求和市场准入法规是贸易障碍。不同程度的数据本地化要求预计会减少欧盟经济体量的 0.4%~1.1%[①]。加强数据治理，促进数据要素跨国、跨行业、跨企业高效有序地流通，有利于提升数字经济潜力，加快产业链优化和重构。

## 劳动力要素

自动化包括机器人的使用由来已久，对日本等国家出现的人口老龄化、劳动力萎缩起到了一定的缓和作用。数字时代以前的自动化提升了劳动生产率，带来了一些行业就业的重新分配和劳动力占比的下降[②]，特别是在替代一些标准化、较为简单的工作任务上效果较为突出。但自动化对整体就业的影响尚不明确[③]。自动化和人工智能有潜力降低一些制造业和服务业产业链的劳动密集度，降低廉价劳动力作为比较优势的重要性，未来有可能在一些需要脑力判断的更复杂工作中替代人力[④]，但目前人工智能对劳动力市场的综合影响仍不明确[⑤]，劳动密集型制成品的生产当前并未因为自动化和人工智能产生大规模迁移回流的迹象[⑥]。

然而，数字平台、共享经济、零工经济的出现和规模化，以及新冠肺炎疫情后更为普及的远程办公，有可能对劳动力要素的分布和产业链布局产生影响。平台和零工工作具有技能要求多样化、工作弹性和灵活性较大、地点和时间不固定等特点，可助力优化劳动力资源配置。国际劳工组织报告[⑦]认为，共享经济在中国吸引了很多兼职人员和城市就业困难人员，发挥了劳动力市场的"蓄水池"

---

[①] Bauer et al., Tracing the Economic Impact of Regulations on the Free Flow of Data and Data Localization, 2016.

[②] Autor and Salomons, Is automation labor share-displacing? Productivity growth, employment, and the labor share, 2018.

[③] Fujiwara and Zhu, Robots and labour: implications for inflation dynamics, 2020. Fujiwara and Zhu, Robots and Labor I: Global Analysis, 2019.

[④] David Autor, Why Are There Still So Many Jobs? The History and Future of Workplace Automation, 2015.

[⑤] Frank et al., Toward understanding the impact of artificial intelligence on labor, 2019.

[⑥] UNCTAD, Robots and Industrialization in Developing Countries, 2016.

[⑦] 国际劳工组织：《中国数字劳动平台和工人权益保障》，2020 年。

和调节作用。2019年中国平台就业调查显示[1]，约50%的受访者为本科及以上学历，而超过60%的受访者在保留本职工作作为收入来源的同时兼职另外一份工作。平台工作可以成为本职工作收入的补充，这是他们从事平台工作的最主要原因。新冠肺炎疫情后以数字科技为依托的远程办公员工比例大幅上升。相关调研显示，2020年，42%的美国劳动力全职居家办公，仅26%的员工在企业现场工作[2]，而以"数字游民"身份工作的劳动力数量从320万增加到630万，增长了96%[3]。数字平台、共享经济、零工经济和远程办公有效扩容劳动力、改变传统工作方式和劳动力布局，赋能不同技能和教育水平的劳工有效参与社会分工协作，优化劳动力等生产要素的配置，提高生产力。

## 大国规模和平台经济

在过去的三次产业革命中，产业规模效应起到了关键作用。在数字时代和平台经济中，规模效应和范围效应同样是降本提效的核心，大国规模是促进产业发展的重要因素。以往产业革命的肇始国英国和美国的经济规模首屈一指，同样，数字革命中的领头羊美国和中国是当前世界上市场规模最大、互联网用户最多的两大经济体，享有规模优势。相比之下，欧盟整体市场规模虽然蔚然可观，但欧盟"统一"市场因制度、语言、文化而产生的分割程度远大于美国和中国内部市场，数字技术和数字平台难以发挥规模效应。依托本国市场规模在数字产业取得先行优势，同时积极融入全球市场、依托全球市场和产业规模是美国数字平台成功的一个重要原因。美国平台企业海外营收占比远高于中国平台企业。谷歌、脸书和易贝一半以上的营收来自海外，而中国的阿里巴巴集团2021年国际业务收入仅占总收入的7%。中国平台企业缺乏跨国经验，尚未有效进入海外市场，发展全球产业链。在逆全球化的大趋势下，中国国内大市场依然是平台企业发展壮

---

[1] 国际劳工组织：《中国在线数字劳工平台：工作条件、政策问题和未来前景》，2021年。
[2] Bloom, N., How working from home works out, Policy Brief, Stanford Institute for Economic Policy Research（SIEPR），2020.
[3] MBO Partners, COVID-19 and the Rise of the Digital Nomad, State of Independence in America Report, 2020.

大的一大优势，需要以此为后盾在国际市场打开局面并提高在全球大市场中的份额，这将有利于进一步发挥规模经济，赶超美国平台企业。

数字时代的国际竞争，首先是战略性科技创新的竞争，包括 AI、5G、云计算、区块链、大数据等。作为世界头号经济和科技大国的美国是数字核心技术和基础设施建设的先行者，在很多关键方面依托规模优势仍处于领先地位，其高端人才和技术资源丰富，为美国数字经济引领世界提供了重要基础。在数据分析技术领域，美国存量领先，但中国正努力追赶。例如，美国获得的 AI 专利数量全球占比从 2015 年顶峰的 72% 下降至 2021 年的 40%，而中国从 2015 年之前的不到 1% 迅速上升至 2021 年的 6%。2022 年 6 月，中国国家知识产权局知识产权发展研究中心发布的报告显示，当前全球声明的 5G 标准必要专利共 21 万余件，涉及近 4.7 万项专利族，其中中国声明 1.8 万余项专利族，占比接近 40%，排名世界第一。在申请人排名中，华为公司声明 5G 标准必要专利族 6 500 余项，占比 14%，在全球居首。数字产业是新经济的基础。中国数字产业虽然起步晚，但是得益于庞大的市场规模、强大的学习和渐进式创新能力、发达的制造业基础以及政府的大力支持而蓬勃发展，数字基础设施方面在未来几年有望赶上居领先地位的发达经济体。据中国互联网信息中心发布的统计数据，中国移动上网用户在 2020 年达到 9.86 亿，占总人口的 70%，手机、计算机、物联网等终端设施起到数据采集作用。强大的电信基础设施支撑起数字的传输。作为数字产业的"加速器"，中国的 5G 渗透率已在全球处于领先地位。

大国规模赋能数字产业的发展，为中美两国数字经济提供了重要支撑。例如在公有云市场，有经济体量优势的美国和中国领跑其他经济体（见图 4.1）。云服务对底层架构的要求较高，发达的数字基建以及底层数据是云产业发展的基础。云计算订阅制和按需付费的商业模式，降低了用户购买和使用门槛，推动形成更大的用户规模[1]。近年来中国物联网、虚拟现实等新兴技术产业发展，需要云计算结合 5G 低延迟、高带宽的数据传输能力，大量运算过程在云端实现，从需求端拉动云产业的快速发展，涌现出阿里云、腾讯云、华为云等一批优秀的云服务企业。以全球公有云市场规模为例，2016—2021 年，美国从 558.5 亿美元

---

[1] 中金公司研究部：《云兴霞蔚系列之 IaaS 篇：拨云见日，极往知来》，2021 年。

增长 3 倍多至 1 709 亿美元，中国从 38.4 亿美元增长接近 7 倍至 260.9 亿美元[①]。据 Gartner 统计，在基础设施即服务（IaaS）市场，占据全球市场份额最大的亚马逊云和位居第二的微软 Azure 市场份额合计从 2017 年的 65% 下降至 2021 年的 60% 左右，而中国排名第一的阿里云从 2017 年的 4.6% 快速上升至 2021 年的 9.5%。

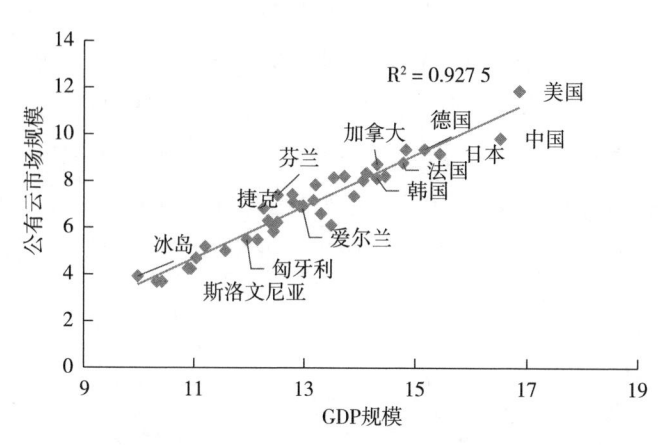

图 4.1 中美两国在公有云市场享有规模优势

资料来源：Statista，Haver，中金研究院。
注：横纵轴单位均为百万美元，以对数计。

对数字革命中的产业链而言，规模效应尤为重要。数字时代中最重要的生产和贸易组织形式之一的数字平台依赖网络效应，大数据使得扩充平台规模的边际成本极低。对数字平台如亚马逊、淘宝、脸书、抖音、微信、谷歌、百度等而言，流量即渠道、内容即营销，规模是一个平台企业成功的关键因素[②]。例如抖音、快手等短视频平台，小红书等内容平台依赖已有流量快步跨界入局电商零售，而直播带货又进一步推动流量和规模。数字时代中，平台企业对规模经济的利用和依赖更甚于以往的三次工业革命。典型重大科技创新从引入到形成应用规模的时间大幅缩短（见图 4.2），并从硬件规模走向软件规模。例如，微信支付在其上线初期，因为无法形成基本规模以打开应用场景，基本处于边缘化的状态。

---

① 参见 https://www.statista.com/outlook/tmo/public-cloud/worldwide#analyst-opinion。
② 中金公司研究部：《数字赋能经济：产业数字化未来已来》，2020 年。

2015年，微信支付利用已有社交网络和数以亿计的月活跃用户规模与中央电视台春节联欢晚会合作，借助微信红包的发放快步跨界迈进电子支付行业。当晚共2 000万用户参与，红包收发总量超10亿个[①]，微信支付快速形成规模，占据了大量市场份额并不断拓宽应用场景，降本提效，规模经济效应显著。这些非电商平台基于其庞大的用户群体和流量从而可以快速在电商零售领域形成规模经济，普惠和流量加强了各类型企业（特别是小微企业）的产业链参与度。大规模的消费市场和产能从供需两端推动相关行业的发展。在承担供给的电子制造业方面，2021年中国在全球ICT总出口额和进口额占比分别高达37%和24%。发挥规模效应、保持竞争优势对中国发展数字平台和工业互联网等核心数字经济应用至关重要，数字产业本身的规模效应能有效推动中国经济发展和产业链数字化转型与升级。

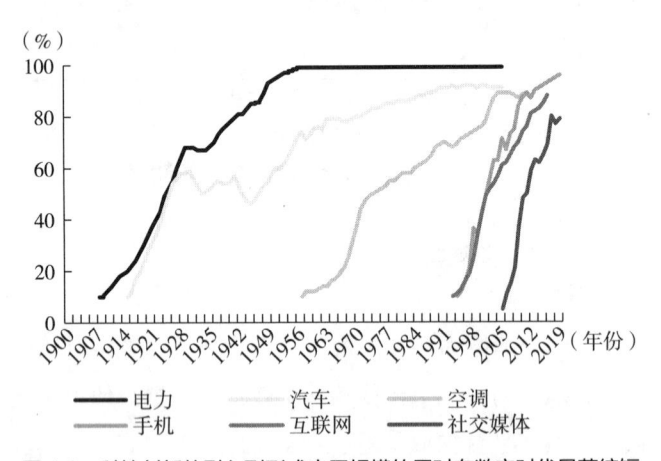

图 4.2　科技创新从引入到形成应用规模的用时在数字时代显著缩短

资料来源：Our World in Data，中金研究院。
注：美国家庭使用某种特定科技的比例。

## 科技创新重构经济和产业链

科技创新是产业发展的重要源泉和动力，也是产业链形成和发展的一个核心推动因素。大规模的科技创新往往在淘汰效率低下、成本高昂的产业链的同时，

---

① 参见 https://www.sohu.com/a/447226173_223323。

催生新的产业链并不断发展壮大。历史上数次由科技创新引导的工业革命中，诞生了现代的纺织、石油、钢铁、火车、汽车等重要支柱行业，也形成了现代意义上的全球分工协作和产业链。第四次工业革命以数字技术和大数据为驱动，既包括5G、人工智能、区块链、物联网、大数据和云计算、增强现实（AR）/虚拟现实（VR）、3D（三维）打印等核心技术的研发和推广，也包括企业资源计划（ERP）、供应链管理系统、新社交媒体、电子商务等在经济中的广泛应用。

科技创新推动产业链重构，主要体现在价值层面、组织层面和地理空间层面[1]。在价值层面，创新下的行业价值再分布需要有利于中国获得更高的增加值。作为制造业大国的中国需要加快生产环节数字化进程，通过数字化降本增效、提升制造环节的价值获取，同时适应产业链知识化、服务化的趋势，向曲线两端扩展，保持和扩大自身在产业链中的价值获取。国内外家电企业近年来陆续投产的代表制造业数字化转型先进标准的"灯塔工厂"，就是通过自动化、智能化系统的使用降低成本，同时通过数据分析提升经营效率来达成提升制造环节价值获取目标的范例。

在组织层面，数字革命同时带来组织与生产形式的分散化和一体化两种相反的作用力。数字技术降低交易成本，包括搜索、通信和监控成本，提升市场合同的回报率，促使公司更多地依赖外包[2]。同时，数字科技降低贸易成本、管理成本，增强企业对分散于各地供应链的管理能力，可进一步促进国际分工和产业链拉长[3]。但是，数字科技也有利于垂直一体化的发生，典型的例子是特斯拉的智能汽车生产。和传统汽车行业以发动机等为核心部件不同，智能汽车行业以操作系统等软件为核心，硬件上也更多地依赖芯片、传感器、控制器等新型部件。为打造核心竞争力，智能汽车厂商的自主研发比例更高[4]；同时，数字化降低企业

---

[1] 石建勋，卢丹宁，徐玲：《第四次全球产业链重构与中国产业链升级研究》，《财经问题研究》2022年第4期。

[2] Abramovsky and Griffith, Outsourcing and Offshoring of Business Services: How Important is ICT, 2016.

[3] Buckley and Strange, The governance of the global factory: location and control of world economic activity, *Academy of Management Perspectives*, 2015.

[4] 中金公司研究部：《AI+汽车：AI赋能自动驾驶发展，领航辅助功能加速渗透》，2022年。

内部沟通成本，使得垂直一体化在管理层面更加可行。一些行业的生态系统发生了改变，例如半导体行业出现了从技术向用例的转变，而软件和平台企业借助数据收集和分析对终端用户的用例有更深的理解，这使得它们涉足更上游的芯片设计环节以提供更合适的解决方案。以谷歌为例，谷歌研发的张量处理器（TPU）在 AI 训练等领域挑战了英伟达的图形处理器（GPU），目前 20%~30% 的谷歌数据服务器都采用谷歌自主研发的 TPU[1]。

在地理空间层面，数字科技带来产品形态、生产方式、客户关系等一系列独特的变化。平台组织模式引导工作地理和价值创造的复杂分工[2]，数字平台也使得大范围的跨地域工作分配成为可能，低收入国家的劳动者从参与在线劳动力市场中获益[3]。企业不必在海外市场设立分支机构，通过平台和大数据分析就能优化全球生产和分销。平台降低了搜索和匹配成本，有利于不同地域的小微企业连接客户，融入大市场。

## 新科技催生新产业、新产品

数字创新推动新产品不断涌现，催生了众多以收集并通过互联网传输信息为主要特征的"智能产品"和全新产业链。2015 年 WTO 扩大了《信息技术协定》（ITA），50 多个 WTO 成员同意对 201 项新增的 ICT 产品免除关税，以让更多的重要信息技术产品可以在国家间进行免关税贸易。除已有的电脑、手机等产品外，新增全球定位系统（GPS）、多元件集成电路（MCOs）等产品。WTO 测算认为这 201 项新产品的年度贸易额约为 1.3 万亿美元，约占全球贸易总额的 7%[4]。越来越多的公司将新技术嵌入传统产品，增加产品价值，创造新收入[5]。例如，数字时代中汽车产业的技术核心是软件、算力和传感器，随着电子产品和软件的重要性上升，产品的复杂度也在不断增长。以原始码行数（SLOC）计，2010 年

---

[1] Accenture, Going vertical: A new integration era in the semiconductor industry, 2021.
[2] Kenney and Zysman, The platform economy: restructuring the space of capitalist accumulation, 2020.
[3] Agrawal et al., Digitization and the Contract Labor Market, NBER, 2015.
[4] WTO, World Trade Report 2018. https://www.wto.org/english/tratop_e/inftec_e/itaintro_e.htm.
[5] PwC, The fourth industrial revolution: a recovery plan for today's economic storm, 2020.

一些汽车的 SLOC 大约有 1 000 万行，而这一数字在 2016 年变为 1.5 亿行，汽车逐渐从一个由硬件定义的产品转化为一个由软件定义的产品[①]。

科技创新改变了传统服务模式，创造了服务新形态。传统线下产业链包括餐饮、文化娱乐、旅游、支付等服务业向线上迁移[②]。数据显示，当前中国网约车市场收入在全球网约车市场收入的占比约为 40%，且线上渠道预计在 2022—2028 年将以 13.1% 的年均复合增长率快速增长[③]。2021 年，滴滴、优步（Uber）和来福车（Lyft）总收入分别为 269.5 亿美元、174.6 亿美元和 32.1 亿美元，相比 2020 年分别增长 31%、57% 和 36%。音乐产业也从唱片、磁带等向流媒体形式转变，过去 10 年，在线收听等音乐服务快速增长（见图 4.3），例如 Spotify 的月活跃用户数和付费订阅用户数在 2016—2021 年增长了 2 倍多。在受数字化影响较大的一些产业，产业链布局变化已趋显著，例如电商业务的规模迅速扩大，特别是在亚洲。

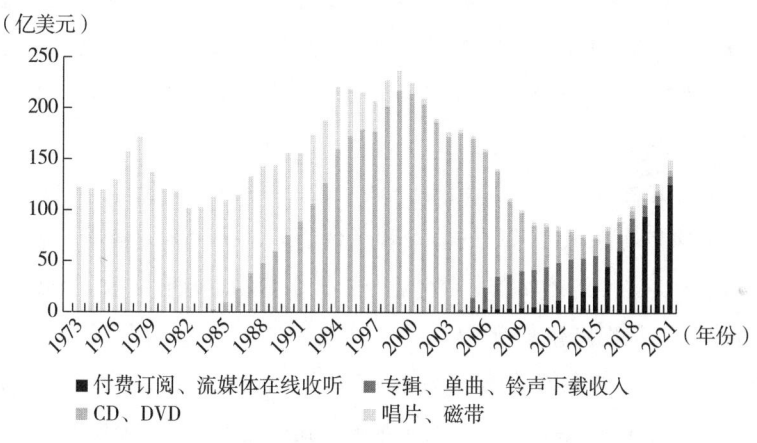

图 4.3 音乐产业从唱片磁带向流媒体形式转变

资料来源：RIAA，中金研究院。

注：美国录制音乐收入，数据为 1973—2021 年。收入以消费价格指数（CPI）通胀调整后的 2021 年美元计。CD 为小型光盘；DVD 为数字通用光碟。

---

① Mckinsey, Rethinking car software and electronics architecture, 2018.
② Klaus Schwab, The Fourth Industrial Revolution: what it means, how to respond, 2016.
③ Grand View Research, Ride-hailing And Taxi Market Size, Share & Trends Analysis Report By Type（Ride-hailing, Taxi）, By Distribution Channel, By Region, and Segment Forecasts, 2022–2028.

第四章 数字科技：创新驱动产业链重构

## 新协同：数字平台

数字科技引领的产业革命带来了生产和贸易组织形式的变化，数字平台崛起并在产业链分工和重构中扮演日益重要的角色。数字产业的应用层以数字服务和平台应用为代表，平台企业通过海量数据采集、存储和分析赋能数据，以提供多元智能服务。大数据分析让平台企业更好地了解各地商户和用户的特征和需求（KYC），促进"千人千面"的生产、营销和配送模式。全新的数字平台服务模式也降低了企业参与产业链的门槛，鼓励中小微企业参与竞争。过去20多年，平台企业迅速崛起。美股和港股市场市值最高的10家企业中[1]，平台企业占比越来越高，在2015年和2020年分别占到5家和7家。目前，数据产业链仍然以发达经济体的平台为中心，大多新兴经济体的原始数据流入由数字经济发达的经济体掌控的平台，经处理后以高价值数据形式回流[2]，这些平台企业在数据价值链上不断巩固其核心竞争优势和地位。中国平台企业相较于美国在规模和盈利能力上仍有较大差距，2021年中国大型平台企业盈利能力下降，客观上反映了新冠肺炎疫情后的需求下行压力，以及近期平台治理的影响，同时有效挖掘平台价值的潜力仍然很大。

数字平台的运营和扩张也产生了一些问题，特别是在市场竞争和投资者以及消费者权益保护等领域。有效的监管和平台治理是平台企业健康发展的重要因素。近几年中美等经济体加强平台企业监管，平台治理卓有成效。但数字平台呈现一些新特征，同时产生了新问题。首先，数字平台核心是以新科技为依托的信息中介，数字平台的网络效应、规模效应和范围经济作用显著，体量和海量数据成为一个平台成功的基础[3]。如何研判平台企业是否垄断，需要考虑多重因素，包括平台所在运营的特定市场的界定。2014年，奇虎对腾讯QQ发起反垄断诉讼，奇虎有关腾讯QQ所在的综合性即时通信产品和服务是一个独立的商品市场的主张没有得到最高人民法院的认可，这是因为腾讯QQ的功能从最初的单一即时通

---

[1] 此处以港股和美股为范围。

[2] UNCTAD, Digital Economy Report 2021, 2022.

[3] OECD, Handbook on competition policy in the digital age, 2022.

信逐步扩展到了语音、视频、短信等，而其市场竞争也相应地扩展到了电话、短信等众多领域，在这个大市场中，腾讯QQ并不占支配地位[①]。同样，在支付领域，虽然支付宝和微信支付于2020年共占第三方移动支付市场份额的九成多，但移动支付仅占非现金支付业务总额的约10%（见图4.4），其占小额支付的份额更小，远低于银行和信用卡发放机构在支付领域的占比。典型的大型数字平台常常在多个市场运营，研判垄断行为需要关注相关市场。同时，数字时代平台是否以低于成本的价格恶性竞争、攫取市场份额以形成垄断已难以单纯用主要产品售价衡量。数字平台如谷歌和百度等搜索引擎、奈飞和Spotify等娱乐平台、微信等社交平台往往免费或以低于边际成本的低价服务于用户[②]，这是因为其产品和服务的低边际成本和多边市场特性，平台有能力向用户提供廉价且优质的服务，它们的主要收入来源于向在平台上运营的商户或者其他关联市场收取的费用。

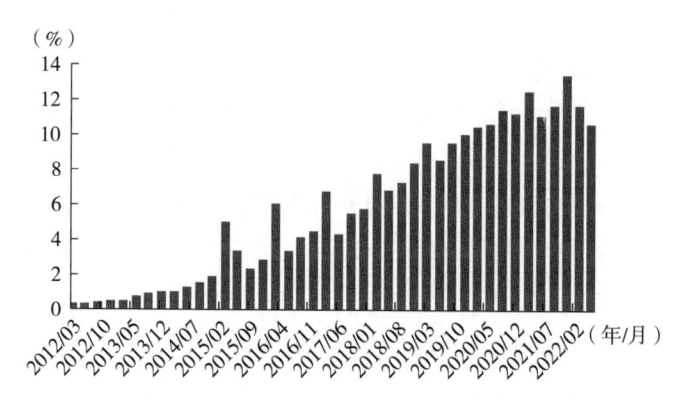

图4.4 移动支付占非现金支付业务总额比例

资料来源：Wind，中金研究院。

数字平台是新时代生产和贸易的主要组织和协调形式，对全球产业链的影响也较为直接。电子商务使商户和消费者（B2C），特别是商户和商户（B2B）的沟通和交易不再受地域和时间的限制，对一些产业链的重构起到作用。而高效的平台监管和治理对维护公平的竞争环境、推动创新和保护消费者和其他平台经济

---

① 谢超、彭文生、李瑾：《企业边界、萨伊定律与平台反垄断》，中金研究院，2021年。
② Strowel and Vergote, Digital Platforms: To Regulate or Not To Regulate? 2018.

第四章 数字科技：创新驱动产业链重构

参与者的利益非常重要。

## 产业链优化和重构

数字科技创新推动贸易和海外直接投资成本的大幅下降，提高生产效率和行业生产率分散度，改变行业生产要素及其组织形式，催生新产品和新协同方式，从而在不同行业及产业链催生并推动变化，对全球产业链产生深远和广泛的影响（见表4.1）。第一，数字革命催生数据等核心新生产要素，改变传统生产要素，导致不同经济体不同行业的要素禀赋、比较优势及其全球产业分布格局发生变化。数字科技和平台服务近乎为零的边际成本和网络效应使得经济大国和互联网大国在数字产业发展上和传统产业的数字化转型上更具优势。第二，数字科技降低贸易成本、提高企业效率。数字科技在运输、仓储环节的使用助力降低物流成本；同时，数字化赋能服务（比如教育、医疗）进行跨域贸易和跨境贸易，大幅降低某些服务的贸易壁垒和成本，一些经济体因而获取新的比较优势，或提升其传统比较优势。第三，数字经济中涌现的一批新行业对特定资源有更强的依赖度，推动比较优势动态调整。例如云计算和挖矿等需要大量且廉价的能源[1]，智能汽车制造需要锂、钴、镍等资源，而AI、大数据等对于高技能劳动力资源相对丰富的经济体来说具有优势。第四，区块链、智能合约等数字科技促进信任、降低交易成本，提高合约能力，促进合约密集型行业发展。非经济包括政治等因素对产业链的形成和重塑也会有决定性影响。

数字科技改变了一些传统产业布局，其增加值分布出现了从物质到数字、从硬件到软件、从产品到服务的变化。在传统的汽车行业，智能汽车厂商包括特斯拉、比亚迪等开始占据更多的市场份额，汽车中的数字化成分在其增加值中占据了更大的份额，例如具有无人驾驶辅助等功能的车载软件系统。这使得汽车行业发生了从零部件密集型向总部服务密集型的转变，使得汽车行业产业链的垂直一

---

[1] Deardorff（2017）以冰岛为例讨论云计算产业的能源禀赋优势：冰岛地热和水力资源丰富，电力几乎100%来自清洁能源。而当前云计算产业集中度高，谷歌、微软、亚马逊占据世界市场份额的2/3，各公司对于碳中和的承诺使得冰岛对云计算中心选址更具吸引力。参考 Alan Deardorff, Comparative advantage in digital trade, 2017。

体化成为可能,其中掌握设计、研发功能的总部获得行业增值额的更大部分,对中间品生产商的依赖减少。然而,传统理论如比较优势仍是国际贸易和生产布局的基础,尽管数码化的音乐、视频产品的边际生产成本为零,但其内容的生产成本不是零[①],而洛杉矶、纽约等传统音乐、电影生产中心并未因为产品的数字化传播而丧失产业优势。

表4.1 数字化影响国际分工和贸易、改变产业链形态和布局

| 主要影响 | 具体影响 | 核心数字科技及应用 | 对产业链布局的影响 |
| --- | --- | --- | --- |
| 降低贸易成本 | 运输、物流、仓储成本 | AI、自动驾驶、智能机器人、3D打印 | 促进出口,中小企业更多参与国际贸易;促进生产纵向分散化;削弱本地市场规模优势、改变产业集聚位置 |
| | 跨境、海关合规成本 | 区块链、AI | 促进时间敏感型(救生医疗)、认证密集型商品(奢侈品、食品)、合约密集型商品(专业科学设备)的贸易 |
| | 信息和交易成本 | 在线平台、物联网、区块链、实时翻译 | 促进以外包形式进行的离岸生产(合约密集);个人和小企业面对的市场规模扩大 |
| | 跨境支付和金融服务成本 | 在线平台、手机银行、区块链 | 促进中小企业参与国际贸易 |
| 降低FDI成本 | 建厂和运营成本 | 工业互联网平台、AI、PaaS(平台即服务) | 促进以FDI形式进行的离岸生产 |
| 提高生产效率 | 提高劳动效率和TFP | 物联网、智能机器人、AI、大数据、云计算 | 促进企业从本地采购转向全球采购(外包)和跨国经营 |
| 加大行业内效率分化 | 行业市场结构 | 平台、大数据、云计算、AI、物联网 | 数字化的高固定成本和低可变成本特征扩大规模经济作用,催生大企业和垄断竞争格局;同时,平台经济导致小微经营者增加,行业内效率差距拉大;更容易出现FDI |

---

① Alan Deardorff, Comparative advantage in digital trade, 2017.

续表

| 主要影响 | 具体影响 | 核心数字科技及应用 | 对产业链布局的影响 |
|---|---|---|---|
| 改变行业的要素密集度 | 劳动、技术、能源密集度 | AI、智能机器人、云计算 | 数字经济的人工替代特征使得其类似资本,改变一些行业的劳动密集型属性,削弱发展中国家的人工成本比较优势;云服务既能源密集又技术密集,比较优势复杂化 |
| 改变设计研发的重要性 | 研发和技术密集度 | AI、数字孪生、大数据 | 降低研发成本并提升研发重要性,增强一些行业的总部服务密集度,促进垂直一体化而非外包 |
| 产生新产品 | 服务数字化、产品软件化 | 远程呈现、医疗远程机器人 | 提升服务贸易在全球贸易中的份额,在一些服务生产上具有比较优势的国家面对规模更大的市场 |
| 促进新协同 | 新商业模式:平台、共享、零工 | 平台、AI、大数据、智能算法 | 促进出口和小微企业进入市场;前期发展依靠市场规模,规模取代要素禀赋决定一国能否出口平台服务 |
| | 新生产方式:大规模生产到柔性化、定制化生产 | 物联网、数据分析、设备智能化 | 在满足个性化需求的同时保持生产效率,巩固现有产业分布格局;高度定制化需求削弱产业集聚优势,促使生产靠向终端消费者 |
| | 新客户关系:平台化、双向化、社群化、服务个性化 | 平台、AI、大数据、智能算法 | 有利于小微经营者提供产品和服务,直达用户,降低贸易壁垒的影响 |

资料来源:WTO(2018)[①],Deardorff(2017),中金研究院。

数字经济时代国际贸易成本持续下降是全球生产分散化的主要驱动因素。WTO数据显示,2000—2018年全球贸易成本下降了约15%,赋能企业向更具生产要素比较优势的经济体靠拢并优化产能布局。目前三大产业中,服务业的贸易成本仍远高于农业和制造业,但未来数字科技有潜力推动服务可贸易度,提升全球服务贸易。数字科技可降低贸易成本中的运输、跨境及合规、关税与非关税壁垒等成本。在数字化进程中,贸易成本的变化在不同经济体及不同行业间有较大的差异。就中国而言,2006—2018年国际服务业贸易成本降幅最大,尽管制造

---

① WTO, The future of world trade: How digital technologies are transforming global commerce, 2018.

业贸易成本整体呈下降趋势，但是行业间差异明显，纺织业和交通设备等贸易成本近期降幅更大，而第一产业的国际贸易成本则基本没有变化。

在数字经济时代，服务业的可贸易性大幅提高。数字科技显著降低了国际通信成本，大型平台企业的出现使得远距离服务变得更加可行和便利。目前跨境服务贸易模式仍以企业在国外设立服务机构为主，但随着经济数字化的深入，服务国际贸易模式趋向依托于数字技术远程提供服务，可贸易服务的品种大幅扩展。然而，据 UNCTAD 数据，虽然数字交付的服务贸易金额在 2006—2020 年不断增长，其总额在 2020 年已超 3 万亿美元，但其中的 90% 都由高收入或中高收入经济体提供，低收入经济体面临的"数字鸿沟"可能妨碍它们从这一新贸易模式中受益。

全球产业链布局在一些产业中变化显著，例如具备规模经济优势的地区成了数字产业链布局的核心。2019 年，全球数字平台总收入（3.8 万亿美元）的近一半（1.8 万亿美元）在亚洲产生，而企业间电子商务平台总部大多数也位于亚洲，其次是北美和欧洲[①]。但从医药、纺织服装、家电、装备制造、光伏锂电等行业来看，产业链整体布局还没有因为数字化发生大规模的变化，虽然越来越多的中国企业"走出去"在海外布局，特别是在研发、维修、销售环节以及一部分生产和组装环节。数字科技赋能企业，使其具备海外布局的效率和成本基础，例如数字科技增强算力辅助研发，通过 ERP、软件即服务（SaaS）、PaaS 降低后台部门人力使用和运营成本，以及通过工业互联网降低机器调配和运维成本等。数字科技可降低离岸经营的固定成本，更好地利用海外要素禀赋优势如新兴经济体人力、土地成本等优势，欧美技能、合约和机构质量等优势，增强盈利能力和竞争力。

当前数字科技的应用现状尚不能支持"回流"。虽然数字科技会降低 FDI 中多种固定成本，但在很多行业中尚无法抵消发展中国家的人工成本优势，目前实证研究尚未发现显著的"回流"。美国国会研究处（CRS）指出，以纺织服装业为例，以自动化替代人可能无法节约足够的成本以支持"回流"。例如，阿迪达斯曾经在美国和欧洲建厂，企图利用 3D 打印技术减少人力使用和生产时间，但

---

① ADB, Asian Economic Integration Report 2021.

运营几年后还是将工厂迁回了亚洲,而耐克则一直是依靠庞大的合约生产商网络[①]。

## 新经济、新产业政策

数字经济对全球经济的贡献持续增强,成为全球经济增长的一个重要支点。2021 年,全球 47 个主要经济体的数字经济增加值规模达到 38.1 万亿美元,同比名义增长 15.6%,占 GDP 比重为 45.0%,已成为全球经济的活力所在和推动未来全球经济增长的主要驱动力量[②]。2020 年以来,受新冠肺炎疫情的影响,以大数据作为核心的无接触经济的作用进一步凸显,各国电子商务在零售中占比以及电子支付在小额支付中占比进一步提升。科学创新和应用是大国竞争的关键领域,在地缘政治和大国竞争加剧、全球化显著放缓并出现逆转趋势的背景下,中国应在保障产业链安全的同时,推动数字经济发展和产业链数字化转型升级,积极应对非经济因素给中国在全球产业链中发展和升级带来的压力和挑战。

### 机遇与挑战

当前全球经济和产业链面临二战和全球金融危机以来最严峻的挑战。

首先,新冠肺炎疫情与地缘政治冲击全球产业链的安全稳定,数字经济迎来新的发展机遇。2020 年初新冠肺炎疫情暴发,各国为应对疫情所采取的紧急措施包括限制聚集、关闭边境、停工停产等,给物流、生产和贸易带来了前所未有的压力。然而有"危"也有"机",新冠肺炎疫情为生产要素流动、贸易活动带来的限制,客观上促进了数字经济发展,助推传统产业加速数字化转型及智能化升级。以远程医疗、办公和教育为代表的无接触经济和远程服务快速发展,全球服务贸易占比在新冠肺炎疫情期间迅速攀升(见图 4.5),平台经济和电子商务逆势上扬。同时,作为数字经济基础设施建设的一个重要组成部分,中国在相关电

---

[①] CRS, Global Value Chains: Overview and Issues for Congress, 2020.
[②] 中国信息通信研究院:《全球数字经济白皮书(2022 年)》,2022 年 8 月。

子制造业中的优势扩大（见图 4.6）。

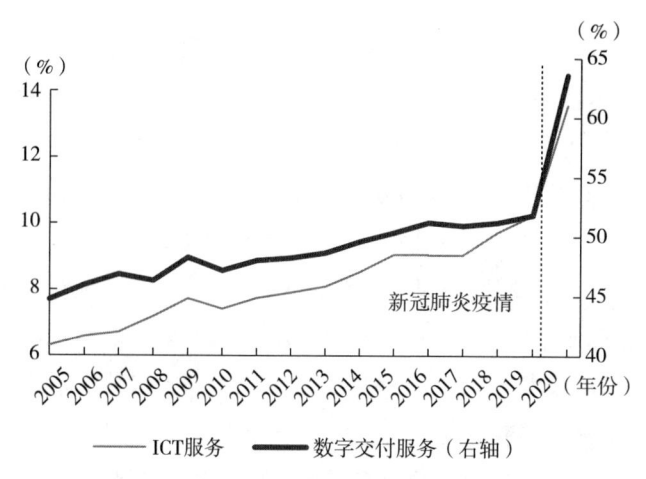

图 4.5　新冠肺炎疫情后数字服务贸易迎来机遇

资料来源：UNCTAD，中金研究院。

注：新冠肺炎疫情线以 2020 年 3 月世界卫生组织宣布新冠肺炎疫情为"全球大流行"为准。

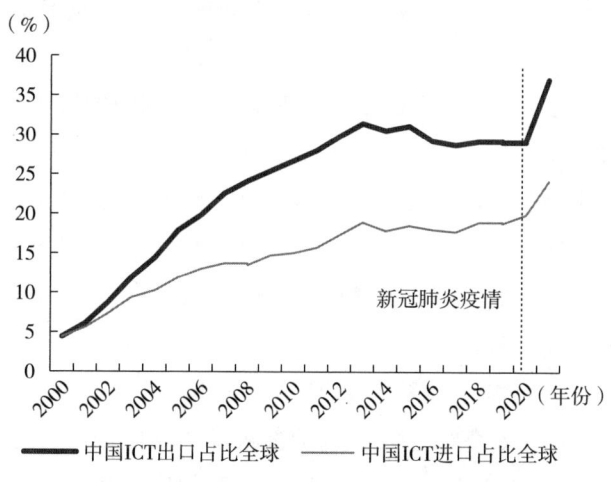

图 4.6　新冠肺炎疫情后中国电子制造业优势扩大

资料来源：UNCTAD，中金研究院。

注：新冠肺炎疫情线以 2020 年 3 月世界卫生组织宣布新冠肺炎疫情为"全球大流行"为准。

其次，各国高度关注产业链安全，中国数字经济发展面临内生环境与外生环境的多重挑战。中国在数字产业核心技术、智能硬件、核心软件等方面存在受制于人的风险。例如硬件中的高性能芯片及其依赖的重要原材料半导体，中国在关键制造环节存在自给率不足的问题。在软件方面，美国掌控部分融合终端和应用的基础操作系统，包括重要工业软件（比如辅助分析、辅助设计、辅助生产的软件以及工业操作系统软件）。美国政府针对中国数字产业，在关键核心技术和资源上对中国企业设置限制。2022年8月，美国出台《2022芯片与科学法案》，通过控制芯片研发与生产限制中国芯片产业的发展，推动芯片制造"回流"美国本土。美国还通过限制中国企业和海外研发合作、收购美欧数字高科技企业等方式，对华实施核心技术的"脱钩"和禁运，试图遏制中国科技进步。中国在基础性软硬件方面的薄弱环节不仅会影响整个数字产业，还会使经济和产业的数字化转型面临重重困难。同时，各国数字贸易和投资壁垒限制显著增加。早在2012年3月，澳大利亚政府就曾以国家安全为由禁止中国华为公司在澳大利亚经营的子公司参加澳大利亚宽带网络竞标。2012年10月，在缺乏具体证据的情况下，美国众议院仍发布报告认定华为公司和中兴公司生产的通信设备可能会对美国国家安全构成威胁，将两家企业摈除美国市场。2012年10月，加拿大政府决定将华为排除在其建立安全政府通信网络的项目外。在过去的数年中，美国利用其《国际紧急经济权力法》以熔断方式限制腾讯微信、抖音国际版（TikTok）、支付宝等上百家中国高科技数字企业在美经营。印度政府也以国家安全为由，禁用中国应用软件，以打压外来软件竞争的方式为本土企业成长创造条件。欧盟积极扶持本土数字企业，通过立法保护"数字安全"、征收数字税等方式限制美国科技巨头过度占据欧洲市场份额[①]。

最后，数字竞争也是技术标准及对国际规则制定权的竞争。美、日、印、澳四国牵头成立"四方安全对话"，设立关键和新兴技术工作组，制定技术标准，以期规范他国数字经济发展路径。美国通过世界贸易组织、二十国集团等平台，加紧输出本国数字治理模式，延伸数字管辖权。欧盟推出《通用数据保护条例》

---

[①] 朱兆一、陈欣：《美国"数字霸权"语境下的中美欧"数字博弈"分析》，《国际论坛》2022年第3期。

（GDPR），加强了其在全球数字经济国际标准与规则制定的话语权。中国也已申请加入由新加坡、智利、新西兰发起的《数字经济伙伴关系协定》（DEPA），积极参与全球数字治理，应对数字化转型挑战。

在逆全球化和国际地缘政治日趋紧张的大环境中，主要经济体加速布局数字经济与数字产业战略，数字科技创新和数字经济发展逐渐由全球产业链分工协作走向竞争。近年来，世界主要经济体高度重视推动和扶持数字产业基础设施建设和核心硬件、软件及应用产业链的发展，纷纷制定了推进数字经济发展的规划战略，截至2021年底，全球主要国家前沿数字产业战略文件数量是2017年的1.5倍之多[1]。发达经济体的数字经济政策逐渐从其倡导的市场引导产业发展的模式，转向当代版"重商主义"，加大"国家干预"政策扶持力度以发展数字经济。发达经济体高度注重数字基础设施普及化和优质化，聚焦加快5G、光纤、工业互联网等建设和普及，推动信息基础设施持续升级。同时，各国聚焦重塑数字经济产业链核心竞争力，加速推进数字产业链本地化和多元化。2021年3月，欧盟发布《2030数字罗盘：欧洲数字十年之路》纲要文件，提出将先进芯片制造全球占比提升至20%，以降低欧盟对美国和亚洲关键技术的依赖。同年5月，欧盟公布了一项供应链多元化计划，旨在降低其在半导体、原材料、医药原料等6个战略领域对海外供应商的依赖。

政府支持对促进数字技术等高端科技发展发挥了重要作用。美国是数字核心技术和基础设施建设的先行者，在很多关键领域处于领先地位。尽管美国大力提倡国际贸易中自由市场的作用，但其政府从未放弃对先进技术的支持和投入。20世纪60年代初期，美国国防部高级研究局（DARPA）就开始重视AI技术并开展研究相关项目。为应对来自日本的威胁，美国于1983—1993年通过《国家战略性计算计划》（NSCI）向先进电脑硬件和AI技术的发展提供10亿美元的资助[2]。在NSCI项目支持下，多项技术的诞生推动了美国AI技术的发展，包括自动化陆地交通工具项目以及其姊妹项目NavLab，为众多无人驾驶项目提供了技

---

[1] 中国信通院：《全球数字产业战略与政策观察（2021年）》，2021年。
[2] Alex Roland, Philip Shiman, Strategic Computing—DARPA and the Quest for Machine Intelligence, 1983-1993, 2002.

术基础。20世纪90年代，日本半导体技术快速进步，给美国半导体产业带来了冲击，为重获半导体产业竞争力，美国政府和产业协调行动。1986年，美国政府与日本签订了《美日半导体协议》，要求日本限制半导体产品出口。1987年，美国产业界组建了半导体制造技术战略联盟，为联盟内的成员企业提供研发资源，分享研究成果，提升创新效率。同样，在具战略性的航空航天领域，美国、欧盟都长期提供大规模支持。例如，美国联邦政府和州政府以不同形式支持波音公司民用飞机的开发、生产和销售，美国政府提供的资助（如税收减免、研发和基础设施支持）也一直超过1992年欧盟 – 美国协议所允许上限的2~3倍，这对波音公司的发展和美国航空产业链的形成和巩固极为重要。

近年来，主要经济体纷纷加大科技创新投入力度。据欧盟统计局数据，从全球研发投入最多的2 500家企业的行业分布来看，ICT制造占比23%，ICT服务占比16.9%，汽车产业占比16.3%。在2015—2020财年，美国国防部共申请22.4亿美元预算经费用于人工智能技术科研等活动；在2021财年预算中向人工智能、5G、微电子等关键领域投入70亿美元研究经费。《2022芯片与科学法案》涉及超过2 800亿美元的总投入，其中为美国芯片制造、研发及劳动力发展提供的补贴高达527亿美元，给予在美设立芯片工厂的企业25%的投资税收优惠，并拨款约2 000亿美元，促进美国未来10年在人工智能、量子计算等领域的科研创新。截至2020年12月，英国政府已向包括虚拟技术在内的沉浸式新技术研发投入3 300万英镑，向数字安全软件开发和商业示范投入7 000万英镑，向下一代人工智能服务等投入2 000万英镑的研发经费。欧盟委员会也计划向"数字欧洲计划"投资19.8亿欧元，集中在AI、云数据空间、量子通信基础设施、高级数字技术以及数字技术在整个经济和社会中的广泛应用等领域。

研发投入是数字革命不断深化和巩固的重要源泉，数字创新不仅靠政府，相关企业的创新意识和持续研发投入也不可或缺。各主要经济体也采取多种形式鼓励支持企业研发投入、加快科技创新步伐。从资金来源上看，欧盟与美国的政府研发投入占比接近，但美国在商业部门的研发投入占GDP比例明显高于欧盟整体，企业和市场在创新中发挥的作用越来越大。从信息通信产品及服务研发投入上看，美国一直大幅领先于欧洲，而中国在2011年落后于欧洲的情况下实现后期快速超越。在美国，企业部门是最大的研发投入主体，其研发投入一直远高于政府投入。此外，对于高科技初创企业，美国风险投资行业始终是强有力的资金后盾，风险投资金额从 1985 年的 25.9 亿美元增长至 2018 年的 1 309.2 亿美元，其中投向软件信息行业的金额保持第一，占比超过 20%。在美国互联网商业化初期，美国风险投资呈现出高增长的态势，这一阶段孕育了包括谷歌、雅虎等在内的互联网标志企业。2000 年互联网泡沫破灭后，美国风险投资行业也依然维持增长趋势[1]。自 2000 年以来，中国企业部门研发投入在 GDP 中的占比大幅攀升，逐步接近美国水平。

**数字和平台治理**

各主要经济体着力构建有利于平台发展的环境。平台经济仍在发展完善之中，如何有效监管和治理数字平台是各经济体监管机构的重点研究议题。数字和平台治理对数字经济健康平稳发展至关重要。数据监管模式根据数据跨境流动、数据本地化、跨境监管等不同要求，存在以美国、欧洲及广大发展中国家为代表的不同趋势[2]。作为数字革命的重要发源地，美国的数字战略核心是巩固其全球竞争力，注重前瞻战略部署、数字产业布局、先进技术研发以及实体经济数字化转型等领域，利用其领先地位，强调全球数字市场自由开放。而欧盟聚焦打造统一的数字化生态，健全数字经济规则制定、完善隐私保护规则，促进数字企业公平竞争。广大发展中国家普遍与发达国家存在较大"数字鸿沟"，大多没有形成完善的数字治理体系，呈现出不同特点。印度、巴西、印度尼西亚等新兴市场国家出于保护本国市场、维护数字安全的考虑，在数字治理方面呈现出一定的保护主义和保守主义倾向；在部分非洲和中东国家，数字经济占比很低，政府尚未形成成熟的数字经济发展战略，数字治理也还未引起应有的关注，监管总体相对宽松[3]。

---

[1] 任泽平、连一席、谢嘉琪：《全球互联网发展报告 2019：为何美国称霸、中国崛起？》，2021 年。
[2] World Bank, World Development Report 2021: Data for Better Lives, 2021.
[3] 张茉楠：《全球数字治理：分歧、挑战及中国对策》，《开放导报》2021 年第 6 期。

全球数字治理的核心是数据跨境自由流动与数据本地化之间的权衡，也是数字经济效率和个人数据、国家安全之间的权衡。大量数据产生的属地、主体、媒介、收集、存储和使用等具有明显的跨境特征，各主要经济体虽然认同"合理"数据流动原则[①]，但对数据本地化意见不一，其模式也存在明显差异（见表4.2）。对于大部分国家来说，数据本地化存储效率低、成本高，易因自然灾害、网络攻击而遭到破坏，有损数据安全[②]。在地缘政治日益紧张的形势下，数据本地化更是国家安全的重要部分[③]，全球主要经济体对数据跨境流动限制日趋严格，并要求关键领域数据进行本地存储。美国采取"松流入""紧流出"的管理思路，积极倡导以数据自由流动为主要特征的信息全球化，但并不放松对本土重要数据的管控。美国禁止本国敏感数据外流，通过制定"受控非密"信息清单，界定"重要数据"范围，明确将保存或收集美国公民敏感个人数据的外资背景公司纳入审查范围。同时，美国政府严格管控海外核心领域的数字企业入境，例如通过"清洁网络"计划[④]，限制不受信任的电信运营商、应用程序和云服务（尤其针对中国），同时还限制外资投资高科技领域，以防数据和技术外溢。美国还以"长臂管辖"的方式授权监管机构获取域外数据[⑤]，助力本国数字企业布局全球产业链。同时，美国数字技术全球领先，数字企业亚马逊、微软、谷歌等占据全球超六成市场份额，数据自由流动对其云计算服务提供商在全球范围内拓展业务至关重要。基于成本和监管套利的考虑，美国企业将大量金融数据处理和整合的服务外包给印度等国家，限制数据流动无疑将造成业务障碍。

---

① 陈寰琦：《国际数字贸易规则博弈背景下的融合趋向——基于中国、美国和欧盟的视角》，《国际商务研究》2022年第3期。
② Chander and Lê, Data nationalism, 2014.
③ JA Lee, Hacking into Chinese Cybersecurity Law, 2018.
④ United States Department of State, The Clean Network, 2021.
⑤ UNCTAD, Digital Economy Report 2021, 2021.

表 4.2 中国、美国、欧盟的数据流动及本地化存储的不同模式

| 模式 | 跨境数据自由流动 | 数据本地化存储要求 | 跨境监管 | 代表性文件 |
|---|---|---|---|---|
| 美国 | 对外倡导数据自由流动，要求消除任何不必要的数据流动障碍，但并未放开本土重要数据管控 | 限制金融安全、国防、核不扩散目标数据出境 | 美国企业在境外掌控的数据，无论是否属于美国公民；美国公民在境外的数据 | 《合法使用境外数据明确法》《出口管制条例》 |
| 欧盟 | 欧盟内部自由流动；对欧盟以外经济体跨境传输要求较高，须基于充分性认定机制（"白名单"制度）、签订标准合同、通过约束性企业规则、获得数据主体同意等原则 | 非强制本地化的前提是需要满足欧盟数据跨境传输要求 | 涉及欧盟公民的数据 | 《通用数据保护条例》 |
| 中国 | 数据出境安全评估坚持事前评估和持续监督相结合、风险自评估与安全评估相结合 | 国家机关、关键信息基础设施运营者、一定规模的个人信息处理者，在境内处理的个人信息应存储在境内 | 侵害中国公民的个人信息权益，或者危害国家安全、公共利益的个人信息处理活动 | 《数据出境安全评估办法》《中华人民共和国个人信息保护法》《中华人民共和国数据安全法》 |

资料来源：各主要经济体官方公开信息，中金研究院。

欧盟的《通用数据保护条例》强调对个人数据出境安全管理，实施"内松外严"的个人数据流动保护体系。欧盟要求涉及个人相关信息的数据活动以当事人同意为前提，鼓励数据在欧盟内部自由流动，并通过将符合欧盟数据保护标准的国家或地区列入"白名单"，以"事前规制"的方式提前考察数据接收国是否达到欧盟标准，来确定是否允许数据跨境流动。中国对数据安全非常重视，2017年发布的《中华人民共和国网络安全法》要求"关键基础设施"提供商在中国境内存储"重要数据"和"个人信息"。新兴经济体更倾向于限制数据跨境流动，希望通过推行数据本地化保护本国数字产业，但执行情况和最终效果取决于本国数字治理能力及数字经济对外依存程度，例如越南要求跨国互联网服务企业须在本国设置数据中心；俄罗斯要求个人数据必须存储在其境内。印度则在数据本地化问题上犹豫不决。2018年和2019年，印度相继推出两版个人数据保护

法案，明确规定敏感数据和关键个人数据必须存储在印度境内[1]，期待以数据保护为支点，发挥本土市场规模优势，实现数据资源的原始积累，推进本土数据中心、数字基础设施的建设，实现数据价值的本地化[2]。该法案在审议进程中一波三折，2022年8月，印度政府被迫撤回该法案。究其原因，印度是信息技术（IT）服务出口中心，为其他国家处理医疗保健和金融等行业的敏感数据，该法案势必影响其他国家对印度IT的服务需求。

复杂的数据流动监管加大了企业的运营成本和风险，进而影响全球产业链布局。2020年7月《欧美隐私盾牌》协定失效后，脸书将欧洲用户数据传回美国的既有做法面临爱尔兰的严格审查，这也为欧洲科技公司及学术机构等使用美国云服务或欧盟以外的呼叫中心形成障碍。在此背景下，微软宣称在2022年底实现欧盟个人数据本地化存储。2022年10月，美国总统拜登签署《关于加强美国信号情报活动保障措施的行政命令》，以采取步骤履行同年3月宣布的《跨大西洋数据隐私框架》中的承诺，美欧数据传输新框架迎来实质性进展，为数字企业在美欧布局提供更加稳定的环境。抖音海外版也于2020年宣布花费5亿美元在爱尔兰建立首个欧洲数据中心，用来存储所有欧洲用户的数据。为有效推进在亚太地区市场的业务，规避潜在的多方监管风险，脸书、谷歌、亚马逊、Zoom等跨国科技企业相继决定在新加坡设立数据中心，这或许会促使新加坡成为全球最具活力的数据中心市场之一[3]。对于涉及海外业务的中国企业，应特别需要关注海外经济体的数据本地化要求，规避风险，在满足海外市场数据监管要求的前提下拓展业务。

迈入数字时代后，各国继续在传统隐私权的框架下讨论数据使用规则。美国对数据隐私的保护集中在特定方面，例如在特定行业制定数据使用规则，包括《健康保险便携性与问责法》（HIPPA）、《金融服务现代化法》（GLBA）等。欧盟在数据确权和隐私保护方面则更为严格，对"个人数据"和"非个人数据"采取差异化的监管制度。欧盟《通用数据保护条例》针对所有与欧盟国家和居民相

---

[1] Article 33, 34 of Personal Data Protection Bill 2019 of India, https://dataprotectionindia.in/act/.
[2] 公安部第三研究所网络安全法律研究中心：《印度数据本地化与跨境流动立法实践研究》，2020年。
[3] 环球网：《数据中心"本地化"渐成趋势》，2020年9月21日。

关的数据进行监管，全面保护数据主体对数据的控制权，而企业对数据的使用权受到限制。在个人数据处理上，中国近年来出台多部法律维护个人数据隐私安全[1]，强调个人隐私的重要性，但在个人数据商用方面，中国公民受到比美国公民更好的保护。

## 思考与启示

数字经济和数字产业链发展方兴未艾，在地缘政治分歧愈演愈烈的态势下，保障数字安全、推进科技创新竞争、提升产业链效率是全球产业链数字化进程中的重要问题。

第一，要高度重视数据生产要素，完善数字治理，保障数字安全，有效地平衡效率与公平、效率与安全之间的关系。数据只有在流动中才能充分发挥活力，创造价值，但若没有完善的隐私保护和数据法律体系，数据就无法有效流通。政府要加强监管、提倡行业自律，避免企业违反《中华人民共和国网络安全法》《中华人民共和国数据安全法》《中华人民共和国个人信息保护法》等相关法律法规的行为。同时，企业可以着力科研，利用隐私计算等技术实现流通过程中数据"可用不可见"，确保在不泄露原始数据和不降低隐私保护程度的前提下加强数据分析，提高数据使用效率。数据自由流动是全球数字贸易和创新的必要条件，政府在合理推动制定数据本地化的前提下，依照2022年7月发布的《数据出境安全评估办法》等谨慎监控数据跨境流通，适时考虑制定"白名单"制度，将符合要件的组织或实体列入名单并提供相应豁免，提高数据跨境流动的效率。

第二，国家要加强数字平台企业治理，完善监管框架，做到平台管理有法可依、法出必行。近几年中国在加强了对平台经济的治理和监管后，竞争环境得到了改善[2]。在防止平台企业依仗市场规模阻碍创新并形成"赢者通吃"局面的前提下，我们应提升对平台企业市场界定的科学性和合理性，防止对平台企业过度监管、抑制创新，鼓励数字平台有效利用网络效应和已有规模积极参与和美欧平

---

[1] 2021年《中华人民共和国数据安全法》、2021年《中华人民共和国个人信息保护法》。
[2] 中金研究院、中金公司研究部：《迈向橄榄型社会》，中信出版社，2022年。

台巨头的全球竞争。要着重加大对消费者和小微企业的保护力度，严厉打击平台企业依仗消费者数据进行差别定价，即"大数据杀熟"等行为，清理互联网虚假信息，维护消费者对平台经济和数字经济的信任，为消费者转换平台提供便利。

第三，中国应继续充分利用数字经济大国的规模效应。一方面，要继续深挖国内市场，提升需求规模效应，形成数据等生产要素的积累。截至 2021 年 6 月，我国农村网民规模为 2.97 亿，农村地区互联网普及率仅为 59.2%[①]，未来应进一步加强农村数字基础设施建设，重点投入数字乡村，扩大网民基数，特别是在下沉市场。另一方面，要鼓励支持中国数字平台和数字产业拓展海外市场，逐步形成全球规模，与美国平台企业展开竞争。在地缘政治日益紧张的背景下，政府可以发挥积极作用，协助本国企业降低"出海"面临的政策壁垒，保证我国企业在海外市场享有公平竞争环境。应特别重视同东南亚等周边国家的数字合作，打造以中国为核心兼容并包的区域数字经济生态圈，立足本国市场，拓展海外市场规模，提升生产效率。

第四，要发挥新冠肺炎疫情下无接触经济中的学习效应，促进服务业的可贸易转型。新冠肺炎疫情中人员和商品的流动受到限制，这有效激发了数字技术潜能和无接触经济发展，揭示了服务可贸易的潜力。关键是要加快突破有形的物理障碍或无形的制度障碍，构建内外联动双向开放互促机制[②]，促进数字服务贸易高水平对外开放。在世贸组织框架下《服务贸易总协定》（GATS）推进受阻的背景下，政府可重点推进区域服务贸易合作规则制定，利用中国大市场优势和产业集群优势，形成符合各方利益的区域数字服务贸易规则体系，寻求并构建共识，消除数字服务贸易"边境后"壁垒，为中国服务贸易"走出去"营造良好环境。

第五，推进核心科技创新，培养高端数字人才是数字经济发展的力量源泉。增强关键领域自主研发能力，加强数字经济核心技术攻关，切实保障大数据优势，为其他行业数字化和升级改造提供基础。基础科学和长期技术由于时间成本、资金成本、风险较高，政府应加大投入力度，为后续企业端创新发力创造条

---

[①] 中国互联网络信息中心，第 50 次《中国互联网络发展状况统计报告》，2022 年 8 月。
[②] 陈秀英、刘胜：《数字化时代中国服务贸易开放的壁垒评估及优化路径》，《上海经济》2019 年第 6 期。

件。同时，政府应提升产业政策针对性，避免资源浪费，例如产业扶持政策可更多向工业级芯片、汽车电子芯片等产品量产难度大、客户导入速度慢的领域倾斜。政府也应鼓励企业部门同步加强研发投入，激发市场主体的创新活力。积极发挥资本市场作用，通过市场优化资源配置，鼓励高科技企业整合，并给予相应政策支持。针对当前科技"卡脖子"短板，充分发挥需求端大国规模优势，开展国内国际研发合作，有效避开科技封锁和制裁。

在全球数字经济迅速发展、竞争日趋激烈的大趋势下，我们要加速中国经济和产业数字化，加强研发与制造应用的连接，借鉴发达经济体的数字战略和配套政策，发挥中国制造产业链"大而全"等优势，有的放矢地完善数字基础设施建设，制定核心项目资助、技术推广等系列行动方案，进一步推进各行业产业链数字化，为产业数字化转型提供有力的政策支持。

第五章

**绿色转型：碳中和下的产业链机遇与挑战**

始于 20 世纪 60 年代的环保运动是绿色转型的开始，促进了当今全球产业链格局的形成。发展中国家尽管通过承接附加值低、污染大的产业获得了转移红利，但也面临着巨大的环保压力。以碳中和为核心的新一轮绿色转型将对全球产业链格局产生什么影响？中国将面临哪些机遇与挑战？

我们认为，本轮绿色转型对全球产业链的影响主要有两点。一是碳中和下的能源使用成本上升。中国高耗能产业短期将享受能源价格管控和低碳价带来的红利，用能成本上升压力较小，但不利于其节能低碳升级；传统能源产业受益于能源价格的短期上升，但长期面临需求下降；新能源产业因预期稳定有望持续受益，但其制造业属性意味着产业竞争加剧。二是碳关税等防止碳泄漏的国际政策将导致国家间碳成本级差缩小。中国承接发达国家相关产能转移的限制增大。但由于绿色转型不可能一蹴而就，未来全球产业链仍将面临较长时间的气候成本上升问题，受极端气候事件冲击的频率变高。交通物流、农业和能源等气候风险暴露度较高的产业将长期受到影响，并通过产业链波及其上下游。

中国现阶段发展需求已从环境服务经济发展转变为经济与可持续发展并重，发达国家也开始从转移落后产能转变为保护自身的绿色产业，导致国际竞争加剧。因此，中国在这一轮绿色转型中的主要任务将不只是承接高耗能、高碳排产业或维护自身利益，更应该平衡好绿色产业与传统产业的利益，适应甚至引领全球产业链的新变局。具体而言，应有效协调双碳目标与能源安全的关系，在给予相关产业竞争力合理保护的同时，逐步放松能源价格管控力度，优化管控方式，并适时加大碳约束力度；积极应对日趋严峻的国际环境，加强国际合作，通过可持续投融资等方式鼓励绿色产业的创新发展；充分利用规模优势，增强产业链气候韧性和稳健性。我们认为，未来绿色新兴产业竞争力的提升将不仅有助于提高产业链效率，也有助于加强中国整体产业安全。[1]

---

[1] 本章作者：陈济、王帅、李雅婷、赵扬。

## 绿色转型如何影响全球产业链：内部化的环境成本

从20世纪60年代蕾切尔·卡逊出版《寂静的春天》推动美国新环保运动，到1972年联合国在瑞典首都斯德哥尔摩召开人类环境会议，再到1992年联合国大会通过的《联合国气候变化框架公约》，全球绿色发展的内涵经历了从管控局地污染物向全球碳排放的转变，持续推动着各国产业转型，影响着全球产业链的发展。

在过去相当长的一段时期，各国绿色可持续发展的主要目标是管控化学污染物、大气污染物、污水、重金属等危害局地环境的污染物。从20世纪60年代开始，发达国家持续加大对这类污染物的治理力度，制定越来越严格的环境标准并出台相关政策及法律法规，迫使附加值低、污染大的产业向发展中国家转移[①]。随着绿色发展目标的重心逐步向减缓气候变化转移，各国纷纷提出减碳甚至净零排放目标，并逐步加大政策力度。从宏观角度看，这一轮绿色转型一方面有助于修正气候负外部性导致的全社会效率损失，另一方面可以通过应对高碳活动所带来的长期气候风险，增强产业链安全。

目前，全球产业链正在经历与管控局地污染物相似的政策周期，这一轮绿色转型对全球产业链是否会产生相似的影响呢？为回答这一问题，需要回到绿色

---

① 史丹：《绿色发展与全球工业化的新阶段：中国的进展与比较》，《中国工业经济》2018年第10期。

转型影响全球产业链的基本逻辑。在绿色发展的趋势下，各国通过环保政策将产业生产所带来的环境负外部性内部化，使得环境成本从由所有公众（大部分是非排污主体）承担的外部成本转化为由排污主体承担的内部成本[1]。由于各国绿色转型政策力度不同，处在不同国家的生产者所承担的内部化成本也相应地有所差别，从而对全球产业链产生影响。无论是过去管控局地污染物，还是现在和未来管控具有全球同质性的碳排放，外部成本内部化带来生产成本上升这一基本逻辑都没有改变。

但是，由于局地污染物和全球碳排放的环境影响特性和产业影响特性，对两者的管控会对全球产业链产生不同影响（见图5.1）。与管控局地污染物相比，管控碳排放对产业链的影响范围更广、程度更深。一方面，气候变化的"受害者"数量更多、范围更广。全球气候变化造成的极端天气频发、海平面上升等危害是全球性的，影响所有国家的产业链，且一旦地球系统生态平衡被打破，在上百年的时间尺度上难以恢复，影响的周期也更长；而局地污染物仅对局部区域内的部分活动在一定时期内产生影响。前者引起的市场失灵更严重、范围更广，造成的环境外部成本因此相对更大[2]。另一方面，造成全球气候变化的"污染者"数量

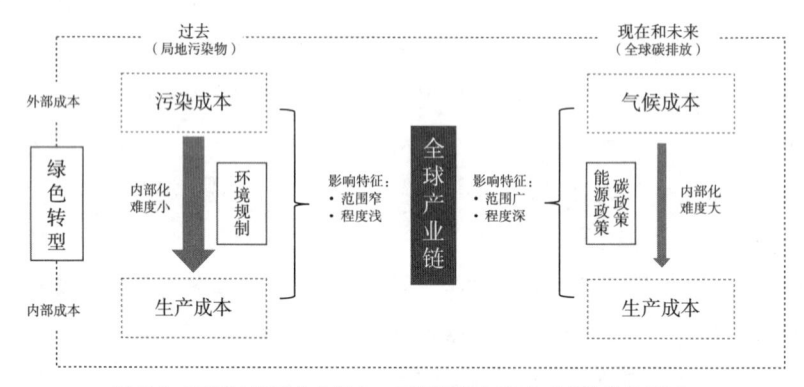

图5.1 环境外部成本内部化：局地污染物和全球碳排放的异同

资料来源：中金研究院。

---

[1] Pigou, A.C. The Economics of Welfare, 1920. Coase, R.H. The Problem of Social Cost, 1960.
[2] National Research Council. Hidden costs of energy: unpriced consequences of energy production and use, 2010, p5. Stern N. The economics of climate change, 2008.

更多、范围更广。虽然化石能源相关生产商是最主要的排放源也是直接责任主体，但从消费视角来看，享受现代能源的消费者也是广义上的气候"污染者"。

同样是外部成本内部化，与局地污染物相比，全球碳排放的外部成本在很长时间内都无法实现完全内部化。管控局地污染物的环境规制大多采取末端治理模式[1]，而碳减排涉及能源转型，是经济体系的系统性变革[2]。正如《碳中和经济学》一书中提到的，很多高碳行业低碳转型所需的技术尚不成熟，水泥等个别产业的绿色溢价甚至超过100%[3]，换句话说，外部成本完全内部化会使单吨水泥的生产成本翻倍[4]。

气候外部成本内部化的过程主要是通过政策工具实现的。虽然政策的最终目的都是实现碳减排，但现阶段并非所有政策都是直接针对碳排放的碳政策，能耗"双控"、可再生能源补贴等能源政策也在发挥作用[5]。对于企业来讲，未来面临的能源使用成本包含能源价格（包括化石能源和可再生能源）和碳价，我们将在后文探讨能源使用成本如何影响全球产业链，尤其是不同产业。在全球低碳转型的背景下，各国的碳政策力度不同造成企业面临的碳成本不同，这对产业链又有何含义？我们将在后文进行分析。同时，由于气候外部成本内部化不可能一蹴而就，因此气候成本大概率将在相当长的时期内存在，其对全球产业链的影响也将在后文进行分析。

需要说明的是，我们聚焦碳减排对全球产业链的影响，并不意味着针对局地污染物的环境规制已经不再对产业链产生影响。环境规制对部分行业的影响较大，以排放大量工业废水的纺织产业为例，随着水污染物排放标准不断趋严，中国的规模以上印染企业数量持续缩减，印染业发展受限。同时，许多发展中国家也在加大环境规制力度，越南、柬埔寨等国家的污水排放标准比中国的还要严格，中国纺织产业向外转移同样面临环保限制。由于许多发达国家、发展中国家

---

[1] 韩超、胡浩然：《清洁生产标准规制如何动态影响全要素生产率——剔除其他政策干扰的准自然实验分析》，《中国工业经济》2015年第5期。
[2] 范英、衣博文：《能源转型的规律、驱动机制与中国路径》，《管理世界》2021年第8期。
[3] 绿色溢价是指与当前有排放技术的生产成本相比，使用零排放技术的生产成本提升的比例。
[4] 中金公司研究部、中金研究院：《碳中和经济学》，中信出版社，2021年。
[5] IEA, Combining Policy Instruments for Least-Cost Climate Mitigation Strategies, 2011.

在过去几十年已经出台了大量环境规制政策，针对一些局地污染物的环境标准未来进一步加强的空间有限，相比之下，全球碳减排还有很长的路要走。

## 能源使用成本上升：能源供给与消费产业的得与失

### 能源使用成本为什么会上升

绿色转型的大趋势意味着未来一段时间内能源使用成本会上升。我们将分别从化石能源和可再生能源来具体论述。

从化石能源来看，其使用成本上升的原因主要有两个。一是碳约束逐步增强带来的碳成本上升。近年来，公布净零碳排放目标的国家越来越多[1]。各国普遍通过碳排放总量和强度控制等命令控制型政策以及碳税、碳市场等市场激励型政策来管控碳排放，前者给产业链带来了隐性碳成本或影子价格[2]，后者则带来了显性碳成本，即碳价格。就碳定价政策而言，2005—2022年全球碳定价工具从9个增加到68个，覆盖碳排放率从5%上升到23%[3]。同时，碳定价政策在逐渐变严，约束性在变强。随着欧盟长期和短期气候目标力度的加大和碳配额的逐步收紧，欧盟碳配额的价格一路走高，韩国、新西兰、美国等国家的碳价也在日益上涨，未来仍存在上升空间。二是供给弹性下降引起化石能源价格的波动性上升，导致化石能源价格上涨的频率和幅度都随之提高，这是近两年能源使用成本上升的主要推手。在碳定价和能耗"双控"等一系列政策下，市场预期化石能源需求将加速达峰，资产搁浅风险加剧，而化石能源投资回报期往往较长，导致全球上游油气资本开支处于低位，同时清洁能源投资增速在快速提高，可能存在对化石能源投资的挤出效应。叠加未来地缘政治风险上升或使全球大宗商品供应体系进一步割裂，导致化石能源的供给弹性下降，这意味着能源价格上升时产量增加会比过去更加缓慢和谨慎（见图5.2）。国际能源署（IEA）调查显示，尽管油气价格更

---

[1] Net Zero Tracker, https://zerotracker.net/, 2022年8月19日。

[2] Althammer W, Hille E. Measuring climate policy stringency: a shadow price approach, 2016.

[3] World Bank. State and Trends of Carbon Pricing, 2022.

高，但2022年全球大多数油气公司的油气投资却比2019年更低①。在这种情况下，一旦发生化石能源供给或需求冲击，价格不仅会大幅上升，而且由于供给不能及时响应价格信号，价格短期单边运行的动能很强，中期的波动幅度也会加大②。近期俄乌冲突带来的天然气供给冲击就导致全球能源价格大幅上涨。

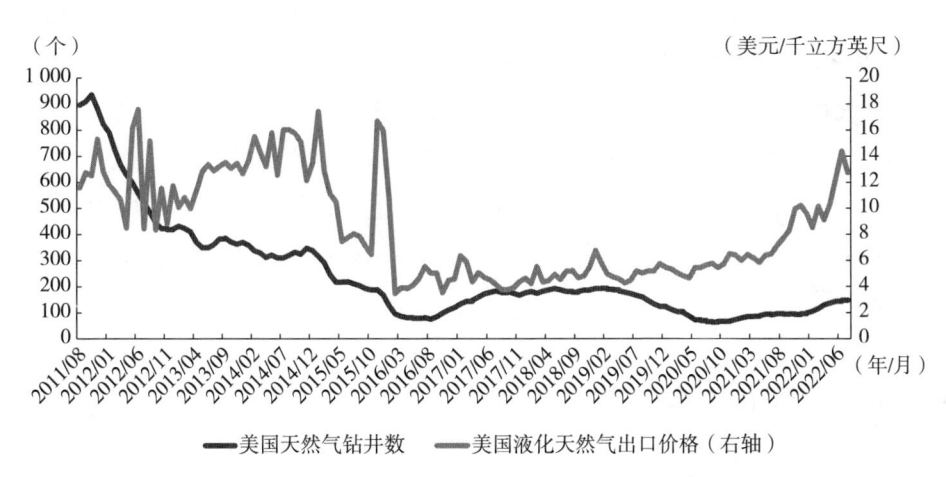

**图 5.2　美国天然气钻井数对能源价格上升的反应更缓慢**

资料来源：EIA，中金研究院③。

从可再生能源来看，供给存在高度不确定性，易受极端天气影响，尤其是在近年来气候变化加速和可再生能源占比提升的背景下，能源系统受扰动的频率和幅度都会上升。以风电发展较快的英国为例，2021年9月北海平静无风，风电量占总发电量的比例从25%急剧下降到7%，电力供应紧张导致英国9月电价翻了一番④。可再生能源的间歇性与波动性会冲击电力系统的稳定运行，随着可再生能源在电力系统中渗透率的升高，系统成本会加速提升⑤，平抑波动性也会增

---

① IEA, World Energy Investment, 2022.
② 详见2022年9月24日中金研究院发布的文章《非典型复苏下的波动和修复》。
③ 美国天然气主要为页岩气，其钻井数量变化可以较好地反映天然气投产变化，市场化程度高，而中东油气产量受非市场化因素影响较多。
④ 参见 https://www.fortunechina.com/shangye/c/2021-09/23/content_397903.htm。
⑤ OECD NEA, The Costs of Decarbonization: System Costs With High Shares of Nuclear and Renewables, 2019.

加可再生能源的使用成本。尽管从长期来看可再生能源技术的进步会带来发电和储能成本的下降,但这需要大量研发投入,而且绿色转型会涉及工业生产模式的转换,需承担相应的转型成本,例如电气化、智能化投资等。

综合来看,绿色转型的内在要求之一即提高化石能源使用成本。当化石能源的使用成本超过清洁能源时(即绿色溢价小于零)就会促进能源转换,同时化石能源消费量也会趋势性下降,以实现碳减排。未来随着技术的不断进步,可再生能源使用成本会先上升再下降[1],且由于可再生能源占比的提升,总能源使用成本也会呈现先上升再下降的倒 U 形,能源价格的波动性最终也会下降。但是,在未来相当长的一段时间内,能源使用成本是上升的,而且波动性较大。能源使用成本上升对全球产业链有何含义?我们将分别从高耗能产业、传统能源产业和新能源产业展开讨论。

**对高耗能产业的影响**

当能源使用成本上升时,面临最直接冲击的就是高耗能产业。高耗能产业的能耗强度和碳排放强度均比较高,受能源使用成本上升的影响更大。对中国而言,非金属矿物、金属冶炼、化工和交通运输产业的用能成本占比均超过 10%(见图 5.3),假定其他因素不变,能源成本每上升 10%,会导致这些产业的总成本上升 1% 以上。《碳中和经济学》一书中测算的中国高耗能产业的绿色溢价分别为建材 138%、化工 53%、钢铁 15%、造纸 11%、石油化工 7%、有色金属 4%,也可以反映出外部成本完全内部化导致的能源使用成本上升对高耗能产业造成的负面影响[2]。能源使用成本上升最终会导致高耗能产业的产量下降,产品价格上升。对整个经济而言,绿色转型初期的能源使用成本上升可能使经济面临滞胀压力,因此需要通过技术创新和能源转换促使能源使用成本更快地进入下降阶段。

---

[1] 张雷、周天舒、赵永霞等:《"十四五"期间发展可再生能源带来的用电成本变动问题研究——以宁夏电网为例》,《价格理论与实践》2022 年第 4 期。

[2] 需要说明的是,绿色溢价包含碳捕集成本、"绿电"成本和氢能成本等,绿色溢价较高往往是由于使用了高成本的碳捕集技术来实现碳中和。

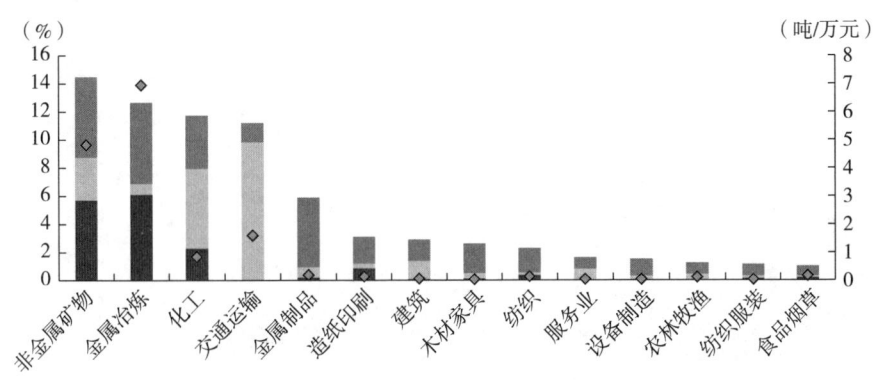

图5.3 中国各产业能源成本占比和碳排放强度

资料来源：2020年中国投入产出表，CEADs，中金研究院。

能源使用成本上升对不同国家高耗能产业的影响有何不同？与欧盟、美国和日韩等经济体相比，中国高耗能产业的能源成本占总成本比重更高，碳排放强度也更高（见图5.4）。这与中国高耗能产业多，部分细分高耗能产业的能耗高、煤电占比高、能效相对较低等因素有关。因此理论上，若各国能源使用成本上升幅度相同，中国高耗能产业受到的负面影响将比欧盟、美国和日韩更大。

但是，在更有效的能源价格管控政策和相对较低的碳成本下，中国高耗能产业实际用能成本上升的压力较小。能源价格管控阻碍了能源成本传导，导致国际能源价格上升对中国高耗能产业的成本冲击效应存在黏性和时滞[1]，国内能源价格的波动幅度往往比国际上更小，对外部冲击的反应也更缓慢[2]。一项研究使用可计算的一般均衡（CGE）模型模拟了国际油价上涨时中国价格管制的作用，在无价格管制时，国际油价上涨50%使化工业和交通运输业的产出下降率和产品价格上升率均超过3%，而价格管制可以将其控制在1%以内（见图5.5）。相对更低的能源价格可以提高中国高耗能产业的国际竞争力，这在俄乌冲突后得到了充分体现。

---

[1] 汤维祺：《不确定性条件下油价宏观经济影响的动态一般均衡模拟研究》，2013年。
[2] 魏巍贤、林伯强：《国内外石油价格波动性及其互动关系》，《经济研究》2007年第12期。

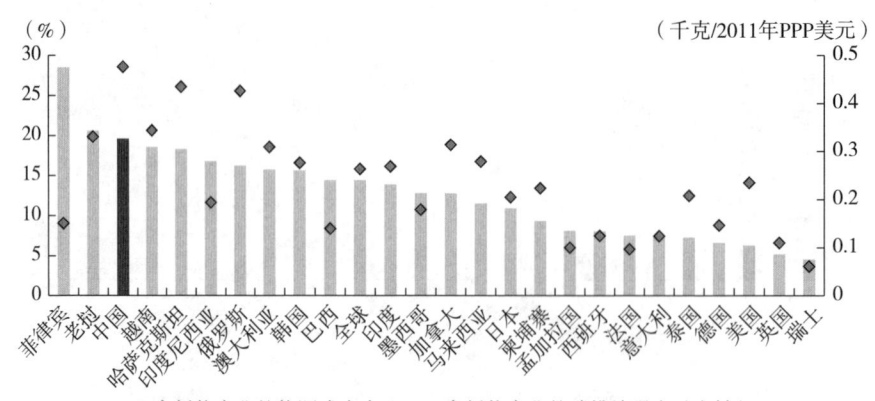

图 5.4　各国高耗能产业能源成本占比和碳排放强度

资料来源：2019 年 ADB 世界投入产出表，世界银行，中金研究院。

注：高耗能产业包括非金属矿物、金属冶炼、交通运输、化工。

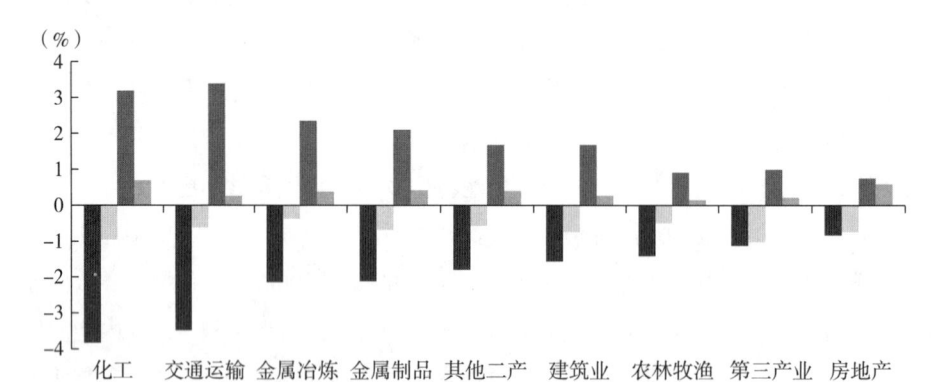

图 5.5　国际油价上涨 50% 对中国各产业影响（无价格管制 Vs. 有价格管制）

资料来源：贾智杰、林伯强（2022）[1]，中金研究院。

注：价格管制设定为国内汽柴油价格不会因为原油价格波动而变化。

俄乌冲突以来，全球能源价格大幅上升，中国的高耗能产业享受到了能源价格管控下的低用能成本红利。以煤炭为例，尽管国际市场上的煤价受供给冲击影响大幅上涨，但国内的煤价因政策调控并未与海外同步拉升，国内外煤价倒挂严

---

[1] 贾智杰、林伯强：《国有企业、价格管制与经济稳定——来自中国特色汽柴油市场的视角》，《中国人口·资源与环境》2022 年第 7 期。

重，且终端电价涨幅远小于欧洲[1]。在低能源价格下，中国的造纸、铝、氯碱等部分高耗能产业具备低成本的竞争优势，对欧出口量快速增长。反观欧洲，此次能源价格上升重创了欧洲的金属冶炼等高耗能产业，大量企业减产或关停，铝、锌产量均大幅下降[2]。欧洲的产能缺口还拉动了中国汽车、机械、电子产品等商品的出口。

俄乌冲突敲响了绿色转型过程中能源安全和产业安全的警钟，使安全、经济和清洁之间的能源"不可能三角"问题更加突出。欧洲的绿色转型步伐较快，对外依存度较高的天然气和高波动性的可再生能源重要性不断凸显，同时煤炭、核能等备用能源选项在一定程度上被抛弃，这些因素共同导致欧洲能源供给的脆弱性上升。一旦出现俄乌冲突等风险事件，欧洲无法快速保障能源供给，增加了产业用能风险，甚至会引起相关产业的向外转移。德国工业联合会（BDI）调查显示，德国有58%的企业因能源价格上涨而面临严重压力，34%的企业担心破产倒闭[3]，作为欧洲最大的汽车制造商，大众汽车正考虑将生产基地迁出德国[4]。从长期来看，对于化石能源相对匮乏的欧洲来说，增加可再生能源供给仍然是欧洲国家降低能源对外依存度、保障产业用能安全的有效手段，但在未来能源价格波动性上升的背景下，提高保供稳价的能力也变得越来越重要。

在碳成本方面，与欧美等发达国家相比，中国目前的碳减排政策力度相对偏弱，碳成本上升压力相对较小。理论上，由于中国碳排放强度较大，在相同的碳成本下，中国经济受到的负面影响会远高于欧美发达国家[5]。但现实中，各国碳定价政策的覆盖范围和碳成本差异较大。用碳价乘以覆盖碳排放量计算显性碳成本发现，中国的显性碳成本占GDP的比重是0.23%，低于欧盟的0.83%和韩国的0.58%[6]。即使将隐性碳成本也考虑进来，在2030年碳达峰之前，碳成本也很

---

[1] 详见2022年7月29日中金研究院发布的文章《能源供给冲击下的全球绿色转型》。
[2] 参见 https://www.ft.com/content/0906df5d-1b92-4de1-95d6-3ae7b1055897。
[3] 参见 https://www.zdf.de/nachrichten/wirtschaft/bdi-insolvenzen-energiekosten-100.html。
[4] 参见 https://www.sohu.com/a/587463954_119627。
[5] 李继峰、张沁、张亚雄等：《碳市场对中国行业竞争力的影响及政策建议》，《中国人口·资源与环境》2013年第3期。
[6] 数据来源：Carbon Pricing Dashboard（The World Bank）。

有可能会低于欧美发达国家[①]。

　　能源使用成本上升虽然增加了高耗能产业的成本压力，但也可以激励高耗能产业的节能减排技术创新，促进工业体系朝电气化、自动化、智能化的方向发展[②]。诱导技术变革理论指出，生产要素相对价格的变化本身就会刺激创新，引导技术变革转向节约使用相对昂贵的生产要素[③]。波特假说也提出严格的环境规制可以促进技术创新，甚至提高产业竞争力[④]。以汽车产业为例，石油危机时期日产汽车因节能性能更高而迅速抢占美国市场，对燃料电池的研发创新也进入快车道。再以钢铁产业为例，美国的环境规制积极助力了钢铁产业的工艺改进。美国钢铁工业环境规制成本支出一度占到资本总支出的13%~15%[⑤]，这迫使钢铁产业改善工艺流程，电炉炼钢得以快速发展。欧洲的电炉钢产量占比与煤价呈现强正相关关系，当欧洲煤价于2008年达到最高点时，电炉钢产量占比也达到了40%的高位[⑥]。

　　从这个角度来讲，欧美发达国家更早的绿色转型也更快地促进了产业绿色化和绿色产业化，并在节能减排方面形成了先发优势。仍以钢铁产业和汽车产业为例，目前，欧美发达国家的电炉钢产量占比远高于中国，且钢铁工业的能效水平也更高[⑦]。同时，欧洲、日韩等经济体汽车的每百公里油耗比中国低，且燃油经济性标准更严格的国家，汽车的能效改进往往也更快[⑧]。值得说明的是，具体产

---

[①] 需要指出的是，从碳达峰到碳中和，中国的减排斜率比较陡峭，叠加煤电成本低，因此需要更低成本的新能源替代方案或把煤炭成本抬升至较高幅度，未来碳成本或将快速上升。参考文献：Aldy J E，Pizer W A，Akimoto K. Comparing emissions mitigation efforts across countries，2017。张希良、黄晓丹、张达等：《碳中和目标下的能源经济转型路径与政策研究》，《管理世界》2022年第1期。

[②] Newell R, Jaffe A, Stavins R. The induced innovation hypothesis and energy-saving technological change, 1999.

[③] Hicks J. The theory of wages, 1963.

[④] Porter M E，Van der Linde C. Toward a new conception of the environment-competitiveness relationship, 1995. Jaffe和Plamer（1997）将波特假说分为弱波特假说和强波特假说，两者都认为环境规制可以促进创新，但只有后者认为环境规制可以提高企业竞争力。

[⑤] The Congress of US Congressional Budget Office. How Federal policies effect the steel industry, 1987.

[⑥] 资料来源：万得资讯，同花顺iFinD。

[⑦] 张春霞、上官方钦、郦秀萍等：《中美钢铁工业能效对标研究》，《钢铁》2013年第1期。

[⑧] IEA, Fuel Economy in Major Car Markets, 2019.

业在一国的发展还取决于产业政策、市场环境、技术创新、人才配套等多方面因素，战略上更早地提出绿色转型并不意味着绿色产业能一直保持领先，例如中国的新能源汽车产业已实现了弯道超车[1]。

## 对传统能源产业的影响

能源使用成本上升对传统能源产业的影响需要区分短期和长期。从短期来看，能源需求弹性较小，碳约束在绿色转型初期还不够强，在能源价格波动性增加的背景下，供需冲击引起的能源价格上升在短期有利于传统能源产业[2]。2022年以来的油气价格飙升使全球油气产业收入达到过去5年平均水平的2倍以上[3]，美国页岩油公司或将产生1 800亿美元的自由现金流[4]。但从长期来看，传统能源产业的收入将下降。因为随着时间的推移，高化石能源使用成本会使能源消费者通过节能提效或使用可再生能源来降低对化石能源的依赖，叠加逐渐提高的碳成本和对传统能源行业的惩罚性政策，化石能源需求最终会下降[5]，传统能源产业通过短期能源价格上升而受益的空间也会越来越小。

## 对新能源产业的影响

未来一段时间，新能源产业会因能源替代效应而受益。随着碳约束的增强，化石能源投入成本逐步超过新能源，能源消费者会使用新能源去替代化石能源，因此与化石能源不同，新能源的长期需求依然较为强劲。俄乌冲突带来的化石能源价格上升加快了全球能源转型的步伐，新能源产业面临价量齐升的双重利好。

---

[1] 曹霞、邢泽宇、张路蓬：《政府规制下新能源汽车产业发展的演化博弈分析》，《管理评论》2018年第9期。

[2] Thorbecke W. How oil prices affect East and Southeast Asian economies: Evidence from financial markets and implications for energy security, 2019.

[3] IEA, World Energy Investment, 2022.

[4] 参见 https://www.ftchinese.com/interactive/71270/en?exclusive。

[5] Cooper J C B. Price elasticity of demand for crude oil: estimates for 23 countries, 2003.

欧盟将2030年可再生能源消费占比目标从40%提高至45%，高昂的能源价格也使欧洲对光伏装机的需求上升，拉动中国光伏产品向欧洲的出口。2022年上半年，中国光伏产品出口总额约259亿美元，同比剧增113%[1]。光伏需求的爆发使光伏产业链主要环节保持强劲的发展势头，未来中国硅料企业将继续扩产[2]。此外，储能、虚拟电厂和其他新能源相关产业也有望得到快速发展。

随着能源使用成本上升，未来新能源产业的盈利能力将逐步增强，对补贴的依赖度会有所降低。过去，由于新能源使用成本比化石能源更高，为了促进新能源产业发展，各国开启了"补贴竞赛"[3]。中国将新能源产业列入战略性新兴产业，大额补贴使中国新能源产业迅速发展壮大，甚至造成产能过剩[4]。随着新能源发电成本不断下降，新能源产业逐渐走向成熟，在政府补贴"退坡"后将进入市场化发展的新阶段。在这种情况下，高能源价格有利于新能源产业增强盈利能力，碳定价的"大棒"也逐渐取代了补贴的"胡萝卜"，继续支持新能源产业发展[5]。

新能源产业对可持续投融资的吸引力也在上升。尽管能源价格的短期上升也会利好传统能源产业，但在能源转型的长期背景下，新能源产业受益的确定性更大，投资回报更稳定[6]，这使绿色金融和环境、社会和公司治理（ESG）投资等金融手段更易于支持新能源。截至2021年末，中国绿色贷款存量规模居全球第一[7]，绿色债券存量规模居全球第二[8]，为新能源产业提供了持久动力。此外，由资本市场主导的ESG投资也给新能源产业带来了大量资金[9]。

---

[1] 工信部：2022年上半年中国光伏产业运行情况。

[2] 详见2022年8月28日发布的《从硅料行业大发展，看工业硅未来走势》。

[3] 彭中文、文亚辉、黄玉妃：《政府补贴对新能源企业绩效的影响：公司内部治理的调节作用》，《中央财经大学学报》2015年第7期。

[4] 余东华、吕逸楠：《政府不当干预与战略性新兴产业产能过剩——以中国光伏产业为例》，《中国工业经济》2015年第10期。

[5] Aghion P, Dechezleprêtre A, Hemous D, et al.. Carbon taxes, path dependency, and directed technical change: Evidence from the auto industry, 2016.

[6] IEA, Clean Energy Investing: Global Comparison of Investment Returns, 2021.

[7] 《人民日报》，"我国绿色贷款存量规模居全球第一"，2022年。

[8] 中国人民银行研究局，《完善绿色金融体系，助力绿色低碳高质量发展》，2022年。

[9] BlackRock, Global Insurance Report, 2022.

然而，新能源产业在面临发展机遇的同时，在技术创新方面也将面临更加激烈的国际竞争。新能源产业链可以分为原材料环节和制造业环节，上游锂、钴、镍等原材料具有资源属性，下游制造业环节则具有制造业属性。虽然需求上升使得新能源产业整体受益，但利润上升将更多地发生在垄断性和议价能力更强、供给弹性较小的原材料环节[①]，竞争性更强的制造业环节若想获取更多利润，则需要依赖技术创新。中国的新能源金属较少，虽然目前中国的许多新能源技术全球领先，但仍有广阔的创新空间，例如固态电池、钙钛矿电池等下一代高端技术已经成为新能源产业发展的前沿方向。未来科技领域的大国竞争或将加剧，发达国家拥有资金、人才和工艺优势，但对中国的绿色低碳技术转移可能会越来越少[②]。这意味着中国的新能源产业未来需要走自主创新的高质量发展之路。

## 碳成本级差缩小：高碳产业的"变"与"迁"

目前各个国家脱碳政策节奏和力度不同，碳成本存在较大差异，即碳成本级差。这一差异不仅体现在各国实现净零排放的时间不一样，而且对各产业减排要求的细化程度也不同。在全球范围内定量比较企业因碳政策而承受的碳成本差异十分困难，因此我们采用碳市场或碳税政策反映的碳价格这一可比参数来在一定程度上表征国家间差异。目前在有碳定价政策的经济体中，从覆盖范围看，韩国和日本的碳排放覆盖比例均在 70% 以上，欧盟和中国的碳排放覆盖比例均在 30%~40%；从碳价格来看，欧盟和英国的碳价格远高于中国和日韩（见图 5.6）。当前，大部分发展中国家尚缺乏碳定价机制，但已有不少国家开始积极探索。2022 年 8 月印度通过《2022 年节能修正案》，为建立全国自愿碳市场奠定了法律

---

① FitchRatings, Energy Transition Boosts Global Long-Term Demand for Metals, 2022. IMF, Soaring Metal Prices May Delay Energy Transition, 2021. S&P Global, The Future of Copper: Will the looming supply gap short-circuit the energy transition? 2022.
② 李坤泽、戚凯、许勤华：《"绿色竞赛"：中美气候竞争的表现、原因与应对》，《全球能源互联网》2022 年第 4 期。

基础①；越南碳市场处于探索阶段，2022年1月发布了其碳市场发展路线图②；马来西亚的大马交易所计划在2022年底前推出自愿碳市场③。

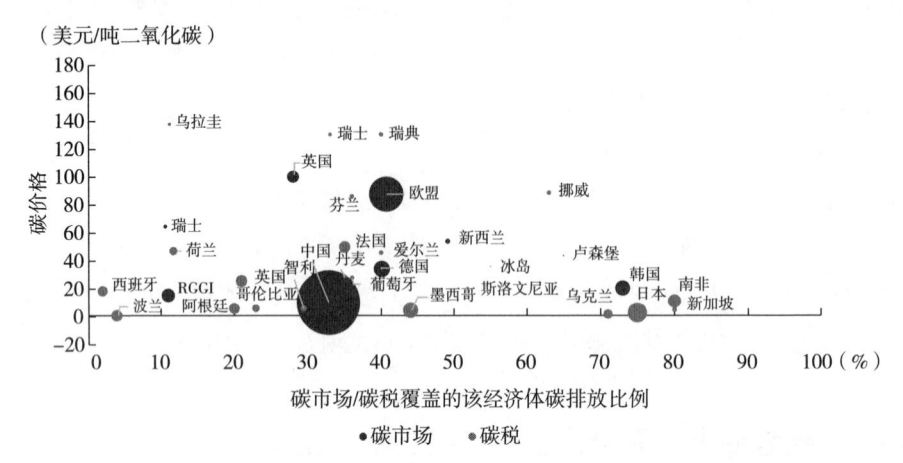

图5.6 各经济体碳市场、碳税覆盖的排放范围以及碳价格存在显著差异

资料来源：Carbon Pricing Dashboard（The World Bank），中金研究院。

注：气泡大小代表该经济体碳排放总额（2018年数据），碳价格为2022年数据。RGGI为美国区域温室气体减排计划。

从理论上看，根据污染避难所假说④，环境规制较强国家的高污染产业可能会向环境规制较弱的国家转移，碳成本级差的存在也可能为高碳产业转移提供动机。从实证来看，在碳中和政策之前，全球碳减排已经有很长的历史，且各国存在碳成本级差。部分文献发现了《京都议定书》导致碳泄漏的证据，即虽然减排承诺国的碳排放量有所下降，但从非承诺国进口商品中的隐含碳排放量却上升了，意味着高碳产业从减排承诺国转移到了非承诺国⑤。国家内部各区域间的碳

---

① 参见 https://icapcarbonaction.com/en/news/india-establishes-framework-voluntary-carbon-market-and-outlines-pathway-towards-cap-and-trade。

② 参见 https://www.vietnambreakingnews.com/2022/01/vietnam-to-build-carbon-market/。

③ https://carboncredits.com/bursa-malaysia-vcm-exchange/.

④ Copeland B R. and Taylor M S. North-South Trade and the Environment, 1994.

⑤ Aichele R, Felbermayr G. Kyoto and the carbon footprint of nations, 2012. Aichele R, Felbermayr G. Kyoto and carbon leakage: An empirical analysis of the carbon content of bilateral trade, 2015.

成本级差也可能引起产业转移[①]，例如中国东中西部减排任务严格程度不同，高碳产业也存在从东部向中西部地区转移的趋势，主要表现为中西部省份的高碳产业占比上升，碳排放量增速远超全国平均水平，等等[②]。

既然碳成本级差有可能引起产业转移，那么具体是哪些产业的碳泄漏风险更高？理论和实践均表明，碳排放强度和贸易强度（进出口除以总产出）较高的产业更可能出现碳泄漏[③]。参照欧盟经验，我们发现中国的金属冶炼、非金属矿物、石油化工、化工等产业碳泄漏风险较高（见图5.7）。以化工产业为例，随着中国对低碳生产、环保生产的要求越来越高，农药、炼化等化工产业在国内新增产能的难度和成本不断提升，向国外转移的动机也有所增强，尤其是部分价值量不高的中间化工品。

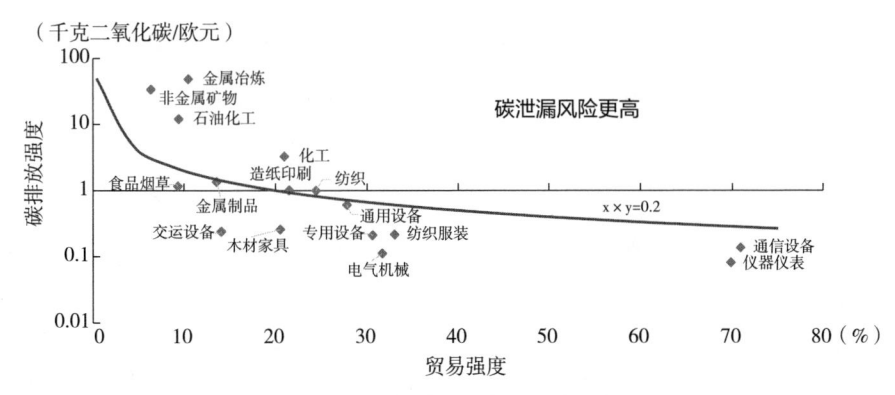

图 5.7　中国各产业的碳泄漏风险

资料来源：2020年中国投入产出表，中金研究院。

注：图中 x×y=0.2 曲线是欧盟碳排放权交易体系（EU ETS）第4阶段判断一个产业是否有碳泄漏风险的分割线[④]，这只是可选函数形式的一种，政策制定者也可以根据国情和行业发展诉求选取更加合适的判断方法。汇率按1欧元等于7元人民币折算。纵轴为对数坐标轴。

---

① Cui J, Wang C, Wang Z, et al.. Carbon Leakage within Firm Ownership Networks: Evidence from China's Regional Carbon Market Pilots, 2022.

② 汤维祺、吴力波、钱浩祺：《从"污染天堂"到绿色增长——区域间高耗能产业转移的调控机制研究》，《经济研究》2016年第6期。

③ Dröge S, van Asselt H, Brewer T, et al.. Tackling leakage in a world of unequal carbon prices, 2009.

④ 欧盟ETS在第4阶段（2021—2030年）判断一个产业是否有碳泄漏风险的方法为：若产业碳排放强度 × 贸易强度 >0.2，则被视为存在碳泄漏风险。欧盟碳泄漏风险较高的产业主要包括食品烟草、纺织、纺织服装、造纸、石油化工、化工、非金属矿物、金属冶炼等。

但是，也有许多文献并未发现以降低环境规制成本为目的的产业转移，认为污染避难所假说不成立。可能的原因包括三点[①]。一是环境规制政策增加的规制成本占企业整体运营成本比重很小；二是环境规制成本差异不是影响跨国公司对外直接投资的主要因素，要素禀赋、基础设施、营商环境均有重要影响；三是污染密集型产业往往也是资本密集型的，转移对技术装备和资金支持需求较高。这意味着只有当国家间碳成本级差足够大并超过产业跨国转移的机会成本时，高碳产业才有可能进行转移[②]。然而，前文已经指出目前成本结构中碳成本相对于能源成本较小，如果考虑其他成本类别，对企业运营成本的边际影响将更小，因而我们认为碳成本实际上带来的产业转移将十分有限。更重要的是，未来随着气候变化造成的外部成本越来越大，避免碳泄漏的国际政策力度或将越来越大，利用碳成本级差套利的可能性会逐渐缩小，我们通过以下两类政策加以说明。

一类避免碳泄漏的典型国际政策是碳关税。事实上，许多发达国家在设计碳减排政策时已经预先考虑到碳泄漏的问题。EU ETS 对高碳泄漏风险行业实施了免费配额[③]，未来在免费配额逐步退出的过程中，欧盟碳边境调节机制（CBAM）将继续发挥作用。CBAM 对进口到欧盟的商品超额排放部分征收碳关税，实际上抹平了欧盟与其他地区的碳成本级差，降低了欧盟产业因碳成本级差而向外转移的可能性[④]。碳关税还会导致中国对欧出口大幅下降，尤其是机械设备、金属制品、石油化工等产业[⑤]。另外，许多发达国家在加强碳约束的同时，也会强调对本国产业竞争力的保护并出台相关支持政策以减少碳泄漏。2022 年欧盟在对碳排放权交易体系的修订中提议扩大创新基金和现代化基金，前者支持能源密集型产业的创新低碳技术、碳捕集、可再生能源和储能，后者支持 10 个低收入欧

---

① Copeland B R, Taylor M S. Trade, growth, and the environment, 2004. 张友国：《碳排放视角下的区域间贸易模式：污染避难所与要素禀赋》，《中国工业经济》2015 年第 8 期。

② Sato M, Dechezleprêtre A. Asymmetric industrial energy prices and international trade, 2015.

③ Felbermayr G, Peterson S, Kiel I W. Economic assessment of carbon leakage and carbon border adjustment, 2020.

④ Mörsdorf G. A simple fix for carbon leakage? Assessing the environmental effectiveness of the EU carbon border adjustment, 2022.

⑤ 详见 2021 年 5 月 26 日中金研究院发布的《欧盟碳边境调节机制对中国经济和全球碳减排影响的量化分析》。

盟成员国的电力部门和能源系统现代化。

另一类避免碳泄漏的典型国际政策是国际组织对某类经济活动的跨国界约束。以航空业和航运业为例，由于国际航空业和航运业的营运主体跨越国界，其碳排放难以界定国别责任，因此成为另一类主要的碳泄漏来源。随着航空业和航运业的碳排放越来越多，阻碍全球碳中和的进程，国际海事组织（IMO）和国际民用航空组织（ICAO）近年来加紧了对这类碳排放的管制，约束性不断上升[①]。这类国际政策使各国均面临航空业、航运业减排的压力，通过改变运输成本进而影响全球产业链的布局。

上述旨在避免碳泄漏的国际政策会降低高碳产业利用碳成本级差套利的可能性。回顾历史，全球对消耗臭氧层物质（ODS）的治理也经历了相似的过程。和碳排放类似，消耗臭氧层物质也是一种具有全球负外部性的物质，它会破坏臭氧层进而导致皮肤癌等疾病。1987年签订的《蒙特利尔议定书》要求各国逐渐减少生产和使用消耗臭氧层物质，其中发达国家先减少，发展中国家后减少，即各国之间存在规制级差。然而，发达国家通过单方面限制含氯氟碳化合物（CFCs）电冰箱的进口，阻碍含CFCs电冰箱产业向发展中国家转移，倒逼发展中国家提前进行产业升级[②]。综上所述，缩小碳成本级差的国际政策很可能也会降低高碳产业跨国转移的可能性，高碳产业从长期来看更可能通过节能低碳升级来应对碳成本上升，而非选择跨国转移。

## 气候成本上升：极端气候事件的冲击与影响

气候变暖是各国工业化几百年碳排放积累形成的问题，全球碳排放的外部成本在很长时间内都无法完全内部化。而且根据历史趋势，气候成本不断上升。以1951—1980年均值为参照，全球气温偏差值已经从1900年的-0.5℃上升到了2021年的0.8℃，气候相关灾害数量也从每年数例增长到每年300~400例。据

---

① 参见 https://www.imo.org/；https://www.icao.int/。
② 周新、曹凤中：《执行〈蒙特利尔议定书〉对中国经济的影响——对电冰箱行业经济与环境双赢的定量分析及典型案例研究》，《环境保护》1999年第11期。

联合国政府间气候变化专门委员会（IPCC）研究，全球升温将造成极端高温事件频次和强度的显著提升，工业化前十年一遇的极端高温事件在升温 2℃ 的情景下，频率将增加到每 10 年约 5.6 次[1]。

气候变化在中长期将引起地表温度、海洋温度和海平面的上升，短期则体现在气候现象（例如大气环流）的异常组合，导致极端灾害呈现频率增加、强度更强、多灾并发、波及更广的状态。从产业链的角度来看，缓慢升温和海平面上升等影响的时间跨度较长，在中长期潜移默化影响要素禀赋进而影响各行业以及各国的经济结构、比较优势；来自气候风险事件的冲击则短期影响更直接，可能导致产业链断裂，对产业链的安全意义重大。

### 气候风险冲击气候敏感型产业

从各产业角度来看，与实物资产或自然资源有关的产业更容易受极端气候影响，例如交通物流、农业、能源行业等，也是既有文献主要关注的行业。据一项全球多部门 CGE 模型研究，对于绝大多数国家（除了加拿大、俄罗斯）来说，升温对农业、渔业、林业、能源开采及能源密集型工业、交通运输业等将有较大的负面影响，并且会通过影响劳动生产力、要素价格等传导到其他经济部门（见图 5.8）。

由于广泛暴露于自然环境中，交通运输及其依赖的道路、桥梁等关键基础设施容易受极端气候事件的影响。例如，2005 年美国的卡特里娜飓风造成 45 座桥梁受损，修复或更换损坏桥梁的总费用估计超过 10 亿美元[2]，在风暴过后的几个月里，一些沿海地区的主要交通网络仍处于关闭状态。在 2021 年 7 月中旬的西欧洪水事件中，德国受到破坏的公路和铁路基础设施损失共计 7 亿~20 亿欧元，

---

[1] IPCC, Summary for Policymakers. In: Climate Change 2021: The Physical Science Basis. Contribution of Working Group I to the Sixth Assessment Report of the Intergovernmental Panel on Climate Change, 2021.

[2] DesRoches, R. ed., July. Hurricane Katrina: Performance of transportation systems. American Society of Civil Engineers, 2006.

全部恢复运行需要2年时间[1]。2021年8月中国河南省的强降雨导致高速公路水毁2 600多处，149个收费站积水被淹，造成直接损失100多亿元[2]。

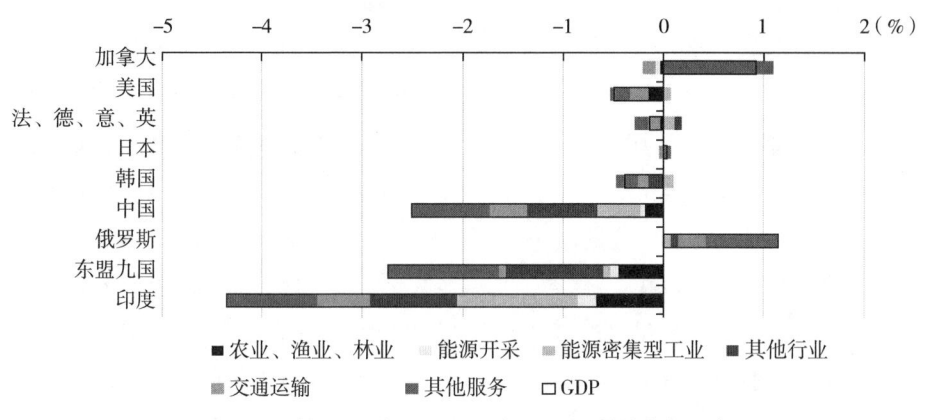

图5.8 在2.5℃升温下2060年GDP百分比变化预测

资料来源：Dellink et al.（2017）[3]，中金研究院。

注：该研究基于跨地区、跨部门的动态CGE模型，考虑了粮食产量变化、劳动力生产率变化、土地资本损失等多方面的影响。

较多研究关注气候变化对农业以及食品的影响。一项基于2009年各国实际产出、土地和价格等数据的研究显示，气候变化带来的粮食价值损失为1/6，相当于全球GDP的0.27%，且发展中国家受到的影响更大[4]。全球气温每升高1℃，全球农作物总产量就会减少5%~15%[5]。由于地域广阔，气候变化对中国农业影响非常复杂，气候变暖下冬小麦和双季稻种植边界北移带来水稻产量增加，但北部和东北部干旱、半干旱地区热害和冷害则增加了玉米和小麦产量的波动性[6]。

---

[1] Koks, Van Ginkel, Van Marle and Lemnitzer, Critical Infrastructure impacts of the 2021 mid-July western European flood event, 2022.

[2] 参见 https://www.henan.gov.cn/2021/08-07/2197903.html。

[3] Rob Dellink, Elisa Lanzi, Jean Chateau, The sectoral and regional economic consequences of climate change to 2060, 2017.

[4] Costinot, Donaldson and Smith, Evolving Comparative Advantage and the Impact of Climate Change in Agricultural Markets: Evidence from 1.7 Million Fields around the World, 2016.

[5] EESI, Warming World: Impacts per Degree, 2011.

[6] 吴绍洪、黄季焜等：《气候变化对中国的影响利弊》，《中国人口·资源与环境》2014年第1期。

气候变化对农业的冲击会影响农产品的供给和价格，从而间接影响以农产品为主要投入品的工业部门，例如谷物磨制品、糖及糖制品、植物油加工品等。

气候风险不仅冲击传统能源产业，而且在新能源占比越来越高的新型电力体系下对电力系统的冲击也更为突出，进而影响更广泛的制造业，尤其是高耗电产业。例如，受得克萨斯寒潮影响，2021年2月墨西哥湾炼油商的原油加工量较同年1月下降50%[1]，塑料等化学品生产商关停，丰田因塑料短缺暂停部分北美汽车生产，三星半导体工厂因停电关停，损失至少2.7亿美元[2]。2021年美国艾达飓风导致原油、天然气产量减少，同年9月墨西哥湾沿岸炼油厂每周加工成燃料的原油量较8月下降了13.8%[3]，受灾地区化工厂关闭，60%以上的聚氯乙烯停产[4]。2022年夏天极端高温事件推升中国电力需求的同时，水电供应量下降，导致水电量占比高达80%的四川省电力紧张，同年8月下旬电解铝厂基本全部关停[5]。电力基础设施也容易受高温天气影响，有研究对中国的电力供应基础设施进行评估，由于发电机、输配电线路和变压器面临不同程度的停电风险，潜在影响的资产价值高达2580亿美元[6]。

除了直接形成物理冲击，气候风险事件还会通过影响生产过程所需要素而作用于受物理冲击较小的行业，如图5.8中的其他行业和其他服务。在劳动生产力方面，高温已经导致世界很多地区的发病率和死亡率增加。根据国际劳工组织，湿球黑球温度[7]高于24~26℃时劳动生产率会迅速下降，达到33~34℃时中等工

---

[1] Thompson, Jesse B. Texas Winter Deep Freeze Broke Refining, Petrochemical Supply Chains, 2021.

[2] 参见 https://www.statesman.com/story/business/2021/04/30/austin-fab-shutdown-during-texas-freeze-cost-samsung-millions/4891405001/。

[3] 参见 https://www.dallasfed.org/research/energy/indicators/2021/en2107.aspx。

[4] 参见 https://www.bloomberg.com/news/articles/2021-09-17/red-hot-u-s-pvc-rally-is-latest-sign-of-soaring-consumer-prices。

[5] 参见 https://hq.smm.cn/aluminum/content/101928753?tract=www, https://baijiahao.baidu.com/s?id=1741463500469211533&wfr=spider&for=pc。

[6] Chen, Liu, Liu, Shi, Wei, Han and Küfeoğlu, Estimating the impacts of climate change on electricity supply infrastructure: A case study of China, 2021.

[7] 湿球黑球温度是综合评价人体接触作业环境热负荷的一个基本参量。

作强度的工人将失去50%的工作能力[1]。在未来的气候变化下，热带地区劳动力供应和生产力将会下降，撒哈拉以南非洲、南亚和东南亚的部分地区面临最高风险[2]。土地、固定资产、基础设施则容易受洪水、飓风、寒潮等影响，导致房产等物理资产毁损，冲击资本存量，进而造成保险损失[3]。

## 局地风险通过全球产业链波及世界其他地区

全球产业链的深度融合和精益生产模式促使气候风险事件的影响沿着产业链传播，影响下游生产环节所在的国家和地区，从而产生多米诺骨牌效应。例如，2011年泰国经历了近70年来最严重的洪灾，超过1万家的汽车业、电子和电器制造业、纺织业工厂由于交通瘫痪或设备无法运转而暂停生产，同年11月泰国向日本、欧洲、美国的出口分别下降14%、35%和21%；洪水的影响进一步通过全球生产网络传导，叠加精益生产下各环节库存极低，日本在泰国的汽车装配线关闭导致日本汽车零部件出口受阻，2011年12月下降24.1%[4]，部分厂商生产中断长达174天，净利润减少高达50%[5]，该事件中伦敦一家保险公司赔付了22亿美元[6]。气候风险事件导致的多米诺骨牌效应与供应链管理中的牛鞭效应不同，后者一般涉及的是随机不确定性和偶然性风险，可以较快消除，对产业链结构和产出影响也较为有限[7]，而气候风险事件是复杂的气象因素叠加导致的。这要求

---

[1] International Labour Organization, Working on a Warmer Planet: the Impact of Heat Stress on Labour Productivity and Decent Work, 2019.

[2] Dasgupta, van Maanen, Gosling, Piontek, Otto and Schleussner, Effects of climate change on combined labour productivity and supply: an empirical, multi-model study. 2021.

[3] Sarah Breeden, Avoiding the storm: climate change and the financial system, 2019.

[4] Chongvilaivan, Thailand's 2011 flooding: Its impact on direct exports and global supply chains, 2012.

[5] Haraguchi and Lall, Flood risks and impacts: a case study of Thailand's floods in 2011 and research questions for supply chain decision making, 2015.

[6] Prudential regulation authority（Bank of England）. The impact of climate change on the UK insurance sector, 2015.

[7] N. V. Smorodinskaya et al.. Global value chains in the age of uncertainty: advantages, vulnerabilities, and ways for enhancing resilience, 2021.

产业链具备更高的复原力，即能够较快地重组资源、恢复生产网络或寻找替代解决方案，以在高度不确定的环境下实现动态可持续生产。

气候风险事件对全球产业链的冲击幅度取决于产业链特性、冲击环节等多重因素。一是当生产网络的互联互通取决于少数几个生产中心或主导企业时，冲击传导会更加剧烈，尤其是当产业集群所在地区遭遇冲击时。二是某一产业链环节生产的产品越是具备差异化、研发投资高、持有专利的特点就越难被替代，遭遇自然灾害事件后对下游客户的影响将更大[1]。三是气候灾害持续的时间越长，尤其是当其造成的供应冲击超过某一产业环节的关键时间节点，则"涟漪效应"越大[2]。四是投资周期长、重资产的产业链环节在受冲击后对整体产业链的影响更大，也需要更长时间修复。

气候风险在短期内可能引起不同地区产量的此消彼长，长期有可能促使一些生产环节的转移或生产方式的转变。仍以2011年泰国洪水为例，由于当地很多企业无法按时交付零件，丰田增加了其在马来西亚、北美、巴基斯坦、菲律宾和越南的产量，以弥补泰国断供带来的损失[3]。加贺电子决定关闭被洪水淹没的大城府洛加纳业园区的工厂，搬迁到水灾风险较小的阿玛塔工业园区[4]。2011年日本大地震则加速了汽车行业不同车型零部件的标准化，以提高其供应商的可替代性[5]。

从全球范围来看，由于地理位置、气候条件、人口密度、经济发展程度的不同，各国受气候变化影响的脆弱性和应对能力也有较大差异。脆弱性和应对能力的衡量可以从多个维度入手，我们采用搭建方法公开透明的美国圣母大学全球气候适应指数（ND-GAIN）加以说明。该指标体系的脆弱性涵盖了六大生命相

---

[1] Barrot and Sauvagnat, Input Specificity and the Propagation of Idiosyncratic Shocks in Production Networks, 2016.

[2] Ivanov, D., Dolgui, A., Sokolov, B. Ripple effect in the supply chain: Definitions, frameworks and future research perspectives, 2019.

[3] Abe and Ye, Building Resilient Supply Chains against Natural Disasters: The Cases of Japan and Thailand, 2013.

[4] Haraguchi and Lall, Flood risks and impacts: A case study of Thailand's floods in 2011 and research questions for supply chain decision making, 2015.

[5] Inoue, H., and Y. Todo. Firm-level propagation of shocks through supply-chain networks, 2019.

关系统（食品、水、健康、生态系统、人类栖息地和基础设施），针对每一个部门，脆弱性均取决于三类因素。一是物理层面对气候风险的暴露程度，例如某国极端高温天气的预测频率和相应粮食产量变化；二是该国对气候风险的敏感性，例如粮食产量下降同样比例时，农业部门人口占比更高的国家更脆弱；三是降低损失的准备，例如在干旱时，农业灌溉条件更差的国家更脆弱。如图5.9所示，非洲地区最为脆弱，东南亚的越南和泰国也较马来西亚、新加坡更为脆弱。中国虽优于多数国家，但比美国、日韩和许多欧洲国家更脆弱，这主要是因为在食品和健康系统中，中国农业人口占比较高、人均医护人员较少。一国的应对能力与该国撬动资源用于适应气候变化的经济、治理、社会条件相关，发达国家比发展中国家更具优势。新加坡应对能力在全球排名第一，在促进私营部门投资的社会环境和制度环境上均排名第一，中国在充分利用资本来采取适应气候变化措施的方面与发达国家仍有差距。

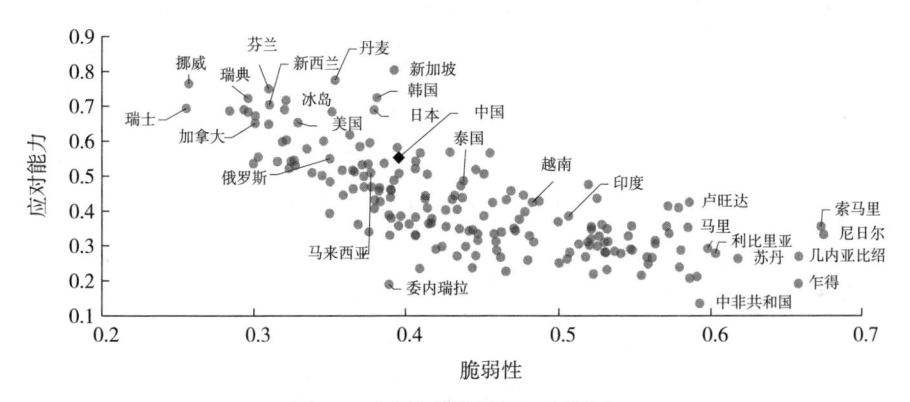

图5.9 各国气候脆弱性和应对能力

资料来源：ND-GAIN，中金研究院。

注：应对能力使用的是该机构Readiness指标，衡量一个国家撬动投资并将其转化为适应行动的能力，包含经济、治理、社会三个方面的指标；脆弱性考虑六个生命支持系统（食品、水、健康、生态系统、人类栖息地和基础设施）对气候相关或气候风险的暴露程度、对灾害影响的敏感性及应对或适应这些影响的适应能力。

中国由于经纬度跨度大、地理范围广阔，受气候变化的直接影响呈现地区差异。气候风险增加使中国水资源供需矛盾更加突出，陆地生态系统稳定性下降，城市生命线系统运行、人居环境质量和居民生命财产安全受到严重威胁[1]。但在一些地区和行业，气候变化也存在有利影响。冰川消融使得北极航线更具可行性和商业价值，既可以缩短到西欧和北美的海运时间，减少对马六甲海峡、霍尔木兹海峡、苏伊士运河等要道的依赖，降低地缘政治风险，也可以丰富中国能源和矿石资源的进口来源。

## 思考与启示：大国的顺应与引领

在上一轮绿色转型推动全球产业链变革的过程中，中国依靠低廉的劳动力和资源要素，顺应当时全球产业链的发展趋势，享受了承接大量产业转型所带来的经济发展红利，实现了自身工业化的加速推进。但与此同时给中国的环境保护带来巨大的压力和挑战，在某种程度上不得不"先污染后治理"。回顾这段历史，我们可以从内部需求和外部环境两个方面来理解当时战略选择的必然性。从内部需求来看，从1978年改革开放到2012年，推动经济持续高速发展是国家战略的重心，环境保护服从且服务于经济发展，尽管在后期环境保护获得一定重视，但仍滞后于经济发展[2]。从外部环境来看，发达国家于20世纪60年代兴起的环保运动推动了高污染、高资源消耗产业的外迁，客观上为中国等发展中国家承接相关产业提供了机遇[3]。

从这一历史视角出发，在分析新一轮绿色转型大趋势下中国在全球产业链中扮演的角色时，我们会发现中国当前面临的内部需求和外部环境均发生了变化。从内部需求来看，2012年以后，中国经济发展进入新常态，经济发展和绿色可持续发展观念越发契合，从淘汰落后产能、调整产业结构到打造经济发展新动能，都与绿色产业、绿色升级息息相关。从外部环境来看，正如前文所述，由于碳排放具有全球负外部性，从防止碳泄漏的角度看，发达国家有阻止相关产业转移的道义逻辑，且从打造经济新增长点、提升自身产业竞争力的角度看，发达国

---

[1] 生态环境部等：《国家适应气候变化战略2035》，2022年。
[2] 吴舜泽、黄德生、刘智超等：《中国环境保护与经济发展关系的40年演变》，《环境保护》2018年第20期。
[3] 陆旸：《从开放宏观的视角看环境污染问题：一个综述》，《经济研究》2012年第2期。

家也有防止产业外迁的利益动机[1]。与此同时，部分发展中国家也更早地意识到可持续发展的重要性。因此，中国在这一轮绿色转型趋势下的主要任务将不只是承接以高碳排、高耗能为主要特征的传统产业或维护其利益，更应该平衡好绿色产业与传统产业的利益，并基于这样的平衡，考虑适应甚至引领全球产业链的新变局。

从短期来看，绿色转型带来的能源使用成本上升会使众多制造业面临成本上升的压力，能源供给的高脆弱性和能源价格的高波动性也不利于产业链安全。但从长期来看，能源使用成本的上升会激励节能提效和可再生能源技术进步，鼓励化石能源匮乏的国家通过提高可再生能源供给来降低能源对外依存度，最终有望实现产业链效率和安全的双赢。对中国而言，有效的能源价格管控和较低的碳价虽然为高耗能产业提供了更为宽松的发展环境，但也降低了高耗能产业面临的转型压力，抑制了其技术改造、创新升级的积极性。更重要的是阻碍了中国"双碳"目标的实现。在未来能源使用成本和能源价格上升冲击频率提高的背景下，中国需要平衡好"双碳"目标和能源保供稳价，在给予相关产业竞争力合理保护的同时，考虑逐步放松能源价格管控力度，优化管控方式，并加强碳约束。同时，应大力推进工业等领域的清洁低碳转型，加快节能降碳技术的研发和推广应用，助力产业绿色化和绿色产业化齐头并进。

从欧盟旨在避免碳泄漏的碳关税，到国际组织对国际航空航运业碳排放的限制，中国的碳成本级差优势逐渐消失，参与相关领域的国际政策环境日趋严峻。对此，中国应逐步向国际碳约束政策和标准看齐[2]，推动中国高碳产业更积极适应国际规则的变化，避免发达国家以碳泄漏为由的政策制约。加强应对气候变化的国际协作、促进各国政府在绿色转型方面的协调行动，或将成为延缓逆全球化的新契机。但与此同时，针对中国已经形成的新能源产业优势，发达国家加大了政策干预力度，越发强调新能源产业链本土化和产业链安全。叠加后发优势的逐步消退，中国绿色新兴产业越来越需要走自主创新的道路。中国应为绿色产业

---

[1] Meunier G, Ponssard J P, Quirion P. Carbon leakage and capacity-based allocations: Is the EU right? 2014.

[2] 国家标准化管理委员会：《2022年碳达峰、碳中和国家标准专项计划和国家标准外文版计划》，2022年。

创新发展创造更好的国内政策环境，鼓励发展绿色金融和 ESG 等可持续投融资，充分发挥大国规模优势，帮助中国绿色产业在越发激烈的国际市场竞争中占领技术创新的制高点。从效率和安全来看，正如前文所指出的，产业安全与国家间的竞争有关，绿色新兴产业竞争力的提升不仅有助于提高产业链效率，还有助于加强中国整体产业安全。

气候风险方面，中国应充分利用规模优势，增强产业链气候韧性和稳健性。虽然气候变化从整体而言弊大于利，但中国可以充分挖掘自身优势，提升适应气候变化的能力。由于中国具有大国优势，产业链齐全，在应对气候变化冲击时能更快速地实现产能替代和生产修复。必须指出的是，中国社会各界适应气候变化的意识还比较薄弱，适应气候变化治理的体系尚有待完善[①]。气候风险也提高了产业链对韧性和稳健性的需求。宏观层面，中国可以充分利用大国规模优势，通过需求和供应多样化来减少气候风险对局部冲击的风险；微观层面，各个产业环节的地理区位选择应更系统地评估气候风险，从追求即时反应逐步转向防范极端风险，并针对当地的特有风险提前做好供应链管理的应急方案，保持供应链的稳定。

表 5.1 总结了绿色转型对不同产业的影响。

表 5.1 绿色转型对全球产业链的影响

| 政策对象 | 局地污染物 | 全球碳排放 | | |
|---|---|---|---|---|
| 绿色转型 | 环境规制 | 能源使用成本上升 | 碳成本级差缩小 | 气候风险 |
| 大宗原材料 | 1. 大气污染防治促进煤炭利用高效化、清洁化<br>2. 关闭整顿小煤矿，煤炭生产受到更严格监管 | 1. 传统能源需求增速放缓<br>2. 新能源金属需求上升 | 1. 欧盟碳关税倒逼其他经济体加速能源转型<br>2. 相对清洁的天然气需求增长动力增强 | 1. 自然灾害导致化石能源减产、跨国运输受阻<br>2. 北极航线提高中国原材料进口来源多元化，保障供应安全 |

---

① 郑艳、潘家华、谢欣露等：《基于气候变化脆弱性的适应规划：一个福利经济学分析》，《经济研究》2016 年第 2 期。

续表

| 政策对象 绿色转型 | 局地污染物 环境规制 | 全球碳排放 |||
|---|---|---|---|---|
| ^ | ^ | 能源使用成本上升 | 碳成本级差缩小 | 气候风险 |
| 新能源 | 大气污染防治利好清洁能源 | 1.零碳能源替代高碳能源,新能源产业收入上升<br>2.中国新能源产业面临的国际竞争加剧 | 加速转型,利好低碳、零碳等新能源产业 | 极端天气下新能源供给、需求的不确定性上升。电力供需矛盾会冲击电力系统,甚至导致断电 |
| 化工 | 1.农药、原料药产业环保投入上升<br>2.价值量不高的中间化工品产业梯级转移 | 1.用能成本上升导致欧洲化工产业出现"断供"危机<br>2.在中国能源价格管控下对欧氯碱出口增加 | 1.炼化产业碳排放量较多,存在向海外转移动机<br>2.欧盟碳关税不利于化工产品的对欧出口和跨国转移 | 高温事件影响危险化学品的存储和运输 |
| 汽车 | 1.大气污染防治促进燃油车节能创新<br>2.利好乙醇等清洁燃料汽车 | 1.利好节能型、新能源汽车,传统车企转型新能源<br>2.部分车企转出欧洲 | ^ | 1.易受断供波及,加强上游供应商多元化<br>2.极端天气影响新能源汽车充电 |
| 家电 | 促进家电产业环保升级,完善废旧家电的回收与管理 | 1.用电成本上升会降低家电产品需求,促进节能提效<br>2.中国热泵、电热毯等取暖电出口欧洲 | 欧盟碳关税增加用钢、用铝、用能成本,不利于对欧出口 | 1.高温事件提高空调产业收入<br>2.寒潮事件提高电暖气产业收入<br>3.易受断电影响 |
| 高端装备 | 环保标准提升利好煤炭脱硫、污水处理设备等环保产业 | 1.不利于煤炭设备等化石能源相关产业<br>2.利好光伏、锂电、电动机等新能源相关产业 | ^ | 极端天气推动应急装备产业发展 |
| 农业 | 防治土壤污染,利好有机肥、生物农药、降解膜等 | 柴油成本上升增加农用机械的使用成本 | 排放较多甲烷等温室气体的畜牧业或面临更大减排压力 | 农作物整体产量减少,但地区、品种差异较大 |

第五章 绿色转型：碳中和下的产业链机遇与挑战

续表

| 政策对象 | 局地污染物 | 全球碳排放 |  |  |
|---|---|---|---|---|
| 绿色转型 | 环境规制 | 能源使用成本上升 | 碳成本级差缩小 | 气候风险 |
| 医药 | 制药产业的清洁生产与末端治理相结合 | 用电成本上升增加制药产业生产成本，促进节能降耗 | 欧盟碳关税增加用能成本，不利于对欧出口 | 1. 极端高温事件提高防暑药品销量<br>2. 自然灾害影响药材种植 |
| 科技硬件 | 半导体产业的废水、废气处理技术进步，促进电子垃圾回收利用 | 1. 用电成本上升、电力供应不稳定不利于半导体生产<br>2. 促进使用"绿电"、储能 | | 自然灾害冲击日本、东南亚等地的半导体产业，并波及产业链上下游 |
| 纺织服装 | 1. 印染业面临环保压力，鼓励无水染色等技术<br>2. 发展中国家规制趋严，产业转移困难，倒逼产业升级 | 用电成本上升不利于印染业等热电消耗量大的产业 | | 1. 高温事件提高凉感纺织品销量<br>2. 寒潮事件提高羽绒服产业收入 |
| 交通运输 | 尾气治理加速汽车更新换代，利好新能源汽车 | 汽油成本上升加速新能源汽车替代燃油汽车的进程 | 国际航空业和航运业的碳排放受国际组织约束增强 | 极端气候事件破坏交通运输基础设施，甚至导致停产 |

资料来源：中金研究院。

第六章

# 产业政策：积极有为

虽然争议不断，但产业政策从未远离人们的视线，如今全球大变局下，产业政策重回焦点。德国19世纪就用产业政策应对国际竞争，二战后的日本也是积极运用产业政策的典型。纵向来看，处于经济追赶阶段时，美国和日本都用产业政策推进工业化，而进入领先阶段后，产业政策都转向促进创新。横向来看，在后发国家的竞争力大幅提高后，作为领先国家的美国通常运用产业政策打压后发国家。当今全球面临绿色转型、世纪疫情、大国竞争、贫富分化等大变局，不仅影响市场效率，也关系到广义安全。为此，美国政府和欧洲政府加大干预，产业政策重回焦点。

大变局呼唤新思维，从近几十年的新古典主义重回政治经济学视角，政府需主动出击而不只是充当市场修复者。传统观点认为产业政策的目的主要是解决市场失灵问题，包括垄断和外部性。但在大变局时代，产业政策不仅要关注效率，还应增加对安全的重视。从政府角色、政策对象、政策工具、分配模式、竞争与创新等角度分析，产业政策所遵循的原则都将有较大变化。产业政策要塑造和创建新的市场，要更具综合性，不仅要关注制造业，也要关注服务业。政府投入加大，也要完善收益分配模式。产业政策在做强做优、实现规模经济的同时，要避免伤害竞争，否则不利于创新。

大变局时代，我国产业政策要多维出击，但关键还是要促进创新。产业政策对我国经济发展发挥了重要作用，但也带来过度投资、环境污染、贫富分化等问题。未来，产业政策既要继续提升效率，也要积极参与社会治理。但不管是从应对大变局，还是从后发国家向领先国家过渡的视角来看，我国产业政策的关键还是要促进创新。为此，建议政府加大对研发支持的力度。政府引导基金是一个好的尝试，但其市场化运作水平有待提高。逆全球化时代，规模经济是我国优势，但要避免因做强做优而加剧垄断，避免因提升安全而降低效率，要继续扩大对外开放，吸引外资意义深远。[①]

---

① 本章作者：张文朗、黄亚东、周彭、郑宇驰。

## 全球大变局，产业政策重回焦点

当今世界经济发展进入新阶段，面临大变局、大挑战。这些大变局和大挑战包括但不限于：地缘冲突、大国竞争、贸易保护主义；新冠肺炎疫情的肆虐；供应链受阻；气候变化、绿色转型；贫富分化、社会动荡等。这些大变局和大挑战不仅影响市场效率，也关系到安全。这里的"安全"是广义安全，包括社会稳定、能源安全、数据安全、供应链安全等。

第一，大国竞争是经济问题，更是政治问题，关系到国家安全。在逆全球化的冲击下，全球合作的格局受到挑战。逆全球化同时影响供给、需求以及供应链的运转。贸易摩擦、科技争端都是逆全球化背景下全球治理失衡的表现。

第二，公共卫生冲击。2020年暴发的新冠肺炎疫情带来巨大的冲击，为此政府必须主动作为，采取应急措施保护公众健康。从经济视角来看，公共政策既要保供给、保需求，同时也要促进经济结构的转型。

第三，维护供应链稳定意味着供应链管理要在风险和收益之间保持平衡[1]。一方面，相对来说，私人部门更加追求效率，公共部门更加重视安全。因此，整

---

[1] Baldwin and Freeman, Risks and global supply chains: What we know and what we need to know, 2022.

体情况下私人部门做出的决策会比公共部门做出的决策有更高的收益,相应地也包含更大的风险(见图6.1)。对于社会来说,最优风险与收益的组合可能在私人部门和公共部门各自的最优组合之间。另一方面,供应链极其复杂,信息不对称问题严重。公共部门和私人部门都会低估风险,实际风险可能大于感知的风险。一旦供应链受到冲击,损失可能远远大于预期。图6.1中感知的风险收益曲线为虚线,而实际风险收益曲线为实线。给定同样的收益,私人部门对应的实际风险处于实线上面的P'点,高于虚线上的P点。

第四,气候变化与绿色转型。气候变化会增加自然灾难频率,需要绿色转型来应对。而与之相关的碳排放具有负外部性,其经济活动的收益是个体的,但带来的损害是全球的;减排的成本是个体的,而收益是全球的。绿色技术的创新具有正外部性,所以私人部门投资不足。绿色转型也涉及公平问题。例如,依赖化石能源的地区受损更大,是否应该弥补其损失?发展中国家与发达国家如何分配任务?

第五,全球贫富分化加剧不仅影响经济增长,也影响社会稳定,既是效率问题,也是安全问题。

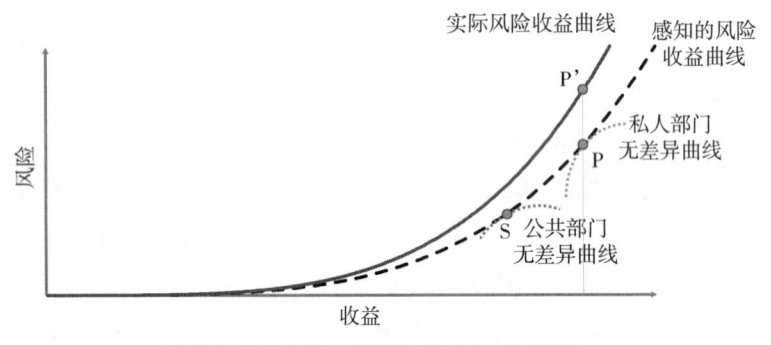

图 6.1 平衡供应链效率与安全需要政策介入

资料来源:Baldwin and Freeman, Risks and global supply chains: What we know and what we need to know, 2022, 中金公司研究部。

注:图中P点为私人部门的决策点,S点为公共部门的决策点,可以看到私人部门采取的是高收益-高风险的组合。因为信息不对称,实际风险收益曲线要比感知的风险收益曲线更高,也就是在相同收益的情况下,风险更大。所以,私人部门实际承担的风险在P'点,承担了更高的风险。

为应对这些大变局、大挑战，美欧积极加大产业政策力度。在新冠肺炎疫情冲击和地缘政治变局的背景下，美国、欧盟均提出要增强本土供应链的韧性，它们的共同关注点主要集中在原材料、原料药、半导体、电池、可再生能源五个基础领域。除交集之外，美国还关注国防工业和交通设备，欧盟关注云计算、网络安全和创新能力（见图 6.2，左）。

中国成为美欧产业政策的一个重点关注对象，成为美欧产业政策的关键词。这不仅是因为中国经济实力提升，成为全球的重要市场，更是因为美欧与中国之间的经贸摩擦增多。美国供应链调查报告提到中国的次数（453 次）与提到美国的次数（489 次）几乎一样多。欧盟供应链调查报告提到中国的次数（74 次）相当于提到欧洲次数（365 次）的 20%（见图 6.2，右）。美欧产业政策中对中国的关注焦点主要在于关键原材料（锂、钴）、原料药、大容量电池、电动汽车等方面。

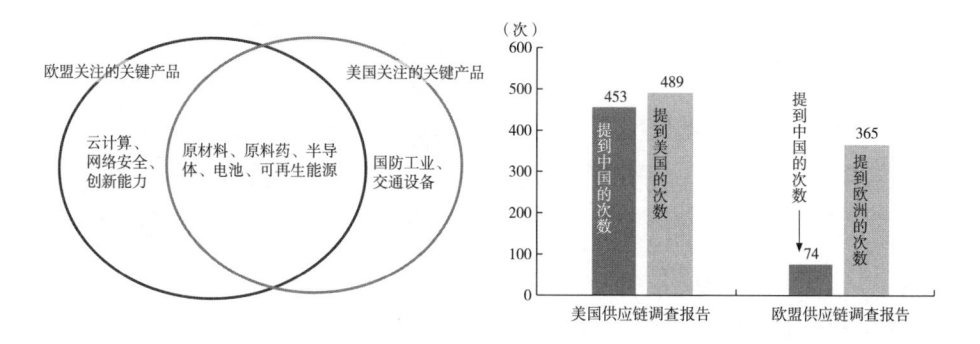

图 6.2　美欧产业政策更关注供应链安全、科技创新和网络安全，并频繁提及中国

资料来源：Executive Order（E.O.）14017，America's Supply Chains，White House（2021）；Updating the 2020 New Industrial Strategy: Building a Stronger Single Market for Europe's Recovery，European Commission（2021），中金公司研究部。

从具体政策来看，2022 年 8 月 9 日，拜登签署了《2022 芯片与科学法案》，该法案总规模达 2 800 亿美元，其中 520 亿美元用于芯片与半导体技术，用来重点扶持高端芯片的制造。该法案的目的：一是吸引半导体制造业回归美国，二是为美国创造新的就业机会。同时，该法案要求获得补贴的半导体企业不得在中国以及其他有关国家扩建半导体制造产能。拜登表示，该法案将"协助美国赢得

21世纪的经济竞争"[1]。

其实早在奥巴马政府时期，美国就推出《2009年美国复苏与再投资法案》（ARRA）和《制造业促进法案》，以促进美国本土制造业发展。特朗普政府时期推行"美国优先"政策并出台《美国先进制造业领导力战略》，积极推动产业回流美国。在新冠肺炎疫情暴发之后，美国制造业回流趋势有所加快，2021年制造业回流创造了26万个工作机会。中国大陆、墨西哥、印度、日本是美国制造业回流的主要来源地（见图6.3），美国回流倡议协会的统计显示，回流行业的前三名分别是交通运输装备、计算机和电子设备、机械。按照科技程度划分，高科技企业以及中高科技企业占比为42%，创造的工作机会占比为68%[2]。

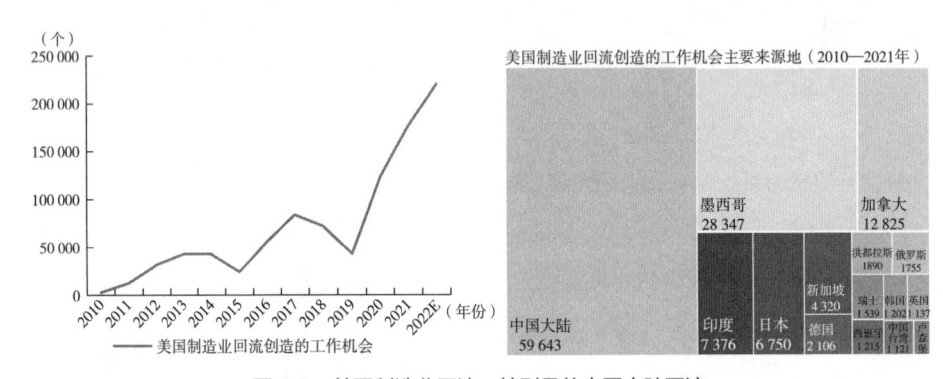

图6.3 美国制造业回流，特别是从中国大陆回流

资料来源：Wind, Reshoring Initiative, 中金公司研究部。

注：E代表预测或预估数值。

这意味着争议不断的产业政策重回焦点，重要性上升。历史上西方国家是否对产业政策敬而远之？过往对产业政策的争论是否还有意义？大变局时代的产业政策与之前有何不同？具体到中国，过去的产业政策有何经验教训，未来应该实施怎样的产业政策？其他经济体的产业政策对我们有何借鉴意义？这些是我们接下来要回答的问题。

---

[1] 参见 https://www.whitehouse.gov/briefing-room/statements-releases/2022/08/09/fact-sheet-chips-and-science-act-will-lower-costs-create-jobs-strengthen-supply-chains-and-counter-china/。

[2] 参见 https://reshorenow.org/blog/reshoring-initiative-2021-data-report/。

## 产业政策，从未远离

在早期的发展经济学文献中，产业政策指的是工业化政策。随后产业政策的对象不仅是工业部门，还扩展到了经济活动中的所有部门。从狭义上说，产业政策是对特定产业的干预活动。从广义上说，产业政策是政府对经济的所有干预行为，旨在改善经济运行的环境，改变经济活动的结构，以促进经济增长和提升社会福利水平[1]。对于产业政策的讨论，越来越多的文献采用广义的定义，其本质是如何界定政府和市场边界，因此我们在后文的讨论中也采用了广义的产业政策定义。

19世纪40年代，德国思想家弗里德里希·李斯特在《政治经济学的国民体系》中论述了国家采取贸易保护政策以发展本国工业的必要性。他认为自由竞争只有在两个国家实力相当时才对双方都有利。19世纪70年代，面对英国的竞争，德国出现了著名的"钢铁和黑麦联姻"（工业和农业的联盟），也就是工业部门和农业部门罕见地共同支持贸易保护的现象。19世纪70年代后期，德国提高关税，以应对英国工业品的竞争。在国家内部，德国推行建立统一的国内市场。通过成立德意志关税同盟，大举修建铁路，改善内河航运，规定德国马克是唯一的支付手段，为德国国内商品的流通降低了成本，从而促进了其工业的发展。实际上，日本和美国也一直在采用产业政策，只是在不同阶段目的不同、方式不同。

### 日本：积极采用产业政策的典型

产业政策对二战之后日本的经济发展起到了非常重要的作用，其模式经历了从战时经济向创新的转型。

1945—1960年，日本的产业政策保留了浓厚的战时经济色彩。主要通过价格管制、定量配给和优先生产煤炭、钢铁等措施直接规制私营部门活动，助力日本战后的经济恢复。1960—1973年，日本的产业政策采取"硬措施"支持战略产业，例如税收优惠、补贴、优惠融资和贸易保护等。1960年，日本制订"国民收入倍增计划"，重点发展钢铁、石油化工、机械制造等重工业。这一阶段日

---

[1] Ken Warwick, Beyond industrial policy: emerging issues and new trends, 2013.

本产业政策的思想是防止过度竞争，方法包括通过限制贸易对日本国内产业实行保护，以培养与国外垄断企业的竞争能力等。1973—1990 年，日本的产业政策采取"软措施"支持战略产业，例如行政指导、国家推动的产业协会、针对供应和外汇冲击的结构调整援助等。日本《70 年代通商产业政策》强调，应该严格杜绝过度加入产业政策、产业过度保护等措施。产业政策应该专注于市场失灵领域，包括提供公共服务、培育新产业、调整衰退产业等。从 20 世纪 70 年代开始，日本加大扶持半导体产业的力度，于 1971 年制定《特定电子工业及特定机械工业振兴临时措施法》，推动日本计算机产业向高级化发展。20 世纪 80 年代，日本的半导体产业超过美国，全球市场占有率位居第一。1990 年以后，日本的产业政策转向促进创新，于 20 世纪 90 年代提出"技术立国"，21 世纪初提出"IT 立国"。1994 年，日本通商产业省发布《21 世纪的产业结构》，指出日本未来的 14 个主导产业，包括信息通信、能源、高新技术制造等。2000 年，日本政府制定《信息技术基本法》，将"IT 立国"写入法律。但是，20 世纪 90 年代以后日本的产业政策所发挥的作用相当有限，其中一个原因是竞争不足。日本的全要素生产率提升缓慢，也没有产生可以与美国、中国相竞争的互联网企业。

## 美国：从未远离产业政策，但方式有变化

自美国建国以来，其产业政策经历了从工业化阶段向创新阶段、从直接干预向间接干预的转变（见图 6.4）。在工业化阶段，美国的产业政策主要实行贸易保护主义。在创新阶段，美国的产业政策主要是对研发活动进行支持。美国的产业政策在两个阶段所使用的工具也不相同：在工业化阶段，美国主要使用直接干预工具；在创新阶段，美国主要使用间接干预工具。

二战前美国实行贸易保护主义。在独立之后，美国面临英国工业产品倾销、本国工业产业发展困难的窘况。1791 年美国第一任财政部部长亚历山大·汉密尔顿向国会递交了《关于制造业的报告》，强调美国因面临来自国外的激烈竞争而无法发展出独立自主的工业体系现状，提出关税保护、进口限制、对目标产业直接提供政府补贴、对制造业投入进行免税、提供公共基础设施等 11 条产业政策基本原则。美国平均关税税率从 1789 年的 8.5% 提升到第二次独立战争后的

30%。1897 年，美国制定并通过了《丁利税则》，将平均进口税率提升到 57%。1930 年，美国公布了《斯姆特－霍利关税法》，使美国的平均进口税率达到 65%。二战之后，美国已经取代英国成为世界排名第一的工业化国家。从 1947 年 GATT 签订开始，美国平均关税税率逐步下降，所有商品的平均有效关税税率从 1946 年的 10.3% 下降至 2020 年的 1.5%。

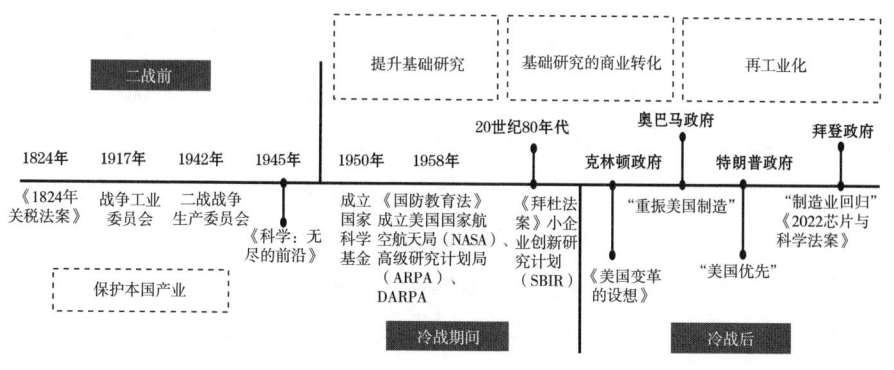

**图 6.4　美国从未远离产业政策**

资料来源：CNAS，沈梓鑫、江飞涛：《美国产业政策的真相：历史透视、理论探讨与现实追踪》，《经济社会体制比较》2019；周建军：《美国产业政策的政治经济学：从产业技术政策到产业组织政策》，《经济社会体制比较》2017，中金公司研究部。

二战后美国政府更加重视科技创新政策，可以分为两个阶段。第一个阶段是冷战背景下的突破式创新（1945—1980 年）。美国政府通过提高公共研发投入、政府采购来提升国家安全和基础研究水平，很多创新成果是为了军事和国防安全服务。1945 年，美国将产业政策的重心转移到基础科学研究上。1958 年，DARPA 成立并从事超前的国防科技研发，随后互联网、半导体、激光、全球定位系统等技术都起源于此。

第二个阶段是全球化背景下的应用创新（1980—2008 年）。面对日本和德国崛起的制造业和技术威胁，美国开始推广基础研究的商业转化。美国通过公私合作、加强知识产权保护、完善市场机制，将科研与生产相结合，促进应用性技术的开发与推广。1992 年，美国启动"小企业技术转移计划"（STTR），加强小企业与非营利性研究机构之间的创新合作，提高基础研究的商业转化效率。英国学者玛丽安娜·马祖卡托指出，"如果没有计算机和互联网革命背后的大量公共投资，乔布斯发明的可能是玩具，而非 iPad（苹果平板电脑）和 iPhone（苹果手机）这样改变人类工作生活方式的尖端革命性产品"。她同样指出美国健赞公司的成功也得益于公共部门科学家的早期研究成果[①]。

二战后美国在重视科技创新的同时，也没放弃运用产业政策打压其竞争对手。日本半导体产业在 20 世纪七八十年代突飞猛进，美国的英特尔和 AMD 等半导体企业一度接近破产边缘。1985 年，美国半导体产业协会（SIA）以"国家安全"为由向白宫进行游说，宣传日本的半导体产业对美国国家安全产生威胁。同年，美国对日本半导体产品启动了"301 调查"。1986 年，美国认定日本的只读存储器（ROM）倾销。同年 9 月签署《美日半导体协议》，日本必须开放其国内的半导体市场，保证 5 年内外国公司产品在日本获得至少 20% 的市场占有率。随后，美国更是对日本出口的芯片征收高达 100% 的惩罚性关税。同时，美国对韩国的三星开绿灯，只征收象征性的 0.74% 的关税，以打击日本的半导体企业。美国还效仿日本，成立了半导体制造技术联盟（SEMATECH）以协调英特尔、IBM（国际商业机器公司）等 14 家主要的美国半导体企业共享研发成果。至此，日本半导体产业的辉煌时期成为过去，在全球的市场占有率不断降低。除了打压日本，2013 年，美国还打压法国阿尔斯通公司，致使阿尔斯通的电力业务被美国通用电气公司收购。

从主要经济体的产业政策历史中，我们有以下两点总结。一是在经济发展的不同阶段，产业政策的内容和宗旨不尽相同。例如，处于经济追赶阶段时，美国和日本均通过产业政策进行工业化，包括保护本国幼稚产业和促进出口。而进入领先阶段时，美国和日本的产业政策均逐渐转向促进创新。二是对于领先国家的美国来说，只要后发国家的竞争力大幅提高，就会为维持优势而打压后发国家。

## 对传统产业政策的争论：从"该不该做"到"如何做"

虽然产业政策从未远离人们的视线，但是对产业政策的争论也从未停息过。

---

[①] Mariana Mazzucato, The Entrepreneurial State Debunking Public Vs. Private Sector Myths, Anthem Press, 2014.

既有观点认为产业政策帮助东亚实现了"经济奇迹",也有观点认为拉美国家因为产业政策深陷债务危机。中国学界对产业政策也持有不同观点。一派观点认为产业政策是必要的,不能因为有些产业政策会失败就反对所有的产业政策,而是要分析产业政策成功和失败的原因,帮助政府更好地设计和实施产业政策。另一派主张抛弃任何形式的产业政策,认为产业政策失败是必然的,而不是偶然的,"产业政策不过是穿着马甲的计划经济"[1]。实际上,国际上对产业政策的认知一直在变化,如果说前期的争论焦点在于"该不该做",后期争论的焦点则在于"如何做"。

### 产业政策解决市场失灵

早期的观点认为政府应该使用产业政策促进特定产业的发展,特别是工业。但是这种观点无法解释为什么市场本身不能发展这些产业而需要政府干预,或者说没有论证清楚什么问题是市场机制无法解决的。新古典主义和新凯恩斯主义对此做了解释并论证了为什么需要产业政策。

产业政策的支持者认为,产业政策解决的是市场失灵问题。一般来说,市场失灵来源于垄断、外部性、信息不对称以及公共品的不足。传统产业政策主要解决的是垄断和外部性问题。例如环境污染是典型的具有外部性的市场失灵现象,需要通过环境保护政策才能限制排放污染的行为,提升市场整体效率。

传统产业政策可分为两类[2]。一类产业政策是通过促进产业的发展提升本国利益,旨在解决外部性问题和打破国际垄断。在解决外部性方面,产业政策能让有潜在规模效应的行业发挥其规模经济效应。产业政策可以引导产业集聚,通过降低原材料成本、招聘专业技术工人成本,促进知识的溢出效应来实现规模经济。工业园、产业小镇,甚至硅谷都是这方面的案例。而打破国际垄断的目的则是保护国内幼稚产业免受海外竞争对手碾压,因此进口限制、出口补贴是一度被提倡的产业政策。另一类产业政策的重点是纠正市场,提高经济效率。例如,创新活动具有正外部性,创新活动的收益会惠及整个经济,而不仅是创新活动的投

---

[1] 江飞涛、李晓萍:《产业政策中的市场与政府——从林毅夫与张维迎产业政策之争说起》,《财经问题研究》(01),33-42,2018年。

[2] Masahiro Okuno-Fujiwara, Industrial Policy in Japan: A Political Economy View, 1991.

资者。由于这种正外部性的存在，私人部门可能存在创新投资动力不足的问题。因此，政府应该运用产业政策促进创新活动。这类产业政策也可以促进经济结构转型。由于市场不完善，经济结构的调整并不总是能够一步到位，这时候也需要产业政策的协助。例如，在受到经济冲击的情况下，由于工资黏性，产能过剩部门会产生失业。产业政策可以暂时提供工资补助，以实现产业的顺利转型。政策包括政府直接参与科技创新投资，加速落后企业破产，提供人力资源培训等。

### 政府失灵削弱产业政策效果

产业政策的反对者认为，市场失灵的存在并不构成政府干预市场的理由，因为政府也会失灵[1]。如果政府失灵比市场失灵更为严重，那么产业政策将导致更大的损失[2]。诺贝尔经济学奖得主加里·贝克尔曾表示，"最好的产业政策就是没有产业政策"[3]。政府失灵的来源主要有两个方面：信息不对称和寻租[4]。信息不对称是指政府很多时候缺乏信息来挑选真正有效的行业/企业。在选择对特定的行业/企业进行干预时，由于信息不对称的存在，如果选择了低效的行业/企业，反而会挤出高效的行业/企业。寻租问题是指利益集团会主动通过寻租来获得政府的支持和保护。往往有政治联系的企业会有更多的资源来寻租，对于其他企业产生不公平。

奥地利学派甚至认为市场失灵是政府干预的结果[5]。以经济和金融危机为例，奥地利学派认为扩张性货币政策使得利率低于正常水平，导致过度投资和消费，人为地扭曲了市场。但是由于这种扩张性政策不可持续，最后一定会出现危机。所

---

[1] Datta-Chaudhuri, M., Market failure and government failure. *Journal of Economic Perspectives*, 4(3), pp.25–39, 1990.

[2] Rodrik, D., Normalizing Industrial Policy, Commission on Growth and Development Working Paper No. 3, Washington DC, 2008; Naudé, W., New Challenges for Industrial Policy, Working Paper No. 2010/107, United Nations University, World Institute for Development Economics Research, September 2010.

[3] Becker, G., The best industrial policy is none at all. *Business Week*, 26, 1985.

[4] Krugman, P. and M. Obstfeld, *International Economics: Theory and Policy, Seventh Edition*. New York: Pearson-Addison Wesley, 2009.

[5] 张维迎：我是如何认识奥地利学派经济学的，《经济观察报》，2017年。

以奥地利学派认为经济和金融危机不是因为市场失灵，而是政府干预的必然后果。

因为政府失灵的存在，产业政策并不总是成功的。以日本和韩国为代表的"亚洲奇迹"是产业政策成功的案例。但是也有很多其他发展中国家因为政府能力不足，产业政策并没有起到应有的效果。拉美和非洲国家的产业政策并没有帮助它们实现经济腾飞[1]。印度和巴基斯坦对于本国的重工业进行了多年的产业保护，但也没有使重工业产业取得较大的进步，出口竞争力仍然比较薄弱，部分原因可能是产业政策很多时候服务于政治利益集团[2]。

从直接干预到间接干预

综上所述，二战之后的产业政策大致分为三个阶段。第一个阶段是二战后至20世纪60年代，在这个阶段主流观点认为产业政策是必要的。其历史背景是二战之后众多国家从被殖民的状态中独立出来，为了本国的工业化，各国都积极使用产业政策，特别是对幼稚企业的保护。第二个阶段是20世纪60年代至90年代。其宏观背景是经济和金融自由化，主流观点认为政府失灵比市场失灵更加糟糕，产业政策并不能带来最优结果。很多拉美国家尽管在早期工业化过程中积极运用产业政策，但并没有起到非常好的效果，反而在20世纪80年代深陷债务危机。于是从90年代开始华盛顿共识被广泛接受，这些拉美国家逐渐走向经济和金融自由化，减少政府干预和使用产业政策。第三个阶段是2000年以后，主流观点认为产业政策虽然是必须的，但是产业政策的重点应该是"如何做"，而不是"为什么做"。尤其是2008年全球金融危机之后，自由化思想受到挑战，产业政策重新获得重视。这个阶段各国也开始反思过去"挑选赢家式"产业政策的弊端，转向通过机制促进创新的产业政策。

为了既能纠正市场失灵又能避免政府失灵，政策界人士以及学者日渐认为产业政策更应该发挥间接干预作用，减少直接干预。直接干预工具包括补贴、信

---

[1] Primi, Annalisa, and Wilson Peres Núñez., Theory and practice of industrial policy: evidence from the Latin American experience. No.187. Naciones Unidas Comisión Económica para América Latina y el Caribe（CEPAL），2009.

[2] Krugman, P. and M. Obstfeld, *International Economics: Theory and Policy, Seventh Edition*. New York: Pearson-Addison Wesley, 2009.

贷、政府采购、贸易保护等。政府使用直接干预工具可以有针对性地对特定的行业/企业提供资源，优点是见效快，可以很快带动就业和经济增长，缺点是政府失灵问题比较严重。政府使用间接干预工具可以建立规则、标准、机制，不针对特定的行业/企业。例如，政府既可以通过补贴来直接促进特定行业的商品生产，也可以通过反垄断政策来间接提高行业的可竞争性，从而提高产量。间接干预的产业政策优点是可以尽量避免政府失灵，信息不对称和寻租问题较小，缺点是需要长期建设，短期内难有显著效果。

主流观点认为，在经济追赶阶段，直接干预政策效果可能比较好，因为这个阶段经济发展的方向是明确的，政府失灵中的信息不对称问题较小。但是，当一个经济体度过了经济追赶阶段处于科技前沿的时候，间接干预政策的效果可能会更好。在这个阶段，政府并不比市场更能知道经济的发展方向，直接干预很可能会起到反作用。产业政策工具的效果也因政府能力而异。政府执行能力比较强的国家，可以比较容易避免政府失灵中的寻租问题，使用直接干预的工具会更有效果。而政府执行能力比较薄弱的国家，使用间接干预的工具效果会更好，直接干预的管理工具反而会产生更大的寻租空间。

2019年IMF的一篇报告也指出，真正有效的产业政策是间接干预的技术与创新政策[1]。为了实现技术与创新，政府应该有自己的目标，产业政策不应该仅局限于支持拥有比较优势的产业，还应该更加积极地创造市场，为发展新的产业提供资源并承担责任，重点支持复杂程度高的行业，以出口而不是进口为导向，也需要保持激烈的市场竞争。

## 大变局呼唤新思维

### 大变局下的新思维

传统产业政策的理论基础是新古典主义，注重提升效率，难以解决现在面临

---

[1] Cherif, R., & Hasanov, F, The return of the policy that shall not be named: Principles of industrial policy. International Monetary Fund, 2019.

的大挑战，因此需要新的产业政策思维。在大变局背景下，美国和欧盟推出的产业政策表明，产业政策的目的不再仅专注于效率，也更加重视供应链安全、地缘政治、网络安全、贫富分化等问题。例如美国"再工业化"战略，目的是既要改善美国国内公平，也要降低技术转移到竞争对手的可能性，这已经超越了新古典主义思想的范畴。

新古典主义与现实有一定差距，而且过去数十年其所提倡的自由化恰恰是某些大挑战的来源，因此不能继续沿着过去的思维前进。例如，全球化导致跨国公司全球布局，虽然提升了效率但削弱了安全，使得供应链大幅延长。工作机会在全球范围内转移，造成了国家间的增长分化以及同一国家内部不同人群收入分化。经济和金融自由化也带来了贫富分化，威胁社会稳定。新古典主义并不关注分配问题，帕累托最优内含一个强烈的政治观点，即接受既有的财富分配格局，而不问为什么有初始处境的差距。但从政治经济学的角度来看，市场行为必须接受政治和社会伦理价值观的约束，现实当中的政策必须关注公平与社会稳定问题。传统的产业政策也针对过社会问题，但范围较小。例如，冷战时期的美苏军备竞赛，产业政策的目标是国家安全；对于毒品的控制，产业政策的目标是社会稳定。综上所述，大变局下的新思维是产业政策不仅要注重效率，还要注重安全，其理论基础从近几十年的新古典主义重回政治经济学。

已经有一些学者从政治经济学的视角重新思考产业政策。诺贝尔经济学奖得主约瑟夫·斯蒂格利茨认为当前所面临的挑战源于新自由主义及其支撑的政策框架的失败，因此新自由主义将被新的经济愿景取代[①]。市场本身就是短视的，叠加经济金融化的影响，市场更加难以考虑风险问题。正因为如此，市场对提升安全的投资过少，最终提高了社会成本。解决方法通常是对风险进行"定价"，使企业承担其行为的后果。但是，现实中很多风险难以"定价"，从而企业也不必承担这些风险，导致安全问题更加严重。

以从政治经济学视角出发的使命导向型的产业政策为例。伦敦大学学院教授玛丽安娜·马祖卡托认为，大变局时代使命导向型的产业政策目标更宏大，应该

---

[①] 参见 https://www.project-syndicate.org/commentary/russia-war-covid-global-shocks-reveal-bankruptcy-of-neoliberalism-by-joseph-e-stiglitz-2022-04。

注重公众利益而不仅是经济利益[①]。换言之，产业政策不仅解决经济问题，也解决社会问题。从政府角色来看，产业政策不仅要被动地解决市场留下来的问题，也要主动出击，甚至起到引领作用。在对产业政策的评估上，传统方法是静态的、事前的成本收益分析，而新思维下需要动态的、系统性的评估方法。在评估标准上，传统产业政策更注重是否解决了市场失灵问题，避免政府失灵，而新思维下产业政策应该更加关注是否解决了所面临的挑战。在对待风险的态度上，在学习过程中失败是不可避免的，所以政策应该容忍一定程度的失败，提高风险的可承担度。

但是也有观点对使命导向型产业政策持不同看法。首先，使命导向型产业政策对制度只字未提，在强调政府作用的同时，没有提出如何避免大家一直关注的政府失灵现象。使命导向型产业政策忽视了劳动者收入问题，而不平等恰恰是今天我们面临的主要挑战之一[②]。其次，使命导向型产业政策在很大程度上回避了对具体细节的讨论[③]。同时，它也忽视了多边主义的重要性，促进了单边主义的崛起[④]。虽然使命导向型产业政策可能帮助解决国内的社会问题，但是也会激化国家间的矛盾。总体来说，虽然使命导向型产业政策有不足之处，但其理念对于思考大变局时代的产业政策仍有帮助。

## 大变局时代产业政策的五大基本原则

基于产业政策新思维，借鉴现有研究，我们总结了大变局时代产业政策应该遵循的五大基本原则。这些原则可能不尽全面，但是从不同角度指出了产业政策应该如何转变。从政府角色、政策对象、政策工具、分配模式、竞争与创新五个角度来看有以下几点[⑤]。

---

[①] Mariana Mazzucato, A Mission-Oriented UK Industrial Strategy, 2019.

[②] 参见 https://bostonreview.net/forum/industrial-policys-comeback/。

[③] 参见 https://bostonreview.net/forum_response/a-flight-plan-that-fails/。

[④] 参见 https://bostonreview.net/forum_response/against-economic-nationalism/。

[⑤] Aiginger, Karl, and Dani Rodrik. Rebirth of industrial policy and an agenda for the twenty-first century. *Journal of Industry*, Competition and Trade 20.2: 189–207, 2020; Mazzucato, Mariana. The entrepreneurial state. Soundings 49（49）: 131–142, 2011.

第一，政府角色。过去几十年，产业政策中的政府主要扮演市场修复者的角色，即修复市场失灵。而大变局时代的政府不仅需要纠正市场失灵，更需要主动作为来提升安全和公平。政府作为市场创造者的重要性上升，即塑造和创建新的市场，指引科技进步的方向。虽然过去几十年，政府也偶有发挥市场创造者的作用，但在大变局下政府在这方面功能的重要性提升了。例如，治理污染问题是修复市场失灵的案例，而历史上美国的"阿波罗计划""曼哈顿计划"则是创造新的市场。近年来，中国、欧盟、美国等建立起碳交易市场，2022 年美国通过了《通胀削减法案》以促进能源转型和应对气候变化，也是政府作为市场创造者的体现。

第二，政策对象。产业政策不仅要关注制造业，也要关注服务业，尤其是在数字经济加速发展的背景下。过去从效率角度看，产业政策主要是促进制造业的发展。但从公平角度看，当前服务业就业人员占比越来越高，因此缓解贫富分化不能忽视服务业，产业政策未来应重视服务业的发展。哈佛大学教授丹尼·罗德里克提出，产业政策需要超越传统上对制造业的关注，增加对服务业的重视程度，通过提高服务业工人的生产率和劳动收入，创造更多的服务业工作机会来应对当前的贫富分化问题[①]。从效率角度看，传统观点认为服务业不可贸易，技术进步较慢，能带来的溢出作用较小。然而，数字经济时代服务业可贸易性上升，对工业部门的反哺作用加强，成为生产力进步的重要来源，产业政策需要给予服务业更多的关注。欧盟在 2019 年制定了《欧盟数字十年：2030 数字目标》，旨在促进欧盟的数字转型。我国在 2022 年出台《"十四五"数字经济发展规划》，提出数字经济核心产业占 GDP 比重要在 2020 年 7.8% 的水平上提升至 2025 年的 10%。当前中国数字经济发展较快，中金公司研报《数字创新助力重构全球产业链》指出，大国规模为数字经济的发展提供了先天优势。

第三，面临大变局、大挑战，产业政策要更具综合性。首先，传统的产业政策往往考虑的是某一两个行业的发展问题，常由单个部门与行业专家共同制定。大变局时代的产业政策要超越单个行业发展的角度，关注产业间的收入分配公平、区域公平、大国竞争等多方面因素，因此必须与各类政策协同配合。以光伏

---

① 参见 https://www.brookings.edu/research/an-industrial-policy-for-good-jobs/。

产业为例，传统的产业政策考虑的是如何促进光伏单个产业的发展，而在碳中和的背景下，光伏产业的发展能减少碳排放，与所有排碳行业都具有联系。其次，新的产业政策对政府能力提出更高的综合要求。面对重大的社会挑战，私人部门给出的市场信息在社会价值上可能有偏差，政府必须有能力独立进行全面的信息收集和分析（比如供应链信息，单个企业无能为力，必须通过政府来收集和分享）。最后，传统产业政策一般认为技术是中性的（技术进步只提高效率，不改变不同人群的收入分配比例），因此不应主动干预技术的发展路径。但事实上技术是非中性的，对于不同人群的影响不同会引起社会问题，所以产业政策可以主动引导技术的发展。例如，技术发展可能会造成就业两极分化[①]，对化石能源补贴下的技术发展会加重污染。因此，产业政策需要综合考虑技术进步的效率问题和公平问题。

第四，在分配模式上，政府要重视制度设计，促进收益公平分配。大变局时期的产业政策思维意味着政府投入会加大，因此其收益也要适当匹配，否则可能难以为继，也会加大贫富差距。例如，政府要在科技创新中积极发挥作用，因为创新具有正外部性和巨大的不确定性。一方面，基础技术的创新突破往往能产生极大的外溢效应，创新者很难享受到外溢效应的全部回报。另一方面，创新的不确定性比风险更容易导致企业不作为。风险有概率分布，企业可以根据期望值采取行动，而不确定性没有概率分布，没有经验可循，企业观望的边界比较大。基础技术的创新往往伴随着巨大的不确定性，什么样的技术路线可能成功或者失败没有一个概率分布，如此大的不确定性不是私人部门能够承担的，所以需要政府积极参与。政府大力投入创新应该得到相应的回报。在现行的市场制度下，全球普遍现象是政府创新投入的风险社会化但收益私人化。政策应该改变这个状态，保证公平性以及创新的可持续性。

第五，产业政策在做强做优、实现规模经济的同时，不能伤害竞争，否则不利于创新。从静态/短期来看，安全与效率呈负相关；但从动态/长期来看，二者呈

---

[①] Acemoglu, Daron, and Pascual Restrepo, The Race Between Man and Machine: Implications of Technology for Growth, Factor Shares and Employment. *American Economic Review* 108（6）：1488–1542, 2018.

正相关。例如，为了供应链安全而强调制造业回流和本国制造，从短期来看确实降低了风险；但从长期来看，如果国际竞争因此而减少，将会削弱效率，有损安全。

## 中国产业政策：多维出击，促进创新是关键

### 中国产业政策的历史经验与教训

改革开放以来，我国产业政策的重点经历了从早期的促进出口和基础工业发展，到提升城镇化水平，再到提升创新水平和可持续发展水平的变化（见图6.5）。改革开放之后，我国开始从计划经济向市场经济转型。1989年，《国务院关于当前产业政策要点的决定》发布，国务院首次以产业政策命名政策文件，制定了当时产业的发展序列，集中力量发展农业、能源、交通和原材料基础产业。1994年，《90年代国家产业政策纲要》提出产业政策要与中国特色社会主义市场经济相匹配，加强市场配置资源的作用。这些产业政策的制定突破了当时的计划经济管理模式，将计划管理性的政策措施逐渐转变为投资审批、行业准入、财政税收、金融等政策工具，推动了我国从计划经济向市场经济的转型。这个时期的产业政策继续发展了我国的基础工业，并且提高了企业自主经营和创新能力，为我国参与全球经济一体化做了铺垫。

2001年加入WTO之后，我国产业政策向结构调整转变。2005年，国务院发布实施《促进产业结构调整暂行规定》，提出鼓励、限制和淘汰三类产业目录。针对部分行业的产能过剩问题，2002年以来我国相继出台了一系列的产业政策，以调整钢铁、水泥、煤炭、铝、电力、纺织等行业的产业结构。同时，我国也出台了一系列的产业政策以发展战略性新兴产业。2012年，国务院发布《"十二五"国家战略性新兴产业发展规划》，以扶持信息技术、生物、高端装备制造等产业的发展。

产业政策在我国的经济发展中起到了重要作用。我国的产业政策过去主要以直接干预为主，通过补贴、税收优惠、政府采购来促进产业的发展。近些年，股权投资模式的出现减少了直接干预的色彩，产业政策逐渐向间接干预转型，后文将以新能源汽车、光伏和半导体为例探讨我国产业政策的工具。

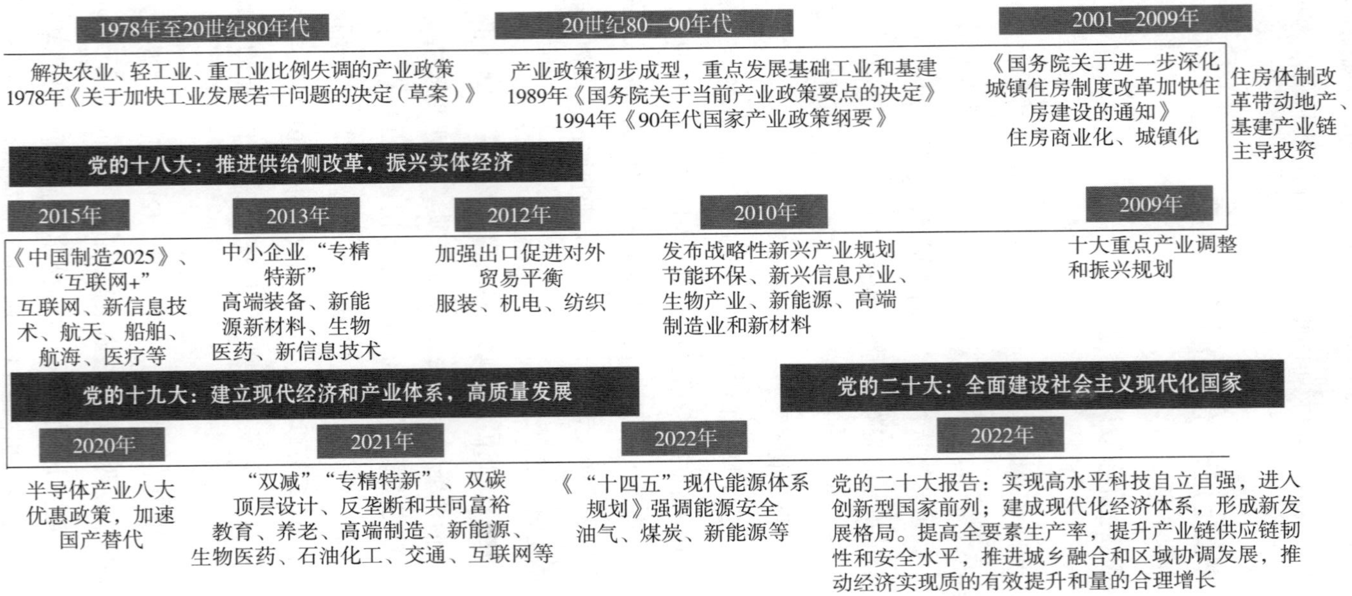

## 图 6.5 我国产业政策的演变

**1978年20世纪80年代**
解决衣食业、轻工业、重工业比例失调的产业政策
1978年《关于加快工业发展若干问题的决定（草案）》

**20世纪80—90年代**
产业政策初步成型，重点发展基础工业和基建
1989年《国务院关于当前产业政策要点的决定》
1994年《90年代国家产业政策纲要》

**2001—2009年**
《国务院关于进一步深化城镇住房制度改革加快住房建设的通知》
房地产商业化、城镇化

**2009年**
十大重点产业调整和振兴规划

住房体制改革带动地产、基建产业链主导投资

**党的十八大：推进供给侧改革，振兴实体经济**

**2012年**
加强出口促进对外贸易平衡
服装、机电、纺织

**2010年**
发布战略性新兴产业规划
节能环保、新兴信息产业、新能源、高端制造业和新材料
生物

**党的二十大：全面建设社会主义现代化国家**

**2022年**
党的二十大报告：实现高水平科技自立自强，进入创新型国家前列；建成现代化经济体系，形成新发展格局。提高全要素生产率，提升产业链供应链韧性和安全水平，推进城乡融合和区域协调发展，推动经济实现质的有效提升和量的合理增长

**2015年**
《中国制造2025》、"互联网+"
互联网、新信息技术、航天、船舶、医疗等

**2013年**
中小企业"专精特新"
高端装备、新能源新材料、生物医药、新信息技术

**党的十九大：建立现代经济和产业体系、高质量发展**

**2021年**
"双减"、"专精特新"、双碳
顶层设计、反垄断和共同富裕、教育、养老、高端制造、新能源、生物医药、石油化工、交通、互联网等

**2022年**
《"十四五"现代能源体系规划》强调能源安全
油气、煤炭、新能源等

**2020年**
半导体产业八大优惠政策，加速国产替代

资料来源：Wind，中国政府网，中金公司研究部。

第一，补贴。对于新能源汽车行业，2009年财政部、科技部联合发布《财政部、科技部关于开展节能与新能源汽车示范推广试点工作的通知》，宣布在北京、上海等13个城市开展节能与新能源汽车示范推广试点工作，中央财政重点对购置节能与新能源汽车给予补助。2009—2021年，我国汽车补贴资金已累计投入近千亿元。对于光伏行业，2013年8月，国家发展改革委发布《关于发挥价格杠杆作用促进光伏产业健康发展的通知》，出台了光伏分区上网电价政策和分布式光伏补贴标准，对分布式光伏发电实行补贴政策，电价补贴标准为每千瓦时0.42元。

第二，税收优惠。2012年财政部和国家税务总局发布《财政部 国家税务总局关于进一步鼓励软件产业和集成电路产业发展企业所得税政策的通知》，出台了"两免三减半"和"五免五减半"的税收支持政策。2018年，财政部、国家税务总局、国家发展改革委、工业和信息化部联合发布《财政部 国家税务总局 国家发展改革委 工业和信息化部关于集成电路生产企业有关企业所得税政策问题的通知》，延续了对半导体企业"两免三减半"和"五免五减半"的税收支持。2020年，财政部、国家税务总局、国家发展改革委、工业和信息化部联合发布《关于促进集成电路产业和软件产业高质量发展企业所得税政策的公告》，国家鼓励集成电路线宽小于28纳米（含），且经营期在15年以上的集成电路生产企业或项目，第一年至第十年免征企业所得税。

第三，政府采购。2013年，《关于继续开展新能源汽车推广应用工作的通知》规定"政府机关、公共机构等领域车辆采购要向新能源汽车倾斜，新增或更新的公交、公务、物流、环卫车辆中新能源汽车比例不低于30%"[①]。

第四，股权投资。2014年6月，国务院印发《国家集成电路产业发展推进纲要》，将集成电路产业发展上升为国家战略；同年9月，国家集成电路产业投资基金设立，募资超千亿元，用于集成电路产业链企业的股权投资。

这些政策总体上起到了积极的效果，促进了新能源汽车、光伏、半导体产业的发展。目前，新能源汽车已经成为我国的优势产业之一。根据中国汽车协会的数据，中国新能源汽车销量在过去10年增长了超过430倍，从2011年的8 159

---

① 参见 http://www.gov.cn/zwgk/2013-09/17/content_2490108.htm。

辆增长至 2021 年的 352 万辆。2022 年全国新能源汽车保有量达 1 001 万辆，占汽车总量的 3.23%。同时，我国光伏产业逐步取代欧洲成为全球最大的光伏装机市场。截至 2021 年，我国太阳能光伏累计装机量为 306 403MW（兆瓦），占全球总装机量的 36.3%，而欧盟、美国的太阳能装机量分别占全球的 18.7% 和 11.1%。另外，通过政策支持和税收优惠，我国的半导体产业也取得了巨大的进步，但是相比于国际先进水平还有待继续突破。在产业政策实施过程中也暴露出一些问题，仍以上述三个比较有代表性的行业为例，经验与教训有以下几点。

成功经验

第一，产业政策扩大了规模效应，通过规模效应降低了生产成本，增强了产业竞争力。例如，新能源汽车发展早期技术尚未成熟，政府采购保障了市场需求，有助于实现规模经济。光伏发展初期成本高昂，其经济性相对火电毫无竞争力。随着规模不断扩大，借助于政府补贴，光伏产业链各环节不断降本增效，光伏发电成本逐渐接近甚至低于火电，开始展现出优势。

第二，使用产业政策应当注意加强竞争，这一点在新能源汽车行业的发展过程中有所体现。一是打破地区垄断。2013 年，国家发展改革委发布的《关于继续开展新能源汽车推广应用工作的通知》规定"推广应用的车辆中外地品牌数量不得低于 30%；不得设置或变相设置障碍限制采购外地品牌车辆"。二是引入国外汽车厂商。2019 年以后，特斯拉来到我国独立建厂享受补贴。上汽大众、华晨宝马、一汽大众、上汽通用、北京现代等头部合资车企也纷纷推出纯电动车型，进入补贴范围，使新能源汽车行业的竞争更加市场化。三是鼓励新能源汽车代工模式，降低生产准入门槛。2018 年，工业和信息化部发布《道路机动车辆生产企业及产品准入管理办法》，其中提到"鼓励道路机动车辆生产企业之间开展研发和产能合作，允许符合规定条件的道路机动车辆生产企业委托加工生产"，认可了道路机动车辆生产企业委托加工生产的合法性。在代工模式下出现了蔚来、小鹏、理想等新能源车企，加剧了市场竞争。

第三，产业政策补贴应当适时退出。2018 年 5 月，国家发展改革委、财政部和国家能源局联合发布了《关于 2018 年光伏发电有关事项的通知》，要求加快光伏发电补贴退坡，尽早实现市场驱动，这被称为"531 新政"。"531 新政"后，我国光伏行业的发展不但没有停滞，反而更快地走向了平价上网新时期。事实表明，在产业政策补贴消退之后，通过市场化竞争机制，我国光伏产业的竞争力增强而非减弱了。

不足之处

虽然总体上我国的产业政策是成功的，促进了产业进步，但是在实施过程中，我国产业政策也出现过"骗补"、过度投资等问题。需要说明的是，这些问题并不是说产业政策是失败的，而是说产业政策可以进一步完善。例如2016年，财政部对苏州吉姆西、苏州金龙、深圳五洲龙、奇瑞万达贵州客车、河南少林客车5家"骗补"的新能源客车企业进行了公开通报，这5家企业多申报补贴高达10亿元[①]。为了弥补政策漏洞，工业和信息化部在2017年实施新的补贴申请标准，要求非私人用户购买的新能源汽车累计行驶里程要超过3万公里才能领取国家补贴。在光伏产业政策的实施过程中也有"骗补"现象。2009年，财政部、科技部和国家能源局计划投入100亿元财政资金支持光伏行业发展，实施金太阳示范工程。由于该工程采取建设期（事前）补贴，后续项目的实际运营审核不严格，于是一些企业通过虚拟项目、虚构合同、建后再拆和以次充好的方式"骗补"。对于半导体产业，2020年10月，国家发展改革委称，"一些没经验、没技术、没人才的'三无'企业投身集成电路行业，个别地方对集成电路发展的规律认识不够，盲目上项目，低水平重复建设风险显现，甚至有个别项目建设停滞、厂房空置，造成资源浪费[②]"。

此外，产业政策还加剧了环境污染和贫富分化，在新思维下产业政策应当注重解决这些问题。首先，产业政策在促进制造业发展的同时，对环境污染问题关注不足。"先发展后治理"导致环境恶化，不过近几年这个问题得到了较好的解决。其次，在城镇化过程中房地产和金融共同扩张，带来了房地产过度金融化的问题，也扩大了贫富差距。房产具有投资和消费双重属性，作为抵押品，起到了放大信用的功能。在房地产过度金融化的背景下，住房拥有的分布失衡扩大了贫

---

① 参见 http://www.gov.cn/xinwen/2016-09/08/content_5106603.htm。
② 参见 https://news.cctv.com/2020/10/20/ARTI9eQuRwleLpVsCnjrIU4w201020.shtml。

富差距。土地具有垄断和金融属性，地方政府通过土地资产变现与抵押融资来筹措财政资金，"地价—房价—信贷"的金融化循环不断深化。地租金融化以及分配不尽合理加大了财富分化。房地产行业高负债、高杠杆、高周转的特点，吸引了过度的金融资源，对制造业的融资也产生了挤压。

针对这些问题，有以下两点要注意。一是产业政策的实施可以更加精细化。产业政策实施的效果与政府治理能力正相关，提高政府政策制定、施行、监督的能力，有助于减少失灵现象。例如，数字技术有助于政务数字化，可以助力提升政府治理能力，更合理地实施产业政策。二是产业政策不仅要关注经济问题，也要关注社会问题。以往的产业政策对社会问题（例如环境污染和贫富分化）关注较少，这一点正是大变局时代的产业政策与传统产业政策的一个不同之处，也是后文我们要讨论的内容之一。

## 大变局时代，产业政策要多维出击

大变局时代，我国产业政策要多维出击，既要促进经济发展，也要积极参与到社会治理当中，包括推动绿色转型、缓解贫富分化、提升供应链安全等。我国产业政策已经在这些方面加码，但仍有较大空间。

第一，推动绿色转型。一是提高碳价，将外部成本内部化，促进节能减排技术创新。大量研究发现，碳价信号越显著，其对低碳技术创新的诱导作用就越强，越能激发企业开发和采用低碳技术的意愿。碳市场运行一年来，我国累计参与交易的企业数量超过重点排放单位总数的一半。二是加快创新，从根本上改变生产方式。开发新的减排技术和碳捕集技术能够降低单位能源的碳排放，使用清洁能源可以降低单位 GDP 的能耗。中国在推动低碳经济时，也应将重点放在如何推动环境技术进步、鼓励和促进创新方面。

实现碳中和必须在社会治理方面多下功夫。制定与低碳社会相适应的公司治理标准，打造环境友好的金融体系，完善碳税和碳市场体系，鼓励低碳生活习惯，提倡新的消费理念。碳中和也必须注重公平问题。碳中和的成本在不同人群、不同区域之间的分配是不均衡的，需要考虑使用财政手段尽量公平地分配碳中和成本。例如减少碳税的使用或者增加税收返还、用征收来的碳税对低收入者进行补贴。

为了应对绿色转型给全球产业链带来的能源成本、碳成本和气候成本上升问题，中金公司研报《绿色转型下的全球产业链：机遇与挑战》从能源价格管控、碳约束力度、规模优势三个方面提出了政策建议。前两条建议与前文中所提到的原则五相对应，即应该通过竞争来促进能源领域的创新。第三条建议与我们的原则一相关，即政府在应对气候变化的过程中，可以起到市场创造者的作用，提前引导市场改变布局。

第二，发挥数字技术的作用。中金公司研报《数字创新助力重构全球产业链》指出，新兴科技以及数字平台等新的生产和贸易组织方式推动了生产要素的变革，服务贸易将成为新的增长点。这一观点对应着前文提出的原则二，即产业政策不仅要关注制造业，还要关注服务业。该研报也提出要注重数字和数据安全，推动数字市场和数字经济制度的建设，对应着原则一，即政府应该是市场的创造者，应该推动数字市场这个新兴领域的建设。

第三，缓解贫富分化。金融和房地产过度扩张是贫富分化加剧的重要原因，近年来"房住不炒"对缓解贫富分化有积极作用。同时，政府也在其他方面积极发力缓解贫富分化。一是普惠金融政策推动金融向实体让利。脱贫攻坚期间，金融机构累计发放扶贫再贷款6 688亿元。2022年7月末，金融机构涉农贷款余额47.2万亿元，是5年前的1.6倍；同时，金融机构普惠小微贷款连续39个月保持20%以上的增速。二是产业扶贫。2017年以来国家新建现代农业产业园项目覆盖58个脱贫县，优势特色产业集群项目覆盖261个脱贫县，农业产业强镇项目覆盖370个脱贫县的400个乡镇。

但需要进一步完善金融市场制度，建设双支柱金融体系。所谓双支柱金融体系，主要是指在产融分开、分业经营的前提下，构建受担保的银行体系和不受担保的资本市场并行发展的金融结构。其中，资本市场的主要使命是促进机会公平、支撑创新发展；银行体系则需要通过整体的非盈利最大化改造来削弱"市场逐利＋政府担保"的不合理竞争优势，并大力推动普惠金融发展。

另外，需要推进房地产供给侧改革，降低住房引起的贫富分化。聚焦新市民、青年人的居住需求，积极增加租赁住房用地供应，广泛引导政策性金融、社会资本等参与长租房供给。与此同时，通过立法加快推进租购平权，使租户在基本公共服务方面与购房者享受同等权益,并在租金涨幅、租期设定等方面保护承租人。加速推进"窄税基、高累进"的房地产税落地,重构地方政府资金流量表,缓释土地去金融化对其财政约束。相比顺周期的土地金融,房地产税才是稳定、可持续且同样根植于土地的财政收入来源。

第四,提升规模经济。中金公司研报《逆全球化下的规模经济新优势》提出,在逆全球化背景下,需要更加重视规模对于经济增长的促进作用,而我国具备发挥大国规模优势的潜力。未来应在需求端、产业端、国际贸易端发挥我国的规模优势。产业政策在需求端可以降低贫富分化,提高公共服务均等化;在产业端可以促进商品和要素流通,建设国内统一大市场,促进产业链间共同合作发展,消除垄断问题;在国际贸易端加强国际合作对我国经济发展和发挥规模经济具有重要作用。在原则五中,我们也提出产业政策在做强做优实现规模经济的同时,不能伤害竞争,避免因提升安全而忽视效率。

第五,提升供应链安全。首先,产业政策应主动改善制造业和服务业的信息不对称。传统产业政策重点在于单个产业,而大变局下的产业政策要优化产业链上下游各类行业的结构和生产协同。近年来,地方政府开始推行产业链链长制,通过产业政策畅通供应链上下游的联通环节。其次,通过产业政策建立关键农产品的安全保障措施对我国具有特别的意义,是供应链安全的一部分。中国口粮储备长期保持在年消费的70%以上,2021年我国保持耕地面积19.18亿亩,粮食播种面积达17.64亿亩,中国谷物自给率始终保持在95%以上。最后,通过产业政策保障我国的能源安全。绿色转型和地缘政治背景下能源安全问题更加突出。根据《"十四五"现代能源体系规划》,我国"十三五"期间低碳转型成效显著,煤炭消费比重下降至56.8%。但是我国仍然严重依赖化石能源,到2020年化石能源消费占比为84.1%,非化石能源消费占比为15.9%。而且我国部分能源对外依赖程度比较高,2021年原油进口对外依存度在70%以上。因此,产业政策一方面需要促进低碳转型,另一方面需要增加我国的能源自主供给能力。

## 促进创新仍然是关键

过去我国主要是经济追赶国家,如今开始在部分领域占据领先地位。过去成功的产业政策经验对于追赶阶段比较有效，但并不能保证这些经验在领先阶段也能够成功。美国和日本的发展历史表明，从经济追赶阶段到领先阶段，产业政策的重点应从保护幼稚产业、促进出口转向提升创新水平。对于我国来说，创新政策尤为重要。无论是维护产业链安全、能源安全还是推动绿色转型、降低贫富分化，都离不开科技创新，只有效率提升和经济发展才能从根本上解决现在面临的问题。

2010—2019 年我国的经济增速平均为 7.4%，相比 2000—2009 年降低了 2.5 个百分点。其中，TFP 降低了 2 个百分点，是过去 10 年经济增速下行的主要原因[1]。TFP 的下降与我国的创新不足有关（创新不足与前文提到的房地产挤压有关）。同时，在地缘政治冲突加剧的背景下，美国对我国的科技发展采取针对性措施，限制我国的科技升级。在这种情况下，党的十八大以来，我国产业政策重点转向科技创新，包括信息技术、半导体、高端装备、新能源、医药等。2022 年党的二十大报告提出，到 2035 年，我国要实现高水平科技自立自强，进入创新型国家前列；我国要坚持以推动高质量发展为主题，加快建设现代化经济体系，着力提高全要素生产率，着力提升产业链供应链的韧性和安全水平。中金公司研究部、中金研究院的《创新：不灭的火炬》一书从供给（研发投入和人才）、需求（国内和国外）、生态机制（区域和国家创新体系）三个维度探讨了如何促进我国创新能力的提高。后文将从产业政策角度继续探讨如何促进创新。

## 产业政策如何更好地促进创新

大变局时代政府在产业政策方面要发挥更大作用，但是产业政策也需要更加促进竞争，提升公平。

政府要积极参与创新，完善分配机制

如前文所述，创新具有正外部性和巨大的不确定性，因此需要政府干预，发挥产业政策的作用。因为需要政府大量投入，政府也要相应地分享成果，这就需

---

[1] Brandt, L., Litwack, J., Mileva, E., Wang, L., Zhang, Y. and Zhao, L., China's Productivity Slowdown and Future Growth Potential, 2020.

要改善市场分配制度，提高创新收益分配的公平性。如何让政府取得相应的回报呢？政府适当持股是一个可以考虑的方向。政府引导基金是一个很好的尝试，但目前也存在一些问题。

研发政策比直接补贴更能促进创新

不同的产业政策在促进创新方面会有差异。创新活动的特点是高风险、高收益，在成功之前，很难预判哪种技术、哪个企业会创新成功。因此，直接补贴会面临严重的信息不对称风险，难以挑选出"赢家"。相比于贸易保护政策、对特定企业进行补贴等直接干预的产业政策，研发政策的直接干预程度较低。美国过去 50 年的经验表明，研发政策对于促进创新更为有用，而贸易保护政策、对特定企业进行补贴效果平平[①]。在研发政策成功的案例中，DARPA 成绩显著。虽然 DARPA 每年的预算大约为 35 亿美元（以 2019 年不变价计），但是在众多领域推动了美国的科技进步。今天的数字经济企业包括谷歌、微软、Meta 等的底层技术都可以追溯到 DARPA。

在处于相对领先的领域，中国应加强研发支持政策以促进创新。从经济发展的进程来看，美国和日本的产业政策都是从早期的工业化逐渐转向创新的。目前，我国已经具备了完整的工业体系，第二产业的增加值在 GDP 中的比重从 2010 年的 47% 下降到了 2021 年的 39%。根据战略与国际研究中心的数据，发达经济体多采用研发支持和研发税收激励政策作为产业政策工具，例如美国、法国、韩国。依赖投资的经济体，例如中国大陆、日本、韩国和中国台湾，均使用政府投资基金作为产业政策工具。依赖政策性银行的经济体，例如中国、德国、巴西、日本，也使用信贷优惠作为产业政策工具。不同的产业政策工具有不同的优势。例如，美国的经验表明研发支持和税收激励在支持小企业和突破式创新方面有优势，日本的经验表明银行信贷在支持大企业和渐进式创新方面有优势，政府投资基金可能在两者之间。我国既需要渐进式创新也需要突破式创新，所以应该在各种工具间更平衡地分配资源，适当增加研发支持的研发税收激励比例。

相比美国，我国的研发政策（包括研发税收激励、政府研发支持）占比仍然

---

① Hufbauer and Jung, Scoring 50 years of US industrial policy, 1970–2020, 2021，中金公司研究部。

较低，而直接补贴和信贷优惠的占比较高。另外，我国产业政策的支出结构与创新转型存在不一致。为了促进创新，未来我国应提高研发政策在产业政策中的占比（见图6.6）。

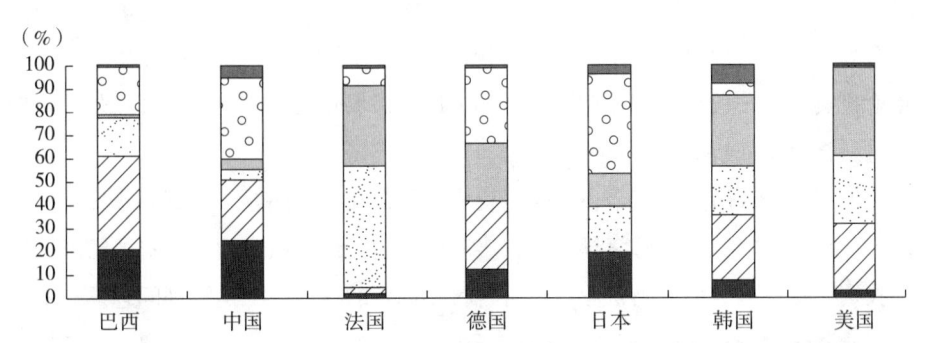

图6.6 产业政策支出占比（2019年）

资料来源：CSIS，中金公司研究部。

### 提高政府引导基金的市场化运作水平

虽然大变局时代的产业政策需要政府发挥更大作用，但这并不意味仅依靠政府出资进行创新。政府只是出资的一方，私人部门也是重要的一环，需要多方参与[1]。政府引导基金实现了产业政策从政府的"独角戏"到政企合作的"二人转"。政府引导基金通过政企合作能够帮助政府更好地识别出真正有效率的企业，既避免了信息不对称的问题，也提高了产业政策的效率。相比直接补贴企业，政企合作是更有效的产业政策方式[2]。

过去10年，我国政府引导基金增长迅速。到2021年底，我国共设立1 988只政府引导基金，目标规模约12.45万亿元，已到位规模约6.16万亿元。从基金类型来看，政府引导基金以产业基金为主，重点支持战略性新兴产业，扶持关键技术领域，包括高端制造业、生物医药、新能源等。"合肥模式"是政府引导基金的典型案例。通过政府引导基金，合肥市实现了产业升级，在显示器件、集成

---

[1] 参见 https://bostonreview.net/forum_response/steering-finance/。
[2] 参见 https://voxdev.org/topic/public-economics/where-are-we-economics-industrial-policies。

电路、人工智能、新能源汽车等国家战略性新兴产业领域取得了较快的发展。

产业引导基金在其他国家的创新中起到了重要作用。以美国为例，1958年设立小企业投资公司计划，由小企业管理局管理。到 2020 年，小企业投资公司计划的资本规模约为 300 亿美元。小企业投资公司计划选择符合条件的创业投资基金公司，为其提供一定比例的直接融资并提供融资担保，规定其投资方向，由创业投资基金公司作为主体在资本市场上进行市场化融资。苹果、英特尔、特斯拉等科技公司都接受过小企业投资公司计划的支持。

但我国的政府引导基金在运作过程中仍然存在一些问题，有进一步提升的空间。一是目标问题。政府引导基金很多时候承担了地方政府招商引资的需求，被迫投资于一些低效的夕阳企业，不符合科技创新的导向。二是管理问题。有些政府引导基金的管理人员不一定是由市场决定的，存在行政任命的现象，缺乏市场化运作政府引导基金的经验。三是投资问题。政府引导基金在投资地区上有较为严格的限制，常通过设置返投比例限制引导基金投资于本地企业，具有地方保护主义的倾向，可能导致地方企业重复竞争。四是绩效评价问题。因为政府引导基金难以容忍大幅亏损，管理人员害怕将资金投入处于种子期、初创期的创新创业领域，所以大部分政府引导基金实际投资于处于成熟期等偏后期的项目，或直接购买理财产品甚至出现闲置，没有达到促进创新、引导产业结构升级的政策目标。

因此，可以通过市场化运作的方式，提升政府引导基金的效率。一是将政府引导基金的目标聚焦到促进创新。二是通过市场选择最合适的基金管理人员，适当减少干预。三是放松政府引导基金的投资限制，减少地方保护主义。四是提高政府引导基金投资亏损的容忍度，使资金能够投资于早期的高风险创新企业。

避免因提升安全而损伤效率

正如中金公司研报《逆全球化下的规模经济新优势》所指出的，规模经济效应是逆全球化背景下的大国优势。大规模市场可以摊薄巨量的研发成本；同时，随着产品生产规模的扩大，技术也会不断进步。但要警惕的是，不能因为发挥规模经济优势而加剧垄断，进而损害竞争，伤害创新，降低效率。虽然垄断在早期有利于创新，但从长期来看，如果是垄断市场而不是竞争性市场，规模优势将会大打折扣。企业行为会受市场结构的影响，长时间的垄断会削弱企业追求技术进步的动力，并可能促使其通过寻租以维护垄断地位。如何平衡做强做优和竞争的关系是一个挑战。我们在前文回顾中国产业政策的经验时谈到了这一点，而其他国家的教训也值得关注。

如果说美国为创新转型提供了一个正面案例，那日本则是一个反面案例。日本从20世纪90年代将产业政策重点转向创新之后，全要素生产率几乎没有增长，反映了其产业政策转型并不成功，这也是日本经济进入"失去的三十年"的原因之一。当然，产业政策转型不成功仅是日本经济问题之一，也有其他的问题如人口老龄化等。日本转型失败的重要原因在于供给侧的竞争力不足。一是企业竞争力不足。尽管日本在1947年就制定了《禁止垄断法》，并多次对其进行修改，但是执行力度不足。其结果是新企业进入困难，市场准入率低于美国、英国、法国、德国等国家[1]。二是劳动力市场竞争力不足。终身雇佣制使劳动力市场缺乏活力和竞争力，抑制了年轻人的创新能力。三是与国际市场竞争力不足。2019年，日本FDI存量占GDP的比例为4.37%，远低于美国（43.95%）、德国（24.96%）和中国（12.44%）。由于经连会（Keiretsu）的存在，日本的银行、企业、供应商和政府形成了一个复杂的利益共同体，外国企业收并购日本企业困难，导致日本的FDI水平一直处于世界较低水平[2]。

中国在产业升级的过程中，在一定程度上需要依靠外部强大的竞争对手激活企业，无论是失去进入外部市场的机会还是减少外国产品进口，中国企业面临的竞争都可能会减弱。在对外开放的前提下，保护性的产业政策对部分产业而言仍然是必要的。但历史经验表明，一定程度的产业保护在早期有助于幼稚产业的发展，但是到了产业发展壮大后，国外竞争会变得更加重要。

既要支持国内企业"走出去"，也要促进国外企业"引进来"。在全球贸易体系下，企业可以通过规模效应、学习效应、竞争效应来提高创新能力。实证研究表明，我国出口企业的专利数量高于非出口企业的专利数量。在全球价值链体系

---

[1] 参见 https://www.jcer.or.jp/english/why-is-japans-inward-fdi-so-low#:~:text=What%20we%20have%20seen%20implies,do%20business%20in%20the%20country。

[2] Lawrence, R. Z., *Japan's low levels of inward investment: The role of inhibitions on acquisitions. In Foreign direct investment*（pp. 85–112）. University of Chicago Press, 1993.

下，支持国内企业"走出去"，可以通过竞争来提升创新能力。在"引进来"方面，需要扩大市场准入，引入更多 FDI。根据中国美国商会的《中国商业环境调查报告（2022）》，69% 的受访企业表示在市场准入方面受到不公平待遇，是不公平待遇领域的首要因素。如果中国扩大市场准入，61% 的受访企业表示会考虑增加在中国的投资，特别是技术行业和消费行业。根据中国美国商会 2022 年的调研，22% 的制造业企业计划采取"中国+1"策略，将部分工厂和供应商转移至其他亚洲国家。在国际产业政策竞争和全球博弈下，我国应该采取对应的补贴、政府购买、减税等财政支持措施，减缓 FDI 的转移，维持国内竞争。

# 产业篇

第七章

# 产业链纵横与双支柱举国体制

自 2018 年以来，国际竞争日益加剧，这是由国家之间实力此消彼长、日益接近的客观态势决定的。当前出现国际竞争转变为逆全球化的趋势，俄乌冲突正在加速这一进程。美国《2022 芯片与科学法案》出台，意味着国际产业链合作格局面临着逆全球化倾向带来的安全冲击。本章将从纵向风险和横向风险两个维度，探讨安全冲击下的产业链变迁、金融重构以及机制保障含义。

纵向风险是指逆全球化下产业链各环节之间的交易成本上升，原本的序列生产模式受到挑战，本质上是供给侧的"卡脖子"风险，需要通过产业组织的集中化变革来应对。具体而言，在芯片等高科技领域推动供给侧的纵向一体化，在自然资源领域推动需求侧的横向一体化，有助于通过发挥大企业（集团）较强的创新能力来应对纵向风险。自然资源需求侧的横向一体化还有助于提升中国在国际市场的谈判地位，以此缓解资源领域的纵向风险。

横向风险是指对中国产能核心节点的去中心化，本质上是需求侧风险，可以通过分散化来应对。区域方面，可以考虑"顺势"主动引导纺织、家电等供过于求的成熟产能向东南亚等周边国家分散，以加强区域合作。更重要的是通过小企业分散竞争、优胜劣汰来提升引领式创新能力，凭借新能源等优势产业输出来构建"中国–周边"技术扩散新模式。中国内需不足主要体现为居民消费占比低，在消除汽车等领域消费障碍的同时，更重要的是推动财税改革，以弱化强制储蓄效应，构建橄榄型社会，发挥分散消费的潜力。

从服务实体经济的角度看，需要基于产融分开、分业经营的原则推动金融重构，以支撑产业链集中与分散并存的两大变迁趋势。金融与实体的良性互动不会自发地出现，需要公共政策的介入。这意味着需要构建集合政府与市场、实体与金融各方力量的举国体制：以"大企业＋大政府＋大银行"的追赶式举国体制应对纵向风险；以"中小企业＋制度建设＋资本市场"的引领式举国体制应对横向风险。双支柱举国体制是应对产业链安全挑战的必要条件，而非充分条件。从应对安全冲击的角度看，双支柱缺一不可，需要处理好政府与市场的边界、垄断和竞争的尺度以及大企业与小企业的关系等问题。①

---

① 本章作者：谢超、颜晓畅、李根、李彤玥、李瑾、吴云杰。本章得到了邓洪波、白皓、黄凯松的支持。

2022年8月，美国总统拜登正式签署《2022芯片与科学法案》，该法案不仅包括美国政府扶持本国半导体产业发展的一揽子政策，还提出了"二选一"限制，要求接受美国联邦资金资助的企业10年内禁止在中国及其他"特别关注国家"大幅扩建先进制程芯片的产能。这对半导体产业目前的全球产业链分工格局形成安全挑战，是国际竞争加剧在产业链上的体现。国际竞争加剧是由双方实力此消彼长的客观趋势决定的，由此形成的产业链安全冲击也将难免带有必然性和长期性特点（见图7.1）。考虑到俄乌冲突存在加速国际竞争向逆全球化转变的风险，更有必要系统研究如何应对由此形成的产业链安全冲击及变迁动向。

　　与此同时，在当前国际形势下讨论产业链变迁，数字经济和绿色转型这两个系统重要性因素不容忽视。一方面，数字经济方兴未艾，将会重构企业边界。对于传统企业而言，数字经济降低了使用市场机制的成本，可能导致传统企业边界收窄；对于高度数字化的企业而言，有望用更低的内部组织成本来支撑同样的企业规模，有利于数字化企业边界的持续扩张[1]。另一方面，具有全局性新约束作用的绿色转型，意味着粗放发展模式下几乎是零成本无限供给的环境要素，其使用成本将会迈入趋势上升通道。

---

[1] 谢超、李瑾、彭文生：《企业边界、萨伊定律与平台反垄断》，2021年2月。

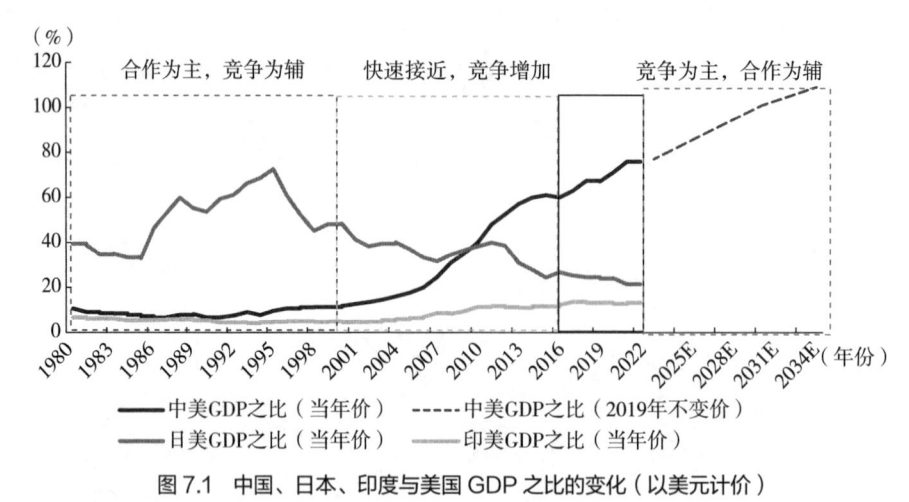

图 7.1　中国、日本、印度与美国 GDP 之比的变化（以美元计价）

资料来源：《创新：不灭的火炬》，中金公司研究部，中金研究院，2022 年。

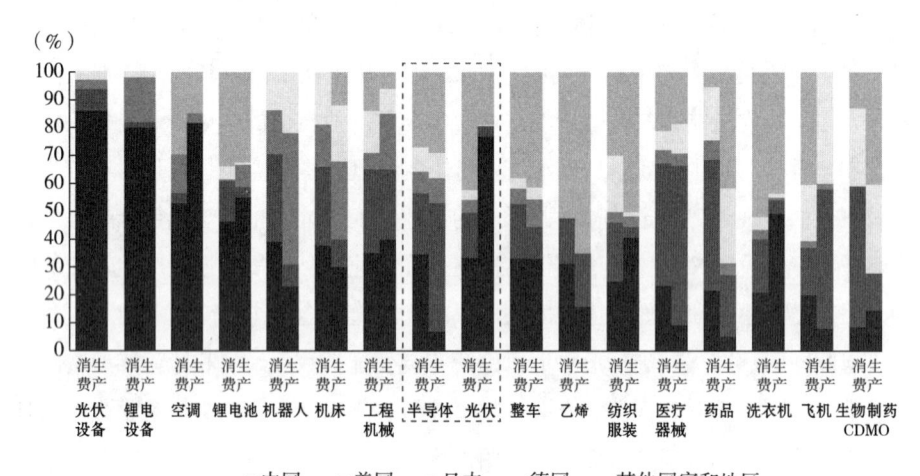

图 7.2　主要工业制成品的国别消费占比和生产占比

资料来源：工信部，各国相关网站，中国机床工业协会，中国光伏行业协会，印度品牌价值基金会（IBEF），高工机器人，高工锂电，械数据云，弗若斯特沙利文，产业在线，Wind，Bloomberg，Statista，BP，SIA Factbook，EVTank，IBISWorld，Markines，WSTS，Bnef，Reuters，S&P Global，Euromonitor 零售数据（2021 年），Textile World，Marketresearch，Aero Dynamic Advisory，Off-highway，USGS，MB，Grandviewresearch，IQVIA，中金公司研究部，中金研究院。

注：生产（消费）占比 = 该地区该行业产值（消费规模）/ 全球该行业总产值（总消费规模）；CDMO 为合同研发生产服务组织。

大国产业链

194

数字经济和绿色转型下的安全冲击，对不同行业的含义不同。半导体、高端装备、精细化工、部分医药器械等行业的特点是供不应求，光伏设备、家电、纺织服装等行业的特点则是供过于求（见图7.2）。由此而来的问题是，对于国际分工格局不同的行业，逆全球化动向下的产业链安全含义与风险表现是否相同？考虑到数字经济和绿色转型两大系统因素，产业链变迁是否存在不同方向？是发挥中国的规模优势，还是更多地依靠区域合作，抑或是借助于其他产业政策来应对变迁？针对上述问题，可从三个维度展开。一是产业链环节的纵向增减和变化；二是各生产环节在不同区域间的横向迁移；三是产业链不同环节、不同国家之间的互动关系，即供应链分析。本章将主要从前两个维度展开讨论，后文将聚焦供应链、针对不同行业展开具体分析，以及聚焦投资含义分析。

## 国际产业链成因：技术进步 + 国际关系缓和

从产业组织的角度看，半导体产业链属于典型的温特制，即以模块外包、分工协作为主要特点。但分工协作并非由微软、英特尔首创，而是在20世纪70年代的丰田制时期就已经出现。流行观点将丰田制的成功归结为"精益生产"的高明理念，一个重要特点是追求零库存以降低成本，同时积极响应市场的定制化需求。如果说"精益生产"理念的高明性带来了外包与分工协作，那工业化远早于日本的美国为什么在20世纪20年代选择的是纵向一体化的福特制，而没有想到通过纵向分解、分工外包的模式来提高生产效率呢？

要回答这个问题，可能需要暂时脱离"精益生产"的微观视角，自上而下重新考察丰田制与福特制出现的时代背景。从自上而下的视角来看，20世纪20年代及其之后福特制盛行的时期恰好处于逆全球化的阶段。当时各国市场割裂程度不断加深，全球贸易占GDP的比重日益下滑，企业面临的潜在市场规模在全球大市场中不断收缩。丰田制虽然盛行于20世纪70年代后，但在二战结束之后的再全球化初期已开始酝酿。从自上而下的角度看，似乎可以说是再全球化成就了丰田制，使"精益生产"从一种美好的理念成为现实（见图7.3）。

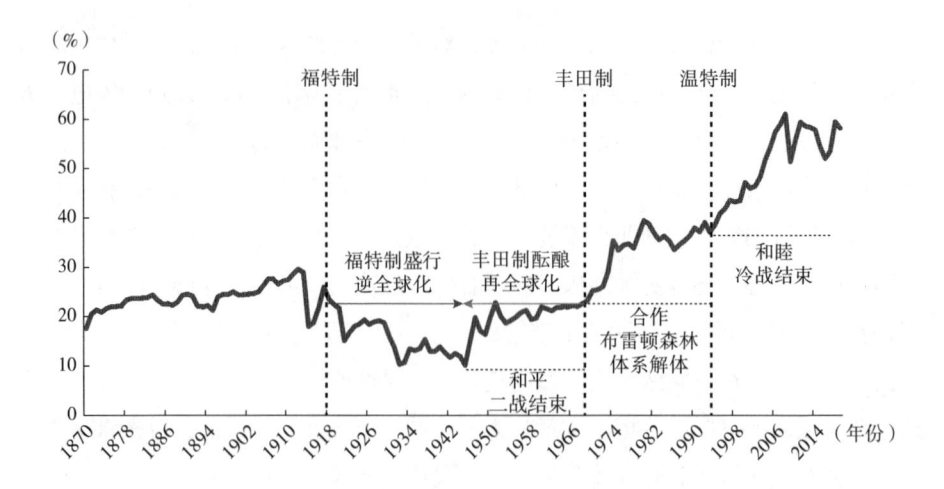

图 7.3 全球贸易占 GDP 的比重与产业组织模式

资料来源：Our World in Data，中金研究院。

## 提高效率：全球化的纵向产业与横向产业组织含义

如何理解再全球化与丰田制的上述关系？从产业组织的角度看，企业之所以不将规模报酬递减的业务外包给专业化企业来承担，很大程度上是由于该业务的市场规模过小，不足以支撑一个专业化企业或产业来承接该业务[1]。因此，全球化对于产业链的一个重要纵向含义，即通过扩大市场规模促进分工协作，同时分工深化也会推动市场规模进一步扩大，形成两者相互促进的正向循环[2]。从这个逻辑上看，全球化能够为丰田制成功践行"精益生产"理念提供较好的解释。例如，如果没有全球化下的大市场支撑，奉行"零库存理念"的企业即便想将内部的库存管理压力转嫁给市场承担，也不太容易在市场上找到合适的承担者。至于满足客户的定制化需求，很大程度上也是受益于全球化的大市场，让每一个所谓的小众需求都能形成足以实现规模经济的细分市场。总之，丰田制的成功与其说

---

[1] Smith, A. The Wealth of Nations, 1776. Stigler, G. J. The division of labor is limited by the extent of the market. *The Journal of Political Economy*, 1951.

[2] Young, A. A. Increasing Returns and Economic Progress, 1928.

是因为理念先进，不如说是赶上了二战后再全球化的时代环境，全球化带来了规模不断扩张的全球大市场，推动了产业链的纵向分工。对于身处逆全球化时代的企业而言，若没有足够大的市场规模支撑，即便产生了先进的分工协作理念，也难以在实践上获得成功。

从横向视角看，全球化反映出国际关系的缓和趋势。二战后，尤其是20世纪90年代冷战结束后，东西方国家进入前所未有的和睦阶段。随着国际关系日渐缓和，全球平均关税税率逐年下降。作为全球最大的发展中国家和发达国家，中美两国具有庞大的经济体量，中美合作成为国际产业链合作的核心，形成以技术扩散为主要内容的G-2模式。根据技术差距理论，技术水平在不同国家间的相对差别有利于促进国际分工和国际贸易[①]。具体来说，先发国家创造出新产品后，往往逐渐将其低附加值的生产环节外包给后发国家。其间，后发国家通过积极参与国际协作，在产业链分工中通过学习逐渐缩小与先发国家之间的技术差距。整个产业链协作过程为先发国家和后发国家均创造了更多收益，先发国家促进了后发国家的技术进步，后发国家也为先发国家带来了更大的市场需求（见图7.4）。可见，技术差距驱动了国际分工合作，全球的生产效率也由此得到提升。

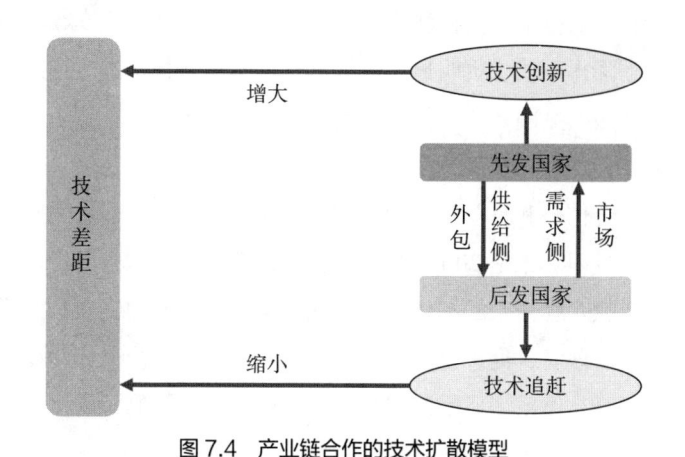

图7.4 产业链合作的技术扩散模型

资料来源：中金研究院。

---

① Posner, M. V. International trade and technical change. Oxford Economic Papers, 1961.

## 降低交易成本：技术进步提供可能性，国际关系缓和将可能变为现实

长期以来，传统观点更多地强调分工提升效率的收益，却忽视了分工也会带来新的成本。在二战后再全球化刚起步的 20 世纪 50 年代，产业组织方面的研究就已认识到该问题，并称其为"双重边际化"，即当企业纵向分解为上下游协作生产模式时，上下游企业的利益并不完全一致且均以自身利益最大化为目标，导致整个产业链经历两次加价，最终产品价格可能高于纵向一体化时的边际成本[①]。从新制度经济学的角度看，"双重边际化"体现了分工带来的交易成本上升，其中包括搜寻成本、契约签订和执行成本、监督控制成本、运输成本等。

国际分工之所以发生，不仅因为分工会带来效率，还因为分工带来的效率增进幅度超过了交易成本上升幅度。若分工的交易成本很高，甚至吞噬了分工产生的效率，那么分工协作就是无效的，不会产生全球化与国际产业链协作。在过去 70 余年的全球化历程中，有两个因素降低了国际分工带来的交易成本。一个因素来自生产力，即技术进步带来了运输、通信等交易成本的持续下降；另一个因素来自生产关系，即国际关系缓和并降低了国与国之间的交易成本，极大地拓展了市场经济所支配的范围。值得注意的是，运输成本、通信成本在二战结束前的逆全球化阶段下降得更快、更明显；二战后，虽然这些技术进步带来的交易成本下降速度明显放缓（见图 7.5），但再全球化阶段开始了。

如图 7.3 所示，从全球贸易占 GDP 比重来看，1945 年之后的全球化大致可划分为"和平—合作—和睦"三个明显加速的阶段。一是二战后的和平阶段，开启了再全球化的进程。二是 20 世纪 70 年代后的合作阶段，全球化加速在很大程度上受益于布雷顿森林体系的解体。在二战结束之初，布雷顿森林体系一度支持了各国经济的战后恢复，促进了贸易等方面的全球一体化。但作为固定汇率制安排，维持布雷顿森林体系需要限制资本的跨境流动，这限制了跨国企业发展与国际产业链合作的深度。因此，布雷顿森林体系的解体有利于资本跨境流动，并通

---

[①] Spengler, J. J. Vertical Integration and Antitrust Policy. *Journal of Political Economy*, 1950.
Bartelsman, E. J., Caballero, R. J., Lyons, R. K. Customer-and Supplier-driven Externalities. *American Economic Review*, 1994.

过跨国企业的快速发展,形成了第二次全球化加速期。三是20世纪90年代后的和睦阶段,伴随着冷战结束,东西方进入历史罕见的和睦阶段。国际关系日趋缓和,全球化迅速推进,越来越多的国家加入全球产业链的合作。反观1945年之前,尽管快速的技术进步带来了全球化的可能性,但一战、二战等剧烈的国际冲突完全抵消了这种技术红利,人类面临的现实是逆全球化。综上所述,技术进步提供了分工协作交易成本下降的可能性,但只有国际关系缓和才能真正将这种可能性转化为全球化的红利。

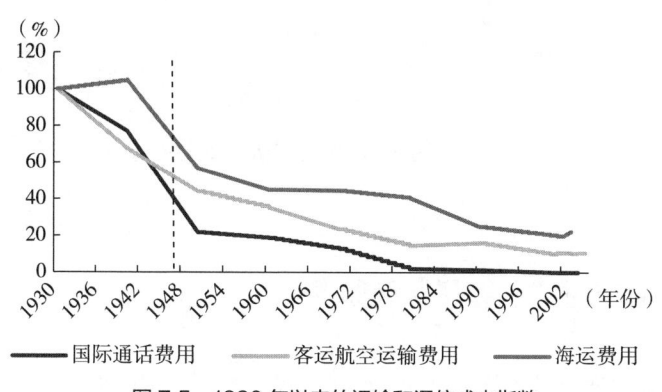

图 7.5 1930 年以来的运输和通信成本指数

资料来源：Our World in Data, OECD（2007）[1]，中金研究院。
注：成本指数为相对于 1930 年的比重。

## 又见逆全球化：国际竞争加剧提高交易成本

过去 70 年国际关系逐步缓和,经历了"和平—合作—和睦"的发展过程,叠加信息通信等技术进步因素,大大降低了横向国际分工及产业链纵向分解中的交易成本,推动了全球化发展。但全球化目前似乎又来到新的转折点。2018 年贸易摩擦发生后,以 G-2 合作为核心的国际产业链格局遭遇挑战,国际竞争逐步加剧。2022 年俄乌冲突使国际竞争加速向逆全球化转变,国际产业链分工带

---

[1] OECD Insights. Economic globalisation: Origins and consequences, OECD Economic Outlook, January 2007.

来的效率提升，存在被国际竞争引发的交易成本上升吞噬的风险，国际产业链面临的安全冲击凸显。与前述全球化带来的纵向分解和横向分工含义类似，逆全球化在产业组织层面也可从纵向和横向两个维度理解（见图7.6）。

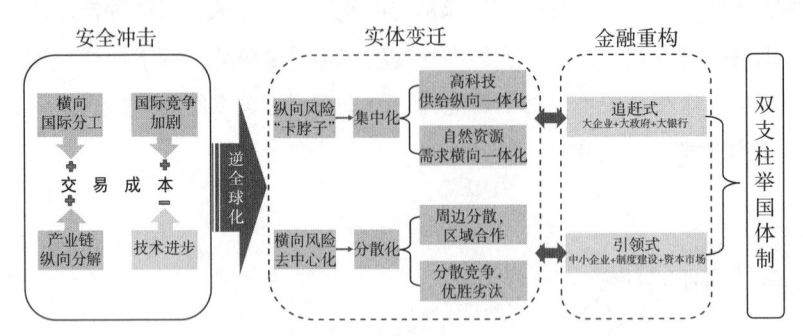

图 7.6 安全冲击下的产业链变迁及双支柱举国体制

资料来源：中金研究院。

## 合纵：集中应对"卡脖子"风险

纵向风险本质上是供给侧风险。例如，以 G-2 技术扩散为核心的高科技产业链合作模式难以为继，高科技领域"卡脖子"问题凸显。全球价值链位置指数的分析表明，中国面临的"卡脖子"风险并非仅存在于高科技领域。所谓全球价值链位置指数，是指从最初的原材料和最终的需求两个视角，对各国在全球价值链的上下游位置进行的综合评估[①]。指数越高代表离终端消费者越远，反之，则离终端消费者越近。俄罗斯、澳大利亚的指数最高是对这些国家主要输出最上游的煤炭、石油、天然气等自然资源的体现；日本和美国的指数较高则是由于它们位于中上游的研发等环节，主要输出知识产权、关键零部件等中间品（见图7.7）。

中国位于全球产业链分工的下游，靠近终端消费者[②]。这意味着从纵向的序列生产角度看，中国不但需要美国等国的高端设备、知识产权、关键零部件等高

---

[①] 王直、魏尚进、祝坤福：《总贸易核算法：官方贸易统计与全球价值链的度量》，《中国社会科学》2015年第9期。

[②] 有关位置指数背后产业状况的详细分析，见中金公司研究部、中金研究院《创新：不灭的火炬》一书，中信出版社，2022年。

科技产品投入，还需要资源输出国的原材料投入。如图 7.8 所示，以本国自然资源生产、消费占全球比重为例，除煤炭外，从铁矿、铜矿等工业金属到石油等传统能源，再到对新能源有重要意义的镍钴锂，中国均供不应求，对海外供给的依赖度较高。虽然在高科技和自然资源领域均存在"卡脖子"风险，但从产业组织的角度看，应对这两类纵向风险的方式不同，高科技领域主要通过供给侧的纵向一体化解决，需求侧的横向一体化则是自然资源领域的重要应对方式。

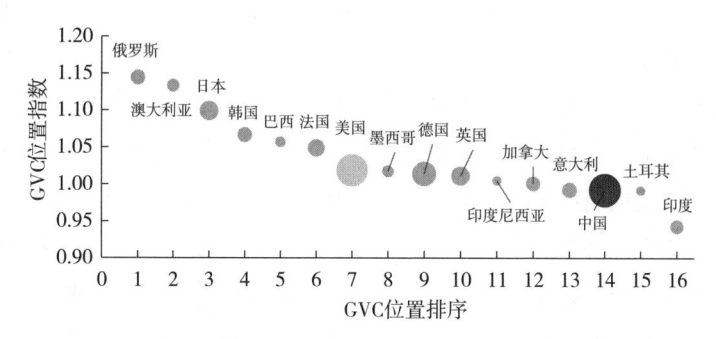

**图 7.7 2019 年全球价值链位置指数**

资料来源：ADB MRIO 数据库，中金研究院。
注：气泡大小代表该国总出口中被国外吸收的国内增加值大小。

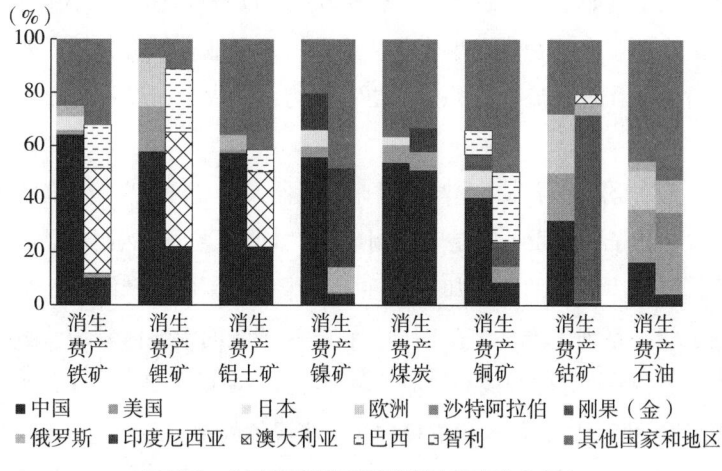

**图 7.8 主要自然资源国别消费占比和生产占比**

资料来源：详见图 7.2，中金公司研究部，中金研究院。

第七章 产业链纵横与双支柱举国体制

## 高科技领域：供给纵向一体化，加速追赶式创新

从序列生产中断的角度看，产业链纵向风险并非仅来自国际竞争，新冠肺炎疫情、绿色转型等因素也会形成产业链安全冲击，在微观上突出体现为运输成本上涨、零部件供货延迟等供应链问题。加强供应链的韧性和稳健性，可考虑从两方面着手。一是加强供应商管理，可考虑增加重要产品备选供应商，以避免供应商过于集中；二是加强供应链管理，适度增加库存，加强上下游企业间在物流、信息流、资金流等方面的互动。

尽管提高供应链的韧性和稳健性确实在一定程度上、一定时间内有助于缓解产业链中断风险，但对于国际竞争造成的高科技"卡脖子"风险，根本应对方式还是加速追赶式创新以突破"卡脖子"的环节，重回纵向一体化有助于实现这个目标。从新制度经济学角度看，使用市场机制的交易成本越高，企业越倾向于扩大边界，通过纵向一体化、减少分工环节来规避国际竞争加剧带来的交易成本上升。更重要的是，对于化解高科技领域"卡脖子"风险，纵向一体化可充分利用大企业在追赶式创新方面的两点优势。一是与中小企业相比，大企业通常具有更多知识产权、研发投入、人力资本等创新要素积累；二是创新活动通常需要大量资金投入（例如用于产品开发、后期改进、设备购置等），小企业大多由于抵押品不足或现金流不稳定而融资能力有限，大企业在风险分担、融资渠道等方面有相对优势，现金流也更稳定，更有能力承受大量研发资金投入所带来的负担。

另外，无论是对半导体还是高端机床、机器人、飞机等高端装备而言，高科技领域的"卡脖子"本质上都是工业制成品"卡脖子"，虽然制成品的供给受限引人注目，但解决问题的关键却并非在于一味扩大制成品产能，而是在于突破制成品上游的一系列生产环节。例如，在备受关注的半导体领域，虽然"卡脖子"的体现之一为半导体制成品供应受限，导致下游的手机、汽车等终端产品生产停滞或面临中断风险，但这仅靠横向扩大半导体的制成品产能是不够的，因为"卡脖子"的根源在于设计用的电子设计自动化（EDA）软件、精细化工中的光刻胶以及高端装备中的光刻机等中上游领域。以光刻胶为例，中国可量产的氟化氪（KrF）光刻胶主要用于250~130nm制程，可用于先进制程的氟化氩（ArF）

光刻胶及 EUV 光刻胶仍处于研发过程。所谓半导体"卡脖子",主要就是卡在这些设备、材料等中上游环节,制成品环节受限更多体现的是一个结果。

值得注意的是,日本在半导体材料领域有显著优势。以用于先进制程的 ArF 光刻胶为例,日本目前占据全球市场 80% 的份额。若后退几十年看,日本在 20 世纪 80 年代半导体制成品［主要是 DRAM(动态随机存取内存)存储芯片］占全球市场份额就已远超美国。对于半导体这类路径依赖严重、先发优势明显的产业,日本、中国相对于美国都是后发者,20 世纪 70 年代的日本在生产 DRAM 时也曾高度依赖美国的材料和设备供给。日本之所以能在当时主流的芯片制成品及上游原材料领域赶超美国,需要归因于 1976 年的"VLSI 计划"(超大规模集成电路计划)。该计划有三个特点:一是大政府,日本政府直接组织相关企业形成紧密的合作集团,具体由日本通产省牵头并提供技术支持;二是大企业,以日立、三菱、富士通、东芝、日本电气五家大型企业为骨干;三是纵向一体化,即五家骨干企业构成的企业集团对产业链各关键环节进行纵向的全覆盖。具体而言,日立负责研发电子束扫描装置和微缩投影紫外线曝光装置,富士通负责研发可变尺寸矩形电子束扫描装置,东芝负责研发电子束扫描装置与制版复印装置,电气综合研究所负责对硅材料进行技术开发,三菱负责研发集成电路工艺技术与最关键的投影曝光装置,日本电气负责进行集成电路产品的封装设计、测试和评估研究[1]。得益于"大政府+大企业"的纵向一体化,日本的"VLSI 计划"很快在半导体产业对美国实现了赶超。1980—1986 年,日本在全球半导体市场的份额由 26% 上升至 45%,同期美国的份额由 61% 下滑至 43%[2]。当时日本 DRAM 产品质量最差公司的不合格率,也仅有美国质量最好公司的不合格率的 1/6。在日本纵向一体化构筑的强大竞争优势下,曾占 DRAM 产品全球市场 80% 份额的美国英特尔公司只能关闭工厂并裁员,最终彻底退出存储芯片市场[3]。

---

[1] 冯锦锋、郭启航:《芯路》,机械工业出版社,2020 年。
[2] 谢志峰、陈大明:《芯事》,上海科学技术出版社,2018 年。
[3] 冯锦锋、郭启航:《芯路》,机械工业出版社,2020 年。

第七章　产业链纵横与双支柱举国体制

## 自然资源领域：需求横向一体化，提升对外谈判地位

从产业组织变革的角度看，并非只有纵向一体化才能构建大企业（集团），横向一体化也可以实现生产集中，并发挥大企业在创新能力方面的优势，德国的 IG 法本公司就是典型代表。德国虽然是第二次工业革命的重要起源地，但除煤炭之外，本土缺乏石油等其他重要自然资源。与当时作为先发国家的英国相比，德国对海外资源的掌控能力较弱；与同属于第二次工业革命发源地且同属于后发国家的美国相比，德国没有美国地大物博的优势。因此，在 20 世纪上半叶的激烈国际冲突中，德国始终面临石油等自然资源"卡脖子"问题，IG 法本公司当时在降低德国所面临的资源"卡脖子"风险方面做出了突出贡献。例如，IG 法本公司利用德国丰富的煤炭研制出煤制汽油和煤制橡胶，缓和了缺乏石油造成的汽油短缺与橡胶短缺问题[1]；尿素、硝酸磷酸钾等化肥的工业化生产工艺创新，显著提升了德国的农业生产力，缓解了土地资源不足对食物供给的约束[2]。

从产业组织的角度看，横向一体化是 IG 法本公司强大创新能力的基础。1904 年，德国拜耳、巴斯夫两大化工巨头与规模较小些的阿克发公司进行一定程度的横向一体化，组成 IG 集团（利益共同体性质的企业集团）。为应对一战期间激烈的国际竞争，在德国政府的支持下，1916 年赫切斯特等五家化工企业与早期的 IG 集团合作，形成第二次横向一体化。1925 年，以利益共同体形式存在的原八家公司以换股形式组成单一企业，即 IG 法本公司，完成最终的横向一体化。作为八家成员企业的绝对骨干，拜耳、巴斯夫与赫切斯特三大巨头在 19 世纪末均做合成染料起家，但它们并非新技术发明者，而是从英、法等先发国家习得。但在 IG 法本公司横向一体化的产业组织结构面前，英、法两个先发国家的化工业被德国赶超，即便经过一战的巨大破坏，也未能动摇 IG 法本公司的竞争优势。最终，曾先发的英、法化工业只能通过横向一体化与德国化工业竞争[3]。

从 IG 法本公司的实践来看，横向一体化除有助于共享技术等创新要素外，

---

[1] 小艾尔弗雷德·钱德勒著、罗仲伟译：《塑造工业时代》，华夏出版社，2005 年。

[2] 参见 https://www.basf.com/cn/zh/who-we-are/history/1925—1944.html。

[3] 小艾尔弗雷德·钱德勒著、罗仲伟译：《塑造工业时代》，华夏出版社，2005 年。

还能实现原材料的共享。以 1916—1925 年的第二次横向一体化为例，虽然八家成员企业独立运营，股票单独交易，各自结算利润，但它们对生产原材料却强调统一调配[①]。在 1925 年合并为单一企业后，IG 法本公司对成员企业原材料需求也实现了最大化集中。可见，横向一体化有助于实现资源需求侧的集中。在产业组织的层面上，集中的重要意义在于增强了需求侧对供给侧的谈判地位，有助于提升需求侧对资源供给的掌控能力，进而缓解资源约束下的纵向风险。

更重要的是，考虑到"资源诅咒"问题，国际竞争加剧下的横向一体化变革值得通过政策干预推动。对于芯片、飞机、高端机床等工业制成品的供给而言，人类的积极性、主观能动性发挥着关键作用。从生产力决定生产关系的角度看，即便公权力等超市场的力量可将这些产能进行初期的随意分配，生产力破坏最终也将迫使这些产能重新配置到最有创造力的人的手中。因此，对于科技含量高的工业制成品而言，产权配置不是服从超市场的力量，而是服从人的创造性和积极性。石油、铁矿石、镍钴锂等自然资源则不同，其地理分配主要是天然禀赋，而非由人类通过发挥主观能动性创造。这意味着一个国家若要获得更充足、可靠的自然资源供给，利用国家权力扩张所能支配的地理范围是更有效的手段。因此，越是自然资源丰富的地区，反而越是很难发展先进的制造业，而且越难免于国际势力激烈角逐所引发的动荡与战乱，中东目前单一的产业结构与不稳定的社会秩序一定程度上就是这种"资源诅咒"的体现。

因此，率先发生工业革命的英国，作为一个本土疆域有限、自然资源匮乏的工业国家，通过强权构建了几乎覆盖全球的殖民贸易体系，确保了资源充足供应。即便是在现代，由国家权力而非人类创造性决定自然资源供给的逻辑依旧成立，一个突出体现即 OPEC（石油输出国组织）。从产业组织的角度看，1960 年成立的 OPEC 是由国家权力推动的国际石油市场供给侧的横向一体化，一举扭转了殖民时代资源输出国对于工业国的劣势。这种横向一体化的产业组织优势，也增强了相关国家在国际竞争中的地位，并一度引发了美欧的滞胀危机。2022 年以来，俄罗斯卢布对美元汇率的剧烈波动也印证了国家权力与自然资源供给的这种紧密联系。2022 年 2 月俄乌冲突爆发后，受美欧制裁的影响，卢布汇率一度

---

[①] 小艾尔弗雷德·钱德勒著、罗仲伟译：《塑造工业时代》，华夏出版社，2005 年。

贬值33%，但在同年3月底俄罗斯宣布与"不友好国家"的天然气贸易以卢布结算后，卢布迅速升值64%，并超过俄乌冲突爆发前的水平。面对俄罗斯在能源市场的强势，美欧试图通过一致行动对俄罗斯的部分重要资源进行限价。2022年9月，美国财长珍妮特·耶伦表示，七国集团财长对俄罗斯石油价格实施限制达成协议[①]。从产业组织的角度看，七国集团实质上是试图通过石油市场需求侧的横向集中来提升消费国对供给侧的市场势力。

反观中国，铁矿、锂矿、铝土矿、镍矿、铜矿、钴矿的消费量占全球各自然资源消费量的比重分别为64%、58%、57%、56%、41%、32%，在绝大多数面临纵向风险的自然资源领域，中国都是第一大消费者。但如此巨大的自然资源消费量占比并未转化为中国在相关市场上的买方优势，很大程度上是因为中国买家在全球自然资源市场上并非以一个整体出现，各主体分散地与供给侧谈判，远未体现出中国应有的谈判地位。以铁矿为例，2009年工业和信息化部曾指出，中国钢铁企业有700多家，具有进口铁矿资质的企业有112家，若都无序地与全球各铁矿供应商谈判，吃亏的只是中国[②]，并提出需要避免内部的无序状况和互相无序竞争抬高铁矿石价格的行为[③]。然而十余年过去了，2021年中国钢铁产业的CR3集中度[④]只有20%左右，不但远低于日本、美国等发达国家，也低于印度、土耳其等发展中国家。

展望未来，国际竞争加剧意味着各国正加大对经济的干预力度。对自然资源等主要由国家权力配置的产品，国家干预力度加大更在所难免，俄乌冲突中俄罗斯、OPEC等石油输出国（组织）和美欧等主要消费经济体不约而同地通过国家权力强化石油市场供需博弈也印证了这一点。对于中国来说，鉴于工业金属、传统能源及新能源金属等自然资源均供不应求，且总体消费量占全球比重极高，可考虑通过需求侧横向一体化应对，不但有助于提升我国的创新能力，也可以提升对外谈判地位，以综合应对国际竞争加剧下的资源纵向风险。

---

① 参见 http://www.news.cn/world/2022-09/03/c_1128972568.html。
② 参见 http://www.gov.cn/wszb/zhibo339/content_1390902.htm。
③ 参见 http://www.gov.cn/wszb/zhibo339/content_1390835.htm。
④ CR3集中度代表钢铁产业前三大企业的市场份额，数据来源于世界钢铁协会。

## 推动产业数字化变革，降低集中后的内部组织成本

无论是高科技领域供给侧的纵向一体化，还是自然资源领域需求侧的横向一体化，集中给企业带来的不仅有规避外部交易成本上升、增强追赶式创新能力的好处，也有内部组织成本上升的坏处，可能造成规模不经济、范围不经济等"大而不强"的问题，甚至会导致企业运营效率降低、一体化战略失败。从特斯拉的经验来看，产业数字化有助于降低集中后的内部组织成本。

不同于现代车企大多采用丰田制的产业链分工协作模式，特斯拉似乎出现向以福特制为代表的纵向一体化回归的"返祖"现象，并且纵向一体化的特斯拉似乎并无显著的规模不经济、范围不经济等内部组织成本上升问题。一个原因是特斯拉通过生产技术进步降低了企业内部组织成本。例如相较于传统车身的"冲压+焊接"工艺，特斯拉的一体化压铸大幅减少了零部件数量及生产工序步骤，所用人员、设备等要素成本显著下降，极大地降低了企业内部组织成本，使纵向一体化更有效率。更重要的是，特斯拉并非传统车企，而是从事造车活动的数字化企业，拥有产业数字化的核心优势。例如，特斯拉着力打造软硬件一体化经营模式（自研芯片搭配自动驾驶等），构建数字化服务生态系统（自研 Version 操作系统、收购推特等）。与石油等实物资源不同，数据要素是通用性较强的虚拟资源，数字化企业在积累大量数据后，更易出现跨界经营、实现范围经济[①]。同时，产业数字化有助于降低企业内部组织成本，实现规模经济。例如，基于互联网的电子商务既显著降低企业营销活动的相关成本，又通过大数据技术优化企业库存等管理成本[②]。因此，在纵向一体化或横向一体化的变革中，需要推动产业数字化进程，以降低集中后的内部组织成本，增强应对纵向风险的能力。

## 连横："分散"应对去中心化风险

在安全冲击下，产业链面临的不仅是纵向风险，还有横向风险的挑战。从

---

[①] 谢超、李根：《基于公共资源论的平台数据确权探讨》，2022 年 6 月。
[②] Yang, D., Liu, Y. Why can internet plus increase performance. *China Industrial Economics*, 2018.

2000年、2019年以及2021年的全球产成品贸易流向变化可见（见图7.9），中国已经取代日本成为与美国、德国并肩的全球三大产成品贸易中心节点。新冠肺炎疫情以来，三足鼎立的格局发展为一头独大。逆全球化下，美欧近期出台政策，希望摆脱对中国这个产能中心的依赖，去中心化的横向风险由此产生，应对的关键在于引领式创新能力。一体化的大企业（集团）虽在追赶方面拥有优势，却无助于解决引领问题。以"VLSI计划"为例，日本凭借纵向一体化的产业组织优势在20世纪80年代一度实现对美国半导体产业的赶超，甚至发生英特尔"被迫"退出DRAM市场的标志性事件。但这种追赶乃至反超并未持续多久。20世纪90年代后美国再次回到半导体产业的领先地位，日本也再次沦为追赶者，一个重要背景是美国开辟了市场规模堪比DRAM，同时利润空间更大的算力芯片新赛道。

换言之，在美国开创的赛道上，集中化的大企业（集团）固然有助于日本追赶，但想成为真正的引领者，需要有不断开辟新赛道、新领域的能力。从产业组织角度看，美国雄厚的引领式创新能力，很大程度上得益于分散竞争、蓬勃发展的小企业群体。因此，在安全冲击下，仅是存在"卡脖子"风险的领域需要集中化变革，应对去中心化风险则需要分散化，有利于增强引领式创新能力，实现可持续的"中国–周边"连横合作。

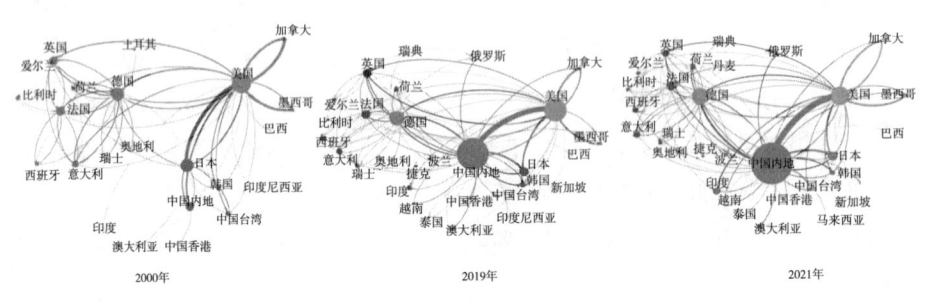

**图7.9　全球产成品贸易流向图**

资料来源：《总贸易核算法：官方贸易统计与全球价值链的度量》（王直等，2015年），ADB MRIO数据库，中金研究院。

注：产成品是指被直接进口国吸收的最终商品出口。根据全球价值链的分析框架，可以将一国总出口分解为产成品出口、中间产品出口等部分。贸易流向图中任意一条曲线代表按顺时针方向的上游节点出口商品至下游节点。节点大小代表产成品总出口金额，曲线粗细代表双边贸易量的大小（仅保留了以2000年美元不变价计、超过50亿美元的贸易流）。

## 区域连横：分散到东南亚等周边国家，强化区域产业链合作

思考如何应对去中心化风险，首先需要回答的问题是是否需要留住全部产业链。尤其对于严重供过于求的产业链（例如占全球产能比重82%的空调产业、77%的光伏产业、49%的洗衣机产业和41%的纺织服装产业）而言，是否意味着将全部产能集中留在国内就可确保中国的产业链安全。事实上，任何国家都存在有限资源约束下的安全和效率权衡问题。若将产业链安全理解为本国产能占全球产能的比重越高越好，或本国在全部产业、产业链的全部环节都自给自足，则会面临"无所不备，则无所不寡"[①]的问题。因此，所谓的产业链安全，并非一味求大、求全，而是在于提升一国在国际产业链中的不可替代性[②]。对于我国纺织服装、家电、光伏等产能严重供过于求的成熟产业链，没有必要保留所有产能，主动引导向外分散反而是有助于化解横向风险的举措。

那么分散到哪些区域对中国更有利呢？首先，由图7.9可见，中美之间的经贸联系远超其他经济体，而东南亚等大部分亚洲国家与中国的联系比与美国的联系更紧密。即便是对日本、韩国两个发达经济体而言，与美国的双边贸易量也比与中国的双边贸易量少。值得注意的是，全球新冠肺炎疫情暴发后的2021年与疫情前的2019年相比，不但中国流向各国的线条普遍明显变粗，与东南亚的联系也更加深化，图中首次出现中国与马来西亚产成品贸易的连线。其次，在过去70余年全球化铸就的各国紧密的经贸联系下，逆全球化下的横向风险并非所有国家间的相互联系都会很快断开，而是三大区域中心尤其是中美之间的联系可能弱化，意味着区域内部其他经济体对于区域核心节点的重要性相对提升；更重要的是，即便三大中心节点之间的直接联系弱化，也可能通过各自加强与区域内其他经济体的合作而形成间接联系。无论哪种机制，均意味着逆全球化下三大区域中心与本区域内其他节点之间的联系可能"代偿性"增强，凸显了加强区域合作在应对横向风险时的重要意义。

---

[①] 详见《孙子兵法·虚实篇》："故备前则后寡，备后则前寡，备左则右寡，备右则左寡，无所不备，则无所不寡。寡者，备人者也；众者，使人备己者也。"
[②] 参见中金公司研究部、中金研究院《创新：不灭的火炬》一书，中信出版社，2022年。

因此，无论是基于中国与东南亚经贸联系不断强化的现实，还是横向风险意味着区域内其他经济体对核心节点重要性上升的逻辑，或者出于对地缘政治的考虑，东南亚均应作为中国主动引导成熟产业链分散外迁的首选地。更重要的是，以对制造业非常重要的人口因素为例，2021 年越南和东盟总人口分别是中国的 6.9% 和 47.7%，15~64 岁劳动年龄人口分别是中国的 7.0% 和 47.2%。即便东盟作为整体且全民劳动也仅有 6.7 亿劳动力，而中国仅劳动年龄人口就高达 9.7 亿。这意味着相比将产业链分散到其他人口庞大的国家，中国向东南亚诸国分散成熟产能，在较长时间内不用过于担心因双方经济总量快速接近而由以合作为主转向以竞争为主。

接下来的问题是分散哪些产业链。从横向风险的角度看，图 7.2 中严重供过于求的行业是需要优先考虑的对象，它们大多也是逆全球化动向下去中心化的目标。以家电、纺织服装行业为例，自 2018 年贸易摩擦开始，它们的横向风险就已经显著暴露，直接原因是美国对中国相关产能的依赖度较高。即便在贸易摩擦爆发 3 年后，2021 年美国占全国产能比重 25% 的服装行业、43% 的制鞋行业依然从中国进口，中国占据这些行业的庞大产能很大程度上受益于过去的人口红利。但中国要素禀赋正由"劳动力丰富、资本稀缺"转向"资本丰富、劳动力稀缺"，即便没有来自去中心化的横向风险，人口红利消退带来的劳动力成本上升也不再支持中国继续保持大规模的产能。一个对中国有利的应对方式是将本国资本转移到劳动力丰富的国外，在海外实现本国资本与国外劳动力的结合[①]。近两年快速发展的越南纺织业印证了这一逻辑，外资企业贡献了越南纺织业约 60%[②] 的出口金额，而中国约占越南外商投资金额的 24%。因此，对于正值人口红利期的东盟而言，与其坐忧他国资本与东盟劳动力结合成为中国制造业的竞争对手，不如主动引导纺织服装、家电等受劳动力成本上升影响较大的成熟产业"顺势"向这些国家分散，推动中国-东盟产业链合作，这不仅有利于通过区域化来应对逆全球化下的横向风险，更顺应了中国要素禀赋格局的变化，有利于增进中国的利益。另外，需要主动引导分散的还有高污染、高排放的产业。在绿色转型的大

---

① 谢超、吴云杰：《跨越"新人口陷阱"的可能路径》，2022 年 5 月。
② 广西壮族自治区商务厅，http://swt.gxzf.gov.cn/zt/jjdm/jmdt/t10983318.shtml。

背景下，原本几乎是零成本无限供给的环境要素，越发成为产业布局的新约束。尤其是在化工领域，农药中间体、原药行业的安全环保成本快速提升，炼油、尿素、黄磷、工业硅等部分高耗能、高排放的行业存在分散迁移的必要性。

## 供给方面：分散竞争、优胜劣汰，以小企业促进引领式创新

通过分散到周边来应对横向风险，还需要考虑是否有能力分散。最重要的制约因素来自外部，即目的国是否愿意接受这些产能。尤其在绿色转型、环境友好已成为全球趋势的背景下，即便是发展阶段较中国落后一些的国家也未必愿意接受高污染产业的迁移。根据中金公司研究部纺织服装团队的分析，《越南工业废水国家技术规范》《柬埔寨工业废水排放标准》中向公共污水处理系统排放的标准分别为COD（化学需氧量）≤150mg/L（毫克每升）、COD≤100mg/L，比我国《纺织染整工业水污染物排放标准》（GB 4287-2012）的间接排放标准COD≤200mg/L更为严格，越南等国曾多次叫停污染严重的项目。因此，除提供"量"的增长机会外，若要提升他国对中国产业链迁移的接受度，进而通过产业链合作来强化区域合作以实现共同应对横向风险的效果，还需要有助于提升他国经济增长的"质"。换言之，随着这些国家经济不断增长，先进的技术转移对后发国家更有持久吸引力。

这意味着如果仅转移产业链的所谓低端环节，而将技术含量较高的高附加值环节牢牢掌控在自己手中，可能是一种短期有效但长期不可持续的做法，因为后发国家终将不满足于被锁定在低附加值环节。但若将先进技术倾囊相授，G-2技术合作模式走到如今似乎意味着在两国技术水平接近后难免走向竞争。事实上，这种认识可能并不完整。中美之间"量"的差距远小于技术差距，若以购买力平价来计算，中国的经济总量甚至可能已超过美国[1]。因此，促使G-2由合作走向竞争的首要因素是"量"的快速接近，正是因为两国"量"的规模已然接近，才凸显了科技竞争的重要性。如前所述，鉴于中国与周边的东盟国家在人口、领土

---

[1] World Bank. Purchasing Power Parities and the Size of World Economies: Results from the 2017 International Comparison Program. 2020.

面积等方面差距较大,从"无恃其不攻,恃吾有所不可攻也"[①]的博弈策略角度看,中国与周边国家构建基于技术扩散的产业链合作模式,将比 G-2 技术扩散模式更具有可持续性。

但超大经济体选择以中小经济体为技术扩散的合作伙伴,仅能确保双方不至于最终走向激烈竞争,不能保证后发中小经济体长期愿意承接大型经济体的产业链迁移。一旦后发者学到先发者的全部技术,与先发国家进行产业链合作的动力也会下降。基于技术差距的产品生命周期理论[②]给出了有益启示。当一个全新的产品刚被创造出来时,新产品仅在进行引领式创新的发明国被生产和消费;随着新产品不断改进,国外需求开始扩张并带动产量大幅增加;当新产品在发明国完成标准化时,授权给国外厂商进行生产成为有利可图的方式,处于追赶地位的模仿国开始生产该产品以满足本国部分需求;进入衰退期后,原本的新产品变成老产品,模仿国凭借要素价格较低的成本优势,以较低价格向其他国家出口,在老产品赛道上甚至可以实现对先发国的追赶乃至赶超,发明国则将资源投入利润率更高的另一种新产品的研发中[③],在全新的赛道上继续保持引领地位。

可见,要构建可持续的"中国 – 周边"技术扩散新模式,需要不断开创新产品、新技术乃至全新领域才能持续居于引领国家地位,使中国的技术对他国有持续吸引力。这意味着中国在通过追赶式创新破解"卡脖子"问题的同时,还需要增强引领式创新能力,从而为区域产业链合作打下坚实的可持续基础,以更有效地应对横向风险。而引领式创新能力的构建,需要倚重分散化的小企业,而非集中化的大企业,这涉及大、小企业在创新能力和创新意愿方面的差别。从研发投入和人力资本累积来看,大企业的创新能力无疑优于小企业。然而,诺基亚"首创"了触屏智能手机却被苹果凭借智能手机弯道超车,柯达拥有数码技术的许多初期专利却最终被数码技术颠覆。这些经典案例均表明,创新不仅是一种技术能力,也是一种主观意愿和组织变革能力。

---

① 详见《孙子兵法·九变篇》:"用兵之法,无恃其不来,恃吾有以待之;无恃其不攻,恃吾有所不可攻也。"

② Vernon, R. International investment and international trade in the product cycle. *Quarterly Journal of Economics*, 1966.

③ Salvatore, D. *International Economics* ( 12th ed ). Wiley-Blackwell, 2016.

引领式创新微观上最主要的特点是区别于当前主流产品的新产品[1]。大企业之所以是大企业，恰恰是因为其产品是当下的主流产品，引领式创新天然具有颠覆大企业现有产品的属性。而企业规模越大，与现有产品绑定的内外利益共同体越多，企业主动拥抱引领式创新的阻力就越大。小企业则正相反，其内部组织成本较小，更有意愿通过引领式创新颠覆大企业的主导地位。同时，创新的正外部性以及苹果公司在巨人肩膀上成功进行引领式创新的案例，意味着小企业即便技术不够领先，也不妨碍其将引领式创新的意愿落地为引领式创新的产品[2]。因此，从应对逆全球化下的产业链风险来看，大企业在加速追赶式创新上更有优势，适合应对纵向风险；小企业的比较优势在于推动引领式创新的概率更大，是应对横向风险不可或缺的力量，这对光伏、锂电池等新能源产业很重要。虽然中国目前已经在新能源的成熟技术路线上占据技术与产能优势，但人类社会的绿色转型仍任重道远，新能源发展也方兴未艾，相关技术在快速演进，为防止大企业对相关成熟技术形成路径依赖，在主动分散外迁成熟产能的同时，还应充分发挥中小企业的创新精神，让分散竞争、优胜劣汰的市场机制来筛选未来的技术路线，以提升中国持续引领新能源产业发展的可能性。

## 需求方面：从过度依赖集中投资，转向提升分散的消费潜力

分散化对引领式创新的意义，不仅体现在供给侧的产业组织结构以小企业为主，也体现在分散化的需求更有助于诱导引领式创新。研究表明，消费者偏好的多样性能刺激企业不断进行差异化创新以满足不同消费者的需求。若企业更早地发现差异化的市场需求，并通过研发与生产响应这些需求，则有望收获更多的创新绩效[3]。因为差异化创新的成功很可能给企业带来超额利润，而超额利润正是激

---

[1] 在企业层面，创造新产品、新领域、新赛道等质变创新，又被称为激进式创新或者突破式创新。由于本章主要关注其在国家竞争层面的含义，因而将这些质变创新称为引领式创新。与之类似，国家竞争层面的追赶式创新对应着企业层面的渐进式创新等量变创新。

[2] 参见中金公司研究部、中金研究院《创新：不灭的火炬》一书，中信出版社，2022年。

[3] Lancaster, K. Change and innovation in the technology of consumption. *American Economic Review*, 1966.

励企业创新的发动机①。供给侧的差异化策略能否成功，很大程度上取决于需求侧是否有足够多样性。需求越分散、差异越大，越有利于诱导更激进的引领式创新。

对于应对去中心化的横向风险而言，分散化消费的另一个重要意义在于充分释放大国消费潜力。美国 20 世纪 80 年代以来的教训表明，若任由产业链过快外迁，可能会带来"中产塌陷"问题②。一个自然的应对是把握好外迁节奏，以兼顾就业市场的承受能力。但以拖累产业结构调整和生产力进步为代价维持就业可能得不偿失，应该扩大内需以解决产业链外迁形成的劳动力再就业问题，这需要扩大内需政策的支持。关于需求，虽然内需与外需、投资需求与消费需求均能构成 GDP，但在逆全球化的背景下，不同类型需求对于产业链安全的含义是不同的。

首先，关于内需与外需。如果说中国产能是用于满足本国需求的，那么无论他国对中国产品施加多高的关税或非关税壁垒，也很难影响中国产业链的地理位置决策。但实际上我国部分产业链之所以面临横向风险，他国关税等政策仅为触发因素，根本原因在于这些政策依赖的是对方庞大的内需。其次，关于投资需求与消费需求。生产是手段，消费是目的，居民消费占比更高的经济体对生产者区域布局决策更有吸引力，这对处于逆全球化转折点的国家尤为重要。只有居民消费能力上升，才能真正缓解逆全球化带来的总需求下降压力。目前我国外需及投资需求占比较大，居民消费占比过低。从 2019 年二十国集团（G20）国家的居民消费占 GDP 比重来看，中国居民消费占 GDP 比重约为 40%，在 G20 位列倒数第二。

更重要的是，中国居民消费占比之低超过了人口红利决定的趋势水平，例如，2019 年中国居民消费占比远低于由 G20 国家居民消费占 GDP 比重与劳动年龄人口占比③的散点图所决定的趋势线。可能的原因包括消费场景受限和消费能力受限。消费场景受限是指有消费能力但无法自由释放消费需求。典型体现是汽

---

① The Committee for the Prize in Economic Sciences in Memory of Alfred Nobel, Economic Growth, Technological Change, and Climate Change, October 8, 2018.
② 参见中金研究院、中金公司研究部《迈向橄榄型社会》一书，2022 年。
③ 劳动年龄人口占比，是指 15~64 岁的劳动年龄人口数量占全国总人口数的比重。

车作为我国居民消费的重要构成，消费潜力未得到充分释放。根据中金公司研究部汽车团队的分析，截至 2021 年底，美国民用汽车千人保有量超 800 辆，日韩超 400 辆，中国仅约 200 辆，说明我国汽车消费的上涨空间较大。要释放我国汽车消费的潜力，需要消除一些场景性限制因素。例如汽车限购及路权政策的放宽可以释放北上广等限牌城市的需求，道路规划、停车便利性及用车环境改善可提升高人口密度城市的汽车承载力。对于销量快速增长的新能源汽车，充换电设施覆盖率不足等产业链下游配套问题成为新能源汽车需求进一步释放的障碍。

与消费场景受限相比，导致中国居民消费占 GDP 比重较低的更重要原因是消费能力不足，地方"锦标赛"、分税制与土地金融结合形成的"强制储蓄"效应不容忽视。理论上，刺激投资和消费均可促进经济增长，但从地方"锦标赛"的角度看含义不同。同样一笔财政支出，若直接分发给本地民众用于刺激消费，则分散的居民消费可能外溢到其他地方；若集中用于刺激本地投资，则绝大多数可形成本地固定资产。"锦标赛"模式意味着成绩不但体现为自己的绝对表现，也体现在与其他地区的对比上。因此，相对于分散化消费，"锦标赛"模式下地方更偏好集中地刺激投资。同时分税制下，地方可用于集中投资的资金需要依靠土地财政获得。事实上，这并非土地财政而是土地金融，是地方将土地资产变现或以土地为抵押品进行加杠杆的金融活动。土地金融模式下，地价高低直接决定了地方自主财源大小，而地价能涨到多少又取决于房价。土地金融化意味着房地产通过决定地价"绑定"地方资产负债表，土地金融化进而演变为地方对房地产行业提供的隐性担保[1]。2019 年数据显示，中国的房价收入比远高于 G20 国家房价收入比与居民消费占 GDP 比重的散点图所决定的趋势线，高房价对中国居民消费的挤出效应近年来越发明显，房价与社会消费品零售总额的相关性自 2012 年后已为负相关[2]。高房价收入比背后的土地金融模式，形成了抑制居民消费的"强制储蓄"效应。

---

[1] 参见中金研究院、中金公司研究部《迈向橄榄型社会》一书，中信出版社，2022 年。
[2] 参见中金研究院、中金公司研究部《迈向橄榄型社会》一书，中信出版社，2022 年。

总之，在过去的人口红利年代，无论是为快速增长的劳动人口配备基建等生产资料还是住房等生活资料，均需要大规模投资，"锦标赛"模式下的集中投资偏好正好满足了该需求，土地金融化也为集中投资提供了有效融资支持，对中国过去的经济发展发挥了重要作用。而今中国的人口红利渐行渐远，分税制下的"锦标赛"叠加土地金融，通过"强制储蓄"效应抑制了中国居民的消费潜能。为应对逆全球化下的横向风险，亟须改变过于依赖集中投资驱动经济增长的模式，以财税改革缓解"强制储蓄"效应，以构建橄榄型社会释放居民部门看似分散、实则庞大的消费潜力。

## 双支柱金融体系：合纵连横的金融重构含义

2017年的全国金融工作会议要求"金融要把为实体经济服务作为出发点和落脚点，全面提升服务效率和水平，把更多金融资源配置到经济社会发展的重点领域和薄弱环节"[1]，党的二十大报告再次强调"坚持把发展经济的着力点放在实体经济上"[2]。因此，从服务实体经济的角度看，金融行业需要推动组织重构，以支撑安全冲击下的产业链变迁趋势。后文将从金融与创新的关系切入，探讨产业链变迁对金融组织重构的含义。

### 银行更适合支持大企业主导的追赶式创新

日本纵向一体化的"VLSI计划"与德国横向一体化的IG法本，均通过发挥大企业（集团）的创新能力较好地应对了纵向风险。同时，20世纪70年代的日本与20世纪初的德国都是银行体系主导的经济体，商业银行是日本"VLSI计划"重要的资金来源方[3]。但有关金融与创新的一个流行认识是"银行在促进创新方面是乏力的，甚至不利于促进创新"，这似乎与日本、德国实践相矛盾。事

---

[1] 参见 http://www.gov.cn/xinwen/2017-07/15/content_5210774.htm。

[2] 参见 http://www.xinhuanet.com/politics/cpc20/zb/xhwkmh1016/wzsl.htm。

[3] Sato, Y. The industrial policy debate minus public relations: Depoliticizing the history of semiconductor industry development in Japan. *Japan Studies Review*, 2001.

实上，该观点只区分了金融结构而忽视了创新结构，创新也存在追赶式创新与引领式创新、大企业创新与小企业创新、成熟企业创新与初创企业创新等的划分。在研究金融与创新的关系时，若只区分金融结构而不区分创新结构，在逻辑上就可能存在问题。

从国家视角看，日本与德国银行体系主导的金融结构的形成，都与国际竞争下后发国家的追赶战略直接相关。19世纪末刚完成统一的德国迫切需要追赶英、法等先发国家，弗里德里希·李斯特的赶超经济学应运而生。与亚当·斯密代表的强调自由竞争的古典经济学不同，李斯特的赶超经济学更强调集中力量追赶。该思想在金融系统的重要体现是全能银行制度，德国银行既对企业发放贷款，也帮其发行股票、债券，进行直接投资，提供全方位金融服务，动员一切金融力量赶超。虽有"交叉感染"的金融风险，但为快速实现赶超，德国政府对银行的混业经营、产融结合仍持宽容态度，最终促成其全能银行制度。日本也类似，1938年日本股市市值与GDP之比高达180%，远高于同期美国的56%。但20世纪50年代日本的资本化率降至5%，远低于美国的33%，且此后日本的资本化率一直远落于美国之后[1]。转折点发生在国际冲突激烈的二战期间，资源稀缺的日本要支撑庞大的战争机器，只能通过更易受政府控制的银行来集中全国金融力量形成主办银行制度。在该逻辑下，1942年《日本银行法》规定，日本银行必须以达成国家目标为使命运营。1944年日本开始实行"军需企业指定金融机构制度"，各军需企业与银行"配对"，银行不仅保证"配对"军需企业的资金供应，还积极参与"配对"军需企业经营管理和财务监督[2]。

从企业层面看，商业银行的信贷供给偏好与企业是否从事创新活动可能关系不大，主要与银行的负债经营模式有关。一是银行资产靠负债支撑，只有确保资产端有收益才能覆盖负债成本，为解决资产端信息不对称问题，通常需要债务人提供抵押物，而大企业的抵押物多于小企业。二是银行负债端通常有规律的现金流出，需要资产端有规律的现金流入与之匹配，成熟企业的现金流远比初创企业

---

[1] Rajan, R.G., Zingales, L. The great reversals: the politics of financial development in the twentieth century. *Journal of Financial Economics*, 2003.

[2] 参见中金公司研究部、中金研究院《创新：不灭的火炬》一书，中信出版社，2022年。

更稳定。因此，商业银行并非无法支持创新，而是无法有效支持抵押物较少的小企业和现金流不稳定的初创企业的创新，对抵押物较多的大企业和现金流稳定的成熟企业的创新，银行没有刻意回避的动机。这可以在一定程度上解释为何华为作为典型的科技创新型企业，在回避资本市场的同时却能获得大量银行信贷资源支持，因为华为是大企业、成熟企业。

综上所述，笼统地讲银行无法有效支持创新的说法并不准确，因为银行可有效支持成熟的大企业，且通常企业规模越大、创新活动越多[①]。理论和实践分析均表明，无论是支撑后发国家的追赶战略，还是增强大企业的创新能力，银行高度中心化的融资模式均能通过有效集中金融资源服务实体经济。因此，对于通过集中化破解"卡脖子"风险的产业组织变革，更适合以银行尤其是资金实力雄厚的大银行支持大企业（集团）。考虑到中国金融资产大多数掌握在大银行体系中，以大银行为集中化的大企业（集团）服务便有更重要的现实意义。

## 引领式创新需要资本市场，尤其是繁荣的股权投资市场

逆全球化动向下，分散化小企业在应对横向风险方面居于更关键的地位，因为小企业更有意愿推动引领式创新落地。作为高度中心化的融资模式，银行偏好有抵押物的融资，但小企业往往抵押物不足。同时，引领式创新是开创新产品、新赛道、新领域的激进式创新，会打乱企业的现金流预期，抑制银行对引领式创新的偏好。这两个因素共同决定了中心化的间接融资模式，难以有效支撑以分散化小企业应对横向风险的组织变革。仍以20世纪70年代的"VLSI计划"为例，日本虽然凭借大企业（集团）加大银行的集中化模式，数年内就实现了对美国开创的存储芯片市场的赶超，但时至今日美国仍是全球半导体产业链的主导者（见图7.10）。其重要原因之一是得益于全新的互联网时代，尤其是智能手机时代出现的算力芯片新赛道。美国在全新赛道上再次成为引领者，与其说是美国抓住了互联网和智能手机时代的大机遇，不如说是因为诸如微软、苹果、谷歌等

---

① 周黎安、罗凯：《企业规模与创新：来自中国省级水平的经验证据》，《经济学（季刊）》2005年4月。

一大批具有引领式创新精神的美国企业共同开创了这个新时代。虽然这些企业目前都已成为新经济的巨头，但在其早期发展阶段都是名不见经传的小企业，例如1981年做操作系统的微软当时仅有32人。众所周知，这些美国小企业大多是在美国繁荣的资本市场支持下才得以建立和发展起来的。

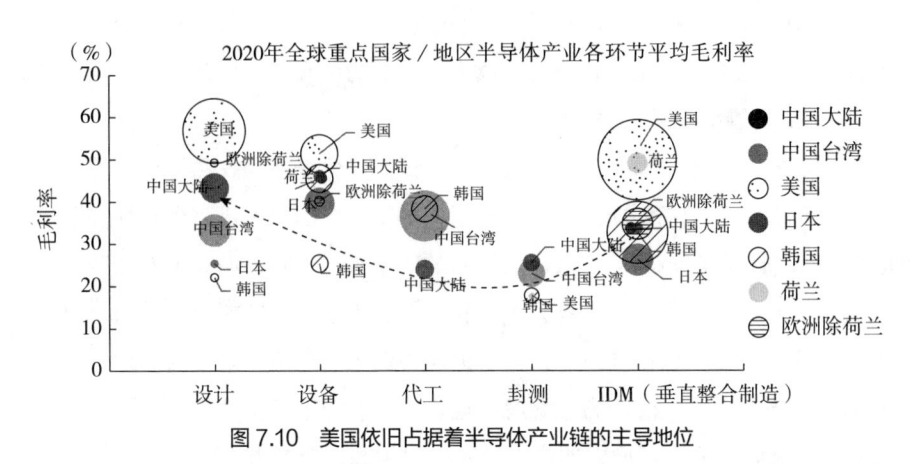

图 7.10　美国依旧占据着半导体产业链的主导地位

资料来源：Wind，Bloomberg，IC Insights，TrendForce，DIGITIMES，中国半导体行业协会，中金公司研究部。

注：气泡大小为该国家/地区企业在对应行业的总营收规模相对值（中金公司测算）。

所谓引领式创新就是做他人从未做过的创新，无先例可循；并且引领式创新的激进程度越高，结果的不确定性越大。由银行做出集中决策的间接融资体系，风险偏好相对单一，难以匹配风险分布高度分散的创新活动。资本市场的本质正是高度分散化的投融资体系，由风险偏好高度差异化的投资者直接做出资金供给决策，因而有能力为各类高风险项目提供资金支持。以美国知名风投机构 Horsley Bridge Partners 为例，在 1985—2014 年其投资过的 7 000 多个项目中，超过一半的项目亏损，但 6% 的项目投资收益率超过 10 倍，贡献了投资总收益的 60%[①]。因而资本市场越繁荣，意味着投资者的风险偏好差异越大，越有利于支持风险分布高度分散的引领式创新项目。这在医药市场体现得尤为明显，不同于在大多数领域存在的渐进式量变创新，创新药大多带有引领式、激进式质变创

---

① 参见 https://benedict-evans.squarespace.com/benedictevans/2016/4/28/winning-and-losing。

新意味。以新冠病毒疫苗中备受关注的 mRNA（信使核糖核酸）技术为例，其此前主要用于肿瘤治疗，若非遇上百年罕见的新冠肺炎疫情，难以预知这项研发已久的技术究竟何时能给资金供给者带来商业回报。高度不确定性是创新药领域的常态。根据中金公司研究部医药团队的分析，对于创新药的研发，每一万种候选化合物中，在经历研发全流程后或只有一种药物上市。一旦成功则通常意味着一个全新品类的诞生，相关企业也会成为新领域的引领者。因此，创新药研发只能更多地从"愿赌服输"的资本市场中寻求资金支持。

同时，资本市场对引领式创新的有效支撑需要建立在一、二级市场的良性互动上。初创企业激进式创新的意愿远高于成熟企业，因而一级市场是促进激进式创新的主战场；二级市场促进激进式创新的效率虽然下降，但充足的金融资源有利于企业在新领域、新产品持续完善创新成果、推进产业化能力的提高。更重要的是，二级市场是一级市场股权投资者退出的最重要渠道，繁荣的二级市场可有效提升股权投资者的投资能力和意愿，通过一、二级市场良性互动共同促进激进式创新[①]。反映在宏观层面，即增强国家的引领式创新能力。

## 思考与启示：双支柱举国体制

在逆全球化风险带来的安全冲击下，产业链未来或将出现两个方向的变迁。一是以集中化应对纵向风险，包含高科技领域供给侧的纵向一体化以及自然资源领域需求侧的横向一体化，关键是发挥大企业（集团）在追赶式创新方面的优势，在金融上需要资金实力雄厚、中心化的银行体系支持，这种组织模式被称为"大企业+大银行"。二是以分散化应对横向风险，更多地依靠释放分散的消费潜力来扩大需求，将部分成熟产能分散至东南亚等周边国家以强化区域产业链合作，以及通过分散化小企业促进引领式创新，这也是应对横向风险的关键，有助于构建可持续的"中国-周边"技术合作模式，在金融上需要分散化的资本市场

---

① Simone, W., Moorman, C. Going public: How stock market listing changes firm innovation behavior. *Journal of Marketing Research*, 2015. 参见中金公司研究部、中金研究院《创新：不灭的火炬》一书，中信出版社，2022 年。

提供支持，这种组织模式被称为"中小企业+资本市场"。

但集中化的"大企业+大银行"和分散化的"中小企业+资本市场"都不会自发形成。因为产业资本和金融资本本质上都是逐利的，若产业资本对自身创新的投资意愿尚且不足，金融资本又如何会有意愿去投资创新？这便形成有关金融支持创新的两个"不会自发"问题：一是金融虽然有能力支持创新，但不会自发投向创新；二是创新虽然需要金融支持，但金融介入不会自发促进创新。这意味着若通过集中化与分散化的产业组织变迁应对产业链安全冲击，不仅需要调动实体企业和金融力量，也需要公共政策介入。若将举国体制定义为动员国家一切能动员的力量来可持续地实现特定战略目标的话，那么同时调动市场与政府、实体与金融的举国体制就是应对产业链安全冲击的机制保障，典型代表是冷战期间美国的科创举国体制[①]。但在"大企业+大银行"与"中小企业+资本市场"的产业组织变迁中，政府的角色并不同，需要构建追赶式与引领式并存的双支柱举国体制。

追赶式举国体制是指用于支持集中化的"大企业+大政府+大银行"，引领式举国体制是指用于支持分散化的"中小企业+制度建设+资本市场"。相对而言，集中化需要政府更多介入。以日本"VLSI 计划"为例，无论是大企业结合为企业集团，还是大银行为企业集团提供融资服务，都在政府干预下促成。考虑到我国大银行与大企业大多有国有性质，集中化过程中更好地发挥政府作用更重要，尤其是银行需要更多地发挥政策性金融作用。对引领式举国体制而言，分散竞争、优胜劣汰的市场机制是实现引领式创新的关键，政府的角色更多的是构建有利于自由交易、充分竞争的市场制度。以资本市场为例，一个经济体保护中小投资者的法律体系越完善，越可能拥有融资更便利和发达的股票市场；在中小投资者得到较好保护的市场中，投资者更愿意给予企业更高估值，企业更易于通过

---

① 有关美国科创举国体制的更多探讨，详见《基于美、苏比较的美国科创举国体制研究》，谢超、李彤玥，2022 年 8 月。

股票市场融资，上市公司的研发强度通常也越高[1]；为应对小企业因金融供给不足而处于竞争劣势地位的问题，美国设立了有政府背书性质的小企业投资公司（SBIC），专门为小企业提供风险投资[2]，以改善小企业的市场竞争地位。总之，公共政策对两类举国体制均发挥重要作用。需要强调的是，构建双支柱举国体制仅是应对纵向和横向两类产业链安全挑战的必要条件，而非充分条件。要实现应对安全冲击的既定目标，还需要处理好双支柱中的四个重要问题。

一是政府与市场的边界。与传统举国体制主要解决公共品的供给安全不同，产业链安全虽然涉及国家利益，但根本上还是要解决民用品的供给风险。作为公共品，供需双方均是公共部门，双方谈判地位平等。但产业链的需求方主要是普通民众，由与民众谈判地位相对平等的企业作为主要供给方更有效[3]。因此，应对产业链安全冲击的双支柱举国体制与传统举国体制的一个重要的不同点，在于需要充分发挥企业作用，尤其在集中化可能导致内部组织成本上升的情况下，如何设计合适的市场化激励机制以调动企业积极性，这对能否有效应对安全挑战很重要，也是高科技领域纵向一体化成败的关键。如前文所述，高科技领域的进步取决于人的创造性和主观能动性，政府干预的长处在于能够快速集中人才、资本等突破"卡脖子"问题所必需的生产要素，而让生产力要素有效发挥作用则需要市场化的生产关系，包含市场化的物质激励以及具有市场威望的带头人。以日本"VLSI计划"为例，虽在日本政府的撮合下很快形成追赶型举国体制，但初期运行很不顺利，企业间普遍互相提防、互不往来、互不沟通，直到由日本半导体界颇具声望的垂井康夫开始领导"VLSI计划"后，各家力量才有效融合[4]。

二是垄断和竞争的尺度。无论是纵向一体化还是横向一体化，集中化可能带来大企业市场份额上升、涉足多领域经营等问题。需要从可竞争性的角度理解逆

---

[1] Djankov S., Porta, R. L., Lopez-De-Silanes, F., Shleifer, A. The law and economics of self-dealing. *Journal of Financial Economics*, 2008. Benjamin, M., Pajuste, A. Multiple large shareholders and firm value. *Journal of Banking & Finance*, 2005. Brown, J. R., Martinsson, G., Petersen, B. C. Law, stock markets, and innovation. *The Journal of Finance*, 2013.

[2] 王乃玺、谢超：《美国创新链资助政策及WTO规则兼容性分析》，2022年10月。

[3] 谢超、李彤玥：《基于美、苏比较的美国科创举国体制研究》，2022年8月。

[4] 谢志峰、陈大明：《芯事》，上海科学技术出版社，2018年。

全球化动向下的反垄断与资本无序扩张问题。是否属于资本无序扩张，不应该看企业涉足领域的多少，而应该看多领域扩张背后是否存在产融结合等超市场力量的支撑；反垄断也不应该简单看企业规模与市场份额的大小，而应该从结构主义转向行为主义，主要看企业一体化后是否存在抑制竞争的垄断行为。一个较好的例子是国家电网，作为中国乃至全球最大的公用事业企业之一，若仅看市场份额，国家电网属于典型的寡头垄断，但通过严格定价等行为监管，国家电网不但在低廉电价下确保了国家整体供电稳定，且在特高压等追赶式创新方面也有颇多建树。更重要的是，分散化竞争不只是应对横向风险的关键，即便是在集中化的大企业内部，促进竞争也是保持组织活力的重要手段。例如，在1925年IG法本合并为单一企业后，其下设三个运营共同体，IG法本管理层明确要求彼此在理想条件下展开竞争[①]。

三是大企业与小企业的关系。由大企业主导突破"卡脖子"环节固然是更有效的方式，但突破后是否仍然需要由大企业运营则未必，这取决于大企业运营这些业务的社会成本收益比。一旦"卡脖子"环节被突破，纵向一体化的组织结构可能重新走向纵向分解，需要有利于小企业创新创业的生态环境承接大企业分拆的业务。对于分散化小企业，大企业的需求是支持小企业推动引领式创新的重要力量。例如，1981年来自蓝色巨人IBM对操作系统的采购订单，为当时仅32人的微软日后的蓬勃发展打下重要基础。辉瑞mRNA疫苗的相关技术并非自研，而是购自德国小型生物科技公司BioNTech，若无巨头辉瑞的强大产业化能力，BioNTech领先的mRNA技术能否率先产业化则不得而知。在中国，国企大多是大企业，民企大多是小企业，双支柱举国体制下大企业与小企业的紧密关系意味着国企与民企需要建立良好的伙伴关系。例如，各类国企是我国新能源电站建设运营的主要参与者，可考虑为各类技术路线均保留一定的需求空间以诱导相关民企推动引领式创新。

四是双支柱孰轻孰重、孰先孰后。中国目前还是追赶者，应对"卡脖子"的纵向风险是当务之急，"大企业+大政府+大银行"的集中化、追赶式支柱在短期内可能更重要。从人口、面积及军事等非经济因素看，日德即便在局部性、阶

---

[①] 小艾尔弗雷德·钱德勒著、罗仲伟译：《塑造工业时代》，华夏出版社，2005年。

段性地赶超美国后也难成为全球引领者。中国虽然面临一些不确定因素，但在基准情形下未来10~15年至少在GDP总量上仍有较大可能超越美国[1]。这意味着对中国而言，未来构建"中小企业＋制度建设＋资本市场"的分散化、引领式支柱更重要。但先构建追赶式支柱，待突破"卡脖子"后再构建引领式支柱的方式可能并不妥当。一方面，虽然纵向风险更被各界关注，但新能源、家电等领域的横向风险也在暴露。另一方面，制度一旦被建立，若非受到极强的外部冲击，否则内部既得利益者将不断强化该制度。以德国为例，虽然德国很早就认识到资本市场不发达是其在新经济领域全面落伍的重要原因，但过去30年发展资本市场却几乎劳而无功，一个重要原因是在银行主导的金融结构下，全能银行的产融结合方式会抑制资本市场发展。在中国间接融资绝对主导的金融体系下，不但应该同时推进构建双支柱，考虑到制度的路径依赖及未来引领世界的需要，还应该在"产融分开、分业经营"[2]的基础上加速构建引领式支柱，这也符合党的二十大"提高直接融资比重"[3]的要求。

---

[1] 谢超、吴云杰：《跨越"新人口陷阱"的可能路径》，2022年5月。
[2] 有关"产融分开、分业经营"原则下金融重构问题，详见中金研究院、中金公司研究部《迈向橄榄型社会》一书，中信出版社，2022年。
[3] 参见 http://www.news.cn/politics/cpc20/2022-10/25/c_1129079429.htm。

# 第八章

# 供应链管理：改善供应链生态，应对产业链风险

全球供应链是核心企业在全球范围内进行要素资源优化配置而形成的结果。相较于产业链研究侧重于宏观视角，供应链研究基于微观研究视角，强调企业自身的管理决策。本章试图从微观的企业决策角度，分析在全球供应链重塑的背景下，中国企业所面临的产业链风险，以及中国待改善的供应链生态问题。

在新冠肺炎疫情和地缘政治双重冲击与绿色转型的背景下，全球供应链将被重塑，并向多元化、区域化、数字化、绿色化转型。在新冠肺炎疫情与地缘政治的冲击下，全球供应链扰动日趋频繁，企业更加重视供应链的韧性与稳健性。同时，绿色转型趋势也影响着供应链上企业的运营成本。在三重因素的作用下，企业开始重新评估全球供应链布局。

中国企业已是全球供应链的重要参与者。2020年外商投资企业承担中国进出口贸易的39%，且在汽车（53%）、计算机通信电子设备（47%）等行业中收入占比尤其较高。通过参与跨国企业主导的国际分工，中国企业与跨国企业互为供应商与采购方，中国已成为全球供应链上的重要节点。

在全球供应链重塑的趋势下，链上的中国企业面临产业转移和断供两种产业链风险。一方面，全球供应链的分散化布局，以及回岸、友岸等供应链调整趋势使位于上游的中国企业面临外资产业转移风险；另一方面，当前外部环境使上游供应链脆弱性增加，下游中国企业面临更高的断供风险。

良好的供应链生态有助于企业应对产业链风险，但中国的供应链生态在物流、资金流、信息流这三个维度上有待改善。一是物流方面，中国国内ToB（面向企业）物流效率低，国际物流体系较弱。二是资金流方面，中国企业保管成本高、供应链中资金流通效率低，传统供应链金融难以应对外部冲击。三是信息流方面，中国大量企业处于供应链数字化改造的早期阶段，顺应数字经济时代发展趋势，仍需要进一步提高数字化渗透率。

中国可从上述三个维度改善供应链生态，以应对供应链重塑趋势下的产业链风险。物流方面，中国需要打破国内物流壁垒，抢占国际核心物流节点，提升海外物流综合服务能力。资金流方面，由金融机构主导的供应链金融应该发挥其政策性作用；同时，由核心企业主导的供应链金融应适当发挥其作用。信息流方面，数字经济时代5G、AI、云计算等技术运用会显著优化企业运营效率、节约决策成本，从而提高供应链盈余。[1]

---

[1] 本章作者：杨鑫、刘钢贤、谢超、戴戎、邓洪波、蒋斯凡。

## 双重冲击与绿色转型背景下，全球供应链面临重塑

### 供应链与全球供应链

供应链是指生产、流通和消费过程中，围绕核心企业的核心产品或服务，由所涉及的原材料供应商、制造商、分销商、零售商以及最终顾客等形成的网链结构（见图 8.1）。在每一个组织中，例如制造企业中，供应链涵盖接受并满足顾客需求的全部功能，包括但不限于新产品开发、市场营销、生产运作、分销、财务和顾客服务。

与侧重于宏观视角的产业链研究不同，供应链管理提供了一个微观研究视角。产业链是指生产各类产品或提供各类服务的企业，通过分工和交易所构成的相互关联的体系。产业链研究着重于宏观视角、强调经济组织之间的关系，而供应链研究更强调企业自身如何通过企业管理来实现供应链总盈余的最大化。供应链盈余是最终产品对顾客的价值减去满足客户需求所付出的供应链成本，最后剩下的盈利部分[1]。从供应链管理的角度来说，研究供应链盈余的形成有助于判断企业的决策逻辑。

---

[1] 苏尼尔·乔普拉、彼得·迈因德尔：《供应链管理》，2017 年第 6 版。

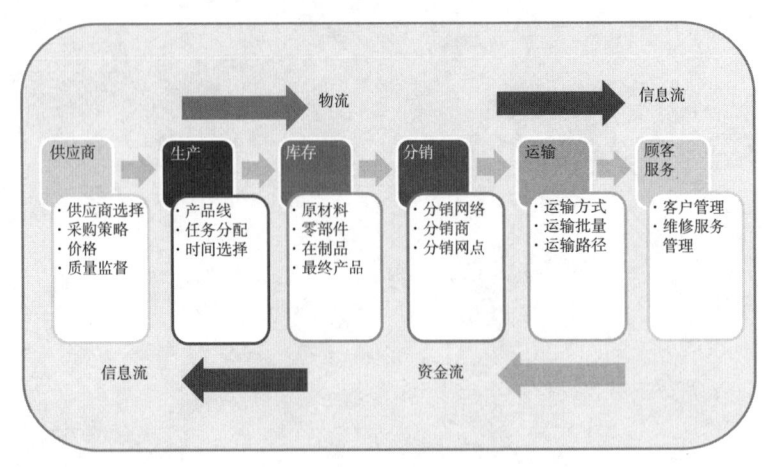

图 8.1 供应链示例

资料来源：中金公司研究部。

在供应链管理中，企业的三大决策影响供应链布局。产品的生产流程可以分为四个层级（见图 8.2）：不同的工序组成工种，不同工种组成环节，不同生产环节最终组成产品[①]。一般而言，单一环节集中于同一生产地点，但不同环节既可以在相同地点也可以在不同地点完成生产。因此，在供应链管理框架下，企业通常需要对环节（或者供应商）的布局做三大类决策。一是地理位置上选择分散还是聚集。一方面，企业倾向于利用产地之间要素价格的差距来降低边际生产成本，这将导致生产环节在地理位置上的分散；另一方面，生产环节的聚集能够帮助企业减少沟通成本，以及降低运输不确定性带来的供应链扰乱风险。二是流程上选择外包供应商还是一体化生产。寻找外包供应商减少了企业在供应链上的投资成本，但是一体化生产能够降低企业对供应链各环节的协调和管理成本。三是内部管理上选择精益供应链还是敏捷供应链。精益供应链强调准时化生产，通过接近"零库存"的管理方式来降低供应链成本；而敏捷供应链则强调通过对客户需求的快速响应来增加客户黏性，带动客户价值的提升，但同时供应链成本也会相应地提高。

---

[①] Richard Baldwin, Global supply chains: why they emerged, why they matter, and where they are going, July 2012.

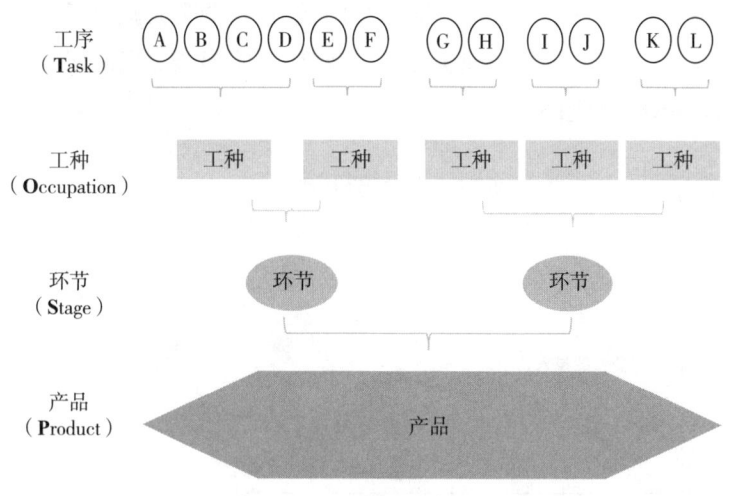

图 8.2 供应链上的四个层级（TOSP 模型）

资料来源：Baldwin（2012）[①]，中金公司研究部。

供应链管理的关键是对物流、资金流与信息流的把控。供应链是动态的，包括不同环节间产品、资金与信息的持续流动。对于任何一条供应链，顾客是其收入的唯一来源，仅最终顾客为其提供正现金流，而其他所有的现金流都是供应链内部的资金交换，任何信息流、物流或资金流运作都会产生成本。因此，对于三个"流"的管理优化是供应链实现总盈余最大化的关键。

交通运输工具和信息技术的进步，以及贸易自由化政策的施行降低了国际贸易成本。19世纪以来，随着国际运输成本下降，跨国企业优化要素资源配置带动全球供应链的形成。全球供应链是将前述供应链概念放在全球范围内的应用，指的是在经济全球化时代，企业在全球范围内对其供应链进行设计，跨国采购原材料和中间品、布局生产流程并在全球销售的过程，其中跨国企业是具备代表性的参与主体。1966年标准化集装箱开始进入国际海运领域，较大地改善了物流效率并降低了物流成本，美国货轮装载效率从每小时1.7吨上升至每小时30吨；

---

[①] Richard Baldwin, Global supply chains: why they emerged, why they matter, and where they are going, July 2012.

装卸费用从每吨约 5.8 美元下降至每吨约 16 美分[①]。国际运输效率的大幅改善推动国际贸易成本下降，跨国企业开始在全球范围内优化要素资源配置，而全球供应链也随之构建（见图 8.3）。

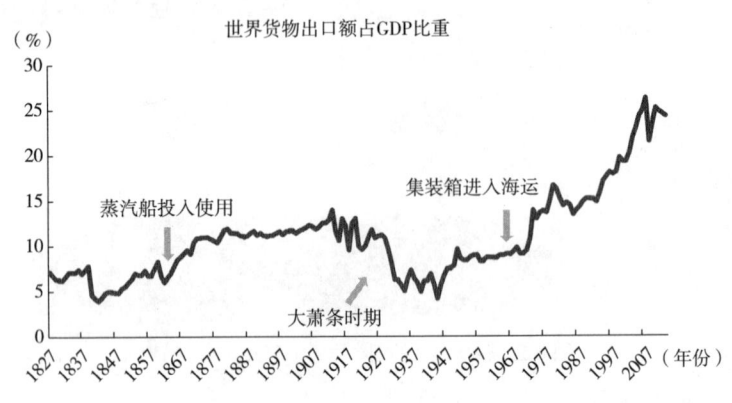

图 8.3 集装箱进入海运以来，全球供应链逐步构建

资料来源：Our World in Data，中金公司研究部。

全球供应链提高了生产效率，但也带来了不确定性。对于企业来说，全球化生产虽然带来了生产总成本的下降，但同时增加了供应链中的物流、资金流与信息流的长度与响应时间，提高了供应链管理的复杂度。此外，全球供应链使企业暴露于更大的不确定性之中，区域性的自然灾害、地缘政治、物流受阻等风险会造成全球供应链扰动或延迟，使供应链上相关企业间接遭受损失。近年来，新冠肺炎疫情、地缘政治等突发事件，叠加绿色转型趋势，使各国更加关注全球供应链带来的不确定性，引发对全球供应链重塑的探讨。

## 全球供应链重塑的三重背景：新冠肺炎疫情、地缘政治、绿色转型

在新冠肺炎疫情的冲击下，国际运输成本急剧上涨，供应链延迟导致企业面临经济损失。2020 年以来，集装箱运价升至历史性高位，整体运价相对新冠肺

---

① Richard Kneller, Daniel Bernhofen and Zouheir El-Sahli, Estimating the effects of the container revolution on world trade, January 2016.

炎疫情前水平上涨 3~4 倍，个别航线高达 10 倍。在运价峰值时期，运费与货值的比例大幅提升。2020 年下半年以来，全球海运运量大增且集中于美国核心港口，其导致的港口拥堵（最高消耗 17% 的有效运力）一方面使运价飙升，另一方面供应链延迟引发了严重的缺货潮。以中国到美国西海岸为例，正常情况下单向航程大约用时 20 天，但新冠肺炎疫情期间最高用时达到 47 天（2022 年 1 月数据），且该供应链延迟未考虑美国内陆配送环节的迟滞。根据世界银行《2020 年世界发展报告》，对于部分商品而言，供应链延迟 1 天的损失超过增加一个百分点的关税成本。虽然运价在 2022 年下半年已经出现明显回调，但由于航运联盟和环保因素抑制造船动力、促进老船拆解等，未来运价中枢很可能难以稳定维持在新冠肺炎疫情前的低水平。从企业风险管控的角度来讲，即使运价已回落，但潜在新冠肺炎疫情的运价风险敞口仍促使企业重新思考其风险控制措施。

贸易摩擦不断，地缘政治因素权重大幅提升。自中美贸易摩擦以来，地缘政治在供应链决策中的权重逐步提升，其中包括政治（政策）风险、关税成本等，推动企业的供应链管理目标从相对单一的追求效率逐步转变为兼顾效率与安全。

在新冠肺炎疫情与地缘政治的双重冲击下，企业开始更加重视供应链的韧性与稳健性。供应链韧性是指供应链能及时且低成本地应对断裂并从中复原的能力；供应链稳健性是指供应链在危机中持续运作的能力[1]。在双重冲击下，全球供应链面临的扰动因素增加，供应链脆弱性和断裂风险上升。面对不确定性增强的外部环境，企业为了提升供应链的韧性与稳健性，或将改变其供应链的全球布局。此外，绿色转型增加了企业生产成本，进一步推动全球供应链重塑。绿色转型及碳减排已成为国际发展共识，在国家层面，多国明确提出碳达峰、碳中和时间表，提高碳排放成本和企业环保标准；在国际层面，欧盟可能率先落地碳关税，对碳排放密集型产品征收更高的进口关税，以应对碳泄漏。绿色政策的推进将改变发展中国家的比较优势，从而影响供应链总成本的评估，进一步推动全球供应链重塑。

---

[1] Richard Baldwin, Rebecca Freeman. Risk and global supply chains: What we know and what we need to know, October 2021.

## 全球供应链重塑的四大趋势：多元化、区域化、数字化与绿色化

从微观的企业决策角度，全球供应链产生了地理、流程和内部管理三个层面的变化。在地理层面，跨国企业或更多采用回岸、近岸和友岸等方式重新布局供应链。在流程层面，一方面，核心企业将加强对供应商的管理，例如要求其采用清洁能源；另一方面，面对断供风险较大的产品，一些企业将加强内部研发，以一体化替代外部采购。在内部管理层面，过去精益管理的适用性下降。由于信息滞后、物流时滞等问题，供应链存在牛鞭效应，即终端需求变动在向上游传导的过程中会被成倍放大，上游企业更难预期需求并管理库存（见图8.4）。在全球化快速扩张时期（20世纪90年代至2008年），由于全球范围内的资源配置可以降低成本，并且信息技术进步可以加强库存管理并控制成本，因此精益管理模式曾被企业广泛使用。在没有外部冲击的情况下，精益管理能够较好地保证运营稳定，但是服务、成本和库存是一个"不可能三角"，低成本、低库存则意味着供应链的服务水平难以提高。当外部冲击出现时，牛鞭效应使供应商难以预测下游客户需求，而精益管理限制了供应商快速响应客户需求的能力，造成上游供应商因缺少库存而损失收入。

总结上述变化，未来全球供应链将呈现多元化、区域化、数字化与绿色化四大重塑趋势（见图8.5）。首先，多元化意味着供应链管理目标更加兼顾安全、敏捷，从而使供应链布局和来源呈现分散化趋势。其次，新冠肺炎疫情期间运费高涨的冲击或促使企业就近调整布局，缩短全球供应链链条的物理长度，供应链区域化趋势增强。再次，数字化技术正在重塑供应链形态，供应链4.0将被提上日程。最后，俄乌冲突倒逼能源转型，或将加速供应链脱碳进程，推动绿色化转型。

供应链管理目标多元化：从追求效率到兼顾安全。由于供应链"断链"的可能性和交付的不确定性，企业的供应链管理目标或将从聚焦成本和效率转向兼顾安全和敏捷。这意味着供应链管理需要牺牲部分成本和效率，用一定的冗余度和分散度来换取供应链的稳健性和韧性。受新冠肺炎疫情影响，供应链集中导致的"断链"更为明显，因此我们预计企业未来或考虑分散布局供应链，同时增加重要产品的备选供应商，以避免因供应链集中而产生的风险。由于供应链回岸

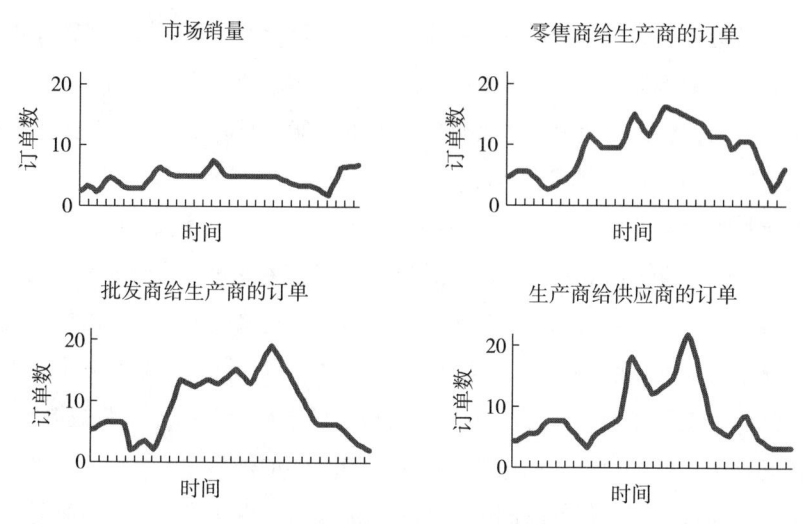

图8.4 牛鞭效应放大冲击风险

资料来源：Lee, Padmanabhan, Whang（1997）[1]，中金公司研究部。

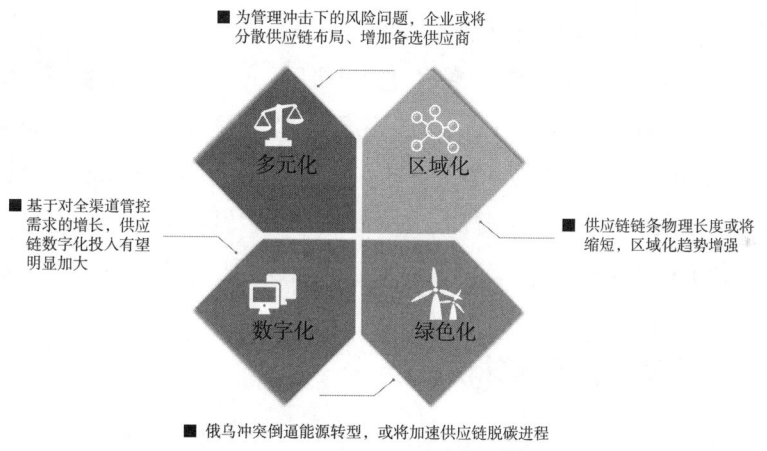

图8.5 全球供应链重塑的四大趋势

- 为管理冲击下的风险问题，企业或将分散供应链布局、增加备选供应商
- 供应链链条物理长度或将缩短，区域化趋势增强
- 俄乌冲突倒逼能源转型，或将加速供应链脱碳进程
- 基于对全渠道管控需求的增长，供应链数字化投入有望明显加大

（多元化、区域化、数字化、绿色化）

资料来源：中金公司研究部。

空间有限，企业更多是通过调整安全库存、增加备选供应商（通常为离现有供应链或销售地较近的区域）以实现供应链风险分散。

---

[1] Hau Lee, V. Padmanabhan, Seungjin Whang, The bullwhip effect in supply chains, April 1997.

第八章　供应链管理：改善供应链生态，应对产业链风险

233

企业就近调整布局，形成区域化供应链。从安全角度看，供应链物理距离过长容易带来额外风险，例如新冠肺炎疫情期间全球供应链扰动带来的牛鞭效应；从成本角度看，在国际贸易成本变化的影响下，就近布局、缩短运输距离将成为节约供应链成本的考量因素之一。

数字技术重塑供应链。首先，供应链的数字化转型已具备技术可行性。在工业4.0 的背景下，物联网（IoT）等数字化技术的应用正在重塑供应链形态。此外，新冠肺炎疫情等外部冲击导致的"断链"带来对数字化供应链的迫切需求。"断链"风险凸显了信息可视性和可控性的重要程度，促使更多企业增强对全渠道管理的重视。因此，未来企业对供应链数字化投入有望明显加大，供应链 4.0 将被提上日程。

俄乌冲突促使供应链绿色化转型加速。2022 年的俄乌冲突导致传统化石能源供给的不确定性增强，促使欧洲国家进一步加大可再生能源投资，加速能源脱碳进程。作为全球第二大原油生产国和天然气生产国，俄罗斯是全球重要的能源输出国。德国、意大利等欧洲国家对俄罗斯的能源依存度较高。根据欧盟能源总署的数据，2021 年在欧盟进口的能源中，来自俄罗斯的天然气和煤炭占比分别高达 45% 和 46%，原油占比为 27%[①]。俄乌冲突升级后，欧洲绿色化转型加速。2022 年 6 月欧盟宣布将 2030 年的可再生能源目标比例从 32% 提高至 40%[②]；意大利在俄乌冲突后迅速批准了总装机超过 400 兆瓦的 6 座风电场[③]。尽管高昂的能源替代成本使得欧洲在短期内实现能源"脱俄"的可能性较低，但俄乌冲突将可再生能源的发展提升到了新的战略高度，或倒逼全球能源加速转型，推进供应链脱碳进程。

## 中国企业已深度参与全球供应链

### 跨国企业推动全球供应链的形成

跨国企业是全球产业链和供应链的组织者和参与者，在国际经贸领域扮演重

---

[①] 数据来源：俄罗斯海关，欧盟能源总署。
[②] 中新网：https://www.chinanews.com.cn/gj/2022/06-28/9790127.shtml。
[③] Montel：https://www.montelnews.com/news/1305429/italy-approves-construction-of-400-mw-wind-capacity。

要角色。从体量上看，2014年跨国企业总部及其海外分支机构贡献了全球产出的33%、全球GDP的28%、全球就业的23%，并承担55%的国际出口贸易和49%的国际进口贸易（见图8.6，左）。

20世纪80年代以来，跨国企业主导的FDI和海外外包行为的普及，使全球供应链网络日趋复杂。20世纪末，信息技术革命降低了分工的协调成本，使生产环节在地理上的分离成为可能[1]。同时，基于各国劳动力价格差异，发达国家企业将生产环节布局于发展中国家可大幅降低产品成本，增加利润空间。因此，作为供应链的组织者和参与者，跨国企业将高技术研发、设计等环节留在本国，将低技术制造、组装等环节向发展中国家布局，形成以发达国家技术结合发展中国家劳动力为典型模式的国际纵向分工[2]。在典型的纵向分工中，跨国企业在发展中国家设立海外分支机构或签约外包企业，在海外完成制造等环节，并将制成品从制造国出口到最终消费国。从全球化视角看，跨国企业主导的国际分工不仅有助于承担制造环节的东道国增加出口，同时使东道国企业通过提供配套产品、承接外包订单等方式直接或间接地融入全球供应链。

跨国企业的在华活动使中国加速融入全球供应链。20世纪90年代以来，中国市场化改革的不断深化及其释放的人口红利吸引跨国企业进入中国，使中国深度参与国际分工。通过FDI，跨国企业将加工制造等环节布局于中国，再将制成品从中国出口到海外终端市场，因此中国在出口额快速增加的同时成为全球最重要的制造业中心。2006年，外商投资企业货物贸易进出口额占中国总贸易额比重高达59%，2020年仍维持在39%的高位[3]（见图8.6，右）。

---

[1] Richard Baldwin, Global supply chains: Why they emerged, why they matter, and where they are going. July 2012.

[2] OECD, Multinational enterprises and global value chains: New insights on the trade-investment nexus, OECD STI Working Papers, 2018.
James Markusen, The boundaries of multinational enterprises and the theory of international trade, 1995.
Marcel Timmer, Abdul Azeez Erumban, Bart Los, Robert Stehrer, Gaaitzen de Vries, Slicing up global value chains, 2014.

[3] 商务部：《中国外资统计公报2021》。

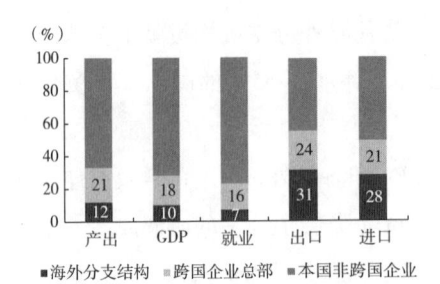

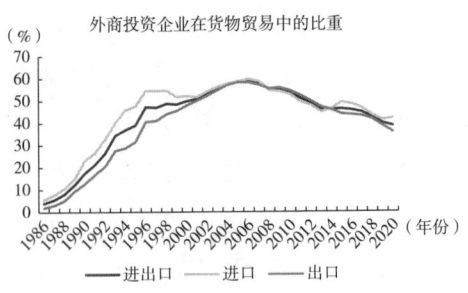

图 8.6 跨国企业在全球经济中扮演重要角色（2014 年），而 FDI 促进中国对外贸易发展

资料来源：OECD（2019）[①]，《中国外资统计公报 2021》，中金公司研究部。

## 中国企业的技术成长使在华外资逐步退出低技术行业

当前外商和港澳台商投资企业主要集中于中国东部沿海，制造业中汽车和计算机通信为其优势行业。从数量上看，2020 年，外商和港澳台商投资企业占中国所有规上制造业企业数量的 11%。从区域上看，由于早期较强的出口导向，外商和港澳台商投资企业聚集于沿海省份。2020 年，规上企业中所有外商和港澳台商投资企业营收超过一半来自广东省和江浙沪地区[②]。收入方面，制造业外商和港澳台商投资企业收入占所有规上工业企业收入的比例为 24%。在汽车（53%）、计算机通信和其他电子设备制造业（47%）两个行业，外商和港澳台商投资企业收入占比尤高，而在初级产品加工业中收入占比较低。

规上工业企业数据显示，近十年来外商和港澳台商投资企业正在向高端化、大型化转型，逐步退出低盈利水平行业，在高盈利水平行业做大做强。高端化方面，2011—2020 年，外商和港澳台商投资企业数量占比从 18% 下降到 11%（数量从 5.7 万家下降到 4.3 万家），营业收入占比从 26% 下降到 22%，但营业利润占比不减反增，从 25% 上升到 27%[③]。从行业上看，以营业收入衡量企业规模，近十年来制造业外商和港澳台商投资企业在数量减少的同时规模上升，低技术行

---

① OECD, Multinational enterprises in domestic value chains, OECD STI Policy Papers, 2019.
② 数据来源：国家统计局，《中国工业统计年鉴 2021》。
③ 数据来源：国家统计局，《中国工业统计年鉴 2021》。

业外资退出更为明显。2011—2020 年，多数行业外商和港澳台商投资企业数量均有所下降，其中在纺织服装、木材加工、皮革制品等中低技术领域降幅较大，表明外资在逐步退出这些领域。在高技术领域，例如交通运输设备制造业、专用设备制造业等，同时期外商和港澳台商投资企业数量有所增长或降幅较小。大型化方面，在多数制造业领域，外商和港澳台商投资企业的平均营收扩张明显，呈大型化趋势。2011—2020 年，规上工业企业中的外商和港澳台商投资企业平均营收由 3.8 亿元增加到 5.7 亿元，年均增幅达到 4.6%，显著高于同期所有规上工业企业的平均营收（从 2.6 亿元增加到 2.7 亿元）和年均增速（0.5%）[①]。

跨国企业逐步退出中低技术行业，在优势行业做大做强的趋势背后有多重原因。首先，技术扩散使跨国企业在中低技术领域失去超额利润。FDI 是国际技术扩散的重要渠道，跨国企业的在华业务有助于中国在相关领域的技术学习和追赶。通过技术追赶，许多内资企业在中低技术领域已具有可与外资竞争的技术能力，进而通过市场竞争压低外资利润率，使技术能力较弱的外资企业退出，而留下的技术能力较好的外资企业可以做大做强。在高技术领域，外资企业先发优势相对明显，仍有能力在中国市场获取超额利润并持续扩张。其次，中国劳动力成本上升促使部分跨国企业离开中国，选择在其他低成本国家进行产业布局。在低技术、劳动密集型行业，人工成本对总成本的影响更为显著，外资企业退出中国的现象较多。最后，地缘政治、新冠肺炎疫情冲击等外部因素对全球供应链的韧性和稳健性构成挑战，部分跨国企业选择减少对中国生产网络的依赖，在不同区域分散供应链网络。

## 中国企业和跨国企业互为供应商和采购方

由于分工提升效率且企业存在生产边界，最终产品的生产一般需要由多个企业完成，由此以产品为核心、以企业为节点的供应链网络得以形成。我们称整个

---

① 基于《中国工业统计年鉴 2021》数据计算。2011 年后，纳入规模以上工业统计范围的工业企业起点标准从年主营业务收入 500 万元提高到 2 000 万元，为保证口径可比，我们将 2011 年定为基年。

供应链网络的组织者和主导者为核心企业，因为它们有能力直接从顾客那里获取收益，并主导供应链上的利益分配。供应链网络中，企业承担的角色可简单分为下游采购方和上游供应商两种[1]。

从供应链的视角，中国企业在与跨国公司的互动中既可以是上游供应商，也可以是下游采购方。一方面，中国企业可作为直接（一级）或间接（二级或其他级别）供应商融入跨国企业的上游供应链。制造业中，跨国企业在汽车和电子产品制造业布局较多。以特斯拉为例，由于汽车产业链区域性较强，上海超级工厂的设立使一些中国企业成为特斯拉的上游供应商。此外，在苹果公司披露的2020财年制造类供应商中，超过40%的工厂位于中国[2]。值得注意的是，其中包括三星等外资企业在华设立的工厂。换言之，跨国企业在华FDI不仅直接拉动中国上下游企业的发展，其自身也有助于形成中国产业配套，增强中国制造业的整体竞争力。另一方面，作为全球最大的制造中心，中国企业需要从跨国企业采购原材料和中间品，进而完成下游环节生产。在我们跟踪的全球主要跨国企业中[3]，FactSet数据库显示，2021年中国大陆地区收入占比最高的10家跨国企业里有4家为原材料行业（FMG、必和必拓、力拓、淡水河谷），4家为信息技术行业（LG显示、MPS、高通、德州仪器），这反映出中国企业对海外上游投入品的依赖度较高。

中国企业已深度参与全球供应链。首先，中国是全球供应链的重要节点。基于中国的禀赋优势和产业配套，跨国企业积极在华进行供应链布局，大量中国企业与跨国企业互为供应商与采购方。其次，在供应商和采购方两种角色外，部分中国企业已成长为跨国企业，在全球供应链中承担组织功能。例如，通过设立海

---

[1] 作为下游采购方，企业在市场上向上游供应商采购原材料、中间品或服务以完成后续生产；作为上游供应商，企业则向下游企业提供中间品及服务。由于供应链的多层级性，一些企业在产品供应链中可以既是上游也是下游，比如一级供应商相对核心企业是上游，但相对二级供应商又处于下游。同时，由于我们以产品为中心区分核心企业，核心企业之间可以存在供应和采购的上下游关系，例如电子元件企业自身作为核心企业管理其上游供应商，但它同时是电器企业可挑选和管理的上游供应商。

[2] 数据来源：Apple Supplier List FY2020。

[3] 全球主要跨国企业的主体为MSCI全球指数收录的上市企业。中国大陆地区的收入占比数据由FactSet数据库估计，主要参考2022年第一季度结束前公布的最新年报。

外研发或生产中心，华为、小米等中国企业在全球范围内配置资源并建立其全球供应链网络。

## 全球供应链重塑带来产业转移和断供风险

在全球供应链网络中，中国企业与跨国企业紧密关联，全球供应链布局调整对中国产业发展具有重要影响。在本部分，我们分析中国企业作为跨国企业的上游供应商或下游客户，在新冠肺炎疫情、地缘政治与绿色转型引发的全球供应链重塑的背景下，分别面临怎样的风险。

### 新冠肺炎疫情、地缘政治和绿色转型引发的供应链重塑带来中国产业链风险

改革开放以来，中国通过深度参与全球供应链成了全球制造中心。自20世纪80年代，技术进步、贸易成本下降和国家间要素价格差异成为推动国际分工、形成全球供应链的主导力量。通过参与国际分工并不断追赶，中国成为全球制造业中心。在纺织服装、家电、光伏设备、锂电设备等产业，中国拥有全球较高比例产能及配套供应链网络。近年来，新冠肺炎疫情、地缘政治和绿色转型引发全球供应链重塑，在此背景下，中国企业将如何受到影响？首先，新冠肺炎疫情造成全球供应链受阻，回岸和减少在华供应链布局或成备选项。2020年下半年以来，全球海运面临严峻的港口拥堵、集装箱短缺和运费高涨的局面。欧美等国对进口消费品需求上升叠加海运调度能力不足、港口装卸劳动力短缺，造成集装箱周转不畅、海运运力供不应求[①]，最终导致全球性的供应链中断和延迟，全球供应链压力指数升至历史性高位（见图8.7）。由于中国是众多制造业产品（包括医疗防护用品）的全球生产中心，新冠肺炎疫情造成的供应链中断使欧美企业和消费者无法及时获得所需的中国产品。因此，为了保证本国市场具有长期稳定的供应来源，

---

① 联合国贸易和发展会议：https://unctad.org/news/shipping-during-covid-19-why-container-freight-rates-have-surged。

部分企业或采取回岸、近岸以及分散化供应商等策略调整供应链布局[①]。

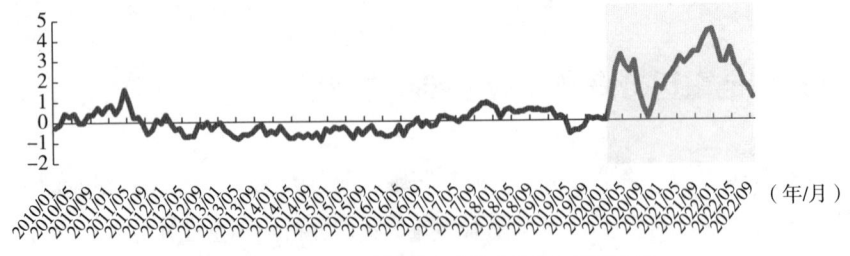

图 8.7　新冠肺炎疫情后全球供应链压力指数上升

资料来源：Federal Reserve Bank of New York，中金公司研究部。
注：全球供应链压力指数用来描述供应链断裂的可能性，该指数基于多种国际运价指数以及 7 个全球主要经济体的 PMI（采购经理指数）。

其次，地缘政治引发技术"脱钩"、产品抵制及贸易成本抬升，多方面影响国际供应链在华布局。一方面，地缘政治等非经济因素从多种渠道直接影响中国企业，例如禁止本国企业与中国企业进行交易、抵制中国产品、对中国部分产品提高进口关税、对中国进行出口管制等。这些举措与跨国企业行为关联密切，为了回应本国舆论及政策要求，跨国企业可能需要有针对性地移除中国供应商或中国下游客户（例如美国实体清单）。此外，面对更高的进口壁垒，核心企业或将部分环节转移到目标市场国家或其他国家进行规避。另一方面，由于各国企业需要全球采购，海外地缘政治事件引发的位于全球供应链其他节点的风险，例如区域性的物流受阻、生产中断等，也会间接影响国内企业的供应链。

最后，绿色转型增加企业生产成本，核心企业提高对供应商的管理要求。中国能源结构以传统能源为主，绿色转型要求提高清洁能源使用比例将增加中国企业的生产成本。在供应链层面，部分核心企业对全供应链提出碳中和要求，例如苹果公司计划在 2030 年实现全供应链碳中和，促使其供应商采用清洁能源[②]；华

---

① Sebastien Miroudot, Reshaping the policy debate on the implications of COVID-19 for global supply chains, October 2020.

② 苹果公司官网：https://www.apple.com/hk/en/newsroom/2021/10/apple-charges-forward-to-2030-carbon-neutral-goal-adding-9-gigawatts-of-clean-power-and-doubling-supplier-commitments/。

为公司将碳减排要求纳入其供应商管理全流程[①]。

## 上游中国企业面临产业转移风险

供应链重塑加快产业转移。新冠肺炎疫情、地缘政治和绿色转型引发供应链重塑，其首要潜在影响为跨国企业减少在华供应链布局，加速产业转移，这主要波及中国上游供应商。

一是新冠肺炎疫情和绿色转型方面。一方面，跨国企业为了避免自身供应链被新冠肺炎疫情等自然风险中断，或将部分产能移出中国，分散生产地点；另一方面，新冠肺炎疫情和绿色转型使跨国企业对供应链设计和供应商管理有更高要求，部分不符合环保标准、响应能力弱的中国供应商或被移除。

二是地缘政治方面。首先，出于国产保护的目的，部分国家对所有进口来源国无差别地提升进口关税，这将促使核心企业（包括中国企业）为了获取当地市场而把部分生产环节转移到本国。其次，中美贸易摩擦以来，针对中国特定产品的进口关税使核心企业为了规避壁垒，既可能选择回岸，也可能选择友岸和近岸。此外，全球地缘政治事件频发以及全球供应链"牵一发而动全身"的特性，可能促使一些跨国企业自发地将供应链网络向本国收缩，以减少地缘政治显现风险。从数据上看，根据咨询公司科尔尼2022年的调查[②]，76%的受访制造业美企高管表示，所在企业已经（过去3年内）或将要（计划未来3年内）把制造业回岸付诸实践。同时，在减少对华供应链依赖的目标驱动下，美国制造业向友岸和近岸转移也显露趋势。2018—2021年，美国来自中国的制成品进口额和进口占比均有所下降，而从越南等亚洲国家（友岸）和墨西哥（近岸）的进口占比有所上升（见图8.8）。

---

① 中国工信产业网：https://www.cnii.com.cn/gxxww/rmydb/202205/t20220525_383426.html。
② Kearney, The tides are turning—The 2021 Reshoring Index, April 2022.

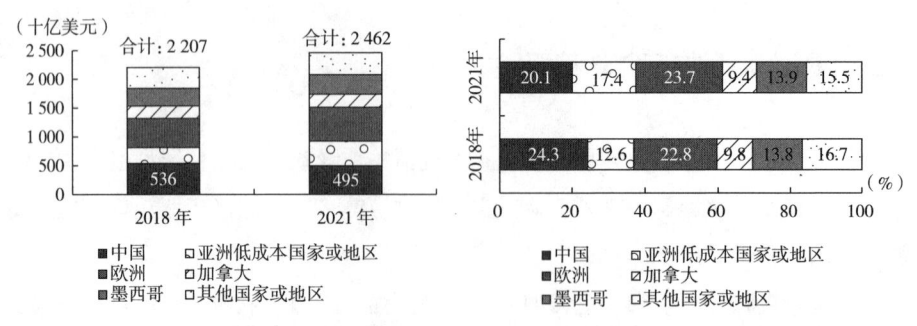

图 8.8 美国从中国制成品进口额和占比下降（2018 年和 2021 年）

资料来源：Kearney（2022），中金公司研究部。

注：科尔尼定义的亚洲低成本国家或地区共含 14 个经济体，包括中国，上图将中国与其他 13 个国家或地区分开展示。

值得注意的是，产业转移风险主要针对在高技术领域、对中国产业发展溢出效应较强的外资企业迁出。如前文所述，近十年来，中低技术行业的在华外资企业数量明显下降，很大程度上是由于内资企业技术进步带来的竞争压力。在这种情况下的外资迁出并不构成产业链风险。会引发产业链风险的产业转移主体具备高技术和溢出效应强两个特征。一方面，通过中断技术扩散，这些外资迁出不利于中国企业的技术进步；另一方面，由于较强的经济带动效应，一旦这些外资将中国直接供应商排除在外，供应链上多层级甚至不同部门的中国供应商或面临需求大幅下降，进而引发失业和经济增速放缓。

应对产业转移风险，中国内需释放有助于持续吸引外资。从跨国企业来华因素看，跨国企业在华策略可以分为世界工厂（In China, For World）和服务中国本土市场（In China, For China）两类。"In China, For World"是指传统国际纵向分工，即中国凭借低成本优势为全球企业提供制造环节服务，中国制造的产品主要出口海外市场，而非进行国内销售。"In China, For China"是指跨国企业的在华业务主要是为中国本土客户提供产品和服务。面对逐渐上升的劳动力成本，以及外部环境所引发的跨国企业减少在华生产或采购倾向，中国作为世界工厂对外资的吸引力可能下降，部分生产环节或移出中国，但中国较大的需求规模可形成缓冲，持续吸引服务中国本土市场的外资。

事实上，当前跨国企业的主要在华策略已开始从世界工厂向服务中国本土市场转变，在华业务良好的财务回报是外资留在中国的主要原因。1998—2013年，中国工业企业微观数据显示外商投资企业的外销比重呈下降趋势，即更多外商投资企业的产品销往中国本地市场。我们将出口交货值占产值比例超过50%的企业定义为外销为主企业，1998—2013年，外资企业外销为主的比重从39%下降至33%。根据上海美国商会的调查，2021年，53%的受访企业在华策略是为中国本土市场生产或采购（见图8.9），另有12%的企业是向中国出口产品，仅有18%的受访企业的主要在华策略是为海外市场提供产品（即将中国视为世界工厂）。在标普500指数成分股中，2010年以来在华业务比例最高的50家企业利润率持续高于没有海外业务的本土企业，2016年后高于整体海外业务比例最高的50家跨国企业（见图8.10）。一方面，这反映出在华跨国企业近十年进行高端化、大型化转型，逐步退出低技术、低收益率领域；另一方面，在华业务比例企业的高利润率反映出中国市场创造良好财务回报的能力，这是外资进入中国、留在中国的主要原因。

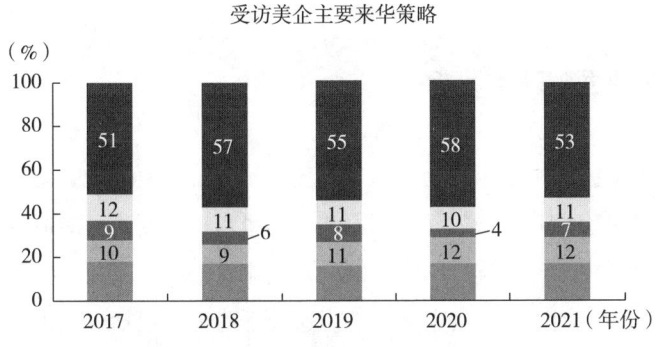

受访美企主要来华策略

| 年份 | 在中国为中国市场生产或采购 | 在中国为美国市场 | 在中国为中美以外市场 | 进口到中国 | 其他 |
|---|---|---|---|---|---|
| 2017 | 51 | 12 | 9 | 10 | — |
| 2018 | 57 | 11 | 6 | 9 | — |
| 2019 | 55 | 11 | 8 | 11 | — |
| 2020 | 58 | 10 | 4 | 12 | — |
| 2021 | 53 | 11 | 7 | 12 | — |

**图8.9 过半受访企业在华策略为服务中国本土市场**

资料来源：《上海美国商会中国商业环境调查》（2020年，2021年），中金公司研究部。

图 8.10  2016 年后在华业务比例最高的标普 500 上市公司利润率表现好于其他海外业务比例最高的企业

资料来源：FactSet，中金公司研究部。

注：EBITDA 为税息折旧及摊销前利润，MA 为移动平均线。

## 下游中国企业面临断供风险

对于位于下游的中国企业，当前外部环境使上游供应链的脆弱性增加，供应链断裂和延迟风险提升。一方面，新冠肺炎疫情及气候变化可能造成全球或区域性的生产和物流中断，影响中国企业的上游供应商；另一方面，地缘政治可能增加关键原材料和中间品的供给不确定性。这种不确定性包括外国供应商直接对中国企业断供、交付延迟以及外国政府限制对华出口等。中国下游产业所需的一些关键投入品国产化率低、产品可替代性弱、上游生产集中度高，例如铁矿石、高端机床、显示材料、半导体材料等，这些产品的供给受阻对下游企业生产影响较大。此外，由于中国已经深度融入全球供应链，复杂的国际环境也可能间接影响中国企业。例如，氖气是制造芯片的重要原材料，由于乌克兰是全球高纯度氖气的主要生产国，2014 年的克里米亚危机使全球氖气供应陷入短缺，对各国半导体企业生产造成直接或间接的影响。

中国企业需要关注可能重复发生的、造成长期影响的、具有产业针对性的供应链风险因素，并形成风险应对方案。当前全球供应链是以效率为导向构建的，由于供应链调整需要成本，并非所有可能造成供应链受损的潜在风险因素都需要企业调整供应链，例如偶发且影响范围有限的自然灾害。然而，当潜在风险因素可能造成重大且长期的影响，或可能重复发生时，即便风险管理措施在短期可能会使企业牺牲部分经济效益，企业也应该有所准备。一些常规风险管理举措可以帮助企业降低供应链断裂带来的损失，包括增加库存、增加标准化模块、提高物流效率、分散供应商等[1]。面对供应链断裂，企业在短期和长期的应对方案也有所不同。以2019年日本对韩国实施的半导体材料出口管制为例，由于相关材料生产高度集中于日本企业，且光刻胶（易变质）和氟化氢（剧毒）不可大量囤积，短期内，韩国企业的应对方案包括向中国大陆及中国台湾替代供应商增加采购、从日资海外企业采购等。但长期内，韩国选择提升国产化水平，包括投资本国企业研发、引进外资在韩设厂，其中氟化氢韩国国产化进步较快。2020年日本解除对韩出口管制之后，韩国从日本进口的氟化氢始终低于管制前水平，但其他相关材料对日本的依赖度仍然较高，国产替代难以在短期内实现[2]。

## 应对产业链风险，中国供应链生态需解决三方面的问题

在全球供应链重塑的背景下，中国企业面临产业转移和断供风险，产业链安全受到威胁，如何应对成为重要问题。从供应链视角出发，产业链安全主要是指面对外部冲击时，供应链能保持韧性和稳健性。中国需要构建良好的供应链生态，给予企业在供应链上更大的灵活决策空间，让企业在面对外部环境变化时能

---

[1] Sunil Chopra, ManMohan Sodhi, Reducing the risk of supply chain disruptions, 2014.
Sunil Chopra, ManMohan Sodhi, Managing risk to avoid supply-chain breakdown, September 2004.

[2] 参考日经中文网：https://cn.nikkei.com/industry/itelectric-appliance/49012-2022-06-30-05-04-00.html?start=1。日经中文网：https://zh.cn.nikkei.com/industry/itelectric-appliance/43756-2021-02-09-04-59-20.html?start=1。路透社：https://www.reuters.com/article/south-korea-chip-solutions-0708-mon-idCNKCS1U4054。

够迅速调整生产要素的配置方案，以此保持相对持续稳定的获取供应链盈余的能力。因此，良好的供应链生态有助于企业提升供应链管理能力、增强供应链的韧性和稳健性，同时起到保障产业链安全的效果。

成功的供应链管理需要对物流、资金流和信息流进行有效把控，但是在中国目前的供应链生态中，这三个维度仍然存在不同的问题，中国企业在供应链管理能力上仍有提升空间。

## 国内 ToB 端物流效率仍有待提升，国际物流体系尚弱

中国物流成本问题主要在于 ToB 端效率较低，和美国相比还有较大提升空间。根据交通运输部数据，2021 年中国物流成本为 16.7 万亿元，占 GDP 比重为 14.6%，同期美国物流成本为 12 万亿元（对应 1.85 万亿美元），占 GDP 比重为 8.0%。从物流成本绝对值和占 GDP 比重来看，中国整体物流成本高于美国。尽管物流成本占 GDP 比重与该国经济结构，尤其是制造业占国民经济比重密切相关，但是制造业存货周转天数可以进一步反映该国的物流效率。在 ToC（面向消费者）端，中国的物流效率已经领先于国际水平，以京东和亚马逊的仓库运营为例，在单日发货量、分拣效率和准确率上，京东的"亚洲一号"已经基本和亚马逊仓库运营效率相近。然而在 ToB 端，中国的物流效率依旧较低。根据万得资讯的数据，中美制造业过去 5 年存货周转天数平均值分别为 83 天和 67 天，中国制造业的存货周转天数比美国高 23%。因此，中国物流成本问题主要在于 ToB 端效率较低。

中国 ToB 端的物流效率较低主要是因为自动化率低、运输效率低和集约化运输占比低。首先是自动化率低，2019 年中国物流自动化率平均为 20%，而发达国家自动化率平均为 80%[①]；2019 年中国现代仓储物流设施面积占总面积比例为 7%，而美国达到 22%[②]。其次是运输效率低，2019 年中国货运空驶率约为

---

① 数据来源：MIR Databank。
② 数据来源：戴德梁行。

40%，而发达国家仅为 10%~20%[①]。最后是集约化运输占比低，中国港口的海铁联运量 2020 年占比仅为 2.6%，但发达国家高达 20%~40%[②]。

改善 ToB 端物流效率，有助于增强中国供应链的比较优势。目前，得益于从业人员基数庞大，中国单位物流成本短期内或保持优势；但随着人口红利减弱，中国物流成本面临进一步的上涨压力。若能提升 ToB 端物流效率，中国物流成本有望进一步下降，这将降低企业在华供应链的总成本，增强中国相较于其他劳动薪酬较低的国家在供应链构建方面的比较优势，从而帮助中国企业应对产业链风险。

此外，目前中国的国际物流供应链体系尚弱，难以支撑中国企业出海或全球采购的供应链布局，主要体现为三点。一是核心物流节点和资源布局不足。以全货机来衡量，截至 2021 年 1 月，中国全货机约 185 架，美国全货机约 1 125 架，中国的全货机数量仅约为美国的 1/10[③]，国际航线运能有待提高。二是"门到门"履约能力弱。国际物流服务需要协调不同区域、国家间制度和文化差异，目前中国物流企业在涉及跨境、海外本地履约配送等方面的能力尚有所欠缺。例如，在国际快递业务中，外资企业依然占据全球主要市场份额。三是定价权掌控力弱。一方面，国际物流定价权与进出口货物的定价权有一定的关联，物流价格难以完全由物流企业决定；另一方面，中国企业在国际上物流节点布局较少，也使其在市场上难以获得定价话语权。

## 资金流通效率低，传统供应链金融难以应对外部冲击

中国企业保管成本高，影响供应链中的资金流通效率。供应链中的企业在日常运营过程中，营运资金以预付账款、存货、应收账款的形式被占用，导致企业现金流紧张，给企业资金周转带来一定的压力。这种营运资金被占用的成本，主要体现在保管成本上。保管成本是指物品从最初的资源供应方向最终消费客户流

---

[①] 数据来源：交通运输部。
[②] 数据来源：交通运输部。
[③] 数据来源：Planespotters。

动的过程中，所发生的除运输费用和管理费用之外的全部费用，包含仓储、包装等显性成本以及资金占用和货损等隐性成本[1]。中国供应链中的保管成本较高，而美国供应链中保管成本较低。正如前文所提到的，中美制造业过去5年存货周转天数平均值分别为83天和67天，中国制造业的存货周转天数比美国高23%。同时，2021年全国社会工业品物流总额为299.6万亿元，基于2021年中国制造业存货周转天数（76天）以及企业贷款加权平均利率（4.6%），2021年流通过程中产生的资金占用成本约为2.5万亿元，占当年保管费用的45%[2]。如果能加速供应链中企业的资金周转率，就可以降低该企业的经营成本，提升供应链上企业经营的稳健性，进而增强中国供应链生态的韧性。

提升流通效率、降低保管成本的一个重要途径是综合运用供应链金融工具。为了满足供应链上企业的融资需求，相应的金融产品应运而生。在供应链上的企业在生产运营的不同阶段，金融机构可以对其提供不同的供应链金融产品，例如订单采购阶段的保兑仓融资、货押融资、订单融资、代理采购商融资等，存货保管阶段的仓单质押融资和存货质押融资等，销售回款阶段的应收账款质押融资、应收账款票据贴现、应收账款保理等。供应链金融服务在国外出现得较早，其中保理业务在几个世纪前的西方国家就已经很常见，而存货融资市场在19世纪的美国广泛存在，仓单质押规则也在20世纪初的美国被建立[3]，这些都是较为常见的传统供应链金融，目前在国内也较为普遍。

但传统的供应链金融顺周期，可能放大外部环境对供应链的冲击，加剧供应链的不稳定性。在宏观经济周期中，传统的供应链金融[4]的弊端之一就是高度的顺周期，这使得供应链金融无法应对外部环境对供应链的安全冲击，甚至可能放大对供应链的冲击。顺周期表现为在经济上升期，金融机构的信贷扩张为市场注入大量流动性，造成资产价格泡沫和经济过热；而在经济下行期或者面对外部负

---

[1] 根据国家发展改革委和国家统计局的定义。
[2] 数据来源：万得资讯。由于这种计算方法采用的是全年累计流通值，因此实际的资金占用成本可能小于45%。
[3] 胡跃飞、黄少卿：《供应链金融：背景、创新与概念界定》，《金融研究》2009年第8期。
[4] 传统供应链金融主要是指市场化运作的供应链金融，并与近年来随着金融科技发展、核心企业主导的供应链金融相区分。

面冲击时，金融机构信贷回落，又加剧了对经济的负面冲击。值得注意的是，在经济下行期或者面对外部负面冲击时，企业的现金流往往出现困难，这是企业最需要资金的时候。但金融机构出于风险控制的考虑，反而可能减少为受到经济周期负面影响的企业提供融资，甚至供应链上与该企业相关的其他企业也会因此受到波及而较难获得融资。例如，随着2019年下半年的经济波动，中国中小企业的经营越发艰难，这些企业借贷的违约风险增大，因此金融机构不同程度地降低了对中小企业的借贷规模[1]，有些金融机构甚至几乎完全中断了供应链金融业务，这让原本生存压力就大的中小企业经营更加艰难。

## 数字化渗透率不足

中国企业仍处于数字化改造的早期阶段。以工业为例，2019年全球平均工业数字化渗透率为23.5%，其中德国最高，工业数字化渗透率达到45.3%；而中国的工业数字化渗透率仅为19.5%，虽然2020年增长至21%，但仍显著低于德国等发达国家[2]。艾瑞咨询统计，中国大量企业仍处于供应链数字化改造的早期阶段。一方面，中国企业对供应链数字化产品的接受能力还在逐步拓展与市场教育阶段，对供应链数字化带来的优势认识不足[3]；另一方面，受预算限制，许多企业无法直接采购供应链全流程数字化改造方案。

数字化改造可增强对于供应链需求端预测的准确性，帮助企业应对外部冲击带来的风险。在数字经济时代，通过提高数字化渗透率增加对于数据要素的累计，再在此基础上利用深度学习等算法进行数据分析，是供应链信息流管理的关键。在新冠肺炎疫情以及地缘政治的冲击下，通过大数据和云计算技术增强对于需求变化的预判，能够帮助应对供应链风险。在新冠肺炎疫情期间，梅西百货通过挖掘信用卡大数据，前瞻性地预测出消费需求的下滑，及时削减库存计划。相

---

[1] 中国物流与采购联合会："智慧供应链与金融"系列评论之二十八——直面新冠肺炎疫情，如何通过供应链金融帮助中小企业脱困？ http://www.chinawuliu.com.cn/zixun/202002/07/491669.shtml
[2] 中国信息通信研究院：《中国数字经济发展白皮书（2021年）》。
[3] 艾瑞咨询：《2022年中国供应链数字化升级行业研究报告》。

比其竞争对手科尔百货在 2022 年二季度同比增长 48% 的库存，梅西百货库存同期仅同比增长 7%，成功减轻了 2022 年下半年美国百货公司普遍存在的去库存促销压力①。因此，改善数字化渗透率低的问题或能帮助中国企业提高供应链的韧性与稳健性。

## 思考与启示

新冠肺炎疫情、地缘政治和绿色转型引发全球供应链重塑，使中国企业面临外资产业转移和断供两种产业链风险。应对产业链风险，一方面，中国较大的市场潜力促使跨国企业在华策略转向服务中国本土市场，可对产业转移风险形成一定的缓冲；另一方面，外部环境变化或使新冠肺炎疫情、极端气候事件等自然风险以及地缘政治事件在未来越发频繁，供应链扰动因素增加，这意味着中国需要从供应链生态构建着手，强化企业应对外部冲击的综合能力。

改善供应链生态，有利于中国企业在面对新冠肺炎疫情、地缘政治等外部冲击时降低损失，并更好地适应绿色转型趋势。我们从物流、资金流、信息流三个维度展开对供应链生态构建的思考。物流方面，提升海内外物流效率可以缩短交付周期，既有助于提高企业在华收益、减少产业转移，也可降低突发事件造成的供应链延迟及断裂风险。此外，相对于转换清洁能源，降低空驶率、发展物流协同等方式有助于企业在小幅抬升总成本的同时减少碳排放，呼应绿色转型趋势。资金流方面，合理发展供应链金融有助于增强企业资金流的稳定性，提高面临新冠肺炎疫情、自然灾害等突发事件时链上主体的生存能力。信息流方面，新冠肺炎疫情等外部冲击引发下游需求大幅波动，需要供应链的数字化转型增加企业对上游产能和下游需求的可见性，从而降低决策成本，提升企业供应链的敏捷度和应对突发事件的快速反应能力。

---

① Wall Street Journal. How Macy's Has Avoided— So Far— the Inventory Pileup Plaguing Other Apparel Chains. October 2022. https://www.wsj.com/articles/how-macys-has-avoidedso-farthe-inventory-pileup-plaguing-other-apparel-chains-11664930492.

## 打破国内物流壁垒，建设国际物流体系

对内，中国需要打破两个物流壁垒，建设国内统一大市场。一方面，中国需要打破区域间物流协同的壁垒。为了建立全国统一大市场，应该鼓励跨区域、全网络的专业化物流服务商发展，打破区域间的有形或无形限制，在强化规模经济的同时，也避免物流资源的重复建设和低效使用。另一方面，中国需要打破不同运输方式之间的物流壁垒，加强运输要素协同。不同运输工具和模式有各自的优点和适用性，加强不同运输模式的配合与协作是提升整体运输效率的重要手段。由于受产业结构、运输标准不统一等因素限制，目前中国运输结构仍存在较大优化空间，未来加强发挥铁路的运输功能、实施多式联运将是运输结构转型的重要内容。物流连接了生产和消费，是市场流通和运行效率的基础。在内循环中，打破两个物流壁垒有助于建立全国统一大市场，进而优化生产要素的分配和协同，降低中国产业链风险。

对外，中国需要建设国际供应链物流体系。在外循环中，中国需要通过抢占核心节点与资源以及提升综合物流服务能力来升级国际供应链物流体系。首先，中国应加速布局核心供应链节点和资源。作为物流链条中对效率和安全起到重要作用的核心资源，海外仓和运力资源应成为优先布局的领域。海外仓方面，在特定运输场景下，仓储资源具有不可替代性，而未来随着跨境物流供应链的成熟，海外仓将成为关键的基础设施。同时，一些具备一体化能力的物流企业或推进海外收购，从而开启行业整合，海外仓将从过去两年的粗放扩张向高质量整合转变。运力资源（货机、船舶）方面，中国国际运力资源有大幅上升空间，例如日本从20世纪70年代开始，进口货物国货国运比例可达60%~70%，而中国在2019年的国油国运比例仅有30%。此外，中国应积极培育国际性的物流企业，使其肩负起国货出海的供应链重任。参考美国联合包裹、联邦快递的发展历史，美国跨境物流企业的崛起与美国企业出海相辅相成。联邦快递通过收购、自建等方式逐步建立起覆盖全球的服务网络，在很大程度上通过可靠的履约能力、具有性价比的物流服务帮助美国跨国企业实现全球化。在中国企业"走出去"的过程中，中国的物流企业也需要成长为国际性的供应链公司，为中国企业出海保驾护航。

## 合理发挥供应链金融的作用

提升供应链安全，需要增强供应链金融的政策性。金融机构通过掌控供应链上下游的资金流、物流、信息流等来为供应链上下游企业提供融资服务，这种模式就是金融机构主导的供应链金融。这种模式出现的时间最早，也最为普遍，是传统的供应链金融模式。传统供应链金融模式具有较强的顺周期性，难以自发地发挥应对安全冲击的作用，反而有可能成为安全冲击的放大器。这意味着需要通过增强供应链金融政策性的方式来提升供应链安全。

银行是中国供应链金融最主要的资金来源，而中国的主要大型银行为国有银行，从保障供应链安全的角度出发，应该发挥金融机构主导的供应链金融的政策性作用。从供应链金融不同资金来源交易额来看，银行直接融资的交易额最大，2021年达到了44.9万亿元，近5年来银行直接融资的交易额占所有资金来源的比重约为75%[1]。在供应链面对外部冲击时，尽管供应链上企业的经营活动现金流下降，但由于银行增加了供应链上较为脆弱企业的筹资活动现金流，因而可以保障其正常运转，维护供应链安全。

为保障供应链安全，除了应该发挥金融机构主导的供应链金融模式的政策性作用，还应当关注另一种模式，即核心企业主导的供应链金融，适当发挥核心企业主导的供应链金融的作用。

核心企业主导的供应链金融模式已逐渐兴起。随着供应链和金融市场发展，一些供应链上的核心企业[2]，包括大型仓储物流企业或者科技平台企业[3]，为核心企业上下游提供资金和其他金融服务，这种模式即核心企业主导的供应链金融模

---

[1] 数据来源：中国人民银行，中国银行保险监督管理委员会，中国资产证券化分析网，商业保理专业委员会，保理委员会。

[2] 在供应链某一环节相对强势而其上下游较弱势的企业中，较为强势的企业被称为核心企业。

[3] 中国人民银行等八部委《关于规范发展供应链金融 支持供应链产业链稳定循环和优化升级的意见》（2020）提出，"金融机构、核心企业、仓储及物流企业、科技平台应聚焦主业，立足于各自专业优势和市场定位，加强共享与合作，深化信息协同效应和科技赋能，推动供应链金融场景化和生态化"。

式[①]。核心企业立足于各自专业优势和市场定位，把控供应链上下游的价格、订单、货物等关键信息，结合自身或金融机构的资本优势，一方面通过核心企业自身设立的商业保理公司、融资租赁公司、小额贷款融资、投融资平台，另一方面通过商业银行或其他金融机构，开展相关供应链金融业务。这种模式随着精细化的生产、便捷的物流、规模化的企业集团运作而发展起来，在国外已较为普遍，例如通用电气通过 GE Capital 为其客户提供资产担保贷款及设备融资[②]，联合包裹公司通过 UPS Capital 为客户提供存货融资、应收账款融资、抵押贷款等多种金融服务[③]。而在中国也有不少这样的金融实践，例如顺丰、海尔、美的等通过财务控股公司为集团供应商提供应收账款保理、票据贴现等服务[④]，京东等电商平台为中小微企业、京东平台合作商家提供预付融资、应收融资、票据融资等金融产品[⑤]。

在核心企业主导的供应链金融模式下，核心企业更了解供应链上企业的经营情况，在保障供应链安全上可以发挥作用。供应链上核心企业主导的产融结合模式，没有政府担保，也没有面向社会公众进行融资，而只是依靠内源融资去支撑供应链上企业的融资。除此之外，相较于金融机构主导的模式而言，由于核心企业比金融机构更了解供应链上企业的经营情况，核心企业主导的供应链金融模式可以减少信息不对称，有助于缓解金融的顺周期性，在一定程度上更具优势。因此，若要通过核心企业主导的供应链金融模式来破解融资约束，政策上或应该允许其在合法合规的前提下适当发挥作用。

---

① 狭义的核心企业一般不包括仓储物流企业、科技平台企业，但由于这几类企业在生产、服务等环节在供应链中都至关重要，且和金融机构主导的供应链金融模式相比，都从自身业务出发拓展金融服务，因此在后文中将这些企业统称为核心企业，即广义的核心企业概念。
② 通用电气官网：https://www.ge.com/cn/b2b/capital。
③ 联合包裹公司官网：https://upscapital.cn/about-us/company-history/#。
④ 顺丰财务公司官网：http://www.sf-treasury.com/virtualpath/static/business/loan.html。
海尔财务公司官网：http://www.haierfin.com/web/jrfw/gsjryw/index.shtml。
全链融公司官网：https://www.techlinkall.com/about。
⑤ 京东企业金融平台：https://qyjr.jddglobal.com/。

## 把握供应链 4.0 的数字经济机会

数字经济时代，5G、AI、云计算等数字技术更加易得和便于应用，有助于解决劳动力密集、成本高、管理落后的痛点。传统物流行业仍是劳动力密集行业，但中国的人口红利正逐步消失，同时物流是一个较为分散的市场，数字化信息化程度低。数字经济时代的科技手段将会显著优化物流企业的业务流程和运作方式。

中国通过对供应链 4.0 的投入以及加强管理上的掌控来控制风险，或可以减少产业转移的必要性。日益成熟的跨境电商模式，便是数字化供应链的一个典型体现。一方面，跨境电商流通链路短、时效高，能实现链路数据共享，直达消费终端，让产品力和品牌力直接相连，成为中国制造连接全球消费者的第一路径；另一方面，跨境电商模式也让新兴国家、中小企业更容易参与全球价值链。例如，从 SHEIN（希音）的"小单快返"模式看数字化物流供应链。"小单"指的是 SHEIN 大部分订单是 100~300 件，平均订单交付期为 11 天 [而 ZARA（飒拉）为 30~60 天]；"快返"指的是 SHEIN 根据消费者购买反馈决定哪些款式加单，SHEIN 每月上新大于 1 万款，而对比之下 ZARA 每月上新仅 1 000~2 000 款，"小单快返"模式对数字化提出了新的要求。相比于传统贸易，中国品牌在跨境电商供应链中处于更核心的地位，有望诞生"链主"级企业，从而提升供应链的可控性。

第九章

# 大宗原材料：风险与保供

俄乌冲突以来，全球大宗原材料产业链遭受巨大冲击，资源进口国面临贸易条件恶化、通胀加剧等挑战，各国对资源供应安全的关注度持续上升。资源供应安全引发需求国担忧的根本原因在于其卖方垄断市场的天然属性。但回顾历史，欧美等资源需求国曾凭借军事实力、技术资本优势等掌控市场势力，在大部分时期并非完全处于劣势。那么，在地缘冲突加剧、绿色转型加速等全球趋势下，中国同样作为资源需求大国应该如何构建市场势力，以应对供应风险，确保资源安全？

当前，供需错配是中国大宗原材料面临的风险现实，主要体现为对于资源的需求大、对外依存度高、进口渠道集中，此外成本竞争力弱以及技术替代较慢也抬高了错配风险。未来，国内外发展新变局或将进一步加剧全球大宗原材料的供需紧张，给中国带来更多的风险不确定性。从国际市场环境看，绿色转型使得传统能源、新能源金属等主要大宗商品进入紧缺高价周期，诱发资源国资源民族主义抬头，需求国资源博弈升级。持续趋紧的国际政治环境或将进一步助长资源民族主义，而具备市场势力的需求国又通过友邦联盟和贸易干预等手段加剧资源竞争，导致全球大宗原材料供应市场进一步分割。从国内需求特征来看，我国经济发展步入工业化中后期并加速推进高质量发展，传统能源和金属需求量占全球份额降低，新能源金属需求量大幅增加，且需求弹性相对较低。资源民族主义抬头等因素将导致大宗商品供给集中度提高，进一步抬升风险。

为应对大宗原材料的供应挑战，本章结合他国经验和中国现实，提出行业和国家两个层面的措施建议。在行业层面，加大国内挖潜力度，拓宽海外资源渠道，加强储备能力建设，提升循环回收和技术替代力度。在国家层面，持续升级战略性矿产的供应链安全部署，积极参与全球资源合作，推广人民币结算与计价，保障原材料供应链韧性。[1]

---

[1] 本章作者：陈济、王琳、林欣月、裘孝锋、陈彦、齐丁。本章得到了郭朝辉、李林惠、曾灿、张树玮、张家铭、杨文艺的支持。

## 垄断市场的供应安全

自 2022 年初俄乌冲突爆发以来，全球能源和粮食供给冲击导致大宗商品价格持续震荡，给进口国带来两大经济影响。一是输入型通胀并伴随着经济衰退的可能[1]。2022 年 8 月，受俄乌冲突影响最直接的欧元区 19 国的通货膨胀率达到 9.1%，创下自 1997 年有记录以来的最高水平，特别是西班牙、葡萄牙和英国（见图 9.1）。二是贸易条件的恶化。2022 年上半年，德国、日本、韩国等制造业强国的贸易条件持续恶化，其中德国更是多年来首次出现贸易逆差[2]。与此同时，澳大利亚、加拿大等资源出口国却因大宗原材料价格上涨迎来了贸易条件大幅改善。有研究表明，价格上涨会使财富从资源进口国转移到资源出口国[3]。资源出口国和进口国的"喜"与"忧"恰恰表明了大宗商品国际市场势力的变化及其对世界经济的影响，更加凸显保障大宗原材料供应安全的重要性。

---

[1] 张天顶：《国际大宗商品价格冲击、传递效应与中国的通货膨胀动态》，《南方经济》2014 年第 9 期。
[2] 详见中金研究部 2022 年 8 月 7 日发布的报告《汇率向能源看齐》。
[3] Fried, E.R., Schultze, C.L. Higher Oil Prices and the World Economy. Washington, DC: The Brookings Institution, 1975.

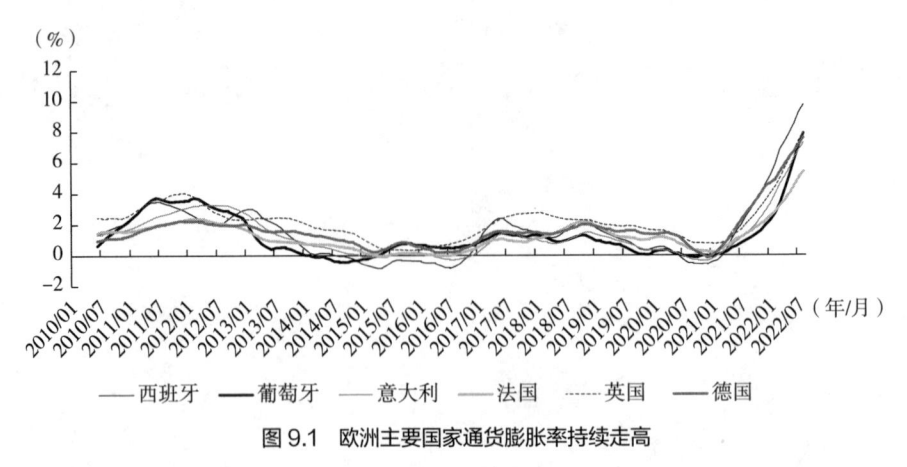

图 9.1 欧洲主要国家通货膨胀率持续走高

资料来源：iFinD，中金研究院。

注：图为 6 个月滚动 CPI 数据。

事实上，美国及其西方盟友对产业链安全关注度持续升温，其中保障关键资源的供应安全始终是核心内容之一。俄乌冲突进一步加剧了地缘政治因素对大宗原材料产业链的影响，从美国和加拿大、澳大利亚、芬兰等国成立"矿产安全伙伴关系"（MSP），到美澳、美日在稀土资源领域的合作，都反映出西方国家正加速进行全球布局。

为什么资源需求方容易对供应安全产生担忧？其根本原因是大宗市场天然易形成垄断。按照经典的经济学理论，如果一个市场上供给方数量少，且所供应的产品很难被替代，就容易形成垄断格局。大宗原材料恰恰符合这两个条件：一是资源的地理分布不均造成少数国家拥有大部分的资源矿产[1]；二是上游原材料可替代性差，需求弹性较小[2]。另外，大宗原材料在一定条件下具备稀缺性，且资源矿产的勘探开发及投资建设需要较长周期，造成在一定的时空条件下，资源供给是给定数量的，此时的供给弹性缺乏[3]，进一步强化了资源供给方的市场势力。

---

[1] WTO. Natural resources: Definitions, trade patterns and globalization, 2010.

[2] 滕泰、羿伟强、赵虹等：《全球大宗商品供求价格弹性分析》，《世界经济研究》2006 年第 6 期。

[3] Hotelling H. The economics of exhaustible resources. *Journal of political Economy*, 1931.

这是否意味着资源需求方会始终处于劣势？纵观历史，并非所有时期大宗市场都是资源供给方主导的。事实上，从地理大发现到工业革命前后，再到二战后相当长的一段时间内，资源供给方在贸易中反而缺乏优势。与之相反，作为资源需求方的欧洲先是凭借军事殖民手段获取了大量廉价的石油等资源品，即便是在二战后，拥有资源的被殖民国家虽然逐渐实现主权独立，欧美等资源需求方仍以技术和资金优势进行资源控制。在这一时期，西欧、日本等经济体在战后重建，叠加北美经济扩张周期，拉动大宗商品消费大幅提升[①]，对资源供应的控制力反而持续强化，甚至形成了资源需求方主导的寡头垄断局面。

直到第一次石油危机爆发，资源供给方受益于不断扩大的需求市场、技术提升以及资本积累，市场势力才逐渐得到加强，开始以能源、金属联盟等组织形态控制资源供应。到20世纪90年代冷战结束后，国际政治经济环境趋向缓和，全球迎来了较长时间的和平发展时期。随着资源供应主体及定价影响因素多元化，中国等新兴经济体对资源需求持续增强，供需两侧形成了相对均衡的市场势力。由此可见，虽然大宗商品天然垄断特性有利于资源供给方势力占优，但大宗原材料需求方在多数历史阶段并未完全处于劣势。

那么，是什么决定了大宗原材料供需双方的市场势力呢？我们认为，供需关系是决定大宗商品市场买卖双方势力分布的基础。若供需关系紧张，资源国或掌握资源的供给主体则倾向于增强管控，此时的卖方势力占主导优势；若供需关系宽松，则易形成更加市场化的交易格局，此时的买方势力相对增强[②]。垄断市场中掌握市场势力的一方往往能够利用其做出有利于自己的交易行为，对于资源需求方而言最重要的便是供应保障。

在供需关系基础上，市场势力的大小还取决于供给集中度、成本竞争力、需求弹性等关键供需结构特征。经济学中使用剩余需求曲线来描述垄断的供给者减产量和市场价格之间的响应关系，曲线的陡峭程度体现供给侧垄断者市场势力

---

[①] 世界银行，Commodity Markets Book 2022: Evolution, Challenges, and Policies。
[②] Manuel Miras, Elasticity of supply and demand and price rigidity of trade goods, *Journal of Economic Society*. 1987.

的大小[1]，与供给集中度、其他竞争者的供给成本差距以及需求弹性相关[2]。首先，供给集中度越高，越有利于卖方形成公开或默契的合谋协议，从而对市场价格的联合控制能力更强。其次，垄断者供给成本竞争力越大，市场势力越强。这是由于当该垄断者宣布减产时，其他竞争者需要调动更高成本的技术和资源，使得快速经济地填补减产缺口的可能性更低。最后，需求方弹性越小，供给减少后越不会带来消费量的锐减，对价格稳定上涨起到了支撑作用。

政治经济因素主要通过影响供给集中度改变市场势力。政治经济实力强的欧美国家在大宗原材料国际贸易中的参与度和影响力大。这些国家通过跨国公司投资经营、政治军事威慑等方式掌握资源，分散供给集中度，从而获取市场势力。当国际政治经济格局发生变化时，特别是当原来具有政治经济优势的守成大国与新兴大国的博弈加剧时，对大宗原材料的博弈升级，导致守成大国有更强的动力提升其掌控的供给资源集中度。在当前政治经济格局不稳定的背景下，具备市场势力的国家围绕大宗原材料的博弈显著提升。例如，美国近年来在初级金属和金属冶炼领域的对外投资显著增加，当前年均投资额是10年前水平的近3倍。可见，在修昔底德陷阱下，原本具备市场势力的主体将利用其综合实力争取更多供给资源，提升供给集中度，进一步扩大其在大宗原材料等战略性领域的市场势力[3]。

技术创新主要通过影响需求弹性、成本竞争力等改变市场势力。技术创新对大宗商品需求弹性的影响体现在两个方面。一方面与大宗商品生产及需求替代相关的技术创新会使得需求弹性上升；而另一方面更广泛的终端应用技术创新，往往会助推部分大宗商品需求快速增长，供需关系趋紧。例如，核电、可再生能源发电技术的发展使传统能源需求减少、需求弹性提高，而通信技术、新能源技术渗透带动了对铜、锂、钴、镍、玻璃等资源需求的增加，需求弹性降低。此外，具备技术优势的主体往往能够获得成本竞争力，从而提升市场势力。美国在页岩油方面的技术创新就是通过形成成本竞争力从而改变市场格局的典型案例。2010

---

[1] Landes, William, M, et al.. Market Power in Antitrust Cases. *Harvard Law Review*, 1981.

[2] Goldberg P K, Knetter M M. Measuring the Intensity of Competition in Export Markets. North-Holland, 1999.

[3] 修昔底德陷阱是由美国哈佛大学教授格雷厄姆·艾利森提出的，此说法是指一个新兴大国必然会挑战守成大国的地位，而守成大国也必然会采取措施对其进行遏制和打压。

年前后，美国页岩油技术进步导致全球石油成本曲线在 60~80 美元的区间内变得非常平坦，这意味着其他竞争者要在这个区间内操纵市场价格，难度大幅提升。

因此，我们将在后文中，围绕传统能源、传统金属、新能源金属等关键资源品类，通过分析其供给集中度、需求弹性、成本竞争力等供需结构特征，评估中国大宗原材料供应风险现状，以及未来政治经济格局变动和技术变革下的供应风险演变趋势。

## 风险现状及成因

从国家的视角来看，大宗商品供应安全是衡量一个国家是否可以持续、稳定、及时、足量和经济地获取所需自然资源的状态或能力[1]，不仅要考虑供应数量问题，还要考虑获取资源的经济性[2]。因此，在供需错配的格局下，从大宗原材料需求方的视角，我们将可能引发资源完全断供的风险作为主要风险，将会导致资源国付出巨大成本代价才能保证供应的风险作为次要风险，以此分类对中国大宗原材料的供应风险现状进行分析。

### 风险的根源：供需错配

从大宗原材料的地理分布来看，传统能源方面，全球 70% 的石油和 63% 的天然气集中在北美洲、俄罗斯和中东地区，50% 的煤炭位于中国，其余分布在北美洲、澳大利亚等地区。传统金属方面，39% 的铁矿石集中在澳大利亚，中南美洲（18%）和中国（11%）次之。南美洲是铜矿的主要产出地，其中智利铜储量占全球的 23%，秘鲁占全球的 11%。铝土矿相对集中在几内亚、澳大利亚、巴西等国家。新能源金属方面，全球锂资源主要位于南美洲、澳大利亚、非洲等地区，刚果（金）的钴矿产量占全球的 71%，印度尼西亚、澳大利亚、巴西镍储量分别占全球的 22%、22%、17%。根据美国地质勘探局，全球已探明的铂资

---

[1] 谷树忠：《资源安全及其基本属性与研究框架》，《自然资源学报》2002 年第 3 期。
[2] 王玲、褚哲源：《供应链脆弱性的研究综述》，《软科学》2011 年第 9 期。

源的 90% 集中在南非。这种高供给集中度、区域分布不均衡的自然资源特征导致了严重的供需失衡（见表 9.1）。

表 9.1 主要国家 / 地区大宗商品本土供给与终端需求错配情况

|  | 石油 | 天然气 | 煤炭 | 铁矿石 | 炼焦煤 | 铜 | 铝 | 锂 | 铂 | 钴 | 镍 |
|---|---|---|---|---|---|---|---|---|---|---|---|
| 中国 | 0.3 | 0.6 | 1.0 | 0.3 | 0.9 | 0.1 | 2.2 | 0.4 | 0 | 0 | 0.1 |
| 欧洲 | 0.3 | 0.4 | 0.6 | 0.2 | 0.2 | 0.3 | — | 0.0 | — | — | — |
| 北美洲 | 1.1 | 1.1 | 1.1 | 0.8 | 3.6 | 1.0 | — | 0.1 | 0.2 | 0 | — |
| 俄罗斯 | 3.2 | 1.5 | 2.7 | 2.4 | 1.4 | 2.2 | 5.5 | — | — | — | 7.6 |
| 澳大利亚 | 0.5 | 3.7 | 7.6 | 136.4 | — | 74.3 | 578.9 | — | — | — | 137.9 |
| 中东地区 | 3.3 | 1.2 | 0.1 | — | — | 0.6 | 2.7 | — | — | — | — |
| 中南美洲 | 1.1 | 0.9 | 1.3 | 10.5 | — | 23.2 | 29.5 | — | — | — | — |
| 其他地区 | 0.5 | 1.0 | 0.9 | 1.1 | 0.7 | 1.4 | 17.0 | 0.8 | 2.9 | 3.3 | 2.9 |

资料来源：IEA，BP，美国地质调查局（USGS），公司公告，中国汽车工业协会，EV Sales，中金研究院。

注：表中数据为供需比，即本土供给比终端需求。"—"表示数据不可得。

供需错配格局下，中国大宗原材料普遍面临着较高的供应风险。作为制造业大国，原材料在中国产业链发展中占据重要地位，关系到国计民生和社会经济稳定。在《全国矿产资源规划（2016—2020 年）》中，中国将石油、天然气、煤炭、铁矿石、铜、铝、镍、钴、锂等 24 种矿产列入战略性矿产目录，作为矿产资源宏观调控和监督管理的重点对象[①]。从资源禀赋的视角出发，我们梳理了中国战略性矿产资源的主要来源。中国自身资源禀赋较好的品类较少，大多数品类自给率极低，例如铜、钴、镍、铂等金属矿产自给率均低于 10%（见图 9.2）。而我国自身产业链发展对于资源品的需求却很大，特别是化工、钢铁、装备制造等支柱产业对资源品的依赖度高。2020 年中国煤炭需求量占全球的 56%，是全球煤炭消费第一大国。石油和天然气消费量分别占全球的 16% 和 9%，铁矿石、铝、铜等传统金属与锂、镍等新能源金属需求量的全球占比均高于 40%，铂和钴的需求量分别是 26% 和 32%。

---

① 参考《全国矿产资源规划（2016—2020 年）》。

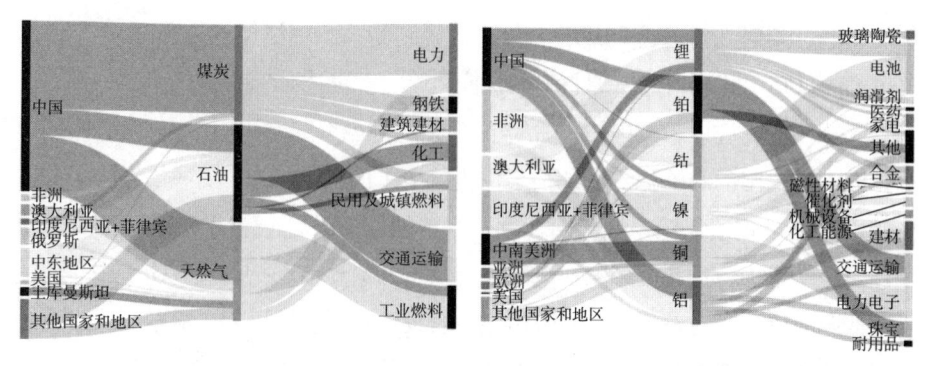

图 9.2　中国产业链中能源、金属的主要供给来源及终端消费（2020 年）

资料来源：百川盈孚，中国电力网，中国有色金属工业协会，中金研究院。

## 主要风险：对外依存度高，进口渠道集中

我国大宗原材料不仅对外依存度高，进口来源国也呈现相对集中的特点。供需错配格局下，我国大部分原材料依赖进口，近年来初级产品进口价值占总进口价值比例持续上升[①]。分品类来看，石油和天然气对外依存度分别为 72% 和 40%，铁矿石、铜和铂等金属中超过 80% 来源于进口。同样，未来需求或将持续增加的新能源金属如锂、钴、镍和铂，当前对外依存度已分别高达 69%、66%、98% 和 87%（见图 9.3）。同时，大部分品类呈现进口来源国集中的特征。从澳大利亚进口的锂和铁矿石分别占我国进口的 68% 和 61%，铜进口份额的 50% 来自智利和秘鲁，铝的进口主要源于几内亚（51%）和澳大利亚（32%）。

这种贸易格局使我国大宗原材料供应易受资源供给方市场势力的影响。这一点从我国铁矿石贸易历史中可以得到充分印证。我国是铁矿石第一大需求国，用于钢铁、建筑、汽车等中下游行业生产。虽然我国也有一定的铁矿石储量和产量，但由于国内矿石质量差、开采成本高，因此 2/3 的供应来源于澳大利亚和巴西。而澳大利亚和巴西的铁矿大多受淡水河谷、必和必拓、力拓和 FMG 等国际矿业巨头控制，四大矿商形成寡头垄断势力，导致中国一直被动承受着高昂的铁矿石价格。当然，原因还包括我国在铁矿中下游应用相关行业的集中度较低、议

---

① 根据海关总署数据，自 2010 年开始，我国初级产品进口价值年平均增长率为 3.5%。

价能力弱，同时在海外并购经验、价格走势判断、国际法律等方面存在不足[1]。这也侧面反映出我国对大宗原材料的供应风险管控能力还需要进一步的提升。

此外，主要进口来源国的政治经济环境变动也将直接影响供应安全。我们通过各进口来源国的政治稳定度评估了供应风险中的国别因素[2]。我国铜精矿和铝土矿进口国家政治风险系数相对较高，主要原因是我国铜精矿的进口来自墨西哥、秘鲁、智利，这几个国家在世界银行发布的世界治理指数（WGI）中"政治稳定性"的得分相对较低，地缘政治风险居较高水平。中国铝土矿前三大进口来源国为几内亚、澳大利亚和印度尼西亚，它们的出口政策变化将影响我国铝土矿进口。若受地缘政治等因素影响，主要进口来源国供应链扰动甚至中断，或将对我国资源供应安全产生威胁。

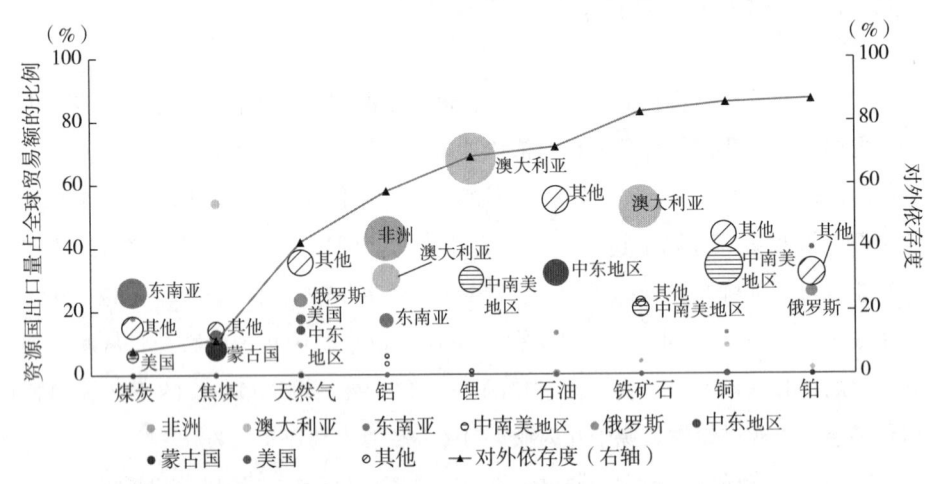

图 9.3 中国大宗原材料存在对外依存度高和供给集中度高的问题（2020 年）

资料来源：UN Comtrade，世界钢铁协会（WSA），海关总署，中金研究院。
注：气泡大小表示我国从该国或地区进口该产品量占总进口的比例。

---

[1] 方虹、沈东亮：《国际铁矿石价格机制下的中国铁矿石贸易及对策研究》，《宏观经济研究》2008 年第 4 期。

[2] 我们使用世界银行 WGI 中的各国"政治稳定性"得分对大宗商品供应来源国进行赋值，并乘以中国从该国进口商品占总进口的比重，加总得到大宗商品的国别风险。需要说明的是，WGI 并没有体现我国与商品来源国的竞合关系。

## 次要风险：成本竞争力弱，技术替代步伐慢

成本竞争力弱意味着当进口产品价格低于中国本土生产成本时，国内供应商会承受较大的成本压力，从而造成供应风险提升。我们使用中国在全球主要金属品类成本曲线分位的位置和中国产能占全球的比例两个指标来刻画中国主要金属品种的成本竞争力（见图 9.4）。可以看出，除炼焦煤外，中国各类金属本土生产成本均处于全球偏高水平，其中铁矿石最为突出。中国铁矿石成本处于全球供应成本曲线 85% 分位附近，国内铁矿石成本加运费的现金成本约为澳大利亚和巴西铁矿石现金成本的 2.2 倍，意味着我国本土生产的铁矿石存在明显的成本劣势。除镍以外的其他金属品类中，中国均处于全球主要金属品类成本曲线的偏高水平，其中以铂族金属最为突出。根据自然资源部的数据，中国已探明的铂矿品位 0.34g/t（克每吨），仅为全国储量委员会确定的工业要求指标的 1/3~1/5，远低于海外铂矿品位。

大宗原材料的技术替代可行性决定了其需求弹性。若需求弹性小，在外部冲击下需求方将无法对价格做出及时有效的调整，进而使得供应风险上升。从理论上看，金属矿产均可以依靠循环利用和技术替代等方式缓解供应风险。然而，我国目前资源积累量有限，循环利用体系尚不完善，部分替代技术研发和应用还相对落后，导致需求弹性普遍偏低。比较典型的是铁矿石和铂。从铁矿石的来源端看，废钢可以作为部分铁矿石的替代品，但由于我国废钢资源量有限，目前无法通过大量循环回收来保证铁矿石供应。铂主要应用于燃料电池等领域，未来若燃料电池汽车推广应用，铂可能出现短缺，而目前应用最广泛的质子交换膜燃料电池中使用的铂基催化剂主要存在降铂和零铂两个替代方向，当下技术研发仍未突破，因此通过技术替代降低风险的可能性较低。

此外，国内行业集中度低导致议价能力普遍不足，当面临供应方市场势力强劲时只能被动接受高价或面临断供风险。比较典型的案例是铝。中国铝加工行业市场集中度较低，2020 年产能前六大企业铝加工制品年产量均不超过全国总产量的 5%[①]。这种需求的过度分散会导致无法发挥龙头企业原材料议价和规模化生

---

① 前瞻研究院：《2021 年中国铝加工行业竞争格局及市场份额》，2022 年 1 月。

产的作用，从而被迫承受卖方垄断势力产生的高溢价。

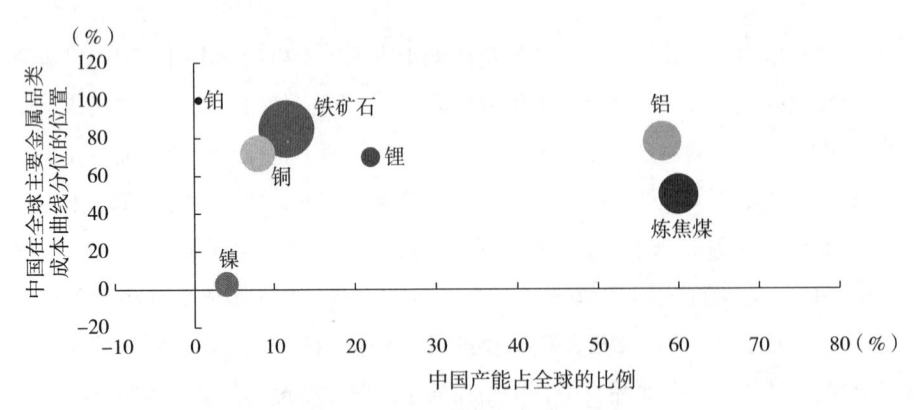

图9.4 我国金属矿产存在成本竞争力不足的问题

资料来源：USGS，公司公告，中国汽车工业协会，EV Sales，Wind，World Bank，Mysteel，中金研究院。
注：气泡大小表示全球行业产值大小。

## 变局下的风险演变

绿色转型、国际政治经济环境变化逐渐成为影响大宗商品市场格局的两大主线。一方面，绿色转型导致大宗商品供应趋紧，步入繁荣周期。由于供给侧新产能投资被抑制，石油、天然气等品类在过去一段时间内投资持续出现赤字，当前及未来几年传统能源供应趋紧。传统能源紧缺驱动新能源超预期渗透，导致主要新能源金属供应紧张，价格大幅上涨。另一方面，不稳定的国际政治经济环境引发资源博弈升级。全球金融危机后，各国经济贸易竞争已有所增加，而新冠肺炎疫情、俄乌冲突等事件使得摩擦升级。当前，大宗商品市场已出现分割，例如欧洲与俄罗斯之间能源"脱钩"引发国际能源市场供应紧张，价格高位波动。同时，大宗商品市场价格波动又促使各国更加重视大宗商品的战略地位，资源国资源民族主义抬头，需求国资源博弈升级，储备意愿提升，导致国际市场配置空间降低，价格波动性增加，由此可能陷入"波动性陷阱"。

可见，在以上两大因素推动下，全球各国围绕大宗原材料的博弈正在升级，这将使中国大宗产业链面临的外部环境更加复杂。同时，国内经济发展阶段和模式变化也给大宗商品需求带来新变化。在内外部不确定性均升级的形势下，有必要对风险演变趋势做出进一步研判。

## 国际变局下的风险：供需紧张加剧

资源国：资源民族主义强劲复兴

资源民族主义是指基于国家对自然资源的管辖，通过控制和支配资源实现政治经济目标的市场干预行为[①]，实现方式主要包括矿产资源国有化或限制外资参与、提高矿产特许权使用费率和税率、停止或重新谈判现有采矿合同、禁止出口等。从历史经验看，资源民族主义的兴起与全球矿产繁荣周期、资源国财政状况以及政治生态密切相关。

当前大宗商品步入繁荣周期、资源国财政赤字压力加大以及政治生态变化三重因素叠加，全球资源民族主义或迎来新一轮复兴。自2008年金融危机以来，多数资源国财政陷入困境，导致资源民族主义浪潮开始抬头，而近期的新冠肺炎疫情进一步加重了各经济体财政及公共债务负担（见图9.5）。根据国际货币基金组织，新兴经济体财政赤字占GDP比重由2019年的4.6%大幅升至2020年的9.3%，2021年虽然回落至5.3%，但仍明显高于新冠肺炎疫情前的水平[②]。拉美、中东、北非等资源国财政赤字情况显著，提高矿业部门税费收入以缓解财政压力的动力提升。除此之外，政权转变往往引起经济思潮的变化，从2019年起拉美各国逐步进入左翼政权，包括墨西哥和阿根廷在内的多个拉美国家资源民族主义倾向加强。

从资源民族主义影响范围看，本轮波及范围从传统能源及金属拓展到新兴战略矿产领域，焦点转向新能源金属，新的卡特尔联盟或正在酝酿。此前资源民族主义的控制重点多集中于石油、天然气以及铜矿等传统行业，例如墨西哥、阿根廷、委内瑞拉均成立了国家石油公司，秘鲁矿业公司、智利铜业公司等也均为国家所有。而当前随着新能源金属矿产战略意义显著上升，将锂收归国有正在成为

---

[①] 刘天科、张铎、王伊杰：《资源民族主义与典型国家行为分析》，《自然资源情报》2022年第10期。
[②] 国际货币基金组织：《2022年全球金融稳定报告》，2022年4月。

拉美国家政府的战略重点之一[①]。其中由玻利维亚、阿根廷和智利组成的"锂三角"资源丰富，开采潜力巨大，锂储量占世界储量的56%。目前，该三国正考虑组建"锂欧佩克"[②]，一旦形成或将突出供需矛盾，支撑锂价上行。

图9.5 拉美地区、非洲地区公共债务负担处于历史高位

资料来源：IMF，中金研究院。

据风险咨询公司Verisk Maplecroft，新冠肺炎疫情以来全球34个国家和地区的资源民族主义指数显著上升，主要为南美和非洲资源国。虽然该指数从2017年开始就有上升趋势，但近一年的提升尤为显著[③]。若该形势持续发酵，其影响深度和广度或可能不亚于此前资源民族主义盛行时期。20世纪70年代，中东国家石油输出国形成OPEC联盟，控制并提高石油市场价格，高企的价格挤压工业国利润空间，全球制造业发展模式及国家间分配格局也由此发生深刻变化，制造业逐步向更具备资源优势的国家转移。可见，当资源国市场势力占主导时，需求国所面临的资源供应风险将大幅提升，对自身经济结构的冲击影响深远。

除了资源国自发的保护主义崛起，摩擦加剧的国际政治环境或将为资源民族主义发酵提供支撑。回顾上一轮资源民族主义高峰期的演变过程，20世纪50年代资源国纷纷取得政治独立，争取本国自然资源主权的民族意识崛起。但当时资

---

[①] 中国现代国际关系研究院拉丁美洲研究所：《拉美"资源国有化"史鉴》，2022年1月。

[②] Mercopress: South American countries might form "lithium OPEC", 2022.

[③] 参见 https://www.maplecroft.com/risk-indices/。

源民族主义仅是一种政治意识，在政策上并没有取得成功，主要原因是发达国家以军事、技术等方面优势进行压制。而20世纪60年代后，国际形势发生了很大变化，美苏在中间地带的博弈加剧，积极拉拢资源国结盟，这为资源国联合实行保护政策提供了战略空间[1]。可见，若当前地缘政治摩擦升级，资源民族主义或将持续发酵。

需求国：地缘政治加速全球市场分割

全球主要经济体对大宗原材料需求将大幅增加，且所需战略资源重叠度高，引发需求国间的资源竞争加剧。国际能源署研究认为，若想实现《巴黎气候协定》目标，到2040年各国清洁能源技术的矿物需求总量至少翻两番，其中锂需求增量超40倍，石墨、钴和镍需求增量达20~25倍，关键矿产供应安全将成为各国的新挑战[2]。世界银行同样认为，关键矿产在脱碳能源系统中日益重要，2050年全球需求可能会增长500%，针对战略矿产的博弈将越发激烈[3]。目前，中、美、欧均将新能源制造、信息通信、数字技术等高科技行业作为战略发展产业，对相关大宗原材料的需求重叠度高，特别是锂、钴、镍、稀土等。这种战略资源需求的高度重叠或将导致资源摩擦可能性上升。

国际政治经济环境紧张将加剧需求国之间的资源博弈。回顾历史，国际关系紧张、阵营对抗时期，需求国围绕着资源供应和控制的博弈通常更加激烈[4]。二战后冷战时代开始，全球资源供应体系割裂为两个阵营[5]。美苏均把影响和控制世界能源生产列为最重要的战略目标之一，积极寻求国际合作和国际贸易协定[6]。如今全球政治经济格局正在发生深刻变革，若地缘政治冲突的频率和激烈程度持续上升，国家间资源博弈和全球资源供应体系的割裂或将加剧。

---

[1] 张建新：《资源民族主义的全球化及其影响》，《社会科学》2014年第2期。
[2] 国际能源署：《关键矿物在清洁能源转型中的作用》，2021年5月。
[3] 世界银行：《矿产品促气候行动：清洁能源转型的矿产消费强度》，2020年5月。
[4] Hanns. W. Mavll. *Raw Materials, Energy and Western security*. Basingstoke: Macmillan, 1984.
[5] 高淑琴：《世界地缘政治经济转型中的自然资源要素分析》，《资源科学》2009年第2期。
[6] Ewan W. Anderson. *Strategic Minerals: Resource Geopolitics and Global Geo-economics*. Chichester: Wiley, 1998.

当前，需求国已开始越发关注关键矿产供应问题，对关键资源的竞争明显升级。除了对外增加矿产资源投资、对内增强储备能力等常规资源保障措施，在国家层面也上升到战略地位。主要措施包括两类：一是成立联盟锁定原材料资源；二是通过产业链势力影响原材料流向，导致大宗商品国际市场分割的加剧。

在成立联盟锁定原材料资源方面，美国部署最为积极广泛。美国大力推进的"矿产外交"联盟分为两个层面[1]。一是资源盟友圈，主要包括澳大利亚和加拿大，希望在盟友圈中推进矿产合作，建立西方矿产俱乐部；二是更广泛地结盟资源丰富的国家，美国逐步向拉美关键战略矿产领域投入更多资源，构建西半球供应链同盟，不断加强锂、钴、镍、石墨等供应链的上下游合作。值得注意的是，2022年6月，美国宣布与加拿大、澳大利亚、日本、韩国、瑞典、英国和欧盟等盟友建立MSP。美国成立MSP的主要目标不仅是在面临稀土、锂等关键矿物供不应求时保障自身供应链安全，今后还可能成为美国对他国实施资源遏制的工具。有研究认为，MSP的成立标志着关键矿产历史的新开端，战略大宗商品全球化贸易的时代即将结束，过去高度全球化的供应网络已划分成政治上两极分化的势力范围[2]。

在以产业链势力影响大宗原材料流向方面，同样呈现美国积极主导、欧洲等发达经济体紧随其后的局面。美国通过供应链对原材料流向的干预主要集中在光伏、新能源汽车电池等行业。光伏方面，美国对特定来源硅料进行抵制，其光伏电站开发商和组件供应商以满足合规为由调整原有供应链，避免使用相关硅料产品。此后欧洲也开始跟进，增加了对特定来源硅料的供应审核要求；新能源汽车电池方面，美国近期加强了对新能源汽车电池所用原材料的管控。在其关键产业政策《通胀削减法案》中，美国要求2024年前投入使用的新能源汽车电池所用原材料的开采或加工，须保证有40%位于美国本地或与美国签有自由贸易协定的国家。欧美通过供应链干预原材料来源，实质是其友岸外包政策在大宗商品领域的延伸，这些干预流向行为正在逐步分割国际大宗商品市场。

---

[1] 法国智库国际关系研究所：《美国矿产主权战略》，2021年。
[2] Reuters: U.S. forms "friendly" coalition to secure critical minerals, 2022.

## 中国变局下的风险：配置难度加大

在国际大宗商品市场格局变化的背景下，中国逐步迈入工业化中后期，发展模式主动转向绿色高质量发展，大宗商品需求特征将出现新的变化，进而可能造成风险提升。我们将从传统能源与金属、新能源金属两方面具体分析需求特征及风险演变趋势。

### 传统能源与金属：需求侧话语权或将降低

传统能源、金属消费强度与经济发展阶段密切相关。根据国际经验，传统能源、金属等大宗商品需求随着经济发展呈"倒U形"分布，当人均GDP达到2万~3万美元时，需求量将在高位趋稳后开始下降（见图9.6）。目前，我国传统能源、金属消费量企稳，部分品类虽然绝对消费量仍在增加，但新增需求占全球新增的份额出现下降趋势。其中，铁矿石、焦煤消费量开始出现负增长，能源需求增速从2012年至今保持在4%以下，石油消费年增速已经基本降至5%之下，煤炭则基本保持在零增长状态[①]。能源品类中除相对清洁的天然气仍保持在较高增速外，石油、煤炭消费份额占全球的比例均呈现下降态势。从全球市场中的角色来看，需求占比降低对我国在全球市场的话语权形成一定的冲击，从而为我国传统能源保供稳价带来新的风险增量。

回顾历史，美国、日本等也曾在工业发展成熟阶段经历大宗商品需求份额下降导致的价格话语权削弱。2000年以来，以中国为代表的发展中国家成为全球原油需求增量的核心贡献方，美国在石油市场需求份额逐步降低。此后，美国原油库存与全球油价的负相关性开始减弱，西得克萨斯轻质中间基原油（WTI）价格波动加大，其相对布伦特原油的溢价也大幅走高，均体现出美国在国际石油市场的影响力降低。与石油市场类似，1990—2008年，日本作为亚太地区最主要的天然气消费国，其液化天然气价格虽然长期高于欧美地区，但溢价水平基本维持稳定。而随着我国天然气需求量在2009年超过日本，日本在天然气需求侧的价格话语权被逐步削弱。此后，日本天然气溢价开始大幅走高，并在2011年福

---

[①] 新冠肺炎疫情后需求波动性恢复的2021年除外。

岛核电站事件导致日本核能转型失败后彻底突破历史上限。可见，需求侧份额降低会导致国际市场话语权削弱，价格影响力下降。

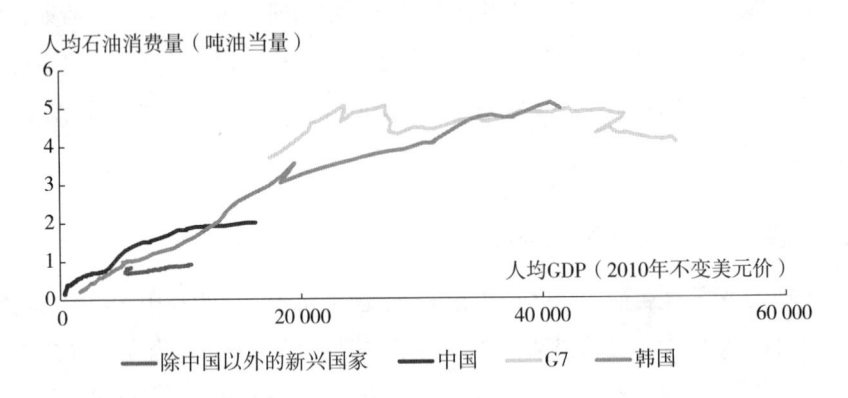

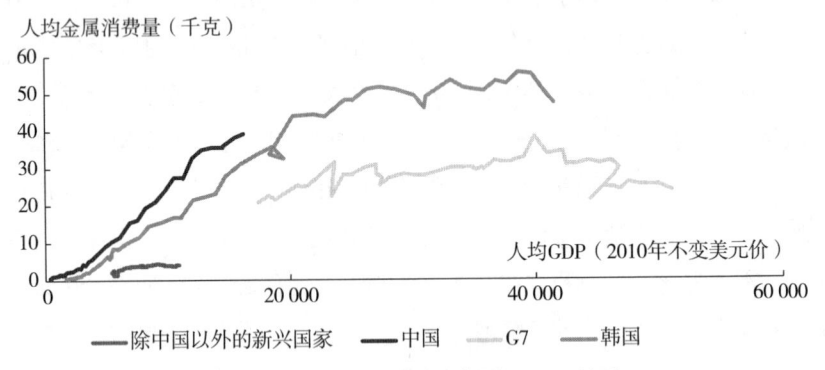

图 9.6　人均能源、金属消费量与 GDP 关系

资料来源：BP 统计年鉴，世界银行，中金研究院。

**新能源金属：供给侧资源控制提升**

　　大力发展新能源制造业，并通过扩大产业规模提升竞争力是我国在全球绿色转型下的战略选择。绿色转型的主要路径是以新能源替代传统化石能源，而依托大国制造业优势，能够在新能源制造中发挥更大价值。由于新能源发展渗透的本质驱动力是绿色溢价不断降低，即与化石能源的成本差距越来越小，因而新能源制造业竞争力提升的底层逻辑是追求规模效应。但规模化发展新能源制造业导致我国新能源金属需求占全球的份额不断提升，风险敞口扩大。当前，我国大量新能源金属依赖进口，对外依存度较传统能源与金属更高且仍有增加趋势。随着未来继续规模化发展新能源产业，新能源金属需求份额和对外依存度可能进一步提升。在供应紧张的卖方市场中，需求份额的提升意味着供应风险的增加。

同时，我国金属循环再生技术和产业部署仍较为落后，尚不能发挥提高新能源金属需求弹性的作用。传统能源通常作为燃料使用，不可回收，而金属具备循环回收属性，可通过技术替代增加需求弹性。根据有色金属工业协会数据，2020年我国铝、铜、锌、铅四大金属消费中再生金属占比约27.8%，较世界平均水平35.3%低7.5个百分点，与发达国家平均水平45%相差更远。美国再生铜、再生铝比例分别超过了50%和70%，日本的铝已经实现100%由再生金属原料供给。同时，锂等新能源金属的回收技术、回收网络的布局较欧美发达国家也存在差距。若不加强循环再生技术和产业部署，低需求弹性将造成未来我国金属供应风险提升。

另外，资源国针对新能源金属管控加强，中国作为第一大需求国或将受到较大影响。新能源金属资源分布集中度较传统能源与传统金属相对更高。而当前资源民族主义高涨时期，资源国加强资源管控或将导致供给集中度进一步提升。更严格的矿业政策及资源国矿产公司国有化趋势均对我国维持经营现有海外资源、拓展海外资源渠道增添了较大不确定性。

总之，在发展阶段、发展模式换挡期，大宗商品供应面临着新老品类两方面挑战。一方面，由于经济发展步入工业化中后期且主动进行绿色转型，部分传统能源、金属需求量虽然仍在增加，但增速放缓导致需求份额降低，市场势力减弱，供应风险或将扩大；另一方面，由于积极发展绿色制造业，我国新能源金属需求量大幅增加，且需求弹性相对较低，资源民族主义抬头等因素将导致供应风险进一步提升。政治因素作为风险趋势的"放大器"，其未来的不确定性将会对我国大宗商品安全供应带来更多压力。

## 应对变局的保供方案

如何在变局下保证中国大宗商品供应安全？在绿色转型、国际政治经济环境不稳定的大背景下，回答这一命题变得更加紧迫也更具挑战。近年来，美国、欧盟、日本、俄罗斯、澳大利亚等经济体相继围绕本国或地区的产业发展需求，加强对关键原材料进行战略性评估。在研究比较了美国、澳大利亚、日本、欧洲等国家或地区的资源安全保障战略之后,发现尽管保供目标相同,但是保障战略的侧重各有不同[①]。因此,我们从战略部署、资源外交、战略储备、海外投资、技术研发五个方面梳理了欧盟、美国、日本等资源进口方在保证大宗原材料供应安全方面的经验。

一是战略部署方面。欧盟为降低关键原材料的供应风险,2008年开始实施原材料倡议（RMI）,2011年发布首份关键原材料清单,将14种具有重大经济和战略价值的原材料纳入清单,并根据其战略地位、供需形势、供应风险指数等进行综合评价,每3年更新一次清单。2020年发布的清单中包括30种原材料,同2011年的14种、2014年的20种、2017年的27种相比,所包括的关键原材料呈现范围不断扩大的趋势。

二是资源外交方面。2019年,美国同刚果（金）、赞比亚、纳米比亚、博茨瓦纳、秘鲁、阿根廷、巴西、菲律宾和澳大利亚9个资源富裕国签订《能源资源治理倡议》,构建"关键矿产同盟",提高对全球资源的控制力。2020年,美国和加拿大达成关键矿产合作行动计划,巩固加拿大作为其矿产供应国的地位。

三是战略储备方面。在国际政治经济局势突变的紧急状态下,资源储备能够用于应对资源供应大规模减少或中断所引发的供应危机。目前,美国、日本、韩国、德国、法国、英国等多国已经建立了较为完备的战略储备制度。日本于1983年开始建立相关资源储备,目前已建立由国家储备和民间储备共同组成的矿产资源储备机制。国家储备由日本石油天然气金属矿物资源机构（JOGMEC）承担,民间储备由特殊金属储备协会负责。

四是海外投资方面。由日本石油公团与金属矿业事业团重组合并的JOGMEC在日本海外能源开发与投资的发展过程中始终担当重要角色,从组织模式看,其先接受企业委托参加国际投标,以获得石油勘探权益,然后按照企业要求将取得的权益转让给企业,由企业进行油气勘探具体作业。这在推动日本能源矿业企业从国外拿资源、促进国外油气勘探事业和能源开发、技术研发以及建设官民两级石油储备等方面发挥了重要作用[②]。

五是技术研发方面。2021年美国能源部成立矿产可持续发展司,从上游、

---

① Bartekoá E, Kemp R. National strategies for securing a stable supply of rare earths in different world regions. *Resources Policy*, 2016.
② 周浩、陈其慎:《日本矿产资源储备及对我国的启示》,《中国矿业》2011年第1期。

中游到下游促进关键矿产形成环境、经济和地缘政治可持续供应链，并投入大量资金支持相关技术的研发。同时，成立锂电池回收研发中心、关键材料研究所等机构，促进关键材料技术的创新[①]。日本积极在清洁能源领域建立优势，1988—2007年日本在清洁领域的专利数量位居全球第一，替代能源技术前100位申请机构中45家是日本企业[②]。

虽然中国具备本土资源的大国优势，不仅可以在外参与资源开发，还可以在内进一步挖掘本土资源潜力，但我们必须意识到当前面临的国际形势紧迫，并加快步伐、加大投入进行大宗原材料产业链布局。因此，基于国内供需特征，并结合上述梳理的国际经验，我们将分别从行业层面和国家层面思考分析中国大宗原材料保供方案。

## 行业措施：五大抓手

我们使用国外拿资源、国内挖潜、战略储备、多元化进口来源和需求替代五边形评判标准，评估了中国大宗原材料各个行业的供应风险管控能力（见图9.7）。按照管控供应风险手段需要加强的程度排序，石油、天然气等传统能源和铜的国内挖潜空间较大，煤炭则更应关注进口来源多元化，铁矿石、铜、铝等传统金属和锂还需要加强循环回收和再生利用，铂、钴、镍等新能源金属的技术替代方案正在逐步成熟，可通过替代技术的部署应用增强供应安全。

第一，继续加大传统能源国内挖潜力度。重视石油和天然气开采的战略意义，降低油气资源的对外依存度。当前我国对于石油和天然气的投资速度明显慢于其他国家或地区（见图9.8），需要加大政策配套支持，推动油气行业加大勘探开发投入，盘活现有的油气区块，加快动用已探明储量。与石油、天然气类似，增强国内煤炭供给能力也是关键，但考虑我国煤炭供给受运输瓶颈的影响偏大，且控制煤炭消费是未来的发展方向，因此优化国内煤炭运输条件、提高先进产能供给弹性的行业选择可能相对优于新建产能。

---

① 张所续、周季鑫：《美国关键矿产政策演变及战略举措》，《中国国土资源经济》2022年第2期。
② 李晓西、郑艳婷、蔡宁：《能源绿色战略的国际比较与借鉴》，《决策与信息》2013年第10期。

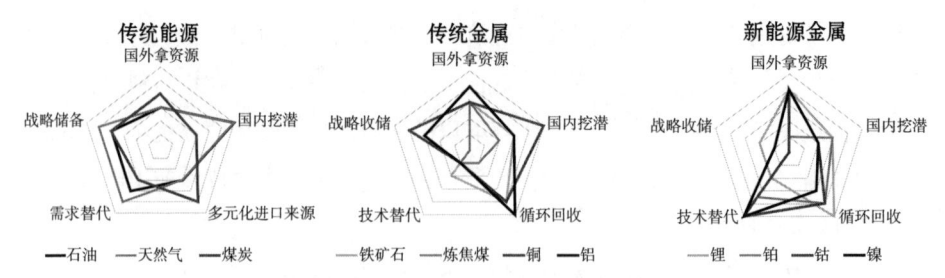

图 9.7  各类大宗商品供应风险管控能力评估

资料来源：USGS，公司公告，中国汽车工业协会，EV Sales，Wind，World Bank，Mysteel，中金公司研究部，中金研究院。

注：分值越大说明此项能力越需要加强。

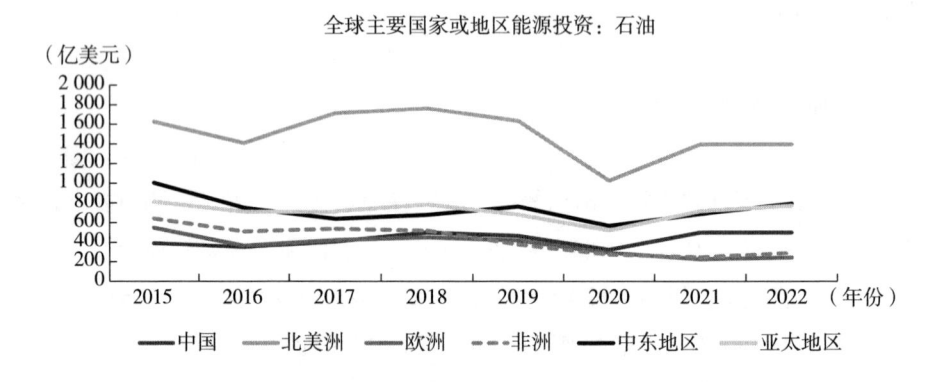

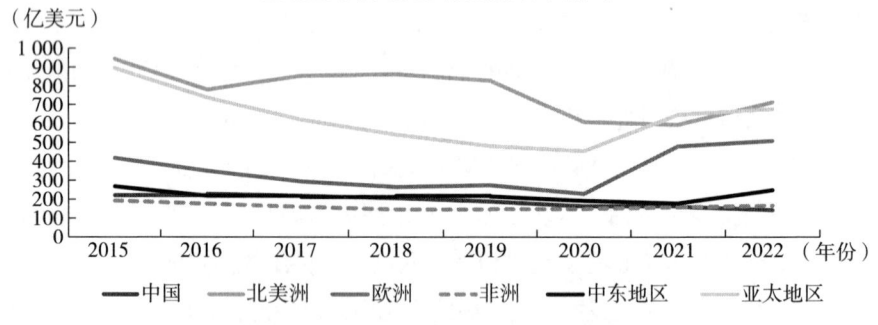

图 9.8  我国的石油和天然气新增投资明显慢于其他国家或地区

资料来源：IEA，中金公司研究部，中金研究院。

第二，进一步挖掘海外金属资源。铁矿石方面，应加快推动西非、西澳等境外特大型铁矿项目建设，尤其是几内亚西芒杜项目，尽快将现有资源量转化为实际产量。同时应吸取海外铁矿石投资历史失败案例的经验教训，以全资收购、参股成为股东并获得协议矿供应量、与主要铁矿石生产商组建合资公司开发矿山等方式参与当前及未来海外优质矿山新项目投资。炼焦煤方面，可通过加深与友好贸易国的合作关系，保证在海外供给较为集中的情况下仍有相对稳定的渠道获取资源。例如，通过继续加强与蒙古国的贸易关系，优化中蒙跨境贸易的运输条件，我国有望保障蒙古国炼焦煤资源供给。铝方面，我国可以进一步加强与几内亚和印度尼西亚的合作，还可以开发潜在供应国，分散进口集中的国别风险。

第三，加强储备能力建设，有效发挥"蓄水池"和"缓冲器"的作用。我国目前大宗商品储备体系仍存在不足。一是储备方式过于单一。我国现阶段的储备体系以中央储备和地方储备为主，民间商业储备规模过小，大规模的商品储备需要耗费较高的成本，导致国家财政压力过大，叠加政府储备存在目标不够明确、流通滞后等弊端，市场调节作用往往不能得到有效的发挥。二是储备规模尚小。根据国家统计局公布的数据来计算，我国目前的石油储备只相当于90天的石油净进口量，而美、日等发达国家和地区的石油储备能力普遍都在140天以上。相比之下，我国的石油储备规模尚小。因此，建议推进重要战略资源储备体系建设，加强石油、铜等大宗矿产品的储备，同时加强新能源金属，特别是战略性金属资源产品储备工作。

第四，循环回收是增强金属供应弹性，降低风险的重要措施（见表9.2）。金属的循环性使得再生矿产对资源供给具有重要的乘数效应[1]。循环利用矿产能够增加金属资源的二次供应，减少原生金属消耗，保护生态环境，为保障国家金属资源安全开辟新渠道。

第五，技术替代是解决关键品类供应不足的补充措施。传统的金属矿产资源需求分析以技术不发生根本性的革新为前提，但以信息化为标志的新一轮技术革命正从节约、替代、应用拓展、循环等方面对金属资源的需求和供给产生重大影响[2]。

---

[1] 顾一帆、吴玉锋、穆献中等：《原生资源与再生资源的耦合配置》，《中国工业经济》2016年第5期。

[2] 王昶、宋慧玲、左绿水等：《国家金属资源安全研究回顾与展望》，《资源科学》2017年第5期。

表 9.2　金属品类的循环回收和技术替代前景

| 品类 | 循环回收前景 | 技术替代前景 |
|---|---|---|
| 铁矿石 | 应完善配套政策及法规，规范引导废钢行业健康发展，推进国内废钢铁资源的回收、加工、配送及流通体系的完善，同时精细化废钢进口规范管理 | — |
| 铜 | 根据《"十四五"工业绿色发展规划》，到 2025 年中国再生铜产量将达 400 万吨，占中国精铜消费比重将达到 30%，废铜回收将成为未来中国铜的重要供给力量 | — |
| 铝 | 考虑我国电解铝 4 500 万吨/年的产能天花板，替代原铝增量是未来发展的主要方向。据 CMRA（再生金属分会）预测，2025 年和 2030 年我国再生铝产量将分别达到 1 150 万吨和 1 800 万吨；再生铝的产量占比从当前 20% 到 2030 年提升到 30% 以上，再生铝行业的快速发展有望降低我国铝产业对外依存度 | — |
| 锂 | 通过报废电池的回收，以电池回收料为来源的"二次资源"有望逐步承担更加重要的供给责任。假设报废电池提锂的回收率为 85%，预计 2022 年来自回收的锂资源可供给约 13% 的国内动力电池锂需求，至 2030 年来自回收的锂资源可供给约 35% 的国内动力电池锂需求 | 由于钠电池的能量密度较低，目前对锂电池的替代主要集中于对能量密度要求较低的储能、小动力、电动两轮车领域，据中性预测，2025 年钠电池有望替代锂电池 67.7Gwh（亿瓦时），对应钠对锂需求的替代量约 6.3 万吨 LCE（碳酸锂当量），未来随着研发深入和规模提升，钠电池、钒电池等替代方案在能量密度和经济性上都有望进一步提升，为国内锂需求提供替代性的解决方案 |
| 铂 | 中国铂金属回收在汽车领域极具潜力。根据中国产业信息网数据，2021 年中国报废汽车达 2 200 万辆，按照每辆汽车尾气催化剂用量 0.6 千克测算，废汽催产量约 1.32 万吨，按照含铂 0.2% 来计算，当前全年回收水平大约为 26.4 吨 | 燃料电池非铂基催化剂为当前重点研究方向，技术替代有一定潜力。一是当前应用最广的酸性条件下质子交换膜燃料电池，可将阴极替换成非铂贵金属催化剂（钯）、碳基催化剂（M-N-C 型，比如 Fe），从而降低铂的含量；二是碱性膜燃料电池，可将阳极替换成非铂贵金属催化剂（钯/铑）、镍基催化剂，将阴极替换成非铂贵金属催化剂（钯/银）、金属氧化物催化剂（锰钴尖晶石）、碳基催化剂（M-N-C 型，比如 Fe，Co），从而实现完全不含铂 |

续表

| 品类 | 循环回收前景 | 技术替代前景 |
|---|---|---|
| 钴、镍 | 资源循环回收市场空间潜力巨大。2030年国内动力电池报废量有望达到493Gwh，2021—2030年年均复合增长率为39%，2030年钴、镍回收量分别可达7万吨、28万吨，分别占动力电池钴、镍需求的20%、14% | 磷酸铁锂对三元锂形成替代将降低钴、镍需求。近3年全球三元锂装机市场份额约70%，铁锂约30%，中长期由于铁锂市场份额回升，预计中长期三元锂市场份额可能在原来70%的基础降低5%~10%，每年约被替代130Gwh，对应约减少2万吨钴、7万~8万吨镍需求 |

资料来源：中金研究院。

## 国家助力：三个渠道

第一，持续升级战略性矿产的供应链安全部署。借鉴发达国家战略性矿产清单制度的经验，一方面，需要综合研判新能源、高端装备制造、新一代信息技术等重点领域所需矿产的供需形势、保障能力和供应安全性，科学厘定关键矿产清单，将其纳入《国家战略性矿产目录》中，并从重要程度、供需形势、供应风险等方面对各个矿产资源进行综合评价，动态更新战略目录。另一方面，推动关键矿产分类施策。对钴、镍等资源短缺型矿产实行国内资源勘探和境外开发合作并重的方式，加快新设立矿业权投放的审批进程，鼓励符合条件的社会资本积极参与勘查开发，为矿业市场注入活力。

第二，参与全球资源合作，保障供应链韧性。发挥我国在能源和金属领域的技术、装备、人才等优势，以战略性矿产为载体构建互利共赢的供应链、产业链合作体系，增强全球资源配置的影响力。一是推动与共建"一带一路"国家矿业高质量合作，构建从供应国经通道国到消费国的供应链保障体系。以战略性矿产富集区域为重点，建立多功能性、协同性的信息网络。利用现有的外交和国际合作网络，为企业提供各国战略性矿产资源的发展趋势、关税法规、营销建议、有效的链接和行业联系方式等信息，促进战略性矿产资源国际合作。二是加强矿业国际产能合作。完善境外矿产勘查开发协调机制，以钴、锂、镍、铂族金属等对外依存度高的矿种为重点，支持中资企业与智利、澳大利亚、刚果（金）、南非等项目所在国以股权并购、产能购买、战略联盟等方式开展互利合作，将绿色高质量发展理念贯穿于矿业合作的全过程，培育具有国际竞争力的大型跨国矿业集团，发挥其在关键矿产安全保障中的压舱石作用，降低因政治局势动荡等带来的"断链"风险。

第三，发挥人民币结算与计价的引擎作用，提升大宗商品定价权。从货币的流入流出来看，需要争取大宗原材料出口量大且中国是其主要进口国的国家作为支付对象，并选择贸易和金融回流潜在条件兼具的国家进行人民币支付，以满足双边贸易平衡度和储备多元化等需求。同时，针对当前大宗商品贸易结算存在人民币结算与计价分离的现象，未来不仅要推动人民币在大宗商品结算数量的提升，更离不开从结算到计价的结合，甚至要推动人民币作为储备货币的国际化转变。因此，我们需要更加积极地对接国际贸易准则，通过共建"一带一路"等合作方式加大人民币的结算与计价，进一步增强中国在大宗商品上的定价能力。

第十章

# 化工：大宗产品强优势，高端材料补短板

本章从大宗化工品、精细化工品和新材料两个领域分析中国化工产业发展现状，同时基于代表性产品的产业转移和发展的驱动因素分析，对中国大宗化工品、高端精细化工品和新材料产业的发展进行展望并提出思考。

　　目前中国主要大宗化工品的产量和消费量占全球比例较高，并在全球范围内构建了较强的竞争优势。在精细化工品和新材料领域，由于下游先进应用场景转移到国内时间比较短，且材料对下游先进产品的质量影响较大，国内先进材料的发展缺少一个试错、反馈、迭代、提高的场景。目前国内企业主要以中低端材料生产为主，在对研发能力要求较高、附加值高的高端材料领域，与海外企业存在较大差距，半导体材料、高端显示材料等仍大量依赖进口。

　　通过回顾全球乙烯产业的三次转移，我们看到技术成熟后大宗化工品的产业转移主要围绕需求因素和成本因素；通过回顾日本光刻胶和中国混晶产业的发展，我们看到精细化工品和新材料的发展依托于下游需求，但技术因素在产业变迁中扮演重要角色。展望我国化工产业的发展，在大宗化工品领域，我们认为中国在主要大宗化工品领域的竞争优势有望继续提升，但由于贸易壁垒、劳动力成本提升、绿色转型等因素，部分大宗化工品面临转移压力；在精细化工品和新材料领域，我们认为国内下游产业的壮大为精细化工品和新材料的发展提供了有利的外部环境，但技术壁垒、中外技术落差、技术迭代等因素将影响高端精细化工品和新材料的国产化进展。当前我国具备竞争优势的新能源材料面临海外发达经济体市场保护的风险。

　　对于国产化率较低的高端材料，应该集中力量攻坚技术难题，创造条件让下游加大国产材料的测试应用，强化企业研发能力并加强与掌握海外先进技术企业的交流。对于目前竞争优势较强的新能源材料，应该加速布局新一代技术并积极在发达国家建厂。对于具备优势的大宗化工品产业，应该深化绿色可持续发展的导向，培育有全球竞争力的市场主体。对于面临转移压力的产业链，应该加快海外布局。[1]

---

[1] 本章作者：裴孝锋、贾雄伟、夏斯亭、李唐懿、侯一林。

## 中国化工产业发展现状

石化化工是材料的主体品类，广泛应用于国民经济各行业。石化化工属于中游制造业，产业链条较长且结构复杂，按市场体量、应用范围等可划分为大宗化工品、精细化工品和新材料。原材料主要为以油煤气及其他矿石等为代表的资源属性产品，其中油煤气以碳、氢元素为构成主体，可以合成大部分有机化合物，而磷矿、钾矿、萤石矿、石英砂、盐等是无机化合物的原料。石化化工产业的下游应用广泛，涉及衣食住行及战略性新兴产业等国民经济中的各行各业，是关乎我国产业链安全稳定发展的重要环节（见图10.1）。

### 大宗化工品：多数产品产量位居全球前列且竞争优势较强

中国大宗化工品产量和消费量全球占比较高且竞争优势较强。根据欧洲化工协会统计数据，2020年中国化工品销售额为1.5万亿欧元，占全球化工品销售额的44%，是全球最大的化工品市场（见图10.2）。中国市场需求的不断扩容驱动基础化工品和通用材料产能向国内转移，受益于国内工程师红利和装备制造业的发展，近20年中国在大宗化工品方面取得了较多的技术突破。目前二苯基甲烷二异氰酸酯（MDI）、甲苯二异氰酸酯（TDI）等聚氨酯产品，钛白粉、

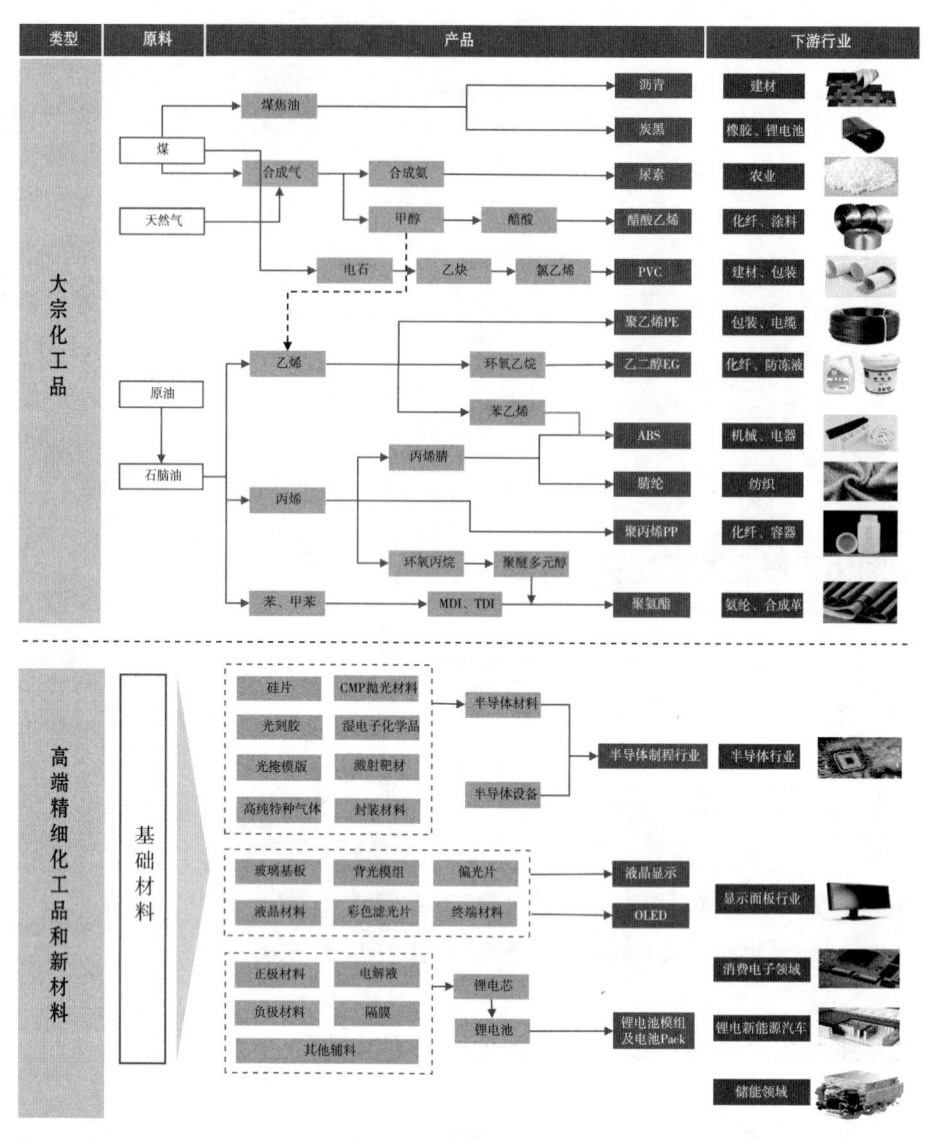

图 10.1 石化化工产业链

资料来源：中国石油和化学工业联合会，隆众资讯，鑫椤资讯，恒力石化公告，中金公司研究部。
注：由于石化化工产业链较多，本图仅选择部分代表性产业链刻画。

涤纶长丝、黏胶、氨纶等化学纤维，环氧乙烷、醋酸及丙烯酸等基础化工产品，以及化肥、氯碱等主要大宗化工品领域，中国产量和消费量占全球比例较高，多数产品产能位居全球第一。此外，基于规模优势、一体化产业链、强大的工程化能力等因素，我国在全球范围内构建了较强的成本竞争优势。目前进口依存度仍然较高的尼龙66、聚碳酸酯、乙烯-醋酸乙烯酯共聚物（EVA）、聚乙烯等产品，是国内化工企业大规模资本开支瞄准的重点领域。随着国内规划产能的逐步投产，预计未来几年这些产品的进口依存度有望明显降低。

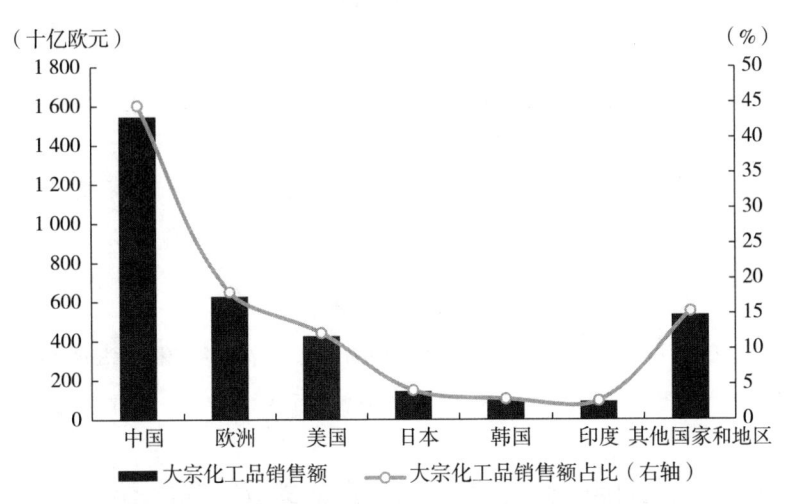

图10.2 2020年中国大宗化工品销售额占全球44%

资料来源：CEFIC，中金公司研究部。

通过自主创新，目前MDI、氯化法钛白粉、聚碳酸酯、蛋氨酸等高技术壁垒大宗化工品已实现规模化生产。对于MDI、氯化法钛白粉、聚碳酸酯、蛋氨酸等在全球范围内技术成熟但技术壁垒高的大宗化工品，中国企业通过引进、消化和吸收海外技术，以及持续的研发投入，逐渐实现了规模化量产，并持续扩张产能、建立优势。对于目前尚未规模化生产的聚烯烃弹性体（POE）、高碳α-烯烃等高端聚烯烃材料，国内部分企业已经有中试装置并计划建设大规模产能。以MDI为例，1978年万华化学从日本引进1万吨/年的MDI生产装置，由于未能掌握核心技术，十年内始终未能达产；1988—1992年万华化学继续寻求购买技术，但海外企业对先进技术的保护导致技术引进希望破灭；1993年万华化学与国内高校合作，通过不断的技术攻关开发出具有自主知识产权的MDI生产技术，并通过持续的技术创新提升公司在全球MDI行业的竞争力，目前万华化学已经成为全球最大的 MDI 供应商，在产品质量、反应效率和生产成本等方面具备优势（见图 10.3）。

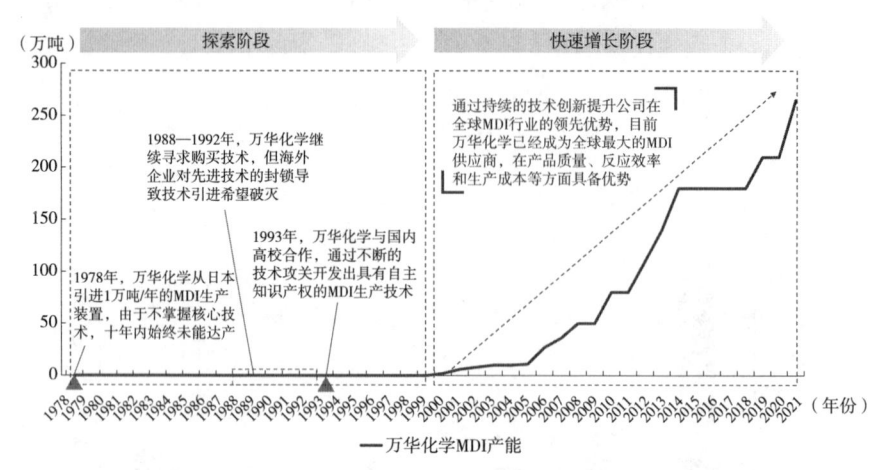

图 10.3　中国企业通过自主创新掌握以 MDI 为代表的高端大宗化工品生产技术

资料来源：万华化学公告，万华化学官网，中国石油和化学工业联合会，中金公司研究部。

## 高端精细化工品和新材料：产业链安全的关键领域，高端材料目前主要依赖进口

高端精细化工品和新材料与海外差距较大，主要依赖进口满足需求。高端精细化工品和新材料大多适用于先进应用场景，但我国当前下游先进应用场景和配套设备等产业发展仍处于早中期阶段，先进材料的发展缺少一个试错、反馈、迭代、提高的场景。同时，由于高端精细化工品和新材料占下游成本普遍较低，但技术含量相对较高，产品质量、稳定性等对下游产业至关重要，下游主动替换意愿不强。因此我国高端化工产业长期以来研发投入不足，面临自主创新能力相对薄弱和核心技术受制约的挑战。目前国内企业主要以生产中低端材料为主，行业竞争激烈且附加值不高；在研发创新要求较高、附加值高的高端精细化工品和新材料领域，与海外企业存在较大差距（见表 10.1）。以氟化工产业作为典型代表，氟化工产业链总体呈现上扬的微笑曲线，低端氟化工品毛利率仅 10%~20%，高端精细氟化工品毛利率超过 50%。在高端精细氟化工品方面，全球市场供给方

表 10.1 目前国产化率较低的高端精细化工品和新材料梳理

| 行业 | 细分品种 | 全球市场规模（2020年） | 中国大陆市场规模占比 | 海外主要生产企业 | 中国主要生产企业 | 中国自给率 |
|---|---|---|---|---|---|---|
| 半导体材料 | 硅片 | 122亿美元 | | 日本信越、SUMCO、环球晶圆Siltronic、SK Siltronic | 沪硅产业、中环股份、上海/重庆超硅 | 12寸硅片基本依赖进口，8寸硅片70%以上进口 |
| | 光刻胶 | 21亿美元 | | 日本JSR、日本TOK、日本信越、日本住友、美国Shipley、陶氏化学等 | 彤程新材、南大光电、晶瑞电材、上海新阳、潍坊星泰克 | g线、i线约80%进口，KrF光刻胶约98%以上进口，ArF光刻胶99%需要进口，EUV光刻胶全部依赖进口 |
| | 电子特气 | 45亿美元 | 18%（晶圆制造材料占比） | 美国空气化工、法国液空、德国林德、日本大阳日酸、美国普莱克斯 | 派瑞特气、南大光电、雅克科技、华特气体、中巨芯、绿菱 | 蚀刻清洗类70%进口，成膜气体90%进口，离子注入类95%进口，前驱体基本依赖进口 |
| | 湿电子化学品 | 24亿美元 | | 德国默克、巴斯夫、美国Ashland、霍尼韦尔、ATMI、Solavy、Arch、Hankel、Kanto、三菱化学、住友化学 | 晶瑞电材、江化微、巨化、多氟多、新宙邦、上海新阳、格林达 | 湿电子化学品60%~70%依赖进口 |
| | 抛光材料 | 21亿美元 | | 陶氏、美国CABOT、日本Fujimi、Versum、Hitachi等 | 安集科技、鼎龙股份 | 抛光液和抛光垫70%以上依赖进口 |
| 显示材料 | 偏光片保护膜和离型膜 | 6亿美元 | | 藤森工业、LG化学、三菱化学、东丽、琳得科、日东电工等 | 东材科技 | 目前基本依赖进口 |
| | TAC膜 | 8亿平方米 | LCD面板材料占比50%以上，OLED面板材料占比20%~30% | 富士胶片、柯尼卡美能达、晓星等 | 中国台湾达辉、中国乐凯、新纶科技 | 日本企业占80%市场份额 |
| | COP膜 | 替代TAC膜 | | 日本端翁、柯尼卡美能达 | 无 | 只有日本端翁 |
| | PVA膜 | 20亿美元 | | 可乐丽等 | 皖维高新 | 基本依赖进口 |
| | OCA光学胶 | 60亿美元 | | 3M、三菱化学 | 斯迪克、凡赛特、新纶科技等 | 原装市场基本依赖进口 |

第十章 化工：大宗产品强优势，高端材料补短板

续表

| 行业 | 细分品种 | 全球市场规模（2020年） | 中国大陆市场规模占比 | 海外主要生产企业 | 中国主要生产企业 | 中国自给率 |
|---|---|---|---|---|---|---|
| 显示材料 | OLED成品材料 | 13亿美元 | LCD面板材料占比50%以上，OLED面板材料占比20%~30% | 默克、日本出光兴产、韩国斗山、德山、新日铁化学、保土谷化学、日本JNC、陶氏化学、美国UDC、LG化学、三星SDI | 奥来德、万润股份、夏禾科技、阿格蕾雅、飞凯材料、莱特光电 | 受海外企业专利布局制约，目前国内OLED材料主要依赖进口 |
|  | PI膜 | 23亿美元 | — | 杜邦、钟渊化学、SKPI、宇部兴产、达迈科技 | 瑞华泰、国风塑业、时代鑫华等 | 25%进口依存度，高端电子级依赖进口 |
|  | MLCC离型膜 | 100亿平方米 | — | 琳德科、TAK、COSMO、三井化学、帝人等 | 洁美科技、双星新材、斯迪克等 | 国产化率低，中高端依赖进口 |
| 其他材料 | LCP | 8万吨 |  | 塞拉尼斯、宝理塑料、住友化学等 | 沃特股份、金发科技、普利特、宁波聚嘉 | 80%左右进口，LCP膜全部进口 |
|  | PPA | 15万吨 |  | 帝斯曼、杜邦、艾斯曼、索尔维等 | 金发科技、德众泰、青岛三力、新利成、沃特股份等 | 70%左右进口 |
|  | PEEK | 0.7万吨 |  | 威格斯、索尔维、赢创 | 吉林中研等 | 75%左右进口 |
|  | PSF | 7万吨 |  | 索尔维、巴斯夫、沙比克等 | 浩然特塑、优巨新材、金发科技、沃特股份等 | 80%左右进口 |

资料来源：SEMI、IHS、中国石油和化学工业联合会，《中国化工新材料产业发展报告（2020）》，中金公司研究部。

仍以欧美企业为主，国内需求主要依赖进口满足。

由于高端精细化工品和新材料产品种类众多，而高端半导体材料直接关系着战略性新兴产业的发展，是我国产业链"卡脖子"的主要领域，因此我们以半导体材料为代表，介绍我国在高端精细化工品和新材料领域与国际先进技术的差距。

中低端半导体材料逐步实现技术突破，但高端材料基本依赖进口。受益于政策支持及下游半导体行业需求增长，国内已经有较多企业进行了半导体材料的布局。但由于国内企业起步较晚，存在专利、人才短缺以及部分配套产业上的积累不足，叠加半导体材料市场具有投资周期长、技术更新快的行业属性，目前我国半导体材料领域大部分产品自给率低，尤其是用于先进制程的半导体材料仍主要依赖进口，制约了我国集成电路产业链安全稳定的发展。例如在光刻胶领域，目前全球最为先进的 EUV 光刻胶已经可用于 7nm 以下半导体先进制程的生产，而目前中国可量产的 KrF 光刻胶主要用于 250~130nm 制程，可用于先进制程的 ArF 光刻胶及 EUV 光刻胶仍处于研发过程中（见图 10.4）。

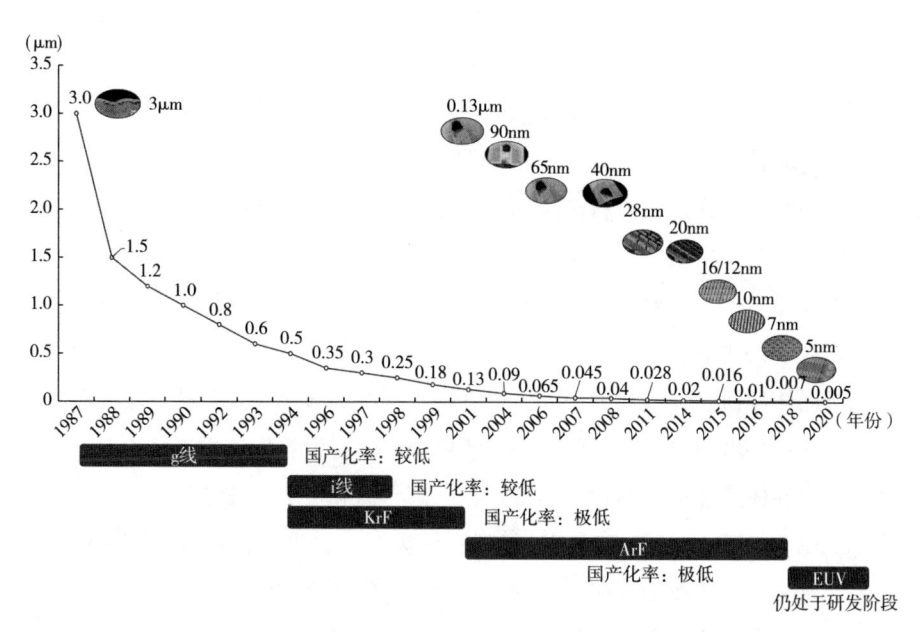

图 10.4 中国半导体材料与境外先进水平仍存较大差距

第十章 化工：大宗产品强优势，高端材料补短板

| 布局半导体材料的中国企业 |||
|---|---|---|
| 材料 | 毛利率 | 布局企业 |
| 硅片 | 30%~40% | 沪硅产业、立昂微、TCL中环、神工股份等 |
| 光刻胶及其配套材料 | 40%~50% | 彤程新材、晶瑞电材、南大光电、上海新阳 |
| 电子气体 | 30%~40% | 派瑞特气、华特气体、金宏气体等 |
| 湿电子化学品 | 20%~30% | 兴发集团、中巨芯、晶瑞电材、江化微等 |
| CMP材料 | 50%~60% | 鼎龙股份、安集科技等 |
| 金属靶材 | 30%~40% | 江丰电子、有研新材等 |
| 高纯金属源 | 40%~50% | 南大光电等 |
| 封装材料 | 40%~50% | 德邦科技、鼎龙股份等 |

| 主要半导体材料国产化率情况（2021年） |||
|---|---|---|
| 前道材料 | 分类 | 国产化进程 |
| 硅片 | 6英寸 | 较高 |
| | 8英寸 | 较低 |
| | 12英寸 | 极低 |
| 光刻胶及配套材料 | i线 | 较低 |
| | g线 | 较低 |
| | KrF | 极低 |
| | ArF | 极低 |
| | EUV | 仍处于研发阶段 |
| 电子气体 | – | 较低 |
| 湿电子化学品 | – | 较低 |
| CMP材料 | Pad及Slurry | 较低 |

图 10.4 中国半导体材料与境外先进水平仍存较大差距（续）

资料来源：台积电官网，中国电子材料协会，中金公司研究部。

## 化工产业链变迁回顾及驱动因素

本部分主要通过回顾全球范围内乙烯工业的三次转移、日本半导体材料产业的崛起和中国混晶产业的发展，分别总结大宗化工品、高端精细化工品和新材料产业发展与转移的主要驱动因素，为后文我国化工产业链变迁的展望提供分析框架和思考。

首先，以乙烯工业为代表，通过分析全球范围内乙烯工业的三次转移，发现其主要的驱动因素是市场需求和成本因素。其次，基于技术迭代快慢的不同，分别回顾了日本光刻胶材料产业（技术壁垒高和下游技术迭代导致材料和配方不断变化）和中国混晶产业（技术壁垒高，液晶显示技术迭代相对较慢）的发展经验。

通过回顾日本光刻胶材料产业的发展经验，我们看到下游半导体产业的发展是光刻胶材料产业发展的重要基础。但不同于大宗化工品，技术因素在光刻胶材料产业的变迁中扮演重要角色。日本企业在光刻胶材料产业发展初期不断引进和吸收美国企业的先进技术，在引进技术的积累之上，通过组建日本 VLSI 研究项目进行举国体制研发，成功缩小和世界先进水平的差异。叠加后续日本光刻机行业成为全球领导者，日本光刻胶材料产业成功完成对世界先进水平的追赶。即便后期下游半导体产业从日本逐步向韩国、中国台湾和中国大陆转移，日本企业也抓住了 ArF 光刻胶技术切换时期的机遇，成为全球先进制程光刻胶领域的领导者，并通过与下游企业配套研发和持续迭代，将优势地位保持至今。

通过回顾中国混晶产业的发展经验，我们看到当液晶显示演进到薄膜晶体管（TFT）技术后，国内混晶企业在发展初期与海外差距较大，但随着在 TFT 混晶上的持续研发和技术积累，国内企业逐步切入国内下游面板供应链，而全球液晶显示器（LCD）面板产能向中国的快速转移驱动了 TFT 混晶国产化率加快提升。

## 大宗化工品：乙烯工业的三次变迁回顾及驱动因素

乙烯是合成塑料（聚乙烯及聚氯乙烯）、合成纤维、合成橡胶等的基本化工原料，也用于制备苯乙烯、环氧乙烷、醋酸、乙醛和炸药等。根据中国石油集团经济技术研究院统计数据，2021 年全球乙烯产能达 2.1 亿吨，需求量达 1.8 亿吨，是全球需求量最大的化工品之一，也是衡量石油化工行业发展水平的重要基准指标。乙烯工业在全球的变迁发展对大宗化工品产业链变迁具有重要参考意义。

20 世纪 20 年代，乙烯工业开始在美国萌芽，但当时乙烯来源主要是通过炼厂副产物分离或由乙醇脱水等化学反应制备，存在规模小、成本高的问题。1940 年，美孚石油公司建成第一套以炼厂气为原料的乙烯生产装置，后续原料延伸到石脑油，进一步打开以乙烯为中心的石化化工行业历史。叠加 20 世纪 30 年代到 50 年代以聚氯乙烯、高压聚乙烯、低压聚乙烯为代表的多种乙烯基聚合物实现了产业化，乙烯工业开始了在美国的蓬勃发展，在 20 世纪 50 年代之前，美国基本垄断了全球主要的乙烯工业。历史上，乙烯工业总共经历了三次转移（见图 10.5）。

乙烯工业的第一次转移：低成本原料和技术提升驱动美国乙烯工业继续发展，但欧洲需求快速增长驱动乙烯工业逐步向欧洲转移。20 世纪 50 年代至 70 年代，由于主要原材料石油的价格维持在相对较低的水平，叠加生产工艺的持续优化，乙烯工业单套装置产能实现了大幅提升，从 20 世纪 50 年代的约 5 万吨/年提升至 70 年代的约 50 万吨/年。低成本原料和技术的提升驱动美国乙烯工业继续发展，但市场需求的快速增长驱动乙烯工业开始向欧洲转移。欧洲经济在同时期迎来快速发展期，以联邦德国为例，1950—1960 年，联邦德国国民生产总值增长复合率增速达 7.5%，在 1960 年成为全球第三大经济体。欧洲经济的发展带动乙烯需求快速增长，1950 年西欧产能占全球乙烯产能的 1.9%，到 1960 年达到了 22%。

图 10.5 全球乙烯工业三次转移回顾

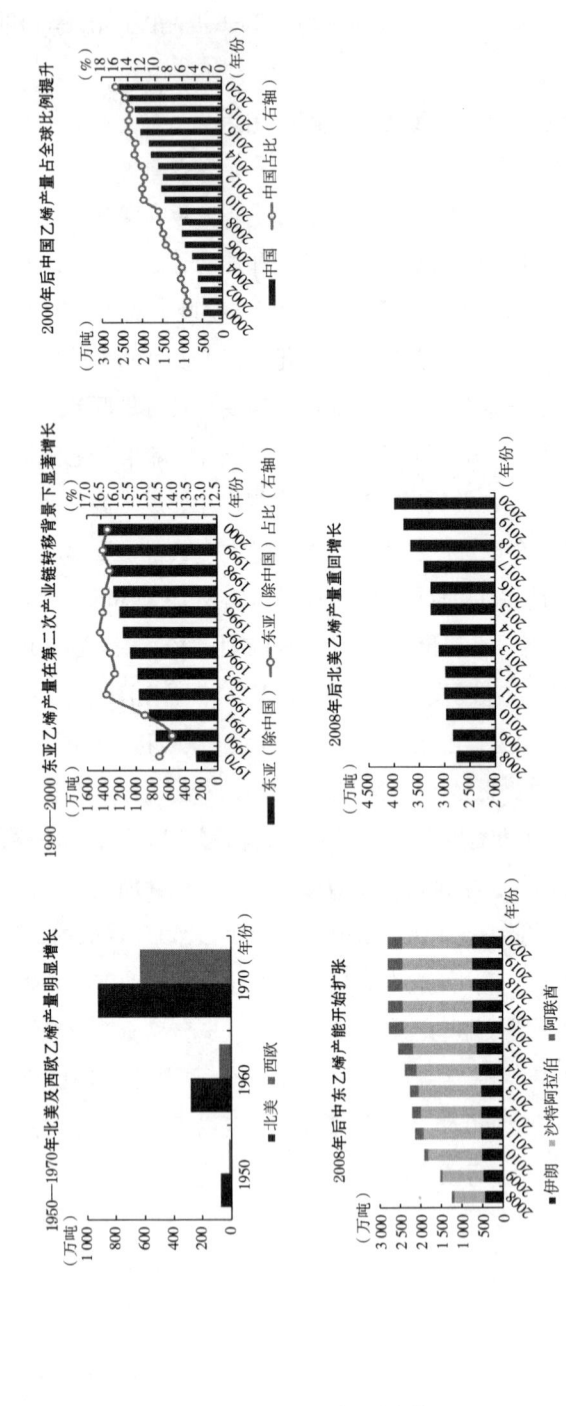

资料来源：何奕：《现代乙烯工业的发展历史和趋势》，《计划与发展》1993 年第 4 期；彭博资讯，Nexant，自然资源部，中金公司研究部。

乙烯工业的第二次转移：需求增长驱动乙烯工业从欧美向日韩转移。乙烯工业的第二次转移发生于20世纪70年代至21世纪初，由于国际原油市场出现多次大幅波动，叠加欧美经济增速放缓，欧美乙烯工业效益出现下滑。在这一时期，对乙烯需求的快速增长以及有利的成本因素驱动乙烯工业开始向日本、韩国等东亚国家转移。需求因素方面，20世纪70年代起日本、韩国等国家经济快速增长（例如韩国人均GDP自1970年的不足300美元提升至2000年的1.2万美元），同时乙烯工业下游的纺织服装、汽车等产业也开始从欧洲向东亚迁移，为东亚乙烯需求的快速增长打下了基础。此外，日韩政府在这一时期制定了外向型经济的战略，出台了一系列产业政策支持乙烯等重化工业发展以保证下游纺织服装等产业的原料供应，进一步促进乙烯工业向日韩的转移。

乙烯工业的第三次转移：乙烯工业向中国转移仍得益于需求增长，同时原材料成本优势驱动中东和美国乙烯产量增长。21世纪初至今，全球主要有三个国家和地区出现了乙烯产能的明显增长，分别是中国、中东和北美。驱动乙烯工业向中国转移的主要因素与乙烯工业向日韩的第二次转移类似。这一时期，全球经济增长重心开始向中国转移，叠加乙烯工业下游的纺织服装、汽车等产业也开始从日韩等国向中国迁移，为中国乙烯需求的增长打下了基础，同时这一时期中国政府也出台了一系列产业政策支持乙烯等重化工业发展以保证下游纺织服装等产业的原料供应。中东乙烯产能的提升及北美乙烯产量的再度增长主要受成本优势驱动。以美国为例，随着美国页岩油气革命的发生，美国页岩油和页岩气的产量出现了大幅增长，促使伴生的乙烷[①]产量从2010年的不足100万桶/天增长到了2021年的250万桶/天，乙烷价格从2007—2010年的超过400美元/吨下降至2010—2021年的不到200美元/吨。受成本大幅下降的因素刺激，美国的乙烯企业开始了两轮产能大幅扩张，乙烯产能从2010年的2 800万吨扩张到了2021年的4 400万吨。

---

① 乙烷是制备乙烯的原料之一。

# 高端精细化工品和新材料：日本半导体光刻胶以及中国混晶发展的驱动因素

## 日本光刻胶材料产业崛起并持续保持领先优势的驱动因素

半导体材料产品种类众多，技术壁垒高，制备工艺复杂，同时下游客户测试认证时间周期长，是研发和产业化难度较高的材料之一，也是影响国内产业链安全稳定的主要短板领域。因此，我们以半导体光刻胶作为高端精细化工品和新材料的代表。在进行产业链变迁分析时，我们观察到虽然目前日本本土半导体产业链逐步衰退，但是日本半导体材料中的光刻胶仍在全球半导体供应链中占据重要地位。

从全球竞争实力的变化来看，日本半导体材料主要分为两类。一是对于下游技术迭代导致材料和配方体系不断变化的产品，例如半导体光刻胶，日本借助于21世纪初的技术路径变革机遇和下游配套研发、持续迭代等有利因素，确立了全球领先的市场地位并持续强化竞争优势。二是对于半导体技术迭代引发对产品纯度等性能要求不断提升的产品，例如湿电子化学品、电子特气、抛光材料及大硅片等，受益于过去积累的经验优势，日本企业虽然现在仍拥有较高的市占率，但其市场地位较光刻胶稍显弱势。因此，后续的分析重点将放在日本光刻胶材料的发展，研究日本如何追赶、确立和保持全球领先水平，为国内高端精细化工品和新材料的产业发展提供借鉴和思考（见图10.6）。

20世纪60年代至80年代：举国体制研发助力日本光刻胶行业追赶世界先进水平。光刻技术于20世纪50年代起源于欧美，20世纪60年代初由于当时美国企业对技术转移的管控比较宽松，日本半导体材料企业通过技术转移的方式，获取了部分美国先进技术，在半导体材料行业取得一些进展。1968年，东京应化（TOK）推出首个环化橡胶系光刻胶。后续日本政府为推动半导体材料产业发展，开始鼓励各企业共同进行关键核心技术研发，提升日本国内半导体材料产业竞争力。特别是在1976年，日本政府牵头联合富士通、日立、NEC、三菱电机和东芝五家企业正式组建了"VLSI计划"[①]，投入700亿日元通过建立联

---

① 董书礼、宋振华：《日本VLSI项目的经验和启示》，《高科技与产业化》2013年7月。

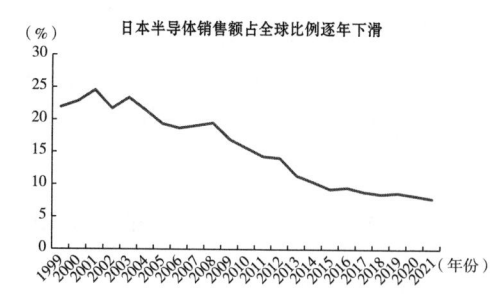

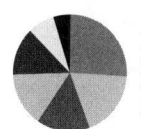

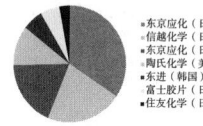

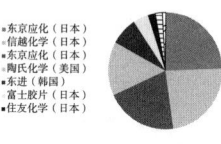

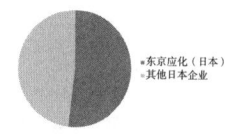

图10.6 日本在半导体材料行业仍维持较高市场地位

资料来源：SEMI，彭博资讯，WSTS，上海新阳公告，中金公司研究部。
注：市场份额及市占率为2020年数据。

合实验室的方式研究半导体基础技术。"VLSI 计划"合计设立六个研究室进行半导体关键材料、设备及生产工艺等方面的开发，其中，第一、二、三研究室负责半导体装备，第四研究室负责半导体材料，第五研究室负责光刻工艺，第六研究室负责封装测试技术。经过四年的研发合作，VLSI 项目相继获得1 000余项专利，取得多项技术突破。其中尤为突出的是成功开发半导体加工过程中的关键设备，即缩小投影型光刻装置，并完成配套光刻胶的研发，助力日本光刻胶企业实现技术突破。1979 年，JSR 开始销售首个负性光刻胶（CIR）产品，1981 年，东京应化首个专门生产半导体用光刻胶的 UTSUNOMIYA 工厂投产。进入 20 世纪 80 年代，日本半导体行业进入了黄金发展期，成为全球半导体产业领导者。受益于下游半导体产业的旺盛需求，日本本土光刻胶需求快速提升[①]，带动完成技术突破的日本光刻胶企业在美国主导的光刻胶市场开始占有一席之地。

20 世纪 90 年代至 21 世纪初：技术变革和先进设备生态成就日本光刻胶行业领先地位。本时期受益于光刻胶技术变革及日本光刻机等配套设备的领先，日

---

① 俞非：《日本半导体的产业发展分析》，《集成电路应用》2017 年 1 月。

第十章 化工：大宗产品强优势，高端材料补短板

本光刻胶行业实现全球领先地位的突破。在技术方面，这一时期光刻胶技术开始由 g 线、i 线光刻胶向 KrF 光刻胶进行切换，虽然 KrF 光刻胶早在 20 世纪 80 年代就由美国 IBM 发明，但因为当时工艺制程还没有到这个节点，所以并未得到大规模商业化应用，而日本企业通过技术研发逐步缩小了与美国企业在 KrF 光刻胶上的差距。1995 年，东京应化完成 KrF 光刻胶的研发，打破了 IBM 在 KrF 光刻胶行业的垄断。在配套设备光刻机方面，1985 年日本光刻机产量已经超过美国。1995 年日本尼康推出的 NSR-S201A 是全球首个可以实现商业化应用的 KrF 光刻机系统，在下一代光刻机技术上面实现了弯道超车，光刻机龙头厂商企业由美国企业变成日本企业，日系光刻设备的成熟领先进一步驱动日本光刻胶材料产业实现对欧美先进水平的超越。20 世纪 90 年代末，日本光刻胶企业已经逐步开始在海外设立光刻胶工厂，从日本走向全球。1997 年，东京应化于美国俄勒冈州建立了首个海外光刻胶工厂。

21 世纪初至今：技术路径变革和配套研发迭代带动日本光刻胶材料产业确立全球领先地位并保持至今。20 世纪日本光刻胶行业在 i 线、g 线以及 KrF 光刻胶等领域，更多地扮演了技术追赶者的角色，随后借助研发投入、技术引进、下游配套生态，实现了对海外先进水平的追赶。进入 21 世纪后，日本光刻胶材料产业通过抓住技术路径变革机遇和持续配套研发迭代，确立了全球领先地位并保持至今。技术路径方面，21 世纪初，全球半导体产业再次出现从 KrF 光刻胶切换到 ArF 光刻胶的技术变革，日本 JSR 通过多年研发布局，2000 年其 ArF 光刻胶正式作为下一代半导体 130nm 工艺的光刻胶，成为 ArF 光刻胶行业的领导者[①]。配套研发方面，由于 ArF 光刻技术适用于 130~7nm 多个技术节点，在每个技术节点都存在一定的迭代改进，日本 JSR、东京应化等企业通过与下游 ASML 等光刻机企业深入合作配套研发，持续迭代以适应新的技术节点，进一步强化了日本企业在 ArF 光刻胶方面的先发优势。2019 年，在新一代 EUV 光刻胶技术量产之际，得益于前期和下游 ASML 等光刻机企业在 ArF 光刻胶领域的深度合作及前瞻研发，日本又成为全球首个量产 EUV 光刻胶的国家，继续保持了在 ArF 光刻胶领域积累起来的领先优势。

---

① Sanders, Daniel P. Advances in patterning materials for 193nm immersion lithography. January 2010.

## 中国混晶产业崛起的驱动因素分析

液晶材料是技术密集型产业，材料品质直接影响下游面板性能。液晶材料的生产制造流程包括基础化工原料制备液晶中间体、液晶中间体合成普通液晶单体、普通液晶单体经过纯化（去除杂质、水分、离子等）升级为电子级液晶单体、液晶单体按照不同比例混配成混合液晶等关键步骤。混晶的生产过程涉及复杂化学合成（需要几十步合成步骤）、产品纯化及混配（一般由十几种乃至几十种单体混合）等工艺。液晶材料成本一般占下游面板成本的3%~4%，但其产品品质直接影响显示器的响应速度、亮度、显示视角等指标，被称为液晶面板的"心脏"，因此面板企业对合格混晶供应商的认证严苛且认证周期长。

2012年以前混晶国产化率低，高性能TFT混晶材料与海外存在明显差距。我国于1969年开始液晶材料研究[1]，1987年由清华大学化学系与河北省石家庄市共同投资的液晶材料厂开始生产。历经20多年的发展，我国液晶显示技术取得了一定进步，在黑白显示器发展时期，液晶材料在所有原材料中，国产化率相对较高。但随着液晶显示技术从扭曲向列型（TN）、超扭曲向列型（STN）向TFT演进（2012年以前），我国混晶材料国产化率较低。一方面，高性能TFT混晶的核心技术和专利等被德国默克、日本JNC和DIC等公司垄断（这三家企业依据"苯环"或"萘环"核心结构构建了严密的专利网）；另一方面，国内混晶企业生产规模小、竞争力分散，在长期过度竞争的环境中研发投入不足，同时，作为后入者的国内企业需要较长的认证周期才能获得客户认可。2012年以前，中国大陆混晶国产化率不足10%，在响应速度快、可靠性高的TFT混晶材料方面与海外有明显差距（见图10.7）。

材料技术成熟度的提升以及下游面板产能加快向中国的转移，驱动国产混晶产业崛起。基于在TN、STN等液晶材料领域的技术积累，2000年后国内混晶企业逐步研发布局TFT液晶材料，其中永生华清（已被诚志股份收购）于2007年小批量生产，和成显示（已被飞凯材料收购）与中国台湾的达兴公司合作，在2010年共同研发出"茚环"核心结构，同时八亿时空在2011年开始全面布局

---

[1] 高鸿锦：《中国液晶配套产业的发展现状及建议》，《精细与专用化学品》2013年11月。

TFT 混晶的研发。随着 TFT 混晶技术成熟度的提升和产品质量的提高，国内混晶企业也陆续通过了下游客户的测试认证，逐步向国内 LCD 面板厂供应 TFT 混晶，并形成了飞凯材料、八亿时空和诚志股份三足鼎立的竞争格局，到 2015 年 TFT 混晶国产化率提升至 15% 左右。2015 年后随着全球 LCD 面板产能加快向中国转移，国内 LCD 面板企业对国产 TFT 混晶材料逐步从掺混使用转向全面使用，混晶国产化率快速提升，据测算，2021 年 TFT 混晶国产化率已经超过 70%。

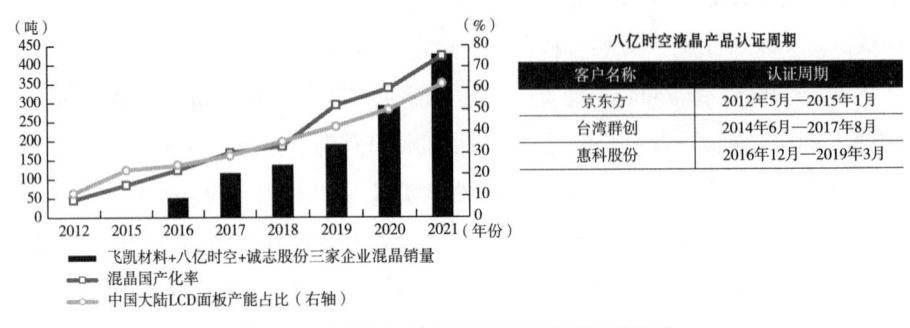

图 10.7　2015 年后中国混晶国产化率快速提升

资料来源：飞凯材料公告，八亿时空公告，CINNO Research，智研咨询，中金公司研究部。
高鸿锦：《中国液晶配套产业的发展现状及建议》，《精细与专用化学品》2013 年 11 月。

## 中国化工产业链变迁展望

随着贸易保护主义壁垒增加以及新冠肺炎疫情暴发对全球供应链影响加重，全球各国均提高了对产业链、供应链安全的重视程度。石化化工行业作为国民经济支柱产业，基于"经济总量大、产业链条长、产品种类多、下游应用广"等特点，对我国供应链的安全稳定至关重要。

展望未来我国化工产业的发展，首先在大宗化工品领域，通过回顾全球乙烯工业的转移，我们看到大宗化工品在生产技术成熟后，市场需求和成本竞争力成为产业转移的重要主导因素。受益于我国庞大的需求体量支撑、宏观经济的增长，行业龙头企业通过大规模资本开支不断扩原有核心产品产能并围绕产业链不断向下游高附加值领域延伸，以及欧洲等重要化工制造基地受天然气等能源价格抬升和供应不稳定性等因素影响，我们认为中国在主要大宗化工品领域仍将占据主要优势,另外部分进口依存度较高的POE、EVA等产品将通过国内产能的建设逐步提升自给率。但同时,由于贸易保护壁垒增加、劳动力成本提升以及产业绿色转型等因素,部分大宗化工品产能将逐步面临转移压力。其次,在高端精细化工品和新材料领域,对于目前国产化率较低的高端精细化工品和新材料,国内下游产业的不断壮大及政策支持将为其奠定发展基础,但技术壁垒、中外技术差距以及技术迭代速度等因素将影响高端精细化工品和新材料的国产化进展。我们认为,半导体技术迭代导致材料和配方体系不断变化,半导体光刻胶国产化仍需要较长时间;随着半导体技术迭代,湿电子化学品、电子特气、抛光材料及大硅片对材料性能要求不断提升,国产化进度在中长期有望逐步加快;对于技术体系已经较为成熟的高端显示面板材料,国产化率有望不断提升。目前竞争优势较强的新能源材料领域正面临海外发达经济体市场保护的风险。

## 主要大宗化工品将继续占据优势地位,部分产业面临转移压力

需求增长与完善的产业链配套等因素支撑中国大宗化工品竞争力继续提升。中国宏观经济的持续增长有望推动化工产品需求提升;叠加中国主要大宗产品产能占全球比例较高,产业链一体化配套相对完善;此外俄乌冲突以来欧洲天然气与电力价格远超历史水平,欧洲作为全球重要的化工制造基地,在欧洲天然气与电力价格较高且潜在供应不稳定的背景下,中国主要大宗化工品成本竞争力有望进一步增强。2022年7月,德国巴斯夫集团做出最终投资决策,全面推进其位于中国广东省湛江市的一体化基地项目。全球化工巨头在中国进行大规模投资,这也是基于其看好中国大宗化工品未来的市场前景和项目竞争力。

竞争力强的龙头企业继续实施大规模资本开支,中国大宗化工品全球市场份额将继续提升。根据欧洲化工协会统计数据,2020年中国化工企业资本开支为922亿欧元,2010—2020年资本开支复合增速达5.5%,全球领先的资本开支规模及增速推动中国化工市场份额持续扩大。我们梳理并预测了部分石化化工公司2022—2025年资本开支情况,预计荣盛石化、恒力石化、万华化学等企业资本开支均有望超1 000亿元,桐昆股份、新凤鸣、华鲁恒升、远兴能源等企业资本开支均有望超200亿元。各领域龙头企业投资方向主要聚焦原有产品产能扩张、

产业链延伸以及向新材料、高端材料等领域的延展，未来中国化工品产能预计持续扩张（见表10.2）。

部分进口依存度较高的产品自给率有望继续提升。随着成熟技术扩散与突破，对于部分进口依存度仍较高的产品，中国产能有望持续投放。2017年中国EVA、二甲苯（PX）产品的进口依存度分别约为68%、61%，而至2021年进口依存度已分别下降至近54%、39%。展望未来，EVA、PX等产品全球新增产能仍主要集中在中国，相关产品中国自给率预计持续提升。而对于POE等进口依存度较高的化工品，万华化学、东方盛虹、荣盛石化、卫星化学等企业在持续进行技术突破，上游材料在下游光伏、汽车领域国内产业发展较快的背景下，实现技术突破与后续的全球份额提升。

表10.2 中国部分化工龙头企业未来三年资本开支水平

| 代码 | 公司 | 2011年固定资产原值（亿元） | 2016年固定资产原值（亿元） | 2021年固定资产原值（亿元） | 2012—2021年固定资产原值CAGR | 2016—2021年固定资产原值CAGR | 2022—2025年资本开支合计（亿元） | 2021—2025年固定资产原值CAGR |
|---|---|---|---|---|---|---|---|---|
| 002493.SZ | 荣盛石化 | 70.0 | 263.9 | 1 432 | 35% | 40% | 2 000 | 24% |
| 600346.SH | 恒力石化 | 9.0 | 174.8 | 1 534 | 67% | 54% | 1 200 | 16% |
| 600309.SH | 万华化学 | 90.7 | 363.6 | 1 013 | 27% | 23% | 1 100 | 20% |
| 601233.SH | 桐昆股份 | 49.5 | 143.6 | 322 | 21% | 18% | 400 | 22% |
| 603225.SH | 新凤鸣 | — | 89.1 | 294 | — | 27% | 300 | 19% |
| 600426.SH | 华鲁恒升 | 65.3 | 139.5 | 272 | 15% | 14% | 250 | 18% |
| 000683.SZ | 远兴能源 | 40.3 | 153.6 | 162 | 15% | 1% | 230 | 25% |
| 600096.SH | 云天化 | 171.3 | 394.5 | 418 | 9% | 1% | 200 | 10% |

资料来源：公司公告，Wind，中金公司研究部。
注：2022—2025年资本开支数据基于上市公司未来几年项目规划进行预测。

在贸易壁垒、劳动力成本抬升及绿色转型背景下，主要有三类产业面临产业向外转移压力。一是轮胎等具有较高关税壁垒的行业。由于欧美国家的"双反"政策，中国乃至东南亚的轮胎产品都可能面临较高的关税壁垒，产业链向海外转移趋势明显。以2015年美国开始征收中国半钢胎反倾销税为例，中国对美国出口量出现巨幅下滑，2015年3月中国对美半钢胎月度出口量为19.51万吨；而

2022年8月仅为0.74万吨。二是劳动密集型产业。随着中国劳动力成本抬升，劳动密集型产业如纺织服装产业链转移趋势明显，以江苏国泰为代表的纺织贸易型企业正逐渐在东南亚如越南等地建设加工工厂。随着下游产业转移，在需求因素的驱动下，上游相关的化工材料未来可能面临转移压力。三是高能耗产业。随着中国低碳政策推行，国内高耗能产能审批难度加大，炼油、尿素、黄磷、工业硅等部分行业在海外投资的可行性增加。

## 高端精细化工品和新材料：下游发展奠定材料需求基础，多因素影响高端材料国产化进展

高端精细化工品和新材料一般市场体量不大，但是技术壁垒高，材料的质量、可靠性、稳定性对下游产品性能影响较大。同时材料成本占比低，在原材料采购不受限制的情形下，下游客户一般不轻易更换供应商，具备很强的客户黏性。但随着部分国家对某些产品出口增加限制，保障供应链安全，提高供应链韧性的重要性日益提升。虽然国内外技术差距比较大，国内高端精细化工品和新材料的国产化发展面临严峻挑战，但基于国家政策扶持和下游对国产化材料采购的需求提升，国内高端精细化工品和新材料产业发展也将面临新的机遇。

对于目前国产化率较低的一些高端精细化工品和新材料，国内下游需求快速增长以及政策支持将奠定发展基础。日本半导体及材料产业的发展主要得益于国家政策的扶持[1]，包括通商产业省对民间企业引进和消化美国先进技术进行产业政策引导和扶持，对处于发展初期的集成电路产业实施严格的保护政策，以及日本政府将主要半导体企业团结起来共同研究VLSI技术等。同时，日本集成电路制造业的发展为材料产业提供市场基础，日本集成电路制造业、设备和材料的产业链互相协作和促进，以及日本企业和员工的专注钻研等，共同推动了20世纪七八十年代日本半导体及材料产业的腾飞。目前，中国显示面板、半导体产业正在不断发展壮大，中国企业的LCD面板产能已经位居全球第一，OLED面板产

---

[1] 冯昭奎：《日本半导体产业发展的赶超与创新——兼谈对加快中国芯片技术发展的思考》，《日本学刊》2018年第6期。

能全球占比快速提升，中国集成电路市场规模和产值以及中国企业在全球晶圆代工市场的份额也在不断增加。此外，国内政府在政策、资金方面也大力扶持半导体等产业的发展。半导体和显示面板等下游制造业的壮大将拉动相关材料需求不断增长，为材料的国产化发展奠定市场基础（见图10.8）。

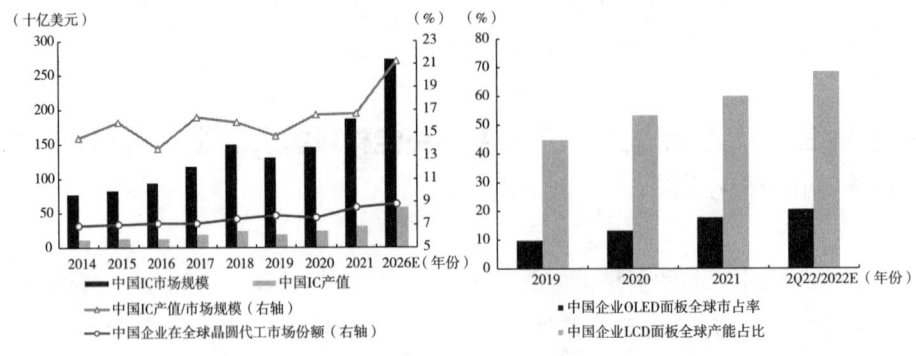

图10.8 集成电路、显示面板等产业不断向中国转移

资料来源：IC Insights，Omida，DSCC，DIGITIMES，赛迪顾问，中金公司研究部。

注：中国企业OLED面板全球市占率为2Q22实际数据，中国企业LCD面板全球产能占比为2022年预测数据。

材料技术壁垒、下游技术迭代等因素将影响高端精细化工品和新材料的国产化进展。整体而言，对于技术壁垒越高的产品，我国企业研发和产业化的难度相对越大。但由于下游产业技术迭代变化的不同，材料在产业化难度上也有差异。如果材料品类和生产技术随着下游产业技术迭代不断变化，国产化难度会更高；如果下游产业对所需材料产品和生产技术已经稳定，随着国内企业工艺技术不断累积，国产化进展会相对顺利。以半导体材料和部分面板材料为例进行产业变迁的展望。

由于下游技术迭代，材料和配方体系不断变化，光刻胶国产化仍需要较长时间。受摩尔定律推动，芯片制造产业不断向先进工艺节点推进，对于关键的光刻技术要求不断提升，按照曝光波长的变化，光刻技术先后经历了g线、i线、KrF、ArF到最先进的极紫外光的演变。光刻胶材料作为光刻技术所需核心材料，在产品纯度不断提升的同时，其配方体系也在不断变化。从应用于g线、i线的酚醛树脂-重氮萘醌体系，到KrF主要采用聚对羟基苯乙烯及其衍生物等体系和 ArF 主要采用聚甲基丙烯酸酯体系；目前全球最先进的 EUV 光刻工艺采用 13.5nm 极紫外光源，对应光刻胶材料体系变迁到分子玻璃、金属氧化物等。在光刻技术不断升级的过程中，我国光刻胶技术与海外企业的差距不断累积，目前国内光刻胶仍以 g 线、i 线和 KrF 为主，ArF 及 EUV 光刻胶基本全部依赖进口。由于目前国内光刻胶与海外先进技术差距较大，同时配套先进设备的采购也受到海外制约，以及下游对国内光刻胶应用的试错成本很高，预计 ArF 和 EUV 等高端光刻胶的国产化仍需要较长时间（见表 10.3）。

表 10.3　不同光刻技术下的常用光刻胶材料体系及结构

| 光刻技术 | g 线 | i 线 | KrF | ArF | EUV |
|---|---|---|---|---|---|
| 光源波长 | 436nm | 365nm | 248nm | 193nm | 13.5nm |
| 对应制程 | 0.5~0.6μm | 0.35~0.5μm | 0.13~0.35μm | 14~130nm | 7nm 及以下 |
| 材料体系 | 酚醛树脂－重氮萘醌 | 酚醛树脂－重氮萘醌 | 聚对羟基苯乙烯及其衍生物、聚甲基丙烯酸酯类树脂 | 聚甲基丙烯酸酯体系、马来酸酐－乙烯基醚/降冰片烯共聚物、聚降冰片烯及其衍生物等 | 聚对羟基苯乙烯及其衍生物、聚碳酸酯及其衍生物、分子玻璃体系、金属氧化物等 |
| 材料结构 | （结构式） | （结构式） | （结构式） | （结构式） | （结构式） |

资料来源：李自力：《先进光刻材料》，《应用化学》2022 年第 6 期；李冰：《集成电路制造用光刻胶发展现状及挑战》，《精细与专用化学品》2021 年第 2 期；中金公司研究部。

对于下游技术迭代导致产品性能要求不断提升的半导体材料，国产化进度在中长期有望逐步加快。半导体制造业对湿电子化学品、电子特气及抛光材料的纯度、金属杂质含量、颗粒数量和粒径及品质的一致性等有严格要求。随着半导体制造工艺不断升级，半导体制造业对这些材料纯度等的要求也不断提升。以硅片为例，随着半导体工艺制程不断缩小，晶圆制造过程中对硅片的缺陷密度、缺陷尺寸等容忍度不断降低，需要不断地控制硅单晶缺陷、硅片表面微粗糙度、金属杂质含量等。目前国内企业在湿电子化学品、电子特气、抛光垫及抛光液、300mm 硅片等领域均有突破，随着在产品提纯、混配精度等领域的技术和经验积累，预计这些材料的国产化进展在中长期有望逐步加快。

对于技术体系已经较为成熟的高端显示面板材料，国产化率有望提升。目前中国企业的 LCD 面板产能位居全球第一，随着 LCD 面板产能不断扩大和竞争力提升，上游材料也加快了国产化进程。液晶混晶的国产化率从 2015 年的约 15% 提升至 2021 年的超过 70%，提升显著。膜材料、面板光刻胶、偏光片等材料也通过企业自主研发和收购等方式实现了自主供应。在 OLED 面板领域，根据 Omida 数据，截至 2Q22 我国 OLED 面板企业全球市占率达到 20.5%，随着 OLED 面板新建产能不断投产，预计国内 OLED 面板企业全球市占率将继续提升。受制于海外企业在 OLED 成品材料领域的专利网布局，以及国内 OLED 面板企业仍处于良率提升阶段等，目前国内 OLED 面板企业仍以采购海外企业材料为主。但随着国内企业不断研发和突破 OLED 成品材料、PI 材料的生产技术，在国内 OLED 面板良率提升后，预计 OLED 成品材料、PI 材料等高端材料的国产化率也将得到提升。

以新能源材料为代表的优势材料产业面临产业链逆全球化风险。近年来，得益于国家政策支持，中国光伏装机、锂电池生产等均处于较为领先的地位。根据北极星太阳能光伏网与 PV InfoLink 数据，2021 年全球光伏组件出货量排行前十的企业中有隆基、晶科等八家中国企业，组件出货量占全球光伏新增装机量的近 90%；根据 SNE Research 数据，2022 年上半年，动力电池出货量前五的企业中有两家中国企业，即宁德时代与比亚迪，合计动力电池出货量近 132.7GWh（亿瓦时），约占全球动力电池出货量的 50%。中游中国企业的崛起也为上游材料的国产化奠定了基础，除部分产品如导电炭黑、聚烯烃弹性体（POE）等需要进口（该部分中国产品在持续中试过程中，突破有望）以外，大部分材料均已实现国产化替代。但同时，主要国际市场对新能源产业链本土化的呼声逐渐加大，例如美国颁布《通货膨胀削减法案》促进新能源产业链本土化，引发中国本土锂电材料产业链外迁的风险。

## 思考与启示

未来，大宗化工品、高端精细化工品和新材料产业链应该如何应对挑战，本书有如下思考与启示（见图 10.9）。

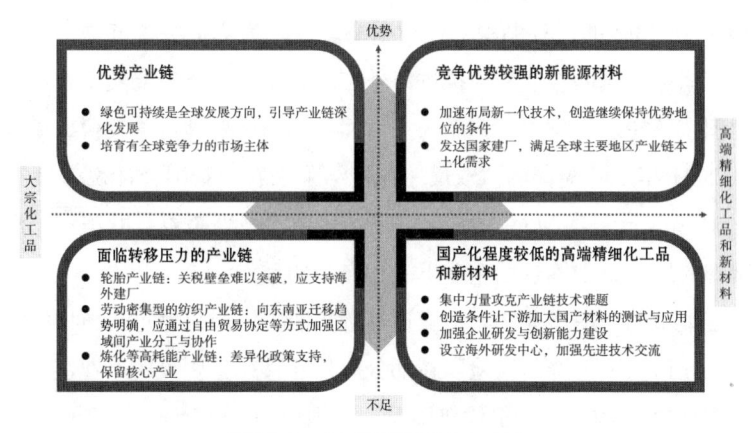

图 10.9 应对挑战的思考与启示

资料来源：中金公司研究部。

## 大宗化工品

优势产业链应该加强绿色可持续发展，培育有全球竞争力的市场主体

加强绿色可持续发展。大宗化工品发展时间早，技术较为成熟，其产业竞争是全球的竞争，中国出于市场、成本、供应安全稳定性等因素已经占据竞争有利位置，且在 MDI 等大宗化工品上，中国近几年将持续强化竞争优势。对于此类行业，相关企业可从绿色可持续研发包括原料多元化、二氧化碳利用、过程原子化利用等方向支持产业发展，加强产业未来竞争力。

培育有全球竞争力的市场主体。中国是全球最大的化工市场，但是呈现典型的"大而不强"的格局，在 2022 年全球前 50 大化工企业中，仅中国石化、台塑集团、中国石油、恒力石化、先正达集团、万华化学、荣盛石化、桐昆集团、恒逸石化 9 家中国企业，这是中国化工行业目前发展面临的短板，但也孕育着机遇。依托于中国庞大的化工市场体量，未来将会有一批优秀的中国化工企业不断做强做大，崛起成为全球化工龙头企业，助力中国在化工行业长期占据有利优势。

面临转移压力的产业链应该加快海外布局

对于受海外关税壁垒影响的轮胎产业等，应该支持相关企业积极到海外建厂。2015 年以来，美国对中国出口的乘用车轮胎征收 14.35%~87.99% 的反倾销税和 20.73%~116.33% 的反补贴税，关税壁垒较高。为降低关税壁垒，我国部分具备实力及前瞻性的轮胎企业积极推进海外产能扩张，产能布局集中在泰国、越南等东南亚国家，轮胎类型以半钢胎为主。而近期东南亚地区的关税壁垒也在逐渐提高，从 2021 年 5 月美国的"双反"仲裁结果来看，泰国合计税率为 14.62%~21.09%、越南合计税率为 6.23%~28.76%。从在建规划来看，欧美和非洲等靠近轮胎消费端的地区是中国轮胎企业下一步布局的重点。

劳动密集型的纺织产业向东南亚迁移趋势明显，应该通过自贸协定等方式解决原材料企业市占率下降的风险。在部分海外迁移趋势明显的产业链方面，例如纺织服装产业链，东南亚竞争优势明显，我国应当与东南亚签订自由贸易协定，加强产业分工与协作，通过中国提供资本密集型产业中间品、海外进行下游制品加工的方式进行合作，保持中国化工品产业链的竞争优势。

在高耗能产业方面，实施差异化政策支持核心产业发展。国内碳达峰、碳中和政策的提出，对高耗能产业的发展提出了更高要求。一是部分高耗能产业如尿素、炼化等应该适时布局海外，支持培育在全球有竞争力的中国跨国公司；二是对于负极材料、工业硅等支撑下游新兴行业发展的产品，政策应该适当倾斜能耗指标，继续支持行业发展。

## 高端精细化工品和新材料

对于国产化程度较低的高端精细化工品和新材料，我国应该集中力量攻克技术难题

集中力量攻坚产业链技术难题。以日本为例，为推动半导体产业发展，日本建立 VLSI 研究项目，投入 700 亿日元用于半导体技术研发并进行信息共享，这在极大程度上提高了日本半导体产业的整体技术水平。当前我国在半导体材料上与海外有较大的技术差距，亟待解决。中国可以借鉴日本的发展经验，集中力量攻克产业链技术难题。第一，选准一个关键技术节点，例如 45nm 或者 28nm，实现这一节点全产业链相关设备、材料和工艺的全突破，为后续的技术迭代奠定良好的基础。第二，集中产业链各环节最优秀的企业联合攻关。在此前的实践当中，尤其是材料领域，攻坚任务更多地分配给了从事相关领域的中小企业，其本

身盈利能力较弱，影响了研发投入强度。在当前关键时刻，化工龙头企业应该承担起更大责任。第三，在材料品类较多的子领域，或可推动兼并收购培育龙头企业。典型领域如湿电子化学品和电子特气行业，有数百个品类的材料，很多企业有一两个或者数个拳头产品。通过兼并收购，行业内可形成品类较全的龙头企业，既有利于对接下游应用企业，也有利于触类旁通，形成共性技术，助力更多的品类突破。

创造条件提升下游对国产材料的测试与应用。以半导体材料光刻胶为例，光刻胶的质量对光刻工艺至关重要，导致下游试错成本高，下游采用国产材料积极性并不强。我国应该通过试错补偿机制、加大采购方补贴力度、研究项目或者课题共享等方式提升上下游产业协同能力。同时，可以适当地构建公共测试平台。以光刻胶研发为例，一台 EUV 光刻机售价高达 1.5 亿美元，单一企业研发投入成本过高，且购买受到海外的严格限制，开发公共平台可以显著降低研发成本，并避免造成资源浪费。

加强企业研发能力建设。一是营造良好的创新文化氛围。在管理上尽可能宽容地对待员工的创新活动，给予员工在创新活动中更多的自由，通过支持创新文化氛围赋予员工鼓励和支持。二是加强创新激励和人才激励。在化工企业内建立一套行之有效的人才激励和晋升制度，持续优化企业的组织架构，提升创新人才对企业的归属感和荣誉感，降低优秀人才的流动性，助力中国化工企业培养长期且可持续的创新能力。

设立海外研发中心和加强先进技术交流。海外下游先进应用场景发展时间长、技术先进、相关产业人才培育较为完善。我国企业在海外设立研发中心，具有以下三点优势。一是加强与下游客户的交流，深入把握相关材料的实际需求；二是吸纳当地相关产业的人才，提升研发实力；三是探索与当地知名大学、企业等开展更深层次的研发合作，结合优势互利共赢。

**对于目前竞争优势较强的新能源材料行业，加速布局新一代技术**

加速布局新一代技术，创造继续保持优势地位的条件。以锂电为例，据各公司公告，中国龙头企业宁德时代的麒麟电池，其系统集成度创全球新高，体积利用率突破 72%，能量密度可达 255Wh/kg（瓦时每千克），海外龙头 LG 的

E603P8S 电池模组能量密度为 226Wh/kg。中国电池技术在当前三元/铁锂框架下保持全球领先位置。但未来固态电池能量密度有望超过 400Wh/kg，技术进一步提升空间依旧较大，应当通过先进材料项目、产业补贴等方式引导企业对新能源材料的研发，创造在下一代技术更迭中保持优势地位的条件。

优势企业应该积极赴发达国家建厂，满足全球主要地区产业链本土化需求。美国等地未来将通过关税以及下游补贴的方案提升本土产业链竞争优势，新能源材料面临海外发达经济体市场保护的风险。中国企业应当积极主动地加速海外建厂步伐，深挖海外需求。

# 第十一章

# 高端装备：创造条件强化工艺积累

装备制造业是工业的核心部分，在当前国际形势下，中国面临"卡脖子"风险，因此提高装备制造业发展水平具有重要意义。基于庞大的市场需求、劳动力和工程师红利、先进的基建等优势，中国装备制造业普遍规模庞大，但不同行业间竞争力差异却较大，例如新能源装备、高铁等行业具有优势地位，机床、大飞机等行业相对落后。理解其背后的原因对于我们理解装备制造业的发展规律和政策方向具有重要意义。本章从实证和理论两个维度，剖析装备制造业发展的驱动因素，并提出政策建议。

　　从产业全景来看，高精尖行业及核心零部件短板明显。从横向来看，中国装备制造业产值规模大，特别是地产基建装备、金属制品、通用设备、能源装备全球供给占比较高，但高精尖行业供给不足。从纵向来看，整机供应能力强，但核心零部件存在短板，在产业链分布中多处于微笑曲线低端，附加值有待提升。

　　从产业链变迁来看，中国产业链承接发达地区整机产能。回溯代表性行业的产业变迁历程，需求成为影响产业布局的先决要素，供给能力和政策也影响具体产业或环节的分布情况。整体来看，随着本土市场扩容，中国承接了大量来自发达国家的产业转移，但多为整机环节，核心器件无法以此获取，需要自主突破。

　　在追赶者视角下，装备制造业发展的核心在于能否持续进行工艺积累实现技术追赶，其主要取决于四点：一是初期技术差距；二是下游需求特征；三是核心资源配套能力与外资竞争压力；四是政策性因素，改变前述条件，为企业工艺积累创造机遇。这些因素影响了不同产业的发展路径和结果。

　　展望未来，我们应该因行施策。面对全球产业链重塑形势，对于不同战略地位的行业，应该对产业外迁的政策方向具有差异性。就提升产业竞争力而言，弱势产业在需求侧应该关注降低下游试错成本，供给侧强化产业配套保护。对于优势产业，需要强化技术引领，并为企业出海保驾护航。[1]

---

[1] 本章作者：陈显帆、张梓丁、刘中玉、丁健、郭威秀、邹靖。本章得到了严佳、刘运昌、王梓琳、李昕阳、张贤、刘婧的支持。

## 装备制造业全景图

  装备制造业是为经济各部门进行简单生产和扩大再生产提供装备的各类制造业的总称,是工业的核心部分[①]。无论是基础设施建设还是终端产品生产,都离不开装备制造业的支撑作用。装备制造业通常具有较长的产业链,包括大宗原材料、零部件、整机等多环节,在生产端具有技术密集和资本密集特性。这一方面带来全球化分工,另一方面使得发达国家和后发国家间存在较大的技术差距。

  中国制造业增加值占全球比重约30%,正处于从制造大国向制造强国的转型过程中,而中国所面临的外围环境日益严峻。对于一些战略性行业如机床、半导体设备等,中国面临着"卡脖子"风险。一旦相关设备或核心器件无法通过正常贸易渠道获得,一些下游产品的生产能力可能受阻。因此,提升装备制造业的发展水平对我国经济发展具有重要意义。

  本章将从产值规模、供需格局、发展阶段、产业链各环节国产化率等维度,对中国装备制造业进行全景梳理,展现中国装备制造业的发展现状,并与全球主要制造业国家/地区对比,展示中国装备制造业的全球地位。

---

① 现代管理领域(653工程)教材编写委员会:《现代管理公需教材》,企业管理出版社,2006年。

## 中、美、日、欧代表性装备制造业对比

根据工业和信息化部披露数据，2021年中国工业增加值为37.3万亿元，装备制造业占规模以上工业增加值比重约32.4%[1]。由此，2021年中国装备制造业增加值约12万亿元，该统计中包含汽车制造业、计算机、通信和其他电子设备等民用消费产品。我们梳理了一些具有代表性的装备制造业，其产值规模较大或具有较强的发展潜力。

2022年全球装备制造业代表性品类总产值近9万亿元，其中中国约3万亿元，美国、欧洲各约2万亿元，日本近1万亿元。全球产值超过万亿元的行业包括铁路装备、工程机械、农业机械、船舶制造、大飞机，主要集中在地产基建、交通运输领域。

中国在地产基建装备、金属制品、船舶制造、能源装备相关产业的产值占比较高，高精尖装备占比不足。基于庞大的地产基建体量和对外贸易体量，中国的地产基建装备、金属制品、船舶制造的全球产值规模较高。基于庞大的制造业体量，2022年中国主要通用设备产值占全球产值的1/3，与中国制造业增加值占全球比重相当。在专用设备领域，无论是传统能源装备还是新能源装备，中国产业规模都处于全球领先地位，体现了传统能源开采大国和新能源转型大国的双重身份。但是从技术特征来看，在一些高精尖领域（其特征为技术密集、产出效益高、产出效率高、资源消耗低[2]），例如半导体设备、大飞机产业等，中国起步较晚，技术差距较大，全球产值规模占比不高，而美国在这些领域的供给水平处于领先地位（见表11.1）。

## 中国装备制造业在全球的供需格局

从各产业供需对比来看，大部分行业处于供需平衡状态，进出口规模相对平衡，其中光伏设备、锂电设备的全球占比较高，可能是美国等地未来推动制造业

---

[1] 参见 http://www.gov.cn/xinwen/2022-06/14/content_5695609.htm。
[2] 《北京高精尖产业活动类别》，北京市统计局、北京市经济和信息化委员会，2017年。

表 11.1 中、美、日、欧代表性装备制造业对比

| 分类 | 装备/产品 | 中国 | 美国 | 日本 | 欧洲 | 全球 | 分类 | 装备/产品 | 中国 | 美国 | 日本 | 欧洲 |
|---|---|---|---|---|---|---|---|---|---|---|---|---|
| 地产基建设备 | 铁路设备 | 3 000 | 3 000 | 420 | 3 600 | 11 400 | 地产基建设备 | 铁路设备 | 26% | 26% | 4% | 32% |
|  | 工程机械 | 4 200 | 2 600 | 2 100 | 950 | 10 000 |  | 工程机械 | 42% | 26% | 21% | 10% |
|  | 农机 | 3 000 | 2 500 | 600 | 3 000 | 10 000 |  | 农机 | 30% | 25% | 6% | 30% |
|  | 合计 | 10 200 | 8 100 | 3 120 | 7 550 | 31 400 |  | 合计 | 32% | 26% | 10% | 24% |
| 金属制品 | 五金工具 | 5 250 | 500 | 300 | 800 | 7 000 | 金属制品 | 五金工具 | 75% | 7% | 4% | 11% |
|  | 集装箱 | 950 | 0 | 0 | 0 | 1 000 |  | 集装箱 | 95% | 0% | 0% | 0% |
|  | 合计 | 6 200 | 500 | 300 | 800 | 8 000 |  | 合计 | 78% | 6% | 4% | 10% |
| 交通运输设备 | 船舶制造 | 4 500 | 1 800 | 1 000 | 1 000 | 11 000 | 交通运输设备 | 船舶制造 | 41% | 16% | 9% | 9% |
|  | 大飞机 | 1 000 | 6 000 | 250 | 5 000 | 13 000 |  | 大飞机 | 8% | 46% | 2% | 38% |
|  | 合计 | 5 500 | 7 800 | 1 250 | 6 000 | 24 000 |  | 合计 | 23% | 33% | 5% | 25% |
| 通用设备 | 机床 | 1 113 | 371 | 1 039 | 742 | 3 700 | 通用设备 | 机床 | 30% | 10% | 28% | 20% |
|  | 机器人 | 410 | 140 | 840 | 400 | 1 800 |  | 机器人 | 23% | 8% | 47% | 22% |
|  | 激光设备 | 838 | 350 | 89 | 323 | 1 600 |  | 激光设备 | 52% | 22% | 6% | 20% |
|  | 注塑机 | 400 | 160 | 80 | 160 | 800 |  | 注塑机 | 50% | 20% | 10% | 20% |
|  | 合计 | 2 761 | 1 021 | 2 048 | 1 625 | 7 900 |  | 合计 | 35% | 13% | 26% | 21% |
| 专用设备 | 煤炭设备 | 1 400 | 200 | 0 | 100 | 3 000 | 专用设备 | 煤炭设备 | 47% | 7% | 0% | 3% |
|  | 锂电设备 | 1 000 | 25 | 200 | 25 | 1 260 |  | 锂电设备 | 79% | 2% | 16% | 2% |
|  | 光伏设备 | 893 | 89 | 27 | 107 | 1 100 |  | 光伏设备 | 81% | 8% | 2% | 10% |
|  | 风电设备 | 1 600 | 360 | 10 | 650 | 3 000 |  | 风电设备 | 53% | 12% | 0% | 22% |
|  | 核电设备 | 500 | 100 | 100 | 260 | 1 000 |  | 核电设备 | 50% | 10% | 10% | 26% |
|  | 半导体设备 | 200 | 2 800 | 2 100 | 1 900 | 7 000 |  | 半导体设备 | 3% | 40% | 30% | 27% |
|  | 3D 打印 | 250 | 350 | 100 | 200 | 1 000 |  | 3D 打印 | 25% | 35% | 10% | 20% |
|  | 卫星互联网 | 50 | 270 | 10 | 150 | 500 |  | 卫星互联网 | 10% | 54% | 2% | 30% |
|  | 合计 | 5 893 | 4 194 | 2 547 | 3 392 | 17 860 |  | 合计 | 33% | 23% | 14% | 19% |
| 总合计 |  | 30 554 | 21 615 | 9 265 | 19 367 | 89 160 | 总合计 |  | 34% | 24% | 10% | 22% |

资料来源：工程机械工业协会，中国机床工具工业协会，中国光伏行业协会等行业协会，中金公司，中集集团，巨星科技，中国铁路总公司公告和公司官网，中金公司研究部。

注：左表中数据为 2022 年产值规模，单位为亿元；右表中百分比为产值占全球比重，加粗为占比最高的国家或地区。

第十一章　高端装备：创造条件强化工艺积累

回流或产业链重塑的重点行业。机床、工业机器人、大飞机等行业供给占比低于需求占比，主要由于技术仍待突破，这些行业是未来中国产业的重点发展方向。五金工具、集装箱行业的供给占比大幅高于需求占比，这两个行业综合体现了中国的供应链优势和综合制造成本优势。集装箱、五金工具制造工艺并不复杂，但钢材用量较大，对金属加工业体量要求较高。除中国外，现阶段其他发展中国家的相关供应链尚不成熟。此外，集装箱的运输成本较高，在贸易体量较大的国家建造可以节省额外海运费。未来中国需要进一步强化或保护产业链优势，保持技术相对领先，并通过产业链多元化分布等方式规避发达国家的贸易制约（见图11.1）。

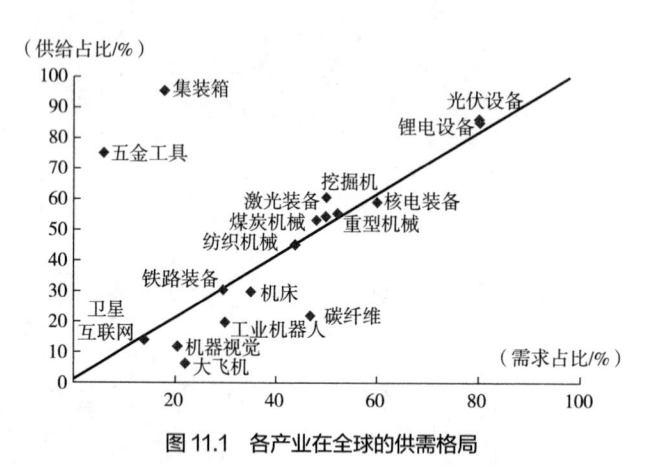

图 11.1 各产业在全球的供需格局

资料来源：工程机械工业协会，中国机床工具工业协会，中国光伏行业协会等行业协会，中集集团、巨星科技、中国铁路总公司等公司公告和公司官网，中金公司研究部。

注：需求占比为中国市场占全球比重；供给占比为中国的产能供给（含外资）占全球比重；数据为2022年。

## 中国装备制造业发展阶段划分

基于国产化率和海外份额，装备制造业的发展阶段可以划分为萌芽期、成长期、成熟期、转型期（见图11.2）。萌芽期行业的主要发展方向为国产化及智能化。由于市场处于初期阶段、技术不成熟等，国产企业的产品尚不具备大规模应用条件，例如仿生机器人、大飞机、3D打印、半导体设备等；成长期行业已迈过早期阶段，进入了大规模应用时期，这一阶段行业增速较快，例如工业机器人、数控机床、核电装备等；成熟期行业经历了高速成长后，规模已达到较高水平，具备进军海外市场的条件，例如煤炭机械等；转型期行业则处于巩固市场、转型突破阶段，行业渗透率、企业市场占有率和集中度都已达到较高水平，行业内的增长空间相对有限。

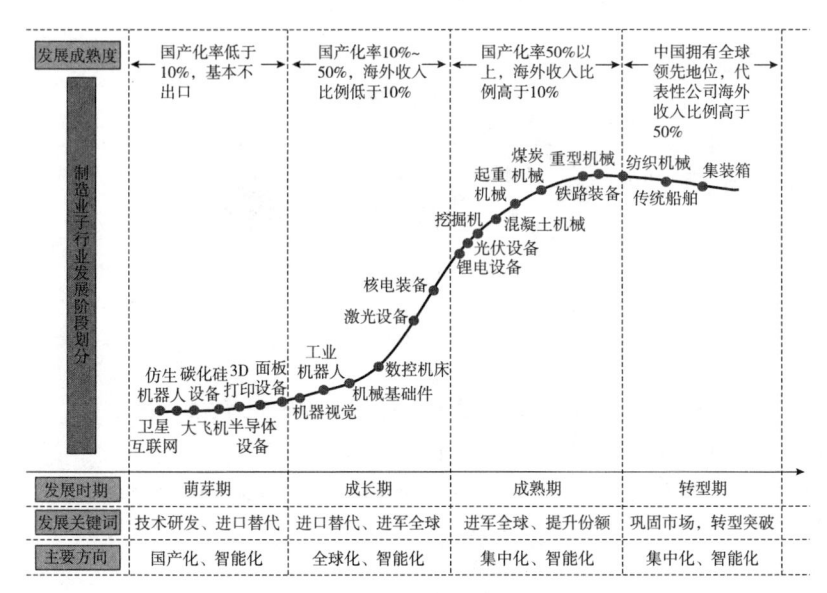

图11.2 装备制造业发展阶段划分

资料来源：工程机械工业协会，中国机床工具工业协会，中国光伏行业协会等行业协会，中集集团、巨星科技、中国铁路总公司等公司公告和公司官网，中金公司研究部。

## 中国装备制造业各环节国产化率

当前，中国装备制造业发展存在重整机、轻配套和中高端供给不足的现象。整机环节产值较大，相较于零部件环节资本特性更强，技术特性更弱，往往成为国产厂商率先突破的环节。中国多行业在早期发展阶段注重整机环节的研发，而相对忽视核心器件的配套，例如工程机械、机床等行业整机国产化率较高，但核心器件自制不足。在零部件环节，一些技术难度较低的环节，中国已逐渐实现突破，例如机器视觉中光源、常规镜头、相机等。而一些高端部件仍需较长时间的技术和参数积累，在应用中逐步实现突破，例如对于大丝束碳纤维、机器视觉中智能相机等高端产品线、激光设备芯片及软件等行业或环节，中国的国产化率相对不足（见图 11.3 和图 11.4）。

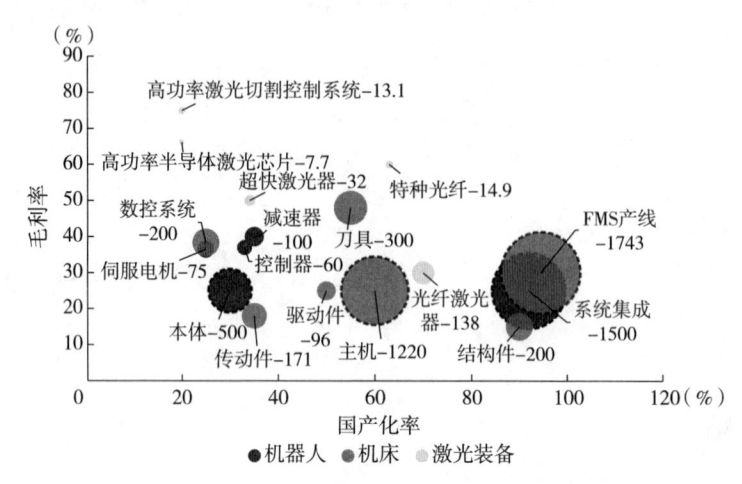

**图 11.3 机器人、机床、激光装备主要环节国产化率发展现状**

资料来源：中国机床工具工业协会，中金公司研究部。

注：外圈为虚线的环节为整机环节，其余为零部件环节；气泡大小代表 2022 年市场规模大小，数字单位为亿元；国产化率和毛利率为 2021 年数据。

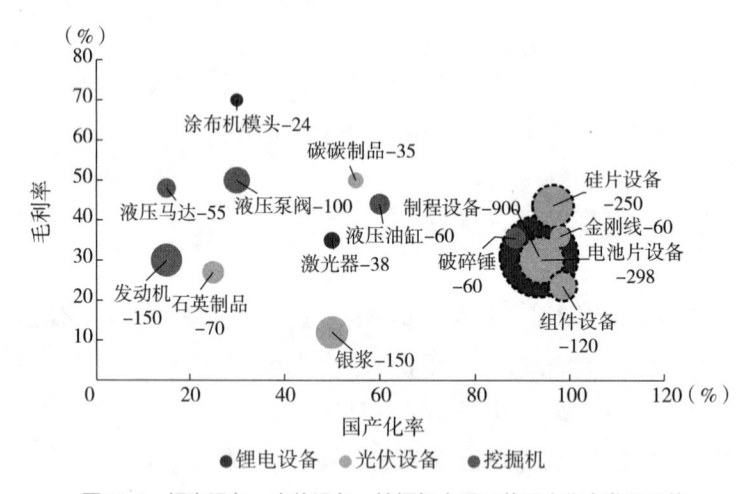

**图 11.4 锂电设备、光伏设备、挖掘机主要环节国产化率发展现状**

资料来源：工程机械工业协会，高工锂电，中国光伏行业协会，中金公司研究部。

注：外圈为虚线的环节为整机环节，其余为零部件环节；气泡大小代表 2022 年市场规模大小，数字单位为亿元；国产化率和毛利率为 2021 年数据。

## 装备制造业微笑曲线与产业链变迁

前文分析了中国装备制造业整体性的发展情况和全球地位。为了进一步透视中国装备制造业的全球地位和发展驱动因素，本部分选取了四个代表性行业，分别刻画微笑曲线和回溯产业链变迁历程。其中，对于具有战略性地位、自主供给能力相对不足的行业，选取了大飞机、机器人行业；对于具备全球竞争力、海外市场拓展空间大、整机环节全球产值占比较高的行业，选取了挖掘机、光伏设备行业。

从微笑曲线的刻画来看，除光伏设备、锂电设备具备综合优势外，其他三个行业都存在较大的向高附加值环节延伸的空间。从产业链变迁历程来看，各行业都呈现由美、日、欧向中国迁移的过程，但外资向中国转移的主要是整机环节，核心器件仍保留在本土。目前中国大多数装备制造业没有明显的外迁压力。展望未来，面对产业链外迁，不同战略地位的行业应该采取不同的政策方向。

## 大飞机行业

微笑曲线：中国主要参与附加值偏低环节的转包生产

整机制造商处于全产业链核心地位，两端附加值逐渐提升，其中原材料及维修保障环节的毛利率最高。整机制造环节在全产业链中虽然毛利率最低，但规模最大，处于产业链核心地位。波音及空客等整机制造商将子系统的研制工作外包给其他企业，将整机组装环节把握在自己手中，同时为链内供应商设置较高准入门槛，进一步巩固自身在产业链中的主导地位。

中国通过转包生产参与全球航空产业链，高附加值领域涉足较少。分国别看，西欧及美国深度参与航空全产业链，在原材料、机载设备和发动机零部件等技术密集型环节优势显著并坚持本土生产，仅将部分劳动密集型环节外包；中国现有航空产业链主要面向特种领域，在商用飞机领域主要通过发动机零部件、机体结构的转包生产参与全球大飞机产业链，其中发动机零部件转包生产的主要参与者为中国航空发动机集团，机体结构件转包的主要参与者为中航工业集团。由于海外对转包生产环节的限制及国内外技术水平的差距，国内企业在原材料、机载设备等技术密集型环节参与较少（见图 11.5）。

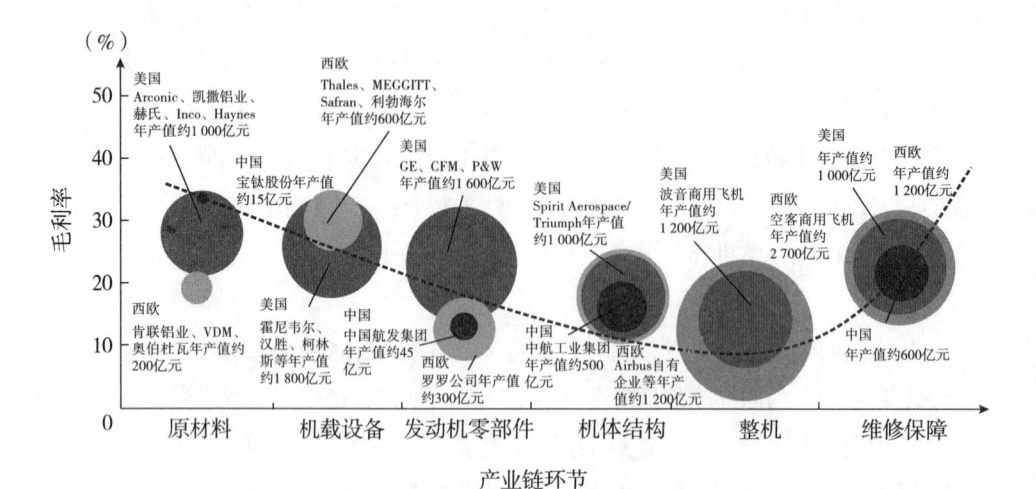

图 11.5 大飞机价值链全球格局产业链环节

资料来源：吕飞：《中国航空制造业产业升级路径探析——基于全球价值链视角》，《对外经贸实务》2013 年第 5 期，Aero Dynamic Advisory，公司公告，中金公司研究部。
注：气泡大小代表 2022 年产值大小，毛利率为 2021 年数据。

**产业链变迁：美欧主导，国内由转包生产到自建产业链**

美欧主导全球产业链核心环节，东亚在机体结构、发动机零部件等劳动密集型环节的参与度逐渐提升。20 世纪，大飞机产业链的近全部环节均在美国及欧洲完成，仅部分机体结构件、发动机零部件及维修保障业务被外包。21 世纪后，航空产业原有外包环节继续向东亚转移，中国、日韩在全球航空产业链中参与度逐渐提升。据测算，美欧在机体结构和维修保障环节的参与度分别由 20 世纪的 86% 和 85% 逐渐下降至 74% 和 74%，但原材料、机载设备、发动机领域仍由美欧本土企业主导，美欧参与度接近 100%。

在需求端，"以市场换技术"，开启转包生产。根据中国民用航空局披露数据，中国运输机队数量由 2003 年的 661 架增长至 2021 年末的 4 054 架。快速扩容的航空市场成为后发国家寻求技术交换的重要支撑。这一阶段的转包生产模式主要为与相关国家整机制造商签订飞机订单，以此交换飞机部分零部件的转包生产订单，实现产业链部分环节转移。该时期中国生产成本高于海外，"以市场换技术"

成为当时融入全球产业链的重要方式。

在供给端，技术推动产业扩张，成本及技术优势吸引转包订单。早期的转包生产使得中国相关产业环节在20世纪80年代末基本具备了机体零部件的生产能力，得益于经验积累，中国转包生产规模和范围不断扩大。21世纪后，伴随技术转移带来的产业规模扩张，中国等后发国家逐渐摆脱"以市场换技术"的转包生产模式，其中中国在机体结构、维修保障等领域逐渐建立起成熟的产业集群。目前空客、波音分别在天津市、浙江省舟山市建立了总装生产线，中国在整机、机体结构等领域的参与度进一步提升。日韩在发动机领域的参与度逐渐提升，主要得益于其高温合金及锻铸件企业在航空发动机叶片等领域的技术优势。

在政策端，积极拥抱全球产业链，自建旗舰企业推动核心环节发展。20世纪七八十年代，中国进行了独立研制大型客机的尝试，以B-707为原型开发了运10-飞机，但由于技术水平滞后等，项目最终下马。20世纪80年代至21世纪初，中国提出"三步走"战略，即以国内市场换取转包生产订单，期望借助海外制造商的先进技术完成大飞机研制。20世纪末，中国参与了全球商用航空约8%的机体结构制造、约3%的发动机零部件制造及约5%的飞机维修保障。进入21世纪以后，由于核心环节转包生产订单停滞，合作开发被拒绝，中国开始自建大飞机产业。以中国商用飞机为旗舰企业，对中外供应商进行整合，优先考虑国内供应商，并在国内产业薄弱环节通过海内外制造商合作的方式，带动国内产业集群发展。

## 机器人行业

微笑曲线：核心价值的上游话语权缺失

在机器人产业链中，上游核心价值最高，下游市场空间最大。上游方面，控制器、减速器和伺服电机属于关键核心零部件，成本占比分别为15%、35%、20%；中游方面，工业机器人本体根据运动自由度可分为多关节、SCARA、并联、直角坐标等；下游方面，企业以工作站、交钥匙工程等为下游提供集成方案。

上游方面：日本占据绝对优势地位。控制器基本由本体企业自主生产，日本凭借本体环节优势企业发那科、安川电机占全球份额近40%；减速器领域，日本纳博特斯克和哈默纳科早期占全球份额近80%，近年来中国国产优质企业崛起，日本企业份额降至50%左右，中国企业约占20%；伺服电机领域，日本企业占据全球近40%的份额。

中游方面：日本占据绝对优势地位。工业机器人技术起源于美国，在日本大规模产业化。至今，日本机器人本体占全球份额近40%，中国和德国各占15%左右。美国份额不高，但在仿生机器人等前沿领域保持引领地位。

下游方面：中国市场不容小觑。系统集成对企业的设计、服务、安装能力要求较高，主要由当地的小集成商运营。中国对工业机器人的需求和系统集成环节均占全球份额约30%。日本占全球份额也约30%。

机器人价值链全球格局见图11.6。

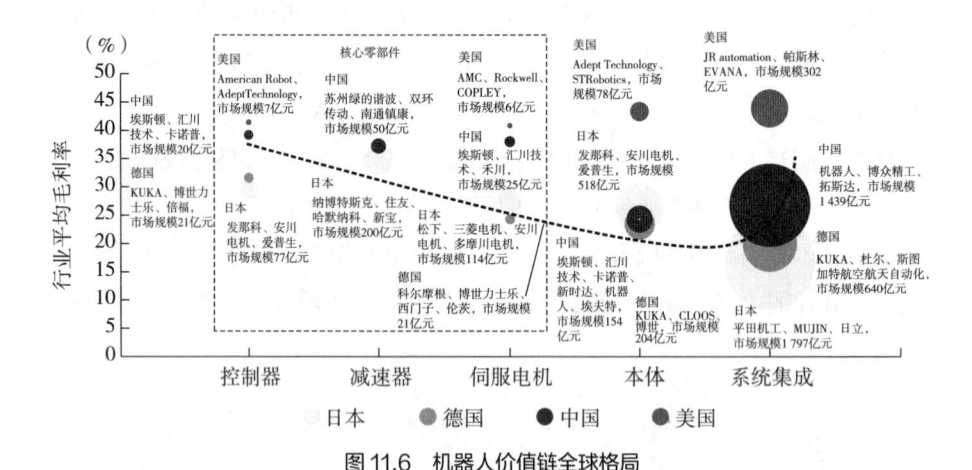

图11.6　机器人价值链全球格局

资料来源：MIR、埃斯顿、发那科、纳博特斯克、绿的谐波等公司公告，中金公司研究部。
注：气泡大小代表2022年产值大小，毛利率为2021年数据。

## 产业链变迁：需求主导迁移，供给和政策需形成合力

机器人产业链发展经历了三大阶段。

第一阶段，1954—1973年（萌芽期），机器人诞生于拥有强大科研实力的美国，供给为主导因素。供给方面，美国在编程能力、机械设计能力、视觉传感能力等方面领先优势突出，1954年设计并制造出世界上第一台可编程机器人。至

今，在机器人前沿技术例如人工智能、仿生机器人等领域，美国依旧是全球引领者。需求方面，1946年第一台电子计算机在美国问世，工业生产开始向高速度、大容量、低价格方向发展，为机器人应用奠定基础。但美国重科研轻应用、重软件轻硬件，机器人应用需求发展缓慢。政策方面，美国政府将重点放在国防军事，对机器人产品重视程度不高。

第二阶段，1973—2010年（产业化落地期），产业链迁至日本，供给奠定基础，需求主导结果。随着美国制造业外迁，汽车、电子等行业在日本、德国蓬勃发展，同时老龄化等因素进一步催生日本机器人需求。供给方面，机器人最重要的技术在于材料及核心零部件，日本工业基础相对较好，高度重视相关领域发展，通过引进美国技术和自主研发实现快速发展。需求方面，20世纪60年代末日本经济繁荣，汽车、电子等产业链开始快速发展；同时，老龄化问题开始显现，日本自动化改造需求提升。1970年日本工业机器人产量为1 350台，到1987年已增至45 100台。政策方面，为鼓励机器人研发和创新，日本政府针对性地出台《促进基础技术开发税制》《关于加强中小企业技术基础的税制》等政策，以"倾斜减税"的方式加速技术进步。

第三阶段，2010年至今（成熟期），产业链迁至中国，需求端主导，供给端和政策端尚未形成合力。随着市场扩容和外资产品供给弹性不足，机器人开始本土化，但至今中国产业链发展程度仍相对有限。供给方面，日本机器人产业已发展40余年，后发国家与日本的技术差距较大。中国在材料和工业基础件方面，人才供给和基础研究不足，产业链发展仍需要一定时间。需求方面，中国是制造业大国，对工业机器人的需求日益增加。2020年以来新冠肺炎疫情进一步影响外资企业的供应能力和服务能力，国内机器人产业得到进一步发展。政策方面，国家曾专门立项自然科学基金项目、863项目等，形成了一些成果和样机，但由于"政、产、学、研、用"体系尚未搭建完整，引导和保护国内企业发展的专项政策尚未出台，行业技术进步速度有限。

从美国到日本、日本到中国的这两轮产业转移中，可以看出需求增长是触发产业转移的重要因素。差异之处在于日本承接产业转移后孕育出完整产业链，且产业竞争力延续到了今天。中国在大市场培育下形成了较大规模的下游供给，但核心器件配套和高端产品供应能力与早年间日本所经历的情形有较大差距。

# 挖掘机行业

**微笑曲线：整机应用达到领先水平，液压件与发动机有待提升**

挖掘机产业链主要分为零部件、整机制造和售后服务。挖掘机零部件构成主要包括三部分：结构件、发动机和液压件。从制造难度来看，发动机和液压件的制造难度最大。从价值量来看，高端液压件和售后服务的毛利率最高。

在整机制造环节，中国国产化率较高，在全球范围内的产值规模最大。近两年全球挖掘机年销量在60万~80万台，中国产量约占全球总产量的40%。在中国本土市场，2021年国产品牌占有率超过了70%。2020年三一重工挖掘机销量近10万台，首次超过卡特彼勒公司成为全球第一。除中国外，日本是第二大产出国，挖掘机年产量近20万台。在高端零部件环节，日、美、欧占据主要地位。在油缸领域，恒立液压引领了一部分国产替代，但在海外市场的地位与日本川崎等仍存在差距；在泵阀领域，日本川崎重工、德国博世力士乐具有技术领先性，恒立液压在小挖领域进行了国产替代，在国内份额达到约一半，中大挖还处于较低水平；发动机主要由美国康明斯和日本五十铃供应，中国整机厂主要依靠进口或合资供应（例如柳工与康明斯组建的广西康明斯基地）。

挖掘机价值链全球格局见图11.7。

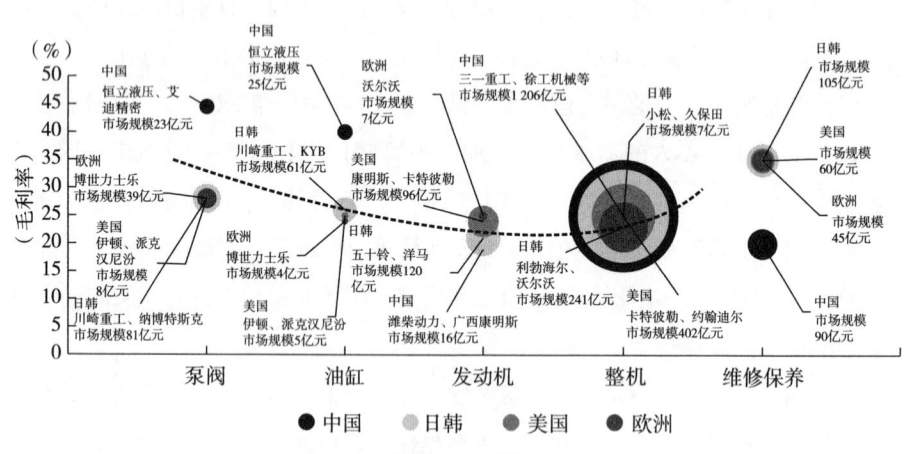

**图11.7 挖掘机价值链全球格局**

资料来源：工程机械工业协会，公司公告，中金公司研究部。
注：气泡大小代表2022年产值大小，毛利率为2021年数据。

## 产业链变迁：随地产基建高峰而转移，日本仍为核心零部件最大供应方

挖掘机产业经历了日本—欧美—中国的转移过程。挖掘机起源于较早进入工业化时代的欧美地区，由于地理环境、使用习惯、产品价格等，早期欧美工程建设过程中更多使用装载机。20世纪五六十年代，液压挖掘机逐渐替代机械式挖掘机。日本建筑业的发展带动了液压挖掘机的大规模应用。21世纪以来，大规模地产和基建使得中国成为全球挖掘机的最大终端市场，也带动了中国本土挖掘机产业的发展。

政策主导下的大基建催生了庞大的日本挖掘机市场。20世纪60年代，日本基建投资进入井喷增长时期。1960—1990年日本建筑业总产值（不变价）由2万亿日元增长至超过40万亿日元。在20世纪80年代初，美国挖掘机年销量不足2 000台，欧洲在1万台左右，而日本本土需求已经超过了4万台。到了20世纪90年代，日本挖掘机年产量接近20万台，不仅本土市场持续扩容，同时也打开了美国和欧洲市场。

日本本土企业经历了从追赶到超越的过程。1960年日本政府决定开放本土市场，美国卡特彼勒与日本三菱成立合资公司，迅速占据日本市场。日企通过提高质量、加强服务、技术追赶等一系列计划，实现了由弱到强的转变。挖掘机的应用场景较多，不同工况对挖掘机的产品性能要求有所差异，这对了解客户需求的本土企业更有利。供给端的技术积累叠加需求端的爆发式增长，成就了庞大的日本挖掘机产业，整机企业的崛起也带动了本土零部件企业的发展，例如油缸领域的KYB，泵阀领域的川崎重工，发动机领域的五十铃、洋马等。

21世纪以来，地产和基建投资使得中国成为全球挖掘机的最大产地。自21世纪初，中国也进入了大规模建设时期，2000—2021年中国城镇基建固定资产投资由不足1万亿元增长至超过17万亿元，房地产开发投资由不足5 000亿元增加至接近15万亿元，城镇化率由36.2%提高至64.7%。

中国本土企业的市场地位经历了"V形"走势。20世纪90年代以前，中国早期通过样机仿制、技术引进等方式实现了自主供应。随着20世纪90年代外商投资力度加大、日本二手机涌入，挖掘机国产化率由100%迅速降至2000年的6%。宏观刺激使得部分年份国内需求呈现高双位数甚至翻倍增长，海外企业的本土产

能供给瓶颈使得国内整机厂获得市场机遇。随着本土整机厂的工艺积累加速，中小挖已基本实现国产替代。而用于矿山的大挖，其停机成本较高，目前国产化率还有一定提升空间。此外，头部企业如三一重工、徐工机械、中联重工、柳工等也在加大海外市场的开拓力度，2021 年三一重工的挖掘机出口量超过 2 万台。

零部件国产化慢于整机，日本依然是全球市场的最大供给方。高端液压件、发动机的技术和工艺门槛较高，本土优秀企业如恒立液压经过 20 多年的持续开发，实现了液压油缸的国产替代；泵阀方面，恒立液压在小挖市场实现了 50% 份额，而中大挖中份额不足 20%，日本川崎重工、德国博世力士乐依然具备良好的市场；发动机方面，国内还没有大规模自主供应，潍柴动力等重卡发动机厂商已实现产品出货，正处于工艺迭代之中。在海外市场，目前国产高端零部件还不具备大规模"走出去"的条件。其中，恒立液压所生产的液压油缸除供应中国本土市场外，已经实现了向日本主机厂的直接出口，未来有望基于优势产品逐渐打开海外市场。

挖掘机整机国产化率经历了"V 形"走势，中国的机床行业也出现过类似情形。不同的是，目前中国的挖掘机整机产业已具备全球竞争力，在海外市场地位逐渐提升，但中国的机床行业在高端市场仍处于相对空白阶段，行业发展程度不及挖掘机。导致不同行业发展程度差异的原因同样值得深究。

## 光伏设备行业

微笑曲线：产业链全球领先地位延续

光伏设备产业链主要包括整机设备和零部件与辅材耗材。硅料通过拉晶设备形成硅锭与硅棒，经过切片设备等形成光伏硅片，再由电池片设备、组件设备生产成为组件产品，最终应用于光伏电站。经过数十年的技术创新，光伏设备的整机设备国产化率较高，仅有少部分零部件与辅材耗材依赖进口。

在整机设备环节，中国光伏设备产值处于全球领先地位。2018 年后，大部分光伏设备已经实现国产化；目前，中国光伏设备企业已经具备整线自主供应能力。同时，海外厂商逐渐收紧产品线，中国光伏设备厂商不仅满足本土庞大需求，海外订单的体量与份额也逐渐提升。例如在硅片设备环节，美国代表性厂商 Kayex 被连城数控收购；在电池片设备环节，捷佳伟创 2021 年收入几乎是德国代表性厂商 Singulus Technologies 的 8 倍。在零部件与辅材耗材环节，国产化率有待提升。光伏设备产业链中，零部件与辅材耗材的国产化已取得较大进展，但仍有部分环节被进口零部件、进口材料"卡脖子"。在硅片设备环节，高纯石英砂目前由美国尤尼明、挪威 TQC 所垄断；在电池片设备环节，功率电源仍然依赖进口，HJT 电池所需要的低温银浆仍在国产化进程中。

光伏设备价值链全球格局见图 11.8。

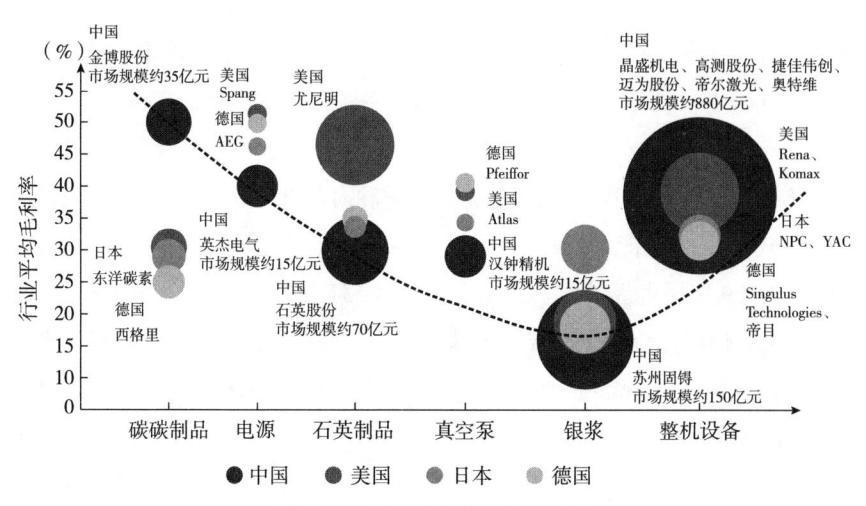

图 11.8　光伏设备价值链全球格局

资料来源：中国光伏行业协会，晶盛机电、汉钟精机、石英股份、金博股份等公司公告，中金公司研究部。

注：气泡大小代表 2022 年产值大小，毛利率为 2021 年数据。

**产业链变迁：政策扶持、需求扩容、技术变革孕育庞大产业链**

过去 20 年，光伏设备产业链逐渐由美、日、德向中国转移。一方面，下游产能主要分布在国内，国内设备商实现弯道超车存在良好条件。根据中国光伏行业协会数据，2021 年底，中国硅片、电池片和组件产能在全球的产能占比分别达到 98.1%、85.1% 和 77.2%。另一方面，国内设备厂贴近客户，工艺积累和迭代较多、较快，在降本增效方面具备优势。国内厂商将 PERC 和 HJT 设备的售价分别从进口设备最初的 5.7 亿元/GW 和 10 亿元/GW 下降至目前的 1.2 亿元/GW 和 4 亿元/GW。受到中国光伏设备厂商的竞争压力，国际光伏设备企业已逐步转型，例如梅耶博格 2021 年宣布由光伏设备供应商转型为光伏组件制造商，Amtech Systems 宣布 2020 年出售旗下 Tempress Systems 太阳能业务。据测算，目前中国光伏设备的全球份额已达到 80%~90%，在海外市场的份额也在逐步提升。

新型电池片技术率先在中国实现量产，中国光伏设备厂商提供整线设备保障。新型电池片技术具备更高的光电转换效率以及效率提升潜力，包括 TOPCon、HJT、XBC。以 HJT 为例，日本三洋最早于 20 世纪 90 年代初研发成功，但并未在日本以外形成大规模量产；2015 年三洋被松下收购，专利保护结束后，中国厂商开始加大对该技术的研发和投入，金刚玻璃、华晟新能源等企业已建立吉瓦级产线。目前迈为股份已经具备 HJT 整线设备提供能力，2021 年 HJT 设备市场占有率达到 70%。

需求层面，国内快速增长的光伏装机量和对经济性的需求加速了光伏设备产业链变迁。据国家能源局统计，2021 年中国新增光伏发电并网装机容量约 53GW，连续 9 年居世界首位。2018 年，受"531 新政"影响，中国新增装机容量有所下降，但产品价格下降带动了其他国家新增装机规模上升，拉动了全球光伏设备投资增长。中国晶硅电池等环节的设备技术在 2018 年实现了对海外设备的超越，技术水平、产能等持续提升。

供给层面，国内光伏设备技术水平与性价比均超越海外产品，技术创新频繁。在工艺改进、生产自动化、智能化改造的推动下，国产光伏设备的技术水平逐渐追平甚至超越海外，并具备价格优势。同时，国内光伏设备厂商在新型电池片技术方面进展较快。TOPCon 技术路线方面，捷佳伟创的 PE-poly 设备、帝尔激光的二次激光掺杂工艺得到下游认可。HJT 技术路线方面，迈为股份的单面微晶技术被金刚玻璃、华晟新能源采用。在电池的金属化环节，激光转印、电镀铜等新型方法产业化推进较快，助力光伏电池片降本增效。

政策层面，国内双碳、智能制造等方面政策频频出台，为产业链发展提供支撑。光伏产业方面，2013 年 7 月国务院发布"国八条"，明确 2015 年中国总装机量 35GW 以上；2017 年 7 月光伏指标一次性下发，2017—2020 年合计 86.5GW；2018 年 6 月"531 新政"发布，光伏补贴下调，光伏产业链竞争加剧，价格下跌，倒逼企业技术升级和降本增效。智能制造方面，2016 年《"十三五"国家战略性新兴产业发展规划》提出"产学研用相结合，提高自动控制系统等关键配套设备设计制造水平……突破先进晶硅电池以及关键设备技术瓶颈，推动高效低成本太阳能利用新技术和新材料产业化"。

光伏设备在较短时间内就实现了快速发展，并形成全球领先的产业竞争力，产业链配套能力也相对齐全，这与大飞机、机器人等行业的发展程度和全球竞争力有较大差异。

## 装备制造业产业链变迁展望

从前文所述的产业链变迁历程来看，随着中国市场扩容和制造能力提升，各产业都呈现由美、日、欧向中国迁移的过程。受贸易摩擦等影响，当前部分行业出现被动外迁的趋势。例如自2018年贸易摩擦加剧以来，五金工具行业被美国加征7%~25%的关税，全球80%以上产能都集中在中国，国内外企业纷纷加强对越南、泰国等东南亚国家的产业布局以规避关税，包括创科实业、泉峰控股、巨星科技、史丹利百得等。同时，也有部分行业急于开拓海外市场，主动在海外建设产能。自2015年以来国产工程机械主机厂加快布局海外市场的步伐，在印度、印度尼西亚等海外地区建立生产基地，配套当地市场。近两年欧洲加强本土动力电池产能建设，国产设备企业具有产能优势和品类优势，整线交付能力受到欧洲客户的认可，国产龙头设备企业开始规划海外建厂计划。

但在大多数行业中，内外资在中国本土的产能保持相对稳定，未呈现外迁压力。中国仍具备庞大的市场优势和成本优势，对装备制造业具有较强吸引力。近年来中国制造业存在部分向越南等东南亚国家转移的趋势，但其中转移部分主要为对供应链需求较低、人工成本占比较高的环节[1]，主要由于机械装备为复杂系统，往往对供应链需求较高，与下游客户存在定制化开发关系。例如，即便是技术含量未必很高的集装箱行业，其对供应链和成本较为敏感，而不高度依赖劳动力成本，因此中国的产业优势依旧保持。如前文所述的五金工具行业，即使受关税影响存在全球供应链重塑的现象，中国供应链的优势地位也仍然存在。考虑到东南亚现有的供应链承接能力，整机制造厂往往仅在东南亚规划10%~20%的产

---

[1] 施展：《溢出：中国制造未来史》，中信出版社，2020年。

能规模,并主要将一些关税加征程度较高的产品移至东南亚国家生产。因此,对于五金工具行业,关税等因素带来了不可逆的全球产业分布格局重塑,但并未彻底扭转各地制造禀赋的排序状况。

未来面对产业链外迁,不同战略地位的行业应该采取不同的政策方向。

对于低附加值、非战略性产业,可结合效率因素优化全球产业链布局,考虑产业链外迁,例如五金工具、纺织机械等。这类产业的技术积累空间较小,进而不同国家间工艺积累差距不大,同时考虑行业的非战略属性,其产业布局对产业安全的影响较小;对于相对优势行业,基于开拓全球市场,可将终端环节进行外迁,例如光伏设备、锂电设备等。一些定制化设备需与下游企业联合开发,设备厂需满足下游客户的定制要求,下游有时存在本土配套建厂的诉求。对此,国内厂商可将组装环节外迁,对于技术门槛较高的器件,可在适宜本土生产后出口海外进行组装配套;对于战略性产业,应该加强技术突破并坚持自主化道路,提升国际话语权,例如工业机器人、大飞机、机床等。这类产业不仅技术积累空间较大,同时具有一定的战略属性。对于后发国家,一方面要加强工艺积累,提升国际竞争力;另一方面要注重产业链的本土化留存。

代表性行业各环节产业变迁展望见图 11.9,各细分产业变迁展望见表 11.2。

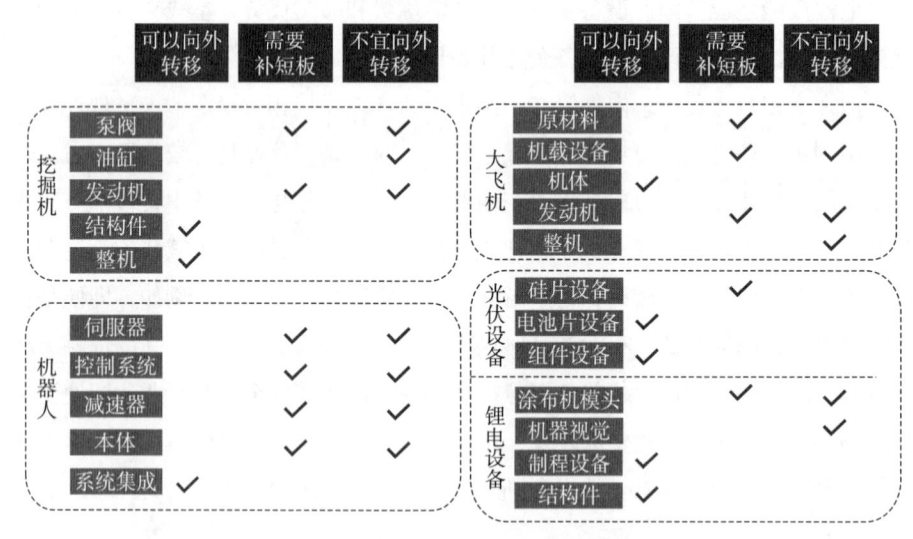

图 11.9 代表性行业各环节产业变迁展望

资料来源:工程机械工业协会,中国光伏协会,MIR,高工锂电,中国商飞,中金公司研究部。

表11.2 各细分产业变迁展望

| 类别 | 行业 | 安全冲击下对产业链变迁的影响 | 存在机遇 | 面临挑战 | 政策如何应对 |
|---|---|---|---|---|---|
| 国产化率较高，非战略性产业，可基于效率因素在全球范围内进行产业链布局 | 五金工具 | 加征关税的背景下，行业企业特别是外资企业加快全球产业链重塑，趋势上降低中国比重，但仍以中国为单一最大产地 | OPE（户外运动设备）等电动化发展速度较快，中国企业技术领先；电池等产业链中国化 | 市场集中在欧美，易受关税等外在因素影响 | 保障国内产业链高效运行，防止成本优势丧失；推动产业并购，从代工向自主品牌转型 |
| | 集装箱 | 有庞大的钢材产业链，也有充足的港口贸易资源，全球95%以上产能由中国提供 | 无明显变化 | 无明显变化 | 保持产业链稳定性和高效运转 |
| | 纺织机械 | 横向看，近年来国内纺织服装业逐步向外转移；纵向看，一些核心器件如印花喷头由日德等供应 | 下游小单快反需求占比增多；产业链绿色环保趋势明显 | 产业链外迁；受关税、汇率等影响 | 出台对绿色环保纺织设备的支持政策；推动产业链一体化，提高数字化、自动化水平 |
| | 煤炭机械 | 横向看，不存在明显的产能外迁情况，俄乌冲突影响较小；纵向看，煤炭机械国内自制程度高，不存在"卡脖子"环节 | 基于能源安全考虑，短期需求有望保持；矿山智能化工作面建设 | 原材料价格上涨；行业竞争加剧 | 加快推进煤矿智能化建设 |
| 相对优势行业，具备全球竞争力，可基于开拓海外市场和规避贸易摩擦，将终端组装环节进行外迁 | 挖掘机 | 横向看，外资在中国产能相对稳定，可开拓海外；纵向看，核心液压件、发动机等国产化率不足，依赖日德企业，需要加紧突破 | 国际化、电动化发展趋势 | 高端零部件自制不足；企业在海外金融渠道等方面有局面完善 | 为主机厂在海外提供信用背书；推动建立低成本的融资机制 |

第十一章　高端装备：创造条件强化工艺积累

续表

| 类别 | 行业 | 安全冲击下对产业链变迁的影响 | 存在机遇 | 面临挑战 | 政策如何应对 |
|---|---|---|---|---|---|
| 相对优势行业，具备全球竞争力，可基于开拓海外市场和规避贸易摩擦，将终端组装环节进行外迁 | 光伏设备 | 横向看，贸易摩擦影响出口，国内厂商逐渐布局海外产能；纵向看，一些核心零部件和原材料仍然依赖进口 | 新电池片技术更新迭代；政策持续利好需求；产业链国产替代中 | 海外政策变动风险；部分核心零部件国产化率较低；原材料价格持续上涨 | 出台支持政策保障需求；保障国内产业链高效运行；防止优势丧失；加大核心零部件研发公司支持力度 |
| | 锂电设备 | 横向看，外资在国内基本无产能，国内企业出海拓展市场；纵向看，自制程度高，断供风险小 | 中国企业出海空间大，新能源仍处于高速扩产阶段 | 部分器件如涂布机模头需加强自制；企业"走出去"缺乏国际经验 | 为企业"走出去"提供法律等支持；企业扩产规模和资金需求较多，提供绿色信贷等支持 |
| | 铁路装备 | 横向看，产能相对稳定，以内循环为主，对外依存度不高；纵向看，除制动系统和转向架外，自制程度高 | "一带一路"等地潜在市场空间大 | 少数器件如车轮、车轴自制量不足 | 鼓励企业并购，加强资源整合优化；鼓励民营力量进入，发挥市场主体活力 |
| 战略性产业或弱势产业，一方面要加强核心技术突破，另一方面需注重核心环节的本土产业留存 | 激光装备 | 纵向看，贸易化发展，国内部分激光器企业被列入实体清单，推动上游核心器件国产化；横向看，尚未出现安全冲击导致的外迁 | 核心器件国产比例提升；锂电光伏、精密加工等新场景扩容 | 行业竞争加剧，价格战激烈；部分核心器件环节依赖进口 | 推动学研成果加快产业化落地；加大知识产权保护力度 |

大国产业链

330

续表

| 类别 | 行业 | 安全冲击下对产业链变迁的影响 | 存在机遇 | 面临挑战 | 政策如何应对 |
|---|---|---|---|---|---|
| 战略性产业或弱势产业，一方面需要加强核心技术突破，另一方面需注重核心环节的本土产业留存 | 机床 | 横向看，安全冲击对全球产业链影响不大，外资优势明显；纵向看，关键环节数控系统国产化趋势在加速，但进度不深 | 新能源等行业快速发展给国产机床企业带来机会 | 核心零部件，尤其是数控系统发展，国产数控系统搭载率"卡脖子"问题严重 | 出台专项基金和政策支持国产数控系统发展；明确要求国产数控系统搭载率，给予国产数控系统研发公司补贴 |
| | 碳纤维 | 横向看，尚未出现安全冲击导致的外迁或内迁；纵向看，大丝束碳纤维和部分设备国产化率不高 | 国产碳纤维设备的发展；大丝束碳纤维产能提升，成本降低 | 当前成本高，下游应用较窄 | 鼓励产业链前端企业技术创新及国际业务开拓；培育本土碳纤维产业集群 |
| | 工业机器人 | 横向看，锂电等行业带动需求，新冠肺炎疫情影响外资品牌进口，国产化率提升。日欧等外资机器人厂商纷纷在中国建厂。纵向看，核心零部件随本地环节国产化而开始本土制造 | 新冠肺炎疫情影响外资供应周期与进口清关 | 机器人四大家族外资品牌进军新能源汽车、锂电等行业 | 对核心零部件公司加大退税、补贴力度；增强对机器人等学科在校实验室科研的支持 |
| | 机器视觉 | 横向看，本土企业以内销为主，在3C、锂电行业国产替代；纵向看，目前高端器件、半导体、汽车等行业国产化率较低，新冠肺炎疫情导致海外供应链受阻，本土企业加紧布局 | 新能源、智能制造渗透率提升；半导体等新产业发展 | 海外品牌具有技术优势，拥有独占专利 | 推动产学研结合，疏通融资渠道；打造智能制造示范区，推动机器视觉产业化落地 |

## 第十一章 高端装备：创造条件强化工艺积累

331

续表

| 类别 | 行业 | 安全冲击下对产业链变迁的影响 | 存在机遇 | 面临挑战 | 政策如何应对 |
| --- | --- | --- | --- | --- | --- |
| 战略性产业或弱势产业，一方面要加强核心技术突破，另一方面需注重核心环节的本土产业留存 | 大飞机 | 横向看，尚未出现安全冲击导致的外迁或内迁；纵向看，国内大飞机产业链处于起步阶段，机载设备、发动机、材料等方面依赖进口，未来有望提升国产化率甚至实现全部国产替代 | 机载设备、发动机、材料环节的国产化 | 国际适航资质、产业周期较长 | 对中国商业大飞机及大飞机项目持续投入；建立地区产业集群，发挥规模效应和比较优势，产学研结合，运用科研力量支持产业进步 |

资料来源：工程机械工业协会，中国机床工具工业协会，中国光伏行业协会等行业协会，中集集团，巨星科技，中国铁路总公司等公司公告和公司官网，中金公司研究部。

## 追赶者视角下装备制造业发展驱动因素

前文分别从整体性和行业性视角阐述了中国装备制造业的发展现状和驱动因素，我们看到了一些行业"大而不强"的现象。本书前文系统阐述了规模优势对产业发展的促进作用，我们在诸多产业链变迁的过程中看到了这一因素的重要影响。同时，我们也观察到中国不同行业尽管都具备较大规模的本土市场，但自主供给能力仍存在较大差异。换言之，规模优势能够有效促进产业发展，但不一定造就优势产业。

改革开放以来，在全球制造业产能中心转移的历史性机遇下，中国制造业内生发展出四大优势，除庞大的内需市场外，其他优势还包括齐全的产业链配套、完善的基础设施网络、持续的人才红利[1]。这四大产业共性优势带来本土装备制造业相较于外资企业的独特竞争力。

在此背景下，为何同样基于大市场、良好的产业链配套等因素，新能源装备、高铁、盾构机等行业实现了较高程度的国产替代，建立起较为齐全的产业链供给能力，而数控机床、机器人、大飞机等行业却依然受制于人？哪些行业特性因素在背后发挥驱动作用？对于未来中国装备制造业的发展及政策制定能够带来怎样的启示？本部分尝试结合前文各子行业和其他行业变迁脉络的梳理，归纳总结装备制造业发展的驱动因素。

### 基础假设：装备制造业发展的核心在于能否持续进行工艺积累

工艺积累是装备制造业核心竞争力的重要来源。从技术范式的角度，根据 Pavitt[2] 的分类，设备企业属于典型的专业供应商，其能否获取竞争优势很大程度上取决于企业特有技巧，这些技巧反映在产品设计、产品可靠性的持续改进，以及基于用户需求及反馈的快速响应能力上。设备企业的技术进步，往往依赖在

---

[1] 详见中金策略组于 2020 年 5 月 17 日发布的报告《产业链会转移出中国吗？——全球变局中的中国产业趋势（2）》，https://research.cicc.com/document/detail?id=208680。

[2] Pavitt K. Sectoral patterns of technical change: towards a taxonomy and a theory. 1984.

"干中学"和"用中学"中的不断试错迭代,因此,下游的实际应用构成设备产品竞争力持续提升的前提条件,二者互为反馈。

在全球竞争中,中国装备产业通常以"技术追赶者"的角色起步。海外工业化进程早于国内,因而海外设备公司起步较早,工艺积累实践时间更长。20世纪90年代以后,中国装备制造业下游需求快速扩容,叠加对于海外资本的开放政策,海外企业通过出口、技术转移、外商投资等多种方式进入中国市场。基于较强的产品竞争力,外资加速对中国同类产品的替代,产生了强烈的"需求挤出"效应[1]。因而,本土设备企业在发展的起步阶段,往往就面临着技术实力落后+外资激烈竞争的局面,"技术追赶者"通常是本土设备企业在竞争中扮演的最初角色。回顾新能源装备、高铁、挖掘机等行业的发展历程,若能突破海外公司的市场占领,本土企业即可进一步发挥终端市场大、产品性价比高、工程师成本低的独特优势,获得大量工艺积累机会,实现技术与份额的双重追赶。

## 内因剖析:以四大产业特性因素解释后发装备企业的工艺积累差距

中国装备产业作为后发梯队,能否获得足够的工艺积累机会主要取决于四个因素:一是初期技术差距;二是下游产业的需求特征;三是核心资源配套能力与外资竞争压力;四是政策因素,通过作用于需求或供给,影响本土装备企业的工艺积累。

### 初期技术差距大小影响技术积累的启动难度

后发装备企业技术追赶往往面临从无到有的"冷启动"悖论,具有技术优势的外资品牌会尽可能地阻碍技术扩散,同时用户不敢使用后发装备企业生产的复杂产品,使得后发装备企业往往难以依靠自身能力,获取最初的工艺积累机会[2]。

---

[1] 孙晓华,李传杰:《有效需求规模、双重需求结构与产业创新能力——来自中国装备制造业的证据》,《科研管理》2010年第1期。
[2] 欧阳桃花,曾德麟:《拨云见日——揭示中国盾构机技术赶超的艰辛与辉煌》,《管理世界》2021年第8期。

初期技术差距的大小，很大程度上取决于产业起步时间差距、产业发展规模对比和产业技术门槛高低，例如锂电设备产业在中国发轫于21世纪初期，日韩也仅在1991年生产第一块商用锂电池。自2015年以来中国本土市场的装机规模达到了日韩早期的几十倍，提供了较为充分的工艺积累场景，因此中国企业与外资企业的初期技术差距较小，且在规模优势助推下实现快速赶超。光伏设备、激光装备等行业也是如此。而中国的挖掘机、数控机床等行业，在进入成长期时，与外资企业的技术差距较大，例如2000年前后中国加速城镇化建设时期，当时国内挖掘机销量由20世纪90年代的2 000台左右上升至突破万台，而日本早在20世纪90年代就实现了年产量超过20万台，保有量超过100万台。因此中国挖掘机行业的初期技术差距较大，且难以通过规模优势实现快速追赶。机床、机器人、大飞机等行业也是如此。

此外，技术变革会改变技术差距，甚至带来行业领先者的更替，即提供"换道超车"机遇。例如光伏产业技术变革速度非常快，影响追随者与领先者间的技术差距年限。因此即便产业起步时间差距较大，国内企业也相对容易进行追赶。同样地，各行业也需要面向未来关注技术变革方向，后发企业可寻找追赶机遇，领先企业需要关注如何持续保持技术引领。

需求侧方面，主要表现为下游试错成本与是否存在差异化需求

如前文所述，同样是初期技术差距较大的行业，中国的挖掘机和机床行业在过去20年全球竞争力演绎上存在较大差距，我们认为下游需求特征是影响工艺积累追赶的重要因素。通常后发企业的产品技术水平低于领先企业，产品价格较低，往往以产品性价比为市场突破口。但是，在下游试错成本的影响下，并非所有行业都有机会依靠低廉价格获取市场。在下游试错成本高的行业，后发企业迟迟难以获得市场突破，无法开启工艺积累与市场获取间的正向循环。

由于装备产品性能和可靠性无法准确预知，下游企业往往具有较为强烈的风险厌恶倾向，形成"业主风险厌恶—购买国外品牌—国内产品市场机会稀少—本

土企业缺乏历史业绩—自主创新能力缺失"的恶性循环[1]。不同设备子行业的下游也体现出不同的风险厌恶特征，例如对于高端数控机床而言，目前国产化率仍低于10%，重要原因在于当机床使用年限达到8~10年，使用国内外不同产品时，机床差异会影响产线的加工精度和良率，进而影响下游机床应用企业的经济效益，其影响程度远高于机床产品本身的价格差异。机床价格差异可能是百万元级，对整条产线最终经济效益的影响可能是千万元级。因此，高端应用市场的试错成本高，国产机床企业较难打开市场。

再以挖掘机的国产化进程为例，早期国产挖掘机在部件损坏率等指标上要明显高于海外品牌，但对于中小挖来说，停机成本较低（可能耽误工期，但本土企业可以通过明显优于海外的维修效率及时解决问题以降低损失），国产产品通过性价比优势逐渐获得市场；相反，大挖的国产化率目前仍明显低于中小挖，背后的驱动因素在于大挖用于矿采和大型基建，下游停机成本较高，停机时长将直接造成业主经济损失。

从正面效应来看，本土需求与海外成熟市场需求的差异化特性，往往给本土企业带来产品应用机会。例如挖掘机、盾构机等产品的设计需要结合各地的地质条件、施工环境等因素，本土企业更贴近本土客户、更容易把握本土需求，从而研制出创新性产品或定制化产品。而产品的定制化开发高度依赖工程师，国内外人力成本和人工效率差异较大；新能源装备也具有高度的定制化属性，设备企业能够针对下游厂商扩充产能、提高产品性能、降低成本等需求进行定制化创新，海外先发企业受限于产能规模、工程师成本等因素，难以快速满足国内下游企业大规模定制化开发需求，因此国内设备企业获得了下游应用机会。

供给侧方面，核心资源配套能力保障产业安全，外资供给瓶颈带来机会窗口

装备制造业的核心资源包括核心技术、核心部件、基础材料以及高素质人才等。自主掌握核心资源能力，除了基于价值链升级以获取更高利润的考虑，也是为了保障产业链安全。以数控机床为例，国产机床的数控系统通常进口自发那

---

[1] 孙晓华，原毅军：《业主风险厌恶、自主创新的市场失灵与第三方介入——以中国重大装备制造业为例》，《研究与发展管理》2008年第6期。

科、三菱等日本厂商，这些进口产品往往是降档销售，且仅开放少量功能和参数，制约了国产机床企业的市场开拓能力。随着当前国际环境下产业链安全的必要性提升，核心器件自主配套也更为重要。除高附加值的核心零部件外，无论是对于弱势产业还是优势产业，一些附加值不高但功能无法被替代的器件也同样需要关注，若这些产业供给来源相对集中，则存在"卡脖子"风险，例如光伏设备中的功率电源、真空泵等。

在供给侧发挥作用的另一个因素是外资供给瓶颈，这对作为跟随者的国内厂商而言能够带来宝贵的机会窗口，例如挖掘机行业下游是地产基建等主要受宏观政策影响的行业，需求预测难度大且需求波动幅度较大，行业有时实现翻倍增长，进而导致外资产能相对不足。2000年以来中国市场经历了三轮大规模的地产和基建上行周期，其间也是本土挖掘机企业国产化率的快速提升期，在核心零部件液压油缸等领域也是如此。再如，过去两年在新冠肺炎疫情的影响下，全球供应链效率降低和海外供给受阻，使得外资企业在中国的供给能力下降，为一些本土企业获得下游试用机会提供了契机。

此外，通过一定的政策保护可以人为制造外资供给瓶颈，进而为本土企业创造工艺积累的机会。例如20世纪初中国发展高铁行业时，基于市场优势和集中采购主体优势地位，铁道部通过两次技术转让分别从加拿大庞巴迪、日本川崎重工、法国阿尔斯通和德国西门子获得时速250千米和350千米的高速动车组核心技术，此后通过技术引进消化吸收再创新和多市场主体联合攻关，中国自主掌握了高速动车组技术，并建立起较为齐全的国内高铁产业链。在往后的高铁快速建设过程中，中国基本采用自主设计制造的"和谐号"与"复兴号"动车组，截至2021年底，中国高铁累计运营里程已超过4万千米，占全球高铁运营里程超过60%，庞大的工艺积累量已帮助中国高铁建立了在全球的领先地位。

## 产业政策通过作用于供需两端，影响企业工艺积累

前文主要从供需两端特征出发，分析影响企业能否持续进行工艺积累的因素。政策端可以通过改变需求或供给条件，帮助本土企业持续进行工艺积累，实现技术追赶。包括需求刺激政策，例如新能源行业通过对需求端的补贴，刺激国内市场的快速扩容，为设备企业打开广阔的应用场景；供给保护政策，例如轨道

交通设备行业，通过对本土产业在供给端的保护政策，主动制造外资供给瓶颈，为本土企业带来实践机会；供给培育政策，例如产学研合作、专项计划支持、产业链上下游合作研发等，在供给端有助于突破核心资源瓶颈，在需求端也有助于增强产业互信，降低下游试错成本。

基于工艺积累的装备制造业地位变迁分析框架见图11.10。

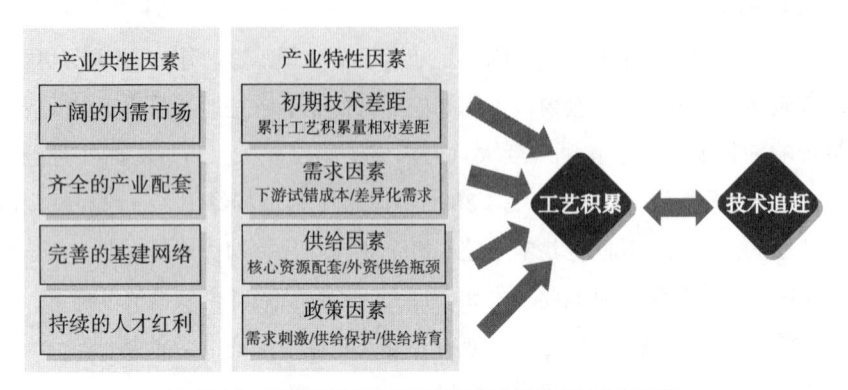

**图 11.10 基于工艺积累的装备制造业地位变迁分析框架**

资料来源：中金公司研究部。

基于装备制造业地位变迁框架，可以解释为什么中国新能源装备、激光设备、挖掘机、高铁、盾构机等行业获得了长足发展，而数控机床、机器人、大飞机等行业较弱。新能源装备、激光设备在初期与外资的技术差距较小，基于本土市场需求爆发的历史机遇与下游试错成本较低的需求特征，本土企业快速获得大量工艺积累，实现技术赶超；挖掘机虽然在初期与外资差距较大，但由于下游试错成本低，同时挖掘机厂商针对国内差异化需求进行了较多系统创新，并伴有一定的外资供给瓶颈，中小挖国产化率率先得到提升；高铁、盾构机等行业虽然技术复杂度高，但国内支持政策改变了下游试错成本或意愿，为本土设备的试用和工艺积累提供了充足的保障。反之，对于数控机床、机器人、大飞机等行业，由于产品可靠性要求与下游业主试错成本均较高，与此同时，下游需求与海外差异性较小，国内在系统设计上呈现跟随、模仿式特征，叠加在核心零部件、基础材料等核心环节存在不同程度的"卡脖子"问题，行业面临较大的"冷启动"难题（见表11.3）。

表 11.3 装备制造业细分赛道产业链变迁影响因素归纳

| 细分赛道 | 发展初期技术差距年限 | 当前技术差距年限 | 下游试错成本 | 是否存在差异化需求 | 行业发展初期是否有产业保护政策 | 核心部件配套 |
|---|---|---|---|---|---|---|
| 光伏设备 | 5年以内 | 设备性价比领先国际水平 | 低，技术变化快，国产厂商试错机会较多 | 有，本土光伏产业需要大产能、高效率、低成本设备 | 有 | 材料：大部分自主掌握，少部分材料依赖进口，例如高纯石英砂、胶膜粒子。软件：自主掌握。核心零部件：自主掌握，少部分如真空泵、电源需要进口 |
| 锂电设备 | 5~10年 | 目前性能基本接近 | 低，需要设备企业提供强定制化服务，试错成本低 | 有，对设备成本、供应能力、服务能力要求高 | 有 | 材料：自主供应。软件：自主自主。核心零部件：基本自主 |
| 激光设备 | 5~10年 | 技术与国际水平基本同步 | 低，钣金切割对于激光设备利激光器的价格敏感，对稳定性要求不高，给国产厂商试错机会 | 有，对设备成本、服务能力要求高 | 有 | 材料：激光芯片依赖进口，其余自主。软件：国产激光控制系统在中低端市场已处于领先地位，高端市场快速进行替代。核心零部件：均已自主掌握 |
| 挖掘机 | 差距较大 | 整机基本无差距，部分核心零部件有5年左右差距 | 中小挖试错成本低，停机可通过快速维修解决，大挖停机损失大，试错成本高 | 有，国内施工环境与日本有较大不同 | 无 | 材料：钢材自主。软件：国产。核心零部件：泵阀、发动机国产化不足 |
| 轨交设备 | 差距较大 | 与国际同步 | 低，国家政策支持力度大，因此国产厂商试错机会多 | 无 | 有 | 材料：钢材、电子器件自主。软件：自主供应。核心零部件：高铁轮对等自制不足，其他自主化程度高 |

第十一章 高端装备：创造条件强化工艺积累

339

续表

| 细分赛道 | 发展初期技术差距年限 | 当前技术差距年限 | 下游试错成本 | 是否存在差异化需求 | 行业发展初期是否有产业保护政策 | 核心部件配套 |
|---|---|---|---|---|---|---|
| 大飞机 | 差距较大 | 机身结构制造与海外基本接近，航空发动机与海外差距较大 | 高，航空装备立项到交付的周期近20年，飞机成复杂，包含多个子系统，上万个零件，试错成本高 | 无，系统设计与技术标准跟随海外 | 有 | 材料：铝合金、碳纤维复材进口为主，钛材基本自主。软件：机载系统由中外合资供应，技术主要来自外方。核心零部件：航空发动机依赖进口，机身结构基本自主 |
| 数控机床 | 差距较大 | 差距较大，处于缩小阶段 | 高，因为试用周期长达10年，所以试错成本非常高，机床一旦出现问题采购负责人要承担相关责任 | 无，需求与海外较为一致，系统设计跟随海外 | 20世纪90年代大量引入技术后取消 | 材料环节：特种钢材自主。软件：数控系统严重依赖进口，主要来自日本发那科和三菱。核心零部件：数控轨系统、丝杠导轨依赖进口 |
| 机器人 | 差距较大 | 差距较大，处于缩小阶段 | 取决于下游使用场景，汽车/3C试错成本较高；新能源等新场景试错成本变化快，试错成本较低 | 取决于下游使用场景，汽车/3C技术标准固定，无差异化需求；新能源等新场景存在差异化需求 | 无 | 材料：特种钢材自制。软件：控制器基本实现自用，但其中主控芯片依赖欧洲进口。核心零部件：RV减速器目前依赖进口日本，其余已实现国产化 |

资料来源：工程机械工业协会，中国机械工业协会，中国机床工具工业协会，中国光伏行业协会，中国铁路总公司，中国商飞公司公告和公司官网，中金公司研究部。

大国产业链

340

## 思考与启示

基于前述的分析框架，我们尝试提出促进中国装备制造业全球竞争力的政策建议。对于现阶段的弱势产业，建议在需求侧关注降低下游试错成本，尤其是除设备采购成本外，还需要关注下游采购主体购买设备带来的潜在效益损失；同时在供给侧强化产业配套保护、遵循国际贸易规则的前提下，灵活采用进口配额、关税等方式为国内企业留存工艺积累场景。对于优势产业，建议关注技术变革路线，保持技术引领，并对尚存短板的产业链小微环节加强攻关；此外为企业出海提供有力支持，并加大对产能外迁过程中产业链安全的保障力度。

### 降低采购主体潜在效益损失

在需求侧着眼于降低下游试错成本，破解"冷启动"难题。根据前文的分析，数控机床、大飞机等行业遭遇"冷启动"困境的核心矛盾，在于下游具有较高的试错成本。具体来看，建议关注采购主体的潜在效益损失。我们将试错成本界定为"设备采购成本"叠加"购买设备带来的潜在效益损失"。现有需求侧政策通常基于设备采购成本进行资金支持。例如中国于2015年进行首台（套）重大技术装备保险补偿的试点工作，以设备价格作为保险赔付限额；中国针对首台（套）装备采购方设立的补贴政策，也是基于设备价格设定补贴额度。潜在效益损失对下游用户而言更为敏感，例如对于高端机床的采购主体，核心痛点并非国产机床价格不够低廉，而是相比于进口机床，国产机床带给使用方更大的潜在效益损失，包括设备停机损失、产品竞争力损失等。针对降低采购主体的潜在效益损失，建议加大对采购主体补贴力度，建立风险共担机制，以及国有企业在应用国产装备中发挥表率作用。

一是加大对采购方补贴力度。建议针对采购主体的潜在效益损失加大资金支持，降低补贴门槛，例如提高保险赔付金额并增大对于保费的补偿力度，对于部分具有战略性的弱势板块，可对使用国产设备所带来的损失进行一定比例的直接补贴。此外，在实践中需要积极探索衡量潜在效益损失，应对寻租问题以及建立持续跟踪与分级补贴机制的方式。

二是建立风险共担机制。建议由政府作为发起人,建立国产重大装备试验平台或示范产线,将潜在效益损失由设备提供方、设备使用方、政府三方共担。在具体做法上,一是通过政策引导:可针对重点产业设定国产化率的长期分阶段目标,引导下游积极试用国产装备。二是通过补贴激励:政府通过补贴、税收优惠,由政府引导基金进行投资等政策进行风险共担。

三是国有企业在应用国产装备中发挥表率作用。国有企业在资源配置中通常占据优势地位,同时享受较低融资成本以及政府补贴、税收减免等政策优惠,相对民营企业具有较强的风险承受能力。国有企业在发展过程中除考虑企业自身经济效益外,有义务承担一定的社会责任。中国轨道交通设备行业的成功,很大程度上得益于国有单位对于国产装备的扶持与应用。建议国有企业积极承担构建本土装备示范产线的任务,同时适当将支持首台(套)产品纳入管理层考核指标中,发挥国有企业的表率作用。

## 强化产业配套保护

产业保护是影响行业早期工艺积累机遇的重要因素。回顾产业链变迁历史,我们发现在本土产业成熟度不高的时期过早打开国门,会使国产企业在缺乏产业保护的背景下丧失工艺积累的时间和空间,例如20世纪90年代的挖掘机、机床行业;而受到政策保护的行业往往可以积累更扎实的工艺技术,例如动力电池行业,通过采购"白名单"制度为本土企业提供了一定保护。

从政策建议上看,应该提高对贸易保护的重视程度,营造良好工艺积累内部环境。一是基础原则:世界贸易组织虽然规定自由贸易,不得针对个别国家和地区、个别产品进行针对性贸易打压,但其明文规定当某项产品进口急剧增加并造成进口方境内相关产业受到严重损害或面临严重损害威胁时,进口方政府可对该进口产品实施保障措施,以保护本地的经济和产业发展。在不违反国际贸易法的前提下,贸易保护的灵活化、合理化、不滥用是扶持国内弱势产业的重要原则。二是实施对象:弱势追赶型行业、已处于国产替代初期(国产化率在10%~30%,已有能力自主供应)的产业、严重"卡脖子"的重要战略产业。三是实施举措:实行进口配额限制和高关税壁垒,技术附加值越高,进口配额和关税限制越谨慎，因为这涉及全球产业链价值分配和话语权，例如控制系统、工业软件、发动机等；同时，灵活处理一些国内产品尚无法满足下游需求的特殊情况，建立"政企合作式"政策，根据国产企业设备国产替代情况和下游企业实际应用痛点，每半年调整公示税率和配额限制。

## 优势产业关注技术引领，为企业出海保驾护航

保持对前沿领域的持续投入，防止被"弯道超车"。对于中国处于优势地位的行业，需要保持对行业变革性技术的关注，防止因技术路线变更而丧失原有竞争优势。建议从顶层设计层面加强对优势行业变革性技术的分析研判，支持骨干企业在新型电池片技术、复合铜箔、船舶动力与替代燃料等新兴领域开展核心技术攻关，支持龙头企业联合高校院所和上下游企业组建创新联合体，加快科技成果转化和产业化应用，提升配套能力和专利保护力度，争夺行业标准话语权。

解决产业链细微环节的"卡脖子"问题。在产业链细微环节上打造具备优势的技术能力，例如核心零部件、关键耗材等，进而具备整条产业链的竞争力。攻克未建立主导力的产业链细微环节，一方面，通过设立科研基金、重点课题等形式增强小环节的技术孵化；另一方面，强化"专精特新"企业培育，推动细微环节的国产替代。

为企业出海参与全球竞争提供全方位支持。装备制造业中的优势行业处于向海外进军的发展机遇期，出口业务需要面对汇率、物流、收款等方面的不确定性，对外投资建厂也考验企业的国际化经营能力、对外部法律等社会环境的适应能力。可以通过深化国际经贸合作、举办产品交流展会、给予出口信用保险额度和费率优惠等方式，为企业改善出口环境；健全境外法律服务体系，增强出海企业适应外部环境的能力，帮助企业在法律和贸易规则范围内积极争取合法利益，增强中国企业的全球竞争力。

产能外迁过程中重视产业链齐全度和关键环节控制力。对于光伏等优势行业，进行产业链部分外迁既有助于加速中国企业的全球市场布局，也能一定程度上规避或减少潜在的贸易摩擦风险。但产业链外迁也带来产业空心化、核心技术扩散等担忧。因此一方面需要注重保持本土产业链的相对齐全度，重视制造知识

的本土留存；另一方面要引导关键环节留在国内，打造不可替代的技术和供应体系，例如参考日本制造业经验，日本在其国内建立技术水平、制造工艺水平、产品附加值、管理水平均更高的"母工厂"，将少品种大批量生产、技术含量较低的产品在海外"子工厂"生产[①]；此外还需要完善专利制度，防范产业链外迁后的核心技术泄露。

---

① 念沛豪、李杨、乔标：《日本"母工厂"建设实践对中国的启示》，《中国工业评论》2017年第8期。

第十二章

# 半导体：变局、破局、开新局

全球半导体行业正面临"百年未有之大变局"。需求端受新冠肺炎疫情反复和全球通胀负面影响，半导体在经历了连续两年的历史罕见的"缺芯潮"后开始了新一轮景气下行周期。供给端正经历着美国严格的技术出口管制、全球半导体供应链再布局的双重影响。对于中国半导体行业的发展，我们认为应该从以下三个方面考虑。

变局：外部环境日益趋严，一段时期内难以好转。出于国家自身安全的考虑，美国政府出台一系列半导体技术出口管制措施，通过单边、多边政策试图对技术、人员、投资等实施管控。客观上，这些限制措施不仅对中国半导体行业的各环节造成了负面影响，也冲击了全球产业链供应链的稳定。造成负面影响的原因在于，半导体行业发展遵循摩尔定律，具有先发优势和路径依赖特征，技术先行者往往可以利用先发优势，在追赶者的前进路径上设置障碍，减缓追赶者的成长速度。

破局：在摩尔定律的支配下，依托国家力量突破发展困境。尽管中国半导体行业的成长历程一直以来受到外部环境的种种限制，以及摩尔定律支配下的先发优势和路径依赖特征制约，中国半导体行业依然积极寻求发展，国有企业、科研院所、民营企业都进行了不懈努力和探索，成果和缺憾参半。参考美、日、韩发展半导体行业的经验，从协调资源、协同发展的角度看，国家力量仍是半导体技术追赶者破局先发优势和路径依赖特征制约的根本手段，发挥市场化机制正面作用以及民营企业主观能动性，或将有效提速技术追赶步伐，壮大产业链实力，在全球竞争中获取一席之地。

开新局：推行新型举国体制，实现高水平科技自立自强。面对外部环境日益趋严的压力，从底线思维出发，技术上既要"买"也要"造"，既要"先进制程"也要"成熟制程"，既要"循序渐进"也要"换道超车"，加速实现高水平科技自立。机制上，强调知识产权保护，反对人才无序流动，推进合理规划产业集群，积极推进对外开放合作，引导有效投资，减少无序竞争。市场侧，推进"云网融合"系统方案，打造"成熟制程产线+设备材料"相互促进迭代的循环成长模式，创造换道发展新机遇。①

---

① 本章作者：彭虎、薛辉蓉、张怡康、江磊、成乔升、胡炯益。

## 变局：外部环境日益趋严

2006年之后，中国半导体行业发展日益加速，全球竞争力持续增强，具体表现为三点。一是行业销售规模不断扩大，根据中国半导体行业协会（CSIA）及半导体行业协会（SIA）数据，2006—2016年，中国集成电路设计行业销售额由234.0亿元成长至1 518.5亿元，年复合增速达到20.6%，大幅领先于全球半导体行业销售额同期3.2%的年复合增速。二是产业链纵向发展配套越发完善，根据国际半导体产业协会（SEMI）数据，2016年中国半导体总产能占全球比重已经达到14.2%，相比于2006年的7.3%接近翻倍。三是中国企业在美国的直接投资金额于2016年达到历史高位，绝对值超过500亿美元[1]。

2017年之后，美国政府出于国家自身安全的考虑出台一系列技术出口管制措施，通过单边、多边政策试图对技术、人员、投资等实施管控。

单边技术管控方面，一是在贸易规则上，美国商务部通过将新兴技术加入商业管制清单（CCL）并赋予出口分类管制编码（ECCN）以实施出口管制。2018年《出口管制改革法案》第1758节要求美国商务部工业与安全局（BIS）识别并

---

[1] Thilo Haemann, Daniel H. Rosen, Mark Witzke, Steve Bennion, and Emma Smith. Two-Way Street: 2021 Update US-China Investment Trends. Rhodium Group. May 2021.

拟定"新兴及基础技术"出口管制清单，之后陆续将 40 余项新兴技术列入 CCL 并相应地赋予 ECCN（其中包含半导体生产、人工智能以及先进计算等）。2022 年 10 月，美国《出口管制条例》（EAR）修正案出台，增加新 ECCN[1]，限制高性能计算芯片、半导体先进制程相关设备、材料及零部件对华出口。二是在管控执行上，美国持续收紧技术及产品出口许可，并修改"外国直接产品规则"（FDP 规则），适用于 BIS 许可豁免的商品出口金额连续下滑，2019—2021 年累计下滑幅度达 73.2%[2]。2020 年，美国商务部修改"外国直接产品规则"，使华为及其关联实体无论直接或间接都不能使用任何包含美国成分的半导体设计或制造资源[3]。2022 年 10 月，美国商务部新增限制 28 家中国实体，向其施加 FDP 规则。[4]

多边技术管控方面，美国联合其他国家和地区制定协定或组建联盟，限制技术出口。一是"瓦森纳安排"（又称"瓦森纳协定"）。受 20 世纪 90 年代出台的"瓦森纳安排"限制，中国在半导体设计、制造等多个领域一直难以获得海外最新技术支持。2019 年"瓦森纳安排"升级，增加了针对 EUV 光刻掩模相关的计算光刻软件以及氧化镓等半导体材料的出口限制。2022 年 10 月，根据美国 EAR 修正案公开听证会披露，美国计划于 2023 年将已出台的半导体技术出口最新限制列入"瓦森纳安排"。二是美国拟组建"芯片四方联盟"（"Chip4"）。2022 年 3 月，美国试图说服韩国、日本、中国台湾一同组建"Chip4"，共同加强对半导体相关技术出口管制[5]。

---

[1] Implementation of Additional Export Controls: Certain Advanced Computing and Semiconductor Manufacturing Items; Supercomputer and Semiconductor End Use; Entity List Modification: https://www.federalregister.gov/documents/2022/10/13/2022-21658/implementation-of-additional-export-controls-certain-advanced-computing-and-semiconductor.

[2] Saul Rojas, "2021 Statistical Analysis of U.S. Trade with China", Bureau of Industry and Security, April 2022.

[3] Commerce Department Further Restricts Huawei Access to U.S. Technology and Adds Another 38 Affiliates to Entity List: https://2017—2021.commerce.gov/news/press-releases/2020/08/commerce-department-further-restricts-huawei-access-us-technology-and.html.

[4] 同脚注 [2]。

[5] "US struggles to mobilise its East Asian 'Chip 4' alliance", https://www.ft.com/content/98f22615-ee7e-4431-ab98-fb6e3f9de032.

人员及投资管控方面，一是人员管控：2020 年，美国颁布总统令，以国家安全为由限制部分特定学生或科研工作者入境美国从事学习或研究[1]。2022 年 10 月，美国在 EAR 最新修正案中，首次提出禁止美国人为中国半导体制造活动提供支持。二是投资管控：2017 年起，因受美国外资投资委员会（CFIUS）审查而撤回的外国企业投资案例显著增加，达到 60~70 件/年，而 2012—2016 年最高撤回数量仅为 21 家[2]。2017 年，中国企业在美并购半导体等信息技术总规模相比 2014 年的高峰期也下降明显[3]。

20 世纪 90 年代至今，美国出于国家安全角度考虑，对半导体相关技术出口一直施加单边或多边政策限制，并且在 2017 年后管控升级、范围扩大、程度加深。客观上，这些限制措施不仅对中国半导体行业的各环节造成了负面影响，也冲击了全球产业链供应链的稳定。造成负面影响的原因在于，半导体行业发展遵循摩尔定律（即集成电路上可容纳的晶体管数量每 18 个月翻一倍，由英特尔创始人之一戈登·摩尔提出），具有先发优势和路径依赖特征，技术先行者往往可以利用先发优势，在追赶者的前进路径上设置障碍，减缓追赶者的成长速度。

技术变迁的路径依赖[4]是指一旦某一技术被采用，会取代其他技术成为主流；路径依赖下的技术创新是顺着技术轨道连续且有序实现的[5]。1958 年仙童半导体公司的罗伯特·诺伊斯发明了世界上第一个硅集成电路，此后材料革新、工艺改进、设计架构创新成为全球半导体技术发展的三大主题，不断驱动半导体集

---

[1] "Proclamation on the Suspension of Entry as Nonimmigrants of Certain Students and Researchers from the People's Republic of China", Executive Office of the President, May 2020, https://trumpwhitehouse.archives.gov/presidential-actions/proclamation-suspension-entry-nonimmigrants-certain-students-researchers-peoples-republic-china/.

[2] Aidan Arasasingham, Gerad DiPippo. Evaluating CFIUS in 2021. August 2022.

[3] Thilo Hanemann and Daniel H. Rosen. Chinese FDI in the US in 2017: A Double Policy Punch. Rhodium Group, January 2018.

[4] W.B. Arthur. *Increasing Returns and Path Dependency in the Economy*. 1st ed Ann Arbor: Michigan University Press, 1997.

[5] Dosi G. Technological paradigms and technological trajectories: A suggested interpretation of the determinants and directions of technical change. *Research Policy*. 1982（11）: 147–162.

成度增加、功耗降低、单位成本下降、商用规模扩大。英特尔作为全球处理器芯片龙头厂商，2007年起定期发布清晰的技术路线图并取名为"Tick-Tock"战略，即每两年提升一次工艺（Tick）并更新一次架构（Tock），持续迭代优化处理器芯片微架构和制造工艺。时至今日，硅基集成电路仍代表着半导体最主流的技术研发和产品发展方向，路径依赖效应明显。

路径依赖直接衍生出半导体技术上的先发优势这一特征，即技术领先者容易形成持久竞争力，而半导体技术对基础科学研发投入的倚重[1]强化了该先发优势。同时，先发者可以通过制定技术规则确保长期话语权。半导体的技术发明起源于二战后的美国，在美苏争霸的过程中，美国借力国防市场需求构建了强大的基础科学能力，20世纪80年代后又将国防技术转移给企业进而激发并满足民用市场需求，成为全球半导体第一大国。1980—1996年，尽管日本在DRAM存储芯片领域短暂地反超了美国，但在《广场协议》签署和美国扶持韩国后，日本半导体产业让出了领先位置。时至今日，美国半导体产业依然具有领先的核心竞争力，并掌握着全球半导体产业发展的主导权。

## 破局：摩尔定律支配下的国家追赶

尽管中国半导体行业成长历程一直以来受到外部环境的种种限制，以及摩尔定律支配下的先发优势和路径依赖特征制约，中国半导体行业依然积极寻求发展，国有企业、科研院所、民营企业都进行了不懈努力和探索，成果和缺憾参半。参考美、日、韩发展半导体行业的经验，从协调资源、协同发展的角度看，国家力量仍是半导体技术追赶者破局先发优势和路径依赖制约的根本手段，发挥市场化机制正面作用和民营企业主观能动性，或将有效加快技术追赶步伐，壮大产业链实力，在全球竞争中获取一席之地。

---

[1] Nelson R.R.and G. Wright. The Rise and Fall of American Technological Leadership: The Postwar Era in Historical Perspective. *Journal of Economic Literature*.1992（30）：1931–1964.

## 国家专项之憾

21世纪初以来，我国以国家科技重大专项的形式推动半导体产业链发展。21世纪初，为避免以低附加值制造业为主的外向型制造业陷入技术"引进—落后—再引进—再落后"风险，国务院于2006年发布《国家中长期科学和技术发展规划纲要（2006—2020年）》（以下简称《纲要》）。《纲要》列出了16个重点科技领域的国家专项，包括"01专项"（"核心电子器件、高端通用芯片及基础软件产品"重大科技专项）、"02专项"（"极大规模集成电路制造装备及成套工艺"重大科技专项），由科技部主导、工业和信息化部牵头。其中，"01专项"主要着重于高端通用处理器芯片、知识产权（IP）核、系统级芯片（SoC）以及EDA工具的研发与产业化，实现了超级计算机中央处理器（CPU）关键技术（部分核心）达到国际领先水平、民用级CPU单核性能较"十二五"初期提高了5倍、桌面计算机整机系统"从基本不可用到基本可用"等突破。

"02专项"重点发展半导体设备、材料等较为薄弱的环节。重点攻关45~22nm关键制造装备，开发32~22nm互补金属氧化物半导体（CMOS）工艺、90~65nm特色工艺，开展22~14nm前瞻性研究，构建65~45nm装备、材料、工艺配套能力及集成电路制造产业链，希望进一步缩小与当时世界先进水平差距。

"02专项"在当时具备一定的前瞻性。2008年，全球晶圆代工龙头台积电成为第一家采用40nm制程技术为客户批量生产芯片的代工企业，全球半导体设备材料也集中在65~40nm制程，而当时中国的设备研发水平还处于12英寸[①]90纳米，生产水平仅为6英寸0.5微米和部分8英寸0.18微米。可以认为，在"02专项"启动前，我国半导体设备材料供应链还很薄弱，与海外先进水平差距达10年以上（1999年台积电推出0.18微米技术）。而"02专项"的目标并非局限于当时较为先进的40nm制程，而是囊括了更先进的22~14nm技术研究，体现了前瞻性。

"02专项"统筹协调全产业链资源。根据当时我国半导体产业集聚状况，"02专项"由北京市、上海市地方政府牵头组织实施，在北京市、上海市、江苏省、

---

① 1英寸≈0.025米。

辽宁省沈阳市、广东省深圳市、湖北省武汉市等重点区域进行中央与地方合力布局。截至 2017 年，京沪已为"02 专项"提供 103 亿元配套资金。此外，国家还组建了光刻设备、封测等领域的产业技术创新联盟，集合产业链制造工艺、装备、零部件和材料等上下游企业、相关研究机构和高等院校达 200 多家单位，共同开展产学研协同攻关。例如专项中光刻机研发工作，即采用了类似"Out House"（企业外部）的模式，将机台各子系统交予不同企业、研究院所研发。

"02 专项"提出了"以市场考核产品"要求。"02 专项"实施落地分解为 54 个项目，包括装备整机 15 项、成套工艺 11 项、关键材料 9 项、关键技术与零部件 11 项、前瞻性研究等 8 项，涵盖半导体制造上游各环节。由于项目环节和参与单位众多，为了贯通上游与下游资源，"02 专项"提出"应用考核技术，整机考核部件，下游考核上游，市场考核产品"的考核标准，将链首与链尾相关企业通过专项规划集合在一起，引导敦促产业链各环节共同研发、协同发展。

"02 专项"实现了半导体设备材料从无到有的局面，一定程度上填补了产业链空白环节。截至 2020 年项目收官，我国在除光刻机外的领域基本具备了 22~45nm 制程国产替代能力，使国内半导体设备材料行业初具规模。

尽管如此，我们认为"02 专项"资金支持力度不够，对半导体设备材料行业而言杯水车薪。虽然"02 专项"对课题单位提供了经费补贴，截至 2022 年总额 180 多亿元，但分摊到每个项目单位上的金额相对有限，难以支撑关键技术的快速突破。例如沪硅产业 2018 年全部研发费用来自政府补助，其中"02 专项"经费约 8 200 万元，仅约占其当年收入的 8%，而行业内半导体设备平均每年研发投入占收入的比例为 20%~30%。北方华创 2018 年收到 4 个"02 专项"项目经费共计 2.1 亿元，而公司研发总投入为 8.7 亿元。并且，该专项规定出资按照中央∶地方∶企业 =1∶0.5∶1 的比例分摊，因此企业仍须承担 40% 的研发费用。由于半导体设备材料研发投入高（例如美国半导体设备商应用材料公司在 2012—2021 年研发费用累计达 175 亿美元）、周期长、大多数设备机型交由下游客户首次验证时采用免费测试（Free demo）的形式，且市场定价权仍由海外龙头公司掌控，因此，无论是在产品研发期长期投入费用及 Free demo 成本，还是在产品销售中被海外龙头公司以价格竞争打压，国内半导体设备企业都难以承担，进而难以实现盈利，容易陷入"研发投入不足—竞争实力不够—产品销售不佳—研发投入不足"的负向循环。简言之,"02 专项"虽然有助于缓解企业高研发投入造成的资金压力,但对需要突破的半导体核心技术环节而言力度仍显不够。

"02 专项"验收标准与产业化实际要求仍有差距,产业链上游市场化能力不足。半导体设备材料不仅对出厂技术指标有严格要求,更需要在产线上进行实地验证。尽管"02 专项"强调"以市场考核产品",并列示产业化目标,验收时须有下游客户代表参加,但在实际效果上却不尽如人意。以芯源微公司为例,该公司承担的"02 专项""300mm 晶圆匀胶显影设备研发与应用"项目于 2016 年通过验收,但直至 2019 年 9 月,该公司第一台前道涂胶显影设备才通过上海华力工艺验证并确认收入,截至 2021 年 9 月该类设备累计销量仅 10 台,KrF 涂胶显影机也是于 2022 上半年才开始量产。拓荆科技于 2011 年首台 PECVD 设备出货至中芯国际,2014 年取得量产订单,2016 年"02 专项""90~65nm 等离子体增强化学气相沉积设备研发与应用"项目通过验收,但截至 2018 年销售量仍仅有 4 台。"02 专项"验收通过并非一定意味着产业化、规模化的开始,硬件指标只是基础,对下游客户而言更重要的是半导体设备材料在半导体生产过程中需要表现出的一致性和稳定性,"好用"才是产业化的标准。即使做到了稳定可靠,为了应对市场化竞争,在专项验收后,企业仍需要不断加大研发投入,升级产品性能,扩充产品品类,这对于起步晚、资金匮乏的国内半导体设备材料厂商更是压力倍增。

国家科技重大专项的设立与实施,无疑是一次具有开创性意义的采用举国体制促进产业发展的有益实践。但在前瞻性地提出 22~14nm 技术研究等系统性产业规划后,实施过程中资金力度不足、市场化程度不高等造成"起大早,赶晚集",技术研发未能效果最大化。为了加大资金支持力度,提升市场化水平,国家先后于 2014 年设立国家集成电路产业投资基金、2018 年设立科创板,为半导体行业发展营造更好的资本环境和市场环境。

## 市场化之变

2014 年 9 月,由财政部、国开金融、中国烟草、北京亦庄、华芯投资等出资的国家集成电路产业投资基金（以下简称大基金）一期成立，共募集资金1 387.2亿元，投资重点以集成电路芯片制造为主，投资方式以参与上市公司主体融资为主，包括为重资产半导体制造企业的资本开支和研发支出提供资金，并支持如长电科技等公司开展海外并购。2019年，大基金二期成立，注册资本为2 041.5亿元，投资方向上增加了半导体设备、材料、零部件和EDA工具等多个领域，投资方式上除参与上市公司主体融资外，也投资上市公司子公司和一级市场（见图12.1）。大基金投资方向和投资方式遵循从中游到上游、从直接到间接、从后期到前期的路径，逐步从产业链"链主"企业向"专精特新""强链补链"延伸。但对比全球半导体价值链分布，国内曾经存在一定程度的"重设计和Fab（产品特点、作用和优点）、轻设备和材料"的倾向。此外，2022年，作为大基金一期的唯一管理人，华芯投资陆续暴露出一些问题，对大基金被投企业造成了一定影响。

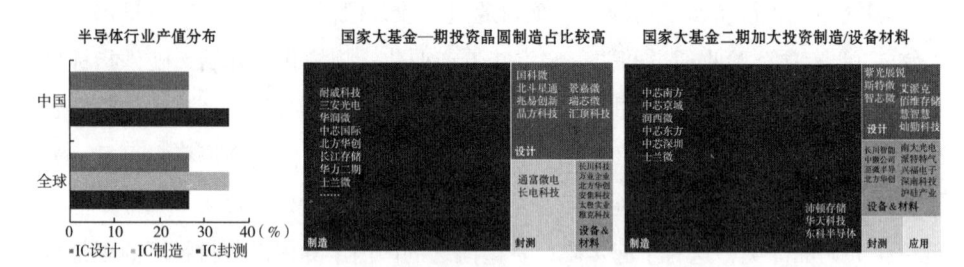

图12.1 大基金一期和二期投资方向

资料来源：Wind，中金公司研究部。

注：数据为2021年。

2018年11月科创板宣布设立，2019年6月正式开板。科创板允许非营利企业、可变利益实体（VIE）架构企业上市等规则的推出使具有科创属性的半导体行业深度受益。2019年、2020年、2021年半导体行业新增上市公司数量分别为10家、22家、16家，首发及增发募集资金额分别为156亿元、916亿元、842亿元（见图12.2）。

科创板的推出使半导体行业风险投资形成"募投管退"的闭环，对市场化资金形成了良好的牵引效果。据IT桔子统计，2020年、2021年中国一级市场半导体企业融资事件分别为478起、686起，融资金额分别达2 316亿元、2 014亿元，较2018年、2019年增幅显著（见图12.3）。

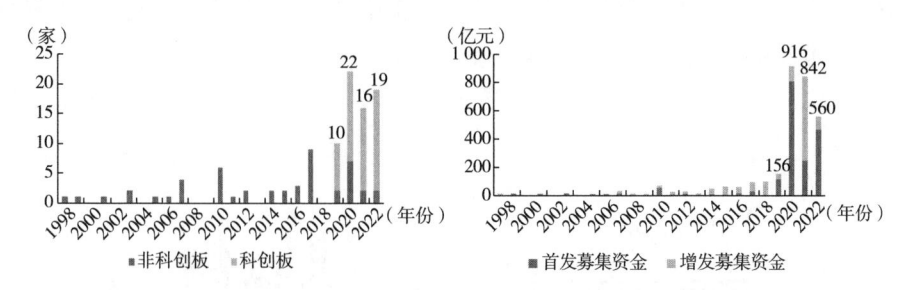

**图12.2　中国历年半导体企业上市数量（左）和首发及增发募集资金额（右）**

资料来源：Wind，中金公司研究部。

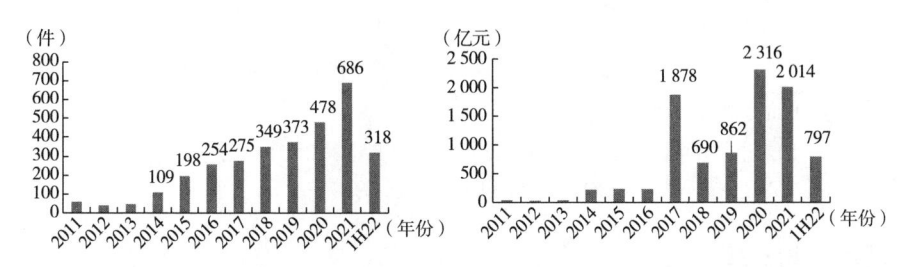

**图12.3　中国一级市场历年半导体企业融资事件（左）和融资金额（右）**

资料来源：IT桔子，中金公司研究部。

注：1H22为2022年的上半年。

但也需要注意，国内半导体企业从成立到上市所需天数明显多于美国同类。大多数国内半导体企业从成立到上市需要经历3 000~5 000天（8~14年），而美国同类企业通常仅需要1 000~2 000天（3~6年）（见图12.4，右）。举例来说，国内半导体设备龙头公司北方华创于2001年成立、2010年上市，中微公司于2004年成立、2019年上市。目前全球最大的半导体设备公司美国应用材料于1967年成立、1972年上市，全球排名前五的半导体设备公司科林研发（Lam Research）于1980年创立、1984年上市。从成立到上市的时间周期长在某种程度上反映了国内资本市场在半导体行业发展过程中的支持力度不足。不过，中国资本市场对半导体企业的估值明显高于美国（见图12.4，左）。以二级市场为例，2020—2021年半导体指数PE（TTM）曾达到100倍以上，科创50指数PE（TTM）估值也曾达到80倍以上，即使2022年受行业景气度下行影响估值回调至40倍，

第十二章　半导体：变局、破局、开新局

也显著高于纳斯达克（NASDAQ）100指数、费城半导体（SOX）指数20倍的估值水平，反映出中美资本市场投资者对中美半导体行业周期性和成长性的判断不同，也体现出科创板对国家战略的支撑作用明显。

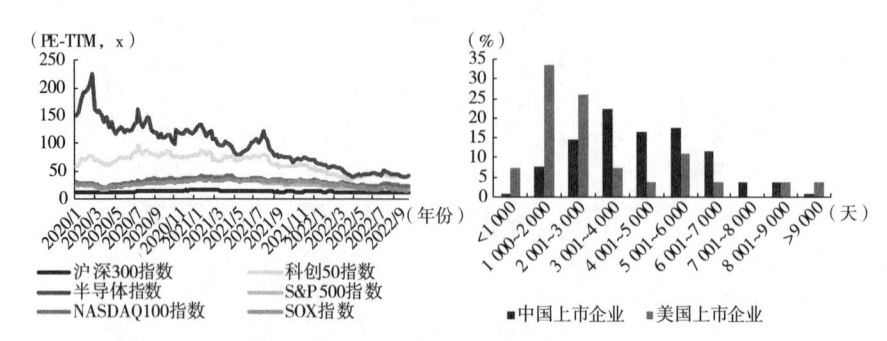

图12.4 中美上市半导体企业估值水平对比（左）和上市距成立日期对比（右）

资料来源：Wind，中金公司研究部。
注：计算占比分布时，中国半导体上市企业选取样本为半导体指数中剔除异常值后的103家公司，美国半导体上市企业选取样本为SOX指数中剔除异常值后的47家公司。

## 民营企业之幸

除"02专项"传统举国体制和"科创板"新型资本市场之外，华为海思无疑是国内民营企业发展半导体设计业务的成功范例之一，折射出企业自主性，尤其是民营企业机制在开展科技创新、把握产业链安全方面的积极作用。成立于1991年的华为海思，其前身是华为集成电路设计中心，经过近30年的发展，于2020年跻身全球前十大半导体设计公司，产品涵盖手机（麒麟/巴龙芯片）、服务器（鲲鹏芯片）、电信网络（天罡芯片）、人工智能（昇腾芯片）、视频编解码、无线局域网（Wi-Fi）等各领域，可同时对标高通（手机芯片）、博通（电信网络及Wi-Fi）、英伟达（GPU人工智能）、AMD（CPU）等全球芯片设计巨头，并且在全球市场竞争中不落下风。作为一家民营企业，华为没有参与前述国家主导的"01专项""02专项"工程，也未获得国家集成电路产业投资基金投资，但仍取得一定成功，我们认为成功要素或有以下三点。

一是长期坚持战略性投入。2009年，华为海思开发出第一款手机SoC芯片K3V1，尽管性能较低、功耗较大，但华为创始人任正非仍要求华为手机投入使用，使海思获得了宝贵的初始客户。2012年，在中美贸易摩擦、全球经济疲软、公司主要业务营收下滑等背景下，任正非仍每年向海思拨款4亿美元研发经费，发展20 000名研发人员[①]。

二是坚持"系统＋芯片"共生模式。在公司内部客户的反馈督促下，海思手机芯片不断得以优化，从2009年180nm制程的K3V1一直迭代到2020年5nm制程的麒麟9000。海思芯片通过性能持续升级帮助华为手机逐步迈向高端市场并曾取得全球第二的市场份额，华为公司更是通过海思芯片领先于美国苹果公司推出全球首个第五代移动通信技术（5G）手机。除了手机，华为在电信设备领域也自研了天罡等一系列核心芯片，可以想象这些芯片在早期应用过程中存在各类问题，但从设备系统层面弥补单片芯片能力的不足，为芯片能力提升和下一个优化版本的推出争取时间，原本就是行业惯例，而华为则将这一点发挥到了极致，海思最终开发出对标全球前五名半导体设计公司高通、博通、英伟达、AMD所开发的各类芯片。这种"系统＋芯片"共生模式及其所衍生出的飞轮效应在三星、苹果、思科、特斯拉等信息与通信技术（ICT）领域巨头发展历程中也有相应表现，国内小米集团[②]、比亚迪[③]等也在尝试。

三是始终保持对外开放合作。尽管海思的各类芯片在华为内部批量应用，但华为在手机、服务器等产品设计和芯片选型中仍保持开放，同步采用高通、英特尔等海外厂商芯片，与海思形成良性竞争，防止故步自封。此外，在国际标准领域，华为始终与国内外的友商合作以推进技术标准的进步，并将技术标准的变化落实到海思芯片设计中，促进产品系统创新。美国商务部也意识到国际标准合作的重要性和必要性。2022年9月，美国商务部BIS修订《出口管制条例》，允许美国公司与实体清单上的各方（如华为）开展标准合作，并强调国际标准是产品开发的基石，有助于保证产品的互操作性和安全性，确保美国实体充分参与并领

---

① 参见 https://www.techinasia.com/hisilicon-exec-bares-plan-huawei-survival。
② 参见 https://www.gizmochina.com/2021/04/05/xiaomi-raise-investment-chips-amid-us-pressure/。
③ 参见 https://www.power-and-beyond.com/chinas-byd-launches-new-automotive-chip-competes-with-infineon-a-1030813/。

导标准的制定①。

华为海思的成功固然有其历史性和独特性，但从客观来看，在没有国家专项、产业资本的扶持下取得全球半导体设计前十的成绩，与企业长期坚持战略性投入、坚持"系统+芯片"共生模式、始终保持对外开放合作是密不可分的。除上述三点外，华为以2012实验室为主体的创新体系建设、以整合产品开发（IPD）流程为基础的产品体系建设、以集成供应链（ISC）流程为保障的供应链体系建设、以"奋斗者为本"②为原则的人才激励制度建设等也助力海思走向成功。尽管如此，在2020年美国对华为及华为海思进行连续制裁措施出台后，华为在半导体制造环节依然遭遇了无芯片代工资源可用的极端困境。一方面，这为国内半导体行业发展和供应链安全敲响了警钟，科技自立自主刻不容缓；另一方面，如果将自研芯片无法生产归咎于华为未能预判极端情况、未能提前做好发展半导体制造全产业链的准备则有失公允，毕竟在全球范围内仅韩国三星具备从半导体芯片设计、制造到系统设备研发、生产的全产业链能力，三星的发展不仅受益于其国家财团地位带来的雄厚资金实力，也与从未受到过海外技术出口限制等非企业可控因素的负面影响有关。

## 产业链之迁

2020年以来，受全球新冠肺炎疫情和地缘政治影响，半导体产业链弹性与安全受到各国和地区政府的高度重视。产业链弹性方面，各国和地区政府纷纷出台产能刺激政策。美国《2022芯片与科学法案》计划投入527亿美元扩产半导体，芯片产能有望达612万片/月，占全球总量的15%，对应产值1 679亿美元，占全球总产值的20%。欧盟《芯片法案》计划至2030年总投入超430亿欧元，韩国"K半导体"战略计划未来10年投资510万亿韩元，日本批准台积电赴日设厂计划投资4 760亿日元，中国台湾当局计划于2021—2025年投资350亿新

---

① 参见 https://www.bis.doc.gov/index.php/documents/about-bis/newsroom/press-releases/3127-2022-09-08-bis-press-release-standards-rule/file。

② 参见 https://www.huawei.com/cn/bond-investor-relations。

台币用于半导体及量子科技研发。根据 IC Insights，2020 年全球半导体产能约合 8 寸超 2 000 万片/月，其中，中国大陆产能（含外资设厂）约占全球产能的 15%。2020 年 8 月，国务院印发《新时期促进集成电路产业和软件产业高质量发展的若干政策》，规划我国芯片自给率在 2025 年达到 70%，相较于 2019 年的 30% 翻番。产业链安全方面，美国通过《2022 芯片与科学法案》《出口管制条例》等吸引产业链回流或者转移至友岸。

近年来，受全球新冠肺炎疫情和地缘政治影响，半导体产业链不同环节可能发生回岸转移、近岸转移、友岸转移以及离岸转移，且转移比率不同。转移比率主要由附加值占比和转移概率决定。

以下从产业转移的实际驱动力和企业意愿出发定义"转移概率"。一是实际驱动力：半导体发展至今已经具备较强的全球化属性，原材料采购、生产制造和分销与售后服务通常是离岸制造。离岸制造可以理解为总部位于美国的芯片设计公司主要采购位于东南亚的芯片制造和封测产能，同时分销与售后服务分布在距离终端客户较近的区域。考虑到生产制造的安全在逆全球化大势中意义重大，从离岸制造转移至近岸制造的可能性较高；原材料采购上，其中硅材料具有较强规模经济性和本土化特征，从安全性考虑具有向友岸转移的可能；以轻资产为主要特征的设计研发本身具备在岸生产条件，因此转移幅度较小；分销与售后服务不具备大规模转移条件。二是企业意愿：根据 BCI 对全球范围内的跨国企业调研数据（2022 年 2 月），在高科技、ICT、电子产品、医药生物、工业品、汽车等行业中，约有 60% 以上的受访企业表示在未来 3 年中有转移产业链的想法。但各行业企业对于转移程度的考量不同，约 17% 的企业考虑转移大部分产量，约 40% 的企业考虑转移小部分产量，约 27% 的企业仅考虑转移有限的核心环节，约 16% 的企业仅考虑转移有限的定制化产品。

未来 3 年，全球部分半导体行业附加值或将在效率和安全的双重影响下发生地理上的转移。其中，晶圆制造、晶圆制造设备、电子设计自动化、IP 和芯片设计的转移概率最高，晶圆制造转移的附加值占比较高（见图 12.5）。

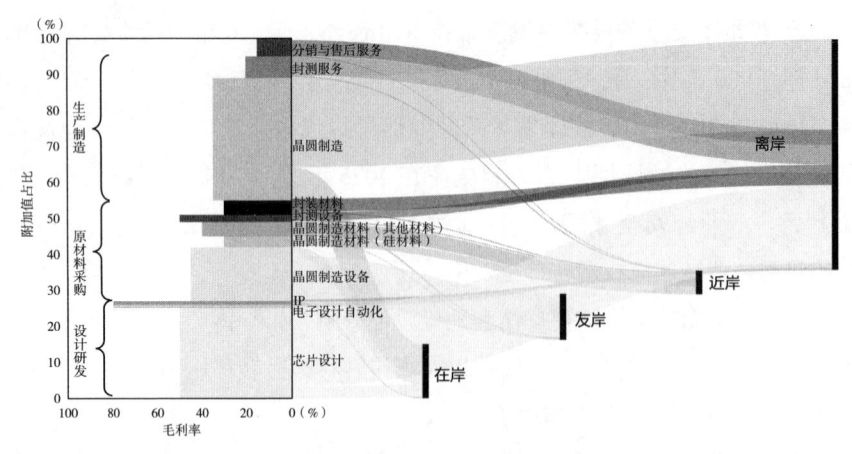

图 12.5　全球半导体价值链发生各转移情景

资料来源：Center for Security and Emerging Technology（CSET），BCI Global，中金公司研究部。

## 他山之石

从 1948 年贝尔实验室发明晶体管以来，美国长期领先全球。1987 年前后十余年间，受益于民用市场的增长和出口导向型经济，日本半导体全球市场份额虽然曾短期反超美国，但受日元升值、技术迭代放缓、一体化生产模式落后等综合因素的影响，市场份额随后不断下滑。2000 年以后，受益于韩国政府的强力支持，韩国半导体全球份额持续提升，长期稳定在全球第二的水平。中国台湾受益于半导体设计和制造分离的垂直分工模式，大力发展半导体代工，产业集聚效应也带动了一批轻资产的芯片设计公司，成长为半导体份额全球第三的地区。欧洲在工业和汽车半导体领域积累深厚，大力发展 IDM 产业，半导体份额长期稳定。中国大陆受益于大市场和消费升级，造就了一批芯片设计公司，但是制造领域仍实力偏弱，制约了市场份额的提升。

据 IC Insights 统计，2021 年全球半导体市场规模达 6 146 亿美元，份额由高到低依次为美国（54%）、韩国（22%）、中国台湾（9%）、日本（6%）、欧洲（6%）和中国大陆（4%）。其中，美国在 IDM/Fabless（无晶圆厂）方面领先全球，Foundry（晶圆代工厂）显著落后。韩国在 IDM/Foundry 相对领先，Fabless 显著落后。中国台湾在 Foundry/Fabless 领先全球。欧洲 / 日本 IDM 份额相对较高，且在上游材料和设备领域领先全球。中国大陆在 Foundry/Fabless 份额相对较高，但整体实力偏弱。

各国半导体行业的发展，均离不开产业政策的扶持。回顾美国、日本、韩国半导体产业政策历史，技术追赶型国家（日本、韩国）与技术领先型国家（美国）在半导体领域的角力从未停止，产业政策成败相交，对中国发展半导体行业有着较强的借鉴意义。

美国：持续的产业政策，间歇的贸易壁垒和法律保护

美国政府在各个时期对半导体产业发展的政策干预力度和影响不同。在 20 世纪 50 年代产业发展初期，美国半导体行业由政府主导。作为许多公司的核心客户，彼时美国国防部对半导体技术发展有明确观点，直接促进公司和研究人员之间的知识共享。同时，"第二来源"合同要求美国国防部购买的任何芯片必须由至少两家公司生产，并将采购与技术转让联系起来。这一时期，对价格不敏感的政府采购合同占美国半导体行业总销售额的很大一部分，并被视为创新的成本[1]。1959—1960 年，美国政府占美国半导体公司销售总额的比例一度超过 45%，例如德州仪器第一个较大的订单就来自国防部，主要用于民兵二号洲际弹道导弹的导航系统[2]。20 世纪 70 年代，民用半导体市场进入黄金时期，新美国安全中心（CNAS）认为民用市场在促进更大规模集成电路的发展和发挥规模经济效益上发挥了更大作用[3]，但是 DARPA 仍坚持对半导体技术的投入和前瞻研究。1976 年，DARPA 列出了六个重要领域，认为芯片尺寸和单位芯片上晶体管数量的研究可由产业完成，但是在缩小晶体管尺寸、测量硅衬底和研磨材料的尺寸稳定性极限、超大规模芯片设计能力和预测最佳晶圆尺寸四个关键领域建议每年提供

---

[1] Alex Williams and Hassan Khan, A brief history of semiconductors: How the US cut costs and lost the leading edge, *Employ America*, March 2021.

[2] Chris Miller, *Chip War: The Fight for the World's Most Critical Technology*（New York: Scribner, 2022）.

[3] Chris Miller, Rewire: Semiconductors and U.S. *Industrial Policy*.

50万美元的研究资金支持[1]。20 世纪 80 年代，面对来自日本的竞争压力，1977年成立的半导体工业协会（SIA）游说美国政府对日本半导体产品加征反倾销关税。1982 年，美国高校、研究所成立美国半导体研究联盟（SRC）组织，1987年联邦政府开始资助以大型半导体企业为核心的共性技术研究组织 SEMATECH。20 世纪 90 年代，在美国半导体行业重回全球领先地位后，美国政府的产业政策曾阶段性淡出，但 2018 年美国连续将半导体等核心技术列为保护和扶持对象，之后在 2022 年发布 CHIPS 法案等一系列上升为法律层面的技术和产业刺激政策。

根据类型和规模，美国将产业政策法律化以明确指导各类企业在行业内的分工和合作。首先，行业发展初期，在反垄断法框架[2]下技术的外溢性得以保证。其中，中小型公司负责前沿技术的试验，大公司追求工艺流程改进，以促进创新规模持续扩大，技术转让条例[3]使得创新技术可以外溢至其他企业。其次，在应对美日产业竞争中，1986 年、1991 年的两次《半导体协议》在一定程度上鼓励了美国和日本半导体企业之间的合资和联盟，数百个美日合资企业帮助美国企业降低了研发成本，并获得了可能无法自行开发的技术。1986—1992 年，美国公司在日本市场的销售额增长两倍，全球市占率从 1986 年的 7.7% 上升到 1992 年的 10% 以上（据 SIA 统计）。同时，1984 年《国家合作研究法》[4]放宽对合资企业受反垄断法的限制，为美国半导体企业向日本同行合资"学艺"创造了有利的外部条件。

但是，全面的政府需求导向和市场驱动都有其时代局限性。虽然半导体器件在国防领域中的需求日益增长且重要性不断凸显，但其需求仅约占半导体行业总

---

[1] Sutherland, I. E., C. A. Mead, and Thomas E. Everhart, Basic Limitations in Microcircuit Fabrication Technology. Santa Monica, CA: RAND Corporation, 1976. https://www.rand.org/pubs/reports/R1956.html.

[2] 即美国《反托拉斯法》。

[3] 即美国《专利和商标法修正案》。

[4] 即美国 NCRA（National Cooperative Research Act of 1984），1993 年的修订版为 NCRPA（National Cooperative Research and Production Act of 1993）。

需求的1%[①]，政府采购已经难以创造庞大的市场和延伸的研究与开发（R&D）总量，发展民用市场必不可少。但是，黄金70年代的美国半导体行业是在缺乏全球竞争和蓬勃发展的特定市场需求下发展起来的，当面临来自日本的竞争时不得不求助于产业政策和贸易保护。

此外，尽管以企业为主体的技术研究联盟促进了美国半导体制造工艺和设备的技术提升，但是难以平衡各方利益成了该类组织长期化的主要障碍。以SEMATECH为例，虽然它不直接从事半导体产品的销售[②③]，与联盟内外的企业并没有直接的利益冲突，但是它高昂的会员费制度被认为是对中小型企业的歧视，成员必须将其半导体产品销售收入的1%贡献给该联盟，最低为100万美元，最高为1 500万美元，这给销售额低于1亿美元的企业带来了更重的财务负担。此外，SEMATECH在20世纪90年代偏离了开发制造更先进芯片工艺和设备的共同目标，半导体设备企业通过该联盟获取的效益更高而引发了其他成员的不满，因此1992—1994年不断有企业宣布退出该联盟。

### 日本：技术追赶成于"大政府"，创新踏空败于"大企业"

20世纪80年代中期以前，作为美国半导体技术的追赶者，日本半导体行业在日本通商产业省（以下简称通产省，现为经产省）的扶持下发展迅猛。在此时期，通产省掌控着强有力的政策工具，除了产业规划、行业准入、行政指导，还控制了外汇配给、外资准入、信贷等金融工具。在发展半导体行业的过程中，除了制定"VLSI计划"等产业政策，通产省还在其他多个方面采取措施，放大产业政策效果。例如，在20世纪80年代之前，通产省通过设置关税壁垒等贸易保护政策，使当时包括半导体行业在内的幼稚产业免受海外巨头冲击；同时，通产

---

[①] Antonio Varas and Raj Varadarajan, "How Restrictions to Trade with China Could End US Leadership in Semiconductors," Boston Consulting Group, March 2020, https://web-assets.bcg.com/img-src/BCG-How-Restricting-Trade-with-China-Could-End-US-SemiconductorMar-2020_tcm9-240526.pdf.

[②] Spencer, W. J., & Grindley, P.（1993）. SEMATECH after five years: high-technology consortia and US competitiveness. *California Management Review*, 35（4）: 9–32.

[③] Grindley, P., Mowery, D. C., & Silverman, B.（1994）. SEMATECH and collaborative research: Lessons in the design of high-technology consortia. *Journal of policy analysis and management*, 13（4）: 723–758.

省对包括日本开发银行在内的日本银行业具有一定的影响力。1991年在日本经济泡沫之前，日本商业银行基本上将其所有存款都进行了放贷，以支持包括半导体在内的关键产业发展，这使得日本半导体企业理论上只要赚取的利润可以支付债务利息，就可以维持相对较高的资产负债比率来快速扩张业务。

在追赶美国半导体行业的过程中，日本政府还进行了系统的技术布局和规划。1976年，日本政府设立了"VLSI技术研究所"，分六个研究室全面突破技术上下游和关键环节，第一、二、三研究室负责半导体装备，第四研究室负责半导体材料，第五研究室负责光刻工艺，第六研究室负责封装测试[①]，这使日本发展成为当时全球除美国外唯一一个拥有完整半导体产业链的国家，拥有较高的技术自主可控性。1985年前后美日贸易争端期间，美国客观上只能从关税和市场准入方面限制和打击日本，而无法通过限制关键技术出口来制裁对方。尽管日本半导体行业因为种种原因整体走向没落，但在部分细分领域日本仍保持着世界第一梯队水平，其中不乏一些战略价值重大的环节，在当今全球半导体产业链中依旧拥有举足轻重的地位，例如在半导体设备方面的TEL的涂胶显影设备、DNS的清洗设备；在半导体材料方面的SUMCO、信越化学的硅片和JSR、TOK、信越化学的光刻胶（见图12.6）。

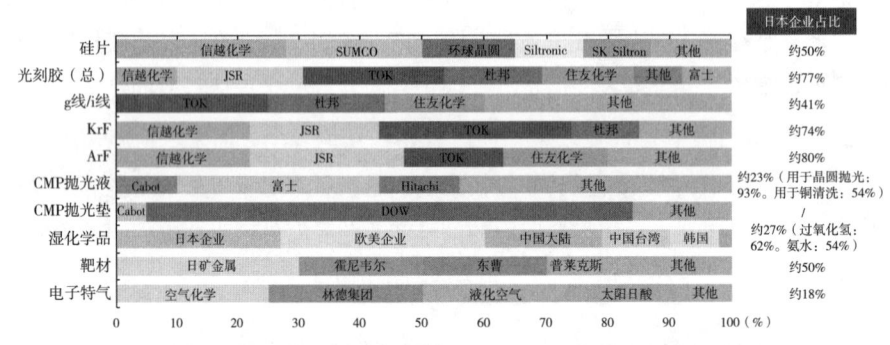

图12.6　日本企业在当今全球半导体产业链中仍拥有举足轻重的地位
（2020年，以半导体材料为例）

资料来源：eetimes，中金公司研究部。

---

① 冯锦锋和郭启航：《芯路》，机械工业出版社，2021年。

另外,"大政府"主导产业的发展模式制约了技术创新,"大企业病"因拘泥于自主技术而错失信息技术革命机遇。在技术追赶阶段,由于技术路径清晰且已被验证正确,"大政府"主导产业发展模式有利于"集中力量办大事"。但追赶成功后的技术再创新,政府通常"押宝"在特定路线上,一旦选择错误则将造成巨大的资源浪费。20世纪80年代,通产省在泛半导体产业中选择超大规模集成电路、第五代电子计算机、高清电视等作为下一轮产业发展的重点。其中,第五代电子计算机、高清电视等产品最终被证明是非主流的技术路径,导致日本电子企业错过信息技术革命浪潮。同时,由于日本半导体企业大部分都只是集团的一个部门,随着业务扩大,这种庞大的集团型组织架构成了需要快速应对市场需求和技术迭代变化的半导体业务的枷锁。东京理科大学研究生院教授若林秀树曾将这种现象归纳为"强烈的闭门主义"[1],即美国高通等无晶圆厂芯片企业频频通过并购初创企业获得新技术,但日本企业由于决策流程长等问题,拘泥于自主技术,拒绝收购。

韩国:"大政府+大企业"逆周期投资与"Top2"困局

作为美日半导体技术的追赶者,韩国半导体行业也遵循了"大政府+大企业"的发展模式。20世纪80年代以前,韩国主要通过控制进口和限制外资的方式保护本国电子企业发展,KAIST、KIET等政府科研机构开展基础研究,政府研发经费支出占全社会研发经费支出的50%以上,呈现鲜明的"大政府"特征。20世纪80年代后,随着三星、海力士等大财团带领韩国半导体行业走向全球,韩国半导体行业转而呈现"大企业"特征,政府研发经费支出占比下降至25%。

这一时期,韩国仅用十余年就完成了DRAM产品代差追赶。1980年韩国16K DRAM落后于全球先进水平3年左右。20世纪80年代中期,韩国制订了《超大规模集成电路技术共同开发计划》,在DRAM市场不景气及日美竞争的背景下,开始第一次逆周期投资,其过程中面对三星巨亏,韩国政府不惜通过自身背书拉动20亿美元的个体募资。1994年三星已经可以先于美日研发出256M

---

[1] 参见 http://www.cena.com.cn/semi/20190228/98810.html。

DRAM 新产品。1997 年亚洲金融危机后，韩国开展第二次逆周期投资，其间韩国政府强制三星收购大宇电子、现代电子合并 LG 半导体以重整行业，并继续扩充 DRAM 产能。尽管当时韩国 DRAM 生产良率不及日本，但借助低成本优势及逆周期投资策略，韩国企业迅速占领 DRAM 市场，日本企业则因"性能过剩"逐步丧失市场份额。2008 年金融危机后，韩国开展第三次逆周期投资，三星拿出总利润的 118% 投入 DRAM 扩张。三次逆周期投资最终确立了韩国在 DRAM 领域的持续领先地位，截至 2016 年，仅三星一家公司占 DRAM 的全球份额即达 48%。三次逆周期投资效果显著，直接促成韩国占 DRAM 全球份额第一并维持至今。而在技术标准方面，早在 1985 年，三星 1M DRAM 就已通过英特尔微处理器技术许可授权。此后美国固态存储协会（JEDEC）在存储器标准方面也通过了三星的标准，这些都为韩国半导体的技术品质提供了背书。

但是，韩国半导体行业缺乏完善的半导体上游供应链。历史上，韩国政府对半导体上游供应链的顶层发展规划较少，重视程度较低，导致设备材料行业起步较晚。韩国半导体设备材料厂商多为三星、SK 海力士投资 / 收购企业，主要客户也为三星、SK 海力士等本土晶圆厂，下游垄断导致上游企业较难做大做强。例如，韩国最大半导体设备公司 SEMES 为三星子公司，2021 年 SEMES 营业收入额为 24.86 亿美元，位列全球设备厂商第 9，规模仅为全球最大设备厂商美国应用材料公司的 1/10 左右。就国产化率而言，根据韩国半导体产业协会（KSIA）数据，2004 年韩国半导体设备国产化率为 18%，截至 2021 年仍仅达 20%。此外，当前韩国半导体行业面临三星、SK 海力士两家独大的困局，如果龙头公司出现经营决策失误，韩国半导体行业整体发展将会面临系统性风险。同时，韩国在存储器以外的芯片领域短板突出，根据 KSIA 数据，2021 年韩国在非内存或系统集成电路的全球市占率仅约 5%。

## 开新局：推行新型举国体制，实现高水平科技自立自强

参照半导体行业领先国家的发展经验，政府的政策支持和规划是产业发展的本源，尚未有国家仅靠市场经济就做到全球领先。政府力量比市场更重要的原因有两点：一是半导体技术具有路径依赖、先发优势的发展规律，技术按照特定轨

道升级导致后发者难以实现赶超;二是半导体产业链链条长,上游技术复杂、市场规模小的材料和设备细分领域投入产出比低,难以单独靠市场的力量发展起来,需要强有力的政策引导和扶持。

作为半导体行业后发国家,中国应该充分重视政府在产业发展过程中的重要作用,包括技术、人才、资金、市场支持等,通过推行新型举国体制,加快实现高水平科技自立自强。此外,考虑到中国国情,还需要统筹好中央和地方、地方和地方之间的产业发展规划,合理分配资源投入,减少过程浪费。

## 技术:既要"买"也要"造",既要"先进制程"也要"成熟制程",既要"循序渐进"也要"换道超车"

半导体行业发展的关键是技术创新,具有层次性、持续性的特点。所谓层次性,是指技术研发包含基础研究、应用研究和开发三个层面,政府、高校及科研机构、企业在不同层面发挥的力量不同。根据 SIA 的报告,美国政府在以上三个层面的资源投入分别占该层面社会总投入的 42%、34% 和 13%[1],其背后逻辑在于 95% 的研发项目最后没有成果,只有 5% 的项目最终可以申请专利,而申请专利后的技术又并非都有商业价值。所谓持续性,是指半导体技术遵循摩尔定律,通过材料、设备、工艺和设计的迭代,实现性能(算力和可靠性等)、功耗和尺寸三大指标的持续升级,研发的技术难度、资金需求逐级提升。以全球半导体制造龙头台积电为例,1980 年至今半导体制造过程中使用的元素数量呈现代际增长的趋势,除个别元素外几乎用到了所有化学元素,由此可见半导体技术的复杂性和长期性。

我国是半导体技术后发国家,存在基础研发不足的先天劣势,在"以市场换技术"和"商业利益最大化"的思维导向下,下游企业对上游关键设备存在着"造"不如"买"的心态。一方面,科研机构研发出的新产品不够成熟和稳定,企业不愿意采购;另一方面,科研机构没有最大化科研经费的研究产出,研究考核论文发表水平,没有动力将科研成果推向市场。即便前有"02 专项"集中力

---

[1] BCG&SIA.

量推动，我国半导体设备、材料和工艺研发仍然错过了与中游制造企业互动成长的黄金时期，与国际领先水平的差距被拉大。而随着下一代产品的研发投入成本升高，投入产出比降低，新参与者的进入门槛被不断提高。

为了达到既要"买"也要"造"的目标，我们认为可以从两个方面着手。首先，学习海外科技产业研发投入的层次性设计，在研发投入的不同层次差异化地发挥政府、科研机构和企业的力量。其次，针对下一代前瞻性技术，替代企业承担研发和投入，产业技术按照开发一代、储备一代、前瞻性布局一代的方式层层推进，分别满足短期1~2年、中期2~3年、长期革命性变化的应用需求。其中短期、中期技术储备更多依赖企业，但是长期技术由于时间成本、资金成本较高，更适合政府资金支持。

在平衡"买"和"造"的同时，中国半导体产业还需要平衡发展"先进制程技术"和"成熟制程技术"的关系。与一般人认知形成反差的是，先进制程芯片并非一统天下，成熟制程芯片的应用仍然占据市场主流，未来大有可为。从技术上看，摩尔定律支配下的先进制程工艺演进节奏放缓，先进制程芯片研发成本高企（28纳米芯片的研发成本约5 000万美元 Vs. 5纳米芯片的研发成本超5亿美元），单纯追求旗舰芯片PPA［性能（Performance）、功耗（Power）、尺寸（Area）］来提高系统性能已不再是性价比最优的方式。从需求量上看，成熟制程工艺芯片可满足下游应用中的大部分需求和商业盈利闭环。根据罗兰贝格的统计数据[①]，以智能终端为例，在过去十余年中，个人消费电子终端如手机、手表、手环、无线耳机等层出不穷，电源转换、嵌入式存储器件、射频/混合信号处理等成熟制程芯片需求量占比超过40%（见图12.7，左）。在传统燃油汽车和新能源电动汽车中，功率器件、微控制器（MCU）、模拟信号电路等成熟制程芯片需求量占比超过2/3，尤其是2021年以来的汽车芯片短缺也主要以成熟制程芯片为主。从产能上看，据TrendForce预测，截至2024年，全球28nm（含）以上成熟制程产能将维持在约76%的占比（见图12.7，右）。

---

① 参见 https://www.rolandberger.com/de/Insights/Publications/Steering-through-the-semiconductor-crisis.html。

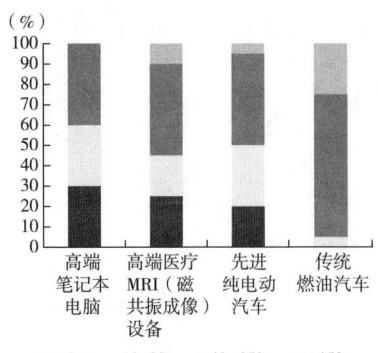

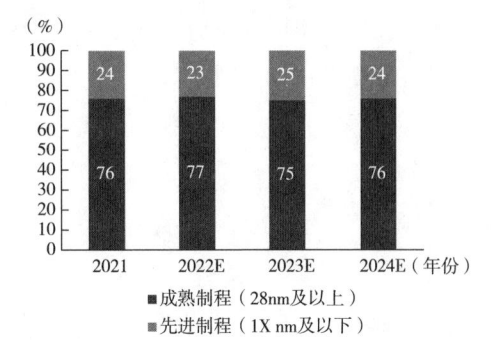

图12.7　不同终端各制程半导体需求量占比（左）和2021—2024E全球半导体产能比例预测（右）

资料来源：罗兰贝格（2021年），TrendForce，中金公司研究部。

以扩大成熟制程产能为牵引，加强技术各环节"强链补链"。如前文所分析，"02专项"中半导体28nm及以上成熟制程设备材料已有的部分验收成果尚未完全实现规模产业化，"02专项"之外的成熟制程设备材料也需要加速实现国产化，例如量测设备、光刻胶等。尽早解决成熟制程各环节短板，快速推进从零到一的技术突破，加大设备材料在产线实地的验证力度，优先打造完整、可控、可规模商用的成熟制程产业链，并积极扩大成熟制程产能，甚至可以考虑允许成熟产能的部分过剩，借鉴华为海思"系统+芯片"相互促进的共生模式，打造"成熟制程产线+设备材料"相互促进迭代的循环成长模式。鉴于日本、韩国、欧洲在成熟制程设备材料领域具备丰富的技术储备及经验积累，可扩大对上述经济体中的企业和人才进行引入，同时注意保护外资半导体企业的知识产权和合法权益。

积极引进海外成熟制程设备材料厂商在中国生产产品。2012—2021年，全球半导体设备、材料、EDA各主要公司来自中国的营收占比平均超过15%，并且逐年提升（见图12.8）。从市场容量来看，若设备、材料出口不受限制，中国的产能有望在2030年达到全球总产能的24%。为了加速国内成熟制程产能建设步伐，或可考虑对在华销售的海外半导体设备和材料产品退还进口关税，并通过财税优惠等方法吸引海外成熟制程设备材料厂商在华生产。若施行该政策，则也应该对等实施于国内同类型产品，以避免对市场竞争不利。即使海外企业短期内不愿来华设厂，也可以鼓励国内资本加大在海外半导体领域的直接投资，并适当给予外汇和商务审批便利。

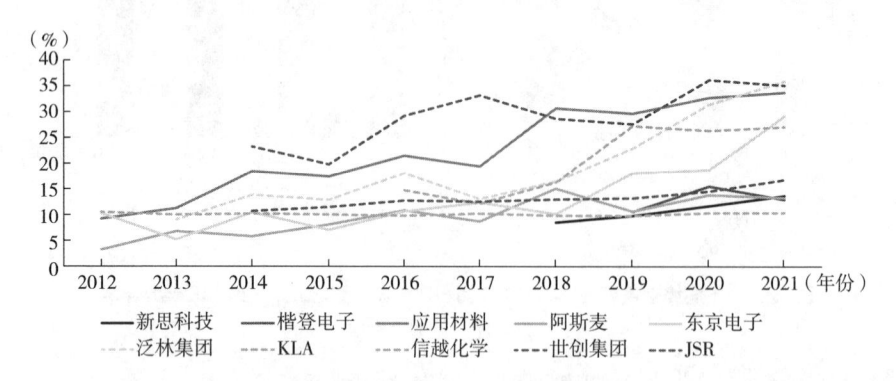

图12.8 全球半导体设备、材料、EDA公司来自中国的营收占比逐年提高

注：EDA公司包括新思科技、楷登电子，设备公司包括应用材料、阿斯麦、东京电子、泛林集团、KLA，材料公司包括信越化学、世创集团、JSR。

资料来源：各上市公司年报，中金公司研究部。

对已经在中国布局成熟制程产能的境外企业给予更大的政策支持。我国长期以来对外资在中国建设半导体制造厂保持开放态度，地方政府一直给予支持，例如陕西省西安市、天津市长期支持韩国三星的存储芯片制造工厂，江苏省无锡市长期支持韩国SK海力士的无锡存储芯片制造工厂。但囿于2022年10月美国《出口管制条例》的影响，美国不允许中国半导体制造工厂（14nm及以下的逻辑芯片、128层以上的NAND、18nm以下的DRAM）扩产，现有产能的正常运营也可能受到影响。为此，三星、SK海力士已向美国商务部申请临时许可，SK海力士也提到在最坏情况下可能出售中国的存储芯片制造工厂[①]。鉴于境外企业的半导体制造产能在当前全球环境下的经济和安全意义，或可考虑给予三星、SK海力士等境外公司在中国的半导体产能等额于美国芯片法案的补贴或税收减免，并且若施行该政策，则也应对等实施于国内同类型企业，以避免国内企业在市场竞争中处于不利地位。

---

① 参见 https://asia.nikkei.com/Business/Tech/Semiconductors/SK-Hynix-weighs-future-of-China-chip-plant-after-U.S.-tech-curbs。

强调成熟制程的重要性不代表降低发展先进制程技术的优先级。尽管2022年10月美国最新出口管制对中国发展先进半导体技术实施了一系列限制，并且强调美国人及在美国境内的外国人与机构均不得协助中国发展半导体制造能力，但14nm、7nm等先进制程技术并不是理论上的创新，更多表现为复杂的工程系统实践与专有技术（Know-how）。类似于航空航天，应给予半导体先进制程设备、材料等复杂系统部件足够重视，并在成熟制程经验基础上，循序渐进、持之以恒地推进先进制程的自主研发。

除了注重半导体成熟制程和先进制程的平衡发展，也需要加强后摩尔时代前沿技术的探索。半导体材料、器件方面，第二/三/四代半导体（GaAs、GaN、SiC、$Ga_2O_3$等）在高速、高频、大功率等应用场景相较于硅基半导体具有显著优势，新型器件中碳基器件（石墨烯、碳纳米管等）、柔性器件（碳纳米管、ZnO等）、新型存储器（相变存储器、铁电存储器、磁性存储器、阻变存储器等）分别在工作速率、柔性器件、可靠性、读写速度和低功耗方面实现了更大的突破和进步。芯片集成方面，芯粒技术（Chiplet）、系统级封装（SiP）、3D堆叠等先进封装技术成为后摩尔时代提升芯片集成度的重要方法和发展趋势。计算架构方面，RISC-V、异构计算、存算一体等创新已被广泛关注。计算原理方面，量子计算、光子计算、类脑计算等前沿技术有望实现计算效率的大幅提升。

跳出半导体芯片与制造单点技术的局限，迈向更高的"云网融合"系统方案层面，换道发展。2022年10月，在2022全球移动宽带论坛上华为常务董事汪涛指出[①]，作为5G的升级版，5.5G已经开启新阶段，将带来10Gbps（千兆比特每秒）的传输速率体验。同时，除用户体验进一步提升以外，也有望深层次影响未来硬件架构的演进。事实上，随着无线通信技术持续升级，其传输速率已经接近甚至超过部分常见通信接口以及硬盘接口的读写速率。以最新的主流硬盘接口SATA3为例，其支持的最大传输速率为6Gbps，所以当无线传输速率达到或者大于6Gbps的时候，理论上硬盘可以开启向云端迁移，实现存储资源的云化。对于主机箱和显示器/鼠标/键盘之间的连接，以目前主流的HDMI 2.0和USB3.0接口为例，当无线传输速率达到或者大于18Gbps的时候，理论上承载有全部计

---

① 参见 https://www.huawei.com/cn/news/2022/10/mbbf2022-5-point-5g。

算和存储单元的电脑主机也可以迁往云端，实现"云网融合"。如果 5.5G 通信的传输速率达到了 10Gbps，则意味着未来电脑主机、硬盘等硬件资源均有机会迁往云端，个人只需要购买云服务，而不必购买本地电脑、硬盘存储等设备。另外，借助无处不在的高速无线通信，推动硬件资源向云端迁移，有望绕开个人终端芯片对先进制程的要求，实现换道发展。

硬件资源上云的好处之一在于减少对先进制程芯片的需求。受限于小尺寸、低功耗及高性能的要求，高端制程芯片的最主要应用场景在于个人消费电子终端（例如手机、平板电脑、笔记本电脑等）。在云端，借助于云计算技术，成熟制程芯片也可以满足硬件性能要求。以 2021 年 11 月的全球超级计算中心排名为例，我国超级计算中心算力不输海外竞争对手的主要原因在于采用了更多的芯片（见表 12.1）。以位列第六的神威·太湖之光为例，该超级计算机由国家并行计算机工程技术研究中心研制，共安装了 40 960 个中国自主研发的"申威 26010"众核处理器，总核心数超过了 1 000 万个，但其单颗芯片的核心工作频率仅为 1.5GHz（千兆赫兹），低于其他海外超级计算中心所使用的单芯片性能。在单芯片性能受限的情况下，神威·太湖之光依然可以通过大量芯片的并行计算实现较高的综合运算性能。

表 12.1　超级计算机排行榜前十名

| 排名（2021年11月） | 国家 | 超级计算机名称 | 核心数 | 每秒浮点运算次数 (PFLOPS) 实测性能 | 每秒浮点运算次数 (PFLOPS) 理论性能 |
| --- | --- | --- | --- | --- | --- |
| 1 | 美国 | Frontier | 8 730 112 | 1 102 | 1 685.65 |
| 2 | 日本 | 富岳 | 7 630 848 | 442.01 | 537.21 |
| 3 | 芬兰 | LUMI | 1 110 144 | 151.9 | 214.35 |
| 4 | 美国 | 顶点 | 2 414 592 | 148.6 | 200.79 |
| 5 | 美国 | 山脊 | 1 572 480 | 94.64 | 125.71 |
| 6 | 中国 | 神威·太湖之光 | 10 649 600 | 93.01 | 125.44 |
| 7 | 美国 | Perlmutter | 761 856 | 70.87 | 93.75 |
| 8 | 美国 | Selene | 555 520 | 63.46 | 79.22 |
| 9 | 中国 | 天河二号 | 4 981 760 | 61.44 | 100.68 |
| 10 | 法国 | Asastra | 319 072 | 46.1 | 61.61 |

资料来源：TOP500 官网，中金公司研究部。

硬件资源上云的好处之二是更易发挥举国体制优势。个人终端的算力及存储资源向云端转移，需要大力发展云计算基础设施，对于各类相关处理芯片的采购主力也将由个人转向云端服务运营商。相较于个人，云端的建设规划更易于统筹、采购更集中、更易于得到举国体制支持，可为国内成熟制程的芯片企业提供发展机遇，还可帮助国内企业在实际规模商用中实现成本的快速降低和产品性能的优化迭代。

## 资金：引导有效投资，减少无序竞争

半导体是资金密集型行业，需要充足的资金支持。美国作为半导体技术起源国，硅谷的风险资本发挥了重要作用，诞生了一批著名的风险投资基金。美国半导体龙头公司如仙童半导体、英特尔的成立均来自风险资本的支持。20世纪60年代末硅谷的风险资本已经有20多人，凯鹏华盈和红杉资本就是在仙童校友会上成立的[1]。日本、韩国作为半导体产业后发国家，则主要发挥了政府的财政补贴作用，通过制定"大政府＋大企业"的产业政策进行赶超，即选定大型企业发展半导体，并向其提供优惠贷款、减税等奖励。

我国自2000年初以来逐步形成了"银行＋政府补贴＋产业私募股权投资（PE）/风险投资（VC）"的全面金融支持体系，但存在产业资本推高半导体企业估值，从而造成一定程度上行业无序竞争的问题。2018年至今，我国半导体行业共成立24 478家企业，目前仍处于"存续"和"在业"状态的分别有14 005家和8 573家，以此测算整体存活率为92.24%[2]。若剔除小微型企业，中大型企业共1 232家，处于"存续"和"在业"状态的分别有766家和212家，存活率为79.38%[3]。

技术创新缺乏和行业低水平无序竞争是目前导致我国半导体产业薄弱的突出

---

[1] 冯锦锋和郭启航：《芯路》，机械工业出版社，2021年。
[2] 测算方法为在2018年1月1日至2022年10月14日成立的所有半导体企业中，用企业状态为"存续"和"在业"的企业数量除以企业总数。
[3] 企业规模划分标准根据《统计上大中小微型企业划分办法（2017）》上的"依据从业人员、营业收入、资产总额等指标或替代指标，将我国的企业划分为大型、中型、小型、微型四种类型"。

问题。为解决该问题，建议对资金流向进行引导。具体而言，一是对于产业资本，继续发挥其市场化力量，从而保证中小企业的技术创新活力和商业化能力，但可通过严格首次公开募股的审核条件来纠偏产业资本的投向；二是对于银行和政府补贴，重点支持资本投入大、投资回报期长的龙头企业。

## 人才：强调知识产权保护，反对无序流动

人才对于企业成长至关重要，人才流动影响创新创业活力和行业竞争秩序。参照美国半导体行业发展经验，人才流动政策需要与适当的法律环境相结合，并且因地制宜、因时制宜。商业秘密在半导体行业有巨大的经济价值，窃取商业秘密是同行业间恶意竞争的常见手段。事实表明，大量的商业秘密被窃取与人才流动有关，为减少人才流动对商业秘密窃取的影响，"竞业禁止"制度[1]成为行业内普遍采取的规则。美国对"竞业禁止"制度的司法实践走在世界前列[2]。总结来看，美国的"竞业禁止"制度具有因时而变、因地制宜的特征，在经济发展的繁荣和衰退阶段，对商业秘密的保护力度呈现差异，各州之间的态度也有所不同[3]。

我国半导体行业存在人才无序流动所导致的行业过度竞争问题。受益于活跃的产业资本投资环境，近几年我国众多半导体技术人才离职创业。不同于美国，我国技术底层实力整体薄弱，人才无序流动并未达到激发创新活力的目的，反而造成了部分产品的市场过度竞争。以我国射频前端芯片为例，全球龙头企业分别为美国Skyworks、Qorvo、高通、博通和日本村田，五大厂商市占率合计超过85%，下游客户集中化、产品相对标准化的特征造就了行业格局持续走向集中的

---

[1] "竞业禁止"制度是指雇主利用签订劳动合同及详细条款的形式，禁止本企业员工在职期间以及离职后，利用商业秘密从事与雇主相互竞争的业务。

[2] 纪晓昕，《分析美国商业秘密保护中的竞业禁止制度》，《电子知识产权》2004年1月。

[3] 美国加利福尼亚州《商业和职业法典》规定"任何合同一旦限制了他人从事合法的职业或贸易之类的行为，都是无效的"，这就使"竞业禁止"协议在美国加利福尼亚州和硅谷成了一纸空文。而且根据美国司法判例，侵犯商业秘密的举证责任主要在于商业秘密权利人。冯锦锋和郭启航：《芯路》，机械工业出版社，2021年。

趋势。受益于国产替代的市场环境和机遇，近年来我国新成立了众多射频前端厂商，并且在产业资本催熟和科创板创立带来的宽松融资环境下，射频前端企业相继发行上市或计划上市，但也造成了两大问题。一是行业内人才无序流动，不断有新的创业公司开发与原公司同类型的产品，不符合行业集中化和规模经济的本质规律；二是各家新老公司技术实力相当，产品类型相近，价格战屡见不鲜，造成行业资源的浪费。相比于半导体芯片回报周期短、创业门槛相对不高，尽管半导体设备领域投资回报期长、创业门槛高，但也存在类似情况。据科创板上市公司芯源微公告[①]，2022年10月芯源微收到A公司分两期的商业秘密维权赔偿金共计4 000万元，其中A公司系半导体设备同业公司，由芯源微离职员工于2016年发起成立。芯源微认为A公司所售部分设备侵犯其商业秘密，于2020年10月报案。最终A公司与芯源微达成和解并自愿赔偿6 000万元。

解决我国半导体人才无序流动的问题，我们认为应从三个层次着手解决。一是法制层面，积极倡导保护知识产权的法治环境和人文环境；二是融资层面，产业资本、银行资本、二级市场资本应该提高对技术创新的认定标准，全方位审核被投资企业的技术创新能力，主动缓解行业间的无序竞争，避免助长人才无序流动的问题；三是企业层面，通过公司文化建设、薪酬激励制度、流程管理等修炼内功，提高核心技术人才的长期稳定性。

对海外人才提供更大的吸引力，在人才引进时要同时关注配套岗位。从美国从事半导体行业的外籍人员来看，无论学历如何，移民已经在美国半导体行业的大部分环节中扮演了重要角色，其中生产、电气工程师、软件开发测试、PC（个人电脑）硬件、测试均有接近半数是移民或外籍人士。在中国半导体制造能力相对落后的情况下，可以定向地引入海外人才。半导体制造产业与飞机制造产业都具有较大的"就业乘数"，即创造一个直接工作岗位时可间接创造6.7个其他行业工作岗位，可理解为需要6.7个配套岗位。因此在人才引进时不仅需要考虑直接岗位，更需要考虑配套岗位。针对海外专家，优化外籍人才在华工作生活环境，满足子女教育需求，对符合法律规定的给予永居待遇。

---

① 芯源微：《关于收到商业秘密维权赔偿金的公告》，2022年10月27日。

## 政策：合理规划产业集群，加强对外开放合作

产学研协同下的产业集群是推动半导体行业成功发展的要素之一。复盘美国、日本、韩国和中国台湾的发展历程，技术研发或商业化应用大多起源于高校或研究机构，且均具有成熟的产业集群，从美国硅谷到日本九州、韩国京畿道，再到中国台湾新竹，产业集群在推动技术创新、技术商业化应用、创业孵化和基础设施配套支持等方面发挥了关键作用。以持续走在技术前沿、诞生了一大批引领高科技公司的美国硅谷为例，其成功关键在于建立了以大学为中心的产学研生态系统，形成了从创业教育、创业组织、创业活动到配套的孵化器和风险资本支持等要素。硅谷的很多民企都是由学校里的科研成果转化而来的，例如思科公司的两位创始人是斯坦福大学的老师，雅虎的原型是创始人在斯坦福大学读博期间搭建起来的。

我国自 2000 年以来就开始发展半导体产业集群，但在产业发展政策制定和考核方面存在两点问题。一是政策制定缺乏自上而下的统筹，产业集群"多而不精"。从产业集群的本意而言，只有建立完整的大学、科研机构、技术专利保护中心以及配套基础设施支持的集群才是应有之义。目前我国具有充分人才资源供给的省市均大力发展半导体行业和产业集群，包括上海市、杭州市、苏州市、南京市、常州市、合肥市、深圳市、西安市、成都市、广州市、深圳市等[1]，例如上海张江科技港先进制造产业园、上海临港新片区、无锡（国家）集成电路设计中心、广东省大湾区集成电路与系统应用研究院等，但是众多产业集群尚未建立完善的集群生态系统，导致集群效应大打折扣。二是地方政府考核指标以"量"为主。我国半导体行业基础薄弱，尤其体现在上游设备和材料环节，该类市场具有市场规模小的特征，在当前我国处于技术追赶的阶段，尤其难以产生具有营收规模的大企业。但是从各地方省市集成电路产业政策的发展目标看，普遍强调"产业规模""中大型企业""上市企业"的数量，对核心技术或"卡脖子"问题的目标规划略显不足。

---

[1] 2021 年集成电路产值排名前五的省市依次为江苏省、上海市、北京市、广东省和西安市，以上省市的高校同样名列前茅。

基于以上问题，首先，产业政策需要系统侧的顶层设计，应该发展合理有效的产业集群，而不仅是招商引资，同时产业集群目标应该以技术突破"卡脖子"或者市场相对份额为考核指标，而非单纯的绝对数字。国内中央对地方政府的行政分权和财政分权的优势是对地方政府形成正向激励，例如职位晋升等[1]，但劣势是对于需要发挥大企业优势力量的半导体行业会造成资源分散。对于其他行业，地方政府之间的竞争有利于经济发展和创造市场化竞争氛围，但是对于技术密集型、资本密集型、产业链配套要求高的半导体行业而言，地方政府之间的竞争不利于"补短板"目标的达成，并且单纯考核发展规模也对解决"大而不强"的问题作用有限。其次，需要通过培育"链主"企业，强化产业集群的综合竞争力。参照全球半导体制造龙头的发展经验，一方面通过投资上游企业保证供应链，另一方面形成产业吸引效应助力产业集群做大做强。以韩国为例，韩国不但在京畿道形成了电子产业集群，制造龙头三星还大力投资上游半导体材料企业，据韩国交易所的数据，三星自2020年以来，已在9家公司合计投资2.38亿美元，其中以中型半导体材料企业为主。

鼓励并购，加速质变。借鉴国际巨头的并购成长史，我们认为国内发展半导体行业应该多鼓励并购。海外厂商KLA、美国应用材料公司、泰瑞达等发展史中为补充产品线及扩展自身领域，分别进行了约30次、20次、15次并购，实现了关键设备及技术的快速布局，巩固了行业龙头地位。考虑到国内厂商和海外龙头仍存在较大技术差距、关键技术的突破往往需要较长时间、近年来我国半导体中小企业快速发展，我们认为，为了促进国内半导体企业的跨越式发展，可针对半导体行业特点（单点技术多、盈利不确定性高），适度简化上市公司对非上市公司的并购审核要求[2]，并为上市公司兼并创造对应的有利条件。

科技自立与坚持开放合作不相矛盾。半导体产业链链条长，经过50多年发展，已形成全球分工协作的产业格局。全球半导体联盟（GSA）曾指出，平均来看，半导体各细分领域的供应链涉及25个国家直接参与和23个国家间接参与。

---

[1] 周黎安：《中国地方官员的晋升锦标赛模式研究》，《经济研究》2007年第7期。
[2] 《上市公司重大资产重组管理办法》第三十五条规定，采取收益现值法、假设开发法等基于未来收益预期的方法对拟购买资产进行评估或者估值并作为定价参考依据的，交易双方应当就相关资产实际盈利数不足利润预测数的情况签订明确可行的补偿协议。

其中，尤其以晶圆制造环节的全球化程度最高，涉及 39 个国家直接参与和 34 个国家间接参与，这些国家的 GDP 总量之和占全球比重超过 90%。截至目前，没有任何一个国家可以独立完成半导体全产业链的设计与制造。中国是半导体产业的后发者和追赶者，需要营造良好的外部环境以赢得更多的发展时间。同时，必须坚持底线思维，无论外部环境如何变化，也不能放弃自主发展。强调科技自立与坚持开放合作并不矛盾，以底线思维应对可能的最坏情况，坚持开放合作则是通过全国统一大市场的需求优势，惠及全球半导体产业链，共同推动半导体技术的创新发展。

## 市场：创新商业模式，差异化竞争

重构分工体系，创新商业模式，是后发国家追赶市场地位的有效手段，中国台湾半导体行业的崛起就是一个成功的案例。虽然后发者在既定的技术升级轨道上难以实现对先发者的赶超，但理论和实践表明，通过商业模式创新影响市场结构，并开辟新的技术升级路径，可以实现追赶。我们认为摩尔定律是半导体技术追赶的瓶颈，也是商业模式创新的机遇。按照摩尔定律，生产和生产工艺的同步升级将耗费大量资金，即当一条生产线的利润刚达到最大时就必须对它进行升级。由于不同芯片使用不同的工艺制程，设计和制造分离有利于制造商在投入下一代芯片的同时，持续保持老工艺产线的需求和稼动率，从而实现稳定盈利。1986 年台积电成立，首创并且主营半导体代工业务，目前已成为全球第一代晶圆代工厂。受益于台积电的成长壮大，中国台湾在全球半导体市场份额中占据重要地位，制造端的产能和产值占比均超过 50%。

我国半导体行业作为后发者，除技术上需要持续追赶外，商业模式上或可尝试 CIDM（共享共有型垂直整合制造）模式[1]，即整合芯片设计、工艺技术研发、芯片制造和封测企业，直接为终端客户提供高品质的产品。该模式有三方面优点：一是设计公司直接获得晶圆厂的产能和技术支持；二是晶圆制造厂与终端对接可以减少订单的不确定性以及供应链的牛鞭效应；三是设计公司针对终端需求

---

[1] 张汝京：《CIDM 模式，进可攻、退可守》，《集成电路应用》2017 年第 34 卷第 10 期。

实现产品有效开发。最终实现多方资源共享、协同创新、风险共担。历史上，日本 VLSI 可以认为是 CIDM 模式的一种雏形，新加坡 TECH（T 代表德州仪器、E 代表新加坡政府经济发展局 EDB、C 代表佳能、H 代表惠普）也算是 CIDM 模式的一种尝试，2017 年时任上海新昇半导体科技有限公司董事的张汝京博士也提出在国内发展 CIDM 商业模式。我们认为，在推进新型举国体制背景下，作为传统的 IDM 或者 Fabless+Foundry 商业模式的一种补充，CIDM 模式或有利于打造创新联合体，集中力量攻关技术瓶颈点。

差异化竞争，重视大市场中的利基市场。半导体芯片需要在特定应用场景发挥功能，除了部分通用性芯片（处理器、存储器和电源管理等），越来越多的芯片需要针对特定需求定制化。通用芯片的特征是功能单一、需求量大、规模经济，全球半导体龙头英特尔即凭借通用处理器发展壮大。专用芯片的特征是功能定制化、利基市场、技术附加值高，众多芯片设计小企业虽然规模不大，但是享受高毛利率。与芯片设计类似，在芯片制造、上游材料和设备领域也同样存在需求差异化的利基市场，催生了众多中小企业的生存空间。我国具有"需求量大"和"需求多样化"的大市场优势，因此相较于海外半导体企业，我国半导体厂商更贴近终端市场，因此要充分发挥优势，找准定位。具体而言，首先对于龙头企业，基于产业链地位和政府资金支持，大力攻克技术难关，发展规模经济的通用型产品；其次对于技术和资金实力薄弱的小企业，可以面向利基型市场错位竞争，并通过利润、现金流、研发投入、技术升级迭代实现发展的正循环。

## 思考与启示

本章尝试就全球与中国半导体行业发展变化的焦点问题进行分析，具体包括中国半导体行业所面临的外部环境、中国半导体行业发展至今的尝试与经验以及推行新型举国体制的落地路径。我们立足半导体行业发展的本质规律和中国特色市场环境和产业阶段，剖析技术先行国家的行业发展经验，对比我国行业发展过程中的科研项目体制得失、资本市场机制利弊、典型民企做法成败，总结了四点思考。

第一，半导体行业从来不是一个完全竞争的市场[①]，政府的力量大于市场。参照半导体行业领先国家的发展经验，政府的政策支持和规划是行业发展的本源，尚未有国家仅靠市场经济做到全球领先。其原因在于半导体技术具有路径依赖、先发优势的特征，同时产业链链条长，上游技术复杂、市场规模小的材料和设备细分领域投入产出比低，难以单独依靠市场的力量发展起来，需要强有力的政策引导和扶持。自21世纪初以来，我国以国家科技重大专项的形式推动半导体产业链发展，包括"01专项""02专项"等。国家科技重大专项的设立与实施，是具有开创性意义的采用举国体制促进产业发展的有益实践。但在前瞻性地提出22~14nm技术研究等系统性产业规划后，国家科技重大专项在实施过程中资金投入力度不足、市场化程度不高等导致了"起大早、赶晚集"，技术研发价值未能实现最大化等问题。

第二，半导体行业的根本在于技术创新，而创新的根本在于人才。摩尔定律下技术的路径依赖性、集成电路设计的复杂性以及高研发投入特点，都决定了掌握核心技术、夯实根基、建立人才培养体系是半导体行业建立长期竞争优势的根基。资本助推下的"短平快"模式一方面不利于营造自主创新的氛围，"抄袭""模仿"技术产品导致众多企业走向衰落，另一方面"短平快"诱发人才无序流动也易于造成商业机密泄露，不利于半导体后发国家集中力量攻克核心底层技术。我国作为半导体技术和行业后发国家，在人才培养、人才吸引和人才激励等方面还存在不足。在当前形势下，人才无序流动导致行业失去良性竞争的问题尤为严重，造成了资本和人力资源浪费。如果把政府政策比喻为半导体行业发展的气候和土壤，那么人才培养和技术底层能力积累就是长期成长的种子，对于半导体自立自主至关重要。

第三，中国半导体行业的重要竞争优势就是全国统一大市场，商业模式创新和特色需求有待挖掘的空间巨大。重构分工体系、创新商业模式是后发者追赶市场地位的有效手段，中国台湾半导体的崛起就是一个成功的案例。而满足利基市场需求，是后发者或者企业创造现金流、投入研发、技术学习、开拓新市场新产品实现正循环的有力方法。我国半导体行业基础薄弱，CIDM模式可以成为重构

---

[①] 美国总统科技顾问委员会在《确保美国半导体领导地位》中明确提出该观点。

分工体系、实现商业模式创新的可行路径之一，有助于实现整机与芯片、芯片设计与制造、制造与上游设备材料的全方位协同，同时节约投资，避免资源浪费。市场端，我国具有"需求量大"和"需求多样化"的大市场优势，借助全国统一大市场的海量、层次化需求，借鉴华为海思"系统＋芯片"共生模式的成功经验，跳出半导体芯片与制造单点技术的局限，迈向更高的"云网融合"系统方案层面，换道发展。

第四，科技自立与对外开放不矛盾，中国半导体行业需要保持对外开放合作。强调科技自立与坚持开放合作并不矛盾，以底线思维应对可能的最坏情况，坚持开放合作则是通过全国统一大市场的需求优势，惠及全球半导体产业链，共同推动半导体技术的创新发展。中国半导体产业满足既要"买"也要"造"，既要"先进制程"也要"成熟制程"。以扩大成熟制程产能为牵引，加强技术各环节强链补链，并且积极引进海外成熟制程设备材料厂商在中国生产产品，对已经在中国布局成熟制程产能的境外企业给予更大的政策支持，对外积极表现开放合作的决心和意愿。

在全球半导体行业经历"百年未有之大变局"之际，应该辩证地看待"危"与"机"，正视差距，坚持底线思维，坚持对外开放合作，充分发挥新型举国体制优势，争取早日突破半导体"卡脖子"技术，实现高水平科技自立自强。

第十三章

# 新能源：注重效率的同时更需关注安全

当今世界呈现逆全球化的迹象，使得国际能源供求形势在注重效率的同时更需要关注安全；全球能源由化石能源向新能源转型，能源产业由资源属性转向制造业属性，使得新能源制造产业链在全球能源安全议题中越发重要。

一方面，中国新能源产业链纵向风险总体可控。产业链"大而全"、纵向一体化程度高，仅部分原辅材料环节面临来自海外资源、技术、专利的潜在制约，产业链有望通过技术替代和技术进步逐步化解相关风险。另一方面，中国新能源产业链横向风险更需要关注。以2021年为例，中国光伏产品和锂电产品分别有55%和20%出口海外。然而，随着全球呈现逆全球化的迹象，不少需求方在评估自身面临的产业链纵向风险后，屡次以对中国新能源产品施加关税等方式抬高交易成本，并强化其对本土新能源产业链的补贴，使得中国新能源产业链在全球分工中供大于需，转化为切实的产业链横向风险。

针对企业成熟产能，市场竞争推动成熟工艺自发地向"生产成本 + 交易成本"最低的地区转移，中国企业或可顺势而为向东南亚转移产能，从而维持对全球新能源产业链成熟产能的领先优势。另外，针对企业先进产能，国内企业或可通过持续的技术渐进式迭代和激进式创新维持领先地位，加强对全球新能源技术的引领作用。同时，中国新能源产业链的成功离不开政策驱动下大市场规模效应带来的成本优势和技术优势，因此持续挖掘本国需求侧潜力，识别和解决制约本国需求增长的瓶颈环节，维持中国新能源全球第一大市场对于维护产业链地位至关重要。

我们建议围绕成熟产能外迁所需的贸易营商环境、先进技术国内升级所需的人才资金、国内终端需求增长所需的电力基础设施和消纳设施建设展开政策支持，为化解新能源产业链的横纵向风险提供友好的政策环境。[1]

---

[1] 本章作者：曾韬、苗雨菲、刘烁、马妍、王颖东、曲昊源。本章得到了季枫、白鹭、江鹏、朱尊、杜懿臻、石玉琦、徐瀚的支持。

## 中国新能源产业链安全问题的背景与内涵

### 绿色转型与能源危机交互影响下的产业链安全挑战

能源安全是社会经济发展的压舱石。能源是一国的经济支柱产业，是社会民生的基础保障，也是关系到一个国家经济社会发展的全局性、战略性问题。能源安全风险内涵包括供给风险、运输风险和价格风险等，核心是一国对能源（尤其是主力能源）的自主可控能力。

2022年以来，俄乌局势升级暴露出欧洲支柱能源供应过度依赖单一来源所带来的能源安全隐患。欧洲20%[①]的一次能源消费来自天然气，而天然气供给的40%[②]依赖俄罗斯进口。2022年2月俄乌冲突爆发以来，俄罗斯对欧洲管道天然气输送量锐减，同年1—7月俄罗斯对欧洲天然气输气量较2021年同期下降近40%，并且自同年8月底以来出于维修原因无限期地关闭了向欧洲输送天然气的"北溪1号"管道[③]。2022年前9个月，荷兰所有权转让中心（TTF）天然气月均

---

① Eurostat 数据。

② Eurostat 数据。

③ 参见 https://www.offshore-technology.com/news/gazprom-shuts-down-nord-stream-1-pipeline-indefinitely/。

价上涨了136%，带动同期欧洲能源以及电力使用成本大幅增长（各国批发电价上涨了36%~85%，居民电价上涨了32%）。同年9月26日，"北溪1号"和"北溪2号"位于波罗的海的海底管道发生爆炸造成管道严重损坏，尚无法估计何时能修复，欧洲天然气价格旋即再次上涨。俄乌局势演变为欧洲能源危机，对欧洲当地经济和民生产生冲击，也为全球各国敲响能源安全的警钟，助力能源的自主可控更加成为各国政府首要的议题之一。

全球绿色转型趋势确定，能源安全议题的讨论重心逐步从传统能源转向新能源。2020年以来，全球各国和地区纷纷将绿色转型视作新冠肺炎疫情之后拉动经济复苏的重要抓手，欧、中、日、韩等地相继提出碳中和目标，未来10年对新能源锂电/光伏的需求有望持续加速增长。如图13.1所示，据国际能源署和彭博新能源财经2021年预测，2021—2025年全球锂电与光伏需求复合增速有望分别达到35.8%与16.5%，较2016—2020年的复合增速（锂电26.0%，光伏14.9%）再上一个台阶。随着全球绿色转型趋势确定，以光伏、风电为代表的新能源电力和以锂电为代表的新能源交通或逐步开始形成对于传统能源的存量替代，新能源从替补能源走向主力能源，也意味着能源安全议题的讨论重心从传统能源转向新能源。

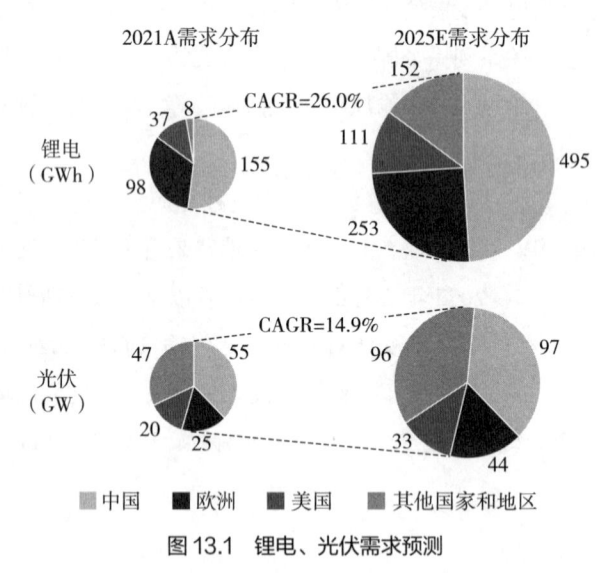

图13.1 锂电、光伏需求预测

资料来源：IEA，BNEF，中金公司研究部。
注：A为实际数值。

有别于传统能源的资源属性，新能源的制造业属性改变了全球能源供应分布版图，给各国提升能源安全、能源自主带来新机遇。传统能源（化石能源）具备资源属性，各国化石资源储量、品位和开采难度决定供给格局，且化石能源资源一旦形成将无法转移，因此全球传统能源供给分布取决于各国先天的资源禀赋。新能源（光伏、风电、锂电等）具备制造业属性，各国的生产要素成本、规模效应、人才技术积累、产业配套选择等因素决定供给格局，且制造业的产能可以转移，因此各国一定程度上可以通过各类作用于供给和需求的对内、对外政策手段来改变新能源制造的全球供给分布。因此，新能源的制造业属性为全球各国提供了更加平等的提升能源安全、加强能源自主的机遇。

中国以锂电和光伏为代表的新能源产业链纵向一体化程度高，产能占据全球主导地位（本土供给量约为本土需求量的一倍以上），预计未来或继续维持。全球化时代，中国高品质、低成本的新能源制造产品可以对外自由贸易，因此充分抓住了全球绿色能源转型初期机遇，建立了当前中国在全球新能源供给体系中的主导地位，新能源成为中国制造出海的重要名片。随着逆全球化趋势渐起，有俄乌冲突对欧洲能源冲击的前车之鉴，海外需求方开始更为审慎地评估自身新能源需求面临的对外（特别是对中国）依存度高的问题，有关中国新能源产业链安全问题的讨论重新升温。从目前来看，部分国家和地区，例如美国、印度等已经率先开始对中国新能源产业链抬高交易成本（例如关税），提升准入门槛；欧盟出于自身考虑也重新提出了建立本土新能源产业链的目标，希望通过终端绿色转型拉动本土新能源制造能力。

总而言之，国际贸易由全球化走向逆全球化，使得能源供给在注重效率的同时更需要注重安全；全球能源由传统能源向新能源转型，使得中国新能源产业链安全成为全球能源安全的重要议题。

**产业链刻画：纵向风险可控，逆全球化迹象加剧横向风险**

光伏、锂电、风电等新能源品类在绿色能源转型中均将扮演重要角色。其中，2021 年国内光伏、锂电、风电制造业的年产值分别接近 7 500 亿元、6 000

亿元、2 000亿元[①]，产品出口比例估算分别约55%、20%、5%。无论是产值规模还是出口依赖度，光伏和锂电都是新能源制造业中与产业链安全议题最为相关的两大子行业。

复盘过去15年新能源产业链的发展经验，"三步走"战略至关重要（见图13.2）。第一步，"十一五"期间，产业链迁移初期，中国依托巨大人口规模、放开城乡人口流动带来的劳动力要素优势，以及较低煤电、水电、发电成本叠加能源价格调控带来的电力成本等优势，使得全球新能源制造产业链中部分高耗能（例如锂电负极石墨化）、加工属性（例如光伏电池组件）的环节率先实现了产能向中国的迁移，低要素成本支持了产业链的初期培育。第二步，"十二五"期间，国内政策前瞻性地、及时地把握住了要素优势带来的产业链初期成长机遇，在我国终端消费新能源锂电、光伏还不具备经济性的时代，超前一步地通过消费者补贴的方式，在终端抹平新能源与传统能源之间的绿色溢价，进而快速做大新能源终端的市场规模，以大市场带动制造业的规模优势，加快产业链"干中学"的降本速度，将中国新能源制造业相较于海外的要素成本优势进一步强化为生产规模效应，扩大生产成本优势。第三步，"十三五"期间，面对产业链规模降本效应已经巩固，而产业技术发展仍有广阔空间的机遇，中国政府及时果断地转换政策思路，一方面通过逐年补贴退坡倒逼企业技术进步降本，另一方面通过设置更高的技术进步目标（例如锂电池更高的能量密度、光伏组件更高的光电转化率）来引领产业链迈入高质量发展阶段，政策前瞻性地引导产业资金、人力、物力在先进技术中的投入，避免在成熟技术中过度投入造成的资源浪费，带动中国新能源锂电、光伏产业链实现从量变到质变，实现从产能引领到技术引领。

从归因来看，新能源制造产业链"干中学"特征和中国特有大市场潜力，使得中国政府以做大规模为重心的产业政策效果可以得到最大化地发挥，实现"成本+技术"的引领。新能源产业是典型的"干中学"行业，需要有足够大的需求规模支持技术的容错率，在不断的试错中实现工艺迭代、经验积累、技术路线确定，因此规模增长速度越快，技术迭代也越快。而与大多数海外市场相比，中国仅具备电力和交通大市场这一个独特优势，其中在消费者

---

① 中国光伏行业协会数据、工信部数据、中国电力企业联合会数据。

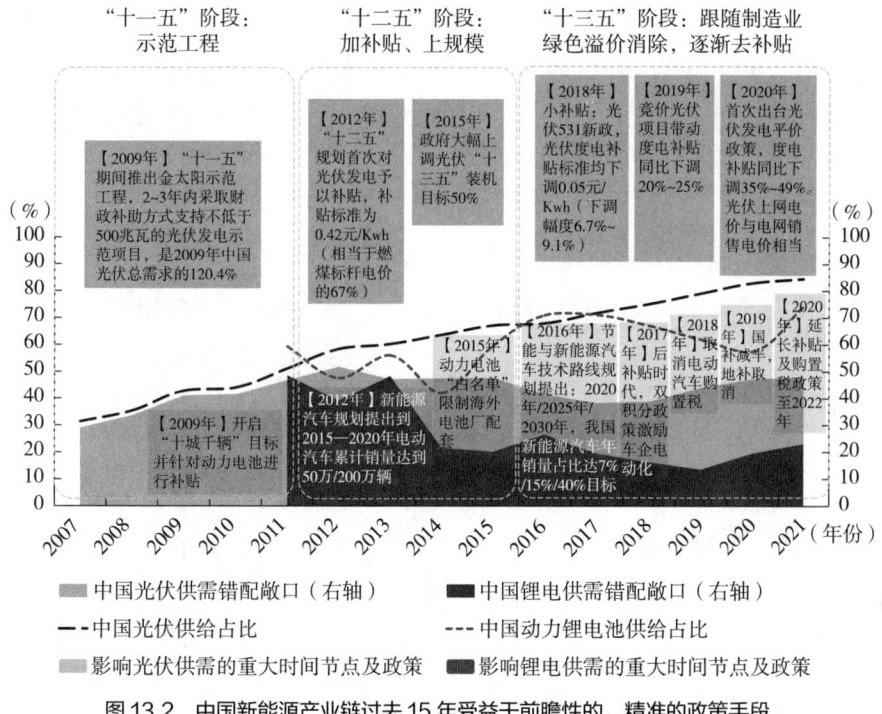

图 13.2 中国新能源产业链过去 15 年受益于前瞻性的、精准的政策手段，实现产业链国产化率持续提升

资料来源：Wind，BNEF，全国乘用车市场信息联席会，中国汽车工业协会，国家能源局，《中国锂电池（遂宁）指数白皮书》，GGII，工信部，中金公司研究部。

注：2010 年及之前的中国锂电产量占比采用 Wind 中电池个数计算，2010 年之后采用《中国锂电池（遂宁）指数白皮书》数据；供需错配敞口 = 国内供给占比 – 国内需求占比。

补贴政策的加持下更充分拉动了对光伏和锂电新能源的需求，为新能源制造技术迭代提供了更多的容错空间。如图 13.2 所示，历史上与锂电池相关的重要技术导入和国内需求的增长均集中出现在 2017—2022 年，包括高镍/三元、无模组技术（CTP）/4680、超薄铜箔/复合铜箔、磷酸锰铁锂等；光伏亦然，重要技术导入和国内需求增长均集中出现在 2015—2018 年，包括直拉单晶法、金刚线硅片切割、钝化发射极和背面电池（PERC）技术。在这一过程中，产业链上下游、主辅材紧密配合协作，共同推动了产业链的技术进步，这也反过来促进了产业链纵向一体化水平的持续提升。

产业集聚之下，中国新能源制造产业链纵向一体化程度较高，依赖进口的纵向风险点较少，仅部分细分环节未完全摆脱纵向风险。例如，一是受制于资源分布的锂电池用碳酸锂金属、光伏石英坩埚用石英砂等；二是受制于技术壁垒的锂电高纯炭黑导电剂、光伏电池耗材网布、光伏电池辅材银粉等超细、高纯类材料；三是海外抢注锂电磷酸铁锂底层专利、光伏单晶电池结构底层专利等，作为在必要时刻阻挠中国产品在境外销售的工具。从应对方式来看，目前国内产业链在零部件的国产化替代、替代产品研发（例如发展碳纳米管以应对导电炭黑依赖进口）、技术路线迭代（例如发展钠离子电池以应对碳酸锂短缺）等方向上发力，增加应对潜在纵向风险的技术手段。此外，我们认为随着产品结构迭代和存量专利到期，专利相关问题有望自然消解，将进一步降低纵向风险的敞口。

尽管新能源产业链纵向风险可控，但在"绿色转型＋逆全球化"背景下，产业链横向风险正逐渐暴露。中国新能源产业链在全球分工体系中，供需不匹配敞口（供给全球占比高于需求全球占比的幅度）一直存在。对于锂电产业链而言，2014年至今中国锂电产业链的供需不匹配敞口始终维持在20%左右。其中产业链上游加工、中游制造与下游需求之间存在供需不平衡，如图13.3所示，锂、镍等上游加工环节超60%产能位于中国，电芯、电池pack、负极、电解液等中游制造环节超65%产能分布于中国，产业链各环节的国产化率均高于中国锂电池需求的全球份额（2021年实际为52%，2025年国际能源署预期为49%）。对于光伏产业链而言，无论是"十一五"期间"两头在外"，"十二五"期间"国内需求上量"，还是十三五期间"产业链全球引领"，中国光伏产业链的供需不匹配敞口始终保持在30%以上。其中2012—2013年，欧美对中国光伏产品施加"双反"关税，首次暴露中国产业链面临的横向风险，而中国政府在较短时间内出台加速国内终端光伏需求增长的补贴政策，为光伏产业链的产能消化找到出路，化解了此次危机；在此后的一段时期内，全球化成为国际贸易主旋律，供需不匹配敞口并未影响中国光伏产业链的平稳运行，如图13.4所示，光伏产业链各环节主辅材的国产化率基本均在70%以上，高于中国光伏需求的全球份额（2021年实际为38%，2025年彭博新能源财经预期为33%）。

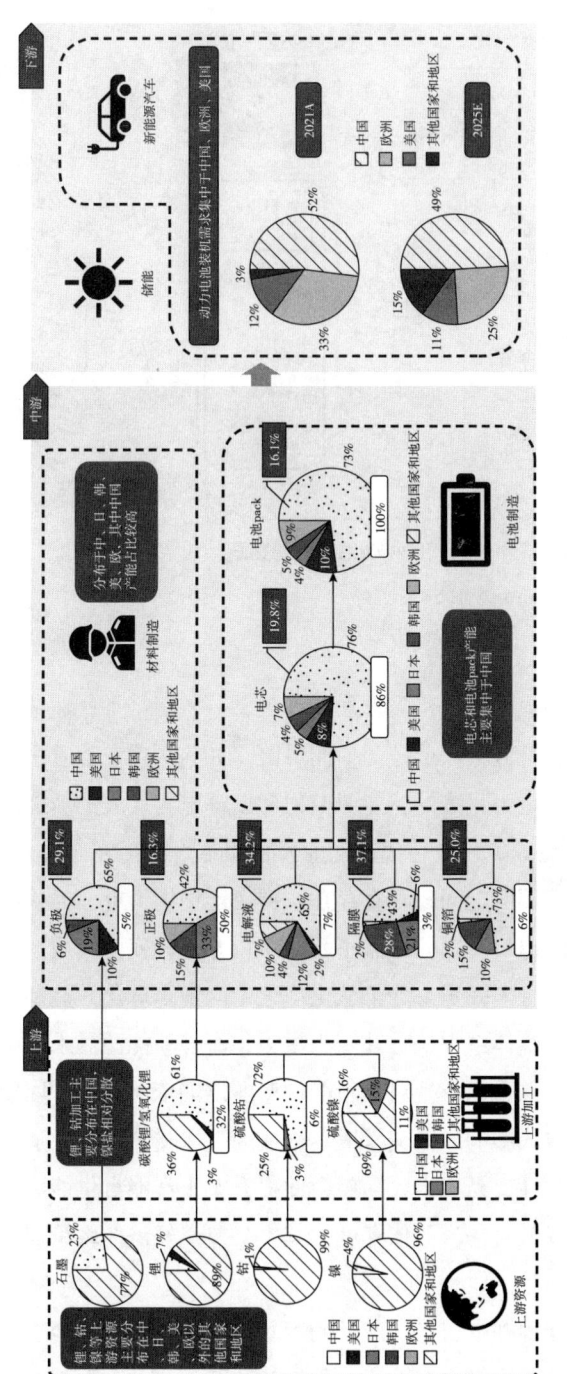

图 13.3 锂电产业链定性及定量刻画

资料来源：《美国 DOE 清洁能源供应链审查》《建立弹性供应链、振兴美国制造业、促进基础广泛增长：第 14017 号行政命令下的百日审查》报告，USGS, EVTank, IEA, 中金公司研究部。

注：锂、钴、镍、硫酸镍国产化率较低，仍存在一定纵向风险；图中上游资源的百分比为 2021 年各资源储备量的全球占比，其余上游和中游部分为 2021 年各国产能的全球占比，白框中数字为当前该环节在电池 pack 中价值量的占比（以三元锂电池为例），灰框中数字为 2021 年该环节毛利率情况（电池制造环节以三元锂电池为例），下游需求预测为 IEA 根据各国新能源汽车政策预测的电池装机数据（单位：GWh）。

第十三章 新能源：注重效率的同时更需关注安全

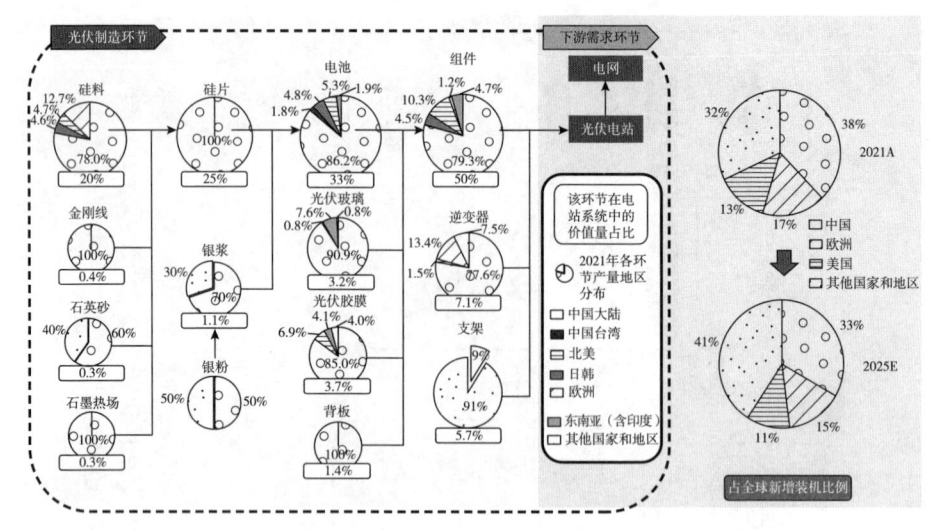

图 13.4 光伏产业链定性及定量刻画

资料来源：CPIA，BNEF，Solarzoom，中金公司研究部。

注：石英砂、银粉国产化率较低，仍存在一定纵向风险。

全球绿色转型有望带动锂电、光伏需求加速增长，一方面带来产业链的发展机遇，另一方面也不可避免地放大产业链的横向风险。如前所述，随着全球绿色转型趋势确定，以光伏、风电为代表的新能源电力和以锂电为代表的新能源交通或逐步开始形成对于传统能源的存量替代，产业发展机遇广阔。在全球化时代，尽管中国新能源产业链供需不匹配问题一直存在，但由于中国锂电、光伏产品可以在较低的交易成本下对外出口，因此供需不匹配敞口并未转变为实质的产业链横向风险。然而，近年来随着国际贸易分工从全球化走向逆全球化，叠加各国绿色转型使得新能源在能源供给体系中从替补变为主力，海外新能源需求方将产业链安全问题上升到新高度，并重新审视对华新能源产业链的依赖问题，屡屡发布措施，通过补贴、关税等方式影响显性交易成本，或通过原材料溯源、追踪碳足迹、下游配套要求等影响隐性交易成本，期望由此提升本土产能自供能力、提升中国产品准入门槛，从而降低对华产品依存度。其中，重点经济体政策变化包括以下几点。

美国方面，对中国新能源锂电、光伏产品的贸易措施正在加速出台。美国近年来持续对中国锂电、光伏产品征收关税，并且自 2021 年以来一方面拟对中国企业的海外产能征收惩罚性关税，削弱美国境外新能源产能的成本优势；另一方面对进口产品的原材料产地进行限制，增加进口产品的清关难度和清关费用。此外，美国于 2022 年签署落地了《通货膨胀削减法案》，拟对本土制造的锂电、光伏等新能源产品进行高比例现金补贴（前五年）或税收优惠补贴，估算补贴额度可以覆盖光伏终端成本的 30%~50%、锂电终端成本的 50%~70%，将大幅降低本土产能的成本。

欧盟方面也有政策跟进的可能性，碳关税可能是欧洲独特手段。欧盟同样于 2022 年 9 月发布草案，拟对进口产品原材料产地进行审查，或在 24 个月后加大对中国企业新能源产品的出口难度，并且呼吁建立本土锂电池及光伏制造产能。同时，欧洲针对锂电池碳足迹、可持续性等提出要求构建"碳壁垒"，国内企业需要对"产供销"体系进行全面改造以应对碳足迹等要求，提高了动力电池企业的生产成本与交易成本并提升了出口欧洲的难度。

部分新兴市场例如印度、印度尼西亚率先采取政策手段。印度通过抬高基础进口关税、执行产品采购"白名单"等形式变相将中国光伏组件产品排除在印度市场之外；印度尼西亚未来或凭借本地镍资源优势对镍产品出口征收关税，提升直接出口的交易成本以推动本土产业链的建立。

最后，值得注意的是，解决中国新能源产业链安全问题的同时，也要注意对其他制造业环节的潜在风险溢出。尤其是针对本国需求的发展，随着新能源电力、电动汽车在电力系统的发电侧、用电侧持续接入，发用电曲线的波动性、不可预测性会持续放大，提升电力系统的调度难度，若出现极端情形（例如天气原因导致长时间的光伏出力不足或者晚间高峰时段海量电动汽车集体充放）则会对电力系统的安全稳定运行产生冲击，最终风险外溢至各类高耗能制造业的用电安全和用电成本上，这一风险溢出也需要提前识别和准备政策应对。

## 横向风险的企业对策：外迁成熟产能、引领先进技术

为了主动应对当下新能源产业链面临的横向风险与纵向风险，建议产业链企业推出"成熟技术顺势外迁"与"先进技术国内引领"的组合拳。中国新能源制造企业若希望能够更好地抓住全球新能源需求增长，降低产业链横向风险，维持

中国企业、中国资本、中国人才、中国科研在新能源产业的龙头地位，可以从两个方面发力。第一，针对成熟技术产能，产品生命周期的存在意味着新能源产业链的成熟工艺以及成熟产能势必持续向生产成本与交易成本最低的地区转移，历史上从欧、美、日、韩转向中国，当下在需求侧去中心化和中外贸易摩擦加剧的背景下或可因势利导转向东南亚，确保中国企业对全球新能源产业链的掌控力。第二，针对先进技术产能，国内新能源产业链工艺及产能只有通过持续的技术迭代和工艺改进，依托中国庞大终端市场带来的"干中学"机遇扩大产业优势，才能更好地避免海外对成熟技术和工艺的追赶所带来的产业链竞争力风险，通过持续对先进技术的升级加强中国企业在新能源技术上的引领力。

## 成熟产能：交易成本抬高驱动中国产能向东南亚及欧美转移

结合技术差距理论和产品生命周期理论（见图13.5），任何新产品从开始进入市场到被市场淘汰的整个过程，都会经历创新期、成长期、成熟期、前衰退期、后衰退期五个阶段，其中产业链的转移往往发生在产品成熟期。当产品在发明国完成标准化流程后，通过授权给生产成本更低、同时交易成本较低的海外厂商进行生产，发明国可以从中谋取利益。早期海外新能源产能向中国的迁移便遵循这一经验，2000—2010年当时在海外已成长迭代多年的日韩消费电池、欧美多晶光伏组件逐步进入产品成熟期，具备产业链技术扩散的前提条件。当时锂电、光伏产品的转移方向便遵循生产成本与交易成本（统称为终端成本）最低的思路，而中国劳动力、电力、土地、设备投资等要素价格在全球具备比较优势，测算例如锂电池生产在中国的制造成本（不含原材料）仅为在欧、美、日、韩制造成本的25%~55%，光伏组件生产在中国的制造成本（不含原材料）仅为在欧美、印度制造成本的42%~80%，叠加全球化时代较低的交易成本，驱动新能源锂电、光伏产业链在5~10年的时间内完成向中国的转移，并最终在2015年后逐步实现全部上游材料及辅材向中国的转移。

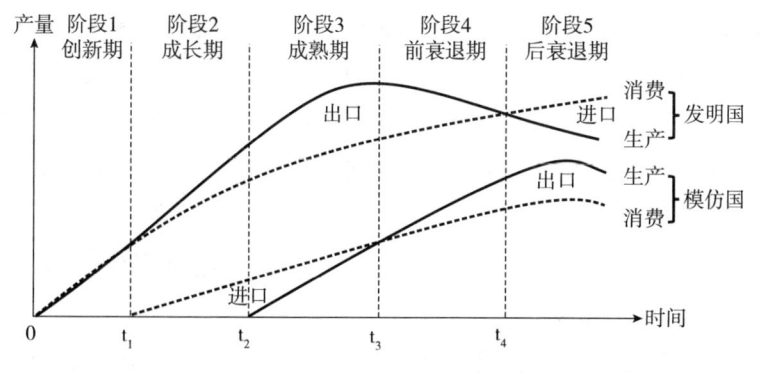

图 13.5 技术差距理论和产品生命周期理论示意图

资料来源：Salvatore（1995）[①]，中金公司研究部。

当前时点，本代锂电液态电池、光伏单晶 PERC 电池组件已在中国国内进入成熟期。我国作为上一代锂电、光伏产业链转移的受益国，已实现对日韩消费电池、欧美多晶光伏技术等上一代成熟技术的引进、消化和吸收，并在国内完成了对这一代锂电液态电池、光伏单晶 PERC 技术的创新、成长和标准化，技术进入成熟期后具备二次转移的前提，叠加中国产品在逆全球化时代面临逐渐高昂的交易成本，产业链转移成为中国新能源制造企业的主动选择。在当前进程中，中国新能源制造企业继续遵循终端成本的转移思路，针对不同海外市场的制造业补贴以及进出口贸易政策因势利导，在调整自身产能全球布局、更好地满足海外客户需求的同时，维持我国对于全球新能源制造产业链的掌控能力。从目前来看，锂电产业链为降低关税补贴等直接交易成本以及满足本土需求配套等隐性交易成本，倾向于直接向欧美国家转移；光伏产业链为绕开在中国生产面临的来自美国等需求方施加的关税而倾向于向东南亚国家转移（测算东南亚生产成本比中国高 5%~10%，而交易成本当前为零），并且在美国本土制造业补贴政策进一步明朗后或部分直接向美国本土转移。分市场具体来看，如图 13.6 所示，预计产业链成熟产能的转移模式可能会遵循以下趋势。

受美国政策趋势的影响，中国新能源锂电、光伏产业链或部分转移至美国本土以降低终端成本。基于当前美国政府对关税、补贴等交易成本的施加思路，根

---

① Salvatore, D. *International Economics*（5th ed）. Englewood Cliffs, N J: Printice-Hall Inc, 1995.

据测算，2023年起中国锂电、光伏产品出口至美国的理论终端成本将较在美国本土生产的理论终端成本高100%以上，中国锂电、光伏企业或将部分产能向美国转移以获得更低的终端成本，针对性地满足美国市场需求。在短期（1~2年）内，考虑到美国本土锂电、光伏产业链基础较为薄弱，且产能建设仍需要一定时间周期，预计短期内美国产业链本土化比例提升但仍需要依赖中、日、韩以及东南亚产能进口。从中长期（3~5年）来看，产业链转移幅度存在一定的不确定性。据目前美国国会预算办公室针对美国2022年《通货膨胀削减法案》本土制造补贴总额的预测，其针对光伏的预算补贴总额约对应未来10年美国本土总需求的20%，或对应2025年预测需求的50%；其针对锂电池的预算补贴总额约对应未来10年美国本土总需求的不到10%，但我们认为产业链转移至美国幅度或将超出10%。原因有两点，一是预计将有更大比例产能转移至美国以争夺补贴金额；二是远期政策存在不确定性，若政策端持续给予产业链高额补贴，远期有望实现大比例本土自供。

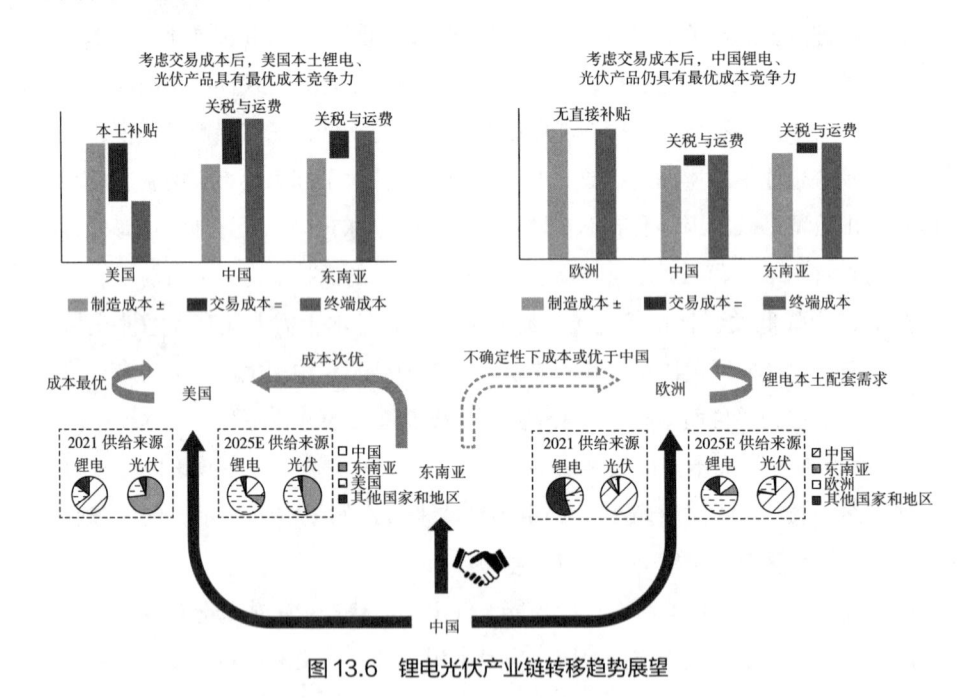

**图13.6　锂电光伏产业链转移趋势展望**

资料来源：美国国会官网，USITC，欧盟委员会，中金公司研究部。

为顺应欧洲产业趋势，锂电产业链或部分转移至欧洲以满足本土配套需求，光伏产业链暂无直接转移至欧洲的要求。欧洲市场目前尚无大额本土补贴或进口关税的影响，中国的锂电池及光伏产能出口至欧洲仍具有相对成本优势。但锂电产业链下游对产业链协同与本土配套具有更强烈的诉求，且存在如《欧盟电池与废电池法规》与"欧盟碳关税"等隐性交易成本，驱动锂电产业链逐步向欧洲转移以满足本土配套需求，预计2025年欧洲锂电产业有望实现超50%的本土自供。而光伏产业以成本为核心考量，虽然目前暂无中国光伏企业直接向欧洲转移的计划，但未来仍取决于欧洲对进口产品是否会效仿美国执行原材料溯源法案，以及潜在的执法力度水平。

东南亚国家要素价格较低，且符合一定条件的东南亚产成品在一定时间内可以降低关税等交易成本，因此东南亚新能源产业链或在当前基础上进一步扩大规模以配套欧美需求。东南亚国家生产要素成本与中国较为接近，例如光伏电池片及组件生产成本测算相较于中国仅高约5%，且光伏产品出口至美国当前无"301关税"、反倾销反补贴关税等交易成本影响（不排除2024年6月后关税税率抬高的可能性，但在东南亚垂直一体化生产、不从/少从中国进口原辅材料的光伏组件或可豁免于潜在关税），当前东南亚光伏产品出口至美国的终端成本相较于中国更优。另外，如印度尼西亚等国家凭借镍资源优势未来或将对镍产品出口征收关税，锂电池前驱体及正极环节在印度尼西亚本土建厂可享受更低的出口关税，交易成本影响下东南亚建厂并出口至美国的终端成本或优于中国。在海外政策影响下，东南亚地区锂电池及光伏产品终端成本或具有一定竞争力，东南亚产业链规模或继续扩展以实现对美国及欧洲的部分出口。

中国产业链转移至东南亚国家一方面可降低交易成本，另一方面可深化区域合作，加深与东南亚国家合作关系。在锂电产业链向外迁移过程中，部分成熟产能或将逐步转移至如印度尼西亚、越南、马来西亚等东南亚国家。一方面可实现关税等交易成本的降低，最大化各地区经济效益和社会效益；另一方面可构建并深化中国与东南亚国家的区域合作，巩固区域产业链供应链，强化区域经济联系，加强与东南亚国家的友好合作关系。

## 先进产能：国内技术升级迭代，与海外成熟产能拉开身位差距

如前文所述，中国成熟的锂电传统液态电池、光伏单晶 PERC 组件技术若随外部政策驱动向海外顺势转移，则海外的技术模仿国也有可能通过"干中学"在成熟技术赛道中与中国企业缩小差距，给中国企业带来追赶压力。中国在多年的积累下，锂电、光伏产业已经形成了完善的产业链条并具备显著的规模经济优势，但与此同时随着中国国家发展阶段的变化，过去人工和电价等要素的成本优势或存在被削弱的可能。一方面，由于人口年龄结构变化（老龄化）和人口教育水平变化（高端化），可供给中国制造业的廉价劳动力正在减少。2019—2021 年，中国制造业平均薪酬上升 18%，同期越南、缅甸、菲律宾、马来西亚、泰国制造业平均薪酬仅分别变动了 +8%、+5%、+3%、0、-17%，涨幅均低于国内，中国制造业劳动力成本较东南亚国家的溢价有所抬高。另一方面，2021 年以来随着中国工商业能源价格管控逐步放开，国内制造业重点省市工商业平段电价上升了 10%~20%，中国高耗能产业的电力要素成本优势也有被削弱的风险。

在这一背景下，为了确保中国新能源产业链的领先性，亟须跳出成熟技术框架，找出一条先进技术迭代、技术创新之路，与海外成熟产能拉开身位差距。对新能源产业而言，技术升级迭代是行业发展主旋律，而产业的重资产属性使得技术升级迭代从而产能更新换代，这一过程中也较容易发生龙头的更迭。因此，中国亟须通过引领先进技术，实现国内先进产能相较于海外成熟产能的"代际领先"，从而防范海外对国内新能源产业链的后来居上和赶超风险。同时，也正是依托中国庞大终端市场带来的"干中学"空间，才能更好地支持中国企业率先实现对先进技术和先进产能的试错、改进和迭代。因此，将先进产能的建设工作保留在中国国内开展，是化解海外企业在模仿成熟产能后实现后来居上的重要方式。遵循这一思路，中国新能源锂电、光伏产业的先进产能升级有两个重点方向。

一是渐进式创新，根据诱导技术变革理论，生产要素相对价格的变化本身就会刺激创新，引导技术变革转向节约使用相对昂贵的生产要素。因此，结合当前国内电力、人工等要素成本上升的趋势，能耗更低、自动化水平更高的新能源制造工艺路线有望获得更多产业关注和资源投入，例如锂电高耗能的正极环节通过

设备大型化降低单吨能耗、负极石墨化通过厢式炉等工艺替代传统艾奇逊炉降低生产电耗、光伏高耗能的硅料生产环节正研究相较于传统改良西门子法的单吨电耗更低的硅烷流化床法等，以上均是中国新能源锂电、光伏产业在痛点环节进行渐进式创新、打造先进产能的代表案例。

二是激进式创新，例如锂电固态电池技术、光伏钙钛矿电池技术等代表锂电更高密度、光伏提效降本产业发展趋势的下一代技术，与当前成熟的锂电液态电池、光伏晶硅电池产业链兼容度低，具备激进式、颠覆式特征。当前中国在下一代技术上维持了领跑地位，锂电固态电池方面，国内钠离子电池技术研究位于世界前列，并已具备兆瓦级制造能力；光伏钙钛矿电池方面，中国在单结钙钛矿电池实验室转换效率、商业面积转换效率、中试线投放进度方面均居于世界前列，核心配方、工艺及设备基本都可以自主进行调试，技术迭代也依托国内最新学术研究成果，而非参考海外成熟解决方案，技术自主性带来更小的专利风险。

基于锂电、光伏"干中学"的共性，实现技术高端化还需要在政府支持下实现"三要素"协调搭配，推动先进人才培养、促进企业持续创新。一是充分的资金投入。制造业先进产能的突破离不开充分的资金投入，尤其是对于锂电、光伏产业而言，资金投入能大大推动产能规模提升，而产能规模提升能为"干中学"提供土壤。二是高端人才提供支持。究其根本，"干中学"的实现仍离不开人在其中发挥的重要作用，因此需要高端人才进入锂电、光伏产业，助推产业技术升级迭代。三是在试错中进步，"干中学"的产业特性意味着锂电、光伏产业前沿技术需要在不断地试错迭代中实现升级突破，从而确保中国锂电、光伏的先进产能相较于海外的成熟产能持续保持领先身位，防范新旧技术更迭带来的中国产业链颠覆风险。

## 横向风险的市场解法：打破约束，挖潜内需

前文我们提出了从制造企业的视角出发，通过"成熟技术顺势外迁"与"先进技术国内引领"主动应对产业链横向风险的一种解法；与此同时，从终端市场的角度出发，中国国内的新能源需求持续挖潜对制造产业链降低横向风险也具备重要意义。中国新能源产业链的成功离不开中国以大消费带动大生产、依托

终端大市场巩固产业链规模效应的成本优势和技术优势，因此持续挖掘需求侧潜力，维持中国新能源全球第一大单一市场的地位对于维护产业链地位至关重要。复盘中外新能源的产业链的发展经验，国内需求需要同时具备"增长可持续"和"市场规模可观"两大要素，才能确保产业链规模效应的发挥。

为实现这一目标，从思路上来看，需要重点关注潜在制约国内新能源需求增长的约束条件。其中，从硬性约束到软性约束从强到弱排序来看，基础设施充足性、产品力与绿色溢价、优质土地可得性、资金投入能力是新能源锂电、光伏产业链在国内需求增长过程中面临的几大共性约束。

## 基础设施是决定需求上限最关键的中长期约束

随着光伏、电动汽车在电力系统的发电侧、用电侧的持续接入，发用电曲线的波动性、不可预测性会持续放大，增加电力系统安全稳定运行难度，一定程度上限制了光伏、电动汽车并网规模。因此，针对电力系统接纳波动性能源所需的基础设施进行超前建设，对于打破锂电、光伏国内需求增长的中长期约束是必要条件。其中基础设施包括，发电侧平滑光伏并网曲线的灵活性资源例如火电灵活性、抽水蓄能、电化学储能等；输配电侧实现光伏供需时空匹配的电网传输线路、共享储能设施等；配电侧接纳电动汽车、分布式光伏与电网双向交互的配电网设施等。整体而言，基础设施充足性决定需求上限，是最关键的中长期约束。

对于锂电而言，如图 13.7 所示，一方面，中国新能源乘用车渗透率及保有量的逐渐提升，带来对公共充电的溢出需求，公共充电基础设施的完善对于改善消费者的里程焦虑、提升购买新能源乘用车的积极性至关重要，是新能源汽车渗透率持续快速提升的关键。另一方面，基础设施约束来自电网容量及调峰能力薄弱，制约新能源汽车大规模接入充电，影响充电便捷性与充电效率。

对于光伏而言，基础设施约束体现在大规模新能源接入给传统电力系统的稳定性、灵活性、可靠性带来新挑战（见图 13.8）。其中，超短周期电力系统稳定性挑战主要体现在新能源接入电网提供的转动惯量低，易使电网抗故障能力和电能品质下降；短周期灵活性挑战主要体现在新能源出力随机波动，发用电曲线错配导致系统需要更多可以灵活调节的资源以保证系统供需平衡；长周期可靠性挑战主要体现在新能源出力季节性波动大，导致电力系统有效容量不足。若以上风险得不到妥善解决，则对新能源更高比例地接入电力系统构成约束。截至2021年，中国新能源在发电量中的渗透率达到11.7%，低于欧洲的20%，近两年中国新能源发电量渗透率正以每年2.2ppt（兆分之一）的速度提升。一般而言，新能源发电量渗透率在达到20%~25%后，电力系统需要针对稳定性、灵活性、可靠性进行升级强化，以安全接纳更多新增新能源电量，因此基础设施对于国内地面电站光伏需求增长的潜在约束已经较为迫切。

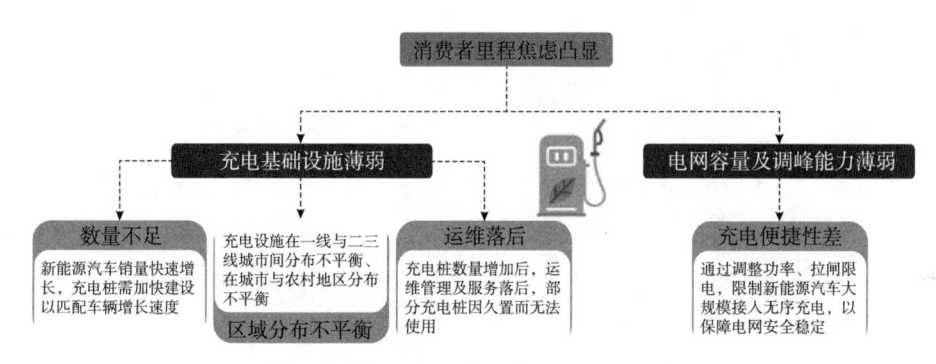

图13.7 基础设施薄弱凸显消费者里程焦虑

资料来源：中金公司研究部。

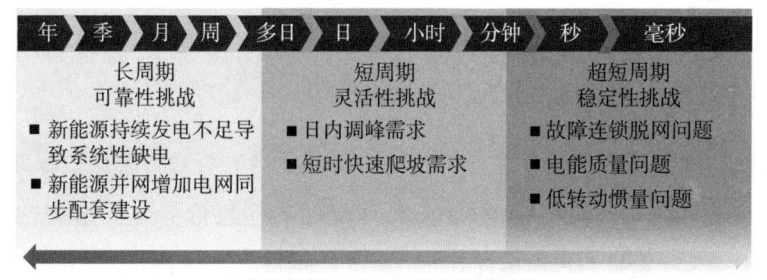

图13.8 发电侧高比例新能源带来的电力系统运行挑战

资料来源：卓振宇等：《高比例可再生能源电力系统关键技术及发展挑战》，中金公司研究部。

同时，在配电网，分布式光伏渗透率的提升给配电侧的稳定运行带来许多新挑战（见图13.9）。分布式装机增长面临的基础设施约束主要体现在变压器容量限制和配电网承载能力，需要在高渗透率地区进行变压器扩容以及配电网改造。据测算，截至 2021 年末中国户用屋顶光伏平均渗透率约 2.8%，仍低于美国（5%）、欧洲（7%）以及澳大利亚（30%），目前中国户用光伏渗透率正以每年 3ppt 的速度提升。以广东省南澳县的经验为例，当地屋顶光伏渗透率在达到 25%~30% 之后，居民用电会经历电压异常的情况，需要电力系统升级投资才能接纳更多分布式侧光伏系统接入电网，因此基础设施对于国内分布式光伏需求增长的潜在约束也已经在部分发展较早的省区市开始略有体现，预计影响范围随着分布式光伏装机增长也会越来越显著。

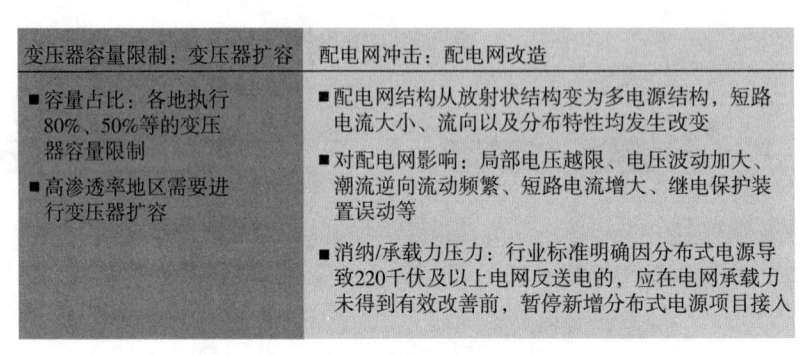

| 变压器容量限制：变压器扩容 | 配电网冲击：配电网改造 |
|---|---|
| ■ 容量占比：各地执行 80%、50% 等的变压器容量限制<br>■ 高渗透率地区需要进行变压器扩容 | ■ 配电网结构从放射状结构变为多电源结构，短路电流大小、流向以及分布特性均发生改变<br>■ 对配电网影响：局部电压越限、电压波动加大、潮流逆向流动频繁、短路电流增大、继电保护装置误动等<br>■ 消纳/承载力压力：行业标准明确因分布式电源导致 220 千伏及以上电网反送电的，应在电网承载力未得到有效改善前，暂停新增分布式电源项目接入 |

图 13.9 中国分布式光伏发展的基础设施限制

资料来源：《分布式电源接入电网技术规定》（Q/GDW1480—2015），《分布式电源接入电网承载力评估导则》（DL/T 2041—2019），《分布式光伏高比例接入的国外经验及实践启示》，中金公司研究部。

## 产品力与回报率约束需要企业、市场合力化解

新能源制造业经历数十年发展，已经通过规模提升和技术迭代逐渐靠近平价，但仍然面临一定的产品力与绿色溢价问题，绿色溢价不约束国内新能源需求增长的上限，但潜在约束需求释放的节奏。具体而言，对于锂电主要表现在锂电池的安全性与经济性上；对于光伏主要表现在国内需求与海外需求面对的电价收入和回报率差距上。

针对锂电，安全性是锂电池发展的立身之本，直接影响终端购买意愿。对于新能源汽车市场而言，新能源汽车是面向终端使用者的消费品，安全性是消费者最为关心的问题之一，新能源汽车安全性事件主要和锂电池相关，因锂电池自身品质问题或因碰撞、充电、高温天气等外界诱因发生起火或爆炸，而在目前新能

源汽车对高能量密度、大功率快充性能的追求下，锂电池热失控风险与安全隐患进一步加大。较为频繁的新能源汽车自燃爆炸等事件降低了消费者对新能源汽车安全性的认可度，对其购置新能源汽车意愿产生了较大影响。对于储能市场而言，锂电池储能电站火灾事故对消费者安全及终端应用的经济性产生了较大影响，进而影响终端对锂电池储能的接受认可度。针对锂电池安全性问题，政策端可通过法规提升锂电池安全标准，引导企业强化锂电池安全性能。

此外，锂电池价格相对较高影响终端应用的经济性。对于新能源汽车市场而言，受制于锂电池成本高昂，目前新能源汽车在购置成本上相较于燃油汽车普遍具有一定绿色溢价，且行业目前仍部分依赖政府补贴刺激，锂电池及新能源汽车购置成本需要进一步下降。同时，因锂电池在新能源汽车成本中占比较高（约30%）且易损坏，锂电池维修成本也较高，此外新能源汽车的一体化压铸技术、高智能化特性均增加了汽车损坏时的维修成本，也推高了新能源汽车的保险成本。对于储能市场而言，锂电池储能相比于传统抽水蓄能、火电调峰等方式具有一定的成本劣势，影响终端应用经济性与需求。针对锂电池经济性问题，产业端需要通过技术进步与规模效应持续降本，政策端可通过补贴、梳理盈利机制等方式提升终端应用经济性，激发终端需求。

针对光伏，绿色溢价约束主要体现在国内光伏上网电价在全球范围内横向对比偏低，光伏组件涨价或率先抑制国内光伏需求释放节奏。国内集中式、工商业、户用光伏电站的上网电价均以燃煤标杆上网电价为基准，若参与市场化交易至多有20%的上下浮动比例。光伏组件产业链链条长，各环节扩产周期不同，若部分环节出现产能瓶颈导致产业链涨价，则光伏电站成本上涨较难通过终端光伏上网电价上涨去疏导，将给光伏电站的投资回报率带来压力，抑制电站业主的投资热情。当前，随着光伏上游供给偏紧原材料环节进入新产能投放高峰期，预计原材料价格有望周期性下降，化解国内光伏需求释放的回报率压力。

## 土地资源约束有望通过专项规划等手段逐步解决

新能源资源例如光伏电站所需的光照资源或者充电桩所需的电力资源本身取之不尽、用之不竭，并不会对新能源需求的释放构成硬性约束。然而，仍需要考虑到新能源的开发依托于未利用土地（地面光伏电站以及充电桩）或者未利用屋顶（分布式光伏电站），如何以低成本获取优质土地、屋顶资源用于新能源开发会对需求增长构成软性约束。

　　锂电方面，优质土地资源及小区车位资源稀缺影响充电桩建设，间接影响终端需求。土地资源是影响充电桩大规模建设的重要限制因素，进而间接影响新能源汽车需求上限。针对公共充电桩，充电桩的使用率对投资回收期影响较大，充电桩运营商往往需要根据大数据手段有针对性地选址建站以获得更高的充电桩使用率，而一线城市土地资源有限、潜在充电需求大的优质土地资源更为稀少，且面临高昂租金影响投资经济性。同时，公共充电桩用地通常为租赁土地，需要与政府或土地使用权人协商达成合作，或存在一定难度。针对私人充电桩，部分小区停车位资源稀缺，缺乏建设私人充电桩的土地资源条件，且部分小区停车位未配有电源，同样为非可用土地资源。政府需要通过政策引导等措施，为公共及私人充电桩建设提供更多优质土地资源，同时对加油站内增建充电桩等新模式提供试点支持，以完善充电桩网络建设支撑终端需求。

　　光伏装机同样面临土地资源约束。中国光照资源充足，目前光照资源规模约是能源需求的 800 倍，并且分布相对均匀。但光伏电站单位发电功率对应土地面积约为 15 $m^2$/MWh（平方米/毫瓦时），高于核电站（0.1 $m^2$/MWh）、煤电站（0.6 $m^2$/MWh）、气电站（1 $m^2$/MWh）、风电站（1.3 $m^2$/MWh）、水电站（16.9 $m^2$/MWh），土地利用率偏低。近年来国家不断收紧土地使用政策，加强审批核查，例如强调严守土地红线，明确规定光伏项目不得占用林地、耕地、河湖水库，同时中东部地区的土地租金价格也在逐步走高。2021 年以来，国家发展和改革委员会、能源局等联合通过《以沙漠、戈壁、荒漠地区为重点的大型风电光伏基地规划布局方案》《国家能源局综合司关于报送整县（市、区）屋顶分布式光伏开发试点方案的通知》等顶层专项规划，主动划分可用于光伏项目开发的土地或屋顶资源，打破资源开发约束，开辟增量土地空间。上述两项规划释放的土地和屋顶资源总量已基本可以满足中国 2030 年碳达峰行动方案中提出的风电光伏装机目标，体现出国家对于新能源开发面临土地约束的超前识别的布局。

## 基础设施 REITs 等拓宽融资渠道的方式有望化解资金软约束

锂电、光伏国内需求建设主体的融资能力是构成需求释放节奏和上限的软约束。充电桩建设为重资产行业，企业面临高昂的投资及运维成本，对企业建设运维充电桩产生较大压力，是约束目前充电桩行业发展的另一大因素。光伏电站开发建设是重资产业务，各类央企和地方国企是中国光伏电站建设运营的主要参与者。此类开发主体的经营性现金流状况、内外部对其杠杆率的上限要求、进行股权再融资的渠道是否通畅均将对其每年可以用于进行国内新能源充电桩、光伏电站开发的资金量产生约束。

市场类资金如 VC/PE 在新能源锂电、光伏制造业融资活动中已有较高参与度，为企业技术迭代和产品创新注入资金弹药；而在针对终端重资产的基础设施运营领域，基础设施不动产投资信托基金（REITs）有望成为缓解新能源运营领域资金投入约束问题且与风险收益偏好更为契合的一种资金形式。顺应国家能源规划、水利等相关政策，能源基础设施类 REITs 的筹备和发行如火如荼。2022年1月30日，《关于完善能源绿色低碳转型体制机制和政策措施的意见》提出，推动清洁低碳能源相关基础设施项目开展市场化投融资，研究将清洁低碳能源项目纳入基础设施 REITs 试点范围；2022年6月1日，《关于印发"十四五"可再生能源发展规划的通知》提出，国家开展水电、风电、太阳能、抽水蓄能电站基础设施 REITs 试点。目前基于公司公告、招标公告等公开信息统计，约有 20 笔电力基础设施 REITs 处于计划发行阶段，电力 REITs 的发行有望为中国电力领域央企与国企打开再融资管道，缓解其开发光伏项目面临的资金约束。

## 思考与启示

过去，中国"有为政府＋有效市场"在实现产业链一体化提升以及纵向风险降低方面发挥了巨大作用。新时代下，这套纲领应该在支持成熟技术顺势外迁、引导先进技术国内升级、推动本国需求持续挖潜上继续发力。

第一，针对企业成熟产能的顺势外迁，建议加强区域贸易合作，提高不同区域资源利用效率。以区域合作为基础降低贸易壁垒，平滑贸易政策波动风险，提高不同区域优势资源的利用效率，保证锂电、光伏产业链供应稳定。在逆全球化潮流加剧的背景下，中国产业需要强化对安全风险的把控，区域贸易协定不仅能够降低对伙伴国的出口成本，提升出口利润空间，还能消纳本土企业出口所面临的政策波动风险。对于中国光伏产业，若通过区域贸易协定将组件环节部分成熟产能转移至劳动禀赋更具优势的东南亚，则不仅可以带动光伏产业进一步聚焦于前沿技术开发，保持技术迭代优势，还能缓解当前面临的贸易条件负外部性，对本土企业海外贸易诉求做出回应。因此建议纵深强化区域贸易协定，与海外重要国家和地区签署协定来保障锂电、光伏产业链稳定供应与长足发展。

第二，针对企业先进产能的国内迭代，建议通过政策工具支持新技术从实验室阶段迈向产业化初期。

新能源行业的技术迭代仍远未到尽头，政策更需要通过政策性金融工具等支持前沿技术从实验室阶段迈入商业化。一方面，前沿技术往往与当前主流技术路线在材料使用、设备供应、生产流程上发生不同程度的变化，若新型技术在海外率先落地，则会给中国新能源产业链带来较大的技术颠覆风险；另一方面，新能源行业的前沿技术往往初始投入较高，如果中间资金支持中断则前沿技术更难以商业化。因此我们建议国内政策介入引导新能源新技术发展进程。资金方面，通过高新技术企业认定或国家重大课题等引导各大市场主体加大对新技术的投资；通过政策性金融工具给予新技术企业在厂房建设、设备购置、研发投入、税费缴纳等方面的优惠。人才方面，应该加强人才培育，给予高技术人才、复合型人才一定补贴。共同培育支持、促进、鼓励新能源锂电、光伏产业技术迭代的政策环境和市场环境。

发展先进产能的同时也有必要构筑中国的新能源全球专利生态。我们同样建议政策端加强锂电、光伏行业知识产权保护，一方面需要健全知识产权保护体系，缩短专利审理周期，降低举证、维权的难度和成本；另一方面也鼓励企业围绕核心在研项目，进行全球专利布局和规划，在全球竞争中牢牢掌握主动权。

第三，针对新能源基础设施建设约束，建议加大配电网建设和改造力度，加强并网消纳预警与识别机制。针对锂电和光伏发展的基础设施共性约束，建议加大配电网投资建设改造力度，全面提升配电网智能化水平，鼓励社会资本通过增量配网、微电网、源网荷储一体化等形式参与配电网投资建设，着力提升配电网接纳充换电基础设施与分布式新能源的能力；加强配电网与充换电基础设施、分布式光伏的统筹规划，建立并网消纳预警与识别机制，推动分布式能源与充电桩在配电网中的合理分布，明确居民社区、城市公共区域以及高速公路充电基础设施规划，实现电网基础设施利用程度的最大化；探索开展光储充一体化、柔性直流配网等示范应用，鼓励通过技术创新、模式创新解决锂电、光伏需求侧的基础设施障碍；加强各部门间协同，着力提升充电桩、光伏电站用地审批效率。

第四，针对地面光伏电站的消纳约束，建议充分挖掘源网荷储潜力，提升集中式光伏电站消纳能力。针对集中式光伏需求侧的消纳约束有如下建议：电源侧，开展新能源友好并网技术研发与推广应用，通过市场化手段激励新能源提升功率预测、频率响应、无功调节能力；电网侧，加快配套送出通道规划、前期与建设工作，推进电网数字化转型，实现高比例新能源下的电力系统安全稳定运行；负荷侧，积极开展需求侧响应机制，充分挖掘负荷侧调节能力，鼓励负荷聚合商、虚拟电厂等多种形式的新业态发展；储能侧，支持适用于超短期调频、短期调峰、长时储能等多种应用场景的多元储能技术发展，完善电力市场机制提升储能项目回报率。

第五，针对新能源接入电网带来的系统不稳定风险，建议鼓励新能源与储能协同发展，电动汽车有序充电。针对锂电、光伏大规模发展导致电网不稳定性可能带来对其他高耗能制造业的用电风险外溢有如下建议：建议鼓励新能源与储能配套发展，提升电网灵活调节能力，同时进一步扩大锂电需求，带来进一步技术进步和降本需求；通过设置充电分时电价等方式引导用户有序充电，避免大量新能源汽车无序充电、集中充电造成的配电网局部过载，影响电网运行稳定和电能质量。

第十四章

# 汽车：从大国到强国

汽车工业的竞争力高度依赖规模优势和技术优势。汽车工业的百年历史，经历了福特、丰田和特斯拉模式，每次变革都是为了追求规模和技术的领先优势。

逆全球化给全球汽车产业链供应链带来了重大挑战。汽车产业链庞大而复杂，高度依赖全球化的市场需求和技术融合，因此贸易摩擦、新冠肺炎疫情和地缘冲突等冲击，都导致全球汽车产业链出现供应短缺，短期内车企停工停产。中国汽车产业在全球汽车产业链中占有重要地位，如何提升供应链韧性并保持产业规模优势，是短期内的核心课题。

从长期来看，汽车产业正处于重构的历史性时刻。颠覆式创新正在改变产业的技术基础和市场格局。电动智能技术变革跨越了传统"发动机＋变速箱"的技术鸿沟，重新定位汽车为移动智能终端。德、日、美、韩等汽车强国主导的产业格局正在成为历史。这为中国汽车产业带来了弯道超车的机遇，也带来了落后产能过剩的风险。

在燃油汽车时代，中国通过"以市场换技术"的合资策略帮助本国汽车工业发展壮大，但核心技术一直缺失，产业"大而不强"。新能源汽车时代，中国通过财税政策有效扩大了新能源汽车的国内市场需求，促进了相关领域的技术创新和市场竞争，使得中国的新能源汽车在全球具有一定的规模优势和技术优势。中国新能源汽车实现了全球出口，2022年1—9月的全球市占率高达62%，自主品牌的全球市占率达到50%。未来，中国一方面可继续发挥超大经济体的规模优势，另一方面可通过完善国家创新体系加强汽车产业的技术积累，巩固中国汽车产业链在全球的重要地位。

逆全球化背景下，中国汽车产业面临关键核心技术短板。这需要政府与市场配合，推动前沿技术实现国产替代。未来汽车产业的技术变革，涉及大宗原材料、基础化工、机械设备、半导体、人工智能、大数据等多个产业。其中，"卡脖子"风险主要存在于汽车芯片领域。中国汽车半导体目前仍然存在着低端"卡产量"、中端"卡产能"和高端"卡迭代"的问题，需要实现国产技术的突破。[①]

---

① 本章作者：邓学、常菁、任丹霖、库静兰、司颖、陈雅婷。

自汽车工业诞生至今，汽车产品的竞争力高度依赖规模优势和技术优势。汽车产业链庞大而复杂，在贸易摩擦、新冠肺炎疫情、自然灾害、地缘冲突等安全冲击下，全球汽车供应链面临较大挑战，扰动其规模，波动其成本，占据重要角色的中国汽车供应链也深受影响。同时，汽车产业链正处于由传统燃油汽车向电动智能汽车快速转变的历史进程中，全球汽车产业链的技术重心和产业核心都在发生根本变化，德、日、美、韩等汽车强国主导的产业格局正在成为历史。能否实现从汽车大国向汽车强国的嬗变，把握百年未有的技术变革和全球化新机遇，对我国而言至关重要。

## 全球汽车产业链深受供应链困扰，中国汽车"大而不强"

### 汽车产业链依赖全球化的规模效应和技术融合，短期内面临巨大挑战

汽车产业链以整车厂为核心，上游是汽车零部件，下游是汽车后市场。如图14.1所示，汽车产业链以汽车整车为核心环节；整车核心零部件包括动力系统（发动机变速箱或者电池、电机、电控）、底盘系统、车身及内外饰件、电子电器、通用件，以及新兴的智能座舱、智能驾驶等，每个核心零部件可继续拆分为细分零部件，最终追溯至钢材、铝、铜、石油、塑料粒子等大宗原材料；整车

下游包括汽车金融、汽车保险、汽车租赁、维修保养、汽车用品及二手车等后市场领域。汽车供应链呈网状结构，配套体系庞大而复杂，专业化分工和全球化程度较深。产业链以整车为中心，向外层层辐射为一级、二级、三级零部件供应商，三级供应商主要向二级供应商提供配套，二级供应商主要向系统集成商提供配套，系统集成商再直接向整车企业供货，并同时提供对应零部件的系统解决方案，呈现专业分工和产业集群的特征。一般情况下，系统集成商具备与整车企业更深厚的客户关系与更强的同步开发能力，能获取更高产业附加值，处于产业链金字塔上方。

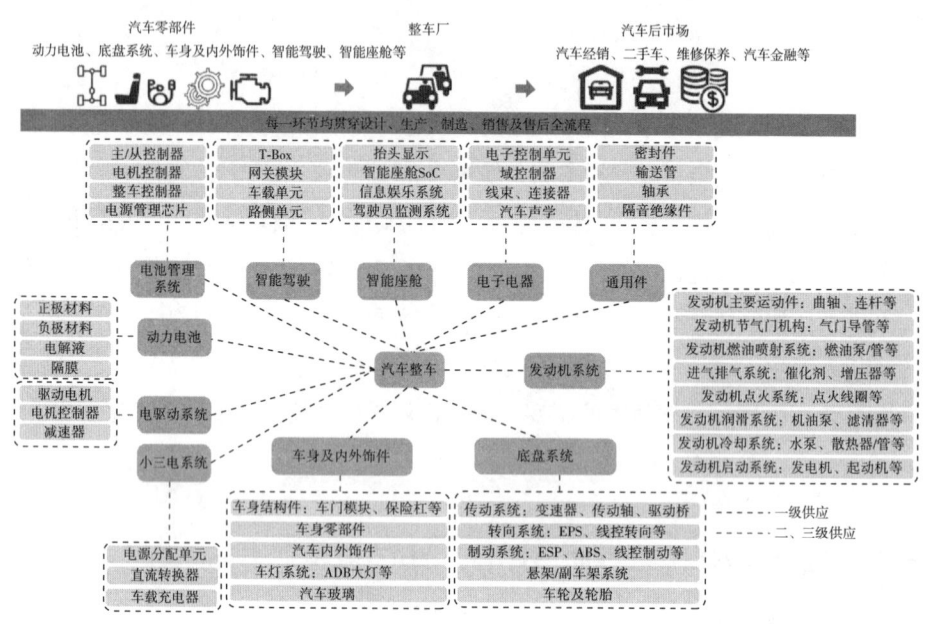

图 14.1 汽车产业链由汽车零部件＋整车厂＋汽车后市场构成，形成层层分明的网状结构

资料来源：Marklines，汽车之家，中金公司研究部。

注：T-Box 为车联网智能终端；SoC 为系统级芯片；ADB 为自适应远光灯；EPS 为电动助力转向系统；ESP 为车身电子稳定系统；ABS 为防抱死制动系统。

　　汽车产业链发挥专业分工与产业集群优势，充分享受全球化的规模成本和效率红利。但是，近年来贸易摩擦、新冠肺炎疫情、自然灾害、地缘冲突等不可抗力风险的暴发，对汽车产业链的安全带来巨大冲击。如图 14.2 所示，2020 年新冠肺炎疫情暴发，汽车零部件供应链大面积短缺，导致大部分整车企业停工停产，全球汽车产量持续8个月负增长，最大月跌幅近60%，整个汽车供应链呈现脆弱且失控的局面；2021年受新冠肺炎疫情、自然灾害等因素影响，全球汽车芯片出现严重短缺，最终导致全年全球汽车产量较2019年下降了13%，其中2021年8月单月全球汽车产量跌幅达到30%；2022年上海遭受新冠病毒肺炎疫情期间，全球汽车产业链受到明显震动，全球汽车月度产量一度负增长20%。

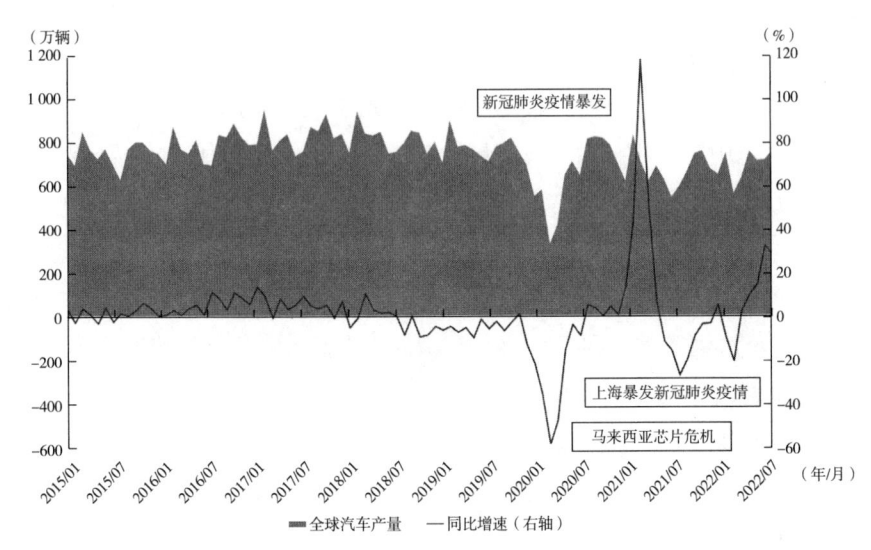

图14.2 汽车产业链近年来持续受到供应短缺冲击

资料来源：Marklines，中金公司研究部。

高度依赖全球化的汽车产业链短期内面临较大挑战。作为全球汽车产业链的重要角色，中国汽车产业链同样无法避免这样的扰动和影响，成为受损严重的重大产业之一。至今仍有中国车企个别零部件的供应和成本问题，导致部分车型无法生产、订单无法交付、新车无法发布，从而影响行业的健康发展。对内，中国汽车产业链的核心供应链存在明显短板，整车和系统集成供应面临短缺风险，一度出现停工停产、无法交付，甚至违约破产的现象，或将影响中国汽车产业链的规模竞争优势；对外，中国产业链在核心部件短缺和成本压力下，如果长时间无法完成供应任务和交付需求，或将面临产能转移风险。

# 中国汽车"大而不强",电动智能的机遇与挑战并存

纵观全球汽车产业链格局,中国汽车过去受益于全球化浪潮,深度参与其中,虽然实现了领先的销量规模,但并未获得领先技术。2021 年中国汽车销量 2 627 万辆,全球份额占比高达 33%,但是,中国仍是汽车大国,而非汽车强国。在全球汽车价值链中,日、德、美占据领先主导地位,主要是因为日、德、美汽车品牌在全球竞争力强,海外市场产量规模大,从而形成大部分海外当地生产、小部分本国生产海外出口的全球化布局[①]。

如图 14.3 所示,2021 年中国本土汽车销量虽然占全球总销量的 1/3,是产销第一大国,但中国市场自主品牌产量规模占比仅为 45%,中国自主品牌产量规模为 844 万辆,全球市占率仅为 10.6%,对比日本的 26.3%、德国的 16.3%、美国的 13.9%,仍有较大差距,如果落到具体企业,规模效应更加落后。特别是从分国别销量与分国家本土销量的比值来看,日本(469%)、德国(442%)、韩国(381%)甚至法国及意大利(249%)等国的汽车品牌及产品输出能力远超中国目前 32% 的水平。在某种程度上,中国汽车产业仅提供了市场,而并未向全球输出核心技术及产品,中国的汽车强国之路仍任重道远。

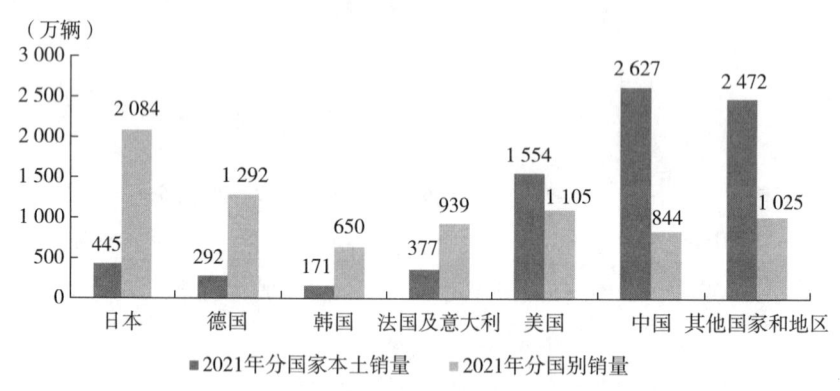

图 14.3 中国汽车销量领先,但产品和技术输出较为落后

---

[①] 美国产小于销,主要是因为墨西哥承接的美国产能未计入。

| 日本 | 德国 | 韩国 | 法国及意大利 | 美国 | 中国 |
|---|---|---|---|---|---|
| 469 | 442 | 381 | 249 | 71 | 32 |

■ 各国汽车品牌及产品输出水平

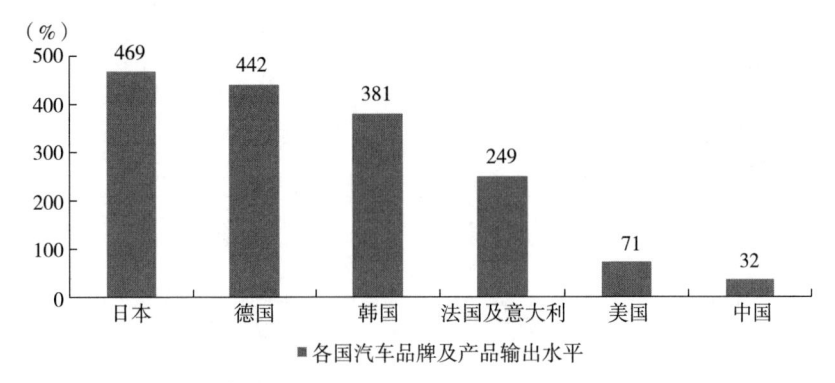

图14.3　中国汽车销量领先，但产品和技术输出较为落后（续）

资料来源：Marklines，中金公司研究部。

注：分国家是指按照汽车所在的生产国；分国别是指按照车企所属的国家；日本整车企业包括丰田、本田、日产，德国整车企业包括大众集团、宝马集团及戴姆勒集团（现梅赛德斯－奔驰），美国整车企业包括通用、福特，韩国整车企业包括现代、起亚，中国整车企业包括长城汽车、吉利汽车、长安自主、广汽自主、上汽自主、比亚迪、蔚来汽车、小鹏汽车、理想汽车等；汽车品牌及产品输出水平，由2021年各国别车企销量除以本国本土汽车销量计算得到。

除了在整车制造存在明显的差距，中国在汽车零部件的环节也呈现"多而不强"的特征。如图14.4所示，根据Marklines数据，2020年中国汽车零部件供应商数量超过1.8万家，远远领先于世界各国。而根据《美国汽车新闻》发布的2021年全球汽车零部件配套供应商百强榜[①]，中国百强零部件厂商数量仅7家，平均营收39亿美元，远远低于百强平均水平。由此可见，尽管中国汽车零部件企业数量众多，但规模普遍较小，在汽车产业链中呈现出"多而不强"的特征。而与此形成对比的是，日本、美国和德国的汽车零部件在百强数量和营收规模上遥遥领先于中国。

从产业微观看，中国汽车零部件企业呈现"多而不强"的特征体现在，中国汽车零部件企业多为二级供应商和三级供应商，处于产业链末端，规模小而分散，价值量较低。而海外汽车零部件巨头多为跨国型、综合型的系统集成商，主要从事发动机变速箱动力总成、转向制动等底盘系统总成、电子电器、车身及内外饰件等，全球布局集团业务，处于产业链顶端，营收体量大，附加值高。

---

[①] 参见 https://www.autonews.com/data-lists/2021-top-suppliers。

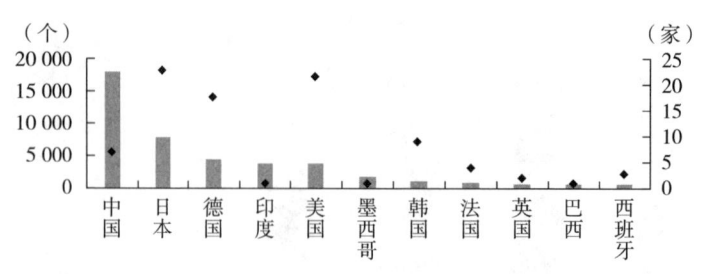

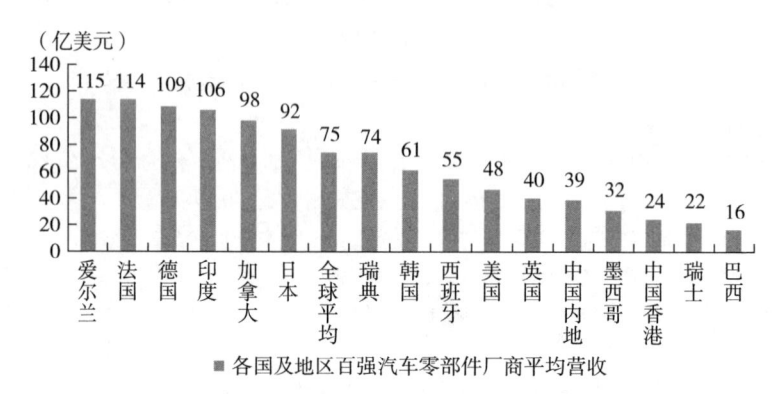

图 14.4 日、德、美系统集成商领先，营收体量大，中国零部件企业"多而不强"

资料来源：Marklines，Automotive News，中金公司研究部。

但是，中国从汽车大国转变为汽车强国，并非没有机遇。当下，汽车产业链正处于由传统燃油汽车向电动智能汽车快速转变的历史进程中，全球汽车产业链的重心和核心都在发生根本变化，由德、日、美、韩等汽车强国主导的全球格局正在成为历史。从最新的汽车产业链和价值链分析，全球汽车格局正在经历重大重构，而中国产业链正积极进取参与其中，并深度融入。如图 14.5 所示，通过全球汽车价值链的产值规模和盈利能力对比，可以对中国汽车产业链的地位和机遇有更为直观的理解。

首先，传统整车制造的全球格局明显由以德、日、美、韩为首的汽车强国主导，各国汽车巨头的总年产值均超万亿元，由于品牌定位和产品定位较高，因此盈利水平较高。对比海外巨头，中国自主整车制造依托庞大的本土销量规模，实现中国 45%、全球 11% 的市场份额，但在产品的定位性价比与规模上并不领先，产值和盈利都处于落后地位。承接整车制造核心的系统集成商的全球竞争地位也非常类似,可见传统汽车全产业链的格局明显由以德、日、美、韩为首的汽车强国主导。然而,处于成长期的新能源整车制造领域,中美两国新能源整车企业正在崛起,市场规模快速扩大。美国新能源车企特斯拉经过 10 年发展持续创造产值和盈利的新高,并且高速增长仍未停止;中国新能源车企中,以比亚迪和蔚小理为代表的新势力也处于高速发展阶段。对比燃油汽车制造,中国的新能源汽车制造在规模上具有全球领先性,品牌定位也突破高端,在经营质量上有明显的同步提升。

其次,中国汽车产业链的零部件一直在国产化替代的产业升级中,电动智能汽车革命正在加速这一趋势。随着中国核心汽车零部件产业链的国产化率(甚至全球出口)提升,中国零部件的产值规模和经营质量同步提高,通过对比国产化率依次提升的汽车座椅、汽车内饰、汽车车灯与汽车玻璃四类重要零部件的各国经营数据,中国企业在该产业链地位呈现由弱至强的提高。而对于新能源汽车核心零部件的动力电池,中国在全球市占率和经营质量上都取得了绝对领先地位,这从侧面体现中国汽车产业链站在了本轮电动智能汽车发展的前沿。从微观层面可以看到,在电动智能汽车产业链成长发展阶段,受益于规模优势、工艺优势和制造优势等,中国新能源汽车产业链获得了一定的先发优势。

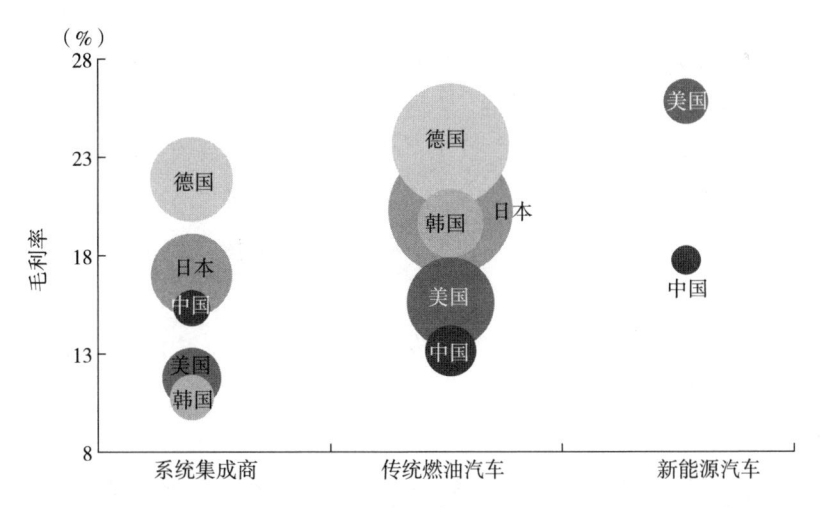

图 14.5 德、日、美、韩主导燃油汽车产业链,中国燃油汽车竞争力不足,但新能源汽车处于领先

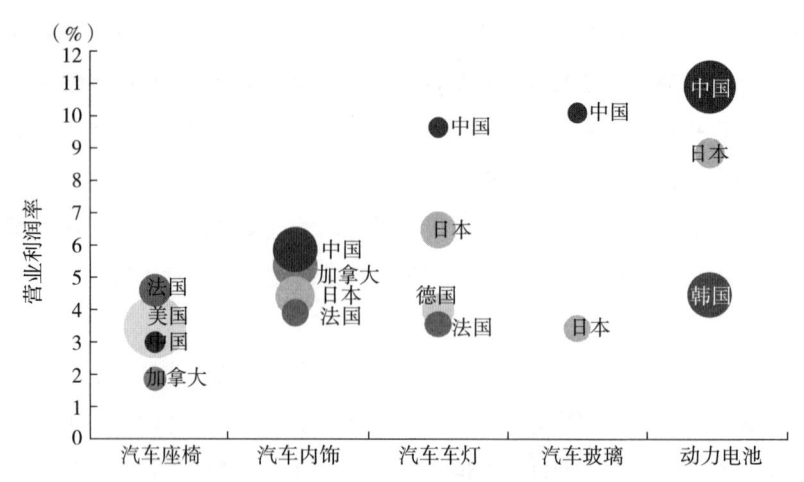

图14.5 德、日、美、韩主导燃油汽车产业链，中国燃油汽车竞争力不足，但新能源汽车处于领先（续）

资料来源：各公司公告，Capital IQ，Wind，Marklines，中金公司研究部。
注：出于数据可比性、可得性考虑，我们采用营业利润率刻画传统零部件与新能源零部件环节中各经济体的价值链地位，采用毛利率刻画各国的系统集成商与整车企业的价值链地位，均采用纵坐标显示，均参考相关企业2021年相应环节业务的财务数据；不同颜色的气泡代表不同经济体，气泡面积显示各经济体包含的相关企业2021年相应环节业务的营业收入总和，从而代表各经济体在相应环节的产值；跨国公司所属经济体原则上以所有权为准。

总之，汽车产业链庞大而复杂，拥有过去百年积淀，高度依赖全球化。短期内产业链生产制造正面临巨大挑战，中国汽车产业链深度参与其中，要积极应对其中的波动和冲击。过去，日、德、美、韩等汽车强国主导汽车产业链，中国汽车产业链依然处于整车"大而不强"、零部件"多而不强"的局面，需要继续重视积累，提高进口替代和全球出口能力，提升产业链的核心地位。而电动智能汽车革命创造了中国汽车产业链的弯道超车机遇，缩小了"发动机+变速箱"的技术差距，中国取得了电动智能汽车的先发优势和领先地位，中国汽车长期"大而不强"的局面有望改变。

## 技术创新主导汽车产业链变革，全球化新背景重塑竞争格局

当前，汽车工业正面临百年未有之大变局。2010年起始的汽车电动化创新，

结束了传统汽车企业"发动机＋变速箱"的技术壁垒，一时间汽车工业迎来众多新进入者、新品牌、新模式；2020年起始的汽车智能化创新，提升了技术在电动智能汽车中的重要性，技术创新迭代加快，产品创新周期缩短，以特斯拉为代表的新兴车企扩大了未来技术和规模的竞争优势。面对新兴车企、传统海外车企和更多科技巨头，中国汽车首先要面对的是技术创新主导的产业链变革挑战。

在政府支持引导政策下，中国自主品牌取得了全球新能源汽车的领先规模优势和技术优势。2022年1—9月中国新能源汽车累计销量达436万辆，占全球新能源汽车销量的62%，中国自主品牌在中国新能源汽车的市占率达80%，在全球新能源汽车的市占率超50%，有效实现了全球出口。我们认为，未来中国汽车产业链在加快适应技术变革并确保规模优势和技术优势的情况下，有望实现从汽车大国向汽车强国转变的弯道超车。

面对复杂的世界政治走势和全球化新变化，全球汽车产业链都将面对新挑战，横向面临产业链迁移和重置风险，纵向面临核心技术短板问题。对中国汽车产业链影响尤甚，需要警惕中国汽车产业链的规模优势削弱风险与技术制约风险。

## 特斯拉引领汽车技术颠覆式创新，变革产业链组织形式

复盘汽车产业链变革历史，对理解当今全球汽车产业链变迁具有启示作用。为适应多次重大的需求变迁和技术变革，百年汽车工业不断发生着深刻的组织变革，从而带来了汽车产业链的重大变化。汽车产品从小众奢侈品，到成为家庭耐用品，再到个性化消费品，最终朝着移动智能终端的新定义变迁。与之同步，汽车产业链及组织架构发生了四次重大变革。从诞生初期的"小批量全手工打造"进化至"福特纵向一体化大批量生产"（流水线），从而实现汽车普及；再演进到"丰田的专业化外包化分工生产"（精益生产），实现了汽车的低成本和个性化；直到特斯拉引领电动智能汽车革命，将能源技术和人工智能科技引入汽车领域，采用纵向一体化整合的产业链，将汽车全新定义为移动智能终端。

1885年汽车诞生后，由于依赖工匠手工打造整车，生产呈现小批量，因此无法实现规模生产的低成本和高质量制造。汽车只能成为富人专享的奢侈品。

1913年，福特汽车创始人亨利·福特采用装配的流水线生产方式大规模生

产标准化车型，生产效率从 1906 年的年产 100 辆汽车提升至 1925 年平均每 10 秒生产 1 辆汽车，并推动产品单价下降；1916 年福特 T 型车的售价仅为 360 美元，汽车逐渐成为大众消费品[①]。从供应链角度来看，福特制囊括了从原材料采购、产品设计、零部件制造、产成品组装直至最终产品销售的全流程活动，集团内部形成"大而全"、相对单一的整车-零部件纵向一体化的生产体系，充分发挥了汽车产业链的标准化、大规模、低成本等优势。

20 世纪 80 年代以来，丰田制以消除浪费、降低成本为目标，以准时制和自动化为支柱，以改善作业为基础。丰田模式缩短了直接参与的产业链长度，聚焦核心环节整车，集中发挥整车生产规模优势；并将上游零部件环节模块化和专业化外包给零部件企业，以降低内部组织成本和提高运营效率；通过交叉持股等方式掌控上游零部件的研发设计和制造，降低外部交易成本，最终打造自己的零部件与原材料供应链体系，从而保持价值链和规模优势的主导地位。

随着汽车工业来到 21 世纪，特斯拉率先以快速反应、超级连接、极致效率的产业生态来满足用户需求，重新引领纵向一体化整合的全新电动智能汽车产业链。特斯拉自研自制电动智能化的软硬件全领域，并向上游零部件进行整合，其纵向一体化垂直整合模式打破了丰田模式的横向专业分工外包，特斯拉模式正在成为汽车产业链的新组织架构。

特斯拉的纵向一体化垂直整合模式，是时代和技术进步的产物。原因有四点。一是技术变革引发了破坏式创新。电动智能技术变革，对于燃油汽车产业链具有破坏性和颠覆性，旧的汽车产业链在变革初期缺乏配合意愿和变革决心，以特斯拉为代表的新兴整车企业只能亲自开发生产，即自研自制。二是技术导入期技术迭代速度快，产品迭代周期短，持续的技术创新积累决定了产品力的制高点，以特斯拉为代表的新兴整车企业加大自研力度，确保产品技术领先性。三是争夺产业链的主导权。丰田模式下燃油整车企业产业链较短，技术研发呈现一定空心化，特别是电动智能领域的产业链搭建较为薄弱，而燃油汽车时代的系统集成商具有较强的话语权，电动智能技术变革催生增量部件的规模需求，出现了较

---

① 王蒲生、杨君游、李平、张宇：《产业哲学视野中全球生产方式的演化及其特征——从福特制、丰田制到温特制》，《科学技术与辩证法》2008 年第 3 期。

多的上下游"空白"地带，需要汽车产业链的重建，以特斯拉为代表的新兴整车企业希望占据未来产业链的主导权。四是数字化软件化为特斯拉实现纵向一体化整合和体系内自研自制创造了高生产和经营效率，降低了体系内部的沟通成本，使得内部组织成本远小于外部交易成本。以上四点是特斯拉采用纵向一体化垂直整合模式、在新一代组织架构上获得行业领先的重要原因。但特斯拉的成功还有赖于产业创新和科技融合的深层逻辑，以及充分发挥了中国汽车产业链的规模优势。

在美国的创新土壤上，特斯拉的灵魂人物、创始人兼首席执行官（CEO）埃隆·马斯克推动了特斯拉的"从0到1"。马斯克奉行"第一性原理"，挑战传统汽车行业的开发模式与标准，一开始就提出了"制造跑车—用跑车挣的钱制造豪车—用豪车挣的钱制造消费型汽车"的发展战略。此后，进一步提出以人工智能为技术基础，跨界融合"电动汽车、光伏储能和机器人"的生态战略，企业使命清晰，产业战略和路径选择精准。

同时，特斯拉对传统汽车制造的颠覆式创新，不仅是对汽车制造的产业链创新，还是对传统汽车从科技产业链融合上的降维打击。如图14.6所示，与传统燃油汽车的竞争模式不同，特斯拉将竞争维度上升至电动智能的比拼。电动化方面，特斯拉打造出性能领先的三电系统与领先的绿色能源充电网络（光伏屋顶Solar City及超充网络Supercharger），从而实现动力系统的高维竞争优势。智能化方面，特斯拉已构建"机器视觉+AI+芯片"软硬件一体化的自动驾驶实现路径，搭建"海量采集、自动标注、模拟仿真"的闭环训练体系，并计划依托Dojo超算系统［成品Dojo ExaPOD内含3 000个自研训练芯片D1，总算力1.1EFLOPS（每秒一百京次的浮点运算），位列全球超算榜第5名］、Optimus人形机器人和Robotaxi将AI能力泛化，使其作为出行和能源领域的技术底座，实现多维度的跨界融合创新。特斯拉持续构建的电动智能汽车技术壁垒，正在成为竞争对手短期内难以逾越的鸿沟，也是传统汽车产业链短期内难以企及和追赶的。

此外，特斯拉在研发设计、生产制造和销售服务等环节同样实现全方位创新。首创的一体化压铸、4680电池、CTC（电芯直接集成于车辆底盘）等工艺创新，以物流和物料为中心的超级工厂，大单品的产品策略，线下体验店与官网直销相结合的新营销模式，使特斯拉成为业内产业链普遍学习和模仿的对象，以及电动智能产业链的绝对领导者。

特斯拉不仅是产业链创新者，也是产业链整合者。中国汽车产业链的高效率、低成本和产业集群优势，以及在中国独立打造的上海工厂，帮助特斯拉完成"从1到10"的规模扩张。其中"中国制造"的速度优势与"中国制造"的成本优势得到了充分体现。2014—2020年，特斯拉受限于美国工厂的电池和产线改造速度，持续出现交付危机，此后马斯克7次访华，推动上海工厂落地与供应链国产化。2019年1月上海工厂动工，同年12月上海工厂超预期建成并开始交付国产Model 3，2021年初Model Y实现国产化，Model 3与Model Y爆款车型同时也带动中国新能源汽车产业迅速爆发。至此，中国已成为特斯拉最大的单一销售市场，并成为特斯拉最大的制造基地。

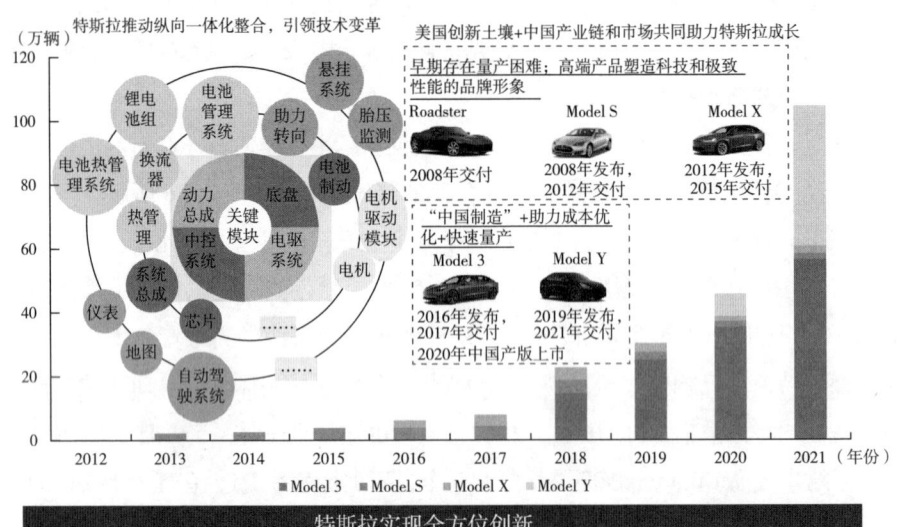

图14.6 特斯拉引领技术变革和纵向一体化整合，中国制造+市场助力特斯拉成长

资料来源：特斯拉公司公告，特斯拉官网，中金公司研究部。

总之，汽车产业链的百年格局正在进入确定性的重构时刻，汽车的产品定义、技术重心、产业链核心都发生了巨大的转变，汽车产业链旧的壁垒正在崩塌，新的护城河却在悄悄构建。未来的电动智能汽车产品将不可避免地面临技术迭代加快、产品周期缩短、市场竞争激烈等挑战。面对以特斯拉为代表的创新领军企业，中国汽车工业该如何面对，中国汽车产业链该如何适应，中国汽车组织架构该如何变革？

## "以市场换技术"策略失败，适应技术变革，中国电动智能汽车弯道超车

燃油汽车时代，中国仍未获得汽车强国地位，而崭新的电动智能汽车时代却已接踵而至。中国汽车产业链如何尽早地适应电动智能技术变革，确保电动智能汽车的规模优势和技术领先，是产业链把握弯道超车机遇、中国从汽车大国变为汽车强国的关键。但由于技术颠覆创新过快，中国汽车产业链可能面对的传统燃油汽车及零部件产能过剩问题也值得警惕。

首先通过回顾中国汽车工业发展历史，复盘中国汽车产业链的成长历程、发展现状和未来展望。如图14.7所示，历经40年，中国从汽车工业"一穷二白"起步，逐渐成为全球最大的汽车市场，并构建了全球最重要的汽车产业链之一。

第一阶段（20世纪80年代至2000年）：中国对外开放引入合资模式，希望通过"以市场换技术"获得汽车核心技术和能力，北汽、上汽、一汽、长安等大型国有汽车集团与国际车企合资建立了上汽大众、上汽通用、一汽大众、一汽丰田、东风日产、长安福特等公司，引入海外车型的本地化生产组装，拉开了中国汽车工业发展序幕，实现了中国汽车工业的从无到有。随着合资车企的国产化率提升，中国汽车零部件配套逐步完善，从而带动了民营自主车企的诞生，吉利、长城等民营车企纷纷成立。偏向于供给端引导的技术引入模式的效果值得商榷，外资品牌的技术导入和国产化程度相对有限，中国自主品牌在核心技术的积累经历了漫长的过程。

第二阶段（2001—2014年）：随着国民收入增长，国家重视和持续支持汽车消费，中国汽车需求快速增长，销量从不足200万辆增长至2 000万辆，合资品牌和自主品牌在行业规模大幅度增长下，双双蓬勃发展。合资车企引入先进

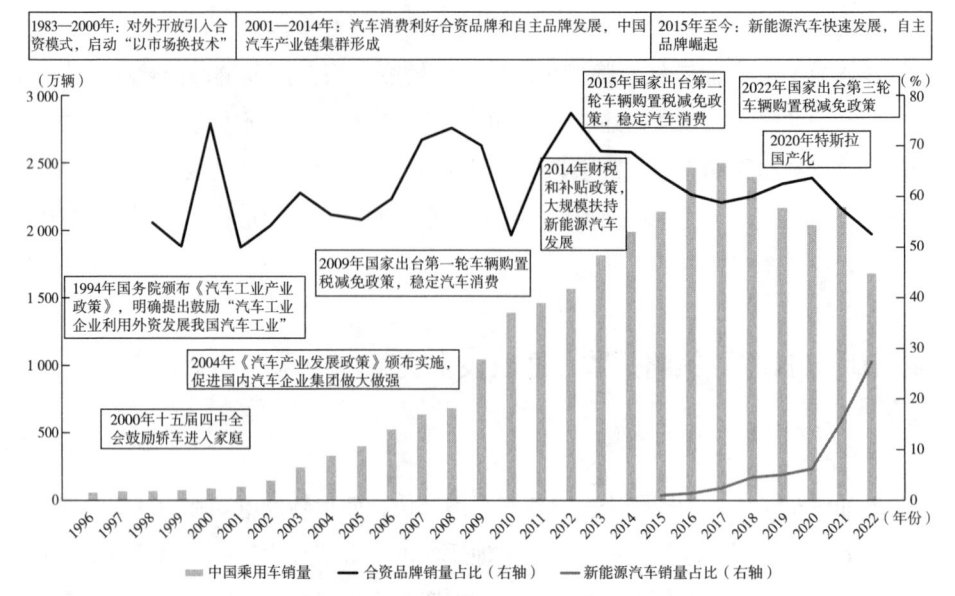

图14.7 中国汽车工业分为"以市场换技术"、激活汽车需求、
电动智能技术变革与自主崛起三阶段

资料来源：《中国汽车工业年鉴》，中国汽车工业协会，中金公司研究部。

产品和新技术，有效地刺激了市场需求，并且推动了中国汽车零部件配套体系的进步，20世纪80年代到20世纪末，合资车企的零部件国产化率从不足10%提升到了80%以上，培育了部分零部件细分赛道优势企业，并且逐步形成了庞大且完善的中国汽车产业链集群，奠定了低成本、高效率、集群效应强、技术人才富足的优势。但是，一方面，合资模式的核心技术转移均受制于外资车企意愿；另一方面，中国汽车产业准入门槛高，合资模式绑定利益，形成不利于竞争的垄断保护；此外，中国车企本身技术积累薄弱，技术吸收与再创新程度有限。因此，合资模式中的中方合作车企主要参与装配环节，技术含量较低，缺少核心技术内化，核心技术长期处于依赖和追赶状态，导致"合资占据中高端，自主占据中低端"长期格局的形成，规模和技术差距都严重落后于海外，中国汽车工业"以市场换技术"策略的成效不高。

第三阶段（2015年至今）：中国确立了"发展新能源汽车是迈向汽车强国的

必由之路[①]"，2017年尽管中国汽车销量见顶，但电动智能技术变革与自主崛起成了产业发展的主基调。中国持续的新能源汽车鼓励政策，更大力度的开放政策（例如引入特斯拉、明确放开汽车准入），推动中国新能源汽车供应链的完善与优质新能源车型的供给，良性推动中国新能源汽车销量强劲增长。2022年1—9月中国新能源汽车累计销量达436万辆，占全球新能源汽车销量的62%；中国自主品牌新能源汽车在中国市场的份额高达80%，在全球新能源汽车市场份额超过50%，并实现全球出口。新能源汽车的渗透率快速提升，有效带动自主品牌中国市占率从2014年的34%提升到了2022年1—9月的48%。新能源汽车产业政策侧重需求端刺激，支持核心技术攻坚，竞争更为市场化，确保需求培育优秀企业健康发展，有效实现规模和技术双领先的格局。

总之，中国汽车工业起步时间虽然远远晚于发达国家，但经过40年的发展，已经形成了低成本、高效率、集群效应强、技术人才富足的汽车产业链。目前，全球处于从燃油汽车向电动智能汽车过渡的技术变革期，汽车核心"发动机+变速箱"为"三电系统"所取代，智能化下汽车向极致智能座舱体验和高级自动驾驶持续升级。燃油汽车"技术鸿沟"被彻底抹平，中国汽车与外资车企得以在新时代站在同一起跑线竞争。

中国汽车产业链积极跟随特斯拉创新步伐，打造差异化创新。中国车企跟随特斯拉，实现电动化和智能化两个维度的技术积累，电动化方面推出集成电驱动系统、改善动力电池性能、完善充换电网络；智能化方面推动辅助驾驶系统迭代、冗余前装大算力芯片与激光雷达等高级别传感器，工艺上跟进一体化压铸，渠道模式上吸纳直营模式的优点。在跟随的同时，中国车企也打造差异化优势，在不同价格的细分市场，凭借精准的品牌及产品定位、深厚的电动化技术储备、快速的车型迭代以及创新突破的智能化赋能，保持了销量的规模优势和市场地位。如图14.8所示，以蔚小理为代表的新势力品牌，经历产品迭代蓄力期，有望逐步实现更丰富健康的产品矩阵，站稳中高端电动智能汽车市场；以比亚迪、深蓝、埃安、长城欧拉、几何、阿维塔、岚图、智己、极氪等为代表的传统车企新能源品牌，以哪吒、零跑、问界等为代表的新晋新势力以及跨界合作品牌均加

---

[①] 参见 http://www.xinhuanet.com/politics/2014-05/24/c_1110843312.htm。

速发力，价格定位布局 10 万~30 万元的大众市场，优秀的产品力助力月销水平快速提升，同时中国车企积极投入智能座舱和自动驾驶研发，逐步实现 30 万元以上市场的突破，推动品牌向上提升。

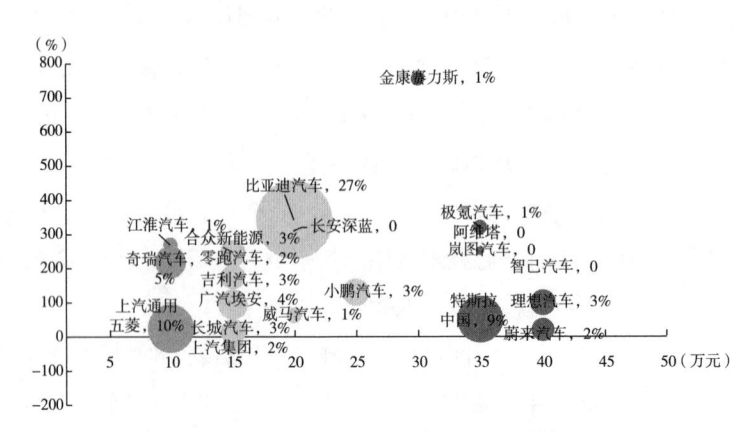

**图 14.8　1H22 分价格段各品牌核心电动车型销量及同比增速**

资料来源：中国汽车工业协会，乘用车市场信息联席会，中金公司研究部。

注：智己汽车、极氪汽车、岚图汽车无 2021 年销量，长安深蓝、阿维塔未开始交付，其增速仅作示意，无实际意义。

中国车企顺应产业革命，推动产业链纵向延伸。比亚迪目前是全球唯一一家同时具备动力电池和电动汽车大规模生产能力的企业，掌握功率半导体和电池"双芯"、电机电控等电动化核心技术，具备电动车全产业链整合优势。其他中国车企也加紧通过入股、合资/战略合作、自研等方式布局动力电池。智能化领域，中国车企推进自动驾驶研发以及上游电子电气架构、芯片、算法等部件的产业布局。例如，蔚小理进行集中式域控架构升级，中国传统车企也有相应的升级计划，提升汽车产品的智能化体验。此外，中国车企还通过外购、战略投资、合作开发以及全栈自研等方式布局自动驾驶。但是，相较于特斯拉自研的自动驾驶系统及芯片，自主车企在智能化纵向延伸方面表现稍显逊色。

在历次颠覆式创新发生时，总有旧时代巨头轰然倒下，前有胶卷行业的柯达，后有手机行业的诺基亚。由于燃油汽车巨头传统业务体量大，"大象转身"困难，过去的规模优势会被技术创新一朝逆转，面临规模优势和技术优势的全面落后，从而产生落后产能的出清。相比而言，中国汽车产业链的历史包袱相对更轻，组织架构灵活，对消费者需求的洞察力强，产品迭代快，更受到中国消费者特别是年轻购车群体的青睐。我们认为中国有望尽早适应技术变革，确保新时代汽车产品，即电动智能汽车的规模优势和技术领先，实现从汽车大国变为汽车强国的弯道超车。

## 全球汽车横向面临供应链短缺和产业链转移风险

汽车产业链全球化程度高，近年来贸易摩擦、新冠肺炎疫情、自然灾害、地缘冲突等因素对其供应链安全形成全面冲击。汽车供应链短缺，扰动其规模，波动其成本，带来汽车生产停产和减产风险，促使全球汽车企业不得不调整其产业布局和供应链策略。从目前来看，这是困扰全球产业链的主要问题，如何有效解决供应链短缺，完善产业链横向安全，是全球汽车产业链企业高度重视的新课题。

中国作为汽车产业链大国，现阶段面临一定的产业链转移和供应链短缺风险，需要警惕短期内失去规模优势。对外，海外跨国车企为了保证供应链安全，将订单转移出中国供应商，即产业链外迁至别国。例如2022年上海遭受新冠肺炎疫情期间，全球汽车芯片头部厂商安森美宣布关闭位于上海的全球配送中心并将其迁往新加坡，芯片龙头德州仪器调整中国区微控制器（MCU）业务并将部分原MCU产品线迁往印度。对内，中国汽车对海外企业供应的核心设备、半导体、基础化工品等上游核心部件具有较高依赖度。例如2022年9月，美国政府限制英伟达、AMD向中国出口主要用于人工智能算法训练的高性能AI芯片，或将影响中国企业自动驾驶研发进程。

从短期来看，汽车产业链完全迁离中国的可能性不高，原因包括四点。一是中国汽车产销占全球的1/3：庞大的需求规模是最大竞争力，跨国企业在华业务主要是"In China, For China"，服务中国本土客户；二是整车企业的意愿：由于车规产品的高要求，零部件与整车的供应链黏性较高，整车企业更多地通过多样化供应商来降低风险；三是核心能力的可替代性：劳动力成本驱动型零部件更容易被替代，前往人工成本较低的印度、东南亚、墨西哥等地的可能性较高，而运输成本/技术/制造工艺驱动型零部件的中国优势被替代的可能性较低；四是其他区域产业集群不足：中国零部件产业集群的规模优势依然明显，印度、东南亚等其他国家和地区较中国的零部件出口体量较小，尚不具备承接能力。

从长期来看，中国汽车供应链应该做好充分准备，攻守兼备。在防守方面，通过区域化、分散化配套以及储备库存、缩短供应距离从而打造安全供应链；在进攻方面，应加速布局"走出去"的全球化战略，推动自身产品和技术出海。

## 汽车产业链关键核心技术的纵向风险暴露

汽车作为高价值量的终端商品，涉及大宗原材料、基础化工、机械设备、半导体、人工智能、大数据等上中游产业，牵一发而动全身。技术变革下未来汽车有望成为智能移动终端，全球汽车企业在技术升级后容易因为核心部件短缺和断供遭遇停产和停工的危机。而现阶段中国在线控底盘、汽车芯片、自动驾驶 AI 算法等智能化环节存在短板，更需要高度重视，进行重点聚焦解决。

汽车半导体依赖进口，国产化率低的问题尤为突出。燃油汽车是机械产品，芯片的价值量占比较低；新能源汽车电动智能集成的功能不断增多，对芯片的用量和性能需求依赖度大幅上升。汽车半导体主要包括三类：一是功率半导体、MCU 与传感器的工艺技术较成熟，进口替代正在加速；二是 SoC 的技术快速迭代，国产厂商在低性能、低制程产品上有所突破，但与海外差距较大；三是自动驾驶 AI 训练芯片高算力、高制程，海外厂商主导，国产厂商尚未攻克。

中国汽车半导体存在低端产量不足、中端产能不足、高端难迭代的短板，容易被"卡脖子"。在车载功率半导体、MCU 等低端芯片上，海外芯片企业占据先发优势和规模优势，市场集中度高，国产化率较低。2020 年以来，受新冠肺炎疫情反复和自然灾害等影响，全球芯片产能吃紧，扩产需要数年时间，低端芯片供给短缺导致下游车企停工停产，据汽车行业数据预测公司 AutoForecast Solutions 统计，2021 年中国缺芯导致汽车减产 198.2 万辆。低端汽车芯片的技术工艺已经较为成熟，国产芯片技术差距较小，在车企保供需求加强和政策支持的背景下，未来几年有望快速实现国产替代。

中端 SoC 是现阶段较为重要的计算芯片，符合汽车智能座舱和智能驾驶主流技术趋势。地平线、华为等中国厂商在技术上有所突破，部分已上车量产，但芯片算力、制程等性能较高通、英伟达等海外厂商仍有较大技术差距。据判断，中国车载 SoC 市场发展处于初期阶段，以地平线发布第二代征程处理器（Journey 2.0）为起点计算至今近 3 年，较海外有 5 年左右差距（接近一代车载 AI 芯片开发周期）。此外，车载 SoC 行业存在先发优势，落后企业不仅需要投入巨额资金到下一代芯片的研发上，还需要面临研发周期长、客户开拓难以及代工产能不足等问题。因此，需要重视 SoC 国产化率较低的问题，防范代工产能不足等潜在风险。

在自动驾驶 AI 训练芯片等高端芯片上，芯片算力、功耗比和制程的要求极高，英伟达遥遥领先，尽管国产厂商尝试创新，但目前在技术路线上难以绕开英伟达。2022 年 9 月，美国政府限制英伟达、AMD 向中国出口主要用于人工智能算法训练的高性能 AI 芯片，目前蔚来、小鹏、长城旗下毫末智行等汽车企业均基于英伟达 A100 打造自动驾驶训练中心。在全球地缘政治紧张的背景下，中国高端芯片技术迭代受阻。AI 芯片受限，或将影响中国的自动驾驶训练以及现有车型 L2+ 级辅助驾驶功能验证和升级迭代，以及高级别自动驾驶功能上车量产落地进度，国产汽车相较于海外产品或将逐步体现出代差，从而影响产品竞争力，最终体现在销量和驾驶数据的规模劣势、代际差距或持续扩大。

## 思考和启示：引导市场保障规模，全力扶持攻克技术

汽车电动智能化变革加速，中国汽车迎来弯道超车机遇，关键在于全面提升中国汽车产业链面向未来的规模优势和技术优势。如图 14.9 所示，汽车产品具有消费品属性，同时具备制造技术要求高并且产业链庞大而复杂的特征。从宏观视角来看，汽车产业链竞争高度依赖规模优势和技术优势。因此，通过构建以"规模 + 技术"为核心的中国汽车产业竞争力模型，得出以下几点思考和启示。

第一，从技术因素出发，传统燃油汽车的核心技术鸿沟基本消失，电动智能技术成为未来汽车技术的核心方向。除了在高端芯片等少数核心尖端领域存在短板，中国取得了大部分电动智能技术的领先和先期储备。汽车原有的底盘技术具有进化升级机遇，"发动机 + 变速箱"则面临淘汰风险。

第二，从政策因素出发，确保中国汽车产业链的规模优势，激活国内外市

场。确保需求的规模优势，引导和鼓励核心技术突破，鼓励开放市场充分竞争。在碳中和、调结构的目标上，通过积极的财税政策确立电动智能汽车的核心发展地位，抑制排放大、能耗高的燃油汽车发展。

第三，从需求因素出发，顺应汽车普及需要，做好汽车消费的基础设施和配套服务。电动智能汽车在消费体验和科技赋能上，竞争力远超燃油汽车，需要保证优质先进汽车的供给，方能创造长期稳定需求，实现大市场的规模优势。

第四，从供给因素出发，电动智能汽车势不可当，以特斯拉为代表的"鲇鱼效应"加快行业颠覆式创新，传统燃油汽车"大象转身"难以转型，警惕产能过剩风险。过去合资垄断竞争的时代一去不复返，规模和技术落后正在发生；而在开放竞争的背景下，更多新进入者、更多技术、更多人才的涌入，将形成规模与技术相互推动的正向循环。

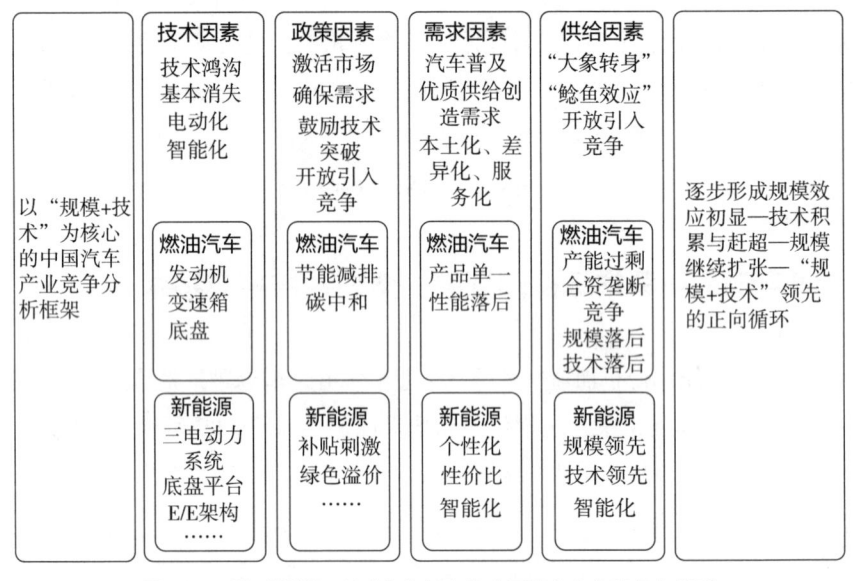

| 以"规模+技术"为核心的中国汽车产业竞争分析框架 | 技术因素<br>技术鸿沟<br>基本消失<br>电动化<br>智能化 | 政策因素<br>激活市场<br>确保需求<br>鼓励技术<br>突破<br>开放引入<br>竞争 | 需求因素<br>汽车普及<br>优质供给创造需求<br>本土化、差异化、服务化 | 供给因素<br>"大象转身"<br>"鲶鱼效应"<br>开放引入竞争 | 逐步形成规模效应初显—技术积累与赶超—规模继续扩张—"规模+技术"领先的正向循环 |
|---|---|---|---|---|---|
| | 燃油汽车<br>发动机<br>变速箱<br>底盘 | 燃油汽车<br>节能减排<br>碳中和 | 燃油汽车<br>产品单一<br>性能落后 | 燃油汽车<br>产能过剩<br>合资垄断<br>竞争<br>规模落后<br>技术落后 | |
| | 新能源<br>三电动力系统<br>底盘平台<br>E/E架构<br>…… | 新能源<br>补贴刺激<br>绿色溢价<br>…… | 新能源<br>个性化<br>性价比<br>智能化 | 新能源<br>规模领先<br>技术领先<br>智能化 | |

图14.9　以"规模＋技术"为核心的中国汽车产业竞争力模型

资料来源：中金公司研究部。

基于中国汽车产业竞争力模型，我们提出围绕中国汽车产业链做强做大的四点思考。

## 做大内需、持续开放，确保大市场的规模优势

对内，继续保持大市场优势，与时俱进引导需求。社会承载力决定了汽车保有量的天花板，也决定了汽车的产销规模，从而决定了产业链的规模效应。参照日本通过完善交通道路、立体停车库、高架桥等基础设施有效提升汽车保有量空间，针对大型城市，空间的高效利用、道路建设的合理性及用车环境改善都能有效重塑保有量的天花板。此外，结合中国实际情况来看，放松汽车限购及路权政策、完善汽车使用环境和服务，以及加快形成高效流通的、梯次消费的全国统一汽车大市场，均有利于汽车消费的释放。

对外，适应全球化新时代，做大中国汽车的产品出口与产能出海。2021年以来中国汽车出口快速发展，参考中国汽车工业协会数据，2021年出口同比翻番至201.5万辆，占国内汽车产量的7.7%；2022年1—9月出口同比增长57%至211.4万辆，占国内汽车产量的10.8%。要打造汽车强国，需要沿着"全球电动智能汽车制造基地"和"自主品牌出海"两条路线进行产品出口和产能出海的布局，扩大中国产业链的规模优势。为打造中国汽车企业出海的优质生态环境，政府和企业应协同支持。首先，在资金扶持、财税政策、制度流程方面给予出海企业切实支持。其次，海外的法律规章、人文习惯较中国有较大不同，有关部门和行业协会可助力优化经贸环境、加强国际交流以增强出海企业的海外适应能力。最后，借鉴日企出海的发展历程，汽车对外直接投资一般是从骨干车企开始，带"朋友圈"和"拉群"出海共建产业集群，实现海外扩张。例如，拓普集团等中国优质零部件厂商已绑定特斯拉等优势车企积极出海。

确保电动智能汽车的核心发展地位，加快补能基础设施的配套建设。电动智能的颠覆式创新将彻底变革整个汽车格局，因此迎接变革创新，确保电动智能汽车的核心发展地位不容置疑。我们需要维持新能源汽车的产品吸引力，在补能基础设施（充换电）上保证产品服务和体验的提升，防止成为新能源汽车需求进一步释放的阻碍因素。尽管车桩比持续改善，但中国新能源汽车补能基础设施建设仍有较大改善空间，包括充电网络完善、换电体系跟进、充换电技术水平的提升等。

## 维持产业链规模优势，提升完整性和韧性

对内对外做大市场需求，能有效保持中国产业链的规模优势。但如果中国汽车要规避产业链转移和供应链短缺的风险，那仅做大市场需求远远不够，还需要切实提升供应链完整性和韧性。从短期来看，汽车产业链尽管完全迁离中国的可能性不高，但要继续维护和确保中国产业链的集群优势，维持规模优势和技术积累。从长期来看，中国汽车供应链应该做好充分准备，攻守兼备。在防守方面，实现产业链配套区域化、多样化，缩短供应链条，减少运输风险，储备安全库存，提升供应链掌控力；在进攻方面，应该大规模出海，加速全球产能布局，特别是在新冠肺炎疫情和欧洲能源危机后，存在着潜在的产业链引入和海外并购机遇。

## 高度重视关键核心技术短板，推动前沿技术国产替代

汽车是高价值量的终端产品，大宗商品、机械设备、半导体、人工智能、大数据等上游环节的创新很大程度在汽车上得以体现。技术变革下未来汽车有望成为智能移动终端，而现阶段中国在线控底盘、汽车芯片、自动驾驶AI算法等智能化环节存在明显短板，需要重点聚焦解决。

汽车半导体成为智能化的底层基础，低端芯片产量不足，高端芯片技术难以迭代，中端芯片产能受阻。供给端，打破汽车芯片对海外的高度依赖，实现前沿技术国产替代，属于问题清晰、解决方案明确的工程化问题，参照日韩经验，政府和优势企业可互相配合加大投入，全面突破技术上下游和关键环节。在人才方面，应加强对AI应用层领域的专业人才培养和学校教育，多渠道引进优秀人才。在资金方面，芯片研发周期较长、资本支撑需求较高，除一级市场外，可在二级市场准入门槛上打开绿色通道，支持优质企业上市，确立资本市场信心。需求端，借鉴动力电池"白名单"政策，加速国产芯片验证装车，政府可通过税收优惠等支持方式推动车企加速验证，采购国产芯片，扩大国产汽车芯片的应用规模优势，从而降低生产成本，积累技术，完善产业链，最终实现规模进一步扩张的正向循环。

此外，防范上游核心技术设备和基础材料对国外的高度依赖，培育"专精特新"企业。在上游核心技术、基础材料与机械设备等环节中，"专精特新"企业具有独特地位，它们以小体量实现高创新效率，打破国外垄断，实现自主技术突破。但汽车"专精特新"企业创新回报率慢，产品需要长达数年才能实现销售收入，一旦在此期间无法找到下游客户或资金链断裂，则有较高的破产倒闭风险。因此，政府应该在资金、市场方面提供帮助，推动车企和"专精特新"企业下游市场需求拉动与技术创新的协同作用，并在资金资本上给予支持。

## 警惕落后产能的过剩，引导产能升级重组

颠覆式创新的发生，导致当前燃油汽车头部企业"大象转身"困难，过去的规模优势被技术创新一朝逆转，面临规模优势和技术优势的全面落后。目前合资品牌（不含特斯拉）在中国新能源汽车市场的份额低于20%，已经出现自主超越合资的趋势。

中国合资模式红利面临结束，需要警惕落后产能的过剩。合资模式的"外资技术+中方生产"的合作基础正在快速消失，最终可能会走向销量下滑、低产能利用率、持续亏损、退出中国的结局。如表14.1所示，据统计测算，主要合资品牌汽车产能约1 997万辆，2021年实际产量约1 130万辆，产能利用率57%。展望未来，新能源渗透率加速提升，中国燃油汽车需求下行，产能利用率将快速下滑至50%以下，转型慢和弱势的合资与自主品牌都面临生死考验。从2017年中国汽车销量首次见顶至今，微观局部的低产能利用率长期存在，需要警惕落后产能过剩带来的产业链风险。

需要引导现有产能升级重组，完善配套交易机制。中国汽车产能存在结构性过剩，2012年以来工信部、国家发展改革委在产能新建与退出问题上基本秉承"严格控制新增传统燃油汽车产能、规范新能源汽车投资项目条件、完善产能监测与预警机制"的思路，引导现有产能优化重组。从结合技术工艺与生产资质要求来看，燃油汽车产能向新能源产能切换，比企业经营转型更具可行性；而新能源生产资质实际获取门槛较高，收购现有车企、代工模式成为行业新进入者获得新能源汽车生产能力的重要方式。

表 14.1 以合资为代表的燃油汽车落后产能面临过剩风险

| 集团 | 品牌 | 产能 | 2021年产量 | 产能利用率 | 新规划产能 | 备注 |
|---|---|---|---|---|---|---|
| 大众 | 上汽大众 | 226.9 | 124.5 | 55% | 19.1 | — |
| | 一汽大众 | 232.7 | 173.0 | 74% | 15.0 | — |
| 梅赛德斯-奔驰 | 北京奔驰 | 56.5 | 57.5 | 102% | 25.5 | — |
| 宝马 | 华晨宝马 | 110.0 | 67.8 | 62% | 10.0 | — |
| Stellantis | 广汽菲克 | 32.8 | 1.6 | 5% | — | 现为广汽埃安使用 |
| | 神龙 | 39.0 | 10.2 | 26% | — | |
| | 长安PSA | 19.0 | 0.3 | 2% | — | 现为宝能使用，部分产能用于DS在华车型代工 |
| 雷诺 | 东风雷诺 | 11.0 | 0.8 | 7% | — | 工厂现用于生产东风岚图 |
| | 华晨雷诺金杯 | 15.0 | 1.1 | 7% | — | |
| | 江铃新能源 | 25.0 | 0.2 | 1% | 20.0 | |
| | 易捷特 | 12.0 | 4.9 | 41% | — | |
| 沃尔沃 | 沃尔沃亚太 | 48.1 | 17.2 | 36% | 1.9 | — |
| 通用 | 上汽通用 | 186.5 | 132.8 | 71% | — | |
| 福特 | 长安福特 | 150.0 | 30.4 | 20% | — | |
| 丰田 | 一汽丰田 | 103.7 | 82.9 | 80% | 10.0 | |
| | 广汽丰田 | 100.0 | 82.4 | 82% | — | |
| 日产 | 东风日产 | 154.0 | 110.4 | 72% | 12.0 | |
| 本田 | 东风本田 | 72.0 | 76.2 | 106% | 12.0 | |
| | 广汽本田 | 77.0 | 78.4 | 102% | 12.0 | |
| 铃木 | 长安铃木 | 40.0 | 1.0 | 3% | — | 现为重庆铃耀汽车 |
| 马自达 | 长安马自达 | 22.0 | 13.5 | 61% | — | |
| | 一汽马自达 | 26.0 | 2.1 | 8% | — | |
| 三菱 | 广汽三菱 | 20.0 | 6.5 | 33% | — | |
| 现代 | 北京现代 | 108.0 | 33.5 | 31% | — | |
| 起亚 | 东风悦达起亚 | 90.0 | 15.0 | 17% | — | |
| 捷豹路虎 | 奇瑞捷豹路虎 | 20.0 | 5.3 | 27% | — | |
| 合计 | — | 1 997.1 | 1 129.6 | 57% | 193.5 | — |

资料来源：各公司公告，各公司官网，中金公司研究部。

第十五章

# 医药：努力创新，攀升价值链

新冠肺炎疫情无疑对各国医疗体系提出了新的挑战。未来，国民日益增长的医疗需求与医药产品创新力不足将是民生领域的核心矛盾之一。因此，持续提升中国医药产业的创新能力，努力攀升医药价值链，缩小中美差距，是政府与民众的核心需求。本章围绕此核心主题，从医药供应链体系与创新生态环境两个维度分析中国医药产业的升级趋势。

医药的供应链体系按照研发流程来区分。医药研发是大浪淘沙的过程，研发周期长，需求种类多，研发流程相对独立。对研发流程进行细化分类，专业化分工后的规模效应能够显著降低研发成本，因此医药的核心供应链体系按照研发流程进行划分。与此同时，在研发生产过程中用到的科研设备和科研试剂等硬件构成次一级的供应链体系。

医药研发本质是一个生态圈的支持，研发环境软实力比硬件更重要。由于医药需求具备个性化特点，就国家竞争力而言，耗费大量资源突破某个品种对于全局意义不大。因此可达成平衡并不断进化的生态体系是竞争力核心，此生态体系包括监管体系、科研体系、支付体系、资本市场等多方面因素，只有这些因素达成动态平衡，通过市场化手段，才能持续孵化出满足患者需求的好产品，这些软性因素是国家竞争力最核心的部分。医疗设备、试剂等硬性因素虽然也重要，但通过研发大部分薄弱环节都能够得到解决或被替代，因此医药研发的竞争软实力比硬件更为重要。

新型举国体制打造医药生态软实力，全力攀升价值链。2015年以来国家对于医药行业发展进行了全方位改革，努力提升整个生态体系竞争力，促使国内企业全力攀升附加值产品端。监管方面，药审改革以来，国内新药研发效率显著提升，审评制度与全球接轨使得中国市场和研发生态加速融入全球体系。市场支付方面，医保局加速出清低效产品，使资源向优质品种聚集，良币逐步驱逐劣币。资本市场方面，港股18A和科创板的设立使得创新企业融资更加便捷，一级市场投资也更为活跃，吸引了大量资本参与创新产品孵化。全方位的改革使得医药生态体系逐步完善，竞争力加强，后续国内产业将逐步由研发外包向高附加值创新产品攀升。[①]

---

① 本章作者：邹朋、张琎、冯喜鹏、府嘉颖、刘锡源、吴婉桦。

医药创新作为高端制造产业升级的重要部分，关于如何才是好的发展模式，近年来出现了越来越多的讨论。新冠肺炎疫情是对各国医疗体系和医药产业的一次重要检验，能够开发新冠肺炎病毒药品以及疫苗的国家和地区寥寥无几。mRNA 技术在此次疫情中大放异彩，在此之前 mRNA 技术主攻方向是肿瘤，却在新冠肺炎病毒疫苗领域率先得到了应用。这也引发了思考：怎样的医药体系才能够满足越来越个性化或突发性的需求？

医药大部分是个性化的非标产品，并且产品会持续迭代，用公共资源去单一地突破某个方向往往投资效率会较为低下。只有建成靠终端需求驱动的市场化生态体系，才能够持续孕育新的技术，孵化出有竞争力的产品。这就需要政府在监管、支付、投融资等各方面匹配相关政策，形成良性循环，这是一种新型举国体制。这也是为什么全球只有少数国家和地区才具备打造有竞争力体系的能力。

本章主要针对医药行业的特点阐述医药供应链体系以及生态系统，并且论述医药领域新型举国体制的必要性以及核心方向。

## 研发是医药供应链体系核心

### 医药研发的过程：大浪淘沙的递进式筛选

医药研发是一个大浪淘沙、万里挑一的递进式筛选过程。以创新药研发过程为例，从立项到上市，需要经历药物发现、临床前、人体临床试验、FDA（美国食品药品监督管理局）检测、上市等环节。由于研发流程繁杂，审批标准严格，创新药的研发往往呈现投入成本高、周期长、成功率低等特点，每1万种候选化合物中，经历研发全流程后或仅有1种药物上市，可谓万里挑一（见图15.1）。

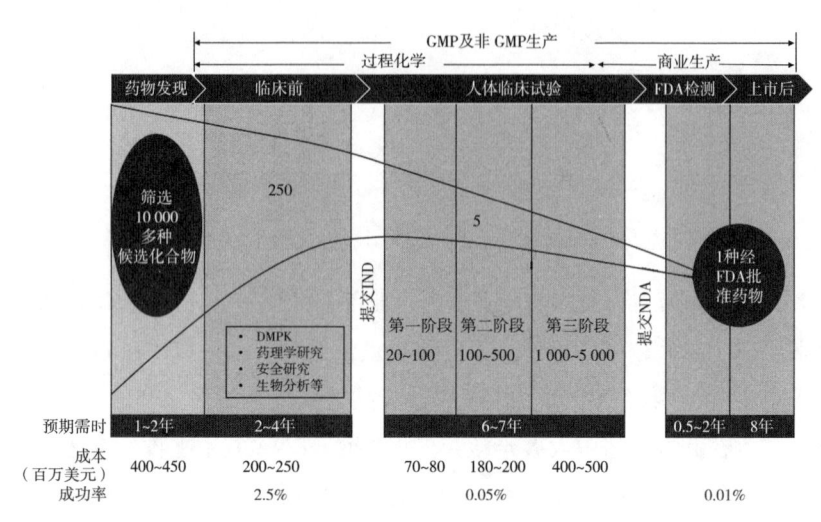

图 15.1　新药开发流程图

资料来源：弗若斯特沙利文，中金公司研究部。

注：GMP为药物生产质量管理规范；DMPK为药物代谢和药代动力学；IND为新药临床研究审批；NDA为临床研究完成后注册上市。

按研发不同阶段所处场景和使用资产类型的不同，新药研发又可以分为实验室、医院、实验室／工厂三个阶段（见图15.2）。

**实验室**：临床前开发阶段，人才密集型。在创新药研发的早期药物发现与临床前实验室阶段，实验室是研发的主要场景。实验室研发主要围绕药物的安全性（毒理研究）、有效性（药理研究）、化学、制造和控制（药学研究或成药性）三个维度展开大量重复试验，以此为基础也慢慢衍生出药物发现、药物优化等赋能创新药企业的新业务项目。从5 000~10 000个候选化合物到1种新药成功上市的大浪淘沙过程中，绝大部分候选化合物在临床前开发阶段就被淘汰。在此阶段，实验室面积和实验人员数量是衡量产能的主要指标，属于人才密集型。

**医院**：人体临床试验阶段，资源和人力密集型。人体临床试验是临床前药物研发的延续，以人体（临床病人或健康志愿者）为对象进行系统性研究。目的是证实或发现试验药物的药理及药效作用、不良反应、试验药物吸收、分布、代谢和排泄，以确定药物的有效性与安全性，一般分为Ⅰ、Ⅱ、Ⅲ、Ⅳ期临床试验。此阶段资源壁垒高，需要对接优质的临床资源。临床阶段核心子业务包括现场管理、临床监察、数据管理和统计分析等，都与项目执行团队有较大联系，业务人员数量是衡量产能的主要指标。

实验室/工厂：上市申报与商业化生产阶段，资本密集型。工厂生产主要是指临床用药、中间体、原料药（API）、制剂的生产以及包装，属于重资产以及资本密集型业务。生产中涉及工艺和配方开发所使用的制药装备和相关耗材，包括小分子反应釜、大分子反应器等。

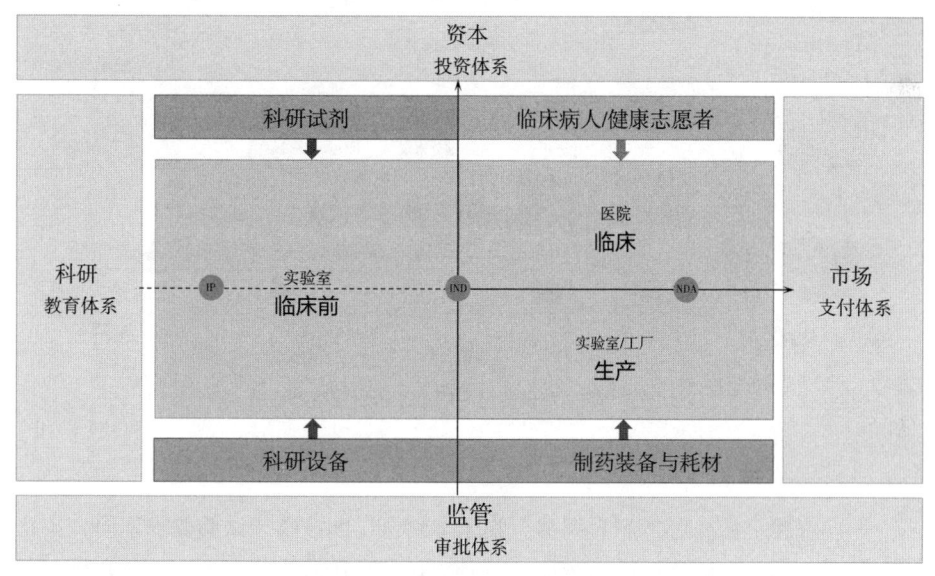

图 15.2 医药研发的产业链与生态圈

资料来源：中金公司研究部。

围绕医药研发过程，硬件供应链与软件生态圈共同组成了医药创新研发体系。硬件供应链包括实验室上游的科研设备与试剂、医院临床上游的临床病人或健康志愿者招募以及工厂生产上游的制药装备与耗材。软件生态圈包括：与教育相关的基础科研、审批审核的监管、加速孵化的资本市场以及终端市场的支付体系等。

## 医药研发供应链体系（硬件部分）：围绕研发流程所需要的硬件配置

实验室上游：一是科研设备。生命科研设备涵盖多项细分品类，包括用于基因遗传领域的测序设备、生化分析领域的分析设备、质谱色谱设备以及其他具体指标性分析的分析设备等多个大类。二是科研试剂。科研试剂包括化学试剂、生物试剂等，化学试剂相对成熟，近年来生物试剂由于大分子生物药、医学检验、细胞与基因治疗等领域的繁荣有了较快的发展，也是壁垒相对较高的新兴上游原材料领域（见图 15.3）。

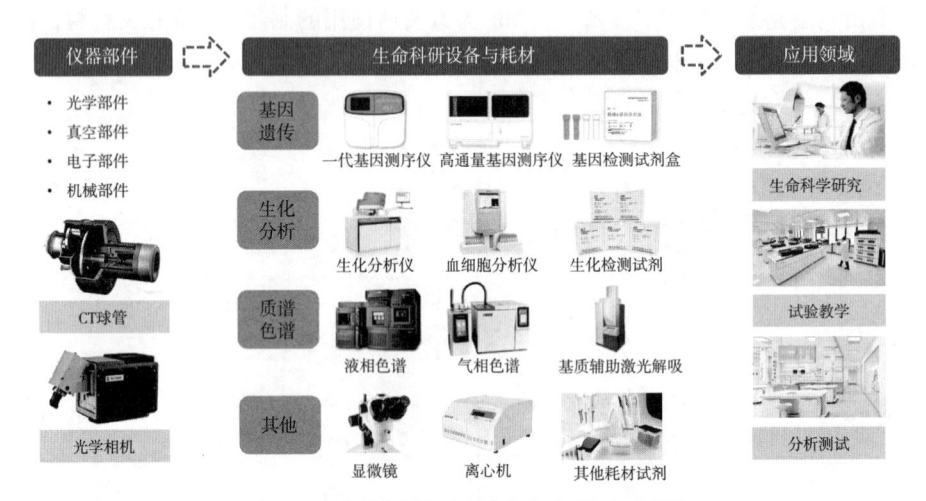

图 15.3 实验室供应链中的生命科研设备产业链

资料来源：中金公司研究部。

医院临床上游：临床患者招募。临床 I 期至 IV 期按临床试验要求不同，从几十人到千人不等，临床时间由临床入组时间和实验执行时间组成，在试验执行时间相对固定的前提下，临床入组时间成为临床总体时间的重要变量。中国人口基数大，疾病种类及病例数多，临床研究资源丰富。

工厂上游：大型制造业装备与耗材。制药装备是指用于药品生产、检测、包装等工艺用途的机械设备和包材。制药装备行业是指从事制药装备制造的行业，处于行业较上游的位置，是制药工业中重要的组成部分之一。生物药制备流程可分为药物筛选及细胞株构建、细胞培养、下游纯化、制剂罐装环节。

# 医药研发生态系统（软件部分）：科研突破，监管引导，资本加速，市场反哺

用药需求个性化特性较强且较为分散，集中力量可以解决的问题有限。人类基因具备多样性，不同患者会有不同的药物反应，通常一种肿瘤药物只对 10%~30% 的患者有效，因此需要结合患者自身特点和病情，从诊断、药物、治疗方案和康复等各个方面提供个性化解决方案。在此背景下，建设一个可持续进化发展的生态体系，能够孵化出持续创新的企业才是关键。

科研（教育体系）：发现靶点，解决治病机理。机制研究、靶点发现等源头创新需要学术界高质量基础研究的推动，基础研究成果向临床研究的转化需要成体系的转化科学及人才支持，并在制药企业的支持推进下最大化前沿发现的临床与商业价值。生命科学等基础学科以及转化医学研究探索疾病发生机制与潜在靶点关系，为新药研发提供基础与指导，药物源头创新多诞生于科研院校的实验室。

监管（审批体系）：规范引导研发方向。配置审批审核优势资源向临床急需的创新药申请倾斜需要监管的支持和引导。医药发展与监管科学联系密切，职能部门在注册管理、生产质量、定价、流通、知识产权等各个阶段介入，为一系列的理念转变和机制创新创建良好的制度环境。一方面，在审批审核上优化供给，减少制度成本及监管成本，为新药上市疏通渠道。另一方面，发挥监管的引导作用，加强行业规范性，包括提高对新药临床研究设计的质量要求。监管在调配资源和引导方向上对完善中国制药工业的创新生态和优化产业结构有独特作用。

资本（投资体系）：加速药物研发进度，解决资金问题。基础科研实力需要政府投入夯实，也需要社会资本共担前沿创新转化风险。基础科研有支撑性作用，但短期内难以获得高额收益，因此政府战略性投资支持是主要来源。同时，创新药研发本质是风险投资，具有高风险、高投入、长周期的特点，研究者很难通过个人筹集持续研发所需资金，即个人承担研发风险，因此早期的风险投资对生物科技行业发展而言至关重要，需要借助证券化融资分散风险。高定价刺激资本投资高风险项目，低定价刺激资本投资低风险项目。

市场（支付体系）：高收益回报高风险研发过程。向创新成果倾斜的议价与支付体系，激励药企向前沿领域的投入。高价值的同类最优药物（BIC）/ 首创药物（FIC）品种通常也伴随着更高的研发风险，对产品的商业化预期有更高要求。由于国内市场通常是新药商业化的第一站，提升支付体系的筹资能力，明确支付体系的临床价值导向，为高风险的前沿创新支付创新溢价，能够激励药企向前沿领域的投入。

## 外包业务已切入全球体系，硬件供应链逐步实现进口替代

### 研发过程受益于外包体系，中国工程师红利的优势

外包加速医药研发进程。研发外包（CXO）包括偏服务的合作研究组织（CRO）和偏制造的医药定制研发生产（CMO）。CRO 与 CMO 是为创新药的研发者提供研究支持与生产供货服务的定制化外包体系，可以极大地提升药物研发效率。CRO 加速实验室与医院临床环节，通过合同形式提供药物开发过程所涉及的全部或部分活动，协助药企进行科学研究或医学研究，主要提供的服务包括药物发现、安全性评价、药代动力学、药理毒理学等临床前研究及临床数据管理、新药注册申请等。CMO 加速工厂生产环节，侧重药物生产，是指以合同定制形式提供中间体、原料药、制剂的生产以及包装服务，在此基础上升级的研发生产外包组织（CDMO）还提供生产工艺的研发和创新服务。

中国的研发外包是全球医药研发外包体系的重要组成。2000 年前后中国开始从化学合成切入全球体系。2001 年中国加入 WTO，同时期，药明康德、康龙化成等中国第一批 CXO 公司成立，从壁垒较低的化学合成等前端简单受托加工业务切入医药外包供应链，在加入 WTO 后的市场环境下，与海外大药企逐步建立信任关系，并凭借人力成本优势与产能成本优势承接海外订单，形成原始积累。2015 年，《国务院关于改革药品医疗器械审评审批制度的意见》发布，明确中国国内制药企业创新转型的趋势，国内新药研发需求开始崛起。2017 年，中国加入国际人用药品注册技术协调会（ICH），审批体系与国际接轨，国内 CXO 得以承接更多后端高级附加值订单，包括国际临床多中心以及生产制剂等业务。

经过20年左右发展，目前头部CRO及CDMO公司已有较深积累，海外收入占比平均超过70%（除临床CRO泰格医药），已经切入全球体系。中国小分子药外包龙头药明康德发展历史见图15.4。

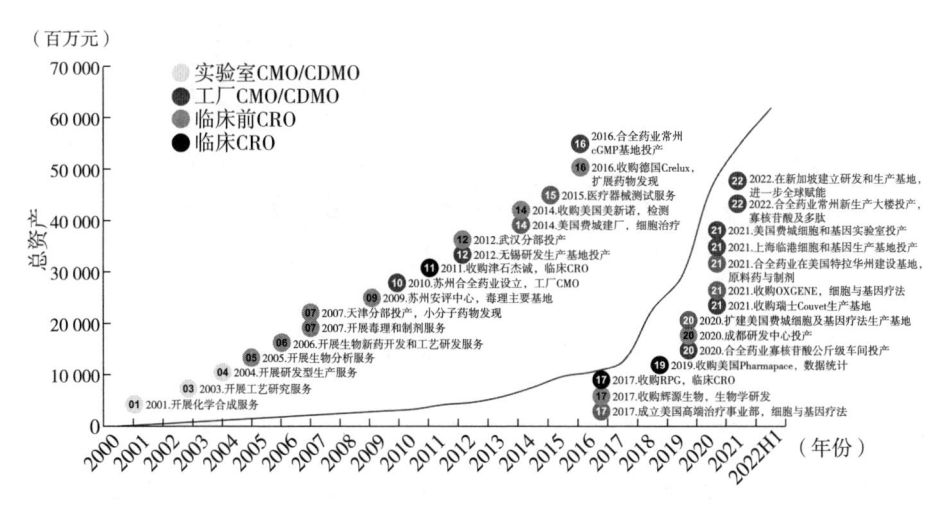

图15.4 中国小分子药外包龙头药明康德发展历史

资料来源：弗若斯特沙利文，中金公司研究部。

工程师红利下，中国CRO已形成一定全球竞争力。2000年后中国相关专业毕业生数量大幅增加，高素质专业人才储备丰富，临床前试验及生产中用工成本较低，工程师红利明显，带来成本与效率的双重优势，中国也同步从2000年后孕育出一大批CXO企业（见图15.5）。在全球需求平稳增长背景下，中国CXO企业持续受益于海外市场需求转移。临床业务因生物信息安全使得产业链端属地化管理，无法实现全球产业链转移和分工，短期内海外扩张有一定难度。

制造业成熟过程中，中国CMO代工量与高附加值业务逐步增加。创新药的生产一般需要经历基础化工品、起始物料、non-GMP中间体、GMP中间体、原料药、制剂等生产环节，越往后生产附加值越高。历史上我国药物政策法规（遵照WHO标准）与主要发达国家遵从的ICH标准不同，导致国内外市场割裂，海外创新药上市后需要在国内再注册方可上市，从而产生几年时滞，产销异地也在一定程度上使海外创新药包括制剂在内的高级市场需求回流西方发达国家。

第十五章 医药：努力创新，攀升价值链

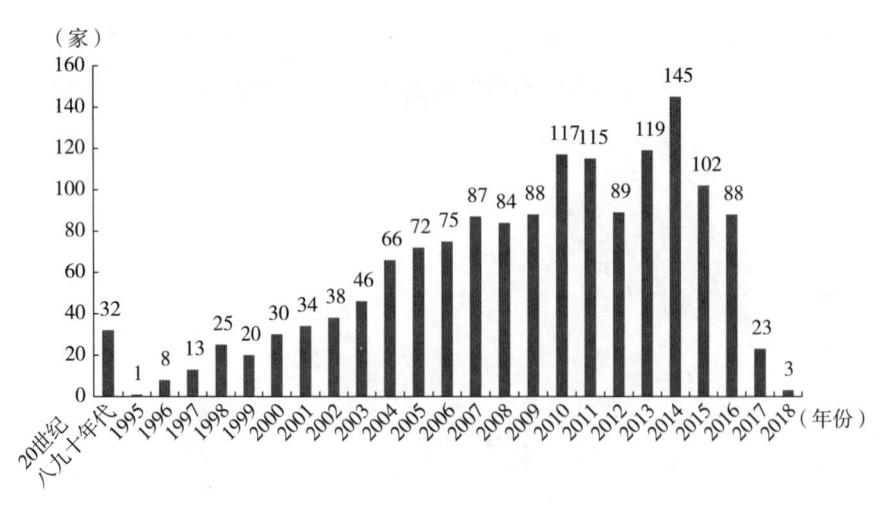

图 15.5 中国新增 CXO 公司数量

资料来源：火石创造，中金公司研究部。

同时，我国医药市场曾长期处于非规范状态，导致满足规范市场供应要求的产能较少。因此国内 CDMO 企业更多为 API 生产提供所需的中间体，业务附加值低，单产品市场空间小。欧美企业集中在产业链下游的高附加值业务，例如 API 和制剂生产及新型给药技术开发与应用等。随着国内 CXO 企业与海外药企合作深入，以及 2017 年中国加入 ICH 后审批体系进一步与国际接轨，产销同地加速高级市场需求向中国转移，中国企业开始接触到后期规模化阶段附加值相对较高的 API 和制剂市场空间（见图 15.6）。

CMO/CDMO 积极推动全球布局，应对去中心化风险。以药明康德和药明生物为首的头部 CDMO 企业开启全球产能布局周期。2022 年 7 月，药明康德宣布计划在新加坡建立研发和生产基地，并预计在未来 10 年内累计投资 20 亿新元（约合 14.3 亿美元）用于新基地的建设，药明生物宣布计划未来 10 年内投资 14 亿美元在新加坡建设一体化服务中心，拓展生物药物发现、开发和大规模原液及制剂生产的能力和规模，并将在 2026 年为公司新增 12 万升生物制药产能。就医药产业链本身而言，产业链终端产品生产需要靠近消费市场，因此海外药企多有制剂订单需要在海外生产的诉求，同时在新冠肺炎疫情扰动下多地布局产能以保持供应稳定为关注的要点。中国的头部 CDMO 企业也以此为契机开始海外产能扩建，海外产能主要完成后端高附加值制剂业务，与国内低成本前端业务形成合力。

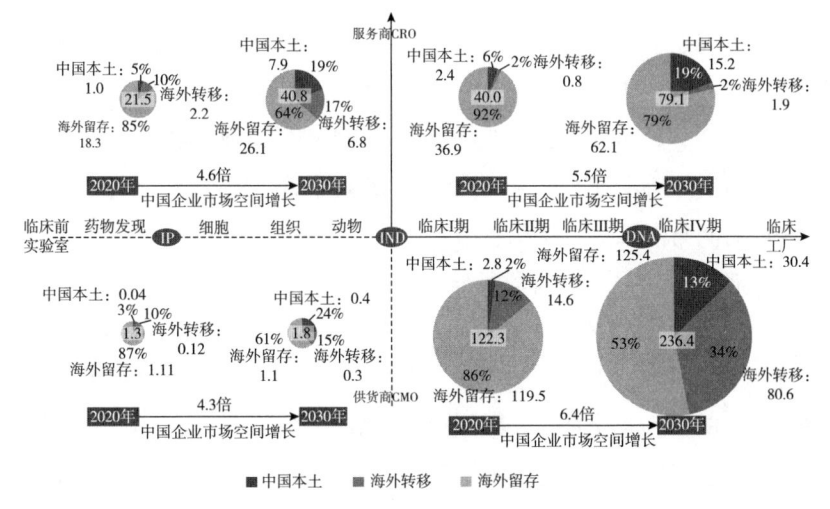

图 15.6 中国 CXO 全球市场份额占比

资料来源：弗若斯特沙利文，中金公司研究部。
注：中国本土为中国药企需求，海外转移为海外药企需求由中国外包企业承接部分，海外留存为海外药企需求由海外外包企业承接部分；单位为十亿美元。

中国 CRO 及 CDMO 公司的大部分收入来自海外尤其是美国大型制药公司，海外需求依赖度高，因此不能排除中美阶段性完全"脱钩"给相关公司业绩带来的冲击，海外需求因安全性考虑而牺牲效率实行去中心化的风险仍然存在。但这种极端情况出现的可能性有限，一方面，CXO 企业获得海外订单的核心逻辑在于制药产业链前端毛利率相对低的业务向劳动力成本低的国家转移，全球化的过程也是效率提升各国互利互惠的过程；另一方面，医药健康领域涉及人道主义，完全"脱钩"相对较难。

## 硬件供应链短期内部分受限于海外，但并非不可逾越

硬件部分不是硬门槛，进口替代需要时间。医药研发供应链体系的硬件，包括科研设备与科研试剂、工厂制药装备与耗材等。由于国内创新产业起步晚、外

包雇主要求等原因，硬件部分历史上多为进口产品。长期的进口依赖也导致国产硬件供应商发展缓慢。新冠肺炎疫情的暴发使得国内外供应链阻断，一定程度上加速了国产硬件的进步和发展。例如，2018年后国内CDMO行业迎来较快发展时期，工厂建设需求迫切，上游制药装备行业由于海外在新冠肺炎疫情期间的供货不稳定，国内制药装备行业龙头公司东富龙、楚天科技等加速了国产替代的进程。从短期来看，科研设备、制造装备等高精机械制造业产品与海外仍有差距，国产替代可能增加研发难度与生产成本；从长期来看，硬件部分并非硬门槛，进口替代需要时间与需求端的抚育。

科研设备细分产品发展阶段各异，质谱等短期内将受限于海外供应（见图15.7）。总体来说，目前我国生命科研设备研发仍处于起步阶段，其中，直接数字化X射线摄影系统（DR）、血液诊断等技术壁垒较低的领域国产化率已有明显提升，但质谱、色谱及内镜、基因测序等高端生命科研设备的国产化率仍然较低，部分细分领域依旧由外资品牌主导。与很多其他行业的分析仪器类似，医药研发的不少分析仪器仍受限于海外供应。

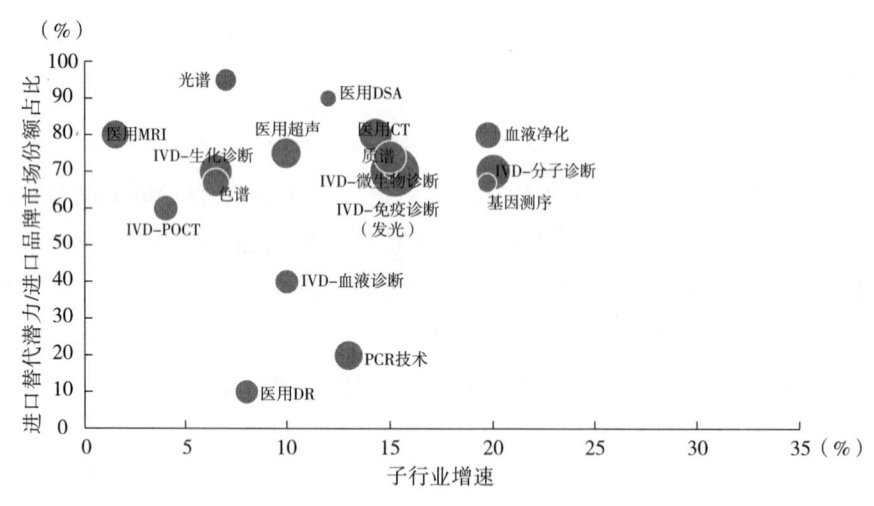

图15.7 科研设备国产替代情况概览（2020年）

资料来源：灼识咨询、亿欧智库、沙利文研究院、前瞻产业研究、中金公司研究部。

注：气泡大小代表相应子行业市场规模相对体量；部分子行业增速受到2020年新冠肺炎疫情影响；部分细分行业气泡图信息为中金公司估算结果，可能与行业最新的实际情况有所偏差，仅供参考。

科研试剂可逐步实现进口替代。目前在美国、欧洲等发达国家或地区,生物试剂行业已基本发展成熟,市场竞争格局较为稳定。行业内领先企业通过收购等方式形成规模化发展,行业集中度呈上升趋势,诞生了赛默飞、凯杰生物等一批具有世界影响力的跨国企业。国内生物试剂行业起步较晚,国产生物试剂企业在企业规模、融资渠道、成立时间等方面存在竞争劣势,在关键原料技术、生产工艺、产品种类丰富度、产品质量等方面同海外企业存在一定差距。新冠肺炎疫情的暴发阻断了部分国内外供货体系,加速了国内试剂的进口替代。例如新冠肺炎疫情暴发后,核酸聚合酶链式反应(PCR)检测试剂盒所需的上游原料海外供给短缺,国内大量核酸检测需求加速国产原料替代,加速了生命科研试剂行业如诺唯赞、百普赛斯、义翘神州等公司的发展。因为生物试剂的需求相对定制化且分散,所以核心产品被"卡脖子"的风险相对较低。

制药装备进口占据主导,国产份额不断提升。我国制药装备行业起步较晚,相关企业在技术、性能与国外制药装备龙头存在一定差距。但随着技术开拓和积累,也逐步形成了一批以东富龙、楚天科技为代表的具有较强研发能力和竞争能力的制药装备企业,随着国内需求崛起,国产品牌有望抓住机会,实现对进口品牌的超越。

## 医药生态体系软实力建设任重道远

药品市场的供应核心在于新药分子的开发与上市。药品价值在于研发出解决临床需求的新药而非药物制造的产能建设。换言之,药品价值链中相比于研发服务及供应商,产品端毛利率高且收入体量更大,处于产值链顶端。临床价值与创新性兼备的重磅品种商业化表现强劲,单款重磅新药就能够驱动药企快速成长。全球排名前10款的药物销售额合计超千亿美元,3款药物销售额逾百亿美元,大部分重磅分子由欧美药企贡献。

美国是全球新药分子及上市产品的主要贡献者和销售市场。美国药品市场格局在专利制度与严格的监管要求下得以维持,保障了药品的商业化潜力,驱动着资本市场与制药工业的持续研发投入,同时不断反哺推动新药研发体系的进步与迭代。2020年,美国药企贡献了51%的新药分子,全球最畅销药品排名前10款中有9款是由美国药企首先推向市场的。2019年,美国生物科技企业数量占全球总量的 46%；2020 年全球前 20 家大药企中有 9 家总部位于美国。强劲的终端支付能力赋予了药企研发强大的驱动力。

目前全球范围内高价值新药集中于欧美跨国药企。由于新药研发成本高昂，欧美成熟市场出现了行业分工，创新活跃的中小企业常在完成概念验证后将候选分子通过合作开发、授权或整体出售的方式，与现金充裕、临床及商业化平台成熟且有拓展管线需求的大型跨国药企开展合作。这一分工导致新药分子向欧美跨国药企进一步集中。

中国制药企业处于转型追赶阶段，企业与产品尚未形成全球竞争力。相比之下，中国制药工业起步较晚，国内的药品市场较为分散。收入体量靠前的综合药企业务以仿制药为主，新药业务处于转型跟随创新阶段，多数产品尚不具备全球竞争力；近年来迅速成长的、以创新药为主导的生物医药/生物科技企业，同样还处于成长期。

中国制药创新加速追赶，创新水平亟待升级。2015 年以来在制药企业的主导下，国内新药研发对标欧美成熟市场加速推进，较早布局的企业近几年开始逐步进入收获期，同时也阶段性地出现了靶点同质化问题。国内创新药企多采用成功率更高的 Me-too/Fast-follow（模仿/跟进）策略，在欧美研究的基础上利用后发优势跟踪追赶国际创新成果，部分靶点进度已跻身全球第一、二梯队。但也不可避免地存在过度竞争的情况，大部分有限的开发及临床资源被分配给同质化严重的热门靶点。2019 年，美国临床试验阶段靶点数量为 550 个，而中国仅为 160 个，覆盖面较窄。在此基础上，中国临床试验靶点拥挤度也明显高于美国，美国 70% 的临床阶段资源集中于前 30% 的靶点，而中国 70% 的临床阶段资产则对应前 21% 的靶点，大量临床资源集中在重复的靶点，浪费严重。中国制药工业升级阶段见图 15.8。

现阶段，我国医药研发生态圈已初步建立，审批体系逐步完善并与国际接轨，但仍在教育体系、投资体系和支付体系有较大提升空间。具体来看，一方面，制度标准与药企投入导向在 2015 年药审及医保改革以来逐步明确，已率先突破并取得明显成果。另一方面，基础学科仍是短板，学科与人才体系建设还有较大提升空间。同时，当前的创新投入激励尚不充分，资本融资专业程度不足，市场支付潜力仍未完全发掘。

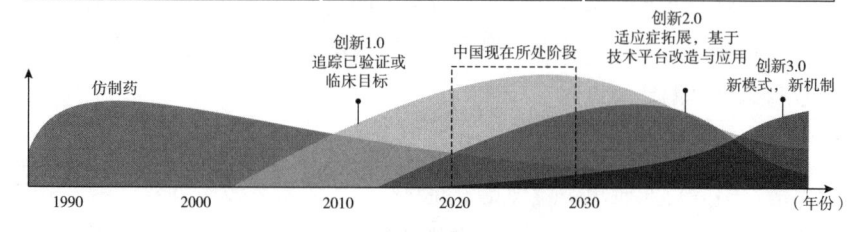

图 15.8　中国制药工业升级阶段

资料来源：BCG，中金公司研究部。

## 审批体系：药审改革已取得突破性进展，现代化审批体系逐步完善

2015年药品审评审批改革明确了创新药的创新性和临床价值，此后开始了一系列机制创新改革，中国制药工业的创新生态逐渐完善，产业结构不断优化，为国产创新药行业起步并步入正轨提供了必要条件。

优化流程加快新药审评审批，减少制度及监管成本。在保障安全性的前提下将更多责任压实，权力赋予企业、机构和市场。国家药品监督管理局（NMPA）将临床试验申请由审批制改为到期默认制，临床试验机构资格认定实行备案制，缩短临床试验审批时间，释放医疗机构参与临床试验的能力与热情。2020年《药品注册管理办法》为新药上市提供附条件批准、突破治疗、优先审评、特别审评四个加快上市的通道，并从供给端加强审评能力，包括国家药品监督管理局药品审评中心（CDE）增加审评人员数量，提高审评效率等。

审批体系与国际接轨。国家药品监管部门2017年加入ICH并于2018年成功当选管理委员会成员，逐步实施国际最高技术标准和指南，推动药品注册标准的科学化发展，加快药品注册技术要求与国际要求的协调和统一。中国新药研发的各个环节进一步融入国际创新体系，药品监管体系真正融入国际社会，逐步置身于全球医药市场。

明确知识产权保护对鼓励医药创新的重要性。2017年中共中央办公厅、国务院办公厅联合印发《关于强化知识产权保护的意见》，提出探索建立药品专利链接制度和专利期延长保护，完善药品试验数据保护。2020年新修改的专利法通过，中国引入与国际接轨的药品专利期补偿制度，对创新药因审评审批占用的上市时间给予适当的专利期限补偿，同时对药品专利链接做出安排，规定药监和专利部门共同制定药品上市审批与许可申请阶段解决专利权纠纷的衔接办法，建立药品专利纠纷早期解决机制。

从审评端引导行业创新BIC与FIC的发展方向，从准入层面倒逼行业低质量建设的出清，引导行业避免不合理竞争导致的研发资源重复及低效使用，引领企业往临床价值更高和更新的方向实现良性积累。2021年11月，CDE发布《以临床价值为导向的抗肿瘤药物临床研发指导原则》，从政策层面强调对新药临床研究设计的质量要求，呼应FDA、ICH等国际指导原则，明确对创新质量的高要求。

中国医药监管政策梳理见图15.9。

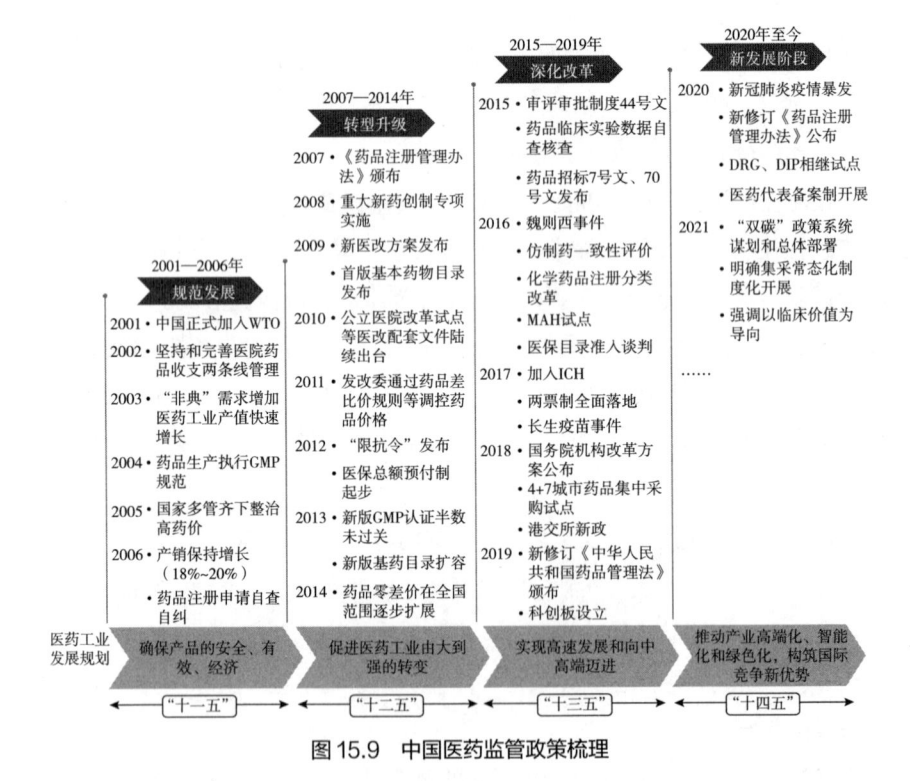

图15.9 中国医药监管政策梳理

资料来源：中国医药工业信息中心，中金公司研究部。

## 教育体系：基础科学相对薄弱，需提升成果转化效率

药审改革释放了制药工业的创新动力，国内创新体系在过去几年制药工业主导的建设下，临床及生产环节人才体系提升明显，但基础研究与转化科学环节人才体系建设还有较大改进空间。2015—2019年，生物类别和医学类别美国论文平均被引用频次分别是中国的2.5倍和4倍，2019年生命科学领域论文美国的影响因子总和是12 185，远高于中国的2 722。目前中国学术界有能力引领突破性创新的人才未形成规模，已发布的高水平学术文章绝对数量虽然不断增加，但缺少成功转化为管线及上市新药的成果（见图15.10）。

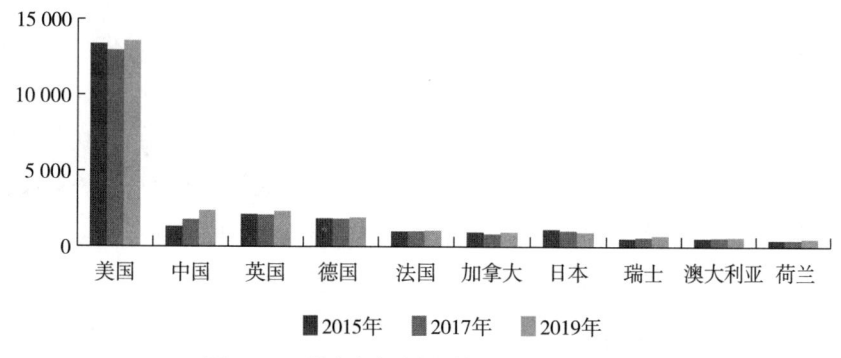

图15.10　发表生命科学领域论文影响因子总和

资料来源：Nature Index，中金公司研究部。

注：统计论文包括CNS在内的43种杂志，计算方式为假设文章所有作者对文章的贡献均等，每位作者的贡献总和为1。

科技投入的成果转化效率、转化机制仍有提高完善的空间。全球学术界在1992年提出"从实验室到病床"的转化医学概念，美国国立卫生研究院于2003年正式提出并制定转化医学路线图，2006年设立临床和转化科学基金，又于2012年成立国家转化科学促进中心，建设遍布美国全国的学术医疗中心网络，大量专业人才构成了基础研究到临床的桥梁。中国在过去几年建设了技术转移的基础制度，但转化医学尚处于起步阶段，我国科技成果大部分来自科研院所而非企业，科技成果与产业结合存在较多的脱节现象，以促进科技成果转化为目标的部分联盟当前仍比较松散，难以形成合力。

## 投资体系：投资体量上升迅速，专业性与结构性仍需优化

中国基础研究投入相对薄弱。2018 年，中国基础研究投入比重约 5.5%，对比美国 16.6%、日本 12.6% 以及英法两国分别 18.3%、22.8% 均有较大差距，大部分研发资金用于试验发展，用于基础研究的投入资金有较大提升空间。发达国家大多设立了生物医药研究的统筹管理体系，以分专业、多项目的高效率投资方式，确保医学基础研究投入的方向。以美国国立卫生研究院为例，其管理的近 400 亿美元的资金中，有 80% 通过 24 个细分学科研究所统筹资助院外研究机构，推动美国在医学前沿领域的研究。2019 年中国公共部门医学领域的相关投入超过 200 亿元，经费来源包括科技部、卫健委、药监局、自然科学基金委以及医学类高校等。

美国专业的医药资本市场提高资本利用效率，资金分层提升创新研发的风险鉴别与抵御能力。美国是风险投资的发源地，已形成较为专业的医药行业投资者群体与相对成熟的定价估值体系，结合健全的技术转让体系，能够较好地运用资本市场力量共担前沿创新的转化风险。同时，纳斯达克等二级市场为风险及股权投资提供了退出途径，降低了资本的退出成本。美国市场的经验对中国有较强的借鉴意义，创新融资与常规融资分层，提高创新资金融资准入门槛，可提升项目失败耐受度；投资机构分层，专业人投资专业项目，提升创新项目真伪辨识度，并反哺药监局对全新项目监管能力；积极探索金融衍生业务，稀释单个创新药项目失败的影响。

中国融资体系逐步健全，但专业化程度仍待提高。2014 年起，资本加速涌入医药行业，成为推动国内创新成长的重要动力。港股 18A 与科创板为生物科技企业提供了国内上市通道，资本退出机制完善吸引大量社会资本流入。据动脉网统计，2021 年国内生物医药领域投融资为 1 113.58 亿元，同比增长 26.0%，融资事件达 522 起，同比增长 53.1%。但所投标的质量参差不齐，大量资金流向重复建设的扎堆领域，部分标的估值存在虚高。

## 支付体系：商业保险支付方缺失，高风险高回报利益机制不健全

美国目前是全球最大的药品市场，大部分药品支出用于支付具备临床价值的

创新药。美国作为发达经济体，社会整体支付能力与支付意愿较强。据美国临床经济评价研究所（ICER）评估，美国患者支付意愿达 10 万~15 万美元/质量调整生命年[1]。2021 年，美国药品市场年销售收入达 5 550 亿美元，位居全球第一，占全球市场销售额的 47%。美国专利、监管与定价体系强调药品的创新性与临床价值，赋予了新药及药企较大程度的定价权，同时其支付体系也有能力为创新药支付高额溢价。据美国药品研究和制造商协会（PhRMA）及 IQVIA 数据，2020 年原研药[2]占全美处方量的 9%，但销售额占比高达 80%，2018 年专利期内原研药处方药市场份额达 66%，大部分药品支出用于新药。

中国药品市场规模绝对值靠前，但人均药品费用较低。中国人口众多，药品市场绝对体量仅次于美国，是重要的药品市场，但人均支出处于较低水平。根据《2019 中国卫生健康统计年鉴》和 OECD 数据，2019 年我国人均医疗卫生费用约为 700 美元，卫生费用占 GDP 比例为 6.67%，人均药品费用约为 260 美元；同期美国人均医疗卫生费用为 1.2 万美元，卫生费用占 GDP 比重达 17.6%，人均处方药费用（不含非处方药）为 1 128 美元。

中国市场用于支付新药的潜力尚未释放，用药结构仍需提升。自 2015 年药审及医保体系改革以来，近年中国药品市场正在经历结构调整，但大量仿制药、中药注射剂及辅助用药在中国药品市场仍占据相当份额，挤占了可用于创新成果的支付空间，支付资金利用效率尚待进一步改善。

国家医保主导的"腾笼换鸟"取得初步成果，为创新成果扩大支付空间。2016 年至今，各部委以及医保局进行了系列改革，包括重点监控用药目录、仿制药集采常态化，优化医保目录调整机制，提升医保药品目录更新频次，放宽参与新药准入谈判时间。在此过程中，医保对创新药的纳入力度逐年加大，常态化的医保谈判大大降低医保准入的制度成本，加速新药商业价值实现。同时，临床价值不明确的药物和仿制药市场逐步萎缩，更高比例的医保资金得以用于创新品种的支付，倒逼传统药企产品策略向创新药倾斜。

---

[1] 即一种调整的期望寿命，用于评价和比较健康干预。
[2] 原创性的新药。

支付体系仍需要明确导向并最大化多层次支付能力。在中国药品市场中，国家基本医疗保险是最大支付方，其基本医疗保险的社会保障义务要求其优先保障满足广泛基础的医疗需求，强调药品可及性，其筹资体系与支付政策相对单一，在议价中也往往相对强势。叠加格局与经济发展水平等因素，创新药在中国药品市场通常面对较大的降价压力，以 PD-1 单抗为代表新药的国内价格显著低于海外市场。同时，个人自费在国内占据相当比例，国内患者的治疗需求与支付意愿尚未被支付体系充分调动。美国支付体系以商业保险为主，政府主导的医疗保险或政府组织的医疗保险主要覆盖弱势群体。其中，商业保险公司主要针对适龄劳动人口，能够定制化满足不同人群不同层次的需要，发掘不同人群的差异化医疗需求与支付意愿，最大化医疗保障体系的支付能力。

但对保险支付方而言，获取医疗终端的使用数据对其产品设计、支出总额控制与风险控制而言至关重要。商业健康险目前还主要针对投保人个人，数据资料以投保人提供的非结构化数据为主，医疗体系内特别是公立医院数据的缺失给商业保险公司策划和设计保险产品带来阻碍；数据透明度缺失也给核保、理赔增加风险控制难度，保险市场上代理人和用户信息不对称的问题严重。在打通医院用药数据体系的背景下，加速商业保险入场，发掘商保支付潜力，有望为中国医药行业支付体系引入增量，缓和国家医保远期支付负担。

## 思考和启示：政策引导完善软件生态圈，市场化孵化强国医药

### 新型举国体制，化零为整创造医药创新发展沃土

教育体系：加大基础与转化科学建设投入，促进研究成果向产业转移。利用公共部门的资金与政策持续引进高水平人才。完善技术转移与成果转化的基础设施建设，同时发挥政府资金的引导作用，为高风险领域的转化探索提供支持。

审批体系：继续优化审批制度，鼓励前沿创新。进一步挤出前沿领域创新的制度成本，实施完善专利与数据保护制度，同时设立社会化激励机制，合理引导企业创新方向，提升临床前及临床资源配置效率，鼓励原始创新。扩充监管系

统，开展符合全球创新标准的系统性培训项目与能力建设体系，提升监管机构专业化能力，配套发展源头创新审批与复议体系。

投资体系：资金分层提升创新研发的风险鉴别与抵御能力，激发社会资本活力。创新融资与常规融资分层，提高创新资金融资准入门槛，提升项目失败耐受度，建立健康投资体系；投资机构分层，专业人投资专业项目，提升创新项目真伪辨识度；积极探索金融衍生工具，例如交易型开放式指数证券投资基金（ETF）帮助投资者稀释单个创新药项目失败的影响，或针对不同风险偏好的投资者设计定制化产品。

支付体系：建设多元化支付体系，引入增量为创新支付合理溢价。打通医院用药数据体系，加速商业保险入场，发掘商保支付潜力，为医药行业支付体系引入增量，缓和国家医保远期支付负担。进一步降低新药进入保险体系的准入成本，完善用药评价体系与用药管理体系，以临床价值与患者获益为导向，合理高效地使用医保资金。支持高质量创新高定价体系，高风险高回报利益机制加速融资分层，反哺高风险原研创新药。

## 上游硬件国产化势在必行，关键供应链国产化可以稳固生态体系

上游国产化势在必行，关键供应链国产化可以稳固生态体系。现阶段生命科研设备整体国产化程度相对较低，一方面由于我国当前产品端的技术突破面临较高的研发创新壁垒，且设备产品从核心零部件到整机集成涉及学科众多，需要复合型背景人才相配合；另一方面，除产品端的研发突破和性能比较外，下游商业客户对外资品牌的维保、更新等持续性衍生服务业务的认可度也较高，因此上游生命科研设备的国产化设备的商业化仍有进一步突破空间（见图15.11）。

随着国内对人才培养和政策催化的持续扶持，产品研发所涉及的底层技术性知识有望逐渐沉淀并助力创新技术的研发突破，同时随着商业生态变化和国内品牌对客户需求重视程度不断加强，上下游整体的国产化率有望实现进一步提升，进而实现国内生命科研供应链生态体系的稳固。

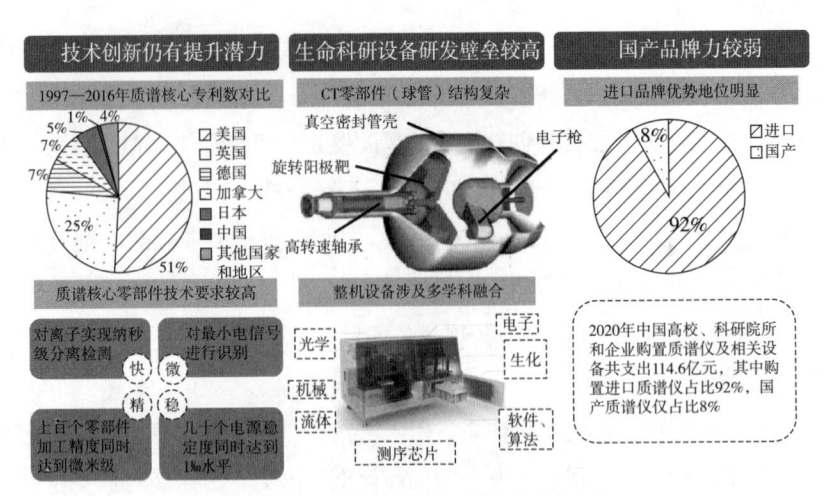

图 15.11 生命科研设备国产替代难点分析

资料来源：张丽娜等：《质谱仪技术进展、自主创新研发和开放共享使用现状》(2021年)；沈湘等：《基于 1997—2016 年专利分析全球质谱仪技术创新现状和趋势》(2017年)；石灵等：《医用 CT 球管国内外现状及发展趋势》(2018年)，华大智造招股书，中金公司研究部。

注：1997—2016 年我国质谱领域专利申请数量占比达到 15%，但较为重要的核心专利申请数量占比仅为 1%。

第十六章

# 家电：品牌全球化任重道远

中国当前是家电制造强国，国内市场以自主品牌为主，家电产业初步具备较强的国际竞争力。从产业链微笑曲线看，品牌全球化和上游核心电子元器件仍是需要攻克的高附加值环节。本章梳理家电产业的发展脉络与产业特征，研究家电全球化面临的挑战与机遇。

中国虽然是家电制造强国，但全球品牌影响力弱。首先，全球家电产业转移从欧美到日韩、再到中国，目前中国是全球家电制造强国。但就品牌影响力而言，欧美、日韩品牌在海外市场依然占主导地位，中国企业品牌海外影响力弱。其次，劳动力成本优势、大国需求、齐全的产业链配套是中国家电产业崛起的重要影响因素。但当前中国家电产业面临劳动力成本上升、产业外迁的压力，需要向更高附加值的品牌全球化升级才能化解这一压力。最后，从生产端来看，中国家电产业链链条较完整，但产业链中少数部件如芯片、LCD 面板原材料对外资企业依赖度高，极端情况面临"卡脖子"风险。从需求端来看，缺乏品牌影响力导致需求波动风险偏大。

家电产业面临全球化的挑战与机遇。美国是最重要的家电消费市场之一，美国针对中国制造的关税壁垒导致我国将部分家电产能向东南亚等地区转移。假以时日，东南亚或将出现家电产业集群同中国竞争。印度家电市场潜力较大，印度通过关税壁垒引导外资投资，但对中国企业限制颇多，或有中国企业无法参与印度市场发展的风险。中国家电企业正努力以各种形式进行品牌全球化，2020 年、2021 年在新冠肺炎疫情的影响下出现快速发展。但当前欧美居家类消费面临高通胀、能源危机等负面因素，购买力不足，中国家电出口面临下滑压力。

通过分析得出以下三点思考与启示。一是顺应产业趋势，鼓励中国家电企业"走出去"。利用国内发展产业集群的经验，培育有利于中国的东南亚家电产业集群。鼓励大型家电集团发挥"链主"企业担当。培育和提升中国家电企业在海外市场的本土化能力。二是进行分层次的产业布局，对外持续开放和交流，实现产业链更高程度的国产替代。家电涉及多产业，核心技术主要来源于上游行业。欧美当前对中国高端技术进行限制，长此以往或削弱中国家电产业的创新力，需要防范此类问题的潜在风险。三是把握国际标准制定主动权，将技术优势打造成标准优势。①

---

① 本章作者：何伟、汤亚玮、李晶昕、张瑾瑜、张沁仪、王畅舟。本章得到了汤青樱子的支持。

梳理家电产业的发展脉络，方能了解中国家电产业当前竞争力，以及未来发展方向；理解家电的产业特征，方能抓住家电产业发展规律。

中国家电产业自20世纪80年代起步，20世纪90年代大量引入外资企业，学习生产技术和管理经验。2001年中国加入WTO后，家电产业受益于全球自由贸易，家电内销和出口都快速增长，家用电器及音响类零售额从2002年的953亿元增长至2021年的9 340亿元，诞生了海尔、美的、格力等国民品牌和石头科技、极米科技等科技创新品牌；同期家电出口额从88亿美元增长至987亿美元。2010年中国家电产业具备了一定的竞争力，大家电企业开始尝试全球化，但此时竞争力尚弱，品牌全球化效果不佳；2020年中国家电产业已经具备较强的国际竞争力，在全球新冠肺炎疫情的影响下，家电产能进一步向中国集中；同时，中国企业也通过各种形式积极拓展品牌全球化布局，并取得一定效果，开始形成趋势。但需要指出的是，当前中国品牌海外影响力依然偏弱，中国家电产业面临美国、印度逆全球化政策导致的产业外迁的外部压力。未来，从家电生产强国升级为全球品牌强国，是中国家电产业任重道远的努力方向。

在中国家电产业升级过程中，劳动力成本优势、大国需求、齐全的产业链配套是三个重要影响因素。首先，由于家电属于中等劳动密集型、中等资产行业，劳动力成本优势有助于初期发展，但并非决定性的影响因素。例如，东南亚从20世纪80年代就开始承接日本的部分家电产能，但并未壮大本地的家电产业，至今仍是由区域外的企业在当地生产，未形成有影响力的当地品牌。其次，大国需求可吸引外资投资，在初期带来技术、生产、管理的示范作用。在市场增长过程中，本地化的需求有助于本土企业品牌成长，中国本土企业逐步获得规模化优势。就当前中国家电产业而言，具备全球竞争力、在全球范围内进一步拓展的是本土成长起来的品牌企业，例如海尔智家；或通过创新成长起来的企业，例如石头科技，而不是以代工业务为主的企业。以代工业务为主的企业，生产订单有赖品牌企业，在需求衰退时常常面临供应链长鞭效应，业务稳定性差。例如，2022年以来欧美家电消费需求下滑，以为欧美家电企业提供代工业务为主的企业营收大多下滑较大。最后，家电涉及多产业，核心技术主要来源于上游行业，中国齐全的产业带来产业链配套优势，部分家电龙头还发展了产业链一体化优势。例如，空调龙头格力、美的实现了空调压缩机、电机、变频控制器、MCU 的国产替代。日本、韩国在全球也是重要的工业国，产业门类具备相对优势，也曾承接全球家电主要产能，而东南亚缺乏产业链配套，虽然中国将部分针对美国市场的家电产能转向东南亚，但核心零配件仍需要中国出口。

家电产业发展中以市场竞争为主，产业政策为辅。重要的产业政策包括三点。一是消费刺激政策，例如家电下乡、以旧换新。二是消费结构调整政策，例如家电高能效产品补贴，家电能效标准强制性提升。全球日益重视的绿色低碳经济及各类政策要求成了产业链的综合比拼，中国具有一定优势。例如，空调制冷剂共经历了四代演变[①]，当前氢氟烯烃（HFOs）作为第四代制冷剂，属于精细化工，生产成本较高，尚未规模化。美国霍尼韦尔与杜邦共同开发的 HFOs 相关第四代制冷剂已在欧美推广，中国能够生产第四代制冷剂的企业有巨化股份和三爱富。再如，过去欧洲冬季采暖以燃气炉为主，但由于碳减排目标和天然气短缺，欧洲各国开始鼓励空气源热泵。2022 年 5 月欧盟 REPowerEU 计划指出，将在未来五年内推广 1 000 万台热泵，目前已经带动中国热泵出口快速增长。三是供给端面向上游面板、LED 芯片的产业政策也帮助家电产业链上游攻克核心配件"卡脖子"问题。半导体产业对面板、LED 芯片等重资产产业的政策类似于当年韩国针对面板的产业政策，即政府补贴下的逆资产投资并取得效果。但需要指出的是，由于产业的

---

① 高恩元、韩美顺：《2020 年度中国制冷剂产品市场分析》，《制冷技术》2021 年第 2 期。

差异，此类政策不适合家电产业。至今，家电产业链在上游半导体产业环节尚未做到国产替代，例如芯片和 LCD 面板原材料的生产还较为依赖外资企业。

## 家电的产业特征

### 涉及多个产业，核心技术源于上游行业

家电是产业链上游众多行业技术的综合应用，产业呈网状分布（见图 16.1）。主要涉及电子、机械、新能源、装备制造等上游制造业，以及钢铁、有色金属等原材料。随着 IoT 时代产品普遍智能化，计算机、人工智能行业也成为上游产业链的重要部分。家电是中等技术行业，并非高科技行业。高科技实现产业化，可在大规模推广后应用于家电市场，此时高科技定位即转变为中等技术定位。

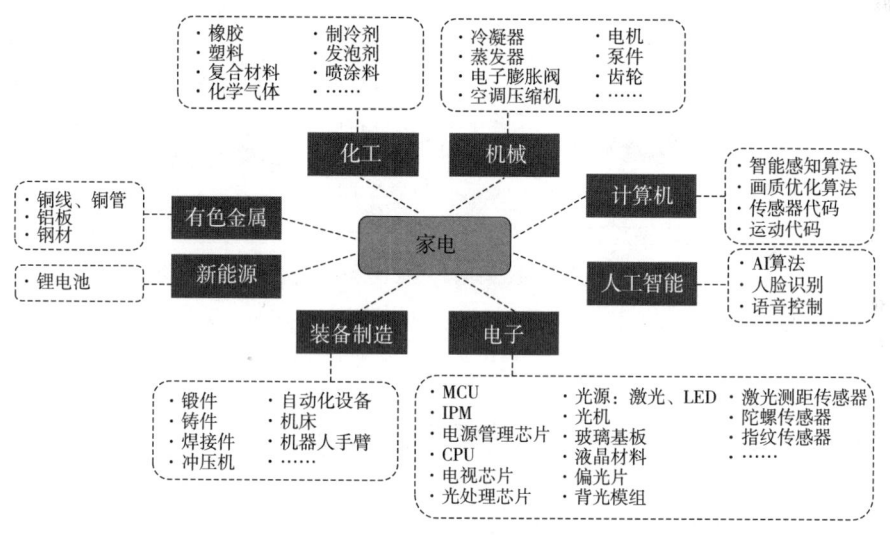

图 16.1 家电是产业链上游众多行业技术的综合应用

资料来源：中金公司研究部。

上游核心技术对家电产品发展影响较大，家电行业未来的持续发展依赖上游的技术和工艺水平，例如芯片、人工智能算法和新材料的发展。欧美当前对中国高端技术进行限制，长此以往或削弱中国家电产业的创新力，需要防范此类问题的潜在风险。

## 产品品类众多，配件各不相同

以空调、扫地机、彩电、投影仪为例（见图16.2），不同家电配件组成部分有所差异，但是涉及的上游行业类似。首先，家电产品基本都采用了金属、塑料等较为基础的原材料。其次，各类家电产品也使用不同类型及型号的芯片，部分芯片的研发和生产为产业链难点，其中空调 IPM[①]、扫地机 CPU 国产化率偏低，投影仪光处理芯片国产化率低并受外资掣肘。扫地机等产品除用到上述类型原材料及对应芯片外，还涉及 AI 算法、语音控制、锂电池等。

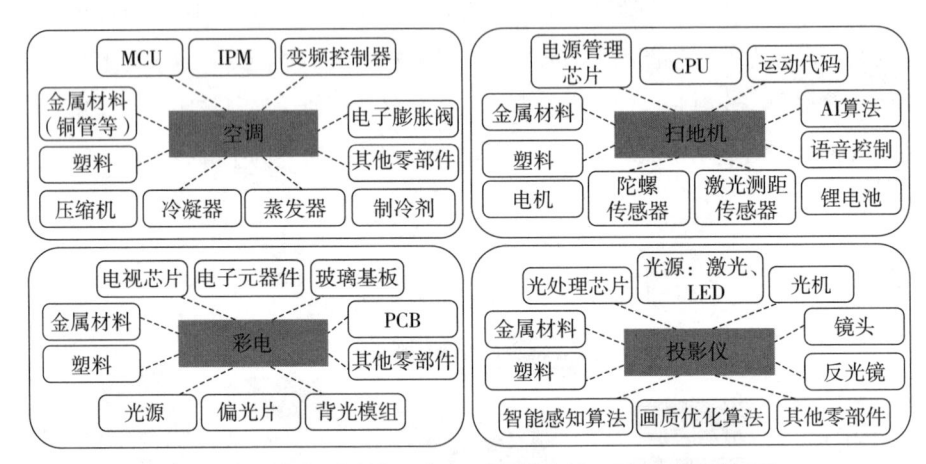

图16.2 以空调、扫地机、彩电、投影仪为例，不同家电配件不同

资料来源：康冠科技招股说明书，石头科技招股说明书，极米科技招股说明书，中金公司研究部。
注：PCB 为印制电路板。

## 非劳动密集型、重资产行业，价值链呈微笑曲线

有别于劳动密集型、重资产行业，家电属于中等劳动密集型、中等资产行业（见图16.3），分析框架有所不同。首先，家电是非重资产行业，折旧占生产成本比重较低。整机制造中，2021年大家电、厨电、小家电、彩电的生产成本中折旧占比分别为 1.7%、2.7%、3.6%、0.4%，比重较低。上游机械类核心元器

---

[①] IPM（Intelligent Power Module）全称为智能功率模块，属于功率开关器件。

件、电子类核心元器件折旧占比分别为 2.6%、10.1%，其中电子类核心元器件折旧占比较高，是由于其生产需要光刻机等重资产。其次，家电也非劳动密集型行业，人工成本占生产成本比重较低。整机制造中，2021 年大家电、厨电、小家电、彩电的人工成本比重分别为 5.5%、5.9%、9.6%、1.7%，其中小家电品类多，生产线切换频繁，人工占比偏高，其他产品人工成本占比较低。上游机械类核心元器件、电子类核心元器件人工占比分别为 12.5%、16.3%，高于整机制造。

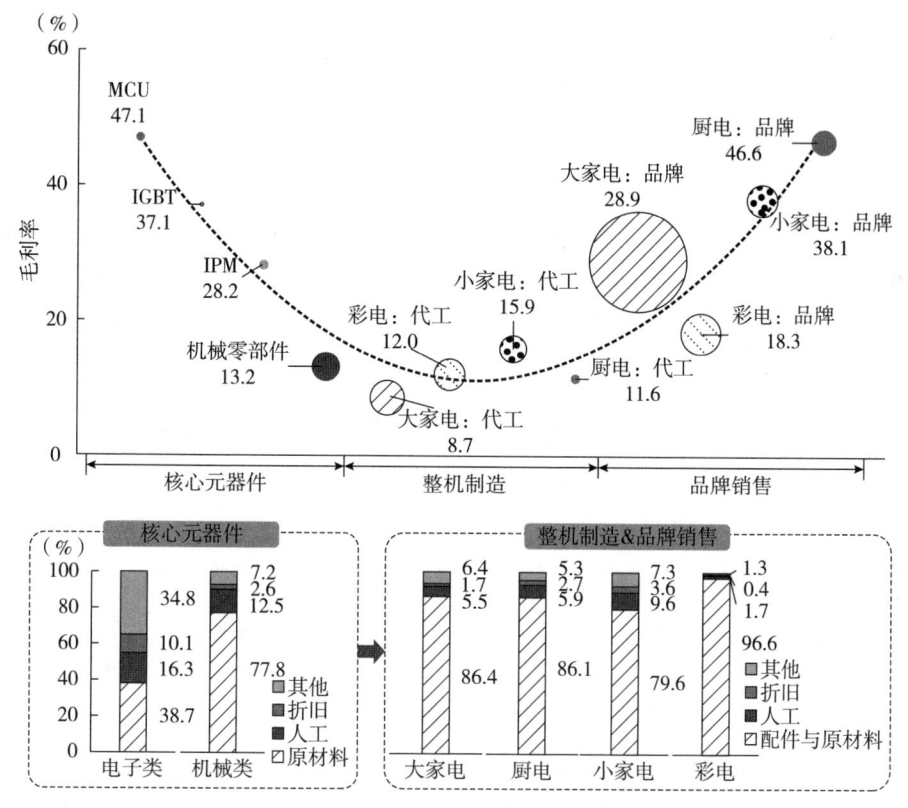

图 16.3 中国家电产业链毛利率和成本构成刻画（2021 年）

资料来源：公司公告，中金公司研究部。

注：气泡大小表示 2021 年中国控制的上市公司在该环节的营收规模；选取 A 股代表性上市公司进行毛利率和成本构成的测算，采用 2021 年报数据；对于未单独在营业成本中列示折旧的公司，采用固定资产本期计提折旧估算；IGBT 全称绝缘栅双极型晶体管（Insulated Gate Bipolar Transistor），多用于功率控制。

第十六章　家电：品牌全球化任重道远

家电产业链附加值呈微笑曲线，两端毛利率较高，高毛利率的环节是中国家电产业未来要继续拓展的方向。2021 年大家电、厨电、小家电、彩电企业品牌业务毛利率分别为 28.9%、46.6%、38.1%、18.3%；代工业务毛利率分别为 8.7%、11.6%、15.9%、12.0%。品牌业务的毛利率明显高于代工业务。上游机械类核心元器件和电子类核心元器件中，2021 年机械零部件如空调压缩机、制冷阀件的整体毛利率为 13.2%，电子元器件中的 MCU、IGBT、IPM 毛利率分别高达 47.1%、37.1%、28.2%。

## 需求与供给并重，全球需求风险明显

全球家电产业需求和供给对中国家电产业具有重要影响，在本部分的分析框架中，需求和供给都是重要的分析影响因素。家电属于中等技术行业，不同国家存在效率差异，但在不考虑效率的情况下供给可替代性强。效率在自由贸易时代是重要的竞争优势，但在当前部分市场逆全球化的影响下，效率并不能完全决定产业的发展。

虽然当前中国家电产业生产制造能力强，但是需求端的风险不容忽视。主要存在三大需求类风险：一是中国家电大量出口，目前面临海外需求整体下滑；二是美国、印度对中国生产的产品设置关税壁垒；三是自主品牌受海外影响，原始设备制造商（OEM）、原始设计制造商（ODM）订单波动较大。

2020—2021 年新冠肺炎疫情防控期间，欧美家电需求在居家生活以及政府补贴的背景下出现透支性质的快速增长。2022 年，欧美受高通胀、能源危机等负面因素影响，家电需求下滑。中国家电出口整体面临以欧美为主的全球需求下滑的压力。据海关总署统计，2022 年 1—9 月中国家电出口 662 亿美元，同比增长 -10%。在全球家电市场中，中国、美国、西欧是三大需求市场，印度是潜在的重要市场。欧、美、日、韩家电品牌在中国以外的市场具有广泛的品牌影响力，从中国大量进口 OEM、ODM 家电产品。在自由贸易时代，中国凭借产业链效率优势，和欧、美、日、韩品牌形成稳定合作。但是近年来，美国、印度针对中国企业或者中国出口的家电产品政策不友善，中国企业在自由贸易时代的产业链效率优势无法充分发挥作用。相比于自主品牌，欧、美、日、韩品牌企业为规避美国的各类限制而转移订单导致的需求波动较大。即使是自主品牌，当遇到美国、印度的不友善政策时也具有风险。

## 家电制造强国，生产端产业链较完整

### 中国是全球最大的家电零售市场之一，也是全球家电制造强国

2001年中国加入WTO后，中国家电零售市场、家电出口都保持快速增长，目前已成为全球最大的家电零售市场之一。据工信部数据，2021年家电规模以上企业营收（包含非家电业务）1.7万亿元，利润总额1 219亿元；据奥维云网（AVC）统计，2021年中国家电零售规模7 603亿元；据海关总署，2021年中国家电[含彩电、DVD（数字通用光盘）及部分白色家电产品]出口额987亿美元。家电产业快速成长的同时伴随着产业劳动生产率的提升。中国家电上市公司的劳动生产率自2001年的约9.2万元/人，提升至2021年的约38.8万元/人。相比较而言，2021年日本、欧洲、美国家电上市公司的劳动生产率分别为53万元/人、66万元/人、99万元/人。中国和日本、欧洲、美国的差异来自产业链分工环节的不同，日本、欧洲和美国企业更多从事品牌销售环节，产品大量从中国采购，日本企业相比欧美企业保留了更多的生产环节。

作为全球家电制造强国，中国是净出口第一大国（见图16.4）。家电分为消费电器与视听产业两大类别。据2021年UN Comtrade数据，消费电器产业国际贸易中，中国约占总净出口额的90%，北美和西欧分别占总净进口额的49%和27%；视听产业国际贸易中，总净出口额的52%来自中国、24%来自中东欧与土耳其、19%来自拉美，北美、西欧分别占总净进口额49%、37%。对于体积偏大的电冰箱、洗衣机、彩电等，海运成本是重要考虑因素，因此西欧的部分供应来自东欧配套，北美的部分供应来自拉美配套。此外，近几年美国征收中国进口产品关税，导致中国企业陆续把部分产能转移至东南亚，因此东南亚也是净出口地区。

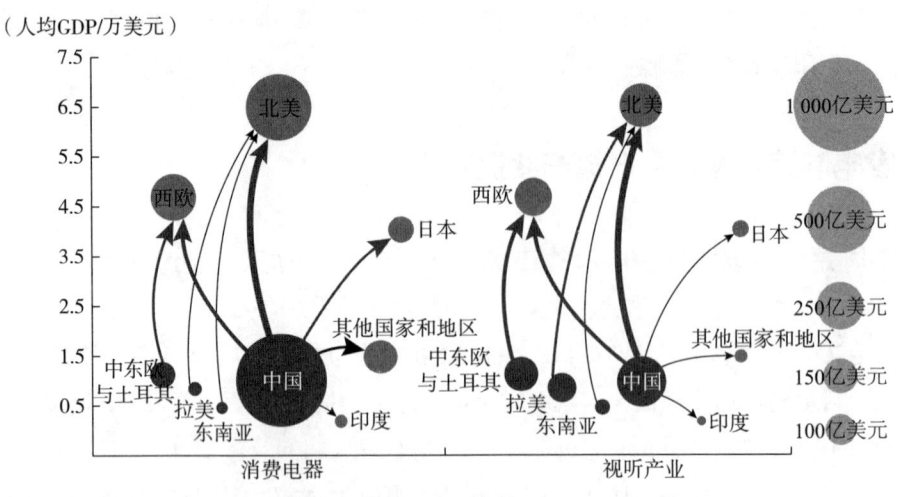

图 16.4　消费电器和视听产业国际贸易刻画，中国是全球家电最大净出口国

资料来源：UN Comtrade，World Bank，中金公司研究部。

注：使用 2021 年 UN Comtrade 国际贸易数据，气泡大小代表各国家／地区进出口净额；其中深灰色、浅灰色分别代表该国家／地区为净出口、净进口；线条粗细代表净出口金额大小；消费电器包含空调、电冰箱、洗衣机、吸尘器、电动剃须刀、食物搅拌器、电风扇、按摩器具和电热器具；视听产业包含电视机、音响和机顶盒。

后文定量刻画家电产业链中的消费电器与视听产业两大子行业。采用 2021 年 Euromonitor 数据分析各国家／地区家电零售规模；采用 UN Comtrade 数据分析各国家／地区家电净出口额占比，以此反映国际生产分工。分析中国、美国、欧洲、日本、韩国等地上市公司的家电业务（大量国际家电龙头为综合性公司，家电业务仅为主业之一，例如三星、松下、飞利浦等），识别家电产业链中各地控制企业的家电营收规模、净资产收益率（ROE）等指标，以此衡量该国家／地区对全球家电产业链的影响力和盈利能力。

## 消费电器产业链刻画：整体占优势，局部需追赶

以消费电器产业链为例（见图 16.5），中国在整机制造中和品牌销售占最大份额，并在空调压缩机、冰箱压缩机、制冷阀件等品类上份额突出，实现了国产化。

消费电器面临技术"卡脖子"环节少。尽管其高端型号电子类元器件仍依赖外资，但中国在 MCU、IGBT 与 IPM 等产品上已处于产能追赶阶段。MCU：家电类核心元器件能够自主供应，工艺制程 22nm 及以上的元器件本土公司均能满足，代表公司有海思科技、晶晨股份、全志科技、瑞芯微等，小家电 MCU 代表公司有中颖电子、兆易创新等。家电涉及的信号链模拟芯片[①]及电源管理芯片[②]：国内企业中芯朋微、圣邦股份、艾为电子等较为突出。IGBT 与 IPM：以士兰微为代表的中国公司，考虑到其产能扩张能力，预计其市占率或能够快速提升。

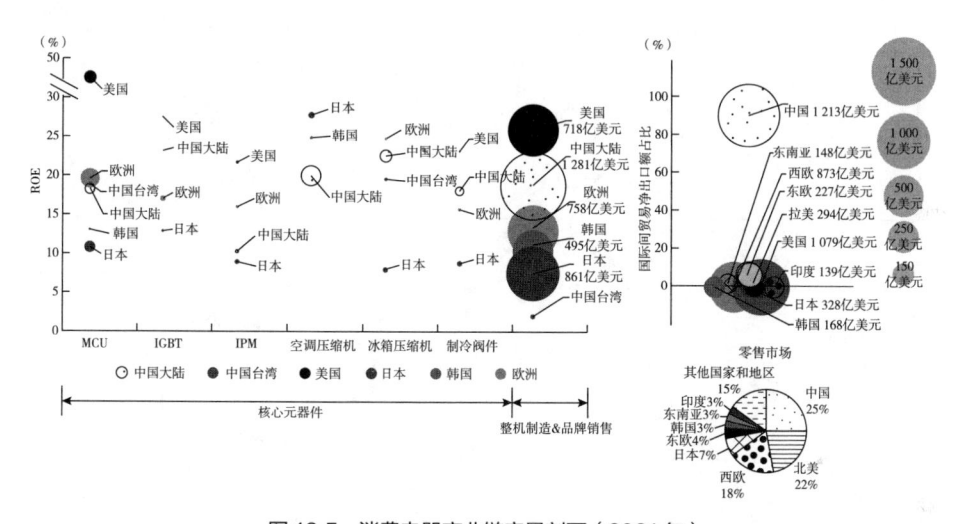

**图 16.5 消费电器产业链定量刻画（2021 年）**

资料来源：公司公告，Bloomberg，UN Comtrade，Euromonitor，中金公司研究部。
注：左图气泡大小代表该国家或地区实际控制的上市公司 2021 年家电业务收入规模，数据来自上市公司公告；右图气泡大小代表该国家或地区 2021 年消费电器零售规模，数据来自 Euromonitor；左图纵轴 ROE 按 2021 年相关业务收入加权，对公司整体 ROE 进行权重调整；整机制造&品牌销售按照家电上市公司或者家电是主业之一的上市公司家电业务计算；核心元器件公司为主要国家或地区的代表公司。

---

① 信号链模拟芯片是指拥有对模拟信号进行收发、转换、放大、过滤等处理能力的集成电路。
② 电源管理芯片是指在电子设备系统中担负起对电能的变换、分配、检测及其他电能管理功能的芯片。

## 视听产业链刻画：高精尖核心元器件受外资掣肘

以视听产业链为例（见图 16.6），中国在面板、整机制造和品牌销售环节全球领先，但高精尖核心元器件仍国产化率不高。以彩电为例，基础材料涉及子行业众多，主要有面板、背光源、驱动 IC[①]、CPU 等，上游有玻璃基板、液晶材料、偏光片等。目前中国面板产能全球领先，但上游核心原材料国产化率还不高。

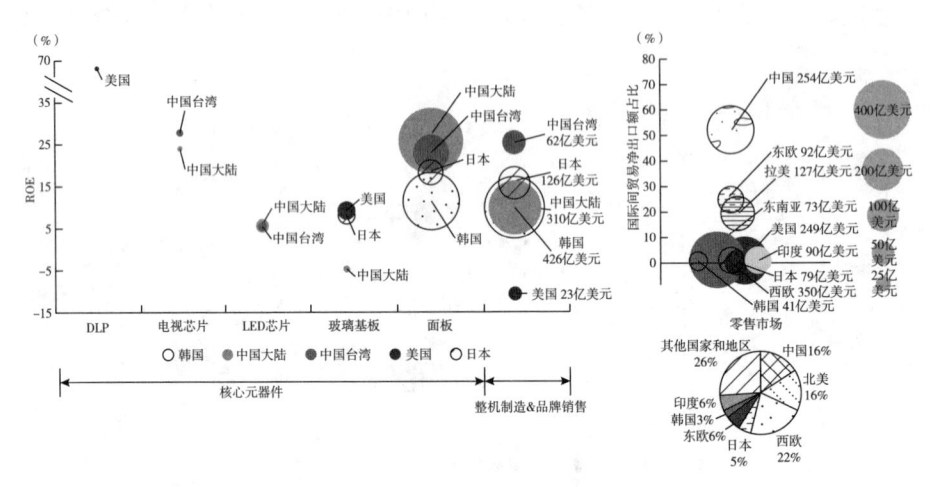

**图 16.6 视听产业链定量刻画（2021 年）**

资料来源：公司公告，Bloomberg，UN Comtrade，Euromonitor，中金公司研究部。
注：左图气泡大小代表该国家或地区实际控制的上市公司 2021 年相关业务收入规模，数据来自上市公司公告；右图气泡大小代表该国家或地区 2021 年视听产业零售规模，数据来自 Euromonitor；左图纵轴 ROE 按 2021 年相关业务收入加权，对公司整体 ROE 进行权重调整；整机制造&品牌销售公司包含 2021 年全球彩电出货前 10 品牌厂商和主要代工厂商（奥维睿沃）；面板公司包含全球彩电面板出货面积前 10 厂商（奥维睿沃）；其余配件公司为主要国家或地区的代表公司。

在核心元器件方面，首先，液晶面板由中国大陆企业主导。液晶面板是高技术壁垒、高投入的重资产行业。大陆面板产业通过学习韩国当年的逆周期投资策略，京东方、华星光电、中电熊猫、惠科等积极投产，2016 年中国大陆面板产

---

[①] 驱动 IC 是显示屏成像系统的主要部分，集成了电阻、调节器、比较器和功率晶体管等部件，负责驱动显示器和控制驱动电流等功能。

能首次超越日本，2018年超越韩国和中国台湾。其次，玻璃基板由美日企业主导。玻璃基板是生产液晶面板的核心部件之一，在工艺、配方和装备等方面存在技术壁垒。全球主要供应商有美国企业康宁、日本企业AGC旭硝子及电气硝子，此外大陆企业中的彩虹股份、东旭光电等拥有产能。另外，LED芯片、电视芯片由中国大陆和中国台湾企业主导。最后，美国德州仪器享有DLP[①]独家专利。投影仪光机构成包括光源、光调制、镜头等。其中光调制部分很大程度上决定除亮度之外的重要显示参数，核心路径分为三种：LCD[②]、DLP和LCOS[③]，目前DLP技术是家用消费级市场主流。

## 工业4.0实践暂时领先，但不足以改变产业趋势

中国家电产业在产业数字化与工业4.0实践方面暂时领先。2018年起，世界经济论坛在全球范围内评选代表工业4.0优秀实践的灯塔工厂，截至2022年10月公布的第九批名单，全球累计拥有114座灯塔工厂，中国共42座占比37%，其中美的、海尔各拥有5座灯塔工厂。作为对比，海外家电龙头Arcelik在土耳其和罗马尼亚的两个灯塔工厂分别生产电冰箱和洗衣机，通过自动化、机器人物流和人工智能系统的使用降低运营成本。意大利的德龙集团位于特雷维索生产咖啡机等厨房小家电的灯塔工厂则通过投资数字化与数据分析提高生产效率。海尔、美的是家电产业数字化的领导者，海尔智家发展受到创始人张瑞敏管理思想的深刻影响，在智能制造等方面具有前瞻布局。美的2013年提出"一个美的、一个系统、一个标准"，开始进行持续的数字化变革。目前，海尔通过卡奥斯（COSMOPlat），美的通过美云智数，将产业数字化经验在中国制造业中推广。

工业4.0是一个持续发展的过程，目前人形机器人等技术的发展是否可替代人工、改变劳动力成本、实现高效率的自动化生产，产业还在研究探索中。就目

---

① DLP（Digital Light Processing），数字光处理。该技术先把影像讯号经过数字处理再进行投影。
② LCD（Liquid Crystal Display），其构造是在两片平行玻璃中放置液态晶体，中间有许多垂直和水平的细小电线，透过通电与否控制杆状水晶分子改变方向从而产生画面。
③ LCOS（Liquid Crystal on Silicon），一种新型的反射式Micro-LCD投影技术。

前工业4.0时代典型的灯塔工厂而言，虽然其大量采用工业机器人和自动化设备，节约了人工成本，但明显增加了固定资产的投入成本，因此并未形成明显的相较于传统工厂的效率优势，还未能大规模推广。

## 家电产业链全球变迁及当前逆全球化挑战

### 产业变迁驱动因素：综合成本最低与本土市场配套

家电产业历经多次转移变迁，在自由贸易的国际环境下，企业全球产能布局主要基于以下两方面考虑。

首先，综合成本最低。一是人力成本因素。在自动化生产转型前，家电是劳动相对密集的产业，世界银行数据显示，2021年东南亚和南亚的月均工人工资不足中国的50%，人力成本差异促进了中国和日韩家电产业链的转移。二是产业链配套因素。家电企业生产涉及的原材料与零部件较多，产业链配套对于成本控制、物料供应、上下游企业合作等较为重要。中国产业门类齐全，为家电产业发展创造了良好的上游配套资源。目前，中国企业在全球进行产能布局时，大量的核心配件、元器件需要从中国进口。三是运输成本因素。电冰箱、洗衣机、彩电等大家电体积偏大，运输成本高，运输半径对海外市场拓展影响较大。这导致大家电的全球产能布局要更多考虑运输半径的影响，北美一般选择拉美作为生产基地，西欧一般选择东欧和土耳其作为生产基地。四是关税壁垒因素。国家与区域间的关税差异、产业政策差异，对全球家电产业链转移影响较大。目前美国对中国出口的空调、电冰箱、洗衣机、彩电、烤箱、热水器、吸尘器等家电品类仍加征7.5%~25%的关税，而东南亚出口美国则无关税壁垒，这导致部分针对美国的小家电产能迁移到东南亚。

其次，本地市场配套。品牌的成功不仅在于成本的控制，产品创新、设计、营销等方面同等重要。企业在品牌扩张阶段有时为了更好地响应本地化的需求，不一定遵循综合成本最低原则。消费需求痛点存在区域性差异，本土化生产及研发能及时响应本地需求，针对特色需求做出及时调整[1]。

家电产业全球的转移变迁可分为四个阶段。

第一阶段（20世纪五六十年代）：欧美家电产业链向日本转移。欧美率先进入电气时代，以通用电气、西门子、飞利浦为首的大企业家电产品创新不断。20世纪50年代，日本家电企业开始从美国引进技术，例如夏普、东芝、日立早期的电视机均引进了美国RCA[2]技术；1951年，松下幸之助与飞利浦合资成立松下电子，开始在电冰箱业务展开合作；1955年，东芝研发出第一台电饭煲。20世纪50年代到70年代，随着日本经济快速发展，居民消费水平提升，日本家电产能逐步扩张，松下、索尼、东芝、日立等品牌涌现。

第二阶段（20世纪七八十年代）：日本家电产业链向韩国、东南亚转移。随着日本家电渗透率的提升及用工成本的增长，日本家电产能开始转移。韩国家电产业链逐步崛起，三星是典型代表。1969年，三星电子创立，初期为日本三洋公司组装黑白电视；1972年，开始出口黑白电视；1974年，进入电冰箱和洗衣机领域；1978年，三星黑白电视产量超越松下成为全球第一，但关键零部件仍需要向日本企业采购。此外，三星在半导体和液晶面板产业上长期通过技术购买、人员培养、逆周期投资等方式实现反超。同一时期，日本少量家电生产业务也正同步向劳动力成本更低的东南亚转移。1987年，夏普在泰国成立生产公司，在新加坡成立配套零部件供应公司，1990年，大金成立泰国公司。

第三阶段（20世纪90年代至21世纪初）：日韩家电产业链开始大规模向中国转移。20世纪90年代中国家电市场的大国需求具备巨大潜力，外资投资环境改善，松下、三星、LG等日韩企业在20世纪90年代初期来中国投资建厂，1995年后日韩企业加速在中国建厂，并开始将空调压缩机、冰箱压缩机等零部件生产线转移至中国。同期，中国的生产效率优势从劳动力成本优势出发，逐渐发展出规模效应、产业链配套等诸多优势。本土大家电品牌美的、格力、海尔、海信等在行业渗透初期通过品牌与出口代工结合的业务方式实现快速发展，并逐

---

[1] 农云英：《中国家电企业在越南的跨国经营策略研究——以海尔在越南的跨国经营为例》，广西大学，2021年6月。

[2] RCA俗称莲花插座，最早发明于美国无线电公司，采用同轴传输信号的方式，可以用来传输数字音频信号和模拟视频信号。

渐成长为龙头企业。在这些企业的成长过程中，本土品牌发展起的作用更大。

第四阶段（21世纪10年代）：受益于产业数字化、市场规模优势、本土品牌份额提升等因素，中国家电产业全球地位进一步提升。此阶段初期，日韩家电企业因为在中国的市场份额持续下降而缩减中国产能。同时，日韩企业为布局东南亚市场而增加当地产能，例如松下关闭中国部分彩电生产基地，三星、大金、东芝在印度、越南、印度尼西亚等地成立增设产线。中国大家电企业随着竞争力提升，考虑到运输半径、关税壁垒等因素，也在全球布局产能。此阶段末期，美国和印度针对中国生产家电的关税壁垒政策导致部分家电产能开始向外迁移。

当前中国家电产业集群分布以沿海为主，内地为辅。首先，珠江三角洲、长江三角洲是中国最大的两个家电产业集群，产品丰富、产业链配套能力强，出口产能主要集中于此，同时也满足大量内需。其次，考虑运输半径等因素，山东省、安徽省、湖北省也形成了一定的家电产业集群，主要用于满足内需。此外，在四川省的成都市、绵阳市、宜宾市，河南省的郑州市也有部分家电生产基地，以白电和黑电产业为主，但集群效应不如其他区域。产业链外迁主要针对长江三角洲和珠江三角洲出口类产能。长江三角洲和珠江三角洲需要通过产业升级弥补部分家电产能外迁对当地就业和经济的影响。

## 美国的关税壁垒，导致部分家电产能外迁

美国是最重要的家电消费市场之一，美国的关税政策对全球家电产能分布有重要影响，也是家电产业逆全球化的重要表现之一。2018年以来，美国对中国进口产品征收高关税，导致家电产能转移出中国。虽然东南亚、墨西哥的生产成本高于中国，但考虑到关税差异，部分家电产能仍从中国向东南亚、墨西哥转移。其间，由于美国关税政策的变动，产能的转移速度也时快时慢。但如果美国坚持对中国进口产品征收高关税，预计针对美国出口的家电产品最终大部分产能会向东南亚、墨西哥转移。

历史上，美国关税政策反复。2018—2020年，美国利用"301条款"对从中国进口的产品加征关税，累计金额达到5 500亿美元，截至2022年2月，仍有2 500亿美元的中国产品被加征高达25%的关税。与此同时，美国政府也陆续披

露了一系列关税豁免清单。2022 年 3 月 23 日发表声明，对此前拟重新豁免关税的 549 项中国进口商品中的 352 项进行确认，其中家电类别包括清洁电器、冰箱、空气净化器等可获得 7.5%~25% 的关税豁免，有效期为 2021 年 10 月 31 日至 2022 年 12 月 31 日。由于美国政策的反复，美国客户往往要求中国供应商在东南亚增加产能，以降低美国政策变化带来的供应链风险。

在中美贸易摩擦的影响下，为规避关税成本，许多家电企业开始向东南亚转移产能，但东南亚还未形成家电产业集群。小家电方面，苏泊尔早在 2006 年就投资 1 500 万美元在越南设立年产 790 万口炊具生产基地，德昌股份、富佳股份于 2021 年在越南建设清洁电器生产基地；莱克电气于 2018 年、2019 年分别在越南、泰国设立生产工业园；新宝股份于 2020 年在印度尼西亚投资 450 万美元成立印尼和声东菱公司；欧圣电气于 2022 年在马来西亚建设产能。此外，近年还有得邦照明、立达信等照明企业，以及春光科技、汉宇集团、盾安环境等家电配件生产企业在东南亚设立产能。但需要指出的是，小家电全球产能的重新布局受美国关税政策的影响较大，而大家电全球产能的布局受运输半径以及本土化经营的影响更大。

## 印度市场潜力大，以本土化壁垒引导产能转向印度

印度人口众多，家电渗透率低，其家电消费市场成为目前全球增速最快、最具吸引力市场之一。Euromonitor 数据显示，2016—2021 年印度家电市场规模年均复合增长率达 13%，超过北美和中国。虽然印度市场具有吸引力，但是印度对中国企业的政策，或导致中国企业无法深度参与到印度市场中，这也是家电产业逆全球化的现象之一。

2014 年起，印度通过鼓励外资设厂、设置进口障碍等方式，引导家电、3C[①]数码公司在本地设立生产基地。国际公司在印度的生产基地主要面向当地市场，目前还不具备大量出口能力。2020 年以来印度外商政策发生转变，中国在印度设置生产基地面临政策风险。印度利用本土市场的吸引力，设置关税壁垒引导外

---

① 3C 是计算机（Computer）、通信（Communication）和消费类电子产品（Consumer Electronics）的简称。

资投资建设本地化的产能。中国开放早期也使用过类似措施，但中国通过外资生产基地的技术溢出顺利完成产业升级。

2014年印度推出"印度制造"计划，通过提高关税、投资准入改革等方式引进外商投资。以手机为例，2015年在"印度制造"政策框架下，印度出台面向手机产业"阶段制造业促进项目"。该项目第一阶段对手机整体加征13.5%的关税，第二阶段按照整机装配、配件制造、普通器件制造、高价值器件制造，对各环节产品逐步加征区别性关税，以促进印度逐步整合手机产业链。此后，印度还通过联邦预算不断提高消费电子产品和家电产品关税，例如，2019年将分体式空调的关税从10%提高到20%，2020年将电风扇、热水器、烤箱等产品的关税从10%提高到20%，2021年又将家用电冰箱和洗衣机的关税从12.5%提高到15%。关税使出口印度的贸易成本增加，因此更多家电企业到印度投资建厂。

2015年起，大量手机、家电企业纷纷到印度建厂以打开当地市场，但还未形成产业集群。三星电子早在1995年就进入印度自建手机产能；2015年，富士康、小米、vivo先后于印度自建或合资建立手机工厂，OPPO、华为相继于2017年、2019年进入印度开始本地化生产。此后，家电企业也开启向印度的迁移。2017—2021年，美的、海尔、TCL、海信等中国及日韩家电企业陆续将部分产能转移到印度。

印度政策风险相对较高，外商政策经历了从开放到收紧的过程。2014年，印度政府推行投资准入制度改革，废除外商投资许可，实施负面清单制度，极大地简化了投资程序。2017年，印度进行外资管理机制改革，废除外国投资促进委员会，简化外资审批程序。2019年税收制度改革下调印度公司所得税，税收优惠也倾向于制造业。但是自2020年起印度外商政策发生较大转变，实施对来自陆地接壤国家投资的特别限制，2021年开始对中国投资专项审查，增加了中国家电企业在印度投资及经营的不确定性。

## 思考与启示：中国家电品牌全球化任重道远

### 品牌全球化任重道远，大家电从21世纪10年代开始布局

中国家电产业用了近30年实现家电产业制造强国的目标，而品牌全球化是

一个更具有挑战性的目标，任重道远。中国大家电企业从21世纪10年代起开始探索海外市场，并以自建生产基地和兼并收购的形式实现扩张。以美的、海尔为代表的大家电企业一方面受大家电运输半径影响在全球范围自建工厂，另一方面通过收购完善海外布局。目前大家电企业已在欧洲、美洲、东南亚、南亚、东亚、非洲等地区完成大规模的生产基地建设，区域辐射效应明显。但就品牌全球化的效果而言，直到2020年后，中国家电企业的品牌全球化才展现出一定的竞争力，前期品牌全球化效果并不显著。

以美的集团为例，全球布局广泛，截至2021年末，美的在海外设有20个研发中心和18个主要生产基地，覆盖200多个国家和地区。美的采取"中国供全球+区域供区域"模式，通过MBS[①]、自动化和信息化打造智能制造工厂，同时以T+3模式推动全价值链业务变革。生产方面，2021年美的建立了以东盟各国、美国、巴西、德国、日本等为突破口的全球化战略。东南亚市场方面，泰国智能工厂2021年底已试产，电冰箱、洗衣机、压缩机都已实现本地生产，2021年3月收购日立压缩机进一步完善本土配套。非洲市场方面，2010年美的与开利合资建立埃及生产基地，2021年新建洗碗机产能，电冰箱和洗衣机等项目也在年末投产。拉美市场方面，2011年美的收购开利拉美空调业务51%的股权，获得其在巴西和阿根廷的三家工厂，目前巴西、墨西哥工厂正在选址阶段，阿根廷工厂小家电、洗衣机产品已顺利投产，其他在做投产前准备。欧洲市场方面，2016—2017年收购意大利中央空调企业Clivet、库卡集团及高创公司，业务领域进一步拓展，但目前美的欧洲布局还处于早期研究阶段。

再以海尔智家为例，全球创牌战略，收购自建并行。截至2021年末，海尔在全球有122个制造中心和30个工业园，服务范围达10亿用户家庭。海尔作为最早出海的一批家电品牌，在巴基斯坦、印度、尼日利亚等地已有多年工厂运营经验，并通过对GEA、FPA、Candy、三洋白电业务的收购进一步扩大全球产能布局。海尔全球布局已有20年历史，通过大规模收购完善全球生产及品牌布局。海尔在21世纪初就坚持自主品牌出海，先后在美国、泰国、尼日利亚、约旦、巴基斯坦等地自建工厂生产销售白电。2006年，海尔率先提出"全球化品

---

[①] MBS（Midea Business System），指美的精益营运系统或美的精益业务系统。

牌战略"，但当时时机尚不成熟，效果一般。尤其在发达国家，海尔品牌进展缓慢。21世纪10年代，海尔集团开始在全球发达国家市场并购整合外资家电品牌，借此机会实现出海。先后收购日本三洋白电业务、澳大利亚费雪派克、美国通用电气家电业务、欧洲Candy等，并获得其遍布在全球的部分工厂，全球化进一步深入。2015年开始，海尔集团确定由海尔智家作为全球家电平台，所有海外家电业务陆续注入海尔智家，2015—2020年，海尔智家并购支出超过550亿元。

## 2020年起，家电品牌全球化趋势增强

中国大家电龙头在21世纪10年代就尝试品牌出海，但当时没有形成趋势。品牌全球化趋势的形成在2020年全球新冠肺炎疫情暴发后，欧美居家类消费需求大幅增长。此时中国很多家电产品在微创新上已经领先，且电商在欧美冲击传统线下渠道，2020年、2021年中国家电出口大幅增长。各类企业在全球品牌扩张类型和商业模式上各有不同。

传统并购整合型。海尔在全球并购整合策略有10年以上的历史。由于大家电产品和渠道变化慢，并购整合策略较为有效。在大家电运输半径的影响下，海尔采取本地生产本地销售的策略。海尔赋能被并购企业更好的激励制度、更高的生产效率、更快的研发速度，带动被并购企业竞争力的提升。九阳母公司收购美国小家电龙头Sharkninja，相互赋能，提升了Sharkninja在中国的供应链效率，并引入一些中国领先的产品技术，例如扫地机激光SLAM[①]算法，提升了Sharkninja在欧美小家电的竞争力。

产品创新领先型。石头科技在扫地机激光SLAM算法方面全球领先，中国扫地机智能体验水平已经超过iRobot。2020年前后，石头扫地机借助小米在欧洲的渠道及出色的产品性能，同时通过美国亚马逊渠道销售，市场份额迅速提升。欧美本土扫地机龙头iRobot近几年产品竞争力不如中国品牌，份额开始快速下降。此外，石头产品定价方式也有别于传统品牌，类似配置的产品在中国的定价较低，海外的定价较高。随着产品升级，北美市场石头科技最高端产品定价

---

① SLAM（Simultaneous Localization and Mapping），指即时定位与地图构建。

已经超过 iRobot 最高端产品定价。

跨境电商。在全球电商快速发展的过程中，部分跨境电商企业投入产品研发，逐渐转型为专业的品牌公司，例如安克创新。2021年，亚马逊打击跨境电商中的违规运营商，跨境电商运营商被大规模封店，行业受到冲击。但安克创新已经成功转型为品牌商，受到的影响较小。

家电产业仅凭生产效率不足以推动品牌出海。当前，中国进入工程师红利时代，产品创新不断，同时电商对线下渠道的冲击改变了原有渠道格局。产品创新叠加渠道变化，带来中国家电品牌国际化趋势的形成。但值得指出的是，品牌经营涉及方方面面，中国企业出海还有很多需要学习的地方。

## 思考与启示

近年来全球家电产业变迁受到美国、印度等各国关税壁垒的外部因素影响，但更要看到中国家电产业发展的内部因素影响。随着中国家电企业全球竞争力不断提升，家电企业进行全球产能、品牌布局是必然趋势，更是在当前产业趋势下"以我为主，顺势而为"主动选择的结果。政策层面可以为中国家电企业"走出去"给予更多支持。

利用国内发展产业集群经验，培育东南亚沿海家电产业集群。中国有成熟的家电产业集群，产品丰富、产业链配套能力强，可以利用此经验，与东南亚国家合作规划和培育新的家电产业集群。双方政府之间签订更多的贸易协定，加强产业分工协作；由政府牵头在国外建设产业园区，鼓励中国家电企业在园区内批量建厂；由政府出面，争取当地政府给予园区企业更多优惠。充分发挥东南亚劳动力及关税优势，使中国企业受益。

培育有竞争力的市场主体，鼓励大型家电集团发挥"链主"企业担当。以美的、海尔为代表的大型家电集团综合实力强，有多年出海经验。应该鼓励大型家电集团向平台型企业发展，带领更多"专精特新"中小企业"上链""入链"，利用现有的产业积累实现平台化发展，在"走出去"的过程中完成产业链的深度融合。

培育和提升中国家电企业在海外市场的本土化能力，降低出海风险。美的、海尔等在海外市场有丰富的本土化经验，但更多中国家电企业缺乏海外经营经验，面临跨文化沟通、人才缺乏、海外市场不稳定等问题。因此应该鼓励优秀的家电企业积极分享经验，助力其他家电企业在海外实现生产、销售等本土化，降低各类国际化经验不足导致的风险。

面对全球家电产业变迁，进行分层次的产业布局。对于低附加值的产能，可以根据综合成本最低与本土市场配套原则，进行最有效率的产能布局。但应该留存针对中国市场以及部分海外市场的大规模产能，保留大部分核心零部件及元器件产能。在产能效率和供应链安全之间取得相对平衡。

对外持续开放和交流，实现家电产业链更高程度上的国产替代。中国家电产业的成长正是从开放国内庞大市场引入全球家电龙头并学习先进技术开始的，是从规模优势到技术优势的过程。持续开放可以降低技术限制对家电产业创新的长期影响，减少海外重要市场出现针对中国品牌限制政策的风险。同时围绕产业链部署创新链，在相关基础零部件及元器件、基础软件、基础材料等方面补短板、强弱项，实现家电产业链更高程度上的国产替代。家电涉及多产业，核心技术主要来源于上游行业。欧美当前针对中国高端技术进行限制，长此以往或削弱中国家电产业的创新力，需要防范此类问题的潜在风险。

把握国际标准制定主动权，将技术优势打造成标准优势。国际标准是全球合作的技术底层基础，已成为一种国际"通用语言"。标准化建设的竞争，其实质还是核心技术和创新能力的竞争。格力董事长董明珠曾经在"两会"议案提案中提到"国际标准化的参与程度，不仅关乎我国产品出口所面对的贸易壁垒，成为能否夺下国际市场的关键因素，更能在推广我国先进技术、弘扬中国品牌方面起到极其重要的推动作用"。鼓励大型家电企业积极参与国际标准制定，将攻克技术贸易壁垒与标准制定相结合，将核心技术的优势积累充分实现能力外延。

# 第十七章

# 纺织服装：顺应转移，纵向突破

纺织服装业是推动中国早期发展的、如今仍旧重要的国民经济基础型产业和贸易顺差行业。纺织中间品重资本投入和技术投入，制衣偏劳动密集型；同时，中国纺织服装产业链"大而全"，上游尚有技术升级空间，成衣制造效率全球领先。在当前国际形势下，平稳完成从纺织服装大国到纺织服装强国的升级具有重要意义。本章将剖析纺织服装产业链发展和变迁的驱动因素，并给出展望与思考。

制衣产业主动横向迁移，逆全球化政策为转移加速器，或面临新的绿色贸易壁垒，中国正积极应对安全风险。目前，中国为全球第一大服装出口国，但出口份额已相较于2013年高点持续下降，越南、孟加拉国等获取了流失份额。回顾历史，纺织业五轮大转移始终在追逐更低的要素成本，本轮向南亚及东南亚的制衣业转移也是由于南亚及东南亚国家兼具低劳动力成本优势和优惠的产业政策优势。同时，由于中国纺织制造业在出口上的强竞争优势，也面临着发达国家去中心化政策的挤压，中美贸易摩擦等事件将加速产业转移。此外，中国纺织制造业环保压力显著，或面临新型贸易壁垒。面对以上风险，中国纺织产业在过去十余年持续努力。一方面，中国纺织服装企业顺应趋势主动横向迁移，同时大力发展纺织中间品，与东南亚已形成深度的供应链嵌套关系；另一方面，我国纺织业绿色转型成果较为显著。

推动关键环节保留在中国，纵向突破实现相对可控。为了保证全产业链安全而投入资源去保留逐步失去比较优势的制衣业是不经济的，而本轮转移与历史最大的不同仍是中国的规模优势，或使得转移最终仅是部分环节的外迁，中国可以继续坚定推进纺织中间品和供应内需的制衣环节的保留。而在被转移环节上，中国纺织服装企业具备品牌关系优势，可以顺应转移趋势。在产业链重塑过程中，人力资源瓶颈和就业难的结构性矛盾为最大挑战，机遇则来自在关键环节的纵向突破和数字化升级，预计高附加值的上游环节如高性能纤维、功能性面料、绿色纺织品、产业用纺织品以及本土品牌可以被保留在中国，并通过数字化和自动化升级解决人力资源瓶颈，打造新的比较优势，以最经济的方式实现纺织服装产业链的相对可控。[1]

---

[1] 本章作者：林骥川、郭海燕、曾令仪。

## 纺织服装产业链现状刻画

纺织服装产业不仅与日常生活息息相关，也是推动中国早期发展的至今仍旧重要的国民经济基础型产业和贸易顺差行业。全球视角下，纺织服装产业作为在第一次工业革命期间就诞生的成熟产业，一方面早已形成从原材料、中间品、制衣制鞋到品牌的完整产业链环节，并根据要素禀赋特征完成了全球化分工；另一方面已有发达国家积累了深厚的经验技术，完成了从产业发展到升级的历程，占领了价值链的高点。因此，维护中国纺织服装产业的稳定性，平稳完成从纺织服装大国到纺织服装强国的转变升级具有重要意义。

本章将从产值规模、产业链环节及特点梳理中国纺织制造业的发展现状，并与全球主要纺织国家和地区对比，展示中国纺织制造业的全球地位。

### 纺织制造业是中国国民经济的基础型产业，是重要的贸易顺差产业

纺织制造业是中国国民经济的基础型产业，近年来增速有所放缓。2001年中国加入WTO后，纺织服装产业凭借丰富的劳动力成本优势和土地资源优势快速发展。2021年，全国规模以上纺织企业营收2.57万亿元，纺织服装、鞋、帽制造企业营收1.48万亿元，合计占全国规模以上工业企业营收的3%。2017年

以来，受经济增速放缓、供给侧改革及产能转移等影响，纺织制造业增速有所回落（见图17.1，左）。

纺织制造业中约50%的产品用于出口，虽然近年来比例有所下降，但仍是中国重要的出口和贸易顺差行业。2021年，中国纺织品及服装出口额为3 155亿美元，约有50%的产品用于出口，占中国全行业出口额的9.38%，贸易顺差为2 878亿美元，占中国总贸易顺差的43%，近年来出口额占比和贸易顺差占比有所下降①（见图17.1，右）。

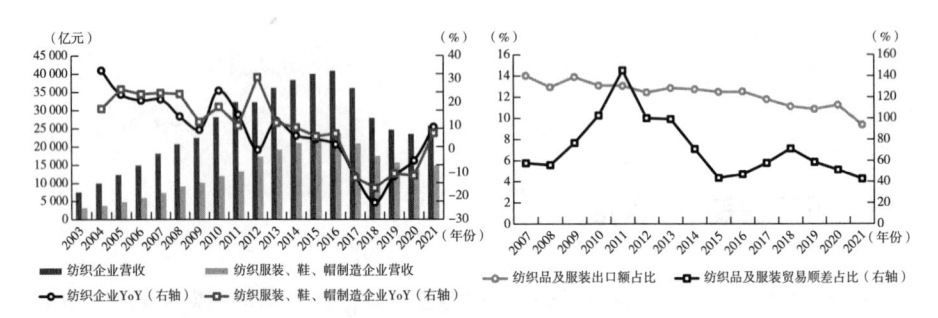

图17.1 中国规模以上纺织企业及服装制造业营收（左）、出口额和贸易顺差情况（右）

资料来源：Wind，国家统计局，海关总署，中金公司研究部。

注：YoY 为同比增长率。

## 纺织制造业位于产业链中游，中国产业链"大而全"

从纵向看，纺织制造业位于纺织服装产业链中游，纺织中间品重资本投入和技术投入，制衣偏劳动密集型。纺织服装产业链由上至下依次是上游原材料、中游制造商、下游品牌商和渠道商，中游纺织制造包括纱线、面料及成衣制造三个环节，生产模式逐步从资本密集型向劳动密集型过渡。以鲁泰纺织的成本结构为例，面料环节原材料占营业成本比例近50%，折旧、能源及制造费用占比超30%，人工成本占比约17%；成衣制造环节原材料占营业成本比例约53%，折旧、能源及制造费用占比约12%，但人工成本占比超30%。

---

① 近几年纺织服装营收上升，但出口额占比和贸易顺差占比下降是因为出口总额增速快于纺织服装营收增速，其中如机电产品等增速较快。

大国产业链

纤维制造：包括天然纤维（棉花、羊毛等）和化学纤维（涤纶、氨纶等），价格受供需影响较大。天然纤维属于农业范畴，主要的产棉国有印度、中国、美国等，主要的产毛国有澳大利亚、新西兰、中国等，产量由自然地理禀赋所决定，产品技术含量不高。同时，棉花产量受农田和亩产的限制，羊毛产量受养殖面积和单位面积养殖数量的限制，化学纤维为服装的主要原材料，约占中国纺织纤维加工总量的84%[①]，据化学纤维工业协会，2021年中国化学纤维制造业营收1.02万亿元，利润率6.13%。

纱线制造和面料制造：纱线制造是购置棉花、化学纤维等原材料进行纱线生产及染色整理，生产自动化程度较高、固定资产投入较大，需要水、电、蒸汽等资源的稳定供应，资本密集属性强。但由于产品差异化程度较低、成本结构中原材料占比较高、下游客户相对分散，纱线制造企业利润率相对较低且波动较大。面料制造涉及布料生产、染色整理和印花等环节，是纺织制造中附加值最高的环节。由于面料研发及染色环节的技术壁垒较高，目前服装品牌越发重视面料的功能属性，倒逼优秀的面料生产商提高面料创新开发能力。据国家统计局数据，2021年纺织业营收2.57万亿元，利润率4.69%。

成衣制造：涉及裁剪、缝制、熨烫、包装等，由于服装产品质地柔软，行业自动化水平不高，仍主要依赖手工缝制，劳动密集属性强，成本结构中人工工资占比高，因此其向低劳动力成本地区转移带来的利润弹性更大。据国家统计局数据，2021年纺织服装、鞋、帽制造业营收1.48万亿元，利润率5.18%。

品牌商及渠道商：品牌商的竞争力在于品牌建设、产品设计和渠道控制，渠道商依赖品牌资源，需要不断扩展自身渠道覆盖，品牌商和渠道商毛利率高，但需要在营销和渠道建设上支出，销售费用率高。据国家统计局数据，2021年纺织服装、鞋、帽、针织品类零售额1.38万亿元，利润率5%~10%。

从横向看，中国纺织制造产业链"大而全"，上游尚有技术升级空间，成衣制造效率全球领先。如图17.2所示，中国不仅参与了从纤维到成衣制造的所有

---

① 工信部：《关于化纤工业高质量发展的指导意见》，https://www.miit.gov.cn/zwgk/zcjd/art/2022/art_d9f3ace36d6e4e16b0391069022007d7.html。

环节，还是各个环节上规模最大的国家。以各国排名前 5 的公司<sup>①</sup>为例，利润率方面，中国在纤维和纱线上的毛利率与日本等国尚存在差距，主要因为如日本东丽、帝人等巨头卡位高端纤维材料制造，并一体化延伸至下游纱线，且纤维材料可以被用于医疗、航天等其他领域获取丰厚的附加值。到了面料环节，中国与其他国家的利润率差距仍然存在，但在逐步缩小，主要因为如德国、韩国等纺织业先行国保留了较高毛利率的面料，侧面体现了中国纺织业存在制造升级的空间。

而在成衣制造上，中国的规模和毛利率均处于全球领先地位，毛利率高得益于中国劳动力素质和管理水平带来的制衣效率领先。例如，2021 年申洲国际的国内人效达 8 000+ 件 / 人 / 年，效率已然趋于极致，且申洲国际越南、柬埔寨基地人效也分别达到了 6 000+、4 000+ 件 / 人 / 年，海外管理能力突出。

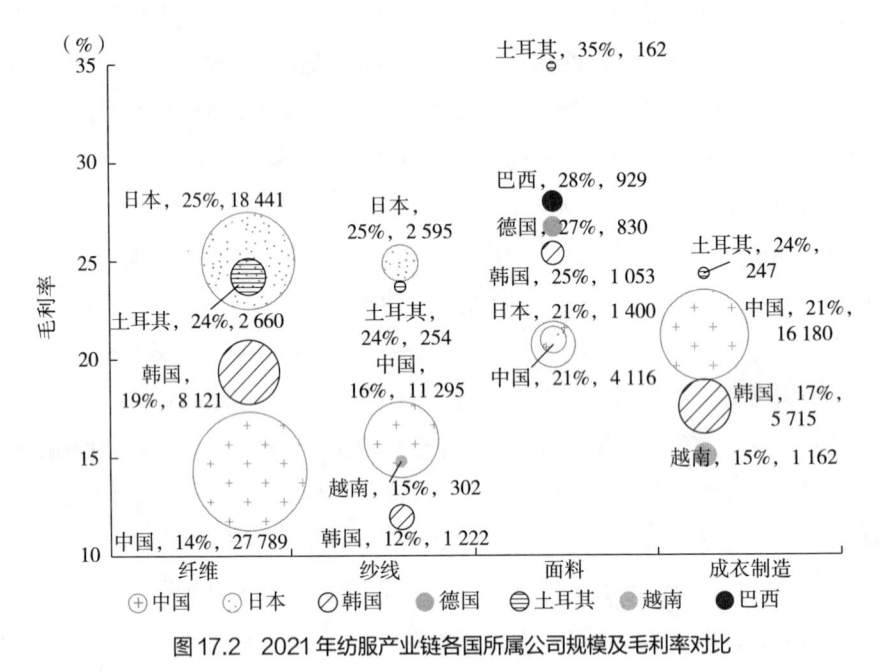

图 17.2　2021 年纺服产业链各国所属公司规模及毛利率对比

资料来源：Bloomberg，公司公告，中金公司研究部。

注：各国数据取自纺织品、纺织制品中各国排名前 5 的公司，可能与实际情况存在出入；气泡大小代表规模；单位为百万美元。

---

① 指归属于各国的公司，例如申洲国际被统计在中国成衣制造环节中，但其在越南、柬埔寨等均有生产基地。

## 纺织服装产业链变迁与安全风险

近年来，随着中国要素成本上升和其他国家快速发展，关于"越南等国是否会取代中国成为新的世界工厂"的讨论越发激烈。在影响深远的新冠肺炎疫情和贸易保护主义盛行下，中美贸易摩擦等逆全球化事件再次加剧了市场对需求去中心化的担忧。此外，各国对低碳化、绿色化的高度关注不仅增加了新的转型成本，还筑起了出口的绿色贸易壁垒，市场担忧纺织服装产业链安全会再次受到冲击。

因此，本部分将指出中国纺织服装产业链的三个关键安全风险，即主动横向迁移、被动逆全球化和绿色转型压力，并尝试探讨各类安全风险的程度和中国的应对措施。结论是，中国制衣业正面临要素禀赋变化导致的横向迁移风险，发达国家的逆全球化政策会加快横向迁移速度，此外环保压力或将带来新型贸易壁垒风险。

面对以上三个安全风险，中国纺织产业在过去十余年中做出努力应对。首先，中国纺织服装企业主动跟随甚至部分主导了制衣业的横向转移；其次，我国正在加大纺织中间品的发展，中国与东南亚地区等国已形成深度的供应链嵌套关系，而非取代关系。此外，政策端正倒逼落后产能转型或出清，目前中国纺织服装企业的绿色转型成果显著。

### 成本驱动下，制衣产业主动横向迁移，逆全球化政策为转移加速器

中国制衣业逐步迁移至东南亚、南亚。中国为全球第一大服装出口国，据WTO数据[①]，2020年中国占全球服装出口额的31.5%，但相比2013年份额高点下降了7.6ppt，越南、孟加拉国、印度等国获取了流失份额，2020年分别占全球服装出口额的6%、6%、3%，虽然这些国家出口份额占比仍较低，但从趋势上看已在持续获取中国流失份额（见图17.3）。

---

① 参见：https://stats.wto.org/。

图 17.3　全球服装出口情况

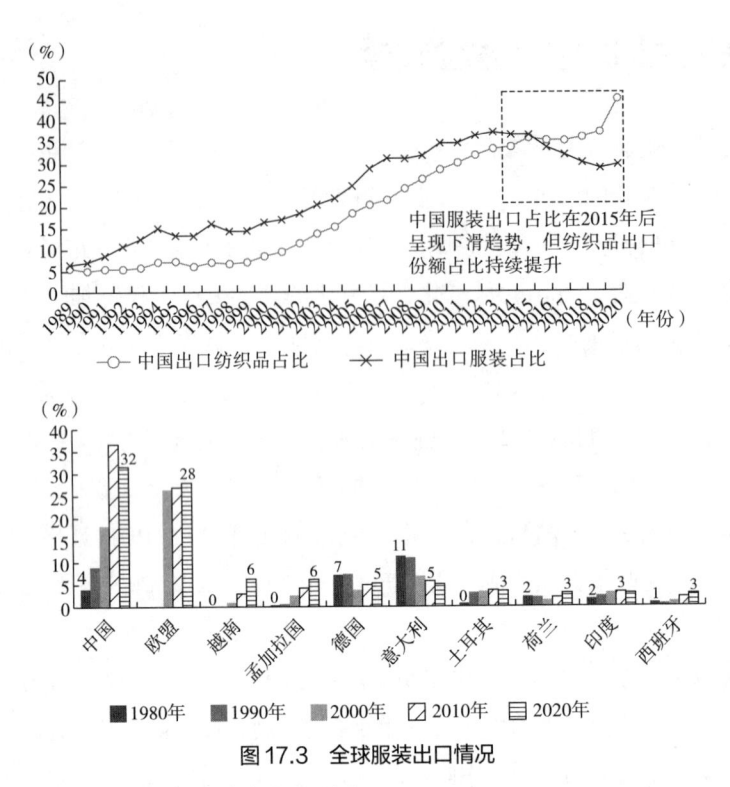

资料来源：WTO，UN Comtrade，中金公司研究部。
注：1993 年欧盟正式诞生，故缺失此前数据。

全球历经多轮产业转移，近几轮多为成本驱动型转移。回顾纺织制造业的转移历史[①]，供给端的技术进步、资源禀赋、成本优势，需求端的消费市场规模以及产业政策都是转移的驱动因素，但近几轮的转移主要是供给端成本驱动型转移。

18 世纪中期，规模化的纺织制造业起源于英国，第一次工业革命使得大规模生产成为可能，纺织产业进入机械纺织阶段，飞梭等纺织机使得纺纱效率大幅提高。19 世纪末，工业化纺织对棉花的需求迅速上升，由于美国具备棉花资源

---

① 陈蓉芳：《产业转移理论与国际纺织制造业中心的变迁》，《华东经济管理》2005 年第 19 卷第 12 期。林春美：《世界纺织产业转移与我国的对策》，《市场经纬》2007 年第 11 期。陈才：《世界经济地理》，北京师范大学出版社，2001 年。

优势且是当时全球最大、成长最快的消费市场，随后取代欧洲成了第二个纺织制造中心，同时，美国作为第二次工业革命主力，电力迅速发展，在现代环锭纺纱机、自动织布机、化学纤维上的发明也使得其纺织效率和纺织质量再次实现突破。20世纪中期，日本凭借已有的工业基础和相对低廉的劳动力成本承接了纺织制造业的转移，另外，日本大量购买国外先进技术专利并模仿创新，合成纤维技术开始大量被应用。20世纪70年代，韩国、中国台湾、中国香港凭借广阔的需求市场和更为低廉的劳动力成本承接了纺织制造业的转移。21世纪初，中国内地在加入WTO后同样凭借充沛的劳动力资源成为世界工厂，近年来随着劳动力成本上涨，成衣制造环节逐步向南亚、东南亚国家迁移。

本轮转移的驱动因素为南亚及东南亚兼具低劳动力成本优势和优惠的产业政策优势。南亚及东南亚劳动力资源丰沛，据世界银行数据，2021年东南亚11国、南亚7国的人口数量共达25亿人，约占全球人口数量的32%，而且大部分国家尚处于制造业的人口红利期，劳动年龄人口占比不断提升。例如，2021年越南、柬埔寨15~64岁人口占比分别为69%、64%，相较于2000年提升了7ppt、9ppt，而中国15~64岁人口占比为70%，相较于2000年仅提升了2ppt，主要是因为2010年后进入了下降通道。同时，南亚及东南亚等国劳动力成本较低，越南、柬埔寨纺织业工人的平均工资约为300美元/月，远低于中国江苏省纺织业工资720美元/月（见表17.1）。

更重要的是，南亚及东南亚国家具有更优惠的税负成本优势。所得税方面，中国企业所得税率为25%，而越南政府对海外投资满足条件的企业给予10%的优惠税率及"四免九减半"的税率减免；柬埔寨给予外资设厂优惠，自盈利开始可享受最高6年免税期。关税方面，根据不同的区域贸易协定，越南、柬埔寨向日本出口纺织品及服装享受零关税优惠，越南向欧盟出口纺织品及服装的关税逐年降至零。对于出口美国的产品，中国、越南、柬埔寨服装出口税率相近，但中国部分产品面临承担额外关税的风险[①]。

---

① 2019年5月加征关税清单3，2019年9月加征关税清单4，但美国贸易代表办公室在2020年、2022年都曾宣布豁免，存在不确定性。

表 17.1　越南、柬埔寨等国兼具生产成本低廉与贸易政策宽松的优势

| | | 中国 | 越南 | 柬埔寨 |
|---|---|---|---|---|
| 人工成本 | 最低工资标准（美元/月） | 204~394 | 141~202 | 194（服装、纺织、制鞋业） |
| | 纺织业平均工资（美元/月） | 720（江苏省） | 300 | 250~300（金边周边工厂） |
| 水电成本 | 工业用水均价（美元/立方米） | 0.59 | 0.46 | 0.19，但金边周边地区水质较硬，如果用作工业生产需软化处理 |
| | 工业用电均价（美元/度） | 0.19 | 0.06~0.11 | 0.15，电力供应不足，主要从泰国、越南进口 |
| 税收政策 | 基本税率 | 企业所得税基本税率为25%，增值税税率为13%/9%/6%/0，出口货物零增值税（国务院另有规定的除外） | 企业所得税税率为20%，增值税基本税率为10%，出口货物零增值税 | 企业所得税率为20%，增值税基本税率为10%，出口货物零增值税 |
| | 税收减免 | — | 对投资额6万亿越南盾，取得营收起3年后总营收10万亿越南盾/年或雇佣人数3 000人以上的投资项目，实行优惠税率10%及"四免九减半"政策：自盈利起前四年免征，后续九年税率减半 | 经柬埔寨发展理事会批准的合格投资项目可享受的优惠包括：可选择适用特殊折旧率或享受最高6年期的利得税免税；减免期内可减免每月按照营业收入预缴税率为1%的所得税；利润用于再投资免征利得税 |
| 关税政策 | 出口美国 | HS61关税0~32%，HS62关税0~28.6%，额外征收7.5%的附加税率 | HS61关税0~32%，HS62关税0~28.6% | HS61关税0~32%，HS62关税0~28.6% |
| | 出口欧盟 | 12% | 所有纺织服装产品分阶段关税降至零 | 0~12% |
| | 出口日本 | HS61关税4.3%~9.5%，HS62关税0~11.7% | 0 | 0 |

资料来源：Wind，商务部，人力资源和社会保障部，中国纺织官方微信，WTO，Japan Customs，TARIC，美国国际贸易委员会，统计局，PWC Worldwide Tax Summaries，《中国居民赴越南投资税收指南》《中国居民赴柬埔寨投资税收指南》，中国纺织国际产能合作企业联盟，越通社，中金公司研究部。

注：水电成本为2019年数据，其余为2021年数据；关税政策此处仅对比服装出口，HS61章为针织或钩编的服装及衣着附件，HS62章为非针织或非钩编的服装及衣着附件。

同时，中国纺织制造业在出口上的强竞争优势，面临着发达国家制造业回流政策、去中心化政策的挤压。据中国贸易救济信息网[①]，2000—2021年，全球对中国发起的贸易救济案件总计1 993起，其中纺织行业有180起，占全部案件的9%，居所有行业第四位，多次涉及反倾销、反补贴等。

以受关注较多的中美贸易摩擦等事件为例，逆全球化政策是产业链转移的加速器。美国对中国纺织制成品的依赖度较高，2021年美国25%的服装、43%的鞋从中国进口，但近年来进口份额持续下降，越南、印度、孟加拉国等获取了转移的订单。2019年9月，美国第四轮加征清单中中国服装产品需要承担额外7.5%关税，美国进口中国纺织制成品的份额呈加速下降态势，据UN Comtrade数据，2018—2021年美国从中国进口的服装及衣着附件份额分别逐年下降1ppt、3ppt、3ppt、2ppt，鞋靴、护腿和类似零部件份额分别逐年下降3ppt、3ppt、7ppt、0ppt。流失订单加速被分散转移至东南亚及南亚，2018—2021年，美国从越南、柬埔寨、孟加拉国、印度进口的服装及衣着附件份额分别累计上升3ppt、2ppt、2ppt、1ppt，从越南、柬埔寨、孟加拉国进口的鞋靴、护腿和类似零部件份额分别累计上升6ppt、2ppt、1ppt[②]。

## 中国纺织制造业环保压力显著，或面临新型贸易壁垒

纺织服装业存在能源消耗、碳排放、污水排放的压力。纺织业属于高耗能、高碳排和污水高排放行业。据《纺织服装周刊》数据，2019年纺织业能源消费总量为1.07亿吨标准煤，占全国能源消费总量的2.2%，制造业的4.0%；在31个制造业门类中，纺织业、化学纤维制造业，纺织服装、服饰业碳排放分别为第6、15、22位[③]。污水排放方面，约80%的纺织业废水来自印染业，印染的烧毛、退浆等环节均会产生大量工业废水，废水中有机污染物含量高、色度深、碱性

---

① 中国贸易救济信息网：https://cacs.mofcom.gov.cn/cacscms/view/statistics/ckajtj。
② 服装及衣着附件取自HS编码61~62，鞋靴、护腿和类似零部件取自HS编码64；服装订单还转移到了尼加拉瓜、巴基斯坦等国，鞋订单还转移到了德国、意大利、印度尼西亚等国，但提升份额较小且分散。
③ 郝杰：《广东纺织有望纳入碳交易市场》，《纺织服装周刊》2022年第27期。

大。据生态环境部数据[1]，2020年纺织业废水排放量、废水中氨氮排放量、废水中COD排放量达工业企业总排放量的6%、9%、14%，分别居所有工业企业第4、3、1位。

重污染环节反而难以外迁，碳关税或带来新型贸易壁垒，绿色转型势在必行。污水排放方面，东南亚、南亚的水电等配套资源相对落后，存在停水断电问题，甚至需要额外支付发电机、打水井等成本，而且部分国家如越南、柬埔寨等国的环保标准更严格，《越南工业废水国家技术规范》《柬埔寨工业废水排放标准》中向公共污水处理系统排放的标准分别为COD≤150mg/L、COD≤100mg/L，严格于中国《纺织染整工业水污染物排放标准》GB 4287—2012的间接排放标准COD≤200mg/L，而且越南等国也多次要求停止对环境污染严重的项目。因此，将落后的重污染产能单独外迁的可行性较低，多以大型企业为满足上下游一体化的配套功能为主。低碳化方面，以2021年3月欧盟通过的"碳边境调节机制"为例，除最不发达国家和小岛屿发展中国家享受豁免待遇外，其他发展中国家都将属于碳关税的执行对象。相关研究表明，一旦征收碳关税，发达国家将从中受益，而发展中国家的纺织业均将受到负面冲击[2]。

## 中国政策及纺织服装企业积极应对安全风险，纺织中间品尚未转移，绿色转型成果显著

中国纺织服装企业主动跟随并部分主导制衣业转移。据中国纺织工业联合会数据[3]，截至2019年，中国纺织业对外投资已涵盖从纤维到服装的全产业链，存量超过100亿美元，投资方式包括绿地投资、股权并购、资产收购和合资等。以越南为例，外资企业贡献了纺织业约60%[4]的出口金额，而中国占外资投资金额

---

[1] 生态环境部：https://www.mee.gov.cn/hjzl/sthjzk/sthjtjnb/。
[2] 谢璇：《碳关税对中国纺织业出口竞争力的影响研究》，2021年。
[3] 徐迎新：《中国纺织业对外投资版图》，《中国外汇》2019年第17期。
[4] 广西壮族自治区商务厅：《越南纺织协会制定2022年纺织品出口目标》，http://swt.gxzf.gov.cn/zt/jjdm/jmdt/t10983318.shtml。

的约24%[1]。从微观视角看，中国纺织制造龙头企业约于2004年开始投资东南亚，这些中资企业派出许多技术专家和中高管理层，与跨国公司的职业经理人不同，这部分群体与被转移国家的互动融合更为深刻，甚至在当地扎根、具有丰富的本地化经验和隐性知识[2]。未来东南亚制衣业可能也会面临转移压力，但中国纺织服装企业已经主动储备近20年的海外本地化管理能力和人才，能够继续跟随甚至部分主导转移方向。目前，中国纺织业对外投资目的地分布在全球100多个国家和地区[3]，涵盖东南亚和非洲（目的是输出产能）、欧美和澳大利亚（目的是学习设计、技术等以连接消费者）等重点区域，能适应更为长远的产业链变迁。

纺织中间品尚未转移，制衣的产能转移溢出到中间品的增长。中国的纺织中间品尚未转移，由于纱线、面料、辅料等人工成本占比较低、对产业链配套要求较高，中国在这些环节仍具备较强的竞争优势，2010—2020年，中国纺织品出口占比从30.4%提升至47.0%，而其他国家出口份额呈下降趋势（见图17.4）。

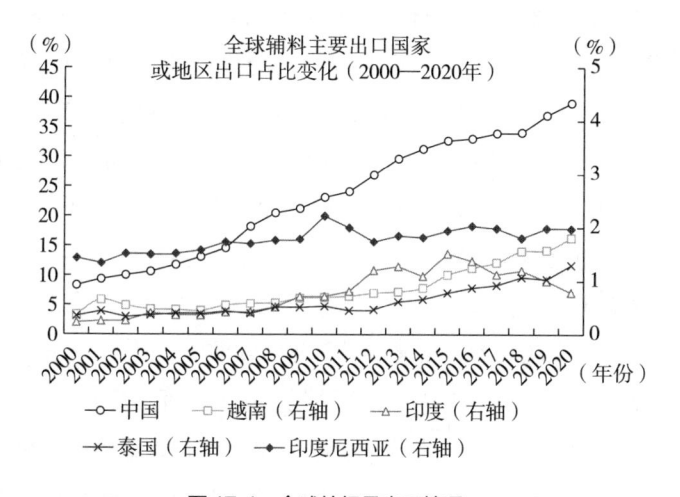

图17.4 全球纺织品出口情况

---

[1] 预计越南纺织服装业中资占比高于24%。
[2] 施展：《溢出：中国制造未来史》，中信出版社，2020年。
[3] 中国纺联产业经济研究院：《入世20年：中国纺织对外贸易发展回顾》，http://chinawto.mofcom.gov.cn/article/ap/p/202201/20220103236583.shtml。

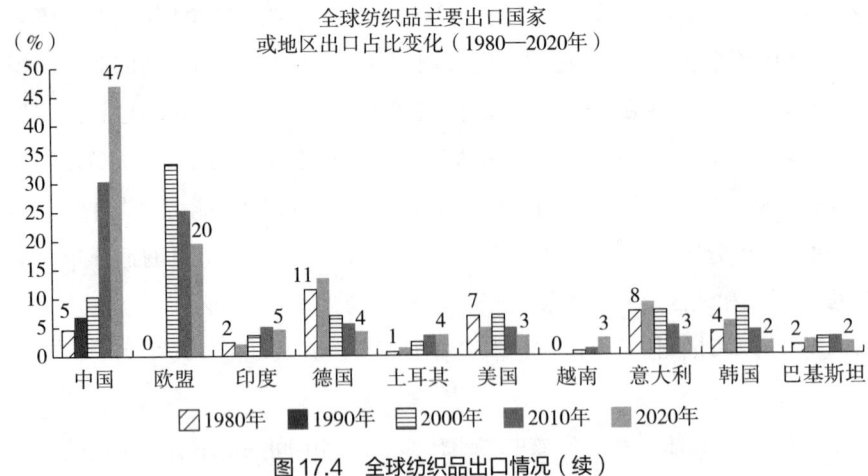

全球纺织品主要出口国家或地区出口占比变化（1980—2020年）

图17.4　全球纺织品出口情况（续）

资料来源：WTO，UN Comtrade，中金公司研究部。

注：1993年欧盟正式诞生，故缺失此前数据。

从贸易专业化系数的时间序列维度看，中国在附加值更高的纤维和纱线、面料等产业的国际竞争力逐年提升，而以越南为代表的东南亚国家仍以简单缝制加工为主。生产流程中的制衣环节出口份额向东南亚转移得越多，东南亚、南亚对中国纺织中间品的需求就越大，越南、印度约50%的纤维和纱线、面料仍需要从中国进口，对中国纺织中间品的依赖度大体呈上升趋势（见图17.5），中国和以越南为代表的东南亚国家间形成了一种深度的嵌合而非取代关系，其关系更类似于部分环节的溢出而非转移[①]。

政策倒逼落后产能转型或出清，绿色转型成果较显著。环保压力下，中国政策对纺织业企业准入、清洁生产、能源消耗、排放指标、废水处理和回用等要求已持续多年，以印染业为例，中国规模以上印染企业数量持续缩减，从2012年的1 922家减少至2021年的1 584家，2011—2020年印染布产量稳中有降[②]。政策约束下，纺织业绿色转型成果较为显著。据中国纺织工业联合会数据，2015—2020年，纺织业用能结构持续优化，二次能源占比达72.5%，能源利用效率不

---

① 施展：《溢出：中国制造未来史》，中信出版社，2020年。

② 2021年印染布产量增加较多主要与消费市场回暖、订单回流中国等多重因素有关。

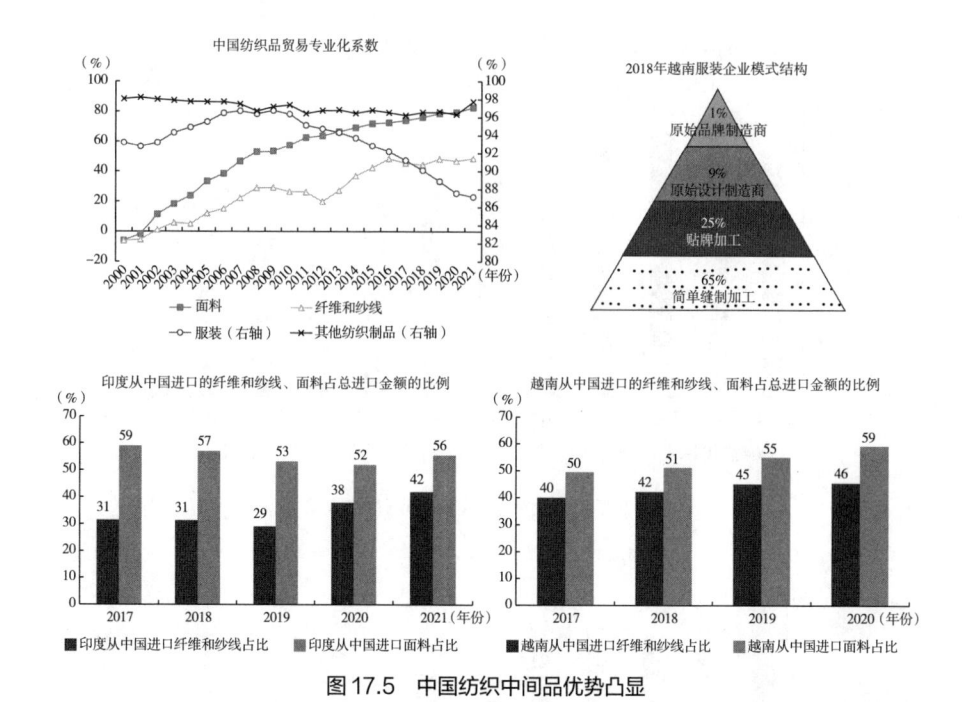

图 17.5　中国纺织中间品优势凸显

资料来源：UN Comtrade，中国纺织国际产能合作企业联盟，中金公司研究部。

注：贸易专业化系数 =（出口额－进口额）/（出口额＋进口额）；纤维和纱线取自 HS 编码 50~55，面料取自 HS 编码 56~60，服装取自 HS 编码 61~62，其他纺织制品（窗帘、口罩等）取自 HS 编码 63。

断提升，万元产值综合能耗下降 25.5%，万元产值取水量累计下降 11.9%。据生态环境部数据，2011—2020 年纺织业废水排放量、废水中 COD 排放量、废水中氨氮排放量分别累计减少 37%、76%、90%（见图 17.6）。微观层面上，申洲国际、华孚时尚等大型企业已积极布局再生纤维和环保工艺，并采用光伏等绿色能源[①]，有望进一步推广到中小企业。

---

① 华孚时尚正式加入"3060"碳中和加速计划，引领产业绿色升级，https://mp.weixin.qq.com/s/Cpeh4IqcdHHtNCN6X4z8ng。

2011—2021年全国规模以上印染企业数量及印染布数量

2011—2020年纺织业废水、COD和氨氮排放量

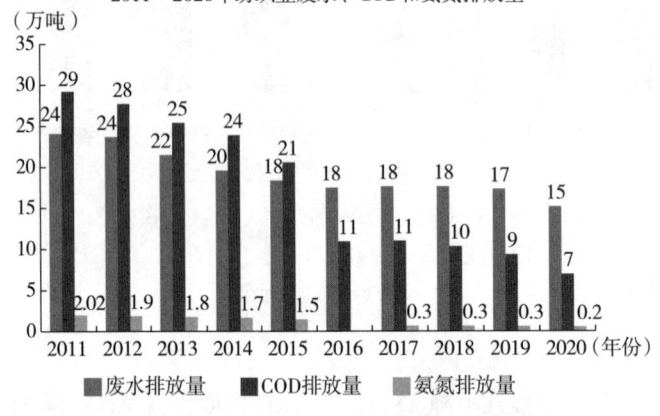

图17.6　纺织业绿色转型成果

资料来源：生态环境部，中国纺织工业联合会。

注：2016年纺织业未进入工业行业中氨氮排放量前4，故缺失数据。

## 纺织服装产业链发展路径演变及展望

在中国正积极应对纺织服装产业链横向转移的安全风险这一结论的基础上，本部分依次厘清从长期来看中国纺织服装产业链可以转移和保留什么、中国纺织服装企业能否顺应纺织服装产业链转移趋势、保留和转移的纺织服装产业链带给中国最突出的挑战是什么以及中国纺织服装产业链应当如何发展的问题。

结论是，制衣业转移是大势所趋，而中国可以借力规模优势，继续坚定推进纺织中间品和供应内需的制衣环节的保留，而在被转移出去的环节上中国纺织服装企业凭借深厚的品牌关系优势能充分顺应趋势。与此同时，劳动密集型的制衣环节需要解决人力资源瓶颈和结构性就业矛盾的问题，因此纺织服装产业链安全风险的解决办法实质上是控制关键领域和高附加值环节，纵向升级突破并通过数字经济等方式提升制造和交易效率，打造新的比较优势。

**制衣业转移是大势所趋，继续坚定推进纺织中间品和供应内需的制衣环节的保留**

制衣业转移是大势所趋，顺应转移趋势是最优解，借用规模优势保留关键环节。20世纪90年代冷战结束后，中国巨大的人口规模是其与发达国家差距最大的要素禀赋，并决定中国成了新的世界工厂。如前文所述，本轮制衣业的转移是成本驱动型的自然转移，为了保证全产业链安全而投入资源去保留逐步失去比较优势的产业是不经济的，绝对可控意味着减少全球化分工，所牺牲的效率和资源会非常多。只有顺应成熟产能的转移趋势，将更多的资源投入纵向的产业升级中，才能以较为经济的方式实现纺织服装产业链的相对可控[①]。但是，历史上的转移往往会带来整条产业链的集体迁移，而本轮转移与历史上多轮转移最大的不同仍是中国有供给和需求多方面的规模优势，可以使得本轮转移的终局或不同于历史上整条产业链的集体迁移，而仅是部分环节的外迁，并保留关键环节。

供给端完备的产业体系和产业集群带来多项隐性成本优势，推进纺织中间品保留在中国。与制衣业对供应链配套需求较低相比，纺织中间品的制造极其依赖能源、化工等重工业。以市场关注度最多的越南为例，越南产业结构以轻工业为主，铁路、电力等基础设施尚不完备，化纤工业发展滞后，在面料生产环节所必需的水、电资源供给上不稳定，且缺乏辅料、污染排放等配套设施，越南重工业基础的薄弱进一步成为轻工业发展的瓶颈，使得越南无论在轻工业领域取得怎样的突破都难以摆脱其他经济体的"结构性权力"，即上游环节依赖日韩与中国的

---

[①] 唐宜红、张鹏杨：《提升对外迁产业供应链的可控力》，《开放导报》2022年第223期。

技术，下游环节依赖对欧美市场的出口[1]。越南等国薄弱的重工业基础也是随着制衣业转移，东南亚对中国纺织中间品的依赖越发加深的核心原因，中国可以继续推进纺织中间品的保留。但是，潜在的风险点是东南亚与中国的贸易壁垒，目前东盟与中国处于自由贸易状态[2]，双方之间90%以上、约7 000种商品可享受零关税待遇，一旦不能维持自由贸易状态将给中国纺织中间品出口带来额外的关税成本。

  供给端规模带来的另一典型优势是产业集群优势，产业集群将促进企业之间的垂直化分工和中间投入品共享，并有利于企业通过知识溢出效应来提高研发创新能力，最终增加中间品的种类和数量，并提高中间品的附加值[3]，而且产业集群通过企业间互动降低了搜寻成本，提高了交易效率[4]，且在短时间内难以被复制和迁移。中国纺织制衣业经过30余年的发展，上下游及辅料环节的布局高度完善，大部分中间品可以实现本地化供给，并已形成多个世界级产业集群。据中国纺织工业联合会数据，截至2020年，全国共有216个纺织产业集群地区，集中于长江三角洲、珠江三角洲、环渤海经济区、海西经济区，在浙江省、江苏省、广东省、山东省、福建省沿海五省最为集中（见图17.7），集群内规模以上企业数量、主营业务收入、利润分别约占全国纺织业规模以上企业的41%、43%、45%。实际上，完备的产业体系和大规模产业集群都是规模优势在供给端的体现，超大规模的供应链网络兼具生产的效率和弹性，进一步摊薄了固定成本、技术进步成本、快速反应成本和交易成本，这些隐性成本优势会随着当前被转移国家人工工资、土地价格等要素成本的上升表现得越发外显，成为中国保留纺织中间品的又一借力点。

---

[1] 王雪莹、朱煜、嵇先白：《产业转移、融入国际与脆弱性隐忧》，《南洋问题研究》2022年第1期。
[2] 2010年中国－东盟自由贸易区全面建成，2019年中国－东盟自由贸易区升级《中华人民共和国与东南亚国家联盟关于修订〈中国－东盟全面经济合作框架协议〉及项下部分协议的议定书》全面生效。
[3] 张丽、廖赛男：《地方产业集群与企业出口国内附加值》，《经济学动态》2021年第4期。
[4] 张小蒂、张弛：《产业集群组织创新与动态比较优势构建——以浙江绍兴为例》，《浙江大学学报》2010年第40卷第5期。

## 中国纺织服装一体化产业链

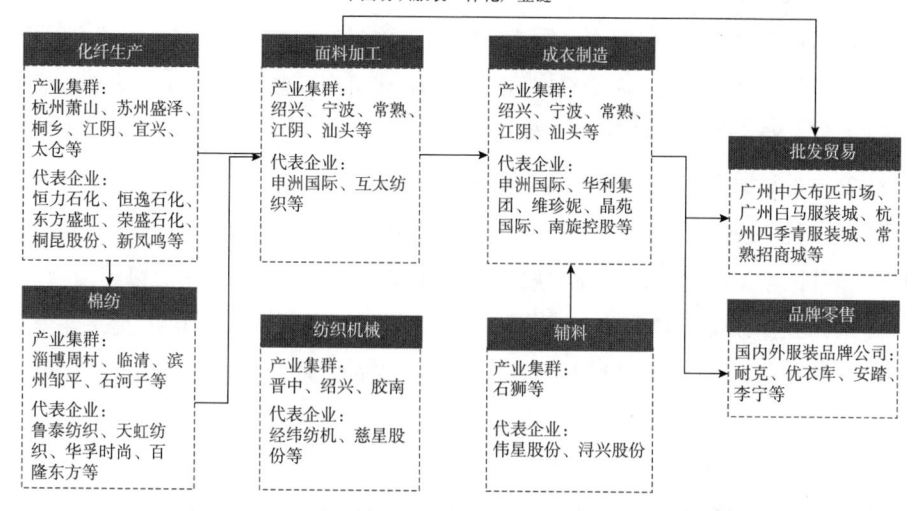

**化纤生产**
- 产业集群：杭州萧山、苏州盛泽、桐乡、江阴、宜兴、太仓等
- 代表企业：恒力石化、恒逸石化、东方盛虹、荣盛石化、桐昆股份、新凤鸣等

**棉纺**
- 产业集群：淄博周村、临清、滨州邹平、石河子等
- 代表企业：鲁泰纺织、天虹纺织、华孚时尚、百隆东方等

**面料加工**
- 产业集群：绍兴、宁波、常熟、江阴、汕头等
- 代表企业：申洲国际、互太纺织等

**纺织机械**
- 产业集群：晋中、绍兴、胶南
- 代表企业：经纬纺机、慈星股份等

**成衣制造**
- 产业集群：绍兴、宁波、常熟、江阴、汕头等
- 代表企业：申洲国际、华利集团、维珍妮、晶苑国际、南旋控股等

**辅料**
- 产业集群：石狮等
- 代表企业：伟星股份、浔兴股份

**批发贸易**
- 广州中大布匹市场、广州白马服装城、杭州四季青服装城、常熟招商城等

**品牌零售**
- 国内外服品牌公司：耐克、优衣库、安踏、李宁

### 中国纺服产业集群分布

| 主要分布区域 | 省级行政区 | 纺织产业集群数量 | 纺织产业基地市 |
|---|---|---|---|
| 环渤海经济区 | 山东 | 26 | 昌邑、淄博周村、淄博淄川、滨州 |
| 环渤海经济区 | 河北 | 8 | — |
| 环渤海经济区 | 辽宁 | 8 | — |
| 长江三角洲 | 浙江 | 44 | 杭州萧山、海宁、桐乡、绍兴柯桥、兰溪 |
| 长江三角洲 | 江苏 | 43 | 常熟、江阴、张家港、海门、南通、海安 |
| 长江三角洲 | 安徽 | 3 | — |
| 海西经济区 | 福建 | 15 | 晋江、福州长乐、永安 |
| 珠江三角洲 | 广东 | 29 | 开平、普宁 |

图 17.7　中国纺织制造产业集群优势

资料来源：中国纺织工业联合会，中金公司研究部。

更重要的规模优势体现在需求端的市场规模，对本土品牌和本土制造的需求刚性。中国是全球最大的鞋服消费市场，14 亿人支撑的鞋服市场规模占全球的 25%。2021 年中国人均鞋服消费支出 303 美元，相较于美国、西欧、韩国、日本等发达经济体人均鞋服消费支出 1 097 美元、678 美元、581 美元、524 美元尚有 2~3 倍的提升空间。品牌方面，在中国经济实力增强、民族自信提升的背景下，消费者的选择让本土品牌迅速崛起。据《百度 2021 国潮骄傲搜索大数据》，中国品牌关注度从 2016 年的 45% 增长到 2021 年的 75%，是境外品牌关注度的

3倍，其中服饰类国货品牌的关注度增加了56%。据 Euromonitor 数据，2021年中国排名前20的鞋服品牌中，国产品牌市占率提升幅度为0.3ppt，而海外品牌市占率下降了0.4ppt，表明大众对国产品牌的认可度不断提升。本土品牌的崛起将带来更多对本土制造的需求，例如2021年李宁99%的供应商来自中国。在产业链安全的极端情况下，中国自身纺织服装需求的初始规模和高成长潜力在国际竞争中优势更为明显，内资企业出于终端市场需求、运输成本、供应链分散化等多种因素的综合考量，使得成衣制造环节较难完全迁出中国。以美国为例，据美国纺织组织委员会数据，2021年美国服装制造产值达104亿美元，且美国也一直是全球排名前20的服装出口国之一，侧面证明了内需将助力保留部分制衣业。

## 中国纺织服装企业具备品牌关系优势，难以被产业转移打破

产业转移并不意味着企业转移，供应商集中化是大势所趋，中国纺织服装企业与品牌的合作关系日益提升。受近年来快时尚兴起、功能性运动产品风行以及新冠肺炎疫情后行业整体向快速反应转型趋势的影响，下游品牌客户对纺织企业的选择呈现"量减质升"的趋势。耐克服装代工厂数量明显下降，供应商 CR5（业务规模前五名公司所占的市场份额）持续上升，近三年稳定在50%左右；阿迪达斯的运动鞋服代工厂数量从2014年的340家下降至2021年的234家；彪马的代工厂数量从2014年的203家下降至2021年的134家。随着品牌客户紧缩供应商数量，上下游合作互动的诉求将更加强烈，例如很多品牌会要求供应商做针对性的面料开发，从而形成制造与品牌绑定更为紧密的正向循环。因此，需要强调的是，产业转移并不意味着其他国家企业的崛起，中国企业已经和国际头部品牌构建了紧密的信任联结。例如，以申洲国际为代表的中国服装制造企业与优衣库、耐克、阿迪达斯等品牌均有约20年的合作时长（在鞋履制造企业的产量和合作时间上中国企业仍有与国际大品牌增进合作的空间），而合作关系是难以被产业转移打破的，相反的是，近年来我们看到品牌要求国内服装制造企业在越南、印度尼西亚、埃及等地进行全球化布局（见图17.8）。

**我国服装制造企业与国际大品牌合作关系紧密**

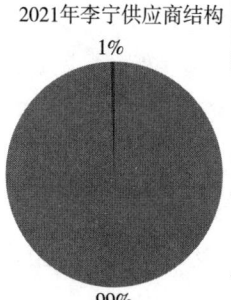

2021年李宁供应商结构
- 中国内地供应商数量:99%
- 海外及港澳台地区供应商数量:1%

| 头部上市公司 | 2021年产能 | 2021年营收（亿元） | 全球市占率（估算） | 客户及合作时间 |
|---|---|---|---|---|
| 申洲国际（陆资） | 4.9亿件 | 239 | 1.4% | 与优衣库合作约25年，与耐克、阿迪达斯、彪马合作约17年 |
| 晶苑国际（港资） | 4.1亿件 | 150 | 0.9% | 与优衣库合作约26年，与盖璞合作约10年 |
| 儒鸿（台资） | — | 54 | 0.3% | 与露露乐蒙合作约22年，与耐克合作约37年 |

**中国台湾企业主导制鞋环节**

| 头部上市公司 | 2021年产能 | 2021年营收（亿元） | 全球市占率（估算） | 客户及合作时间 |
|---|---|---|---|---|
| 裕元（台资） | 2.4亿双鞋 | 313 | 7% | 与阿迪达斯和匡威合作约43年，与耐克合作约35年 |
| 丰泰（台资） | 1.4亿双鞋 | 163 | 4% | 与耐克合作约45年 |
| 华利（台资） | 2.2亿双鞋 | 175 | 4% | 与匡威合作约27年，与耐克合作约10年，与威富集团合作约18年，与彪马合作约9年，与安德玛合作约4年，与UGG雪地靴合作约21年 |

图17.8　服装制造企业与本土品牌和国际大品牌合作紧密

资料来源：各公司公告，中金公司研究部。

注：裕元产能为出货量，裕元营收为鞋类业务营收，晶苑国际产能为出货量，儒鸿营收为成衣营收；市占率为基于零售额和加价倍率的估算值。

## 人力资源瓶颈和就业难的结构性矛盾为产业链重塑过程中的最大挑战

从短期来看，制衣业人工劳动效率已经趋于极致，且劳动力成本逐年升高，由于制衣业转移非一蹴而就，且部分制衣业或被永远保留在中国，因此人力资源瓶颈尚待突破，而且中国在转移过程中仍需要保持技术领先优势，制衣业自动化升级需求较为迫切。

制衣人工劳动效率曲线趋于极致。由于服装产品质地柔软，目前部分工序难以用自动化完全替代，制衣仍较依赖手工缝制，人工成本占比高。然而，制衣劳动效率曲线已趋于极致，以申洲国际为例，2021年其人均制衣约近7 000件/年，效率增速仅2%。

国内劳动力成本逐年升高，年轻人、高技术人才不愿意进入工厂。以纺织强省江苏省为例，2020年，江苏省纺织工人工资增长超10%达6.38万元，给企业带来了较高经营成本。另外，纺织工人年龄结构断层，年轻人占比较小，工人平均年龄在35岁以上，主要原因在于年轻人认为纺织业工资收入低、加班加点多等。与之相应的是高技术人才占比较低，83%的工人为高中及以下文化程度，70%的职工没有资格等级证书。

品牌端重视劳工人权，或持续推高劳动力成本。国际和国内鞋服品牌均着力推动供应链ESG管理实践多年，其中劳工责任是企业社会责任的重要一环。例如，耐克的供应商行为准则中明确提出"供应商员工正常工作时间不超过48小时/周，每工作7天至少连续休息24小时，一周加班时间总和不超过60小时/周"，供应商有责任为员工提供加班补偿、福利待遇、培训等，并计划到2025年所有供应商均达到耐克的准则要求，阿迪达斯等也有类似的准则和目标。

从长期来看，纺织业是稳就业的重要力量，产业链转移和自动化升级或带来就业难的结构性问题。中国纺织业直接就业人口达2 000多万人[①]，且与多个产业深度关联，具有强就业吸纳效应和带动效应。制衣业通过"机器换人""智能制造"等方式转型升级，或者转移外迁至其他地区，可能会导致大龄职工、低技术员工等的就业结构性问题。

## 纵向布局高附加值产品，数字化提升制造效率，实现产业链的相对可控

参照产业升级历史，中国需要纵向升级布局高附加值关键产品。在成本优势

---

① 《纺织导报》，http://www.texleader.com.cn/article/32840.html。

丧失和逆全球化的背景下，将全纺织服装产业链尤其是成衣制造环节都控制在中国是不现实的，也是不经济的，而最好的方式是在关键领域和关键环节上实现供应链的相对可控[①]。从表面上看，纺织工序是非常固定和成熟的模式，容易产生同质化的竞争。实际上，纺织中间品的各个生产工艺和技术都是纵向升级的突破点，也就是所谓的关键领域和关键环节。例如，纤维制备工艺可以对原有纤维改性，创造出差别化、高性能和可持续的纤维；纺纱工艺如涡流纺纱可纺制出高蓬松感纱，赛络纺能使得毛纱更轻薄；织造工艺会产生超薄、超密、多层、立体、异形的织物；染整工艺可以使面料具备抗菌防虫、防风防水、抗紫外线、抗静电等多种功能。

同样以历史为鉴，在各国产业政策的指引下，全球纺织业转移后遗留在原产国的除自然资源禀赋带来的产业优势外，更多的是材料、工艺、设计三方面制造升级带来的高附加值产业结构改善（见表 17.2）。以日本和韩国为例，其纺织业发展均经历了从原始设备生产商到原始设计制造商再到原始品牌制造商、从模仿到创造的过程，而政策、消费者需求、企业自身诉求的合力使得其保留部分高附加值环节[②]。

日本：20 世纪 50 年代初期，日本是唯一现代化的纤维生产及出口国，市场较为广阔稳定。但 20 世纪 60 年代左右，欧美保护主义抑制日本出口，20 世纪 60 年代后期为重振纤维产业，日本积极引进合成纤维技术，并开始对东南亚、南美等国家进行海外投资。20 世纪 80 年代，日本国内生活水平的提高使得日本纤维产业的需求多样化，1983 年日本纤维工业审议会决定发展先进型产业、加强垂直联合一体化，并导入信息技术，满足市场对纤维品高档化、多样化的需求。一方面，日本纤维企业如东丽、东洋纺等开始进入产业用纤维品等领域；另一方面，纤维机械设备制造公司如丰田、帝人等加紧研制高科技设备。20 世纪 90 年代后期，日本纤维产业进入研发、营销、品牌等高附加值环节。例如东丽、帝人等从纤维生产进入塑料、尼龙等材料领域，随后扩大到电子材料、建筑材料、医疗材料等领域，同时日本个人设计师有了国际影响力；例如三宅一生、川

---

[①] 唐宜红、张鹏杨：《提升对外迁产业供应链的可控力》，《开放导报》2022 年第 223 期。
[②] 王阳：《全球价值链下日韩纺织服装产业升级的国际比较》，2012 年。

表 17.2 纺织产业链转移主要国家及产业升级对比

| | 英国 | 美国 | 德国 | 日本 | 韩国 | 中国 |
|---|---|---|---|---|---|---|
| 新兴优势 | 工业革命引入机械和工厂制度 | 改进机器、流程整合、棉花产地和劳动力成本优势 | 改进机器、引入美式管理体系和劳动力成本优势 | 改进机器、引入美式管理体系和劳动力成本优势 | 劳动力成本优势、引进国外先进技术 | 劳动力成本优势 |
| 产业升级背景 | 技术落后、国外竞争激烈、生产成本较高等 | 低速增长、高失业率、国内消费意愿下降、新兴发展国家的崛起等 | 生产成本高、国内消费不足、国外竞争激烈等 | 劳动力成本上升；本币升值；新兴纺织工业国家的兴起等 | 劳动力成本上升；本币升值；新兴纺织工业国家的兴起等 | 劳动力成本上升、国际贸易保护主义 |
| 产业升级政策 | 关税保护政策、环保法规和环保标准等 | AMTEX 纺织科技开发计划、一系列自由贸易机制等 | 淘汰落后企业、通过专利保护、知识产权制度及技术标准为企业创新提供激励等 | 实行积极产业政策、鼓励技术创新、中小企业政策、设备调整政策等 | 制定工业发展政策；制定教育和研究政策、增加教育投资；运用技术创新促进纺织产业结构调整的政策等 | 淘汰落后产能、零排放新计划、鼓励科技创新、制定《纺织规划》政策、振兴规划》政策等 |
| 遗留 | 高端毛纺 | 原棉生产、高科技纺织品和服装 | 纺织机械、工业用纺织品 | 新型纤维材料、纺织机械、高级服装面料 | 加工处理技术、化学纤维、高性能面料 | 高性能纤维和面料、自动化生产、全球化布局 |

资料来源：赵君丽、王芳芳：《纺织产业升级的国际比较及对我国的启示》，《武汉纺织大学学报》2016 年第 29 卷第 5 期；中金公司研究部。

久保玲等，并与日本纤维产业结合带动了品牌创意产业发展，创立了东京时装周等。

韩国：20世纪60年代，韩国凭借低成本优势快速发展，并大量购入国外的技术和设备，例如从日本引进纤维技术，再向美国出口产品。1975年后，低端制造环节向外转移，韩国开始对国外技术的某些程序进行尝试创新，但大量的中小企业仍在原始设备生产商生产。20世纪90年代，韩国纺织业陷入"低端锁定期"，技术创新仅局限于大型企业，更多的是以东大门为代表的低成本型产业链。1998年，韩国推出"米兰规划"项目，计划将中低端产品转移至国外，将大邱市建设为高档化纤生产中心，集中力量攻克纳米纤维、超级细纱及智能性纤维和数字染色工程、新型服装设计、尖端纺织机械等高附加值项目研发，并与欧洲市场展开交流合作等。

考虑到产业转移和升级背景相似的日韩路径，以及中国庞大的内需市场、产业资源和集群优势，预计高附加值的上游环节纤维、纱线、面料生产如高性能纤维、功能性面料、绿色纺织品、产业用纺织品以及本土品牌仍将保留在中国，但具体发展方向取决于产业政策等变量因素。据《纺织行业"十四五"发展纲要》，中国当前在纤维新材料（碳纤维、对位芳纶、生物可降解纤维等）、绿色制造（非水介质染色等）、先进织品及设备（高性能纤维、高速数码印花机等）等方面尚存在"卡脖子"技术。但与此同时，中国资金和人才也在加速推进国产替代，以纤维为例，大量纺织服装高端产品的化工原材料已有突破性进展，纤维新材料如生物基聚酰胺（PA56）突破了生物法戊二胺技术瓶颈，聚乳酸全产业链制备技术也已经形成。即使发达国家没有技术外溢，中国也有足够的人才和资金保障技术升级。

数字化和自动化升级，解决人力资源瓶颈，提升交易效率。对比产业转移的时代背景，与此前转移最大的不同在于目前正处于第四次工业革命时期，即科技和产业的融合阶段。新一代数字化、信息化、智能化技术正推动纺织制造全产业链升级，不仅包括底层生产端技术基础设施的升级，例如制衣业的人力资源瓶颈问题可以通过生产自动化解决，从而改变传统的比较优势逻辑，使得后发经济体实现赶超的历史窗口期逐渐关闭[1]，还包括上层数字交易平台打破区域分割与行业界限，提升供应链交易效率等。落到实处，数字化和自动化有多种可行路径，我们将以华孚时尚和SHEIN为例展示低成本、高效率的升级方式，华孚时尚的模式体现了数字化可以充分释放中国纺织服装供应链的弹性和效率，SHEIN的模式则证明了数字化是商业模式的新比较优势。

生产端以纺纱业为例，纺纱业的设备管理和维护、各车间数据分散对人力提出了较高要求，一种方式是自建智能生产线和工厂，但其投入在5亿~10亿元[2]，是中小工厂难以承受的，对全产业数字化升级形成阻力。另一种方式是，例如色纺纱制造商华孚时尚通过生产制造环节的工业互联网与执行制造系统将数据上云，第一步实现内部生产机器的可视化与数字化，从清花梳棉到络筒的各个纺纱环节数据均将完整地展现在终端，方便对生产情况的监控管理和反馈，产量和利润均有显著提升，第二步是低成本地为中小工厂提供数字化共享改造，一个中小工厂仅需投入30万~40万元，从而达到整合分散产能、发挥供应链网络规模效应的目的[3]。

交易端以SHEIN为例，SHEIN和中国第一家华资对外贸易商利丰集团扮演的贸易中间人角色类似，即向上整合大量小工厂的生产力，向下对接客户。具体来说，当时利丰集团向下对接沃尔玛、凯特·丝蓓、汤米·希尔费格等多达8 000家品牌客户，向上对接多达15 000家成衣、钮扣等供应商，其商业模式是客户提出需求，利丰集团将其外包给合适的供应商，供应商交付产品给利丰集团，利丰集团再把产品交付给客户，并从交易中赚取撮合佣金或买卖差价。但是，利丰集团模式下周转速度较慢，成本较高，SHEIN则用数字化的方式替代了利丰。SHEIN在供给端建立了多个信息化系统，设计打版、材料选择、工人生产都可量化，实现"小批量、多批次、短交期"（首单可以实现最低100件起订）的高效率运作方式，从设计到成衣只要7~15天，在销售端直接对接终端消费者，从而有了更低的库存，更多的SKU（最小存货单位）和更具性价比的产

---

[1] 徐奇渊、东艳：《全球产业链重塑——中国的选择》，中国人民大学出版社，2022年。
[2] 魏桥纺织官网，http://www.wqfz.com/news/newsView/1377。
[3] 《纺织服装周刊》，https://mp.weixin.qq.com/s/qQS7DZmzZtIfJww6LHMe0A。

品，并借助用户端的流量将供应链的优势滚动起来，形成了飞轮效应。

## 思考与启示

### 对内抓住产业升级机遇，推动产业链向中西部发展

中西部供应内需，吸纳就业。劳动力成本上，中西部代表性省区如河南省、宁夏回族自治区的纺织业平均工资在600美元/月左右[1]，高于越南、柬埔寨纺织业平均工资300美元/月，低于江苏省纺织业平均工资720美元/月，因此难以阻挡劳动密集型产业外迁的趋势，但在供内需的部分和要保留的部分上相对沿海地区具备一定的比较优势。目前，河南省、安徽省、贵州省、广西壮族自治区等地已经承接了一些头部企业如李宁、安踏、盛泰集团的产能，政策可以继续推动中西部地区完善产业配套能力，适当推出税收优惠等，利用市场经济进一步承接部分供内需的纺织制造产业链，预计这些产业向中西部的转移会部分消化东部沿海地区人力工资过高、环境承载压力过大的问题，并创造产业转移后的部分就业岗位，吸纳部分返乡就业人口。

科技创新，人才培育。在新一轮的产业升级中，引导企业立足附加值关键产品如纤维、面料的开发等，鼓励企业研发高性能、多功能、多应用的纺织品，加强关键技术突破。此外，支持加快行业尤其是制衣业的自动化、智能化、数字化转型，联通底层的生产基础设施和上层的数字交易平台，并构建完善的职业教育体系，加快培养高技术人才，以适应产业升级。

节能减排，工艺升级。鼓励企业从源头工艺改善化纤业和印染业的能耗利用效率，提高污染排放水平，例如热能回用技术、数码印花技术等。同时，加快推进绿色制造工艺，例如再循环纤维制造、生物基纤维制造、印染节水节能工艺、污染清洁工艺等。

---

[1] 《宁夏日报》，https://wap.nxnews.net/tptt/202110/t20211017_7303074.html。36氪，https://letschuhai.com/vietnam-henan-manufacturing-moves-employees。

建设优质品牌，推广文化。鼓励国产品牌融合中华传统文化和当代设计美学，借助数字化、DTC（直接触达消费者）等方式贴近消费者需求，提高营销效果。鼓励大型企业开拓国际市场，通过时装周、展览等加强国际影响力。建立可复用的品牌价值发展体系，搭建品牌交流平台，加快引进和培养高端设计人才，培育一批国际化、区域化和个性化品牌。

## 对外顺应转移浪潮，输出产能、对接品牌，成为全球化的先锋产业

顺应制衣业转移浪潮。若在成熟产业上投入过于激进的挽留型政策，则会带来资源利用的低效率和国民福利的损失，因此可以先顺应劳动密集型产业转移浪潮，同时加快数字化升级，打造新的要素优势，通过纵向升级控制产业链的关键领域。

分工合作，输出经验。加强国际贸易合作和分工，利用"一带一路"建设机遇、RCEP区域贸易协定的关税优势，在东南亚、非洲地区加强产业园区共建合作，打造国际产能合作标志性项目，构建中国与这些地区的技术扩展朋友圈。同时，中国可以借力海外管理能力和品牌关系优势，对外投资并输出经验，带着资金、技术、管理人才"走出去"。

制造业企业对接国际品牌，培育制造冠军。在品牌供应链集中和精简的趋势下，中国可以积极利用内需优势和制造优势对接国际大品牌，尤其提升在鞋履制造上与国际大品牌的合作空间，培育一批制造业冠军。

第十八章

# 投资机遇:产业链变迁中的实体产业与金融市场投资

本章从实体产业和金融市场两个维度，讨论产业链变迁的过程对投资的含义。

产业链变迁深刻影响国际资本投资流动。在全球化时代，来华直接投资（IFDI）和中国对外投资（OFDI）均实现快速增长，但随着全球产业链逐步从注重效率走向兼顾安全，"流入中国"和"中国投出去"的资本也可能将发生变化。除了影响 IFDI 和 OFDI 的传统经济因素，结合国际关系变化分析国际资本流动趋势，有以下判断：来华直接投资方面，与中国贸易依存度高、投资结构契合度高且国际关系相对稳定或向好的国家和地区可能继续增长，资本密集型产业已经成为外资重要的投资方向，中长期高端制造产业的投资占比可能继续提升；从中国对外投资的角度，基于经济、制度和国家关系的三重考虑因素，中国对经济以及制度条件较好，且国际关系相对稳定或向好的国家和地区的投资占比可能仍有增长；行业方向上，中国对外转移的中低附加值制造业，以及涉及自然资源和制造业升级方向的产业可能是中国对外投资的重点。

产业链变迁对金融市场投资也有重要含义。产业链中心在区域间的转移反映国家间相对优势变化，将影响投资的可持续性。结合历史案例发现，产业链中心的转移往往反映在一个国家产业在全球市值占比的提升，海外资金对具备比较优势的产业更偏好，最终反映在其估值溢价的提升。同时，产业链自身所处生命周期的位置，将影响未来潜在投资收益空间，处于契合时代背景的成长期或二次成长期的领域将具备更大的投资空间。在此基础上，根据"有一定技术含量、产业链相对复杂和标准化程度高"的标准，筛选出未来在全球具备横向竞争力的领域，并结合纵向发展阶段是否处于契合时代背景的成长期，筛选出部分未来兼具可持续性和潜在收益空间的产业链投资机遇。

关注规模经济效应和逆全球化趋势的影响。规模经济效应在数字经济时代得以充分挖掘，但逆全球化又可能导致不同国家的相对规模效应发生分化，中国作为大国在这个过程中处在相对有利的地位。但规模化红利未来可能存在尽头，届时全球经济增长难度将加大、更依赖和逼近技术进步速度，如何提升科技创新能力变得更加重要。逆全球化背景下，全球产业链发展从追求效率走向兼顾安全，各国对产业链自我保护意识的增强使得竞争也在加剧，非经济因素考量的增多可能会导致企业和投资者风险偏好下降，推升市场的风险溢价，也是产业链投资中较为关键的问题。[1]

---

[1] 本章作者：王汉锋、黄凯松、魏冬。

## 实体产业投资：中国视角下产业投资流向的分析与展望

产业链在区域层面的迁移是企业投资方向在区域间变化的过程，由于地理空间等因素的限制，国际生产要素的流动往往以资本形式为主，一般来说能够创造更多利润的市场对国际资本吸引力更强。本章在测算 IFDI 和 OFDI 的基础上，分析产业链变迁过程中中国市场产业投资在区域间和行业间的流向变化，并形成对未来变化趋势的展望。

IFDI 和 OFDI 是分析国际资本流动的关键指标。国家外汇管理局使用 FDI 表示来华直接投资，ODI 表示中国对外投资，为了避免混淆，本章参考部分学者分别使用 IFDI 和 OFDI 的表述。IFDI 与 OFDI 是一组"镜面概念"，对于中国来讲，来自美国的直接投资计入 IFDI，但从美国的角度看，同样的这笔投资，是美国对中国的 OFDI。

分析跨国的产业投资流向要考虑"避税天堂"和"返程投资"的影响。在跨境投资庞大体量和快速增长的背后，有两个特点值得关注[1]。第一，中国内地的 IFDI 或 OFDI，有超过一半来自或流向中国香港、开曼群岛等"避税天堂"，以合理避税。第二，中国本土的"返程投资"现象不容忽视，部分资金以 OFDI 形

---

[1] 肖立晟、徐子桐、范小云：《估算中国的 IFDI 和 OFDI——来自"避税天堂"与"返程投资"的证据》，《金融研究》2022 年第 2 期。

式流出中国，流入离岸金融中心，享受当地政策或税率优惠[1]，但是最后仍会以 IFDI 的形式流回中国。鉴于此，本章在考虑离岸金融中心影响的基础上，参照达姆高等[2]和肖立晟等（2022）的估算思路，基于国际货币基金组织的 CDIS 数据[3]，并利用 Orbis 微观企业数据库重新对 IFDI 和 OFDI 进行调整，以尽可能准确地反映产业链变迁过程中国际直接投资的真实流向。

## 中国 IFDI 和 OFDI 高增长后面临新变局

调整后中国 IFDI 和 OFDI 的规模和国别结构均发生了改变，原本来自或流向"避税天堂"的投资调减，而相应的其他区域通过"避税天堂"继续投向中国的部分调增。从行业层面来看，由于 IFDI 与 OFDI 的行业结构受离岸金融中心的影响较为有限，行业维度的数据直接以官方公布口径进行计算展示。具体来看，中国 IFDI 和 OFDI 规模及国别结构的变化特征如下。

从规模维度来看，IFDI 存量近年来维持上升趋势但增速放缓。UNCTAD 的统计数据[4]显示，截至 2021 年，中国吸引外商 IFDI 存量约 2.1 万亿美元，总体规模较 2011 年增长了 1.9 倍。尽管在中美关系变化和新冠肺炎疫情的影响下，全球多数国家对外投资有所下降，但中国 IFDI 存量和流量规模仍维持上升态势，反映过去中国对外资企业仍有较强的吸引力，未来逆全球化背景下外资对华投资的变化趋势值得关注。从国别结构维度来看，在 IFDI 来源地的结构变化上，目前亚太地区是中国内地 IFDI 的主要来源地，欧美发达国家对华投资趋势则有所分化（见图 18.1，前）。中国香港 IFDI 占比长期维持在 20% 以上，日本是中国

---

[1] Sutherland, D., Matthews, B., & Sutherland, D. "Round tripping" or "Capital augmenting" OFDI? Chinese outward investment and the Caribbean tax havens., 2009.

[2] Damgaard, J., Elkjaer, T., & Johannesen, N., What is real and what is not in the global FDI network? December 2019.

[3] CDIS 按照国际通用原则统计 IFDI 及 OFDI，也并未区分投资的直接来源地和最终来源地。本章将 CDIS 数据作为调整基础，假定估算前后中国吸收全球各国和地区 IFDI 的头寸保持不变，只是在不同国家和地区之间的分配进行了调整。

[4] 为了保持比较的一致性，此处比较包含有"返程投资"的各国 IFDI 总体规模的情况，不做调整，但在后文仅对中国进行讨论时，为了更加清晰地分离出国别情况，对此剔除了"返程投资"的影响。

内地最大的 IFDI 来源地，过去 10 年的占比小幅回落但仍高于 12%，新加坡占比也维持在 6%~7% 的水平。欧美地区除了部分离岸金融中心，2020 年美国（8%）、德国（5%）、法国、英国等发达国家对华投资占比仍较高，但变化趋势有所分化，美、英两国占比相比过去整体趋降，而德、法两国占比则趋于上升。除了国际关系的变化，产业链在华发展日益成熟，外资可获取利润的占比降低等，也导致部分发达国家将产业链转回国内或转向东盟等低成本区域。在目标行业的结构变化上，劳动密集型、中低附加值制造行业占比显著降低但仍占重要地位，服务业占比逐年增加（见图 18.1，后）。2010 年中低附加值的加工制造行业占所有行业投资的 30% 以上，随后逐年下降且在 2020 年占比已低于 15%，使得来华投资

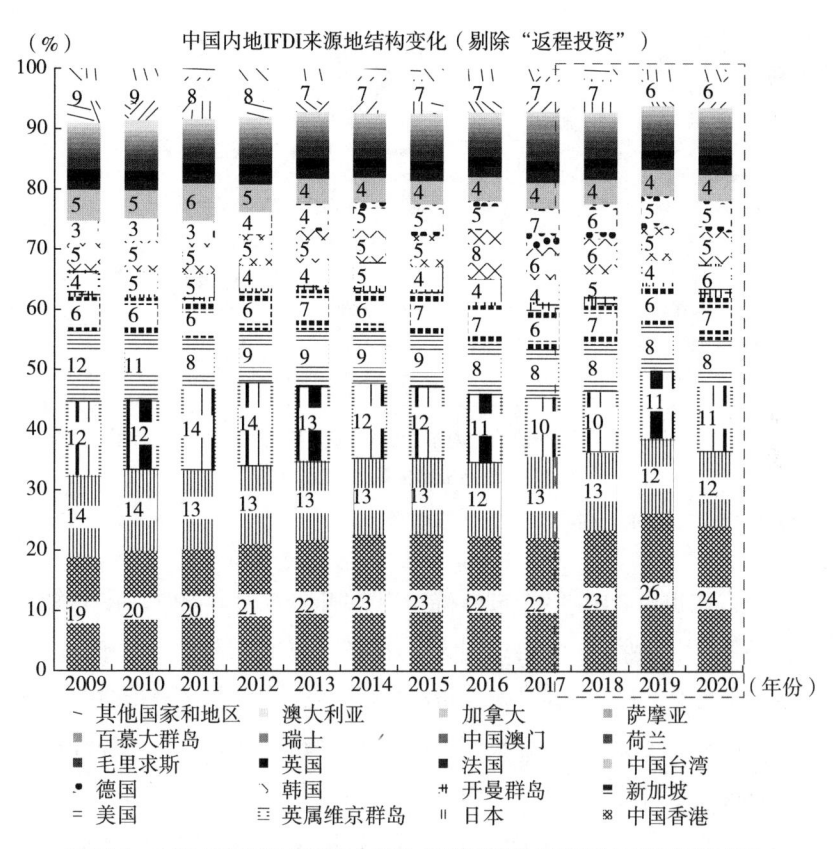

图 18.1 中国内地 IFDI 来源地（剔除"返程投资"影响后的最终来源地视角）和目标行业结构变化

第十八章 投资机遇：产业链变迁中的实体产业与金融市场投资

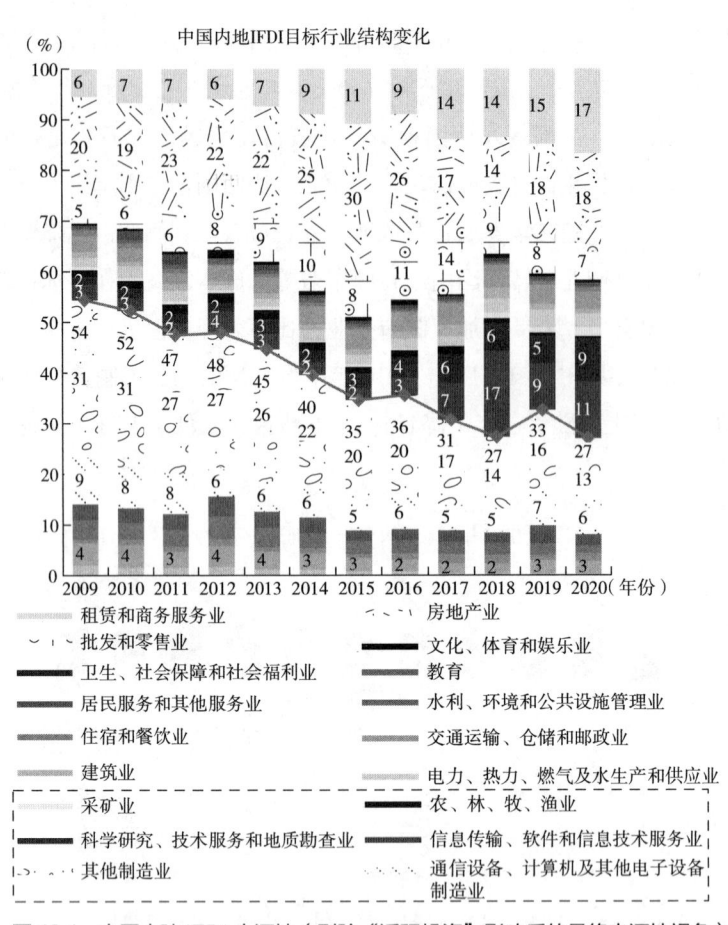

图 18.1 中国大陆 IFDI 来源地（剔除"返程投资"影响后的最终来源地视角）和目标行业结构变化（续）

资料来源：UNCTAD，CDIS，Orbis，中金公司研究部。

中的制造业占比也由 2010 年的 52% 降至 2020 年的 27%。同时，在全国统一大市场的优势下，服务业开始成为中国吸引外资的新方向，除了租赁和商业服务业以及批发和零售业，具备一定技术含量的科学研究、技术服务和地质勘查业、信息传输、软件和信息技术服务业投资占比也逐年增加，发展至今，外资对中国服务业的投资占比已超过制造业。

从规模维度来看，中国 OFDI 增长迅速且存量规模已超过 IFDI，2021 年 OFDI 存量规模为 2.6 万亿美元，较 2011 年增长了 5.1 倍，并居于全球前列。从发展路径来看，20世纪90年代中国IFDI已初具规模，而相比之下OFDI则是在2000年中国"入世"并实施"走出去"战略后才开始明显增长，自2017年开始OFDI存量规模已超过IFDI。但近年来，中国OFDI的增长受新冠肺炎疫情、地缘冲突等事件的影响，其流量规模在2015年后明显回落。从国别结构维度来看，在中国内地OFDI目的地结构上呈现重回亚太地区的趋势。由于中国内地比较优势的转变及产业升级的需求，目前除中国香港以外，自然资源或劳动力资源丰富的澳大利亚（2020年为10%）、印度尼西亚、泰国等部分亚太地区，以及美国（2020年为7%）、加拿大、新加坡和韩国等发达国家是中国内地OFDI的主要目的地（见图18.2，前）。从趋势上看，除内在优势的转变和产业升级的需求外，关税和

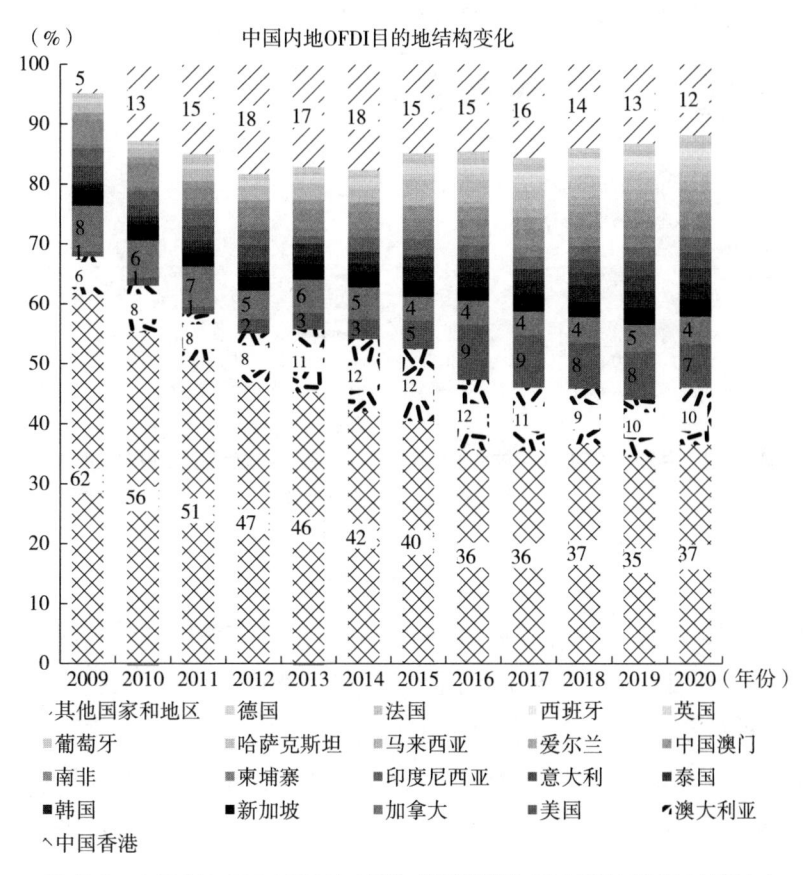

图18.2 中国内地OFDI目的地（剔除"返程投资"影响后的最终投向地视角）和目标行业结构变化

第十八章 投资机遇：产业链变迁中的实体产业与金融市场投资

中国内地OFDI目标行业结构变化

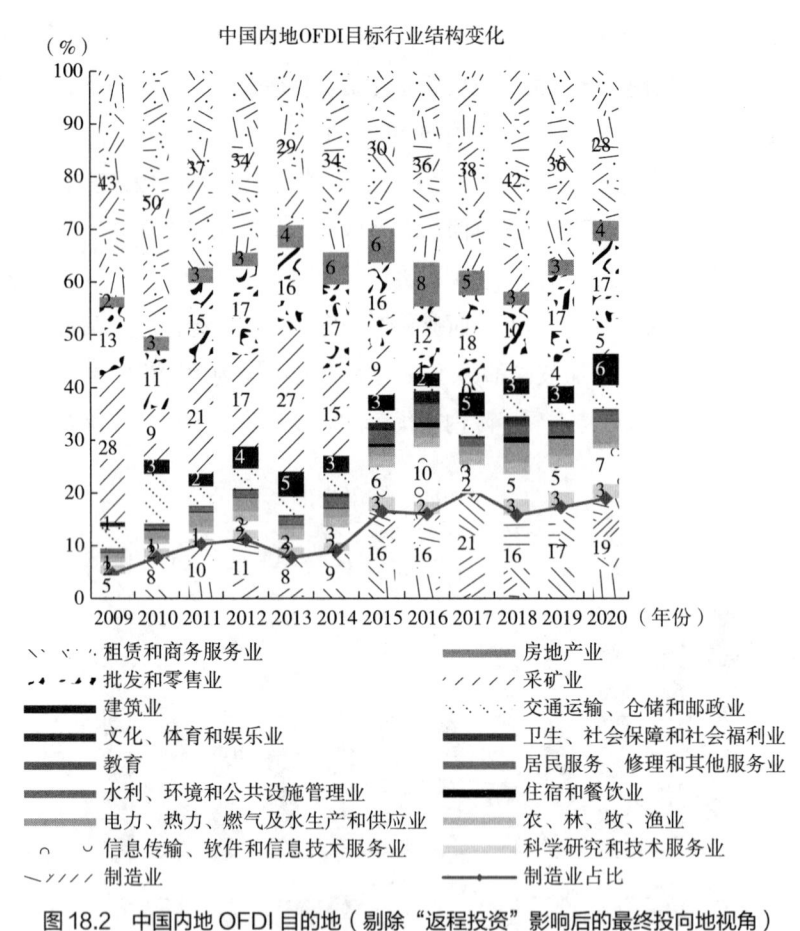

图 18.2 中国内地 OFDI 目的地（剔除"返程投资"影响后的最终投向地视角）
和目标行业结构变化（续）

资料来源：UNCTAD，CDIS，Orbis，中金公司研究部。

产业合作政策等也是影响中国内地 OFDI 的关键因素，中国内地在亚太地区的 OFDI 整体呈现提升趋势。在目标行业结构上，代表产业升级、消费升级的新经济行业，以及劳动密集型的中低附加值制造行业，是 OFDI 的两个主要方向（见图 18.2，后）。前者体现在科学研究和技术服务业及信息传输、软件和信息技术服务业等行业投资占比的快速提升，而后者体现在 OFDI 的制造业占比上升，特别是对"一带一路"沿线国家和东盟国家的制造业投资。如果简单假设 OFDI 的增多需要以减少国内投资为代价，那么中国对于东盟国家中低附加值制造业

OFDI 的增加，一定程度上可能反映中国中低附加值制造业、劳动密集型行业外迁的趋势。

## 中国 IFDI 和 OFDI 未来变化趋势展望

从追求效率走向兼顾安全，国际关系变化对产业链投资的重要性上升

产业链投资从注重效率走向兼顾安全。近年来，百年未有之大变局叠加新冠肺炎疫情冲击，全球地缘风险显著上升。过去全球化趋势下效率为先，但随着逆全球化趋势演绎，国家之间竞争的加剧与保护主义的抬头，使得大国经济体必须在追求效率的同时兼顾安全。随着跨国投资的安全考虑越来越多，国际关系将成为影响跨国投资不可忽略的变量。

国际关系变化将影响国际资本流动和产业链变迁。回顾国际产业链的发展历程，在过去国际关系相对缓和的环境下，关税、投资限制等国家间的交易成本下降，促成国际产业链的合作与发展，领先国家与相对落后国家之间的技术差距以及国际关系的缓和成为助推国际产业链合作的双引擎。以手机产业链的发展为例，在 2010 年智能手机开始快速渗透的过程中，中国企业切入海外龙头的生产供应链，本土品牌在国际巨头的培植下成长壮大。然而，当前国际竞争的加剧推升了国家间的交易成本，国际资本流动面临的阻碍逐渐增加，也正在促使产业链由全球化转向区域化。

国际关系变化对中国 IFDI 和 OFDI 产生影响。当国际关系变得不太有利时，东道国对投资限制增多，对国际资本流动产生负面影响，中国与对应国家的 IFDI 和 OFDI 往往受影响而下降。基于数据观察发现，相比于其他发展中国家，中国与发达国家的 IFDI 和 OFDI 增长受国际关系变化的影响更明显。在新的国际关系趋势下，国家之间的产业关系也可能发生改变。例如，制造业技术领先国家向制造大国产业转移的国际合作，可能会因为不太有利的双边关系而演变成为与大国制造行业的竞争，而与制造大国关系好的中立或友好国家和地区，则有可能从承接大国的产业转移中获得机遇。

## 从区域和行业维度进行中国 IFDI 和 OFDI 趋势展望

对中国 IFDI 和 OFDI 趋势的分析中，国际关系整体走向相对不利是逆全球化背景下的新特征，但同时也受到资本来源国和投向国自身经济基础、经济结构、制度等多方面因素的影响。结合既有学者的研究，分别对 IFDI 和 OFDI 增加以下维度的考虑因素。

IFDI 需要考虑资本来源国对华贸易依存度和投资结构契合度。一方面，某一国家对华贸易依存度越高，在面临国际关系负向影响时可能越难以大幅减少对华投资，贸易依存度可采用对华进出口贸易占自身总进出口贸易的比重表示；另一方面，投资国对中国投资的产业结构与中国本身产业结构演变方向的契合度，也将影响其对华投资的稳定性，投资结构契合度可采用该国对华投资中增长型产业的占比表示。如果投资国在华投资的产业以中国未来加速增长的产业为主，例如高端制造等知识密集型产业，那么，未来随着该产业的发展和扩张，其对华投资大概率也将呈上升趋势；反之，如果以房地产、低端制造业等收缩型产业投资为主，则未来对华投资下降的概率更高。

OFDI 需要考虑投向国的经济和制度两个维度。作为发展中国家，中国 OFDI 与发达国家相比有其特殊性，结合既有文献的做法[1][2][3]，选取经济和制度等一系列指标，降维后合成经济维度和制度维度的综合指标，对东道国进行刻画。其中，经济维度的指标包括市场规模（各国的人均国民收入）、战略资源禀赋（世界银行公布的人力资本指数）、服务业发展水平（服务业增加值占 GDP 的比重）、通信基础设施建设水平（每百人使用移动和固定电话的数量）等；制度维度的指标包括经济制度、法律制度等。

在传统的国际投资影响因素的分析框架中，结合考虑国际关系变化的因素，

---

[1] Ren X, Yang S. Empirical study on location choice of Chinese OFDI. *China Economic Review*, 2020, 61: 101–428.

[2] Zhang X, Daly K. The determinants of China's outward foreign direct investment. *Emerging markets review*, 2011, 12（4）: 389-398.

[3] Kang Y, Jiang F. FDI location choice of Chinese multinationals in East and Southeast Asia: Traditional economic factors and institutional perspective. *Journal of world business*, 2012, 47（1）: 45-53.

分析中国未来IFDI来源国及OFDI目的地的可能变化趋势。

首先，投向中国的IFDI方面分析。从国别维度来看，选取贸易依存度变化趋势和投资结构契合度两个维度的指标刻画，并结合国际关系变化因素，对华贸易依存度趋于升高且投资结构契合度高的国家更有可能成为中国IFDI的来源国，即使国际关系相对不利，也可能抵消一部分对IFDI的负面影响；反之若两个维度的指标都相对较弱，在国际关系相对不利的环境下，IFDI占比将可能有所下降。从目标行业维度来看，在主要考虑中国与外国的产业比较优势与产业结构变迁阶段两个关键因素后，资本密集型产业正在成为外资投资的主要领域，中长期内中国具有明显竞争优势的中高端技术密集型产业可能也将逐渐成为外资投资的重点领域，而中低附加值制造业和与固定资产投资相关的行业可能成为IFDI占比下降的领域。

其次，中国对外的OFDI方面分析。从国别维度来看，选取经济和制度两个维度的指标对东道国进行刻画，并结合国际关系变化因素分析，若东道国的经济和制度维度的条件较好，当国际关系发生不利变化时，中国可能因为其市场仍有吸引力而不会大幅减少OFDI；但如果东道国的经济和制度维度的条件不佳，当国际关系发生不利变化时，则中国可能首先减少对其的直接投资。从目标行业维度来看，考虑中国自身与东道国的增长趋势及目标行业的结构变化，一方面，在优化产业结构的趋势下，国内中低附加值制造业对海外经济体的转移，或使中国在该领域的投资增加；另一方面，资源、科技制造等涉及经济发展基础和产业升级的领域，也可能在中国OFDI的占比提升。OFDI可能下降的行业可能主要包括与固定资产投资相关的房地产业、建筑业和采矿业等。表18.1较为直观地展示了分析结果。

国际投资流向对产业链变迁的影响

国际资本流向对全球产业链变迁过程有重要影响。当某个产业因生产层面的比较优势获得外来资本的集中投资时，意味着该产业获得充分的发展资源，并有望在做大产业的同时逐步形成规模效应，实现成本的下降，逐渐形成全球产业链的中心。过去IFDI大幅增长以及中国成为"世界工厂"充分体现了该过程。但如果外来投资单纯基于消费潜力而仅转移销售等非关键环节，则并非产业链中心的转移。

表18.1 未来以中国为中心的 IFDI 和 OFDI 变化趋势判断

| | 国家特征 | IFDI 外资增加对华投资 | 外资减少对华投资 |
|---|---|---|---|
| OFDI | 中国增加投资 | 经济和制度条件有利于中国投资，例如东道国市场规模相对较大，资源禀赋丰富或科技水平较高，国内制度环境良好等；对华贸易依存度较高，投资中国的增长型产业占比较高；与中国双边关系向好或稳定，对华投资限制较少 | 经济和制度条件有利于中国投资，例如东道国市场规模相对较大，资源禀赋丰富或科技水平较高，国内制度环境良好等；对华贸易依存度低，投资中国的增长型产业占比较低；与中国双边关系稳定或趋于紧张，对华投资可能存在部分限制 |
| | 中国减少投资 | 经济或制度条件不利于中国投资，例如东道国市场规模相对有限，资源禀赋或科技优势相对中国趋弱，国内制度环境相对一般等；对华贸易依存度较高，投资中国的增长型产业占比较高；与中国双边关系向好或稳定，对华投资可能存在部分限制 | 经济或制度条件不利于中国投资，例如东道国市场规模相对有限，资源禀赋或科技优势相对中国趋弱，国内制度环境相对一般等；对华贸易依存度低，投资中国的增长型产业占比较低；与中国双边关系趋于紧张，对华投资限制较多 |

| | 行业特征 | IFDI 外资增加对华投资 | 外资减少对华投资 |
|---|---|---|---|
| OFDI | 中国增加投资 | 行业在东道国处于成熟生产阶段，东道国行业具有比较优势，符合时代背景，投资国未对其形成完全的控制力，具有较强的国际竞争力<br>行业代表：科学研究、信息技术等高端服务业，电力、热力、燃气及水生产和供应业 | 行业处于标准化生产阶段，投资东道国在中国失去对该产业链的控制力，国际竞争力相对一般<br>行业代表：中低端制造业 |
| | 中国减少投资 | 行业处于成熟生产阶段，投资东道国在中国仍掌握对该产业链的控制力，中国行业具有比较优势，资金流入中国，但制度因素影响下，中国难以投资<br>行业代表：采矿业、租赁和商务服务业、住宿和餐饮业等中低端服务业 | 行业处于标准化生产阶段，生命发展末期，不符合时代背景，投资国失去对其的控制力，国际竞争力较弱<br>行业代表：房地产业，建筑业 |

资料来源：中金公司研究部。

贸易专业化系数是过去全球制造产业链中心向中国转移的证据。当国家之间产业链相对竞争优势发生变化，在产业链中心形成的过程中，往往体现为产品出口竞争力提升，产业链上下游配套更加完善也使得进口依存度逐步下降，计算中国出口行业的贸易专业化系数，即同一行业（出口－进口）/（出口＋进口）以反映该过程。当产业链贸易专业化系数由负转正，在一定程度上反映了国家产业链竞争力提升；若贸易专业化系数持续提升并逐渐接近于1，则意味着该产业在全球出口份额提升，可能反映国际区域间的产业转移，甚至形成全球产业链的中心（见表18.2）。中国自2001年加入WTO后，各领域贸易专业化系数普遍提升，正是过去全球制造产业链中心向中国转移的证据。

国际资本投资的新趋势，可能意味着越来越多的中国中高端制造业有望成为全球产业链中心。结合对中国IFDI和OFDI趋势的判断，一方面，中国在部分资本密集型产业中可能仍将占据全球重要地位，同时中国越来越多的中高端制造业逐渐形成竞争优势，成为全球产业链中心；另一方面，中国可能将部分优势逐渐弱化或规模不经济的中低附加值制造业转移至海外新兴市场，对应的新兴市场会逐渐形成新的产业链中心。在这个过程中，逆全球化背景下的国际关系变化可能对国际投资有一定负面影响，例如发达国家减少对中国的投资尽管不一定改变原有趋势，但产业链中心在中国形成的过程可能会变慢；另外，与中国关系较为友好的新兴市场，在承接中国产能的过程中可能相对受益，更有利于其产业基础的形成。

## 金融市场投资：产业链变迁的资本市场机遇与风险

在前文对实体领域分析的基础上，本部分将具体探讨产业链横向的"迁"和纵向的"变"对资本市场投资的含义，以及未来可能产生机遇的方向和风险。

### 产业链横向的"迁"对资本市场投资的含义

中国各领域普遍实现产业升级对应全球产业链在区域间的迁移。2010年以后，除了在集成电路、药品和部分原材料领域中国产业链优势仍相对偏弱，中国制造业开始从相对低附加值、低技术含量、低质量、弱品牌的状态逐步走出产业升级的道路，比较典型的是家电、科技硬件及机械等领域。以手机产业链为例，

表18.2 中国各产业的贸易专业化系数变化反映全球制造产业链中心向中国转移

| 产业链 | 重点产品 | 1997年 | 1998年 | 1999年 | 2000年 | 2001年 | 2002年 | 2003年 | 2004年 | 2005年 | 2006年 | 2007年 | 2008年 | 2009年 | 2010年 | 2011年 | 2012年 | 2013年 | 2014年 | 2015年 | 2016年 | 2017年 | 2018年 | 2019年 | 2020年 | 2021年 |
|---|---|---|---|---|---|---|---|---|---|---|---|---|---|---|---|---|---|---|---|---|---|---|---|---|---|---|
| 半导体产业链 | 集成电路 | -0.59 | -0.62 | -0.59 | -0.65 | -0.73 | -0.72 | -0.73 | -0.69 | -0.70 | -0.67 | -0.68 | -0.67 | -0.67 | -0.68 | -0.67 | -0.56 | -0.45 | -0.56 | -0.53 | -0.57 | -0.59 | -0.57 | -0.50 | -0.50 | -0.47 |
|  | 二极管、晶体管等半导体器件 | -0.37 | -0.39 | -0.37 | -0.40 | -0.46 | -0.53 | -0.52 | -0.50 | -0.45 | -0.36 | -0.22 | 0.01 | 0 | 0.18 | 0.18 | 0.02 | -0.02 | -0.01 | 0.04 | -0.02 | -0.03 | 0.01 | 0.14 | 0.14 | 0.19 |
| 电子设备及元器件 | 电话机 | 0.10 | -0.07 | -0.09 | -0.13 | -0.20 | 0.12 | 0.25 | 0.37 | 0.49 | 0.53 | 0.43 | 0.50 | 0.46 | 0.47 | 0.41 | 0.31 | 0.27 | 0.31 | 0.32 | 0.33 | 0.12 | 0.12 | 0.16 | 0.13 | 0.11 |
|  | 印刷电路 | 0.12 | 0.05 | -0.03 | -0.06 | -0.12 | -0.16 | -0.21 | -0.14 | -0.10 | -0.06 | -0.06 | -0.04 | -0.05 | -0.04 | -0.05 | -0.03 | -0.01 | 0.02 | 0.07 | 0.11 | 0.09 | 0.10 | 0.13 | 0.16 | 0.26 |
|  | 其他电子元器件 | -0.21 | -0.20 | -0.27 | -0.21 | -0.07 | 0.03 | 0.03 | -0.02 | 0.05 | 0.12 | 0.15 | 0.19 | 0.21 | 0.26 | 0.23 | 0.23 | 0.23 | 0.24 | 0.21 | 0.10 | 0.03 | 0.04 | 0.08 | 0.03 | 0.03 |
|  | 监视器及投影机 | 0.59 | 0.68 | 0.70 | 0.91 | 0.95 | 0.97 | 0.95 | 0.95 | 0.97 | 0.97 | 0.96 | 0.97 | 0.97 | 0.98 | 0.98 | 0.97 | 0.98 | 0.97 | 0.98 | 0.97 | 0.97 | 0.96 | 0.94 | 0.93 | 0.95 |
| 机械设备制造产业链 | 空气泵或真空泵 | 0.13 | 0.12 | -0.05 | -0.04 | -0.07 | -0.09 | -0.06 | -0.08 | 0.05 | 0.07 | 0.19 | 0.15 | 0.11 | 0.18 | 0.23 | 0.32 | 0.32 | 0.36 | 0.43 | 0.44 | 0.44 | 0.43 | 0.48 | 0.53 | 0.56 |
|  | 旋塞、阀门及类似装置 | -0.08 | -0.04 | 0.01 | 0.19 | 0.22 | 0.22 | 0.21 | 0.13 | 0.16 | 0.25 | 0.37 | 0.31 | 0.20 | 0.23 | 0.23 | 0.29 | 0.27 | 0.32 | 0.34 | 0.32 | 0.31 | 0.30 | 0.30 | 0.29 | 0.33 |
|  | 空气调节器 | 0.14 | 0.40 | 0.41 | 0.58 | 0.64 | 0.67 | 0.73 | 0.80 | 0.84 | 0.83 | 0.87 | 0.88 | 0.84 | 0.85 | 0.87 | 0.89 | 0.90 | 0.89 | 0.89 | 0.89 | 0.91 | 0.91 | 0.92 | 0.92 | 0.92 |
|  | 传动轴及曲柄 | 0.11 | 0.12 | -0.04 | -0.01 | -0.06 | -0.14 | -0.19 | -0.26 | -0.24 | -0.23 | -0.23 | -0.16 | -0.23 | -0.20 | -0.12 | 0.02 | 0.03 | 0.05 | 0.12 | 0.15 | 0.10 | 0.12 | 0.16 | 0.14 | 0.20 |
|  | 电气或非电气的冷藏箱 | -0.40 | -0.33 | -0.13 | -0.04 | -0.04 | 0.01 | 0.06 | 0.28 | 0.43 | 0.56 | 0.59 | 0.63 | 0.75 | 0.74 | 0.67 | 0.74 | 0.73 | 0.73 | 0.74 | 0.79 | 0.79 | 0.78 | 0.81 | 0.83 | 0.84 |
| 汽车产业链 | 机动车的零件、附件 | -0.34 | -0.28 | -0.23 | -0.30 | -0.30 | -0.24 | -0.44 | -0.25 | -0.01 | -0.01 | 0.07 | 0.14 | -0.04 | -0.04 | -0.02 | 0.02 | 0.03 | 0.02 | 0.10 | 0.05 | 0.07 | 0.09 | 0.14 | 0.12 | 0.20 |
|  | 摩托车（包括机器脚踏两用车） | 0.93 | 0.99 | 0.96 | 0.99 | 1.00 | 1.00 | 0.99 | 1.00 | 1.00 | 1.00 | 1.00 | 1.00 | 1.00 | 0.99 | 0.99 | 0.99 | 0.99 | 0.97 | 0.95 | 0.94 | 0.95 | 0.93 | 0.91 | 0.85 | 0.85 |
|  | 其他机动车零件、附件 | 0.46 | 0.48 | 0.39 | 0.47 | 0.61 | 0.65 | 0.74 | 0.73 | 0.75 | 0.79 | 0.79 | 0.80 | 0.82 | 0.81 | 0.80 | 0.79 | 0.81 | 0.81 | 0.80 | 0.83 | 0.83 | 0.84 | 0.86 | 0.86 | 0.86 |
|  | 主要用于载人的机动车辆 | -0.79 | -0.91 | -0.94 | -0.92 | -0.94 | -0.96 | -0.95 | -0.87 | -0.69 | -0.64 | -0.56 | -0.65 | -0.82 | -0.86 | -0.83 | -0.81 | -0.82 | -0.86 | -0.83 | -0.80 | -0.75 | -0.70 | -0.69 | -0.64 | -0.37 |
| 医药和医疗器械产业链 | 医疗、外科、牙科等医用仪器、机械疗法器具、按摩器具等 | -0.16 | -0.14 | -0.36 | -0.37 | -0.45 | -0.33 | -0.31 | -0.22 | -0.12 | 0.04 | 0.11 | 0.12 | 0.05 | 0.03 | -0.01 | -0.05 | -0.06 | -0.07 | -0.05 | -0.10 | -0.11 | -0.13 | -0.14 | -0.05 | -0.11 |
|  | 治病或防病用药品 | 0.80 | 0.85 | 0.79 | 0.77 | 0.69 | 0.66 | 0.42 | 0.65 | 0.75 | 0.79 | 0.82 | 0.80 | 0.75 | 0.73 | 0.74 | 0.74 | 0.71 | 0.75 | 0.77 | 0.77 | 0.75 | 0.74 | 0.79 | 0.87 | 0.89 |
|  | 血制品、疫苗等 | 0.12 | -0.07 | -0.41 | -0.47 | -0.51 | -0.54 | -0.58 | -0.56 | -0.56 | -0.58 | -0.60 | -0.62 | -0.67 | -0.65 | -0.60 | -0.62 | -0.62 | -0.65 | -0.64 | -0.67 | -0.70 | -0.64 | -0.69 | -0.66 | -0.63 |
|  |  | -0.67 | -0.89 | -0.82 | -0.83 | -0.88 | -0.55 | -0.66 | -0.79 | -0.78 | -0.75 | -0.78 | -0.82 | -0.80 | -0.77 | -0.81 | -0.83 | -0.84 | -0.82 | -0.86 | -0.80 | -0.85 | -0.85 | -0.87 | -0.54 | 0.25 |

续表

| 产业链 | 重点产品 | 1997年 | 1998年 | 1999年 | 2000年 | 2001年 | 2002年 | 2003年 | 2004年 | 2005年 | 2006年 | 2007年 | 2008年 | 2009年 | 2010年 | 2011年 | 2012年 | 2013年 | 2014年 | 2015年 | 2016年 | 2017年 | 2018年 | 2019年 | 2020年 | 2021年 |
|---|---|---|---|---|---|---|---|---|---|---|---|---|---|---|---|---|---|---|---|---|---|---|---|---|---|---|
| 纺织产业链 | 女式西服套装、便服套装 | 0.96 | 0.95 | 0.95 | 0.95 | 0.94 | 0.94 | 0.95 | 0.95 | 0.96 | 0.96 | 0.95 | 0.95 | 0.96 | 0.96 | 0.94 | 0.93 | 0.92 | 0.94 | 0.93 | 0.93 | 0.93 | 0.91 | 0.90 | 0.89 | 0.89 |
|  | 针织或钩编的套头衫 | 0.93 | 0.93 | 0.93 | 0.91 | 0.88 | 0.88 | 0.89 | 0.89 | 0.93 | 0.94 | 0.95 | 0.96 | 0.97 | 0.97 | 0.97 | 0.96 | 0.95 | 0.95 | 0.94 | 0.93 | 0.91 | 0.90 | 0.88 | 0.86 | 0.85 |
|  | 针织或钩编的女式西服套装 | 0.99 | 0.98 | 0.98 | 0.98 | 0.97 | 0.98 | 0.98 | 0.98 | 0.98 | 0.99 | 0.99 | 0.99 | 0.99 | 0.99 | 0.98 | 0.98 | 0.98 | 0.97 | 0.97 | 0.96 | 0.95 | 0.94 | 0.94 | 0.94 | 0.94 |
|  | 其他针织物或钩编织物 | −0.12 | −0.06 | −0.04 | 0.02 | 0.05 | 0.19 | 0.22 | 0.24 | 0.30 | 0.34 | 0.40 | 0.43 | 0.46 | 0.54 | 0.58 | 0.62 | 0.66 | 0.72 | 0.75 | 0.77 | 0.80 | 0.81 | 0.85 | 0.87 | 0.90 |
|  | 男式西服套装 | 0.96 | 0.96 | 0.96 | 0.96 | 0.97 | 0.96 | 0.95 | 0.95 | 0.95 | 0.95 | 0.94 | 0.93 | 0.94 | 0.92 | 0.89 | 0.87 | 0.87 | 0.89 | 0.89 | 0.88 | 0.87 | 0.87 | 0.87 | 0.83 | 0.83 |
| 化工材料产业链 | 供运输或包装用的塑料制品 | 0.57 | 0.65 | 0.57 | 0.52 | 0.56 | 0.55 | 0.55 | 0.55 | 0.60 | 0.60 | 0.60 | 0.62 | 0.59 | 0.58 | 0.62 | 0.68 | 0.73 | 0.73 | 0.74 | 0.73 | 0.74 | 0.75 | 0.77 | 0.82 | 0.82 |
|  | 仅含氢杂原子的杂环化合物 | 0.01 | −0.09 | −0.19 | −0.26 | −0.12 | −0.08 | −0.07 | −0.15 | −0.15 | 0.05 | 0.10 | 0.26 | 0.18 | 0.16 | 0.18 | 0.24 | 0.34 | 0.41 | 0.38 | 0.49 | 0.45 | 0.43 | 0.45 | 0.51 | 0.63 |
|  | 初级形状的乙烯聚合物 | −0.96 | −0.96 | −0.98 | −0.98 | −0.99 | −0.99 | −0.98 | −0.98 | −0.96 | −0.95 | −0.93 | −0.91 | −0.94 | −0.90 | −0.86 | −0.87 | −0.90 | −0.90 | −0.90 | −0.89 | −0.91 | −0.92 | −0.90 | −0.90 | −0.85 |
|  | 初级形状的聚缩醛及其他聚醚 | −0.74 | −0.74 | −0.79 | −0.78 | −0.74 | −0.73 | −0.68 | −0.72 | −0.52 | −0.46 | −0.38 | −0.38 | −0.52 | −0.49 | −0.36 | −0.34 | −0.25 | −0.23 | −0.30 | −0.28 | −0.24 | −0.17 | −0.16 | −0.26 | −0.07 |
|  | 未锻轧的精炼铜及铜合金 | −0.10 | −0.25 | −0.62 | −0.72 | −0.89 | −0.89 | −0.92 | −0.82 | −0.79 | −0.58 | −0.84 | −0.85 | −0.95 | −0.97 | −0.89 | −0.85 | −0.83 | −0.86 | −0.89 | −0.80 | −0.82 | −0.86 | −0.84 | −0.92 | −0.87 |
|  | 铁合金 | 0.97 | 0.96 | 0.94 | 0.95 | 0.87 | 0.85 | 0.76 | 0.68 | 0.61 | 0.43 | 0.24 | 0.38 | −0.44 | −0.20 | −0.01 | −0.28 | −0.47 | −0.51 | −0.68 | −0.73 | −0.71 | −0.53 | −0.77 | −0.85 | −0.71 |
| 金属原材料产业链 | 宽度≥600mm的铁或非合金钢平板轧材 | −0.85 | −0.91 | −0.90 | −0.89 | −0.87 | −0.91 | −0.93 | −0.76 | −0.71 | −0.19 | 0.04 | 0.26 | −0.03 | 0.24 | 0.48 | 0.51 | 0.53 | 0.59 | 0.63 | 0.64 | 0.67 | 0.72 | 0.77 | 0.77 | 0.84 |
|  | 其他钢铁制品 | 0.31 | 0.38 | 0.43 | 0.48 | 0.55 | 0.59 | 0.54 | 0.54 | 0.58 | 0.60 | 0.58 | 0.50 | 0.51 | 0.48 | 0.49 | 0.51 | 0.53 | 0.53 | 0.57 | 0.53 | 0.54 | 0.56 | 0.59 | 0.66 | 0.72 |
|  | 铝板、片及带，厚度>0.2mm | −0.80 | −0.79 | −0.85 | −0.80 | −0.79 | −0.79 | −0.76 | −0.70 | −0.53 | −0.39 | −0.18 | 0.12 | −0.06 | 0.25 | 0.38 | 0.35 | 0.53 | 0.55 | 0.57 | 0.59 | 0.69 | 0.75 | 0.75 | 0.70 | 0.76 |

资料来源：UN Comtrade，中金公司研究部。

2010年中国市场的中国品牌手机市场份额相对较低，但随着部分零组件开始切入国际供应体系并成长出立讯精密等一批具备国际竞争力的公司，中国智能手机设备制造商在供给和需求两侧同时受益，并在全球市场实现后发赶超，中国品牌的市场份额从2014年的不足20%逐年提升至2020年的51.4%。相比传统手机时代，中国在智能手机时代逐渐成为全球手机产业链的中心，并且逐渐从低附加值的代工组装等环节向价值链两端的设计、品牌和营销环节上移，获取更多附加值。与之类似，中国动力电池在全球形成核心竞争力，为新能源汽车的崛起创造了重要条件，在传统燃油汽车逐步被新能源汽车替代的过程中，适配新能源汽车的中国零部件也相对受益，中国汽车产业链的出口在2020年以来快速增长，也正在初步形成全球汽车产业链的新中心。

对于金融市场投资而言，产业链中心的形成意味着投资的可持续性提升。产业链中心向某个国家的转移，意味着该国的产业具备发展的相对优势，往往将获得更多的发展资源。一方面，在本土市场能够抵御海外竞争者的进入，降低竞争处于劣势或竞争格局恶化的风险；另一方面，打开潜在的海外需求空间也避免了国内需求见顶后，行业的市场空间走向尽头。因此对于资本市场投资而言，具备全球竞争力且逐渐形成全球中心的产业链，可能拥有更高的永续增长率，投资所获取的价值也往往更具备持续性。具体而言，有以下三个表现特征。

第一，产业链中心转移的方向对应上市公司全球市值占比提升。以汽车产业链为例，在传统燃油汽车时代，美国、德国和日本分别在不同阶段成为全球的领先国，尤其自20世纪90年代以来日本和德国的汽车出口规模交替领先，丰田"聚焦核心整车环节，模块化、专业化外包"取代"纵向一体化"的"福特制"，成为全球汽车的主流生产模式。该阶段日本和德国的汽车产业链市值份额也明显高于其他国家。但随着2015年以来全球和中国新能源汽车产业链开始成长并对燃油汽车形成替代，2019年后中国新能源汽车产业快速崛起，乘用车、汽车零部件和动力电池环节的出口规模大幅度提升并逐渐接近日本，与此同时，"特斯拉模式"也逐渐成为车企生产新模式。在此背景下，出现中美逐渐成为全球汽车产业链新中心的趋势，对应股票市场，中美汽车产业链的市值占比自2015年以来逐渐上升并在2020年后大幅提升，目前中美汽车产业链的全球市值占比已超过一半（见图18.3）。这背后既有中美车企自身在业绩增长驱动下市值扩张，也有更多的新能源车企上市的因素。

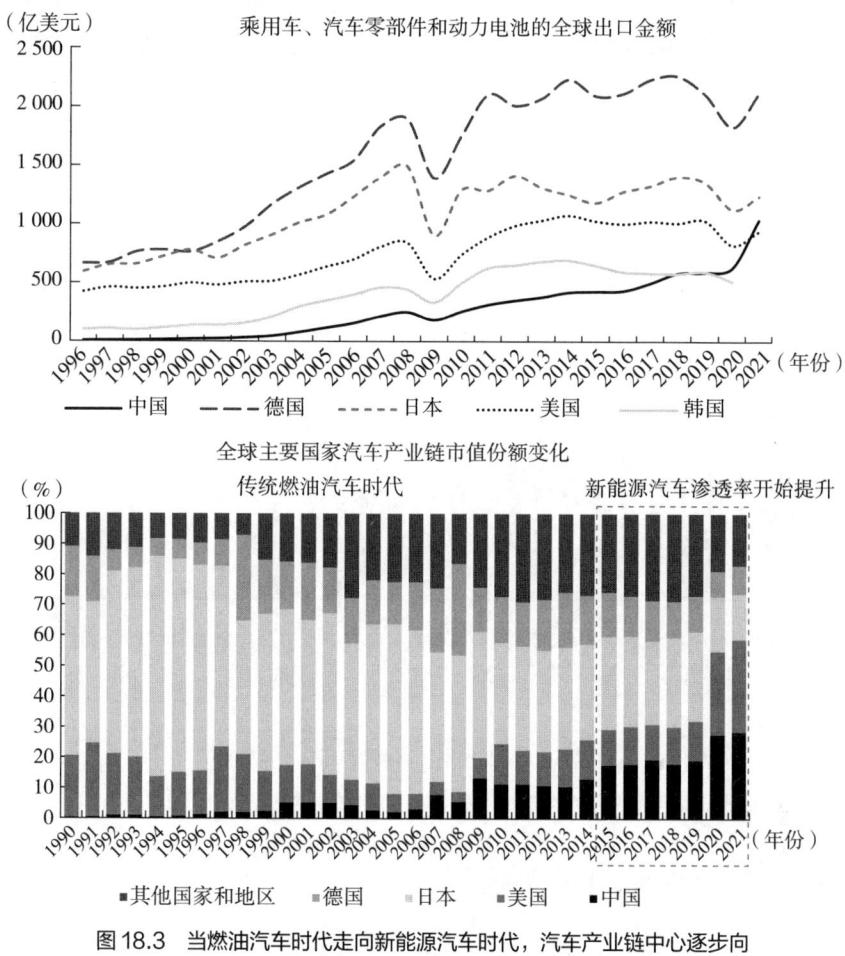

**乘用车、汽车零部件和动力电池的全球出口金额**（亿美元，1996—2021年，中国、德国、日本、美国、韩国）

**全球主要国家汽车产业链市值份额变化**（%，1990—2021年，其他国家和地区、德国、日本、美国、中国；传统燃油汽车时代 / 新能源汽车渗透率开始提升）

图 18.3 当燃油汽车时代走向新能源汽车时代，汽车产业链中心逐步向中美转移在全球股票市值占比也有体现

资料来源：UN Comtrade，中金公司研究部。

第二，国际资金通常偏好一个市场中国际竞争力较强或提升的领域。对于海外资金在不同市场做投资决策，由于对本土产业熟悉程度并不一定高，因而更倾向基于自身认知范围投资具备全球竞争力的产业。例如，早期中国台湾股票市场对外资放开后，外资长期增配中国台湾具备较强优势的半导体和其他电子工业，2000 年以来配置比例明显提升，且持股比例也远高于对其他板块的配置（见图

第十八章　投资机遇：产业链变迁中的实体产业与金融市场投资

18.4）。而过去在 2018 年中美贸易摩擦和 2020 年全球新冠肺炎疫情之后，中国的高端制造业展示出较强的韧性，在全球份额整体得到提升，外资也一改过去重仓中国消费行业和金融行业的局面，对新能源产业链、光伏产业链等高端制造业明显增配。

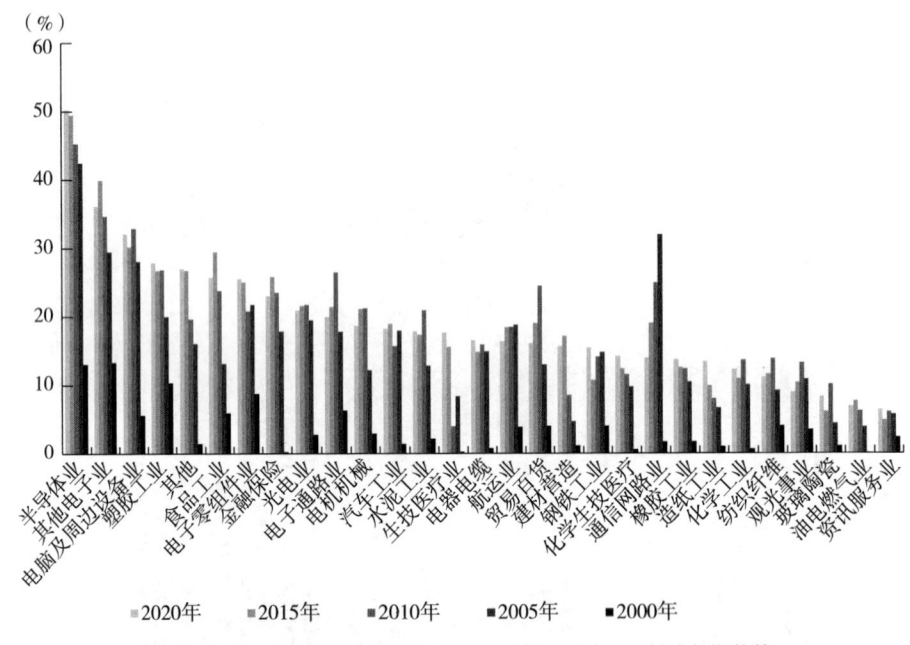

图 18.4 以中国台湾市场为例，外资对科技硬件类行业持仓长期趋势上升且持股比例大幅高于其他板块

资料来源：台湾证券交易所，中金公司研究部。

第三，产业链中心转移过程中带来估值溢价扩张。在产业链投资可持续性提高和全球资金认可度提高的基础上，产业链中心形成也往往带来估值扩张，以日本半导体产业在 20 世纪 80 年代赶超美国的经验来看，五大半导体龙头的估值水平与日本在全球的市场份额及美国的相对优势有较强的正相关性。当日本半导体市场份额上升并超过美国，半导体产业估值整体扩张，而当日本份额在 20 世纪 80 年代末见顶回落后，相关公司的估值也整体回落至常态水平（见图 18.5）。中国市场的高端制造业估值也有类似的变化特征，2020 年以来随着中国汽车产业链的全球竞争力提升，无论是中国的汽车零部件还是动力电池，估值相比于海外可比龙头公司的溢价程度均有明显提升。

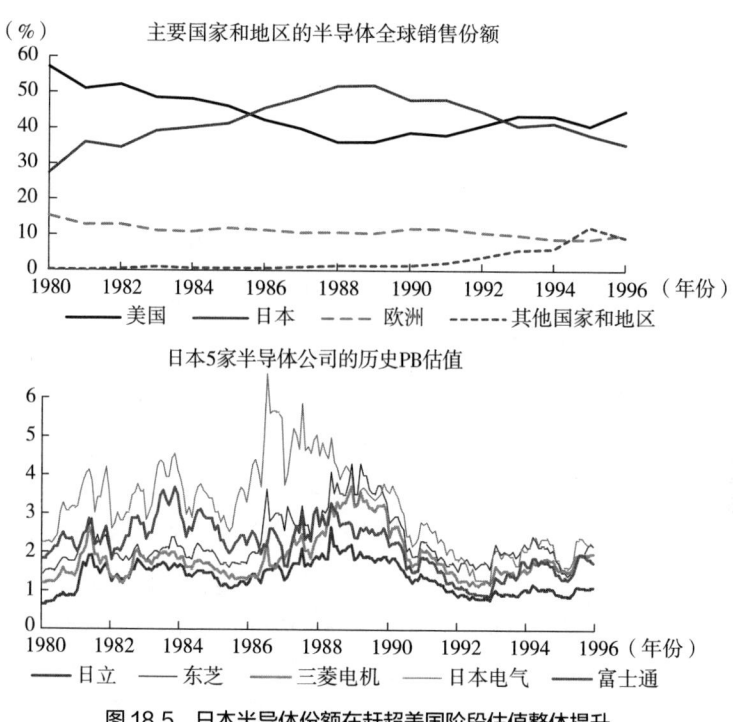

图18.5 日本半导体份额在赶超美国阶段估值整体提升，而在优势弱化阶段则估值重新回落

资料来源：Rereversal between Japan and the US in the semiconductor industry（2000），Datastream，中金公司研究部。
注：PB为市场率。

全球竞争力的差异可能使未来中国不同产业链的市场表现分化。全球产业链中心转移过程中的市场特征，过去在全球和中国的重要产业已得到体现，未来预计中国在全球具备竞争力的产业链都有可能复制类似的投资机会，享受更多的全球资金关注和估值溢价。反之，对于中国不再具备优势的产业，或者未来全球竞争力不确定性较高的产业，可能难以获得外资的青睐，并且相比海外可比公司的估值溢价也有收窄的可能。

## 产业链纵向的"变"对资本市场投资的含义

产业链的生命周期是投资中不可或缺的另一个维度。产业链自身发展阶段的变化同样是投资中的重要考虑因素,即使中国在某一产业的生产制造具备全球比较优势,但如果产业本身同时面临全球性需求萎缩,或者技术进步过程被取代的风险,全球竞争力可能也往往难以抵消需求收缩的损失,投资该产业同样难以取得收益。因此除横向全球竞争力以外,产业自身所处的纵向发展阶段也是投资中较为关键的考虑因素,以产业生命周期进行刻画,这可能决定了金融投资层面未来面临的潜在收益空间问题。

产业生命周期划分的优化。传统的产业生命周期理论共分为导入期、成长期、成熟期和衰退期4个阶段,其中最受投资关注的通常是成长期。我们进一步将成长期划分为成长前期和成长后期,其中在成长前期,企业往往收入增速较快且高于利润增速,资本开支和研发费用占收入比重相对较高;而在成长后期,随着规模效应的释放和竞争格局的优化,企业收入的高增长逐步切换至利润的高增长,净利润率得到提升,与此同时资本开支占比可能低于成长前期。并且在成熟期以后,部分产业可能因为需求萎缩而直接进入衰退期,但也有部分产业通过全球竞争力打开海外市场空间,或者通过产品供给创新创造新的需求,从而实现生命周期的二次成长(见图18.6)。

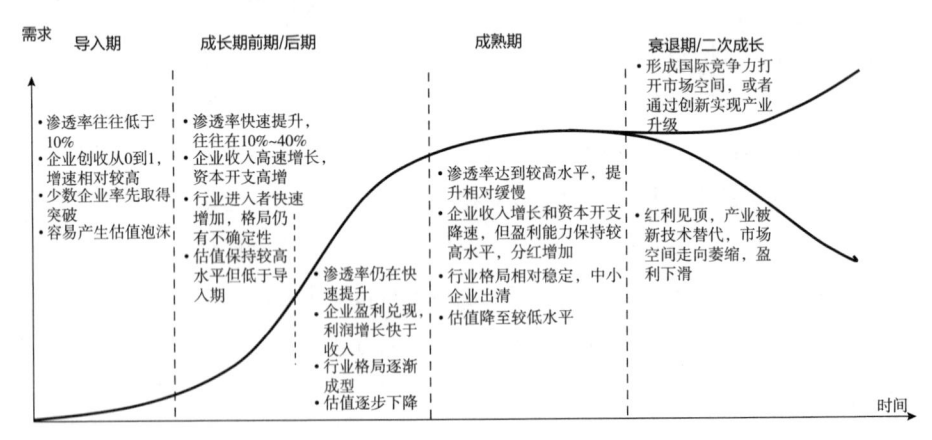

图18.6 产业纵向的"变"体现在产业生命周期

资料来源:Wind,中金公司研究部。

产业生命周期变化往往取决于时代背景。2010年前后的中国股市表现出不同的结构性特征，如果将与固定资产投资更相关的能源、原材料、工业、公用事业、金融等板块定义为"老经济"，而将与消费和服务扩大及支持消费和服务扩大更相关的板块定义为"新经济"，那么在2010年之后，"新经济"指数大幅跑赢"老经济"。产生这种变化的原因在于中国经济增长阶段发生了变化，2000—2010年中国处于固定资产投资高速增长、扩建产能的阶段，名义固定资产投资增速达年均20%以上，推动中国成为全球最大的原材料消费国，也驱动原材料板块的业绩高速增长和迎来商品牛市。而2010年之后，中国较多领域出现了产能过剩，固定资产投资增速开始下行，而消费市场以及支持消费升级相关的领域还在稳步扩张。因此在2005—2007年被视为成长股的资源行业，进入2010年后开始被认为是成熟期甚至是衰退期行业，行业从PB估值靠前变为靠后，而与消费升级和产业升级相关的领域成为新时代背景下的成长行业。

产业生命周期变化特征的刻画。选取3年收入复合增速、资本开支/营业收入、总资产周转率和净利润率等指标对产业链的生命周期状态进行刻画。其中3年收入复合增速和资本开支/营业收入是区分行业是否为成长行业的主要指标，资本开支增长快和占收入比重高，往往是成长阶段的主要特征，结合3年收入复合增速综合判断，可靠性更高。而净利润率和总资产周转率在成长期的不同阶段可能差异较大，成长前期往往利润兑现情况不及收入增长，净利润率处于历史偏低分位，收入增长也快于资产积累使得总资产周转率上升；而成长后期或二次成长阶段，行业格局逐渐稳定对应着行业利润逐步兑现，且资产端现金资产的快速积累也往往导致资产周转放缓。除了指标的静态状态，产业所处生命周期阶段也需要考虑动态变化，以家电行业为例，其净利润率提升和总资产周转率下降均为从成长期走向成熟期的特征，但由于行业格局优化、海外市场开拓以及产品创新升级，在部分年份家电行业又重新呈现出成长期的特征。结合上述指标的静态水平和动态趋势，以及行业的渗透状况和格局特征，可能有助于对产业的生命周期阶段进行更好的刻画。

## 从效率到安全和非经济因素增加可能意味着市场风险溢价上升

全球化趋势对中国产业链投资相对有利。过去40年的全球化时代，中国在全球经贸合作下实现了效率提升，经济实力快速提升的同时企业活力也得到了充分释放。股票市场虽然在经济结构转型初期出现指数滞涨和估值中枢阶段下行，但随着民营企业数量和市值占比提升，代表中国产业升级和消费升级方向的优质公司仍带来丰厚的回报，受到长线机构资金关注，并且实现估值中枢抬升和风险溢价中枢下降。

从效率到安全可能意味着市场风险溢价上升。但是在逆全球化趋势下，从追求效率走向兼顾安全是全球产业链发展和分工的另一大特征，这是产业链投资中面临的新问题。不同国家和地区对自身产业的自我保护意识增强可能意味着政府监管加强，影响产业链运行和布局的非经济因素增加。这有可能使企业和投资者面临的不确定性显著增加，风险偏好下降，反映在资本市场上是风险溢价的上升，需要对非经济因素的增加有更高的风险补偿（见图18.7）。

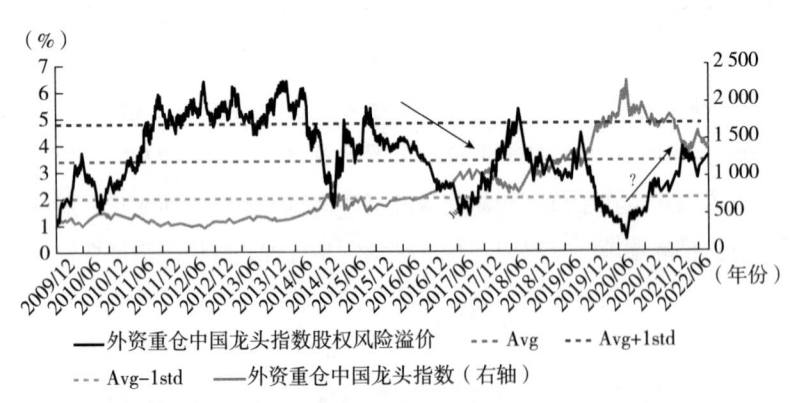

图18.7 中国的机构重仓指数股权风险溢价过去经历趋势性下降，未来中枢有提升的可能

资料来源：Wind，中金公司研究部。

注：Avg指在SQL数据库中求平均值函数，Avg+1std指对Avg加一倍标准差的估值，Avg-1std指对Avg减一倍标准差的估值。

## 产业链投资的机遇与风险展望

中国产业链的全球竞争力来自四大优势，大市场最为根本

产业链的全球竞争力与自身生命周期是产业链分析的两面，也是分析长期投资机遇需要考虑的维度，其中中国产业链的全球竞争力相对来说更加独特，与中国自身优势密切相关。

大市场仍是中国产业链形成全球竞争力所依托的最重要优势。中国的产业发展具备大市场、"大长全"的产业链、大基建和人才红利的四大优势，而大部分发达国家及发展中经济体并不全部具备。其中大市场的优势最为根本，因为中国人口规模、国土面积等因素，这可能是人类有史以来潜在规模最大的单一内需市场。工业革命带来的规模化生产，遇上中国这一个"史无前例"的单一大市场，才算真正充分地展现了"史无前例"的"规模化"生产所带来的红利，这是中国产业升级最值得重视的方面。大市场带来较大的生产规模和需求规模，发挥规模经济效应，最终推动单位生产成本走低和具备成本的竞争力，这也是过去大多数中国制造业形成全球竞争优势的重要原因；另外大市场带来大量的领先用户，使企业可以通过更低成本及更高效的方式获取黏性信息，并通过快速产品开发和互动学习不断提高自身的创新能力[①]，成为中国产业链技术进步与发达经济体缩小差距并赶超的重要因素。

在总量维度上，随着社会生产力的进步，规模经济效应可能比过去发挥更重要的作用。规模经济效应随着社会发展经历了三个阶段。在传统的农业经济社会中，土地作为最主要的生产要素，土地使用所反映的规模经济效应微乎其微，级差地租理论可能是土地缺乏规模经济效应的体现；随着工业经济社会的到来，在机器逐渐成为主要生产要素后，规模经济效应也随着生产要素变化而逐步体现，工业生产的边际成本在一定范围内随着规模的增加是下降的，但这种规模经济是有边界的，超过生产边界后各类成本可能上升，反而将导致规模不经济；而今天进入数字经济社会，数据成为新阶段的重要生产要素，其带来的规模效应相比工业经济进一

---

① Sun, Y., Zhou, Q., Xie, X., & Liu, R. Spatial, sources and risk assessment of heavy metal contamination of urban soils in typical regions of Shenyang, February 2010.

步提升，平台企业对数据的使用几乎不带来边际成本，并且通过网络效应实现范围经济。从整体来看，在人类社会发展的过程中，随着生产要素的公共品属性越来越强，对应社会生产的规模经济效应也越来越强，全社会将受益于生产效率的提升。对于具备大市场特征的经济体，随着生产要素变化，其规模经济特征也可能得到更充分的释放。从资本市场投资的角度，具备更强规模经济特征的产业链，在成长至较大规模后往往拥有更强的盈利能力并仍然保持一定的盈利增长速度，对应估值中枢和股票市值的天花板，可能也将高于以往的时代。例如最近几年美股科技龙头在达到较大的规模后，仍保持较高的盈利增速和较强的盈利能力，其市值占美股的比重远高于过去时期的股票，估值中枢也整体高于工业经济时代的龙头公司。

在结构维度上，逆全球化背景下中国大市场可能仍相对受益于规模经济效应提升。在全球化时代下，全球经济体都受益于规模经济的增强，即便是小国家也能通过自由贸易享受到规模经济带来的好处。但是逆全球化趋势抬头，追求效率提升已不再是单一目标。逆全球化给各国利用国际市场带来阻碍，迫使各国更依赖国内市场形成的初始规模经济效应再参与国际竞争，因而大国相比小国更容易触发规模经济效应，拥有规模经济新优势。在此背景下，即使全球合作和交易成本上升可能导致全球的规模经济效应下降或低于全球化时代的趋势，但中国的人口总量和经济总量居世界前列，具备挖掘大国规模经济的潜力，相对全球其他经济体享有的规模经济效应和结构地位反而可能是上升的。对于投资者而言，中国利用自己的规模经济优势发展知识型经济，可能更有利于部分产业成为全球产业链中心，形成以中国为中心的新型产业链布局，这对于中国产业链的市值规模占比、资金流向和相对估值可能都有一定的积极影响。

大市场与其他优势相辅相成，使中国在全球具备独特地位。首先，中国上下游较为完备的产业链和产业集群优势是吸引跨国公司及本土企业的重要优势，这种全产业链的覆盖是以大市场需求为基础的，其他相对小的经济体如新兴经济体及部分总规模不大的发达经济体并不具备这一优势。其次，大市场支持大规模的基础设施建设，中国在硬件方面具备高铁基础设施优势，软件方面具备互联网覆盖优势，使中国在物流和线上渠道实现效率提升和成本降低。最后，巨大的人才储备和持续增长的研发投入正在使中国从人口红利转向工程师红利，中国高知识含量的劳动力继续具备成本优势，为中国产业升级和附加值提升奠定基础。上述四大优势使得中国在全球产业链中具备"比我便宜的没我技术好,比我技术好的没我便宜"的独特地位,即使中国过去依托的劳动力成本红利逐步消退,中国在全球产业链中的优势地位也难以被取代。

### 基于产业链全球竞争力和产业生命周期看中国市场投资机遇

结合中国当前的发展特征,具备以下三个特征的产业能够更好地发挥中国大市场、"大长全"的产业链、大基建和人才红利四大优势,有望率先得到发展并形成全球竞争力,成为全球产业链的中心。

一是有一定技术含量。有一定技术含量的产业能充分利用中国高知识含量劳动力的成本优势,同时积极有为的产业政策支持也有助于突破行业发展瓶颈,相比发展中国家的优势突出。然而相较于欧美发达国家,中国科学技术研发起步较晚,例如在制造业发展上以依赖大规模资本开支为主,研发投入不足,制造业有"大而不强"的特征。根据发达国家-发展中国家技术迭代曲线[1],中国在前沿核心技术追赶上仍存在一定距离,对于部分创新迭代仍处于初期、技术含量过高的产业短期内尚难以形成优势。若使用研发费用率对中国产业链的技术含量进行刻画,中国有优势的区间可能主要是研发费用率处于中高分位的行业。

二是产业链相对复杂。中国"大长全"的产业链有效缩小企业的采购和物流成本,也缩短对需求及技术变化的响应时间,这意味着产业链比较复杂的行业在中国能够得到较为全面的配套发展,而大多数海外经济体则可能难以承接这类行业。利用投入产出表,构建最终品需求网络的模型计算各个产业链长度,以此对产业链复杂程度进行刻画。产业链越长,中国在全球可能越具有相对竞争优势,将产业链长度高于50%分位的区间视为中国具有竞争优势。

三是产品可标准化制造程度高。对于能标准化生产、产品差异度低且可贸易程度高的行业,能够充分利用中国大市场的优势进行规模化生产,将成本降至尽可能低的水平,例如汽车、家电和大部分机械设备的标准化程度都相对较高,而食品、服装和家具等制造业由于消费者偏好差别大而难以标准化生产。因此,产品可标准化制造程度高的制造业行业未来更有望充分利用中国大市场的优势而形

---

[1] Posner, M. V., International trade and technical change. October 1961.

成较强竞争力。

综合上述三个特征，中国未来有望在全球具备较强竞争力或竞争力提升的产业链主要分布在汽车制造业、电气机械及器材制造业、通用设备制造业、交通运输设备制造业、专用设备制造业和计算机、通信和其他电子设备制造业、研究与试验发展等领域（见图18.8）。

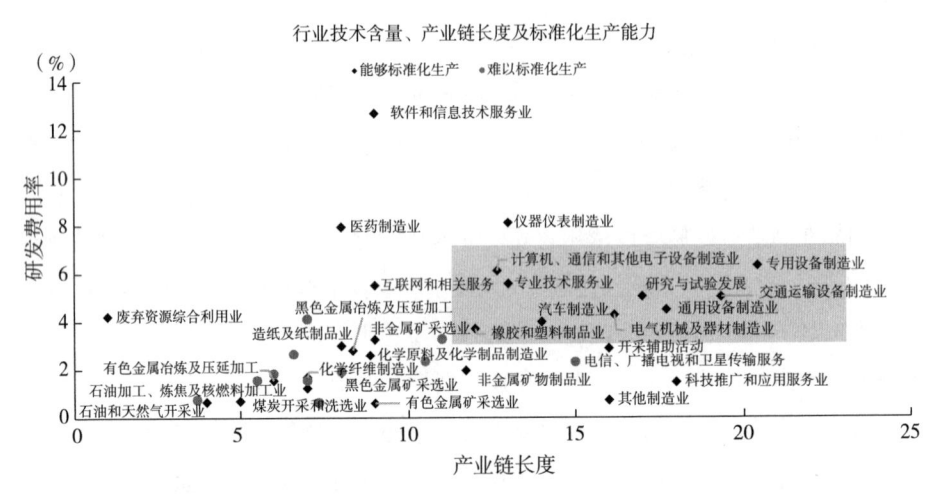

图18.8 从产业复杂度、技术含量程度、标准化程度来看未来中国在
全球具备较强竞争力的产业链

资料来源：Wind，中金公司研究部。
注：研发费用率为2019—2021年均值。

对于投资而言，在全球具备优势的产业链需要在自身的产业生命周期中处于有利位置。基于前文对各产业所处纵向生命周期的动态分析和静态分析，刻画产业所处的生命周期阶段，重点关注产业是否处于成长期，以及进入成熟期后是否能够实现二次成长。

综合各产业链横向比较优势的三大标准和纵向产业生命周期所处位置，将各领域划分为四个象限。第一象限是投资机遇较多的领域。未来产业在全球保持较强竞争力或者竞争力将进一步提升，并且产业自身生命周期契合时代背景，处于成长阶段，这一类投资取得可持续性高收益的概率较高。第二象限是投资机遇可能较多但不确定性高的领域。产业未来形成较强的竞争力的难度大或者竞争优势仍然较弱，但产业生命周期契合时代背景且处于高成长期，虽然这一类产业链可能具备较大的潜在收益空间，但远期发展的不确定程度较高。第三象限是投资机遇相对少的领域。若产业当前和未来可能难以形成较强的竞争力或者竞争优势在弱化，并且产业未来进入成熟期或者衰退期后，不具备二次成长的机会，该类领域可能投资机遇相对较少。基于前述分析，我们梳理的投资机遇较多的领域主要包括光伏、锂电池、光伏设备、锂电设备、新能源整车、汽车零部件、医药外包、新能源材料等。第四象限是投资机遇需要甄别的领域。产业未来在全球保持较强竞争力或者竞争力将进一步提升，但产业接近成熟期，如果利用全球竞争力打开新的市场空间，实现二次成长同样值得投资；但产业生命周期若不契合时代背景，可能跨过成熟期后进入衰退期，投资机遇相对较少（见图18.9）。

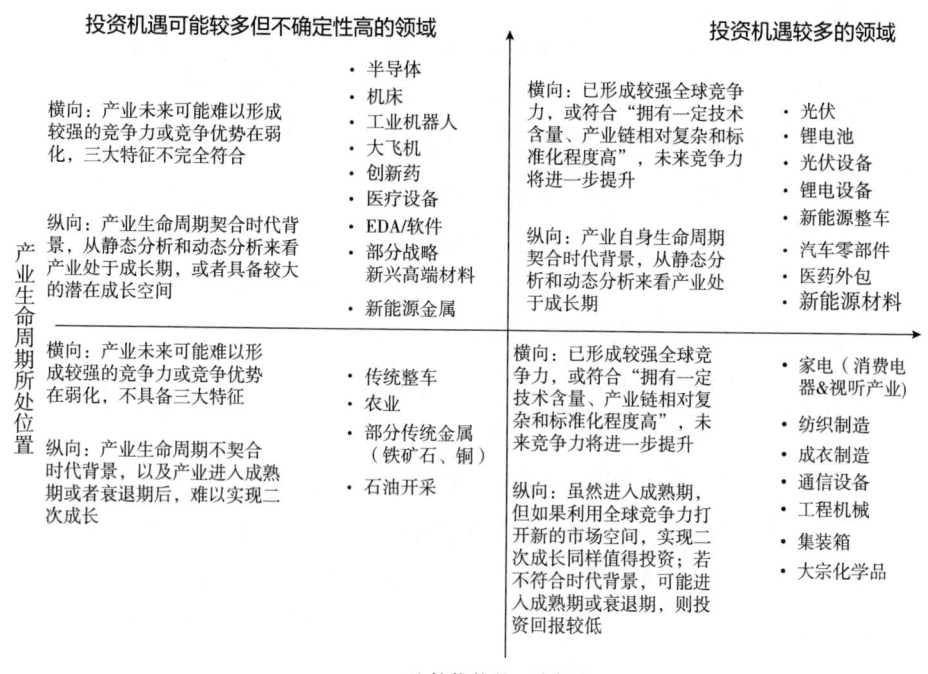

| | 投资机遇可能较多但不确定性高的领域 | | 投资机遇较多的领域 |
|---|---|---|---|
| 产业生命周期所处位置 | 横向：产业未来可能难以形成较强的竞争力或竞争优势在弱化，三大特征不完全符合<br><br>纵向：产业生命周期契合时代背景，从静态分析和动态分析来看产业处于成长期，或者具备较大的潜在成长空间 | · 半导体<br>· 机床<br>· 工业机器人<br>· 大飞机<br>· 创新药<br>· 医疗设备<br>· EDA/软件<br>· 部分战略新兴高端材料<br>· 新能源金属 | 横向：已形成较强全球竞争力，或符合"拥有一定技术含量、产业链相对复杂和标准化程度高"，未来竞争力将进一步提升<br><br>纵向：产业自身生命周期契合时代背景，从静态分析和动态分析来看产业处于成长期 | · 光伏<br>· 锂电池<br>· 光伏设备<br>· 锂电设备<br>· 新能源整车<br>· 汽车零部件<br>· 医药外包<br>· 新能源材料 |
| | 横向：产业未来可能难以形成较强的竞争力或竞争优势在弱化，不具备三大特征<br><br>纵向：产业生命周期不契合时代背景，以及产业进入成熟期或者衰退期后，难以实现二次成长 | · 传统整车<br>· 农业<br>· 部分传统金属（铁矿石、铜）<br>· 石油开采 | 横向：已形成较强全球竞争力，或符合"拥有一定技术含量、产业链相对复杂和标准化程度高"，未来竞争力将进一步提升<br><br>纵向：虽然进入成熟期，但如果利用全球竞争力打开新的市场空间，实现二次成长同样值得投资；若不符合时代背景，可能进入成熟期或衰退期，则投资回报较低 | · 家电（消费电器&视听产业）<br>· 纺织制造<br>· 成衣制造<br>· 通信设备<br>· 工程机械<br>· 集装箱<br>· 大宗化学品 |
| | 投资机遇相对少的领域 | 比较优势的三大标准 | 投资机遇需要甄别的领域 | |

图18.9 从横向产业链比较优势的三大标准和纵向产业生命生命周期所处位置来看中国产业链的投资机遇

资料来源：中金公司研究部。

第十八章　投资机遇：产业链变迁中的实体产业与金融市场投资

### 中金产业链投资机遇指数的构建

综合前文分析，我们按照产业链的全球竞争力和生命周期阶段两个维度，构建了中金产业链投资机遇指数。其中，除上述投资机遇较多的领域以外，在不确定性投资里我们重点选择相应领域中处于重要地位或未来有望实现突破的高增长公司，在选择性投资里我们重点选择未来有望实现二次成长的公司，最终从国内的重点产业链中筛选部分符合标准的代表性公司。从历史收益率的回溯来看，该指数自 2010 年以来的年化复合收益率达 13.1%，我们也将按指数管理思路，定期复核上市公司是否符合我们的投资标准以及是否有新的合适标的出现，对指数进行定期调整。

### 关注从效率走向安全以及规模化红利存在边界的潜在风险

国际形势正在经历复杂深刻的变化，将影响产业链变迁过程和资本市场投资。技术差距理论[1]指出技术水平在国家之间的相对差别会促进国际分工与国际贸易，领先国家将低附加值环节外包给其他国家，从而将更多精力投入高附加值环节及创新研发，技术的外溢效应也使得技术相对落后国家在积极参与国际分工中实现承接与模仿，逐步缩小与领先国家的差距，甚至在新的技术迭代周期中实现赶超，这也是中国许多制造产业过去成长壮大的过程。但是在国际竞争加剧的背景下，产业链区域间的转移过程可能中断，是投资中不可忽视的风险因素，而原本可以在合作中加速发展的部分环节也将发展受阻，产业链的横向全球竞争力和纵向成长周期都会受到影响。

未来投资的另一潜在隐忧在于规模化红利可能存在尽头，持续的科技创新能力是关键。历史已经证明，开发中国这个规模"史无前例"的单一市场，对促进中国自身以及对全球的经济增长都具有重要意义。但是，规模化红利在规模化实现的过程中也会逐步枯竭，届时中国和全球或将面临增长下行压力。正如美国经

---

[1] Posner, M. V. International trade and technical change. October 1961.

济学家丹尼森（Denison）[①]论述规模经济的作用时提到的，市场扩大带来的规模经济效应，可能也会是一种导致经济增速逐步下降的影响力量[②]。中国产业升级的进程，是企业通过大市场规模效应来降低成本、逐步迭代升级、增强竞争力的过程，这种规模化红利正在越来越多的产品上体现，从此前相对低附加值的鞋袜、玩具、家具等，逐步发展到手机、通信设备、家电、汽车等项目上。但这种规模化红利总会有枯竭的一天。届时，中国的经济增长可能就得更加依赖技术进步来推动。丹尼森也指出，技术和商业组织的变化可能已经并且会不断带来规模经济，但这不足以抵消更加依赖技术进步推动经济增长的基本趋势[③]。当现代化的生产方式已经覆盖地球上越来越多的人口，尤其在像中国人口规模如此之大的经济体实现现代化、规模化后，类似罗马俱乐部[④]在当年《增长的极限》[⑤]中所阐释的，经济增长速度是递减的、可能有极限的，我们认为全球的经济增长将越来越难、越来越依赖和逼近技术进步速度，届时持续提升科技创新能力对一国和全球经济增长就变得更加关键。

---

[①] Beckerman, W. The Sources of Economic Growth in the United States and the Alternatives Before Us, December 1962.

[②] Economies of scale associated with expansion of the national market are presumably an influence tending toward a declining rate of economic growth.

[③] Changes in technology and in business organization may constantly replenish opportunities for scale economies, and probably have done so, but there is no presumption that this is sufficient to offset the basic tendency.

[④] 罗马俱乐部是一个关于未来学研究的国际性民间学术团体，主要创始人是意大利学者和工业家奥莱里欧·佩切伊（Aurelio Peccei）、苏格兰科学家亚历山大·金（Alexander King）。

[⑤] Meadows, D. H., Meadows, D. L., Randers, J., & Behrens, W. W.（2018）. The limits to growth. In Green planet blues（pp. 25-29）. Routledge.